长春统计年鉴

2015

长　春　市　统　计　局
国家统计局长春调查队　编

中国统计出版社
China Statistics Press

图书在版编目（CIP）数据

长春统计年鉴．2015 / 长春市统计局，国家统计局长春调查队编．- 北京：中国统计出版社，2015.10

ISBN 978 - 7 - 5037 - 7632 - 8

Ⅰ．①长…

Ⅱ．①长… ②国…

Ⅲ．①统计资料 - 长春市 - 2015 - 年鉴

Ⅳ．①C832.341 - 54

中国版本图书馆 CIP 数据核字（2015）第 217063 号

长春统计年鉴 - 2015

作　　者/ 长春市统计局　国家统计局长春调查队

责任编辑/ 陈越月　曹早飞　黄思念　万宝军

装帧设计/ 万霞

出版发行/ 中国统计出版社

地　　址/ 北京市丰台区西三环南路甲 6 号　　邮政编码/100073

电　　话/ 邮购（010）63376909　书店（010）68783171

网　　址/ http://csp.stats.gov.cn

印　　刷/ 长春市政府机关印刷厂

经　　销/ 新华书店

开　　本/ 890mm × 1240mm 1/16

字　　数/ 1597 千字

印　　张/ 39.5

版　　别/ 2015 年 10 月第 1 版

版　　次/ 2015 年 10 月第 1 次印刷

定　　价/300.00 元

《长春统计年鉴——2015》编委会

《长春统计年鉴——2015》编辑人员

总　编　辑：李　立

责任编辑：曹军飞　黄思念　万宝军

英文翻译：方　铭

校　　对：曹军飞　齐　激　刘艳秋　黄思念　万宝军　刘　涛

承　　印：长春市政府机关印刷厂

编 者 说 明

一、《长春统计年鉴——2015》是一部全面反映长春市2014年经济和社会发展情况的资料性刊物。本书收录了2014年长春市经济和社会各方面大量的统计数据，以及重要年份的主要统计数据，是认识和研究长春市经济社会发展，指导经济工作和进行决策的经济类工具书。

二、全书共包括四部分。（一）特载，（二）县（市）区开发区经济，（三）统计资料，（四）主要统计指标解释。统计资料按其内容分为18个篇目，即（1）综合；（2）人口；（3）单位从业人员与劳动报酬；（4）固定资产投资；（5）能源消费与库存；（6）财政；（7）物价；（8）人民生活；（9）城市建设；（10）农业；（11）工业；（12）交通运输邮电通信业；（13）建筑业；（14）批发零售贸易和住宿餐饮业；（15）对外经济贸易和旅游业；（16）金融保险业；（17）教育、科技及文化事业；（18）体育、卫生及其他事业。

三、本书资料大部分来自于各专业年报资料，部分资料取自抽样调查。

四、本书中文字资料主要是统计部门人员撰写。

五、本书中所使用的价值量指标及构成，除已注明外，均按当年价计算，发展速度按可比价格计算。

六、本书采用国际统一标准计量单位。

七、书中符号使用说明："#"表示其中的主要项，"空格"表示该项指标数据不详或无该数据。

PREFACE

Ⅰ. Changchun statistical yearbook - 2015 is an annual statistical publication, which comprehensively reflects the conditions of economic and social development of changchun in 2014. We select various aspects of statistical data on economic and social development in 2014 and main statistical data in important years of changchun. It is an economic reference book for recognizing and researching on economic and social development of changchun guiding economic work and making decisions.

Ⅱ. This book covers the following four parts 1. Special reports. 2. Economy of counties (cities) and districts and developing area; 3. Statistical data; 4. Explanatory notes on main statistical indicators. Statistical data contains 18 lists of articles. That is (1) General survey (2) Population, (3) Employment and wages, (4) Investment in fixed assets, (5) Energy consumption and inventory, (6) Government finance, (7) Commodity price, (8) People's livehood, (9) City construction, (10) Agriculture, (11) Industry, (12) Transportation , post and telecommunications services, (13) Construction, (14) Wholesale , retail trade and hotels catering, (15) Foreign trade and tourism, (16) Finance and insurance, (17) Education, science and technology, culture (18) Sports , health care and others.

Ⅲ. The major data sources of this publication are obtained from annual statistical reports , and some from sample survey.

Ⅳ. Special reports and special topics are obtained from statistical departments and relative departments.

Ⅴ. The quantity of value indicators and composition used in this book are at current price except notes have made , growth rate is calculated by constant price.

Ⅵ. The units of measurement used in this book are internationally standard measurement units.

城乡居民收入（元）

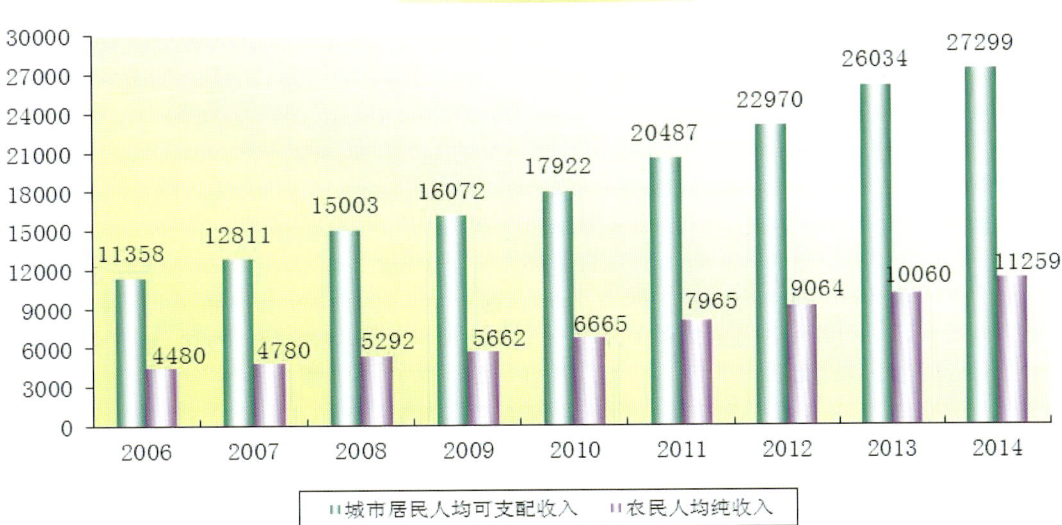

对外贸易进出口总额（亿美元）

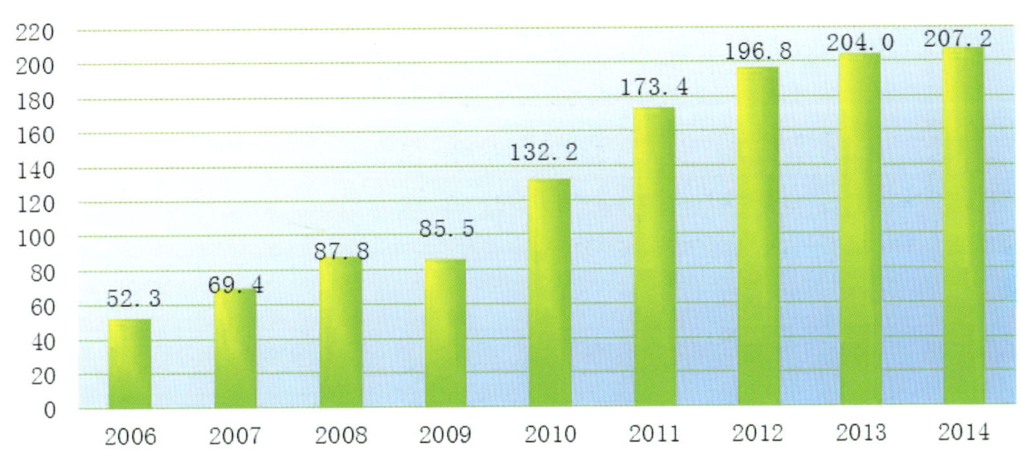

社会消费品零售总额（亿元）

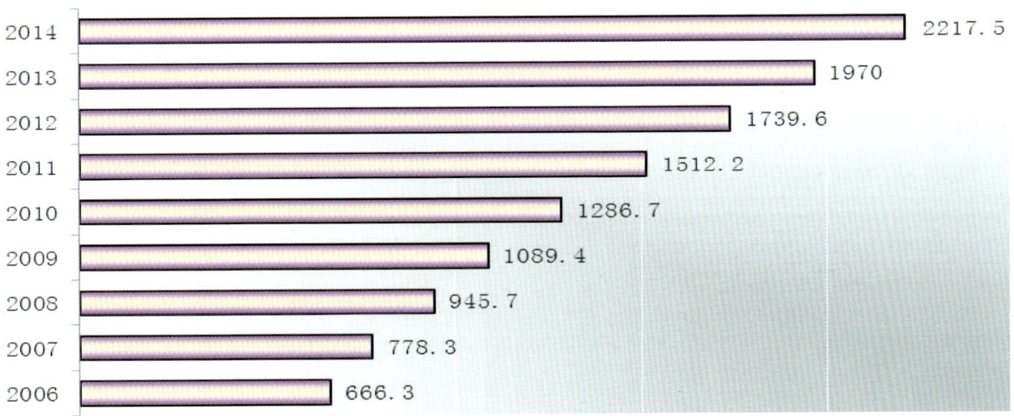

固定资产投资总额及增速
亿元
%
4200
3700
3200
2700
2200
1700
1200
700
200
65.0
55.0
45.0
35.0
25.0
15.0
5.0
950.4
1350.6
1818.8
2300.3
3001.5
2433.4
3172.9
3408.4
3924.5
46.1
42.1
34.7
26.5
31.0
30.3
30.4
20.0
15.1
2006
2007
2008
2009
2010
2011
2012
2013
2014

地区生产总值（亿元、当年价）
1741.2
2089.0
2561.9
2848.6
3329.0
4003.0
4456.6
4003.0
5342.4
2006
2007
2008
2009
2010
2011
2012
2013
2014

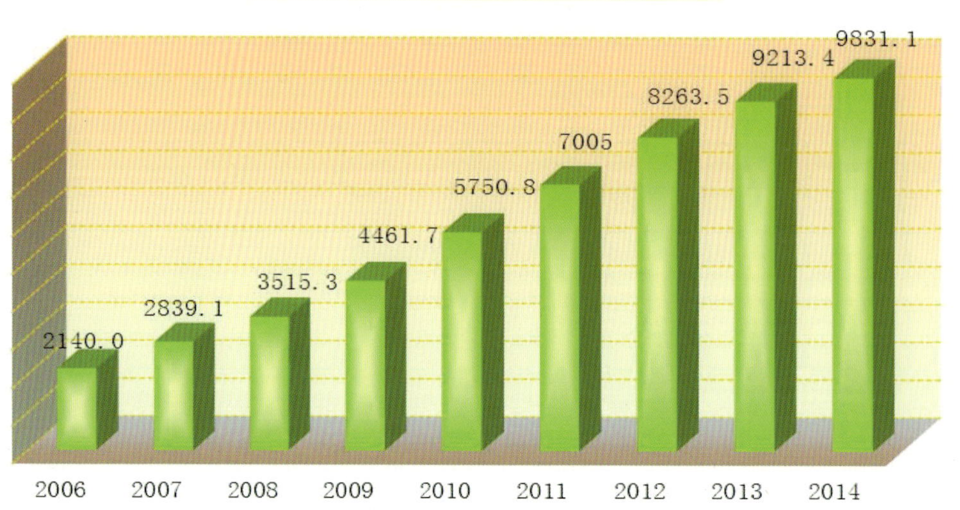
规模以上工业总产值（亿元）
2140.0
2839.1
3515.3
4461.7
5750.8
7005
8263.5
9213.4
9831.1
2006
2007
2008
2009
2010
2011
2012
2013
2014

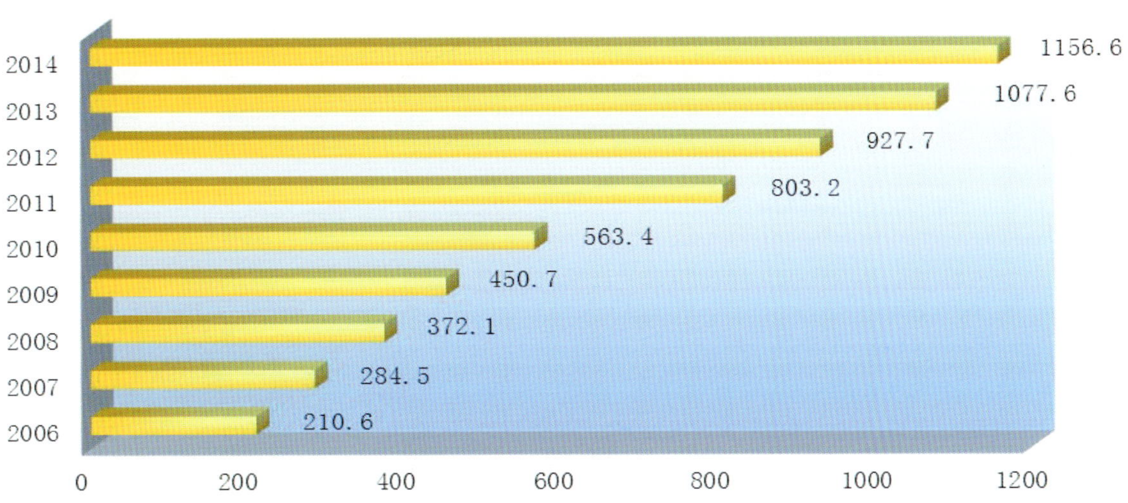
一般预算全口径财政收入（亿元）
2014
2013
2012
2011
2010
2009
2008
2007
2006
1156.6
1077.6
927.7
803.2
563.4
450.7
372.1
284.5
210.6
0
200
400
600
800
1000
1200

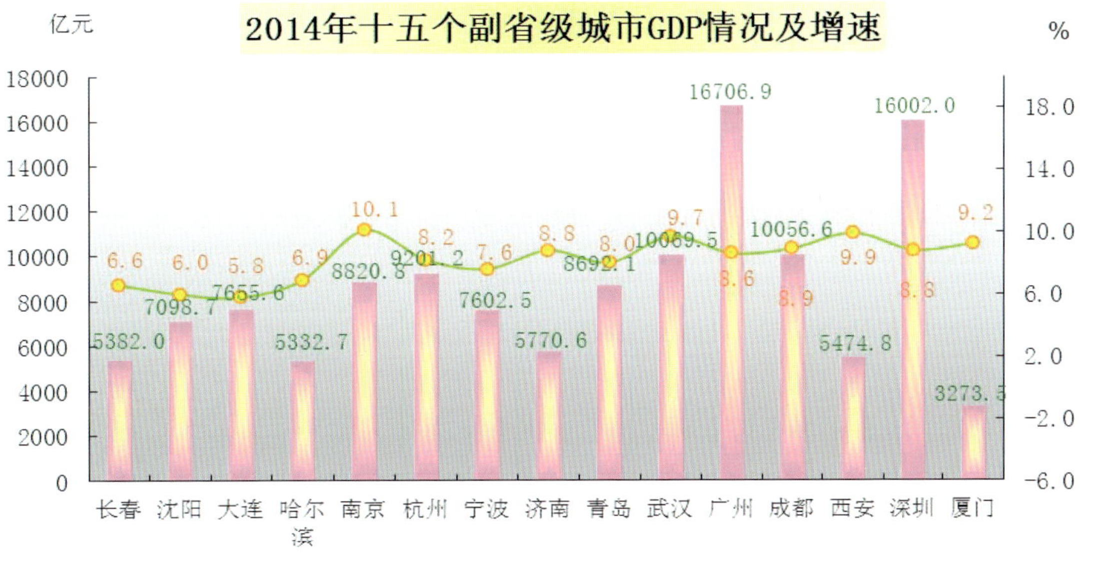
亿元
2014年十五个副省级城市GDP情况及增速
%
18000
16000
14000
12000
10000
8000
6000
4000
2000
0
18.0
14.0
10.0
6.0
2.0
-2.0
-6.0
5382.0
7098.7
7655.6
5332.7
8820.8
9201.2
7602.5
5770.6
8692.1
10069.5
16706.9
10056.6
5474.8
16002.0
3273.5
6.6
6.0
5.8
6.9
10.1
8.2
7.6
8.8
8.0
9.7
8.6
8.9
9.9
8.8
9.2
长春
沈阳
大连
哈尔滨
南京
杭州
宁波
济南
青岛
武汉
广州
成都
西安
深圳
厦门

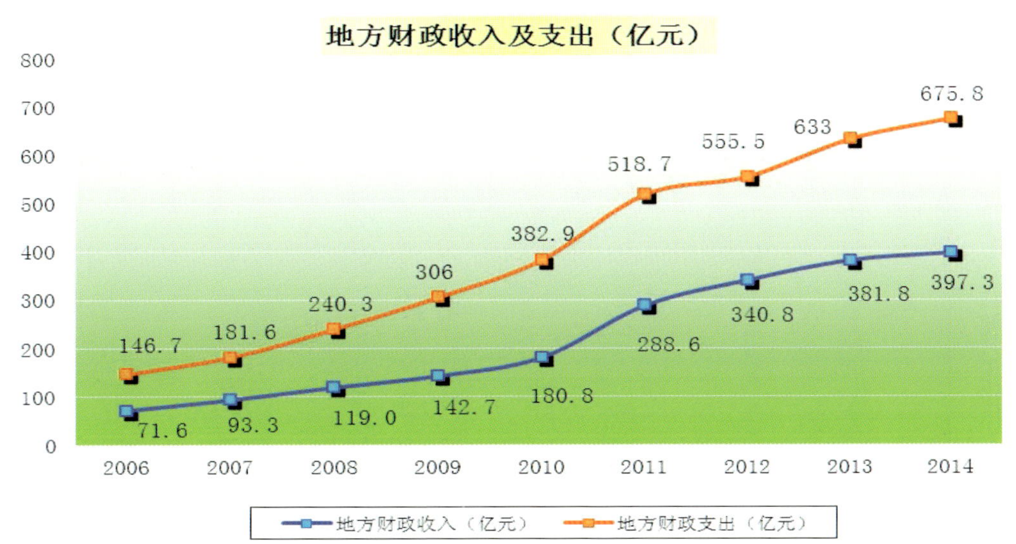
地方财政收入及支出（亿元）
800
700
600
500
400
300
200
100
0
146.7
181.6
240.3
306
382.9
518.7
555.5
633
675.8
71.6
93.3
119.0
142.7
180.8
288.6
340.8
381.8
397.3
2006
2007
2008
2009
2010
2011
2012
2013
2014
地方财政收入（亿元）
地方财政支出（亿元）

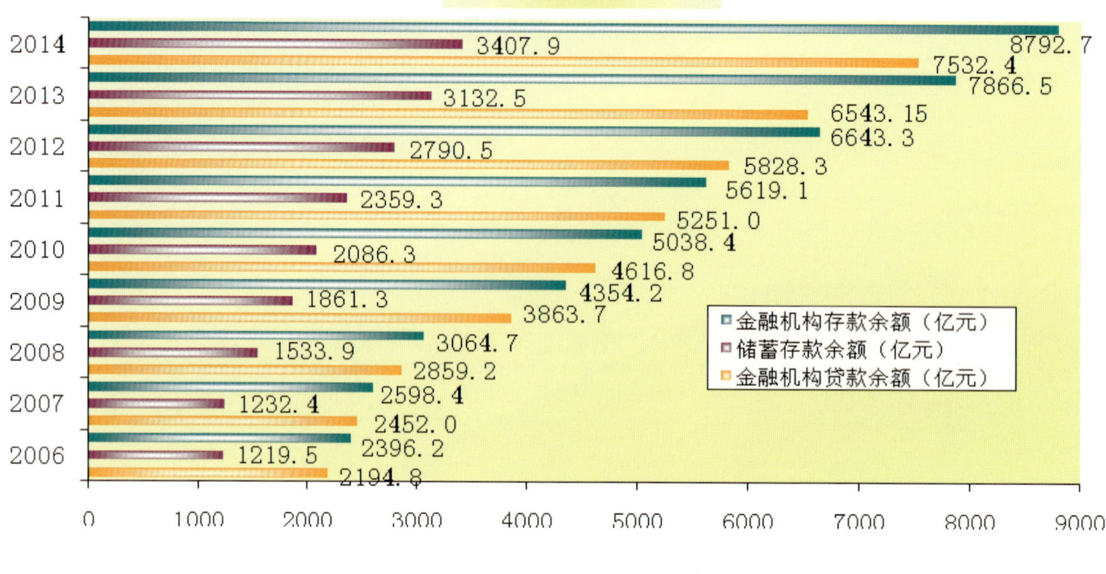

金融机构存贷款
2014
3407.9
8792.7
7532.4
2013
7866.5
3132.5
6543.15
2012
6643.3
2790.5
5828.3
2011
5619.1
2359.3
5251.0
2010
5038.4
2086.3
4616.8
2009
4354.2
1861.3
3863.7
2008
3064.7
1533.9
2859.2
2007
2598.4
1232.4
2452.0
2006
2396.2
1219.5
2194.8
0
1000
2000
3000
4000
5000
6000
7000
8000
9000
金融机构存款余额（亿元）
储蓄存款余额（亿元）
金融机构贷款余额（亿元）

%
居民消费价格总指数
109
107
105
103
101
99
97
95
101.3
103.7
104.4
99.8
103.6
105.5
102.3
103
102.2
2006
2007
2008
2009
2010
2011
2012
2013
2014

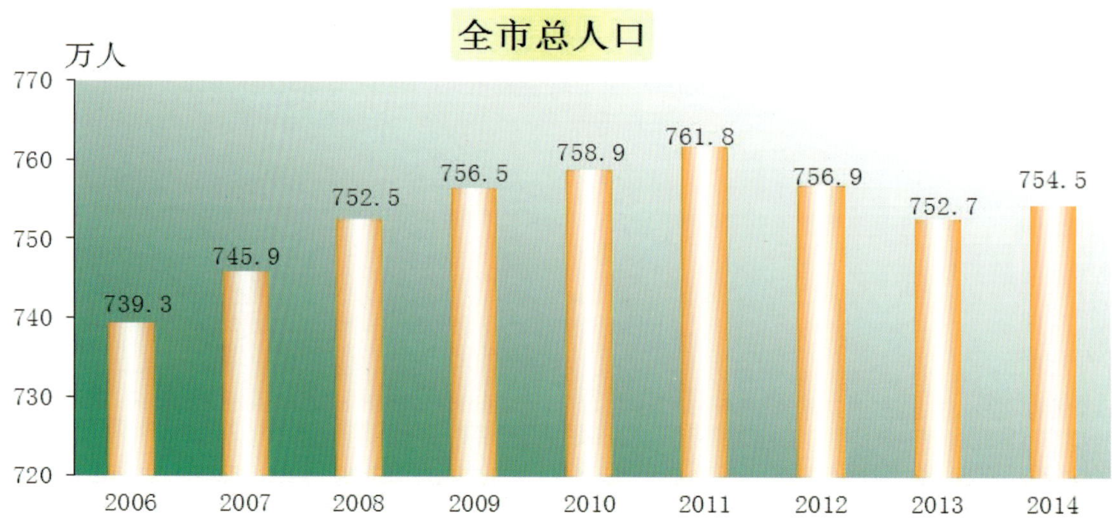

全市总人口
万人
770
760
750
740
730
720
739.3
745.9
752.5
756.5
758.9
761.8
756.9
752.7
754.5
2006
2007
2008
2009
2010
2011
2012
2013
2014

目　　录

特　　载

SPECIAL REPORT

县（市）区开发区经济

ECONOMY OF COUNTY（CITY）AND DISTRICT AND DEVELOPING AREA

统 计 资 料

STATISTICS

第一篇 综合

1. GENERAL SURVEY

第二篇 人口

2. POPULATION

第三篇　单位从业人员与劳动高薪酬

3. EMPLOYMENT AND WAGE

第四篇　固定资产投资

4. INVESTMENT IN FIXED ASSETS

第五篇　能源消费与库存

5. CONSUMPTION AND STORAGE OF ENERGY

第六篇　财政

6. GOVERNMENT FINANCE

第七篇　物价

7. PRICE

第八篇　人民生活

8. PEOPLE'S LIVELIHOOD

第九篇　城市建设

9. GENERAL SURVEY OF CITY

第十篇　农业
10. AGRICULTURE

第十一篇　工业
11. industry

第十二篇　交通运输、邮电通信业
12. TRANSPORTATION, POST AND TELECOMMUNICATION

第十三篇　建筑业
13. CONSTRUCTION

第十四篇　批发零售贸易和住宿餐饮业
14. WHOLESALE RETAIL TRADES AND HOTELS CATERING

第十五篇　对外经济贸易和旅游业
15. FOREIGN TRADE AND TOURISM

第十六篇　金融保险业
16. BANKING AND INSURANCE

第十七篇　教育、科技及文化事业
17. EDUCATION AND TECHNOLOGY CULTURE

第十八篇　体育、卫生及其他事业
18. SPORTS，PUBLIC HEALTH AND OTHERS

特载

SPECIAL REPORT

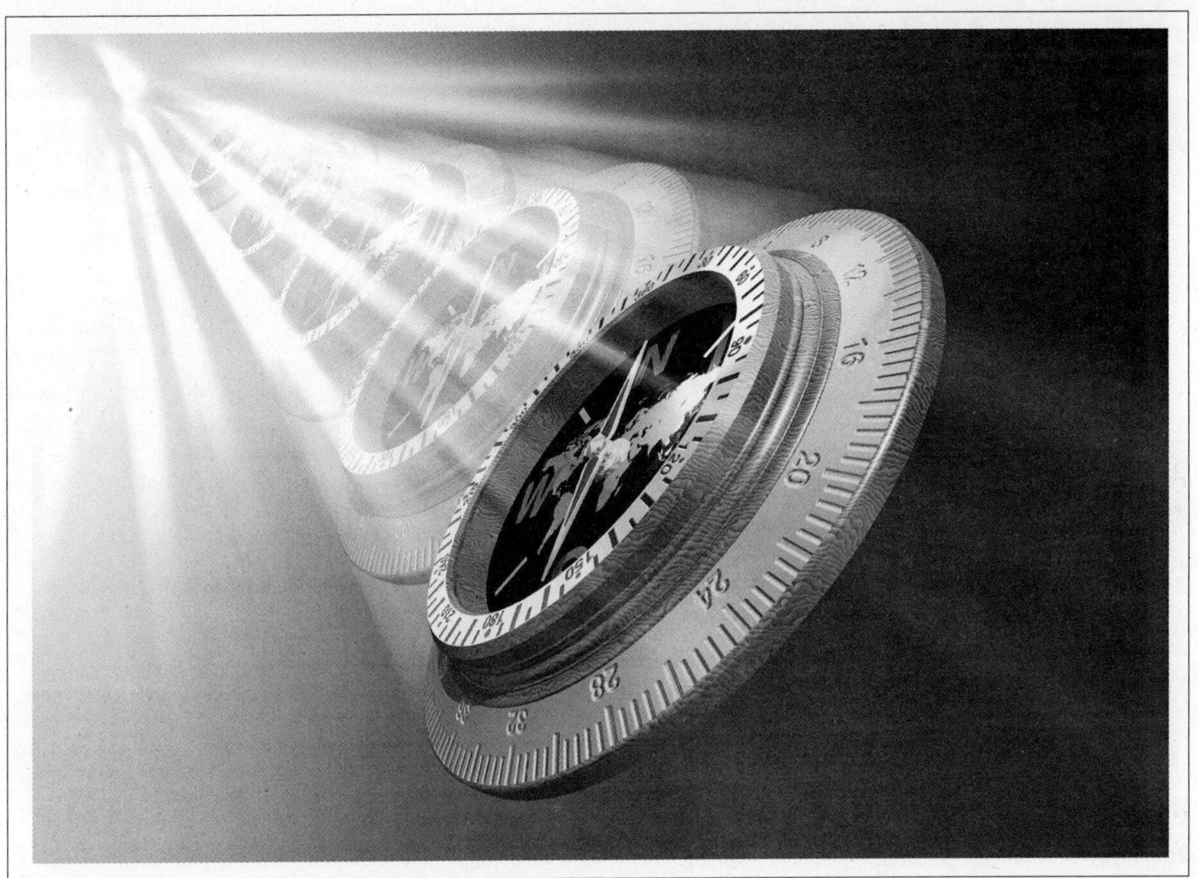

政府工作报告

——2015年1月13日在长春市第十四届人民代表大会第三次会议上

市长 姜治莹

各位代表：

现在，我代表市政府，向大会作政府工作报告，请予审议，并请市政协委员提出意见。

一、2014年工作回顾

2014年是极不平凡的一年。面对世界经济复苏艰难、国内经济调速换挡的复杂严峻形势，全市上下在市委的正确领导下，从容应对挑战，奋力克难攻坚，全面推进改革开放和现代化建设，经济社会发展取得新的可喜成绩。

——经济平稳健康运行。预计地区生产总值增长7%。工业总产值突破1万亿元。粮食连续11年丰收。城镇新增就业目标超额完成。居民消费价格指数涨幅控制在2%以内。

——经济效益稳步提升。全口径财政收入增长7.3%。城市居民人均可支配收入增长9.8%。农村居民人均纯收入增长11%。规模以上工业企业利润增长19%。

——结构调整扎实推进。工业增加值率提高1.7个百分点。现代服务业增速超传统服务业4个百分点。科技成果转化率提升4个百分点。万元GDP能耗降低4.6%。

——改革攻坚顺利起步。行政审批、城市建设、农业农村、教育卫生、文化科技、安全生产、社会建设等重要领域和关键环节改革积极推进，成效已经开始显现。

——民生状况持续改善。第二个幸福长春行动计划全面实施，又为群众办了16类、49项民生实事。长春第七次获评“最具幸福感城市”。

过去一年，经济社会发展稳中有为、稳中提质、稳中有进，既有量的扩大，又有质的提升，更为今后奠定了基础。这将鼓舞全市人民砥砺奋进，不断创造新的业绩。

一年来，我们坚持稳中求进工作总基调，统筹稳增长、调结构、促改革、惠民生，采取了一系列既利当前、更惠长远的举措：

（一）积极克服下行压力，经济实现平稳健康增长。面对错综复杂的国内外经济形势和经济下行的巨大压力，我们坚持主动作为，充分挖掘增长潜力，努力激发市场活力，全力促进经济稳定增长。

统筹三次产业均衡增长。对产值超10亿元的重点工业企业和新增产值超亿元的重点项目跟踪包保，全方位帮扶重点困难企业，确保工业持续增长。及时取消限购政策，稳定住房消费。支持自主品牌汽车消费，积极扩大旅游、信息、文化、养老服务消费。繁荣市场，搞活流通，社会消费品零售总额增长12%。努力克服春季低温、局部伏旱影响，粮食产量达到230亿斤左右。

扩大投资规模拉动增长。增加财政预算内投资，重点投向地铁、“两横三纵”快速路、保障性安居工程等领域。采取股权投资、贷款贴息等方式，引导社会资本投资战略性新兴产业、现代服务业，充分发挥政府投资“四两拨千斤”的带动作用。深化投融资体制改革，落实企业投资自主权，民间投资增长20%。在经济环境趋紧、企业投资意愿不足的情况下，全市固定资产投资以15%的速度快速增长。

释放市场活力刺激增长。全面实施简政放权，行政审批由823项减少到251项，市本级非行政许可实现“零审批”，切实减少政府对市场的直接干预。推动工商登记制度改革，新注册市场主体8.5万户，新登记私营企业接近2万户，形成了新的创业促就业热潮。11.1万户小微企业享受结构性减税政策，3.4万户企业纳入“营改增”试点，减轻企业税负7.3亿元。这些措施放开了市场、帮扶了企业，直接增强了经济增长动力。

（二）坚定不移调整结构，转型升级取得明显成效。着眼阻碍发展的结构性问题，我们坚持立足实际、突出重点，在稳定增长中调结构、增效益，在创新驱动中抓转型、促升级，为长远发展铺路搭桥。

积极优化工业结构。实施奥迪Q系列30万辆整车、大成异山梨醇、长客装备搬迁改造等630个投资超亿元项目，三大支柱产业稳步壮大。新能源汽车产能达到1.5万辆，聚乳酸产业异军突起，新材料、生物化工、医药健康、光电信息等产业园区聚集效应初步形成。工业投资增长18%，五大战略性新兴产业投资增长23%。

全面优化农业结构。新建万亩粮油高产示范片120个、标准化养殖示范区200个。农机化综合作业水平提升到76.5%，玉米、水稻机收率分别达到50.1%和80%。农民合作社、家庭农场数量增加一倍以上。土地流转面积达到总耕地面积24.6%。增加科学储粮仓2.5万套。“长春松花江大米”品牌推介取得明显成效。

大力优化服务业结构。实施投资5亿元以上现代服务业项目46个。商务综合体累计开工面积500万平方米。文化创意、信息服务等十大现代服务业集聚区入驻企业突破2000户。玉米、汽车两大电商平台营业额均超过200亿元。物流快递、移动互联网等新兴业态竞相成长。引进域外金融机构3家。2户企业上市，5户企业“新三板”挂牌。

稳步优化区域结构。制定出台了生产力布局优化调整意见，促进开发区、城区、县域协调发展。积极引导开发区转型升级，加快发展方式转变。提高主城区周边土地投资强度和节约集约利用水平，推动制造业向县域有序梯度转移，县域经济加速崛起。积极稳妥地推进新型城镇化，6个示范镇建设取得初步成效。九台正式撤市设区。

推进创新驱动发展。深入开展产学研协同创新机制试点，新增高新技术企业33户、科技“小巨人”企业68户。加快北湖科技园等创新平台建设，新增科技企业孵化器60万平方米。成功突破120项关键技术，“吉林一号”卫星工程实现重大突破。科技金融创新服务中心挂牌运营，促进了科技与金融的深层次融合。

（三）全面实施各项改革，经济发展活力明显增强。主动适应经济发展新常态，坚持把深化改革作为关键举措，统筹谋划、分类推进，努力向改革要动力、要潜力、要红利。

积极开展改革创新试点。新型城镇化、老工业区搬迁改造、服务业综合改革、生物制造区域集聚发展、生物基材料制品应用、水生态文明建设等多项工作被列为国家级改革创新试点，不仅得到了政策资金支持，更通过先行先试争取了主动。

全力实施重点领域改革。民营经济综合配套改革示范区试点全面铺开，并取得显著成效。国有企业改革取得新进展。行政事业单位国有资产管理改革扎实推进。向城区下放城市管理权限。农村土地收益保证贷款试点稳步实施。安全生产监管体制改革实现突破。

扎实推进政府自身改革。完善食品药品监管体制，调整工商、质监管理体制，整合卫生、计生等相关机构，新一轮政府机构改革基本完成。撤销89个议事协调机构。事业单位分类改革基本完成。市本级公共财政收支预算、市直部门“三公”经费预算全部公开。

利用对外开放促进改革。全面强化招商引资，实际利用外资、内资分别增长12%和15%。兴隆综合保税区封关运营，跨境电子商务业务全面启动。轨道客车出口订单大幅增加，机电、高新技术产品占出口总额比重稳步提高。接待国内外游客人数增长15%。长春至香港直飞航线通航。

（四）加快建设新型城市，城市宜居水平稳步提升。面对城市化进程不断加快带来的挑战，坚持把绿色、智慧、人文理念贯穿到城市建设管理全过程，多措并举、综合施策，推动城市在承载能力扩大的基础上不断提高综合质量。

构建立体交通体系。历时两年零八个月、经过4万余名建设者昼夜奋战，全长84.5公里的“两横三纵”快速路全线投入运行。这标志着长春正式跨入立体交通时代，意味着我们的城市有了更快的节奏、更高的效率，也见证了长春人民的速度和激情、干劲和魄力。机场快速路等重点工程完成序时进度。大中修道路90条。地铁1号线、2号线建设稳步实施。北湖快轨启动建设。55路有轨电车正式开通。城市交通指挥管理系统开始实施升级改造。

强化市政公用服务。五水厂投入运行，一、三水厂改扩建完成主体工程。新建改造二次供水泵站241座、二次供水管网1600公里。新增供热能力1460万平方米。改造燃气高危管网150公里、供热管网210公里。29.2万农村人口饮水安全问题得到解决。

防治大气环境污染。淘汰燃煤小锅炉1178台。注销黄标车、老旧机动车1.45万辆。强力实施燃煤发电机组脱硫、脱硝、除尘改造。从严整治工业企业烟粉尘排放和建筑工地扬尘。PM10、PM2.5浓度均值分别下降8.5%和6.8%，空气质量优良天数有所增加。

综合整治市容环境。集中治理火车站周边、长吉南线出入口等区域秩序，努力消除城市管理顽疾。新建续建公园13个，新建大块绿地39块，补植街路143条，新增城市绿地600公顷。植树造林5818公顷。清收非法占用林地30758公顷。

提升城市文化品位。加强城市规划管理。强化历史文化遗存保护。长影博物馆建成开放。群众艺术馆、朝鲜族艺术馆竣工。雕塑公园被评为“创造未来文化遗产”示范单位。评选推出长春旅游“新十五景”。巩固提升国家公共文化服务体系示范区创建成果。毫不松懈地开展文明城市创建活动。“智慧长春”建设全面展开。

（五）全力以赴改善民生，努力提高群众的幸福感。牢固树立“民生是发展之本、稳定是和谐之基”理念，坚持把改善民生作为政府全部工作的出发点和落脚点，竭诚尽力为群众办好事、办实事。

提高群众收入水平。积极扶持高校毕业生、城镇就业困难人员就业。开发就业岗位14.6万个，新增就业12.7万人。转移农村剩余劳动力110.6万人次。妥善解决6.3万名被征地农民参保问题。城镇职工养老保险新增参保人员11万人。失业保险金提高181元。企业退休人员养老金人均提高159元。城乡居民收入增长快于经济增长，农民收入增长快于城镇居民收入增长。

帮扶救助困难群众。城乡居民最低生活保障标准提高8%，五保对象供养标准提高23%。城区低保家庭老、少、病、残人员补助上浮50%。制定出台城乡居民临时救助办法，妥善解决群众突发性、临时性生活困难。提高残疾人教育、康复项目补助标准，近万名残疾人受益。城区困难群众患急危重症到定点医疗机构就医实现“先住院、后付费”。困难群众法律援助基本做到应援尽援。

改善居民居住条件。新建廉租房600套、公租房1700套。拆除棚户区203万平方米，建设回迁房1.83万套。46个老旧散住宅区完成改造。90%以上的老旧散住宅区实现多种形式物业管理。扎实推进幸福社区建设，40%以上的城市社区服务用房达到1000平方米。绿化美化村屯70个。100个村屯农村人居环境综合整治达标。

完善便民利民服务。开辟优化公交线路13条，新增更新公交车辆453台。改造居民巷道1194条。新建停车泊位2371个。新建农村公路1286公里，改造危桥129座。全面加大对养老机构政策资金扶持力度，新建养老机构39个，增加养老床位4419张。二级以上医院对养老机构实行对口医疗服务。开展医疗保险晚期癌症患者临终关怀服务。

强化基本公共服务。新建改建15所公办幼儿园。新建4所九年制学校。城区学校常规教学、信息技术装备全部达标。创建30所新优质学校，2所“公办民助”学校退回公办，754名教师交流轮岗，教育均衡水平稳步提升。圆满有序完成中高考。居民大额补充医疗保险病种扩大到所有疾病，22种大病实现低自付治疗。城区新增健身步道10条、健身路径100套。我市运动员在索契冬奥会、南京青奥会、仁川亚运会获得好成绩。

加强社会综合治理。积极构建“人性化、网格化、信息化、法治化”社会治理模式，深入创建平安社区、平安校园、平安家庭，群众安全感稳步提升。加强社会治安防控体系建设，新增治安高清探头1万余个，110刑事警情、“两抢”案件数量分别下降19.2%和14.4%，命案等有重大影响案件全部告破。累计排查整改安全生产隐患6.4万项，关停查封企业614家，安全生产形势稳步好转。创建食品安全城市，食品安全事故发生起数下降30.8%。

（六）积极推进依法行政，政府自身建设得到加强。巩固拓展党的群众路线教育实践活动成果，坚持重法治、转作风、促和谐，全面增强政府执行力和公信力。

主动接受监督。自觉接受人大及其常委会的法律监督、工作监督和政协的民主监督，坚持重大事项向人大报告、与政协协商制度。认真听取各民主党派、工商联以及无党派人士的意见建议。办理人大议案6件、人大代表建议189件、政协建议案2件、政协提案279件。

加强依法行政。全面强化对行政权力的制约和监督，严格规范公正文明执法。改革行政复议体制。强化行政监察。加大涉软案件查处力度。

切实转变作风。全面贯彻中央八项规定精神。认真开展第二批党的群众路线教育实践活动。切实加强政府廉政建设和反腐败工作，一批违法违纪分子受到惩处。

努力化解社会矛盾。拓宽信访接待渠道，提高市长公开电话、局长接待日、读报读网工作水平，一批重大信访疑难案件结案息访。

深入开展双拥创建工作。隆重举行烈士纪念日、抗战胜利纪念日活动。国家安全、司法行政、审计、质监、统计、民族、宗教、外事、侨务、会展、供销、气象、地震、档案、人防、公积金、地方志、红十字、妇女儿童等工作都取得了新成绩。

各位代表，过去一年发展取得的成绩告诉我们，只有紧紧依靠党中央、国务院，省委、省政府和市委的正确领导，我们才能把握方向、坚定信心；只有紧紧依靠市人大、市政协的监督支持，我们才能汇集智慧、形成合力；只有紧紧依靠全市上下的团结奋斗，我们才能勇往直前、勇夺胜利。在此，我代表市政府，向全市广大干部群众致以崇高的敬意！向中省直驻长单位、人民解放军和武警驻长部队以及海内外的朋友们，表示衷心的感谢！

成绩来之不易，问题不容忽视。在为取得的成绩欢欣鼓舞的同时，我们也必须清醒地认识到，前进道路上还有不少困难和问题。主要表现在：经济下行压力较大，转型升级带来的阵痛开始显现；创新驱动机制尚不完善，经济增长的内生动力有待增强；空气污染等问题日益显性化，节能减排任务艰巨；就业结构性矛盾突出，住房、医疗、养老、教育、收入分配、征地拆迁等方面群众不满意的问题依然较多；安全基础设施不完善，安全事故高发势头还没有从根本上得到遏制；政府依法行政水平不高，公职人员不廉不勤现象仍然存在。对此，我们将高度重视，并在今后工作中认真加以克服和解决。

二、2015年工作安排

2015年，是全面深化改革的关键之年，是全面推进依法治市的开局之年，也是全面完成“十二五”规划的收官之年。尤其要充分认识到，当前乃至今后一个时期，我们将长期面临经济发展新常态。从经济上看，增速换挡、动力转换，给我们组织经济建设、加快发展转型带来新的压力；从社会上看，利益格局深刻调整、新旧矛盾交织叠加，给我们维护稳定、促进和谐带来新的挑战；从政治上看，推进依法治市、加强作风建设，给我们依法行政、科学行政提出新的要求。新常态也是新机遇，新常态要有新作为。必须看到：长春正处于重要的发展战略机遇期，经济韧性好、潜力足、回旋空间大，长期向好的基本面没有变，我们有坚实的发展基础；我们已经制定并实施了一系列措施，努力应对新挑战、抓住新机遇、培育新动力，积极效应正在逐步显现，我们有充分的发展准备；特别是中央振兴东北、省里支持长春的力度不断加大，广大干部群众激情满怀、干劲十足，我们有坚强的发展后盾。只要坚定不移地在省委、省政府和市委的正确领导下，积极适应，主动引领，全力抢抓新机遇、奋力迎接新挑战，就一定能够推动长春在经济新常态下实现新发展、开创新局面。

政府工作的总体思路是：全面落实党的十八大和十八届三中、四中全会精神，深入学习贯彻习近平总书记系列重要讲话精神，按照省委十届四次全会、市委十二届六次全会要求部署，牢牢抓住国家新一轮振兴东北的重大机遇，紧紧围绕“科学发展、加快振兴，努力让城乡居民生活得更加美好”总目标，突出发挥“五个优势”、推进“五项举措”、加快“五大发展”，突出中部创新转型核心区建设任务，集中精力抓发展、抓改革、抓民生、抓稳定、抓落实，全面推进依法治市，全面推进城市转型升级，加快建设幸福长春。

全市经济社会发展的主要预期目标是：地区生产总值增长7.5%左右，财政收入与经济保持同步增长，万元GDP能耗降低2%，城市居民人均可支配收入增长10%左右，农村居民人均纯收入增长10%左右，城镇登记失业率控制在4%以内，居民消费价格指数涨幅控制在3%左右。

今年政府各项工作要牢牢把握稳中求进的总基调。“稳”的重点是稳住经济运行，确保增长、就业、物价不出现大的波动。“进”的重点是调整经济结构和深化改革开放，确保转变发展方式和改善民生工作取得新成效。我们要统筹好“稳”和“进”的关系，做到两不误、实现双胜利。

（一）努力保持经济稳定增长

稳增长仍然是今年政府工作的突出任务。我们要充分挖掘各种增长潜力，确保经济运行在合理区间，为群众提供充足的就业机会，为市场提供稳定的心理预期，为转型升级提供有力支撑。

发挥投资的关键作用。建立健全政府和社会资本合作（PPP）模式，积极推动社会资本参与基础设施建设运营。创新重点领域投融资机制，打破市场壁垒，降低准入门槛，鼓励和促进民间投资。支持企业上市，扩大直接融资规模。全年固定资产投资力争达到4500亿元以上。

发挥消费的基础作用。培育文化、旅游、健康、养老、信息等大众服务性消费。稳定住房消费，保持房地产市场平稳健康发展。推进物流共同配送，降低流通成本。多渠道增加居民收入，落实消费政策，强化消费维权，努力让群众能消费、愿消费、敢消费。社会消费品零售总额增长12%左右。

发挥出口的促进作用。支持企业设立境外产品展示营销中心，鼓励轨道客车、汽车零部件等优势产品出口。大力发展口岸经济。加快通关便利化改革。用好72小时过境免签政策。完善兴隆综合保税区功能，积极培育保税物流、服务外包、跨境电子商务产业。

（二）加快推动创新城市建设

创新是城市兴旺发达的不竭动力。我们要采取更加有力的措施，激发、释放社会的创造力，发现、培育新的增长点，努力营造大众创业、万众创新的生动局面。

突出科技创新。充分发挥在长科研院所、大专院校作用，加快完善产学研协同创新机制，实施100项重大技术攻关，转化100项重点科技成果，培育100户科技“小巨人”企业。支持企业引进新技术、开发新产品，促进传统产业转型升级。强化企业创新主体作用。

实施产业创新。推动工业化和信息化深度融合，促进生产性服务业与先进制造业良性互动。通过设立投资基金等多种形式，引导民间资本开发新产业、新业态、新商业模式。积极适应消费个性化、多样化趋势，促进工业生产小型化、专业化、智能化。

强化环境创新。加快实施民营经济综合配套改革示范区试点，努力破除各种体制机制束缚，最大限度释放微观主体活力。落实结构性减税政策，加强创业金融服务，加大对新兴产业、小微企业支持力度，努力让一切想创新、能创新的人有机会、有舞台。

（三）着力调整优化经济结构

调结构是转型升级的必由之路。我们要狠抓增量投入，促进传统产业向中高端迈进，增强战略性新兴产业和服务业的支撑作用，推动发展方式向质量效率型集约增长转变。

大力发展先进制造业。加快奥迪Q系列30万辆整车项目建设，支持一汽通用引进新车型，扩大中高端整车产能。与一汽、长客等央企共建产业园区，突出发展核心零部件，壮大产业集群。支持玉米化工重点企业战略合作重组，延伸产业链条。全年实施投资3000万元以上项目800个，完成投资增长16%以上。

培育战略性新兴产业。充分发挥国家级开发区创新型园区载体作用，实施聚乳酸、激光设备、智能机器人等100个投资超亿元项目，加快发展医药健康、生物制造、光电信息、新能源、新材料产业，努力抢占未来发展制高点。战略性新兴产业投资增长20%以上。

优先发展现代服务业。积极开展服务业综合改革试点，着力发展现代物流、电子商务、文化创意、移动互联网等现代服务业。大力发展会展业。做大做强旅游业。加快建设商务综合体。着力引进金融机构，培育现代保险、金融大数据、互联网金融、金融后援服务业，建设东北亚区域性金融服务中心。现代服务业投资增长15%。

加快发展现代农业。稳定粮食生产。积极引导农民瞄准市场，调整种养结构，提高农产品质量效益。玉米保护性耕作面积达到240万亩。农机化综合作业水平达到78%左右。土地流转面积达到总耕地面积27%左右。继续推介“长春松花江大米”品牌。实施畜牧业“全产业链”建设、无规定动物疫病区建设。

（四）优化经济发展空间布局

现在，长春已经形成了多层次的发展空间。我们要突出特色、分类指导、统筹兼顾，促进各发展空间优势互补、错位竞争、协调发展。

城区要成为服务业的主战场。大力发展商务楼宇、特色街区和服务业集聚区，尽快使相对集聚成为服务业发展的重要模式。全年实施投资超亿元项目300个以上。加快铁北老工业区搬迁改造。支持双阳、九台加快发展，尽快成为现代化新城区。

开发区要成为转型升级的主力军。集中精力发展新型工业化，强化创新驱动，培育产业集群，加快转型升级。开发区工业投资要力争增长20%。支持国家级开发区发挥带动作用，与县域省级开发区合作建设新区。

县域要成为产城融合的主阵地。高标准建设县城，发展社会事业，吸引农村人口进城。加快建设省级工业开发区，壮大产业规模，促进农村劳动力转移。积极推动6个示范镇开展新型城镇化试点，莲花山度假区尽快实现全域城镇化。启动村庄规划编制，建设美丽乡村。

长春要在吉林中部创新转型核心区建设中发挥龙头带动作用。加快长吉一体化进程，着力构建哈长城市群，推动长吉图战略实施。逐步畅通与公主岭、伊通交通联系，强化中心城市集聚扩散能力，通过辐射周边、服务全省发展自己。

（五）全面推进重要领域改革

坚持把改革作为激发活力、增添动力的根本举措。我们要推出既具有年度特点、又有利于长远制度安排的改革措施，更多释放改革红利。

加快政府自身创新带动改革。建立政府权力清单、责任清单、负面清单，进一步简政放权。改进行政审批服务，大幅减少前置审批，优化流程、提高效率。政府预算、决算、“三公”经费都要向社会公开，让群众看明白、能监督。规范政府举债融资机制，把政府性债务纳入预算管理，积极防范化解债务风险。

坚持围绕问题导向推进改革。积极推进不动产统一登记。完善国资国企监管体制，发展混合所有制经济。加快社会信用体系建设。推进教育、医疗、文化、体育领域改革，不断提高公共服务均等化水平。稳步实施安全生产、食品安全、群众信访等方面改革，促进社会和谐。

推动新一轮高水平对外开放。加大招商引资力度，引进国际战略投资者、央企、民营500强企业，实际利用内外资分别增长15%和13%。加快建设中德、中韩、中白、中俄等国际合作产业园区，争创国家级承接产业转移示范区。

（六）提高城市建设管理水平

建设幸福长春，必须首先建好幸福城市，让群众生活得更美好。我们要坚持以人为本、建管并重、生态优先，全力建设绿色、智慧、人文的新型城市。

加快完善立体交通体系。完成“两横三纵”快速路辅助工程。完善南部新城、城市东部等区域性路网。续建地铁1、2号线和北湖快轨。打通一批断头路、卡脖路。建设一批人行过街天桥。鼓励社会力量建设停车场。交通指挥管理系统改造升级一期工程投入使用。

扎实提升城市承载能力。一、三水厂改扩建工程竣工投入运行。新增供热能力500万平方米。改造燃气高危管网150公里、供热管网200公里。天然气外环高压管网、调峰储气设施建成投入使用，加强气源调度保障，缓解冬季供应紧张。推进智能电网建设，提高供电保障能力。积极承接一汽水电气热和基础设施服务保障功能。

稳步推进“智慧城市”建设。提高宽带家庭覆盖面，力争公共热点区域免费无线网络（WiFi）基本实现全覆盖。统筹推进智慧政务、智慧城管、智慧交通、市民一卡通等信息化应用工程，提升城市运行智能化水平。

争创“公交都市”示范城市。新增更新公交车辆，调整优化公交线路10条以上。规划建设一批公交换乘节点、首末站、港湾式停靠站、公交专用车道，延长公交服务时间。稳步推进公交体制改革，加强行业管理，提高服务水平。

创建国家历史文化名城。加强重点区域、关键节点的城市设计，保护修复历史文化街区、历史建筑。启动建设雕塑艺术博物馆。改造市方志馆。市博物馆、美术馆、规划展览馆正式开放。培育践行社会主义核心价值观。创建文明城市，提高市民文明素质。推动军地军民融合发展，争创全国双拥模范城“八连冠”。

努力提升城市管理水平。扎实开展市容环境综合整治。治理城市出入口环境。打造一批精品街路。下大气力清除和防治违法建筑。今年，我们要把主要精力从城市建设转到城市管理上来，努力实现城市管理精细化、长效化，让市容环境更干净、更整洁、更有序。

（七）切实加强生态环境保护

生态环境关系人民幸福，关乎城市可持续发展。我们要把生态环境保护工作摆上更加突出的位置，下决心用硬措施完成硬任务。

强化污染防治。四环以内，严禁燃放烟花爆竹，渣土、垃圾必须密封运输，建筑工地必须落实扬尘防控措施。下大气力淘汰黄标车、老旧机动车和10吨以下燃煤小锅炉。串湖、北郊污水处理新建扩建工程完工并投入运行。全面落实“禁塑令”。

强化节能减排。积极调整能源结构。强化煤炭清洁高效利用。实施资源性产品价格改革，居民用水、用气实行阶梯价格。加快推广应用新能源汽车。推行农业标准化清洁生产。发展节能环保产业。

强化生态建设。新建续建净月生态文化园等14个公园。完成“两横三纵”快速路沿线绿化。实施四环路绿化改造。植树造林3000公顷。非法占用林地基本完成清收，并尽快还林。积极创建国家森林城市。加强伊通河综合整治。实施莲花山还湿还林还水工程。积极开展水生态文明建设试点。

（八）全力提升群众幸福指数

人民群众对幸福生活的向往，就是我们的奋斗目标。

我们要制定实施第三个幸福长春行动计划，坚持不懈地为群众办好事、做实事。

守住基本生活底线。实施更加积极的就业政策，努力克服经济调速影响，确保就业形势基本稳定。加大对高校毕业生、城镇就业困难人员就业帮扶力度，“零就业家庭”保持动态为零。提高城乡居民基础养老金标准。探索推行失能人员照护保险制度。完善失业、工伤保险制度。不断完善以“保基本、救急难”为核心的大救助体系，全力保障困难群众基本生活。加强残疾人基本公共服务，支持慈善事业，让每一个身处困境者都能得到社会关爱和温暖。

补长公共服务短板。对普惠性幼儿园给予经费奖补。深化大学区改革，强化学校设施标准化建设，不断提高基础教育质量。100%小学、90%初中实现免试就近划片入学。大力发展现代职业教育。城区健身路径基本实现社区全覆盖，乡镇和60%以上行政村配备健身器材。加快村级卫生所标准化建设。实施健康长春行动计划，倡导健康生活方式，提升市民健康水平。完善公共文化服务体系，繁荣群众文化生活。积极推动流动人口公共服务均等化。加快幸福社区建设。

突破热点难点问题。改造100万平方米棚户区和危旧房屋、130万平方米“老旧散弃”住宅区、650万平方米“暖房子”。新建2000套公租房，5000套保障房年内完成配租。突出解决物业小区弃管问题。新建改造二次供水泵站370座，力争再用一年时间基本完成主城区二次供水设施改造。鼓励社会力量建设养老机构。加快城区托老中心、农村居家养老服务大院建设。新建农村公路1000公里，不断改善农村出行条件。

（九）强力维护城市安全稳定

发展要安全，安全才能发展。我们要始终牢记“生命至上、安全第一”，时刻绷紧安全这根弦，用最严格的监管、最严厉的处罚、最严肃的问责，维护社会平安、和谐、稳定。

全面强化安全生产。完善安全生产防控体系，加大安全监管力度，坚决做到减少一般事故、防范较大事故、遏制重大事故、杜绝特大事故，创建国家安全发展示范城市。

切实强化社会治理。创新社会治安防控体系，严厉打击各类刑事犯罪，坚持命案必破、侵财必打、逃犯必追、黄赌毒必治、黑恶势力必除，进一步增强群众安全感。

不断强化食品安全。健全食品药品安全监管体系，以“零容忍”的态度严惩食品药品违法行为，坚决治理餐桌上的“污染”，切实保障“舌尖上的安全”。

着力强化公共安全。突出消防、交通等重点领域安全整治，降低安全事故伤亡人数。推进城市安全设施建设，加强应急培训演练。创建国家防震减灾示范城市。

突出强化信访接待。畅通民意诉求渠道，调处纠纷、化解矛盾、促进和谐。完善落实重大信访案件包保制度，切实解决信访群众合理合法诉求。

（十）积极推进依法治市进程

治市必先治政。我们要深入贯彻依法治国基本方略，认真落实市委关于全面推进依法治市的实施意见，以建设法治政府为突破口，统筹做好政府立法、执法、普法等各领域工作，奋力开创依法治市的新局面。

依法履行政府职能。推动机构、职能、权限、程序、责任法定化，切实做到法无授权不可为、法定职责必须为，坚决纠正不作为、乱作为，坚决克服懒政、怠政，坚决惩处失职、渎职。

推进法治领域改革。健全依法决策机制，创新政府立法机制，改革行政执法体制，坚持严格规范公正文明执法，强化对行政权力的制约和监督，努力把政府工作全面纳入法治轨道。

加快建设法治社会。积极开展普法宣传教育。围绕征地拆迁、企业用工、物业管理等十个热点难点问题强化公共法律服务。健全依法维权和化解纠纷机制，保证群众合法权益得到有效保护。

各位代表！做好政府工作，必须加强自身建设。

我们要自觉接受市人大及其常委会的法律监督和工作监督，接受市政协的民主监督，主动听取各民主党派、工商联以及无党派人士的意见建议。

我们要厉行节约、反对浪费，坚持过紧日子。严格执行“约法三章”：政府机关楼堂馆所一律不得新建，财政供养人员总量只减不增，“三公”经费只减不增。

我们要巩固和拓展党的群众路线教育实践活动成果，以锲而不舍的决心和毅力，把作风建设不断引向深入。所有公务员都要以人民利益至上，廉洁奉公，勤勉尽责，当好人民公仆。各位代表！人民的期待殷切而又厚重，肩负的使命光荣而又艰巨。让我们在市委的正确领导下，抢抓机遇，真抓实干，奋力拼搏，为加快城市转型升级、建设幸福长春而努力奋斗！

2014年长春市国民经济和社会发展统计公报

长春市统计局

全市人民在市委、市政府的正确领导下，全面贯彻落实党的十八大和十八届三中、四中全会精神，积极应对复杂多变的国际国内经济环境，扎实推进各项工作，国民经济稳步增长，各项社会事业全面进步，民生状况不断改善，为全面建成小康社会奠定了良好基础。

一、综合

初步核算，全年实现地区生产总值5342.4亿元，按不变价格计算，比上年增长6.6%。其中，第一产业增加值332.0亿元，比上年增长4.7%；第二产业增加值2813.6亿元，增长6.9%；第三产业增加值2196.8亿元，增长6.6%。三次产业结构为6.2：52.7：41.1。对经济增长的贡献率分别为：4.4%、55.0%、40.6%。人均生产总值达到70891元（按户籍年平均人口数计算），比上年增长6.8%，折合11585美元。

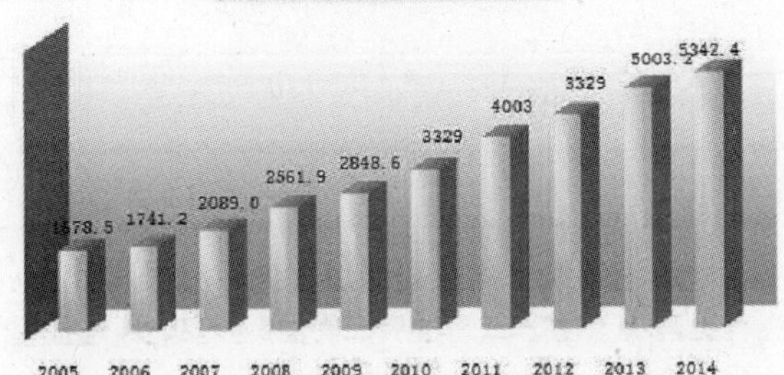

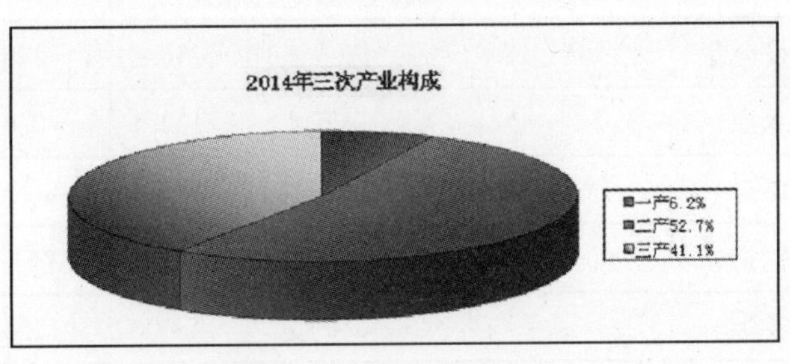

全市一般预算全口径财政收入1156.6亿元，增长7.3%。全市地方财政收入397.3亿元，增长4.1%，其中，税收收入320.3亿元，增长3.6%。地方财政支出675.8亿元，增长6.8%，其中，教育支出85.6亿元，下降11.0%；社会保障和就业支出76.7亿元，增长6.5%；医疗卫生与计划生育支出50.5亿元，增长9.3%；交通运输支出30.0亿元，增长73.8%。全口径财政收入占GDP的比重为21.5%，与上年同期持平。

全年居民消费价格总指数为102.2%，增幅比上年缩小0.8个百分点，分八大类看，家庭设备用品及维修服务和交通和通讯价格比上年有所上涨，食品类价格与上年持平，其余价格有所下降。

工业品出厂价格上涨0.1%，其中：生产资料价格上涨0.2%，生活资料价格与上年持平。工业生产者购进价格下降0.6%。

居民消费价格指数

单位:%

指　　标	2013年	2014年
居民消费价格总指数	103.0	102.2
服务项目价格指数	102.8	101.5
消费品价格指数	103.0	102.5
食　品	104.0	104.0
烟　酒	100.3	99.8
衣　着	104.9	101.9
家庭设备用品及维修服务	100.7	101.5
医疗保健和个人用品	100.9	100.2
交通和通讯	99.0	100.2
娱乐教育文化用品及服务	103.7	101.4
居　住	103.8	102.4
商品零售价格指数	101.3	101.2

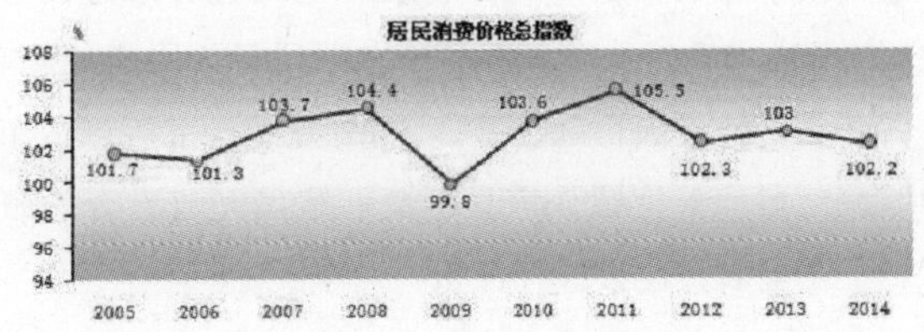

全市从业人员总数已达到455.6万人，增长3.6%。其中，城镇单位从业人员126.8万人，从事个体劳动的有57.7万人。2014年城镇非私营单位就业人员平均工资56014元，比上年增长8.6%。

二、农业

全年完成农林牧渔业总产值626.9亿元，比上年增长5.8%。其中，种植业产值322.5亿元，增长3.99%；林业产值3亿元，增长28.8%；牧业产值279.8亿元，增长7.9%；渔业产值5.2亿元，增长5.3%；农林牧渔服务业产值16.2亿元，增长1.5%。

全年农作物总播种面积133.6万公顷，比上年减少0.3%。粮食总产量达到968万吨，比上年减少16.4万吨。其中，玉米产量820.5万吨，增长3.7%；水稻产量125万吨，减少18%。猪出栏632万头，增长2.8%；牛出栏107.2万头，减少14.4%；羊出栏37.6万只，增长3.6%；家禽出栏2.4亿只，减少4%。肉类产量达到113.8万吨，比上年下降2.2%、蛋牛奶产量达到31.7万吨和6.9万吨，比上年同期增长0.6%和4.5%。

主要农副产品产量

指标	单位	2014 年	比上年增长%
粮食总产量	万吨	968	-1.7
蔬菜总产量	万吨	258	-3.4
肉类总产量	万吨	113.8	-2.2
禽蛋总产量	万吨	31.7	0.6
牛奶总产量	万吨	6.8	4.5
出栏生猪	万头	632	2.8
出栏家禽	亿只	2.4	4.0

全年农业机械总动力为600万千瓦，比上年增长8.1%。

全市蔬菜耕地面积为75700公顷，比上年增长1.9%，蔬菜总产值71.2亿元，下降19.7%。全市有效使用绿色食品标志产品89个，有机食品35个，无公害农产品493个，认定无公害农产品基地112个，面积78.5万亩。

全年落实国家粮食直补、农资综合直补、农机购置补贴和重大技术补贴资金共25.5亿元。全市高标准建设省级新农村示范村72个，落实新农村建设项目6大类154项，获得省新农村建设项目补助资金3162万元；重点打造了合隆镇陈家店村、卡伦镇任家村、龙嘉镇红光村、合心镇新农家村7个新农村建设标杆村和一批样板村群。

全市农产品加工业企业产值实现1763亿元，比上年增长12.3%。新开工建设3000万元以上项目24个，完成投资29.2亿元，增长11.4%。省级以上和市级龙头企业数量分别发展到97户和198户。

三、工业 建筑业

全年完成规模以上工业增加值2415.7亿元，比上年增长6.7%。规模以上工业企业万元增加值综合能源消耗降低率为9.1%。

全年完成规模以上工业总产值9831.1亿元，比上年增长6.7%。汽车制造业累计完成产值5894.2亿元，增长7.7%，占规模以上工业总产值的60%；农副食品加工业完成产值1399亿元，下降0.3%，占规模以上工业总产值的14.2%；生物与医药工业完成产值132亿元，增长16.4%，占1.3%；光电子信息工业完成产值120.4亿元，增长8.1%，占1.2%；建材工业完成产值688.4亿元，增长5.5%，占7%；能源工业完成产值550.4亿元，增长3.2%，占5.6%；装备制造业完成产值609.6亿元，增长16.6%，占6.2%。51户重点工业企业完成工业总产值7382.3亿元，占规模以上工业总产值的比重达到75.1%。

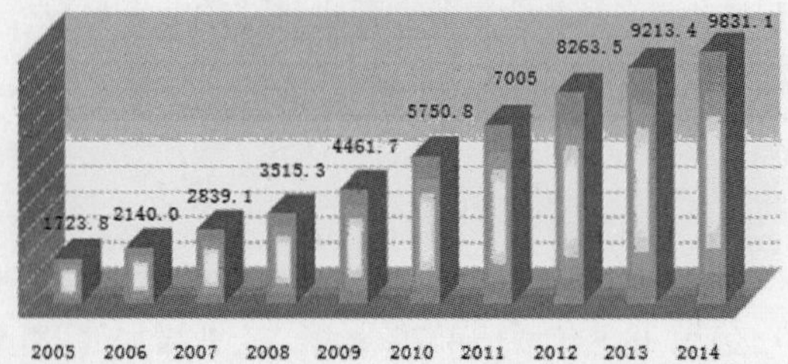

2014 年主要工业产品产量

产品	单位	产量	比上年增减%
汽车	万辆	250.3	11.4
#轿车	万辆	182.2	11.9
#公路客车	万辆	2	-57.5
#载货汽车	万辆	15.4	-13.9
铁路客车	辆	222	-68.7
变压器	万千伏安	405.7	5.1
橡胶轮胎外胎	万条	348.4	-0.3
中小型拖拉机	台	3536	76.6
工业自动调节仪表与控制系统	万台	3.8	-6.4
发电量	亿千瓦时	256.6	2.5
水泥	万吨	2122.1	-0.6
原煤	万吨	416.4	-1.5
钢材	万吨	15.7	-33.1
卷烟	亿支	200	12.4
啤酒	万吨	30.8	-10.3
中成药	吨	3078	6
饲料	万吨	417.6	9.2
精炼食用植物油	万吨	23.3	112.5
软饮料	万吨	82.5	-3.8
农用塑料薄膜	万吨	13.6	561.5
服装	万件	541.4	-26.7

全年实现主营业务收入10251.7亿元，比上年增长6.9%；利税总额1536.5亿元，增长16.5%；盈亏相抵后实现利润总额910.4亿元，增长24.9%。

全年建筑业完成增加值447.0亿元，比上年增长7.7%。资质以上建筑业完成总产值1243.1亿元，比上年增长22%。实现工程结算收入1164.6亿元，增长18.1%。

四、固定资产投资

全年完成全社会固定资产投资总额3924.5亿元，比上年增长15.1%。其中：房地产开发投资534.4亿元，下降12.9%。新增固定资产3437.5亿元。固定资产交付使用率为89.2%，比上年提高11.8个百分点。房屋面积竣工率为23%，比上年下降3.6个百分点。

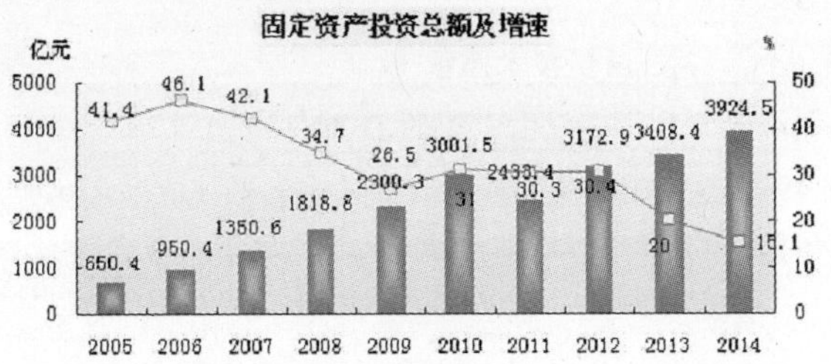

从各产业完成投资情况看，第一产业投资39.3亿元，增长2.6%；第二产业投资1946.7亿元，增长23.2%；第三产业投资1866.7亿元，增长9.4%。从投资主体看，国有经济投资996.8亿元，增长1.5%；非国有经济投资2855.9亿元，增长21.9%，占全社会固定资产投资的比重为74.1%。民间投资2752.9亿元，增长23%。全市工业投资1880.6亿元，增长21.3%，对全社会投资增长的贡献率达62.6%。

全市商品房施工面积6069.5万平方米，比上年增长7.7%。商品房竣工面积772.6万平方米，下降23.4%。商品房销售面积758.8万平方米，下降10.4%。商品房销售额475.1亿元，下降6.9%。空置面积523.1万平方米，增长5.2%。

2014年，二手房成交4万套，成交面积359.3万平方米，比上年下降22.2%；其中：二手住房成交3.8万套，成交面积312.2万平方米，下降22.9%。

五、国内贸易

全年实现社会消费品零售总额2217.5亿元，比上年增长12.6%。分行业看，批发零售贸易业零售额2005.9亿元，增长12.7%。其中：限额以上批发零售贸易业零售额879.3亿元，增长6.2%；限额以下批发零售贸易业零售额1126.5亿元，增长18.4%。住宿和餐饮业零售额211.7亿元，增长10.9%。其中：限额以上住宿餐饮业零售额24.0亿元，下降4.9%；限额以下住宿餐饮业零售额187.7亿元，增长13.1%。

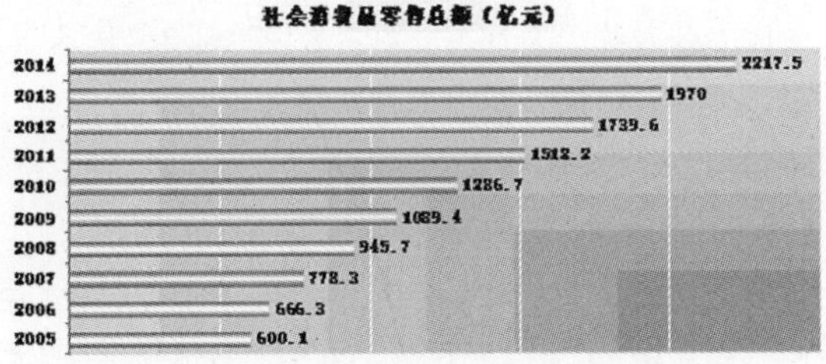

2014年社会消费品零售额及其增速

单位：亿元

指　　标	2014年	比上年增长%
社会消费品零售总额	2217.5	12.6
按行业分：		
批发、零售贸易业	2005.9	12.7
其中：限额以上批发零售贸易业	879.3	6.2
住宿、餐饮业	211.7	10.9

2014年，我市限额以上批发和零售企业汽车类零售额234.8亿元，增长5.4%；粮油、食品、饮料、烟酒类零售额100.8亿元，增长7.2%；服装鞋帽针纺织品类零售额139.9亿元，增长2.5%；金银珠宝类零售额32.6亿元，增长3.7%；家用电器和音像器材类零售额52.0亿元，下降6.6%；石油及制品零售额127.0亿元，增长6.7%。

六、对外经济 旅游 会展

全年实现进出口总额207.2亿美元，比上年增长1.7%。其中，进口182.5亿美元，增长6.7%；出口24.7亿美元，下降24.7%。在出口企业中：一般贸易企业出口18.3亿美元，下降29.0%；加工贸易企业出口6.2亿美元，下降9.1%。

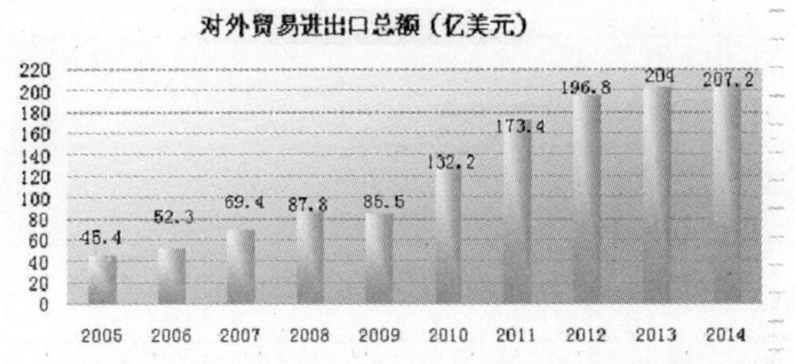

全年新批外资项目（企业）41个，全年实际利用外资50.0亿美元，比上年增长12.7%。其中，直接利用外资10.6亿美元，增长13.0%。

全年来长旅游人数达到4948.31万人次，比上年增长17%。其中，接待入境游客39.45万人次，比上年增长4.3%；接待国内旅游者4908.83万人次，增长17.1%。全年旅游总收入851.2亿元，增长25%。旅游外汇收入28900万美元，增长18.9%。

全市共举办规模以上会展活动125项，展览面积240万平方米，同比分别增长15%和20%。展会直接收入40亿元，带动其他相关产业收入360亿元，同比分别增长12%和13%。

七、交通邮电业

全年公路货物周转量334.9亿吨公里，增长8.4%；旅客周转量为59.0亿人公里，增长2.6%。民航完成货邮吞吐量7.4万吨，增长8.1%；完成旅客吞吐量742.2万人，增长10.2%。2014年末全市民用汽车保有量114.5万辆，增长12.4%。其中，私人汽车保有量96.6万辆，增长15.3%。

2014年完成邮电业务总量57.6亿元，下降22.8%。其中：邮政业务总量5.2亿元，增长3.2%；电信业务总量52.3亿元，下降24.7%。全年特快专递完成58万件，下降20.0%；邮政储蓄平均余额2616.4亿元，增长5.0%。全市市话年末达到130.5万户，下降14.2%；农话年末达到26.0万户，增长1.4%。移动电话年末达到868.7万户，下降22.9%。互联网用户已经达到392.6万户，下降36.4%，其中宽带用户110.9万户，增长9.6%。

八、金融 证券 保险

截至2014年末，全市拥有银行信社类金融机构37家，保险公司30家，证券公司2家，证券公司分公司14家，证券营业部56家，上市企业20家。

金融机构本外币各项存款余额8792.7亿元，比年初增长11.8%。其中，单位存款余额4748.0亿元，增长15.4%；储蓄存款余额3407.9亿元，增长8.8%。全市金融机构本外币各项贷款余额7532.4亿元，比年初增长14.3%。

2014年金融机构本外币存贷款及其增长速度

单位：亿元

指　　标	2014年	比年初增长%
各项存款余额	8792.7	11.8
其中：单位存款	4748.0	15.4
储蓄存款	3407.9	8.8
其中：人民币	3380.1	8.8
各项贷款余额	7532.4	14.3
其中：短期贷款	2186.7	19.0
中长期贷款	5125.7	12.2

全市股民帐户数达到138.3万户，比上年增长3.6%。有价证券成交总额1894.4亿元，比上年增长62.7%。其中，股票交易成交额1494.4亿元，增长59.4%；国债成交额345.4亿元，增长60.2%；基金成交额31.9亿元，增长355.5%。

全年保费收入128.9亿元，比上年增长20.9%。其中，财产险保费收入54.8亿元，增长18.9%；人身险保费收入74.1亿元，增长22.4%。全年赔付总金额49.0亿元，增长9.3%。其中，财产险赔付金额28.8亿元，增长9.0%；人身险赔付金额20.2亿元，增长9.8%。

九、城建

2014年末，全市完成道路新建和扩建长度115.76公里，全市道路总面积达到7113.21万平方米，道路长度达到3125.23公里，人均道路面积19.19平方米。

2014年，全市水厂日综合生产能力为117万立方米/日，城区使用自来水人数达360万人。全市人工煤气和天然气供气总量分别达到9309和53058万立方米；液化石油气供气总量达到4万吨。城区使用煤气、天然气、石油液化气户数达到140万户。城区集中供热面积达到15832万平方米。

到2014年末，全市公园绿地面积达到16046公顷，建成区绿化覆盖面积达到18244公顷，建成区绿化覆盖率达到41.5%。

十、科技 质量技术监督 教育

全年专利申请量由上年的7106件增加到7853件，增长10.4%。全年通过鉴定、验收和认定的科技成果276项，获得市以上科技进步奖励成果63项。其中：获省级奖励29项。

2014年末，在全市各级各类科技人员中，“两院”院士32人。全市拥有独立科学研究与技术开发机构89个。其中，自然科学和技术领域研究与开发机构58个，社会科学与人文领域研究与开发机13个，科技信息与文献领域机构3个。全市民营科技企业技术合同成交额达21.48亿元，累计技术合同成交额267.2亿元。市科技管理部门共投入科技经费12083万元。全市新认定高新技术企业33户。

全市有法定产品质量检验机构6个，法定计量技术机构11个。全年共定期监督检验产品1247批次。受理委托检验14328批次。国家和省的监督抽查产品质量平均合格率分别达到96.3%和95.8%。2014年，长春市各级各类教育学校1695所（不含幼儿园，以下同），其中：在长普通高校37所，成人高校8所，中等职业学校104所，普通高中68所，初中270所（含职业初中，以下同），小学1197所，特殊教育10所，工读学校1所。

全市各级各类学校招生人数39.8万人，其中：研究生1.7万人，普通本专科14.6万人，成人本专科5.5万人，中等职业学校1.38万人，普通高中3.87万人，初中阶段6.2万人，小学6.5万人，特殊教育104人。

全市各级各类学校在校人数140.4万人，其中在读研究生4.9万人，普通本专科在校生49.8万人，成人本专科生11万人，中等职业学校在校生4.8万人，普通高中在校生12.9万人，初中在校生18.5万人，小学在校生38.4万人，特殊教育在校生0.09万人。

全市各类教育学校专任教师9万人。其中：普通高等学校专任教师2.6万人，成人高校专任教师0.09万人，中等职业学校专任教师0.5万人，普通高中专任教师1万人，初中阶段专任教师2.1万人，小学专任教师2.7万人，特殊教育学校专任教师338人，工读学校29人。

十一、文化 卫生 体育

2014年全市共有文化（文物）事业机构225家，其中艺术表演团体3家，艺术表演场馆6家，公共图书馆12家，艺术馆、文化馆12家，文化站160家，文化艺术科研、科技机构2家，文物保护研究机构1家，文物保护管理机构3

家，其他文化事业18家，其他文化企业1家，博物馆9家，文化市场管理机构15家。公共图书馆总藏量439.9万册，其中少儿图书馆藏量61.3万册。

全市共有国家综合档案馆11个，馆藏档案140万卷、126万件，开放档案16万卷、10万件。

2014年，全市有各类文化经营场所950家，其中互联网上网服务营业场所619家（连锁75家），文化娱乐场所190家，演出场所15家，音像制品经营场所123家，古玩（美术品）经营店3家。其中市区（含开发区）文化经营场所591家，其中互联网上网服务营业场所521家（连锁73家），文化娱乐场所158家，演出场所9家，古玩（美术品）经营店3家。

2014年，全市有广播电台4座，节目10套，中波发射台和转播台9座，转播台9座，广播人口覆盖率为100%；电视台4座，节目9套，电视人口覆盖率为100%。

2014年末，全市卫生医疗机构4219个，下降0.17%。其中：医院、卫生院301所，增长0.67%，拥有医疗床位4.74万张，比上年增长5.46%。卫生技术人员为4.52万人，比上年增长4.02%。每千人拥有执业医师和执业助理医师2.49人。

2014年末，市辖区建成社区卫生服务中心63家，城区人口覆盖率达到99.5%，373万农民参加了新型合作医疗，常住人口参合率达到99.47%，共筹集资金15.2亿元，已有134万参合农民受益，支付补偿金14.8亿元，占筹资总额的97.4%。

全年成功承办了中国俱乐部超级联赛、瓦萨国际越野滑雪赛、中美俄职业男篮巡回赛等国际国内大型体育赛事9项次。举办了市乒乓球、篮球、速滑等省市各级各类体育赛事160项次。我市代表团参加了第二十二届索契冬奥会，在短道速滑、自由式滑雪空中技巧、雪上技巧比赛中夺得金牌、银牌、铜牌各1枚的优异成绩，继续保持了我市冬季项目全国前列位置。

以“繁荣群众体育，建设幸福长春”为主题，广泛开展全民健身活动2000项次，落实“健康长春——全民健身行动计划”，推进幸福长春建设，在雕塑公园、长春公园、净月公园等建设了10条健身步道，安装了100套健身路径，为12个乡镇、120个行政村安装健身器材。全年体育彩票销售15.3亿元，占全省销售比例的42%。

十二、环境保护

2014年末，全市区域环境噪声平均值控制在55.6分贝，道路交通噪声平均值控制在69.1分贝。

全市开展生态示范区试点面积1.9万平方公里，达到了幅员面积的91.4%，国家级生态示范区建成率达到100%。

全年城区空气环境质量优良级天数239天，占总天数的65.5%，其中，优级天数18天，占4.9%；良级天数221天，占60.5%；空气首要污染物细颗粒物（PM2.5）年日均值每立方米68微克，比上年下降5微克；二氧化硫年日均值每立方米41微克，比上年下降3微克；二氧化氮年日均值每立方米47微克，比上年上升3微克；饮用水源水质达标率100%。

十三、人口 人民生活 社会保障

2014年末，全市户籍总人口为754.5万人。其中，市区人口365.9万人，四县（市）人口388.7万人。全市人口出生率为10.36‰。

2014年，城市居民人均可支配收入达到27298.9元，比上年增长9.7%。农村居民人均纯收入11285.6元，增长10.8%。

2014年底，全市城镇企业职工基本养老保险参保人数达到196.7万人，比上年增长4.5%。其中，在职职工139.4万人，增长4.4%；城镇失业保险参保人数达到93.2万人，增长3.7%。全年征缴养老保险基金116.2亿元，增长16.2%；征缴失业保险基金12.1亿元。全年共为57.3万名离退休人员发放养老金124.6亿元，增长14.4%；为2万名失业人员发放失业金1.1亿元。

2014年城镇医疗保险参保人数达到407.2万人，工伤和生育保险参保人数分别达到126万人和113.2万人。

2014年全市共开发就业岗位14.8万个，实现城镇新增就业13.1万人，安置下岗失业人员实现在就业6.1万人，其中大龄就业困难对象再就业1.4万人。全市就业困难群体从事公益性岗位人员稳定在3.2万人以上，当年扶持463户零就业家庭实现就业。创建充分就业社区9个。累计实现农村劳动力转移就业119.5万人次。到年底，城镇登记失业率为3.75%。

截止到年末，全市城市居民共有7.27万户、12.51万人享受最低生活保障；农村居民共有10.84万户、14.81万人享受最低生活保障。累计全年发放城乡低保资金7.5亿元。

全市建设保障性住房1000套、建筑面积6万平方米、总投资额6000万元。

全市在民政部门注册养老服务机构共有515家，总床位数35916张。其中：国家办养老机构10家，社会力量投资兴办的养老机构408家。农村社会福利服务中心97所。全年销售社会福利彩票15.42亿元。募集善款5200万元，总支出慈善募捐款4469万元，受助群众达5万人次。

注：1、本公报各项统计数据为初步统计数。

2、本公报行业数据系有关部门（行业）提供。

3、本公报长春市生产总值、各产业增加值绝对数按现价计算，增长速度按可比价格计算。

县(市)区开发区经济

SPECIAL PEPORT

【农安县】2014年，面对宏观环境趋紧、经济下行压力加大的复杂形势，县委、县政府团结带领全县广大干部群众深入贯彻落实党的十八大、十八大三中全会精神，坚持稳中求进的总基调，全面推进新兴工业强县、现代农牧大县、特色文化名县、绿色生态美县发展战略。全县经济和社会呈健康稳定的发展态势，幸福农安建设取得显著成效。

一、综合

全年经济持续增长，结构调整、转型升级取得实效，并连续三年挺进全国经济百强县。全年实现地区生产总值381.0亿元，按不变价格计算同比增长8.4%。分产业看，第一产业增加值95.4亿元，按不变价格计算同比增长5.1%；第二产业增加值117.7亿元，按不变价格计算同比增长10.2%；第三产业增加值167.9亿元，按不变价格计算同比增长8.8%。三次产业结构之比为25.0：30.9：44.1。按常住人口计算，全县人均地区生产总值达到33088元，同比增长8.8%。

二、农业

全县继续加大农业科技投入，积极推广新技术，农业发展取得新的进步，粮食综合生产能力不断增强，在局部干旱的不利气候条件下全县粮食仍然高产，农民收入不断提高。全县农机总动力达到192万千瓦，拖拉机保有量达到9.7万台，其中：大型拖拉机达到8901台；玉米收割机保有量达到3099台，保有量位居全省第一。玉米机械化收获率可达到73%，主要粮食作物耕种收综合机械化水平达到89%。全年实现农林牧渔业总产值173.6亿元。

农业：全年实现第一产业增加值95.4亿元，同比增长5.1%。全年粮食播种面积36.2万公顷，与上年持平，其中：玉米播种面积33.8万公顷，与上年持平；经济作物播种面积3.2万公顷，与上年持平。

全年粮食产量300万吨，同比下降6.3%。其中：玉米产量283.2万吨，同比下降5.8%；大豆产量1.4万吨，同比下降12.5%；水稻产量8.4万吨，同比下降22.9%。

全年油料总产量1.9万吨，同比增长18.7%。其中：葵花籽产量0.9万吨，同比下降10%；蔬菜产量37.5万吨，同比增长2.2%；瓜果产量12.7万吨，同比增长53%。

全年农用化肥施用量27.8万吨。农村用电量25083万千瓦/时。

林业：全年完成造林面积1130公顷，同比增长32.3%。

牧业：全年实现牧业总产值81.5亿元，同比增长7.5%。

渔业：全年水产品产量0.5万吨，与上年持平。

三、工业和建筑业

一年来，全县突出工业立县战略，不断加强招商引资、拓宽融资渠道，扩大工业总量，壮大骨干企业，工业稳步发展。

全年实现规模以上工业总产值275.2亿元，同比增长17.8%。规模以上工业增加值63.2亿元。全县规模以上企业共119户，同比增加28户。在规模以上工业中，食品加工业、石油化工业增加值分别增长11.5%和18.4%。

全县共有资质以上建筑业企业10家。全年实现建筑业增加值36亿元，按不变价格计算同比增长9.1%。

四、固定资产投资和房地产开发

一年来，全县投资结构不断优化，外资比重继续增加，服务业项目投资比去年明显增长。不断加强招商引资，项目建设成果喜人。旺旺乳制品加工、华润天然气、路通轨道客车配件等项目已投入生产。

固定资产投资：全年全社会固定资产投资完成223.0亿元，同比增长31.2%。其中：工业投资152.2亿元，占全社会固定资产投资额的68.3%。

全县共有资质以上房地产开发企业26家，同比增加4家。全县全年共完成房地产开发投资13.1亿元，同比增长17.7%。

五、贸易和服务业

全县现代化物流业快速发展，市场经济更加繁荣。吉刚农安汽贸城、金泰钢材物流市场运营良好。物流业发展给服务业带来新的活力，促进了本地居民消费水平的提高。批发和零售业、住宿和餐饮业等在经济增速放缓的背景下，增长平稳。金马城市广场、伏龙泉商贸物流园等商贸园不断扩大物流服务业领域，带动了周边大宗工农业产品流通，形成了现代化物流网络。

全年实现社会消费品零售总额118.9亿元，同比增长13.3%。

六、财政和金融业

全年财政收支运行情况良好，全县经济增长速度平稳，结构调整优化，非税收入占地方级财政收入比重略有上升。全县继续优化支出结构，社会事业持续投入，公共服务实现均衡发展。不断加强财政支出管理，财政对资金的调控能力进一步提升，基本支出和项目支出均得到了有力保障。认真落实控制经费支出的各项措施，着力构建厉行节约的长效机制，提高财政资金使用效益。

财政：全年完成全口径财政收入25.7亿元，同比增长8.7%，完成年度调整预算的100.1%；地方级财政收入完成14.0亿元，同比增长4.7%，完成年度调整预算的94.0%；全县公共财政预算支出47.4亿元，同比增长16.3%。

分部门看，国税部门完成11.9亿元，同比增收19748万元，同比增长19.8%，完成年度预算的114.2%；地税部门完成10.2亿元，同比减收1338万元，同比下降1.3%，完成年度预算的88.9%；财政部门完成3.6亿元，同比增收

2199万元，同比增长6.5%，完成年度预算的95.2%。

从主要税种收入完成情况看，增值税（100%部分）完成3.7亿元，同比增收15411万元，同比增长71.8%；营业税完成2.7亿元，同比减收7042万元，同比下降20.9%。企业所得税（100%部分）完成1.6亿元，同比增收1647万元，同比增长11.3%；个人所得税（100%部分）完成2650万元，同比减收235万元，同比下降8.1%；耕地占用税完成2.8亿元，同比增收1363万元，同比增长5.0%；消费税完成6.9亿元，同比增收2437万元，同比增长3.7%。

金融：全县年末金融机构人民币各项存款余额227.4亿元，同比增长18.3%；其中单位存款余额41.6亿元，城乡居民储蓄存款183.7亿元。金融机构各项贷款余额186.9亿元，同比增长35.5%；其中，短期贷款余额119.3亿元，中长期贷款余额67.6亿元。

七、卫生和教育

全县深入推进医药卫生体制改革，落实国家基本药物制度。在县级公立医院、29家乡镇卫生院和377家村卫生室实施了国家基本药物制度，县乡村三级医疗机构执行国家基本药物制度覆盖率达到100%。县医院医疗救助中心对城乡低保户继续实施医疗费用减免，共救助低保户828人。推进校园校舍标准化建设，启动了农安四中迁址新建项目，重点落实学前三年行动计划，完成县第二幼儿园建设任务，并正式投入使用，扩充公办幼儿园承载能力，提升学前教育普及水平。

教育：全县共有6所高级中学、40所初级中学、1所职业中学、304所小学、75所幼儿园和1所特殊教育学校。教职工人数共12449人。全县所有在校学生112280人，其中高级中学11004人；初级中学20318人；职业中学1014人；小学56112人；幼儿园13482人；特殊教育143人。

卫生：全县共有卫生机构（医院+乡村卫生所）410处，其中医院33处；乡镇卫生所．站377处。全县卫生从业人员共有3173人，其中卫生技术人员2697人，每万人（常住人口）拥有卫生技术人员23.4人。全县共有床位2858张，每千人（常住人口）拥有床位2.48张。

八、人口与人民生活

全年民生投入占财政支出80%以上，社会保障能力明显增强，新增近万个就业岗位，为城镇农村转移大量剩余劳动力。养老保险工作稳步推进，基本实现应保尽保，新农合基本实现全覆盖。全县各部门民生工作扎实推进，人民生活水平明显提高，群众幸福感明显增强。

2014年末，全县户籍总人口达到1153644人，同比增长0.4%。其中，农业人口923897人，非农业人口229747人。

全县人口出生率7.30‰，人口死亡率6.03‰，人口自然增长率1.27‰。

全县年末在岗职工35075人，在岗职工年平均工资36769元（初步统计），同比增长6.2%。全年城镇常住居民人均可支配收入20048元，同比增长10.7%，农村常住居民人均可支配收入11060元，同比增长5.5%。

九、城市建设

加大保障性住房建设，改造城市D级危房占地面积2.1万平方米，共306户。完成农村危房改造1274户。60套廉租住房续建工程已竣工，并新建252套廉租房已全部开工。棚户区改造回迁楼占地面积4.9万平方米，建筑面积12万平方米，共987套。“暖房子”改造工程完成城区剩余的60万平方米，共134栋，供热管网改造23.8公里，基本实现“住得温暖”的目标。

【九台市】014年，面对错综复杂的外部环境和经济下行压力，全市上下在市委、市政府的坚强领导下，坚持稳中求进的工作总基调，统筹推进稳增长、促改革、调结构、惠民生的各项工作，全市经济在新常态下平稳运行，各项社会事业取得新的进步。

一、综合

初步核算，全市实现生产总值388.6亿元，按可比价格计算，比上年增长7.5%。其中，第一产业增加值40.3亿元，增长4.4%；第二产业增加值205.6亿元，增长9.0%；第三产业增加值142.7亿元，增长6.0%。三次产业结构调整为10.4：52.9：36.7。按户籍人口计算，全市人均生产总值达到47026元，比上年增长6.9%。

全年实现全口径财政收入20.34亿元，比上年下降14.7%；地方级财政收入13.01亿元，下降18.4%。税收收入10.4亿元，下降19.1%。全年财政支出42.8亿元，比上年下降1.9%。其中，教育、社会保障和就业以及医疗卫生等民生支出20.6亿元，占财政总支出的48.1%。

二、农林牧渔业

全年农林牧渔业完成总产值77.3亿元，比上年增长2.7%。其中，农业产值40.2亿元，增长1.5%；林业产值0.4亿元，增长394%；牧业产值34.1亿元，增长3.3%；渔业产值1亿元，下降3%。

全年农林牧渔业实现增加值40.3亿元，比上年增长4.4%。其中，农业增加值24.6亿元，增长1.5%；林业增加值0.16亿元，增长394%；牧业增加值14.2亿元，增长3.3%；渔业增加值0.51亿元，下降3%。

全市农作物播种面积达到183396公顷，比上年下降1.25%。粮食产量达到112.2万吨，下降1.3%。其中，玉米产量91.4万吨，增长2.7%。

全年肉类总产量19.3万吨，比上年增长1.6%；禽蛋产量4万吨，增长3.2%；奶类产量1.9万吨，增长1.3%。

三、工业和建筑业

2014年末，全市共有规模以上工业企业213户，规模以上工业企业总资产达244.7亿元。全年规模以上工业实现总产值503.5亿元，比上年增长15.3%；全市工业形成了以机械加工、农副产品加工、生物制药、矿产能源、建材材料五个行业为主导产业，这五大主导产业占规上工业总产值的75%左右。全市实现工业增加值139亿元，其中规上工业实现增加值100.5亿元，按可比价格计算，比上年增长13.1%；实现利润31.2亿元；完成销售收入487亿元，比上年增长15.1%；实现税金19.2亿元，比上年增长8.5%.

全市有资质建筑业企业13户，全年建筑业实现产值239.4亿元，比上年增长3.8，全年建筑业实现增加值66.6亿元，比上年增长3.6%。2014年九台市全年在建工程项目20个，在建工程建筑面积125万平方米。截至2014年末，竣工验收房屋建筑工程431项，建筑面积155万平方米。

四、固定资产投资

2014年全社会固定资产投资达到234亿元，比上年增长13%，其中工业投资完成134亿元，比上年增长18.1%。2014年，全市投资3000万元以上的新建、续建项目165个，其中亿元以上项目98个；计划总投资561亿元，实际投资60.5亿元。

五、国内贸易和对外经济

全年实现社会消费品零售总额115亿元，比上年增长13.1%。按行业分，零售业实现零售额105.3亿元，占零售总额的95%；住宿餐饮业实现零售额4.7亿元，占零售总额的5%。全年限额以上零售额4.9亿元，占零售总额4.3%。

全年实现进出口总额2236万美元，比上年增长1.8%。其中，进口额1883万美元，增长53.8%；出口额353万美元，下降62.9%。

2014年全市实际利用外资8418.7万美元，比上年增长14.1%；外商直接投资4164.4万美元，比上年增长12.4%。

六、交通和邮电

到2014年末，全市公路总里程达6047.6千米。其中，省级、县级公路388.5千米；乡道501千米；村屯公路5114千米。在等级公路中，一级公路达62.26千米，二级公路达59.67千米，三级公路达231.57千米，四级公路达3512.6千米，通村砂石路2062.7千米。2014年完成货运量1528万吨，货运周转量287148万吨千米；完成客运量1205.3万人次，完成客运周转量805413万人千米。2014年末，邮政业务总收入4654万元，同比增长10.31%，其中代理金融专业实现业务收入3714万元，函件专业实际完成175万元集邮专业实际完成230.84万元，分销专业 实际完成69.21万元，电子商务实际完成91.17万元，报刊业务一次性收订流转额573.58万元，其他业务：包裹业务实际完成19.46万元，代理速递业实际完成30.79万元。

七、金融、保险业

2014年末全市金融机构各项存款余额168.5亿元，比上年增长7.6%。其中居民储蓄存款余额134.4亿元，比上年增长13.3%；全市金融机构各项贷款余额110.9亿元，比上年增长38.9%。2014年保险业实现总产值30183万元，比上年增长14.4%。

八、教育

全市现有各级各类学校204所。其中，幼儿园72所（教育部门办28所，民办44所），小学91所（独立小学15所，村小76所），普通初中33所（独立初中9所，一贯制学校24所），普通高中5所（独立高中4所，完中1所），特殊教育学校1所，职业学校1所，教师进修学校1所。在校学生总数78 546人，教职工总数9 382人，其中专任教师7358人。2014年，教育项目投入资金1 032万元，实施了实验小学分校建设项目、其塔木中心校异地新建项目、薄弱校改造项目和幼儿园新建改建等15个基建项目。

九、文化、体育和卫生

文化方面：全年围绕重大节日以“欢乐家园、幸福九台”为主题，开展系列文体活动42次。依靠政府搭台，依靠团体唱戏、依靠骨干挑梁，创特色品牌，开展了庙香山滑雪音乐节、泥土芳香美术作品展、迎新春剪纸作品展、元宵佳节秧歌会、农民文化节、农民艺术节、中老年台球赛、中老年乒乓球赛、吉林省第十七届运动会煤球比赛、中秋节文艺演出、迎国庆广场文艺演出等一系列的特色文体活动42次。以农村文化节、社区艺术节为载体，开展了社会主义核心价值观培树活动，全市城乡分别组织开展各类主题活动130多次，参加人员达2万余人。全年开展辅导活动30次，培训文体骨干1 200人。为活跃基层文化活动，文化馆、图书馆、体育总会、乡（镇）文化站组织文化干部深入基层开展文化辅导活动24次，聘请省、市专家到九台举办文体骨干培训班6期。

体育方面：九台市组队参加了吉林省第十七届运动会田径、速度滑冰、短道速滑、柔道、射箭、摔跤、跆拳道、举重8个项目的比赛，共获得28枚金牌、15枚银牌、16枚铜牌，总分1 113.5分，金牌总数和总得分数均位列全省县（区）组61个参赛单位第二名，创造了九台竞技体育训练工作的历史最好成绩。九台市少儿体校被吉林省体育局评为2013年~2016年度吉林省体育后备人才基地，于2014年5月顺利通过复检，正式挂牌。

卫生方面：2014年，九台市有各级各类医疗卫生机构1 080家。市级卫生单位7家（医疗机构1 073家，其中有市直二级医院3家；省级医院1家；乡（镇）卫生院23家，街道社区卫生服务中心4家；城区内民营医院8家；驻市及外系统医院5家；门诊部16家；个体诊所101家；驻市卫生所9家；村级卫生室及村诊所903家。全市有开放病床3117张，其中城区2257张、农村860张。2014年，全市有549 615人参加新型农村合作医疗，参合人数占常住农业人口的99.2%。全年参合农民中有93 321人，在各级定点医疗机构就诊并受益，共支出参合基金19 704万元，占年度可支配基金总额的94.36%。

十、人口、就业、收入和社会保障

年末全市户籍总人口为82.6万人。其中，非农业人口18.5万人，占总人口的22.4%；农业人口64.1万人，占总人口的77.6%。人口出生率为8.9‰，死亡率为5.2‰，自然增长率为3.7‰。

全年开发城镇就业岗位9500个；其中城镇新增就业7200人，下岗失业人员再就业3200人，“4050”大龄人员就业565人，城镇登记失业率控制在4%以内，解决零就业家庭比率100%；

全年城镇职工基本医疗保险参保56376人，城镇居民基本医疗保险参保人数176028人。自7月1日起，城镇居民基本医疗保险统筹基金年度最高支付限额由原来的6万元提高到16万元，年末全市共有社会福利机构26家，拥有床位数2840张，收养人数2550人。全市城乡居民享受最低生活保障人数48339人，其中城市享受低保人数18231人，农村享受低保人数30108人。

2014年全市非私营单位从业人员平均工资为34018元，全市城镇常住居民人均可支配收入为17987元，比上年增长8.1%；农村常住居民人均可支配收入为10972元，比上年增长8.5%。

十一、环境保护、安全生产和城市建设

环境保护方面：全年共完成建设项目环评审批215个，发放排污许可证210个。三是严格执行“三同时”管理制度，2014年共受理申请竣工验收项目29个，通过验收29个。华能九台电厂1、2号机组脱硝设施全年稳定运行，综合脱硝效率达70%以上。九台市城市污水处理厂等重点减排项目稳定运行，达标排放。大力加强大气污染治理，实现了城市空气优良天数338天。

安全生产方面：开展安全专项整治和隐患排查治理工作，对全区煤矿全面进行停产整训，共组织学习会、培训班136场次，培训各类人员8 138人次。全区排查机关、企事业单位18292家次，排查各类隐患5 485个，整改4540个，停产停业73家，打击非法违法行为366起。2014年全区工矿商贸、道路交通、消防火灾三类事故发生数均低于上年，安全生产形势保持了总体稳定、持续向好的发展态势。

城市建设方面：2014年全社会用电量95244万千瓦时，比上年增长4.6%。其中工业用电量52991万千瓦时，比上年增长2.8%。

2014年，九台市给排水有限责任公司共完成居民进户安装25户，管线总长626米；完成3处的单位安装，管线总长1050米；完成11个新建小区一次网、二次网安装，管线总长21039米；完成中6处给水改线工程，管线总长3061米；完成了14个小区78栋楼6326米的二次供水外网改造。

2014年末我市主城区供热面积达643万平方米，供热户数73000户，新增换热站合计54处。

2014年末民用天然气累计安装开栓28053户，九台燃气公司全年累计售气589.97万立方米。

2014年城区污水处理率达到了95%，污水收集率95%，负荷率达到80%。全年连续达标排放处理水量累计780.25万吨，污泥处置量1593吨。

【榆树市】2014年，全市人民在市委、市政府的正确领导下，认真学习实践科学发展观，深入实施“一个中心、四大基地”发展战略，凝心聚力，开拓进取，改革创新，科学谋划，着力推动经济发展方式转变和结构升级，人民生活水平不断提升、各项社会事业全面进步，经济社会平稳健康发展。

综合

2014年，全市生产总值实现3893490万元，按不变价格计算，比上年增长6.4%。其中：第一产业增加值实现1016149万元，按不变价格计算，比上年增长5.1%；第二产业增加值实现1071125万元，按不变价格计算，比上年增长8.2%，其中：工业增加值实现724276万元，按不变价格计算，比上年增长7.5%，其中：规模以上工业增加值实现288936万元，按不变价格计算，比上年增长7.5%；建筑业增加值实现346849万元，比上年增长9.8%；第三产业增加值实现1806216万元，按不变价格计算，比上年增长6.2%。

连续九年跻身全国最具投资潜力中小城市百强，被评为全国农业标准化示范市、生态文明先进市、绿色宜居城市、文化先进市。

农业

农业生产稳步增长，粮食总产量再创新高。全市总播种面积391126公顷。其中：粮食播种面积378851公顷，比上年增加309公顷。水稻播种面积71747公顷，玉米播种面积296025公顷，大豆播种面积2645公顷，马铃薯播种面积8434公顷。蔬菜播种面积10495公顷，瓜类播种面积1091公顷，烤烟播种面积550公顷，药材播种面积139公顷。粮食总产量达到3350000吨，其中玉米2720059吨，水稻557121吨，大豆10408吨，薯类62412吨。我市连续十一年获得“全国粮食生产标兵县（市）”的荣誉称号。农业总产值实现1884308万元，比上年增长6.9%，其中：种植业产值1053862万元，比上年增长3.7%；林业产值7306万元，比上年增长121.8%；牧业产值768929万元，比上年增长3.4%；渔业产值11436万元，比上年增长6.4%；农林牧渔服务业产值42775万元，比上年增长3.6%。

园艺特产业不断发展。全市温室、大棚面积4400公顷，产值达到69亿元。蔬菜园区发展到106个。大棚发展到5.5万栋，产值实现48亿元。

2014年末，全市新建牧业小区20个，总数达到783个。全市生猪存栏1085710头，比上年增长1.1%，牛存栏713663头，比上年增长0.9%，羊存栏102405只，比上年增长1.5%。奶类总产量29775吨。禽蛋总产量82498。肉类总产量254455吨。

工业和建筑业

2014年，全口径工业总产值实现3495206万元，比上年增长5.4%。增加值实现724574万元，按不变价格计算，比上年增长7.5%。规模以上工业企业发展到68户，总产值实现1793051万元，比上年增长9.8%，增加值实现288936万元，按不变价格计算，比上年增长7.5%。

2014年，全市建筑业增加值实现346849万元，按不变价格计算，比上年增长9.8%。全市有资质建筑企业8户，产值实现66230万元。

民营经济

2014年，全市民营经济户数发展到21367户，从业人员达到282390人。民营经济总产值实现11839800万元，比上年增长19.1%。利润总额实现874000万元，比上年增长11.4%，实交税金71439万元，比上年下降16.6%，民营经济增加值实现2890370万元，按不变价格计算，比上年增长6.3%。民营经济增加值占全市生产总值的比重达到74.2%。

固定资产投资

2014年，全市共引进内资42.75亿元，引进外资7875万美元。全社会固定资产投资完成额1868279万元，比上年增长16.8%，其中：工业固定资产投资完成额1626135万元，比上年增长23.7%。城镇固定资产投资完成额1865302万元，比上年增长16.5%，其中：工业固定资产投资完成额1626315万元，比上年增长16.8%。房地产开发投资完成额2977万元。

2014年"暖房子"改造工程改造楼房86栋、43.75万平方米。投资4000万元，新建廉租住房306套、1.49万平方米，发放租赁补贴3200户。改造城市棚户区5个区段，建设回迁安置住房1677套、13.03万平方米。

交通运输及邮电业

计划总投资38亿元的五右高速公路（榆树段）工程的预可研已经完成。计划总投资16亿元的黑大公路拓宽工程完成可研。投资1.8亿元，建设屯屯通水泥路400公里。投资3000万元，改建危险桥33座。投资1256万元，更新客车37台。投资60万元，建设改造拉林河流域和松花江流域渡口三处；投资895万元，养护国省干线374公里，农村水泥路4500公里。投资60万元建设了趸船，提升了海事管理能力。

2014年，邮电业务总量达到47211万元，比上年增长5.3%，本地电话用户总数达到117759户，移动电话用户总数达到717896部，互联网上网用户63755户。

国内贸易

2014年，全市社会消费品零售额实现1204303万元，比上年增长13.3%。其中：批发、零售贸易业零售额实现941153万元，比上年增长13.4%，住宿、餐饮业零售额实现263150万元，比上年增长12.8%。

财政、金融

2014年，全市一般预算全口径财政收入141178万元，比上年增长1.6%，市本级一般预算财政收入112579万元，比上年增长5.2%，财政支出总计497331万元，比上年增长9.2%。

2014年，金融机构各项存款余额1897606万元，比上年增长15%，其中：城乡居民储蓄存款余额1516378万元，比上年增长18.4%；金融机构各项贷款余额1708908万元，比上年增长23.8%。

文化体育事业

城乡文体基础设施建设得到加强。吉林省2014年群体工作现场会议在榆树召开。投入资金447万元，建设29个文体广场，配置器材354件。投入资金180万元，对文体中心场馆设施进行了提升。组织开展了"2014年榆树市农民歌手大赛"。在市第七小学建立了榆树东北大鼓传承基地；戏曲创作室创作的二人转《清心汤》参加全国第八届中国曲艺"牡丹奖"全国曲艺大赛（长治赛区）比赛，获得节目提名奖。参加由中国曲艺家协会主办的"我们的价值观，曲艺走基层全国百场巡演"40场。整理出版了《东北大鼓作品集》和《榆树二人转作品集》。在第十七届省运会取得了摔跤、速滑、举重等项目共获金牌6块，银牌8块，铜牌4块的好成绩。

广播电视充分利用无线、有线、多路微波等技术手段，紧紧围绕把握中心、服务大局、贴近群众和关注民生这一主题，切实找准工作切入点和着力点。宣传服务质量进一步提高，服务功能进一步增强，服务效果进一步明显。《大粮仓》栏目立足于农业丰收，农村发展，农民致富。《视点》栏目更好地关注民生，弘扬社会正能量。开辟了《群众路线教育》、《社会主义核心价值观》、《喜迎建国65周年》、《最美榆树人》、《劳模风采》、《走进农博会》等专栏。制作《天下粮仓．沃土榆树》等宣传片，更好地推荐榆树，展示榆树风采。《乡村曲苑》栏目，传唱经典东北大鼓和东北二人转，进一步发扬和传承东北黑土文化。认真实施国家"2131"工程，全年共放映电影4656场。"产粮大市，丰收在望"、"飞机航化作业"、"产粮大市粮食丰收成定局"报道在中央台播出。在省台新闻联播发稿50余条，电台在“中国之声”发稿5件，在省、市台发稿100余件。

2014年末，全市城乡网络数字用户达到22.89万户。

教育和卫生

教育以推进均衡发展为重点，以深化教育改革为动力，合理配置教育资源，全面实施素质教育。深入推进高中办学模式改革。继续实施示范校、重点校与薄弱校结对帮扶、联合办学的办学模式，通过交流师资、管理等资源，稳定了全市6所高中的办学规模。增强职业教育办学活力，将市职业教育中心与大坡职高进行合并，重新整合了教育资源。继续发挥重点高中推荐生政策的杠杆平衡作用，促进了农村初中学校生源的稳定。投资357万元，新建8所农村中心园，进一步扩大了公办学前教育资源。扎实开展了“中国梦”系列化主题教育活动。广泛开展了“减负提质、打造高效课堂”教学大奖赛、优质课展示活动和骨干教师送课下乡等教研活动。以精细化管理为依托，深入开展教学常规管理达标校创建及新优质学校创建与评选活动。引进优秀特岗教师48名，完成了教育系统公开招聘的150名教师及53名特岗教师落编工作。认真开展扶贫助学活动，为7550名贫困学生发放资助资金342万元，为331名贫困学生和122名教师落实扶贫资金188.2万元；落实寄宿生困难补助、高中助学金及学前教育资助资金904.3万元。投资4893万元新建校舍27613平方米，投资3459万元，进行校园附属设施建设。

卫生系统立足服务、合理创收，以保证单位运行为出发点，合理兼顾群众和职工利益，做到医疗机构管理、收入两手抓，把搞好服务与增收保运行有机地结合起来。积极推进公立医院改革。榆树市医院、中医院启动施行全部药品零差率销售，执行新的医疗服务价格和医保支付政策。加快村卫生室建设步伐。全市居民健康档案建档率、各种慢病规范管理率均在地区平均水平之上，建档率91.8%，规范化电子建档率87%。加大医疗机构监督力度，对无证诊所进行集中取缔。2014年我市新农合参合959321人，参合率达到99%。

食品药品监督、技术质量监督、工商行政管理、行政执法、卫生防疫、酒类管理等部门积极履行行政执法职能，积极开展“安全建设年”活动，深入开展源头打假工作，加大对医药、食品卫生质量监督检查管理和治理力度，有效地控制了假冒伪劣产品流入市场，保护了消费者合法权益，整顿和规范了市场经济秩序。

人口和人民生活

2014年末，全市总人口达到1275220人。其中，农业人口1071709人，非农业人口203511人。全市总户数445352户，其中农业户数330907户。人口自然增长率1.68‰。

2014年，城镇居民人均可支配收入18004元，比上年增长9.8%；全市非私营单位在岗职工年平均工资37398元，比上年增长10.9%；农民人均纯收入实现11296元，比上年增长11.7%。

劳动就业和社会保障

2014年，市委、市政府积极实施扩大就业的发展战略，推进全民创业促就业进程。开发就业岗位8502个，城镇新增就业7214人，再就业3110人，新增创业人员356人。创业成功656人，带动就业2615人。农村劳动力转移就业47.2万人次，劳务经济收入达到85.8亿元。

参加基本养老保险职工44913人，基本医疗保险职工57176人，失业保险职工40180人，城镇居民最低生活保障25636人，农村居民最低生活保障42492人，农村合作医疗保险959321人，城镇居民医疗保险107563人，居民养老保险405624人。

生态环境保护

继续实施“蓝天工程”，大气环境质量稳步提升。环境整治取得明显成效。立足高位统筹，实施部门联动，深入开展18项专项整治行动，中心街商圈、贸易大厅、建华商业街周边环境明显改善，露天烧烤得到遏制，市容环境大为改观。认真落实《大气污染防治行动计划》，集中排查大气污染源，限期整改超标锅炉，检查煤炭堆场，采取围挡遮盖措施。扩大“烟尘控制区”覆盖面，完成《榆树市空气重污染应急预案（草拟稿）》的编制。通过突击排查、蹲点巡查、错时检查等方式，妥善应对了雾霾天气影响，有效减少了污染物排放。市区全年空气质量优良天数达到336天。巩固“碧水工程”成果，集中式饮用水和境内流域水质保持安全稳定。保证水源地水质基本指标达标率实现100%。持续打造“安静工程”，区域噪声功能不断改善。实施《榆树市城区声环境适用功能区划标准》，加强了对建筑工地夜间施工扰民的监管力度，从根本上遏制噪声扰民。开展“绿色护考”专项行动。打造“幸福榆树”工程，环保民生得到进一步改善。深入推进“生态工程”，生态建设与农村环保迈上新台阶。成功创建国家级生态村3个、省级生态村6个、长春市级生态10村。

【德惠市】2014年，在上级的正确领导下，坚持以“快建设、快发展、快推进、快落实”为主基调，积极而为，扎实工作，确保了经济社会平稳健康发展。全市地区生产总值实现385.7亿元，同比增长8.1%；规模以上工业产值实现403亿元，同比增长15%；一般预算全口径财政收入实现21.1亿元，同比增长23.0%。其中，地方级财政收入实现13.76亿元，同比增长14.3%；固定资产投资实现251.4亿元，同比增长22.6%；社会消费品零售总额实现121亿元，同比增长15%；城镇居民人均可支配收入达到21200元，同比增长13.1%；农村居民人均可支配收入达到11872元，同比增长13%。

（一）招商引资、项目建设势头良好。

1、经济园区承载功能进一步增强。德惠经济开发区建设工业项目15个。其中，超亿元项目1个。泉德秸秆综合利用项目一期工程完成了制浆、抄纸、污水处理和自备电厂土建工程，生活用纸加工车间投入生产。米沙子工业集中区建设工业项目28个。其中，超亿元项目6个。吉林工程技术师范学院新校区项目完成了总体规划调整，排污管线开工建设。大成（德惠）生化工业区建设工业项目4个。其中，超亿元项目2个。自备电厂改造项目投入使用，完成了年产45万吨玉米淀粉糖车间和地下浸泡罐基础工程建设。朱城子食品加工产业园建设工业项目6个。其中，超亿元项目3个。完成了汇商健康产业园和新型建材产业园排水工程，达利食品扩建项目薯条、和其正生产线投入生产，总投资6亿元的福建回头客食品加工项目完成了立项等前期准备工作。万宝化工产业园沈哈输气站具备投产运营条件。布海汽车配件产业园完成了总体规划和起步区1平方公里基础设施工程设计，铺装道路7500平方米，建设排水8990米，建设1万千伏供电专线一条。大华公司齿圈机械、吉林钰威汽车铸塑件等7个项目落位。

2、招商引资质量进一步提升。全市共引进项目69个。其中，超亿元项目20个，超10亿元项目4个。引进域外资金54.6亿元，实际利用外资9046万美元。

3、服务扶持力度进一步加大。集中开展了清理整治闲置土地和改变土地批准用途专项行动，立案查处违法案件36宗，涉及用地11公顷；清查项目用地126宗，清查闲置土地188公顷。帮助企业研究摆脱困境的措施和办法，促进企业健康发展。达利公司年可实现税收1.2亿元。在省市县的联动支持下，大成公司恢复了生产。德大公司年利润可实现5000万元，税收1500万元，实现了扭亏为盈。

（二）城乡发展面貌焕然一新。

1、在道路建设上。城区新建道路21条，铺装面积12万平方米。人行步道彩砖铺设4条街路7万平方米，路灯安装8条街路490盏。迎新街、惠新路等街路及景点绿化栽植花卉72万株。农村新建水泥路102公里，省道舒太公路102线至太兴段、菜园子高速公路出口引线工程竣工通车。

2、在楼房开发上。全年完成90.3万平方米，其中城区66.5万平方米。住邦·万晟城市综合体、新大市场正式开业，欧亚超市年底前投入运营。

3、在公益性项目建设上。改造老旧给水管网1.3万延米、二次供水管网1.45万延米，新净水厂正式投入运营，城区大部分区域实现了24小时供水，结束了我市城区居民饮用水多年水量不足、水质不优的历史。惠民公园铺装路面彩砖2.5万平方米，完成了沐德湖防渗和注水，安装庭院灯和草坪灯100盏，增加绿化面积14万平方米，冬植工作正在组织实施。文化公园修建了码头、折桥等设施，铺装路面彩砖1万平方米，增加绿化面积9万平方米，满足了群众休闲的基本需求，并正式对外开放使用。

4、在城市管理上。强化了规划管理。成立了规划委员会，规划审批工作更加规范。加大了房屋征收工作力度，全年共完成房屋征收面积21.3万平方米，组织力量开展了6次依法强拆行动，拆除违法建筑3400平方米，确保了一批重点项目的顺利推进。强化了卫生管理。修建了垃圾场引路及卸台，实现了垃圾场扩面增容。强化了交通秩序管理。对“三超一疲劳”、酒驾等交通违法行为进行了整治，开展了打击黑车非法营运专项行动，交通环境明显改善。强化了物业小区管理。全市430个老旧散小区全部实现了常态化管理，管理模式得到了长春市的充分肯定，先后在省市进行了推广。依法开展房屋维修专项资金清欠工作，归集资金6000万元，维护了广大业主合法权益。强化了供热管理。撤并供热企业7家，完成了12座供热站外网和39栋楼房内网改造。强化了环境管理。加强了大气污染防治、水环境污染、机动车尾气和污染减排等方面的治理，有效控制了秸秆焚烧，生态环境质量进一步好转。

5、在小城镇建设上。岔路口、天台、同太等乡镇，在资金严重短缺的情况下，主动作为，小城镇面貌发生了巨大变化。全年乡镇楼房开发23.8万平方米。

（三）农村经济全面繁荣。

1、粮食产量有新提高。建设粮食高产创建示范片25个，高光效新型栽培技术示范面积21万亩。推进了3个长春市级现代农业示范区建设，粮食总产量达到46亿斤，再创历史新高。

2、园艺特产业有新发展。种植面积达到35万亩，新建棚膜蔬菜3000亩，布海镇被评为“吉林省香瓜特产之乡”，园艺特产业产值预计实现27亿元，同比增长8%。制定了绿色食品产业发展规划，成功参加了第十五届中国绿博会和第十三届长春农博会，农产品加工业销售收入预计实现454亿元，同比增长8%。

3、畜牧业有新起色。新建扩建省级畜禽标准化规模养殖场22个，市本级规模养殖场46个。3户牧业企业获得农业部“无公害畜禽产品产地认定”和省“无公害畜禽产品质量认证”，全市获得认证的牧业企业达到21家，居全省前列。

4、农业设施建设有新成效。松沐灌区续建配套与节水改造、中小河流治理和“五大围堤”塘沽二期、套子里围堤和学安围堤防洪工程推进顺利，秋季农田水利基本建设完成土方277万立方米。农防林更新改造171公顷。清收林地1857公顷，还林372公顷。绿化森林示范小镇1个、村屯7个。落实农机购置补贴6663万元，购置各类农机具3000台套，新增农机总动力6.5万千瓦。积极开展抗旱增雨、防雹减灾和雷电防护安全管理工作，“三农”气象服务水平和公共气象服务能力大幅提高。

5、新农村建设有新形象。新建省市级改善人居环境重点村18个，启动德惠市级农村建设样板村4个，建设项目38个。开展了农村土地承包纠纷仲裁，推进了农村土地承包经营权确权登记颁证试点工作。流转土地75万亩，6家合作社申报了国家农民合作示范社。建设农民科学储粮仓4500套、沼气池1800个。实施了农村饮水安全工程，确保了农村6万居民和1万师生的饮水安全。成功举办了省和长春市改善农村人居环境现场会，并做了典型经验介绍。

（四）社会建设全面进步。

1、较好地完成了“十件惠民实事”。(1) 高标准基本农田整治项目完成所有规划设计；(2) 供热能力300万平方米的东部新城集中供热站项目投入运行；(3) 市中医院异地新建项目交付使用；(4)“暖房子”改造完成130万平方米，棚户区改造完成30万平方米，农村危房改造完成1540户；(5) 图书馆、文化馆建设项目完成主体工程；(6) 农村危桥建设项目实际完成51座，维修加固险涵20道，涉及18个乡镇，解决了近30万人出行难题；(7) 14所学校消防安全设施改造项目全部完成；(8) 无害化垃圾处理厂主体工程开工建设；(9) 东风路打通工程基本完成；(10) 德农路引线拓宽改造工程已竣工通车。

2、就业水平稳步提高。积极扶持高校毕业生、农村劳动力转移和城镇困难就业人员就业，失业率控制在4%以内，解决零就业家庭比率达到100%。农村劳动力转移33.1万人次，劳务经济总收入34亿元。

3、保障体系日益完善。推进了城乡居民养老保险、工伤保险和生育保险。提高了城镇职工和居民基本医疗保险支付限额，扩大了职工医保卡使用范围和居民医保大病保险补偿病种，21个病种实现低自付治疗。启动了城镇职工基本医疗保险门诊慢性病待遇工作。提高了城乡低保对象的保障标准，分别达到月人均313元和年人均2627元，分散和集中五保供养年标准分别达到2800元和4700元。改造残疾人危房20户。完成了11个福利中心监控工程，建设4个城市社区日间照料中心和10个农村社区幸福大院。

4、教育事业健康发展。深入实施素质教育，教育教学质量稳步提高。高度重视高考工作，精心组织，精密施考，严肃考纪，实现了平安高考目标。完成了7所中小学校舍和幼儿园建设，维修改造中小学145所。投资4990万元，为中小学配备了装备，极大改善了办学条件。落实扶困助学资金1451万元，受益学生、幼儿6000余人次。强化校园安全工作。对校外住宿点进行了清理整顿。实施了高清摄像头安装工程，全市中小学一键式报警装置全部与公安部门联网。完成了校车监控管理平台建设，全市上线运营的111台校车管理进一步规范，惠及学生1万余人。

5、健康服务深入实施。公共卫生服务深入推进，建立居民健康档案65万余份。新农合参合率95%，受益人口23.7万人次。完成了15家预防接种门诊和157家村卫生室标准化建设。积极开展人口性别比综合整治行动，创建幸福家庭活动成效显著。

6、文化惠民扎实推进。对市体育馆进行了维修，新建村级文化广场14个、文化大院广场6个，提升文化大院69个，为2个镇29个村配备了健身器材。启动了东正教堂维修工程。成功举办了德惠市第49届中小学生运动会和第七届艺术节，组织了农民与社区文艺汇演、全民健身大会等大型活动，群众性文体活动丰富多彩。文艺创作硕果累累，竞技体育居全省领先地位。中东铁路南满支线沿线附属30处俄式建筑被省政府核定为第七批省级文物保护单位。

【南关区】2014年，在区委区政府的领导下，南关区圆满完成各项目标任务，保持了经济社会平稳健康发展。

一、各项主要经济指标在新常态下运行平稳。

全区地区生产总值实现243.2亿元，同比增长6.8%，其中，服务业增加值实现209.8亿元，同比增长5.6%，占地区生产总值的86.3%；

全口径财政收入实现50.3亿元，同比增长6%，区本级财政收入实现10.8亿元，同比增长11%；

社会消费品零售总额完成130.8亿元，同比增长12.4%。

固定资产投资实现90.2亿元，其中房地产开发完成投资59.5万元，占总量的近三分之二。

招商引资引进内资34.9亿元，同比增长16%，外资6,839万美元，同比增长12%；

二、产业结构日益优化。全力推进服务业跨越式发展，住宿餐饮、批发零售等传统服务业持续增长，特别是高端餐饮成功转型大众化消费。永春路等15条特色商业街区商业氛围浓郁，临街业户主动向连锁化、品牌化升级，省酒店用品行业协会等7个商业行业社会团体自我发展能力逐渐增强，临街商户同比增长2.5%达到2.58万户。金融保险、文化创意、设计研发等现代服务业呈现汇聚壮大、融合创新的发展态势。全区商务楼宇达到51座，商业商务面积达到242万平方米，汇城支付等新兴产业企业纷纷入驻。吉商大厦实现发售、长春活力城完成招商、绿地中心塔楼附楼即将售罄，一批有影响和带动作用的大型城市商业综合体投产达效。

三、项目建设扎实推进。加强项目跟踪服务，深入推行“区级领导包保重点项目”、“绿色通道”等服务机制，全力破解制约项目建设的老大难问题，全年新引进落位亿元以上项目10个、开工建设亿元以上项目66个，其中10亿元以上29个，开工面积336万平方米，完成市列计划140%。当年竣工项目19个，竣工面积240万平方米，其中商业商务面积76万平方米。瑞凯国际成为全区第10个获批的城市商业综合体。停滞多年的老大难项目启动建设，长春国际金融中心已完成地下基础工程、恒兴国际城建至地上7层。

四、招商引资提质增效。依托东北亚金融总部基地优势，打造金融产业高地，赴长三角、珠三角等地招商推介，上海文化产权交易所商业（文化）产权交易服务中心等项目顺利签约，丽城金融大厦成功落位。全年共引进金融类金融企业120余家，纳入省招商引资调度系统项目33个，到位资金20.5亿元，项目履约率和资金到位率均达到100%。

五、南部新城建设加快。强化基础设施建设，锦湖大路跨河桥等47个基建项目实现开复工，17条路全线通车，年内完成道路及排水干管26公里，水电气热等配套管线53.4公里。一次变、二次变、水务集团南泵房、三水厂净化扩建、谢家沟水系防洪工程、前进大街和盛世大路30米生态绿轴等重点项目全面推进。东北亚金融总部基地被列入吉林省突出发展民营经济综合配套改革示范区试点、省十三五期间重大建设项目。

六、民营经济不断壮大。围绕准入、放权、让利、服务，进一步完善扶持民营经济发展的政策措施，投入2,650万元为辖区民营企业兑现扶持政策，打造了良好的发展环境。为爱信科技、同鑫热力等企业申请各类专项引导资金2,150万元。积极扶持企业做大做强，完成了长春商会大厦创业孵化基地规划设计，培育了11户省级公共服务平台，推荐天瑞英杰和科创中小企业基地进入省级创业孵化基地。探索拓展民营企业融资渠道，与金融机构共同搭建融资平台。全区民营企业达到12,611户，个体工商户达到26,742户，从业人员达到14.5万人，主营业务收入实现644.3亿元。

【宽城区】宽城区位于长春市北部，辖宽城经济开发区、宽城工业集中区、兰家镇和十个街道办事处，区域面积238平方公里。

2014年宽城区在区委、区政府的正确领导下，以建设“幸福宽城”为目标，牢牢把握稳中求进的总基调，全力抓好稳增长、调结构、促改革、惠民生、保稳定等各方面工作，经济和社会发展全区经济和社会各项事业取得大发展。

一、综合

综合实力进一步增强。经初步核算，全年实现地区生产总值234.41亿元，比上年增长6.7%。其中第一产业增加值1.86亿元，比上年增长2.2%；第二产业增加值71.88亿元，比上年增长10.4%；第三产业增加值160.67亿元，比上年增长5.2%。产业结构得到进一步优化，三次产业比重分别为0.8%：30.7%：68.5%。

全口径财政收入完成33.6亿元，比上年增长4.0%，地方财政收入完成9.4亿元，比上年增长9.5%。全年税收收入完成30.8亿元，比上年增长3.6%。其中增值税完成6.5亿元，比上年增长22%；营业税完成9.8亿元，比上年减少15.7%；企业所得税完成7.1亿元，比上年增长14.3%。

地方财政支出18.2亿元，比上年减少11.9%。其中教育事业费支出4.4亿元，比上年减少9.0%；社会保障和就业支出2.1亿元，比上年增长11.7%；医疗卫生支出1.7亿元，比上年减少3.5%；节能环保支出1.4亿元，比上年增长9.8%；一般公共服务支出4.4亿元，比上年减少9%；城乡社区事务支出2.1亿元，比上年减少16.1%。

二、农业

2014年末耕地面积4985公顷，全年农作物播种面积5335公顷，其中粮食作物播种面积3560公顷，经济作物播种面积1775公顷，分占总播种面积的66.7%和33.3%。粮食作物总产量1.1万吨，经济作物产量4.5万吨。

2014年全区畜牧业生产受各方面条件的影响，发展有所下降。畜禽肉总产量1137吨，其中猪牛羊肉产量998吨，活牲畜（除猪、牛、羊外）产品产量21头，生牛奶产量385吨，禽蛋产量936吨，肉猪出栏3.9万头，家禽出栏56千只。

三、工业

2014年，由于规模以上工业销售额提高到2000万元，我区规模以上工业企业变为35户，完成工业总产值38.4亿元，比上年减少0.1%；产品销售收入完成37.7亿元；实现利润总额1.6亿元。

四、固定资产投资

2014年全社会固定资产投资完成209亿元，比上年增长16%。

五、国内服务贸易

2014年全年实现社会消费品零售总额243.6亿元，比上年增长12.2%。全区26户重点服务业单位实现营业收入5.5亿元，比上年增长2.3%。

六、招商引资

2014年招商引资工作成效显著。实际利用外资7500万美元，比上年增长12.3%；引进内资企业312户，引进内资总额60.4亿元。其中，投资亿元以上项目34个，占项目总数的10.9%；在引进内资项目中，工业项目26个，占项目总数的8.3%。

七、城市建设

2014年全区城市基础建设改造步伐加快，改造效果显著。市、区两级政府投入资金13049万元，完成大、中修道路5条，新建道路面积3.4万平方米，并为社区铺设方砖步道总面积1.2万平方米。2014年末，全区道路总面积达437.01万平方米，道路总长度达229.1公里，道路完好率达91.1%。

城市绿化水平不断提高。绿化面积达987.15公顷，其中公共绿地面积367.8公顷。绿地覆盖面积1036.5公顷，其中公共绿地覆盖面积386.19公顷。全区绿化覆盖率已达39%。

八、科技、教育

2014年，全区列入市级各类科技发展计划项目14项；获得市级科技进步奖5项；共有高新技术企业6户；企业中通过ISO系列标准认证的有52家；全年专利授权数666件；全年科学技术支出884万元。

教育工作稳步推进，教育事业健康有序发展。全区共有初中11所，在校学生0.97万人；小学27所，在校学生2.12万人；职业高中1所，在校学生0.13万人。义务教育发展指标持续巩固，小学适龄儿童入学率达100.0%，毕业率达到100.0%；小学毕业升入初中比例为100.0%，毕业率达到100.0%。教师队伍素质保持在较高水平，在专任教师中，初中专任教师具有本科及以上学历者占96%；小学专任教师具有专科及以上学历者占97.5%。

九、文化、卫生和体育

2014年图书馆藏书15.3万册，全年接待读者14.6万人次。

2014年末，全区共有区属卫生医疗机构272家，可开放床位数1795张，平均每千人拥有病床数为4张，病床使用率达到72%。全区卫生技术人员1967人，其中注册执业医师869人。全年诊疗人次数为383千人次。

体育事业蓬勃发展。2014年，全区体育场所拥有量20个，社区体育设施拥有量达到122件，举办群众性体育活动60次，参加群众性体育活动人数达15.1万人次。

十、环境保护

2014年全区环境保护事业持续发展，烟尘控制区总面积78.51平方公里，烟尘控制区覆盖率达100.0%，烟尘排放达标率96.0%，环境噪声达标区覆盖率77.0%，清洁能源使用率92.0%。全年空气质量好于二级以上天数比例65.5%。

十一、人口与人民生活

2014年末，全区总户数16.3万户，户籍总人口为38.5万人，其中男性为18.96万人，女性为19.54万人，非农人口33.03万人。全区人口出生率7.35‰，死亡率3.69‰，自然增长率3.66‰。

2014年，全区开发各类用工岗位1.58万个，新增1.42万人员就业，其中安置下岗失业人员实现再就业0.95万人，城镇登记失业率控制在4.0%。

截至2014年末，全区共有社会福利机构73家，床位2922张。全区有52249名企业退休人员实行了社会化管理，社会化管理率达100.0%。全区共有12.7万人次得到最低生活保障补助，全年共发放保障金5285万元。全区重点优抚对象597人，发放抚恤款434万元。全年通过活动捐赠、募集善款159万元。

【朝阳区】2014年是区政府积极应对经济下行压力、适应新常态、推进朝阳经济社会稳步发展的一年。一年来，在市委、市政府和区委的坚强领导下，在区人大、区政协的监督支持下，区政府紧紧围绕“二次创业”的工作目标，坚持稳增长、促转型、惠民生、构和谐，在挑战中奋力前行、在攻坚中实现突破，较好地完成了区十七届人大三次会议确定的各项任务。

（一）坚持稳中求进，全区经济平稳发展

2014年度，全区地区生产总值实现410.4亿元，同比增长7.5%；全口径财政收入实现67.6亿元，按可比口径增长6.1%，其中本级财政收入实现12.1亿元，按可比口径增长6.3%；固定资产投资实现215亿元，同比增长15.6%；规模以上工业产值实现161亿元，同比增长19.3%；社会消费品零售总额实现621.75亿元，同比增长13%。综合经济实力在城区中继续保持领先优势，规上工业、固定资产投资、社会消费品零售总额等指标增速均居全市首位，为全市发展做出了积极贡献。

招商引资和项目建设取得新进展。全面清理土地、楼宇资源，进一步释放产业发展空间。谋划特色园区4个、亿元以上项目184个，整理楼宇资源135万平方米，包装推介地块55个。实行专项招商、叩门招商、平台招商，举办投资环境说明会、专题推介会9次，拜访企业200余户，引进佰祥时代广场、中飞诺尔集团总部等22个大项目，签约总额229亿元。坚持高位统筹，强化项目包保服务，年初确定的100个重点项目全部开工，金谷国际、融大天玺等25个项目实现竣工。全年引进内资62.59亿元、外资1亿美元，均居全市城区首位。

现代服务业快速发展。紧紧抓住电商发展先机，给予政策支持，全力推动电子商务等新兴业态集聚发展。新建朝阳电商集聚示范园区和青铜时代电子商务产业园，孵化及服务企业265家。阿里巴巴东北唯一授权渠道商豪玛网络科技有限公司落户我区，成功引进全省首家淘宝大学，培训电商人才11000余人，新开网店1200余家。文化创意产业快速发展，电影主题广场、三元国粹文化产业园投人运营。同志街时尚文化街区完成改造，新增商家60余户。成功举办首届红旗商圈旅游购物节与建设街“百姓美食节”。楼宇经济总量不断扩大，全区大型商务楼宇达60幢，入驻企业2278户。金融企业不断集聚，引进银行总部3家，我省首家全球性外资银行——汇丰银行落户我区，新增小贷公司7家，筹建村镇银行1家。预计全年服务业增加值实现292.1亿元，同比增长7%。

开发区升级步伐加快。坚持“双轮驱动、产城融合”发展战略，编制特色产业发展规划。开发区被确定为全市突出发展民营经济示范点，通过“国家新型工业化示范基地”省级验收。推荐市科技型“小巨人”企业2家，9户企业被批准为省级企业技术中心。一期1.2平方公里“退二进三”启动区域争取到棚改政策；二期完成20万平方米土地整理，清华园二期项目实现竣工，可安置2884户回迁及廉租户；三期控规获市政府批准；四期征地正在积极推进。投资4200万元，维修铺建道路6.7万平方米。富锋变电站建设完成，新增供电量8万千伏安，供水、供气、通讯等基础设施进一步完善。全年开工项目40个。

农业转型发展稳步推进。编制完成《永春新区产业规划说明》，修改完善《现代都市观光农业示范区发展规划》。特色农业发展初具规模，千顷蔬菜基地一、二期实现整体外包；三期鱼菜共生、气雾栽培等示范项目初见成效；四期完成规划，争取到菜田资金8000万元。加快农业结构调整，探索稻田养蟹新模式，苗木花卉发展到300公顷。农民专业合作社发展到65家。土地确权试点工作有序推进。加强执法力量，严看严管，永春区域抢栽抢建行为得到有效控制。投资1668万元，维修长乐公路。前进大街延长线修建工程进入实质性操作阶段，完成立项、方案初步设计、土地预审等工作。投资223万元，维修养护农村道路176公里。投入800万元，全面改造提升乐山镇区道路、环境。完成乐山森林小镇和10个生态村屯绿化任务。加强农村环境综合整治，建设垃圾转运站1处，新增垃圾存放点250个，乡容村貌明显改观。休闲旅游项目健康发展，反恐基地项目启动。预计农村经济总收入实现23亿元，农民人均纯收入突破1.2万元，均同比增长15%。

民营经济发展壮大。结合全市突出发展民营经济配套改革示范区建设，全力助推民营经济发展。新建孵化基地6个，孵化企业200余户。吉林青年创业园被评为首批“全国青年创业示范园区”。成立中小企业服务联盟，搭建融资服务平台，全年为企业融资及争取专项资金1.7亿元。星月时尚宾馆在“新三板”上市。全年新增民营企业1106户、个体工商户3016户，民营经济主营业务收入预计实现1235亿元，同比增长12.5%，税收实现44.04亿元。我区被评为“全市民营经济突出贡献单位”。

【二道区】2014年，全区人民在区委、区政府的正确领导下，在复杂的经济环境中稳中求进，在抢抓机遇中重点突破，在攻坚克难中改革创新，在转变作风中狠抓落实，保持了经济社会持续健康发展的良好态势。

一、自然情况

二道区现辖6个街道、1个物流园区、1个镇共有37个社区、8个行政村，面积102平方公里。总人口为309，985人，其中非农人口为283，676人，人口自然增长率为1.17‰。区内交通便利，哈大高速、102国道、长吉南线、长吉北线、长营、长哈、长沈、双九等公路，长——双——烟铁路均经过二道区，是长春市向北延伸和向省内周边城市地区辐射的出入口。全省唯一的内陆港座落区内，有48条铁路专用线和数十座仓储库。

二、综合

2014年，二道区国民经济在新常态下运行总体平稳。全区生产总值（GDP）增幅排名五城区第二位，高出全市增幅1.5个百分点。社会消费品零售总额增幅继续位居全市五城区首位，规上工业产值增幅位居全市五城区前列。

全区一般预算全口径财政收入37亿元，同比增长9.5%；地方本级财政收入9亿元，同比增长6.3%；财政支出24亿元，同比增长9.2%。

三、生产总值（GDP）平稳增长

全年我区GDP完成150.4亿元，现价增长8.5%，按可比口径增长8.1%。其中第一产业达到0.2亿元，按可比口径增长0.8%；第二产业达到53.5亿元，按可比口径增长12.6%。其中：工业为35.6亿元，同比增长12%。建筑业达到17.8亿元，按可比口径增长14.1%；第三产业达到96.7亿元，按可比口径增长5.4%。三次产业比重为0.1∶35.6∶64.3。（如下图）

2014年分产业GDP完成情况

	绝对值（亿元）	同比增长（%）
GDP	150.4	8.1
第一产业	0.2	0.8
第二产业	53.5	12.6
工业	35.6	12
建筑业	17.9	14.1
第三产业	96.7	5.4

四、区属规模工业快速增长

2014年27户区属规模以上工业实际完成总产值26.5亿元，同比增长16.4%；完成销售产值25.7亿元，同比增长16.3%，产销率97%；完成主营业务收入22.8亿元，同比增长11.4%；完成利润总额1.16亿元，同比增长22%；完成综合能源消费量为5167吨标煤，与上年同期持平。

五、固定资产投资运行平稳

我区固定资产投资累计完成145.6亿元，同比增长

16.5%，完成全年投资任务的100.4%。其中：全区工业投资完成43亿元，同比增长21.5%，占全年投资额的29.5%；三产投资完成102.6亿元，同比增长14.5%，占全区总投资额70.5%。三产中，房地产投资完成43.4亿元，占三产投资额的42.3%，其他三产投资完成59.2亿元，占三产投资额的57.7%。

六、消费品市场继续保持较快增长

我区全年完成社会消费品零售总额191.4亿元，同比增长12.8%，增速排名五城区第一，高出长春市增幅0.2个百分点。其中：限额以上实现社会消费品零售额48.6亿元，同比增长10.0%；限额以下实现社会消费品零售额142.8亿元，同比增长13.5%。

【绿园区】2014年，绿园区认真落实中央和省、市各项决策部署，全力以赴转方式、调结构、惠民生、保稳定，经济社会保持了又好又快的发展局面。

一、综合

国民经济持续快速发展。2014年，全区实现生产总值218.2亿元，同比增长9.5%，其中，第一产业完成增加值4.6亿元，同比增长4.5%；第二产业完成增加值146.4亿元，同比增长12.4%，；第三产业完成增加值67.2亿元，同比增长3.4%。三次产业比重为2.1：67.1：30.8。

二、农业

2014年，全区实现农林牧渔业总产值90650万元，同比增长3.6%。其中，农业产值74198万元，同比增长23.7%；林业产值54万元，同比增长107.7%；牧业产值12557万元，同比下降47.2%；农林牧渔服务业产值3841万元，同比增长3.6%。

2014年，全年粮食播种面积4796公顷，粮食总产量达24435吨。蔬菜播种面积4734公顷，总产量185647吨。葡萄发展到155公顷，栽植各类花卉18万株。肉类总产量达到6270吨，禽蛋产量700吨。规模饲养户达到80户。

三、工业、建筑业

工业经济稳步增长。2014年，全区实现区属口径工业总产值310.4亿元，同比增长15.6%；完成全口径工业增加值122.5亿元，同比增长12.0%，其中，全口径规模以上工业增加值完成114.4亿元，同比增长12.3%。工业产销衔接良好，产品产销率达到99.3%。

建筑业保持了较快发展。城市建设规模的不断扩大，为建筑业带来了良好的发展机遇。2014年建筑业完成增加值23.8亿元，同比增长14.5%。

四、固定资产投资

固定资产投资持续增长。2014年，全区固定资产投资开工项目197个，其中工业项目149个。完成全社会固定资产投资215.2亿元，同比增长15.7%，其中，完成工业投资133.0亿元，同比增长14.5%。

五、国内贸易、国外贸易

2014年，全区实现社会消费品零售额102.5亿元，同比增长12.3%。外贸进出口总额完成8.44亿美元，同比增长10%

六、宜居质量持续提升

2014年，大中修城区道路33条，改造巷道262条。新植15处绿地，新增绿化面积49.6公顷。完成5处新增给水泵站选址，改造18处排水管网。投资1695万元、惠及1.6万人的农村饮水安全工程启动建设。投资2092万元，综合改造了5个村屯村容村貌。

七、招商引资

2014年，按照区内指标，到位内资115亿元，同比增长15%；到位外资7400万美元，同比增长12%。按市定指标，到位内资47亿元，同比增长15%；引入域外资金38亿元，同比增长15%；到位外资7400万美元，同比增长12%。全区共引进投资亿元以上项目60个，其中工业项目28个，城市综合体6个，现代物流4个，农产品深加工6个，地产及其它类16个。

八、财政

2014年，全区努力抓税源建设，强化税收征管，科学调度资金，严控各项支出，促使财政收入保持了较快的增长速度。2014年全区财政收入完成48.4亿元，同比增长10.0%。区本级财政留用收入完成7.8亿元，同比增长19.1%。

九、人口与人民生活

2014年末，全区常驻人口达到60.4万人，其中，农业人口10.2万人。城镇人均可支配收入达到27299元，同比增长13.5%，农民人均纯收入达到11285元，同比增长12.2%。

【双阳区】双阳区位于长春市东南部，是长春市幅员最广、人口密度最小、生态环境最佳、自然资源最丰富、发展空间和发展潜力最大的新城区。东濒饮马河与永吉县隔河相望，南与磐石市为邻，西与伊通县接壤，北与南关区、二道区相连。区政府驻西双阳大街599号，距离长春市中心城区37公里，距长春龙嘉国际机场60公里。全区幅员1677.42平方公里。全区辖1个乡、3个镇、4个街道。总人口37.77万人，其中，农业人口27.95万人。有满族、回族、朝鲜族、蒙古族等20个少数民族。有民族乡1个，民族村17个。

一、经济总量

2014年，全区实现地区生产总值203.50亿元，按可比价格计算，比上年增长7.7%。分产业看，第一产业实现增加值19.02亿元，增长4.1%；第二产业实现增加值98.76

亿元，增长8.1%；第三产业实现增加值85.72亿元，增长7.9%。按户籍年平均人口数计算，人均生产总值达到53793元，比上年增长7.9%。三次产业的结构比例为9.3：48.6：42.1，非农产业比重达到90.7%，比上年提升0.6个百分点。第二、三产业对经济增长的贡献率分别为54.0%和41.1%，拉动经济增长分别达到3.8和2.9个百分点。

表1：双阳区生产总值

单位：亿元

	2014年	比上年增长（%）
地区生产总值	203.50	7.7
第一产业	19.02	4.1
第二产业	98.76	8.1
#工业	74.80	7.8
建筑业	23.96	9.3
第三产业	85.72	7.9
#交通运输、仓储及邮政业	17.96	4.2
批发和零售业	19.01	11.5
住宿和餐饮业	9.48	10.8
房地产业	6.11	0.2

图1：2010－2014年地区生产总值及其增长速度

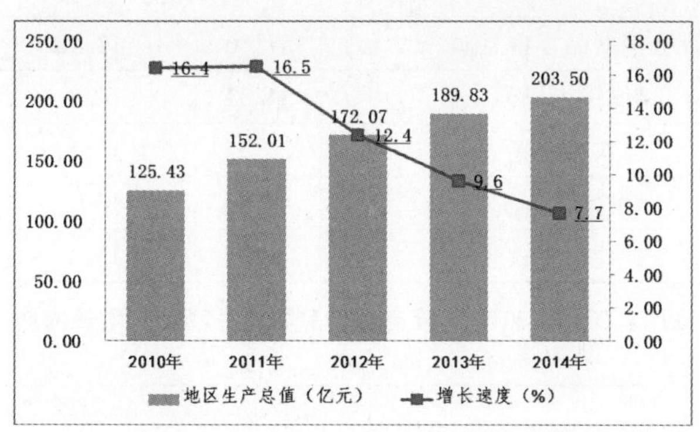

二、财政收入与支出

全区公共财政预算全口径收入达到153003万元，比上年增长1.9%；地方财政收入80860万元，增长2.6%；区本级财政收入50358万元，增长3.4%；全年税收收入33130万元，增长11.7%。全区公共财政预算支出235236万元，比上年增长3.7%。

图2：2010－2014年全口径财政收入和区本级财政收入

表2：2014年财政一般预算支出情况

单位：万元

	2014年	比上年增长（%）
公共财政预算支出	235236	3.7
一般公共服务	18014	2.3
教育	50714	5.8
社会保障和就业	35563	11.1
医疗卫生与计划生育支出	27655	30.8
节能环保	5846	1.1
城乡社区	39122	9.3
农林水	30288	－10.8

三、农业

全年实现农林牧渔业增加值19.02亿元，按可比价格计算，比上年增长4.1%。其中，实现种植业增加值9.09亿元，增长0.1%；林业增加值0.08亿元，下降11.1%；牧业增加值9.06亿元，增长3.7%；渔业增加值0.36亿元，与去年持平；农林牧渔服务业增加值0.43亿元，增长2.4%。

全区粮食作物播种面积为89144公顷。其中：玉米播种面积71454公顷；水稻播种面积11323公顷；大豆播种面积114公顷。全年粮食总产量55.05万吨，比上年减少0.4%。其中：玉米产量为47.70万吨，比上年增长0.4%；水稻产量为7.25万吨，比上年增长1.0%；大豆产量为0.03万吨，比上年下降70.0%。

全区牛、猪、鹿存栏分别达到15.5万头、8.8万头、20.4万头，比上年分别增长1.3%、1.1%、15.9%。牛、禽出栏分别为7.3万头、2011千只，分别下降14.1%、3.9%，猪出栏为20.7万头，增长3.0%。

表 3：主要农副产品产量

指　　标	单位	2014 年	比上年增减（%）
粮食总产量	万吨	55.05	-0.4
蔬菜总产量	万吨	8.5	1.2
肉类总产量	吨	34467	-12.0
禽蛋总产量	吨	54647	0.5
牛奶总产量	吨	2286	3.9
鹿茸总产量	公斤	50486	0.03

截至 2014 年末，全区农机总动力达到 38.7 万千瓦，比上年增长 9.0%。主要农业机械与设备均有增加，拥有大中型拖拉机 2802 台，比上年增加 429 台；小型拖拉机 11700 台，比上年增加 913 台。农田有效灌溉面积达到 1.1 万公顷，与去年持平。全年农村用电量达到 2.97 亿千瓦时，与上年持平。

四、工业和建筑业

2014 年，全口径工业实现增加值 74.8 亿元，增长 7.8%。工业增加值占全区生产总值的比重达到 36.8%。

区属规模以上工业企业达到 35 户，其中超亿元企业 13 户，比上年增加 1 户。总产值实现 42.0 亿元，比上年增长 11.8%。其中通用设备制造业、汽车配件制造业、建材业、医药制造业、食品制造业分别实现产值 4.3 亿元、5.8 亿元、8.2 亿元、3.0 亿元、3.7 亿元。

图 3：2010 - 2014 年区属规上工业产值及增速

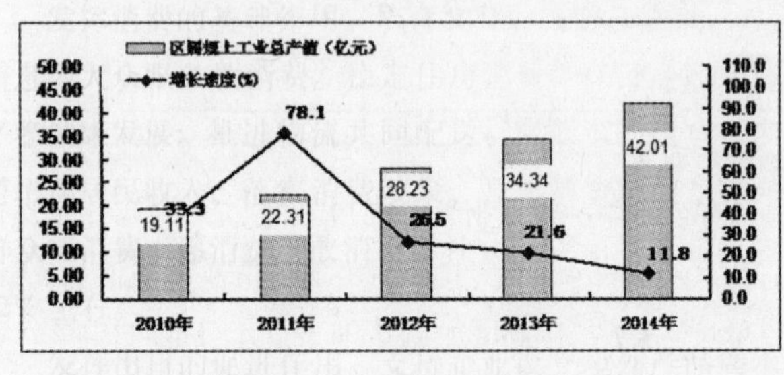

2014 年，区属规模以上工业累计实现主营业务收入 40.0 亿元，比上年增长 11.3%；实现利税 3.8 亿元，比上年增长 21.5%。

规模以上民营工业企业达到 30 户，实现产值 30.5 亿元，比上年增长 19.7%，增幅高于区属规模以上工业增速 7.9 个百分点；规上民营工业企业产值占区属规模工业的比重达到 72.6%，比上年提高 8.2 个百分点。实现利润 2.2 亿元，比上年增长 18.7%。

全年区属规上工业企业每万元产值综合能耗为 0.24 吨标准煤，比上年下降 23.4%。

全年建筑业实现增加值 23.96 亿元，增长 9.3%。全区具有资质等级的总承包和劳务分包建筑业企业 35 家，完成总产值 20.67 亿元，增长 12.4%；房地产开发经营企业 15 家。

五、固定资产投资

截至到 12 月末，全区固定资产投资开工项目共有 192 个，完成投资 169.1 亿元，比上年增长 17.4 %。其中工业项目 130 个，完成投资 105.5 亿元，比上年增长 5.4%。

表 4：2014 年全社会固定资产投资

单位：亿元

	2014 年	比上年增长（%）
全社会固定资产投资完成额	169.1	17.4
#第一产业	12.3	2.5
第二产业	105.5	5.4
第三产业	51.3	60.3
#固定资产投资	160.6	19.3
房地产开发	8.5	-9.5

全区计划投资亿元以上的重大项目 16 个，完成投资 43.28 亿元，占全区投资总额的 25.6%。

落户在经开区（包括双营乡）和文开区（包括奢岭街）内的项目 94 个，共完成固定资产投资 102.2 亿元，占全区投资总额的 60.4%。

六、贸易、交通和邮电

全年社会消费品零售总额 57.86 亿元，比上年增长 13.5%。人均社会消费品零售总额 15294 元，比上年增长 13.7%。

表 5：2014 年社会消费品零售总额

单位：亿元

	2014 年	比上年增长（%）
社会消费品零售总额	57.86	13.5
#城镇市场	34.31	14.3
农村市场	23.55	12.1
#批发零售贸易业	49.40	13.0
住宿餐饮业	8.46	15.8

图 4：2010 - 2014 年社会消费品零售总额及其增长速度

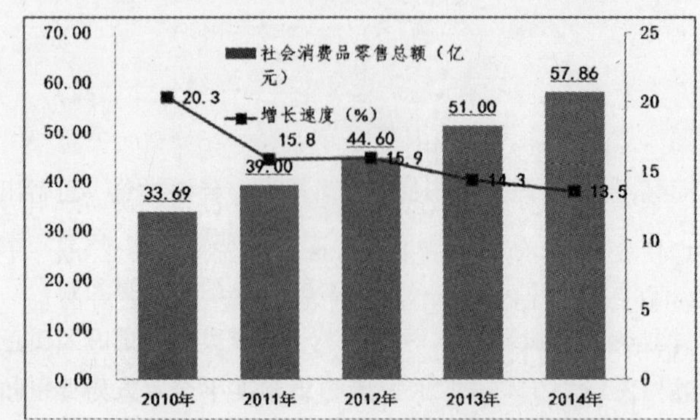

我区全社会公路旅客周转量、货物周转量分别为4.43亿人公里、17.01亿吨公里，分别比上年下降11.9%和19.5%。全区等级公路总里程达到2117公里；铁路营业里程93公里。年末全区民用汽车保有量为1.5万辆，比上年增长87.5%。

全年完成邮电营业总收入32562万元，比上年增长10.2%。其中：邮政营业收入1662万元，同比下降3.8%；电信营业收入30900万元，同比增长11.1%。全区固定电话用户达到7.5万户，其中：城市电话用户4.4万户，乡村电话用户3.1万户，固定电话普及率达到20部/百人；全区移动电话用户49.6万户，比上年增长5.9%，移动电话普及率达到131部/百人；互联网宽带接入用户4.5万户，比上年增长12.5%。

七、金融

截至2014年末，全区金融机构各项存款余额99.34亿元，比年初增加11.45亿元；其中储蓄存款余额67.05亿元，比年初增加7.39亿元；金融机构各项贷款余额68.63亿元，比年初增加11.07亿元。

表6：2014年金融机构存贷款余额

单位：亿元

指　标	2014年年末数	比上年同期增长%
各项存款余额	99.34	14.1
#储蓄存款	67.05	12.4
各项贷款余额	68.63	19.2
短期贷款	41.38	30.3
中长期贷款	26.83	11.7

八、教育

2014年末，全区小学135所，招生2639人，在校生18172人，学龄儿童入学率为100%。普通初中24所，招生2988人，在校生9267人。全区中等职业学校2所，招生90人；在校生481人。普通高中2所，招生1466人；在校生为4827人。初中毕业生升入普通高中的比例达到54.29%，比上年下降2.78个百分点。

全区有幼儿园59所，其中：私营幼儿园44所；在园幼儿（包括学前班）9099人，比上年增加1016人。

九、卫生

截至2014年末，全区共有卫生机构368个，其中医院、卫生院14个。全区共有卫生技术人员957人，其中医生689人，注册护士799人。医院和卫生院床位1264张。

十、人口、人民生活和社会保障

截至2014年末，全区户籍总户数为14.27万户，总人口达到37.77万人。全区出生人口3343人，人口出生率为8.83‰；全区死亡人口1776人，人口死亡率为4.69‰；全区人口自然增长率为4.14‰。

表7：2014年末双阳区户籍人口构成情况

		单 位	2014年末
全区户籍总户数		万户	14.27
全区户籍总人口		万人	37.77
按性别分	男	万人	19.20
	女	万人	18.57
按户籍性质分	农业	万人	27.95
	非农业	万人	9.82
按年龄段分	18岁以下	万人	5.83
	18－35岁	万人	8.82
	35－60岁	万人	16.25
	60岁以上	万人	6.87

2014年，城镇居民人均可支配收入21577元/年，比上年增长8.3%；农村常住居民可支配收入11140元/年，比上年增长8.1%。

年末基本养老保险参保人数达到176250人，比上年末增长1.4%，其中参保职工为19389人，离退休人员为13301人，农村参保人数为143560人；职工基本医疗保险参保人数达到35988人；失业保险参保人数达到12387人，年末享受失业保险金人数为476人；工伤保险参保人数达到31495人；生育保险参保人数达到36407人；城镇居民基本医疗保险参保人数为113252人；农村新型合作医疗参合人数263060人，参合率100%，共筹集资金10522.5万元，参合农民中已有62779人受益，支付补偿资金9803万元。

全年享受政府最低生活保障的城镇居民达到14196人，比上年减少740人；享受政府最低生活保障的农村居民达到10025人，比上年减少3032人。城市低保月标准达到350元，比上年增长6.1%；农村低保年标准达到2650元，比上年增长32.5%。全年共发放最低生活保障金6979万元，比上年增长10.5%。

年末全区各类收养性社会福利单位拥有床位1324张，收养各类人员850人。城镇建立各种社区服务设施980个。全年销售社会福利彩票5116万元，直接接收社会捐赠款220.7万元，受益1501人次。

年末城镇新增就业人员7755人，比上年增长2.2%。年末城镇登记失业率为4%。农村劳动力转移就业131888人，比上年增长7.5%。

【经济技术开发区】2014年，经开区积极应对挑战，千方百计稳增长、调结构、促转型、惠民生，经济和社会发展呈现了良好的发展态势。长春兴隆综合保税区顺利实现封关运营，跨境电子商务平台顺利启动，对外开放的平台和窗口作用初显，承接产业转移载体的吸引力得到体现，累计实现货物转入转出量4200万美元。

一、综合

全区实现地区生产总值590.7亿元，同比增长5.4%。其中，第一产业实现增加值0.23亿元，第二产业实现增加值431.2亿元，同比增长5.1%；第三产业实现增加值159.2亿元，同比增长6.1%。三次产业的比重为0.04：73.01：26.95。

全区实现一般预算全口径财政收入70.1亿元，其中：税收收入实现67.89亿元。

二、工业 建筑业

全区实现全区工业总产值1308亿元，按可比口径同比增长12.2%，汽车及汽车零部件产业实现产值587亿元，占全区工业总产值的44.9%；粮食深加工产业实现产值414亿元，占全区工业总产值的31.7%。

全年实现建筑业增加值41.99亿元，同比增长9.6%。

三、现代服务业

全年实现社会消费品零售总额143.08亿元，同比增长11.5%；实现增加值159.2亿元，同比增长6.1%。

四、固定资产投资

全区完成固定资产投资473亿元，同比增长15.4%。其中，工业投资完成280亿元，同比增长16.3%。

五、招商引资和外贸出口

实现实际利用外资16.63亿美元，同比增长13%；实际利用内资121.01亿元，同比增长15%。

实现进出口总额17.68亿美元，同比下降6.09%，其中出口4.56亿美元，同比下降24.8%。

六、基础设施建设

全区新建道路17条，长9253米，铺装面积143379平方米；新建给水管线4107.77米；绿化面积21294平方米。对38条道路进行大中修提升改造.

七、社会事业

全区总人口255740人，其中：农业人口39289人，非农业人口216451人。

创造城镇就业岗位6896个；城镇新增就业人数5413人；下岗失业人员就业1606人；“4050”人员就业707人；下岗失业人员职业技能培训346人。

八、文教卫生

区内现有中学2所，班级32个，在校人数1127人；小学11所，班级299个，在校人数9222人。

到2014年底，全区共有各级各类医院15家，其中：三级甲等医院1家，一级医院1家，专科医院10家。

2014年，参加农村新型合作医疗保险人数30302人，参保率100%。

【净月开发区】2014年，在宏观经济下行压力不断加大的背景下，我区科学预判、沉着应对，坚持优势产业发展与创新能力建设“双轮驱动”，全区经济保持了持续健康发展，被评为国家文化和科技融合示范基地、国家信息消费试点区，成为全省服务业跨越式发展的先进，全市开发区转型升级的典范。

（一）经济发展稳中有进，综合实力再上新台阶

全区营业总收入实现917亿元，增长7%；地区生产总值完成294.9亿元，增长6%；财政收入实现103亿元，增长7%，地方级财政收入实现95.3亿元，增长6.7%；税收收入实现32.1亿元，增长1.1%；固定资产投资完成381亿元，同比增长15.5%；服务业增加值完成201亿元，增长5%；规模以上工业增加值完成35.9亿元，增长20.7%；实际利用内资完成87.3亿元，实际利用外资完成3.03亿美元；全年新增工商注册企业888户，新增就业1.54万人，农民人均纯收入实现12600元，增长5.9%。主要经济指标完成或超额完成了我区年初制定的计划目标和市政府下达的责任目标，在全市地区绩效管理考评开发区组中排名首位。在科技部最新公布的全国114家国家高新区综合排名中位列第63位，在国家高新区创新能力评价中位列第44位。

（二）产业层级不断提升，集群发展迈出新步伐

总部经济快速扩张。吉林省烟草总部、沃尔玛吉林总部率先投入运营，中石化东北总部、吉视传媒总部等近20个总部项目建设加速推进，约200万平方米总部楼群拔地而起，总部经济呈急剧扩张之势。

金融服务业加速发展。净月金融服务中心内的一汽金融总部、森工金融总部投入使用，106家金融、类金融机构入驻净月，东北证券、天首基金、中国人寿财险、复华投资、赛伯乐投资等23个大型金融机构投资的产业项目成功签约，净月生态金融街轮廓初显。

电子商务初具规模。淘宝吉林馆、好汇购等省内知名电商平台齐聚净月，吉林省烟草公司的烟草采购销售、启明信息的汽车在线交易等B2B电子商务平台交易规模不断放大，吉视传媒电视电子商务被列为全国广电领域唯一示范项目。全区入驻重点电子商务企业65家，其中国家电子商务示范项目1个，吉林省电子商务示范企业4家，各类电子商务平台注册企业17000余家，实现电子商务交易额482亿元，占全省电子商务交易额的三分之一以上，国家电子商务示范基地引领作用持续显现。

软件服务外包发展势头强劲。Infitecs中国区总部成功入区；微软创新中心、恩梯梯海外服务中心等企业对外信息服务能力不断增强；成功引入微软第五大外包服务商——径点科技，产业资源集聚态势进一步凸显。2014年全区重点服务外包企业达15家，服务外包金额5700万美元，跨境、跨行业的知识信息服务外包业务总量大幅跃升。

旅游经济品牌效应持续显现。净月瓦萨国际越野滑雪节成功跻身世界罗佩特组织，为该组织在中国认定的唯一国际顶级越野滑雪赛事；成功举办2014年净月潭瓦萨国际自行车赛、农博会等大型活动；净月潭国家级风景名胜区、伪满皇宫博物院、长影世纪城作为发起景区正式加入“东北旅游景区联盟”联盟，成为“大东北”旅游线路南北互联的重要节点；净月潭、长影世纪城荣获中国驰名商标，净月旅游品牌含金量明显提升。

高技术制造业创新发展能力持续增强。通用机械实验中心为奥迪汽车零部件国产化提供一站式研发及产业化服务；旭阳天倬汽车零部件有限公司与宝马公司合作的UKL连续模具制作项目稳步推进；德国大陆汽车电子产能逐月攀升，与宝马、沃尔沃等一线整车制造商建立供货关系，全年营业收入达34亿元。

（三）创新资源快速集聚，服务体系建设取得新突破

创新资源加速汇聚。围绕激光产业链，投资2亿元与长光所、上光所等共同组建长春国科精密光学技术有限公司，推动国家02重大专项产业化；围绕生物基因产业链，积极推动华大基因、清华博奥生物医药等创新型领军企业加速落位；围绕新一代信息产业链，洽谈引进海鼎晟4G芯片、广西慧云农业物联网、北京两融网络安全等高端创新资源。

创新孵化载体“短板”状况显著改观。坚持引导盘活与引进建设并重，不断提升区域孵化能力。与泰豪地产合作，盘活存量楼宇，创新孵化载体建设模式；加快推进绿地科技孵化园一期和绿色愿景环保专业孵化器建设；引进吉林省青年创业园，打造全省最大青年创业平台；推动吉林省青年创业园区、启明汽车电子产业孵化基地成功升级为国家级科技企业孵化器。

科技金融服务体系建设初具规模。建立资本市场后备资源库，储备圣诺尔新能源、森工融信、风雷科技等十余家后备企业，助推丽明科技成功登陆“新三板”；与市科技局合作成立了科技小额贷款公司，填补了省内空白。

（四）开发建设强势推进，发展后劲得到新提升

项目前期工作高效开展。全年完成57个新建项目的前期手续审批工作；完成土地征收726.9公顷，报批新增建设用地625公顷；完成征收房屋3019栋、面积31.5万平方米，温室、大棚和苗木等其它地上物共计746万平方米，为重点项目及时落位建设创造了条件。

项目储备和建设实现新突破。全年新签约项目59个，签约总额722.52亿元；71个招商项目开工建设；大项目比例明显提高，投资亿元以上项目占比由81%提高到92%，10亿元以上项目占比达32.4%；现代服务业、高技术产业和文化产业投资占比达87%，主导产业集聚发展态势进一步凸显。

基础设施建设取得重大进展。市政道路总里程达到210公里，“三纵六横”主干路网互通性进一步加强；新增供水管线10公里，分团二期供水工程全面完成；完成生态甲、乙等四座开闭所及9.5公里10KV线路建设；铺设供热主线20公里，新增供热能力1000万平方米；完成燃气主线施工20公里，全区日供气量达35万立方米，为清洁能源的推广应用奠定了坚实基础。

生态建设工程稳步推进。继续实施农民自愿还林、征地造林、矿山复绿、林相改造、城市美化绿化等工程，全年完成造林330公顷，新增绿地80万平米，栽植各类苗木100余万株，风景区森林覆被率提高到79.5%；净月潭上游河道综合治理一期工程全部完工，长山水库等4座水库除险加固工程全面竣工；高水平完成名人主题公园、生态文化公园、净月潭风景区道路维修及景观等城市生态景观提升方案设计，新城生态轮廓日渐清晰。

城市管理开创新局面。城市网格化管理平台建成运行，129个网格单元监管效能不断提高，市容综合治理整体水平大幅提升；“智慧净月”建设正式启动，概念设计初步完成，将开启未来城市管理新模式。

（五）社会事业稳步发展，“幸福净月”建设呈现新亮点

教育综合实力稳步提升。投入9862万元，高标准完成长春市第二十四中学等3所学校教学楼新建、长春市第五十五中学等11所学校校舍改造和西湖小学、玉潭小学等2所学校标准化操场新建工程，进一步提高教育基础设施水平；全面建成校车安全管理监控平台，“三位一体”校园安全监管防控体系初步形成，确保全年无校园安全事故；广泛开展全员性、专业性培训，推进教师队伍建设，实施责任区挂牌督导制，不断提高教学质量。

医疗卫生事业扎实推进。开展镇卫生院新建和村卫生室标准化改造工程，全面实施国家基本药物制度，有效缓解人民群众看病难看病贵问题；完成新农合参保61552人，切实减轻农民医疗负担；完善公共卫生量化考核评估方案，严格执行“费随事走”原则，规范公共卫生服务模式；加大医疗市场整治力度，净化群众就医环境；继续开展市容环境综合整治行动，加强病媒生物防控，清理卫生死角，改善城乡面貌。

就业创业服务成果显著。举办招聘会41场，开展各类培训3000人次，开发岗位1.58万个，新增就业1.54万人，全区城镇登记失业率控制在3.8%以内，解决零就业家庭比率达到100%；积极搭建创业平台，征集创业项目79个，建设创业孵化基地1个，成功扶持创业600人，带动就业2400人，创历史新高；开展农牧业科技培训2万余人次，发放各类惠农补贴资金2057万元，为农民增收2205万元。

社会保障能力不断加强。城乡居民养老保险参保人数达44762人，养老金发放总额3160万元；城镇职工养老保险新增参保企业近百户，企业参保率达86.7%；被征地农民养老保险扩面任务进展顺利，落实补贴资金近亿元；城镇居民医疗保险参保人数达到47809人，增加20种大病保险补偿病种，大额医药费用报销上不封顶，医保政策不断完善；投入1110万元，救助各类困难群众5300余人次，有效开展重特大疾病救助，救助率达100%；西部回迁二期工程13栋住宅和6栋公建主体工程已完工，农大棚户区改造工程1196套回迁房建设全部完成，保障性安居工程扎实推进。

人口计生工作和谐发展。创新人口管理常态机制，首推“1+N”次考核模式；提升全区人口生殖健康服务水平，开展多种形式计生文化宣传活动；完善人口和计划生育服务体系，加大出生缺陷预防干预力度，出生人口素质进一步提高。

安全生产监管力度不断增强。全年累计排查企业2058户次，查改安全隐患3750处，落实整改资金2218万元，对1583户中等规上企业2100余人次开展安全教育培训，落实“源头安全”，实现事故发生起数和死亡人数“双下降”。

【高新技术产业开发区】2014年，在市委、市政府的正确领导下，长春高新区领导班子团结和带领全区干部职工，紧紧围绕年初确定的“深化改革创新、加快转型升级”的总体要求，扎实推进稳增长、调结构、转方式、促改革、惠民生、保稳定等重点工作，经济社会继续保持良好发展势头，为实现新一轮优质快速发展目标创造了有利条件。

（一）更加注重发展质量和效益，综合经济实力稳步提升。努力克服宏观形势趋紧、经济下行压力增大等不利因素，狠抓经济运行，各项主要经济指标保持平稳较快增长。2014年，全区营业总收入实现4838亿元，同比增长13.84%；工业总产值实现4391亿元，同比增长10.71%；地区生产总值实现1024.9亿元，同比增长10.39%；固定资产投资完成484亿元，同比增长15.5%；全口径财政收入、一般预算财政收入分别实现569.9亿元、84亿元。主要经济指标增速高于省市平均水平。在“国家高新区指标体系”评价中，长春高新区综合排名第15位，可持续发展能力排名第4位，进入先进国家高新区前列。

（二）深入开展专业化、产业化招商，项目建设取得新突破。围绕提高招商引资的针对性和实效性，严格项目入区专家评审，全年组织召开项目评审会12次，21个项目通过专家评审，压缩用地面积14.6万平方米。无论是项目质量，还是项目购地数量，都较去年有新的突破，在全市开发区中排名第一。全年新引进落位产业化项目95个，其中购地建厂项目25个；新注册企业779户，同比增长83.7%；引进内资147.2亿元，完成全年计划的112.4%；利用外资15.27亿美元，完成全年计划的101.1%。新引进落位6个大型商业综合体，包括总投资35亿元的银泰百货城、总投资32亿元的五洲国际万国城、总投资20亿元LED展示中心、总投资26亿元的益田城市综合体、总投资12亿元的东北亚文化产业园二期，还有长春市的全民体育健身中心；另外，普洛斯电子商务、李尔工业园、吉林华阳玄武岩纤维制品、吴太集团制药基地等一批优质工业项目集中落位，亚太农业和食品安全示范区项目正式签约；中信戴卡汽车轮毂、高铁轮对冶锻中心、奥特莱斯、新能源汽车电池等一批重大项目积极推进。围绕项目开工，强化组织调度与服务，全年落实3000万元以上项目247个，开工项目209个，开工率84.6%，台湾中钢汽车冲压件、博士汽车水泵生产线、明君华凯5万辆整车、长春国投新兴产业园以及宇培电子商务物流中心等项目加快建设，中科英华新材料产业园、吉林省质检基地等28个工业项目部分建成投产。

（三）精心培育创新型产业集群，产业结构进一步优化。以园区和基地为载体，强化政策引导与扶持，促进产业集群发展，有效带动产业优化升级，截至年末，剔除一汽大众因素，全区二三产业增加值比为75：25。在先进装备制造产业方面，国家级汽车电子产业基地通过科技部复核，与世界500强马涅蒂·马瑞利集团签订战略合作框架协议，新引进落位4户汽车电子企业，园区企业达到21户；新能源客车整车生产基地具备小批量整车生产能力，试制生产40余辆纯电动公交客车；长德现代装备制造产业园稳步推进。在生物医药产业方面，长春乐福地药业、长春同辐北方辐照产业基地、长春博讯生物等5个项目正式开工建设；长东北生物医药产业园累计落位项目19个，园区初具形象和规模，生物医药产业成为全市增长最快的战略性新兴产业板块。在光电子产业方面，由市工信局、光机所和长春高新区三方联合建设的光电和智能装备制造产业园通过评审，长春希迈气象科技园等7个项目加紧落位；吉林东北亚半导体应用推广中心、众晟汽车电子产品等10个项目完成注册。在新材料新能源方面，华阳集团年产3万吨玄武岩纤维项目积极引进俄罗斯技术，项目达产后将成为世界上最大的玄武岩纤维生产基地；东北亚天然气装备产业园、天威新能源产业园资产盘活等扎实推进，吉林省高氮合金和光机所小卫星项目正式启动，将打造成两个千亿级产值项目。在高端服务业方面，全年新引进文化创意企业37户，总户数突破200户，发展规模不断壮大，形成园区化、模块化、集群化发展效应；随着一批大型商业综合体的陆续开工建设，将全面提升城市品质和现代服务业水平。

【汽车经济技术开发区】2014年，是我区建设发展中十分重要的一年。在国内经济增速放缓，融资、征地征收等瓶颈难题更加突出的形势下，全区广大干部职工团结一心，真抓实干，圆满完成了各项目标和任务，实现了全区经济社会平稳健康发展。

一、2014 年工作回顾

2014 年，是我区建设发展中十分重要的一年。在国内经济增速放缓，融资、征地征收等瓶颈难题更加突出的形势下，全区广大干部职工团结一心，真抓实干，圆满完成了各项目标和任务，实现了全区经济社会平稳健康发展。

——一年来，坚持迎难而上，经济实力稳步提升

克服宏观经济下行压力影响，我区经济实现新突破。全年完成地区生产总值预计完成 526 亿元，同比增长 8.7%；区属规上工业总产值 107.5 亿元，同比增长 19%；固定资产投资 484 亿元，同比增长 15%；全口径财政收入 106.5 亿元，同比增长 17.7%；实际利用内资 125.4 亿元，同比增长 14%；实际利用外资 6.77 亿美元，同比增长 12%。各项主要经济指标继续位居全市前列。其中，我区财政收入总量跃居全市第一位，是我市唯一突破 100 亿元大关的县区。

——一年来，坚持开拓创新，招商引资成效明显

坚持把招商引资作为全区各项工作的生命线，充分利用招商推介会和展会等形式，先后组织开展了“日韩美加”、“长三角”、珠三角、香港" 以及央企对接会等多项招商活动，共引进亿元以上工业项目 33 个，计划总投资 175 亿元，预计可实现产值 238 亿元。共跟踪储备工业项目 165 个，其中，世界 500 强企业 32 个，外资项目 30 个。

——一年来，坚持克难求进，项目建设取得新进展

破解征地征收等难题，积极抓好项目建设。全年共完成征地 105 公顷，供地 131 公顷，房屋征收 121.5 万平方米。新开工项目 74 个，其中，新建项目 44 个，续建工业项目 30 个。以常州星宇车灯、浙江世纪华通内饰件、雪龙汽车风扇等项目开工，一汽大众 EA211 发动机等项目竣工为标志，进一步提升了我区零部件产业整体实力。备受省市关注的一汽大众 Q 工厂项目，顺利完成了地勘、打桩工作等基础工作，预计项目达产后可实现年销售收入 1500 亿元、税收 296 亿元。

——一年来，坚持统筹谋划，基础设施建设扎实推进

坚持“以需定建、适度超前”原则，全年启动工程项目 114 项，完成投资 10.25 亿元。丙七路、丙六街、高尔夫路等 10 条道路排水工程顺利完工。完成东风大街跨永春河桥梁工程及河西 200 米道路工程，富民大路跨永春河桥梁工程按计划推进。完成一汽轴齿中心物流临时停车场工程，污水处理厂交付水务集团运行。腾飞大路绕城高速公路立交桥、解放物流通道及大众物流通道工程进展顺利。

积极推进配套设施建设。轴齿、大众二次变正式投入运行，完成了中铁农电、轴齿农电等线路排迁，中铁 220kV 线路完成 90%。完成天网工程、一汽大众等线路架设工作。完成给水管线 4 公里，排水管线 30 公里，天然气 7.8 公里，通信管线 60 公里，通信塔 50 座，电力电缆及线路 92 公里。我区承载能力进一步增强。

——一年来，坚持建管结合，城市面貌不断改观

以建设生态宜居城为目标，坚持强化城市管理。大力实施“奋战 150 天市容环境综合整治行动”，积极开展拆除各类牌匾广告、清除非法广告、整治露天烧烤、占道经营和违建拆除等专项行动，市容市貌得到有效改善。加强市政维护，完成道路坑槽、网裂修补 19000 平方米。强化城市绿化亮化，补种树木 1 万余株，新增绿地面积 20 余万平方米，完成汽车大路等 7 条道路的路灯安装工程。建成区环境日益提升。

坚持产城融合思路，全力抓好商服业发展。全年引进重点商业项目 11 个。通过不懈努力，总投资 70 亿元的万达商业综合体项目正式落位我区，该项目建成后将实现 1 亿元税收，安置 1 万人就业，对促进我区城市建设和繁荣商业经济将起到极大的带动作用。保利五星级酒店项目积极推进。西湖中铁项目启动建设，环外多恩地产、一汽大学生公寓等项目进展顺利，已经形成规模。国家生态工业园区创建工作有序推进，我区环保工作再上新台阶。

——一年来，坚持积极配合，服务一汽工作成效显著

始终坚持服务一汽就是发展自己的理念，把支持一汽工作落到实处。

建立项目跟踪服务机制，对一汽重大项目实行周调度、月通报制度，及时解决项目落位过程中涉及的问题，保障项目按计划推进。为一汽提供 VIP 服务，在政务大厅设立了“一汽项目库”，实行动态管理和“直通车”服务，对重点项目实行领办、代办，全年共办理相关事项 160 余件。另外，为 144 名一汽下岗职工解决了就业问题。

——一年来，坚持以人为本，社会事业蓬勃发展

全力抓好民生实事，圆满完成了各项民生任务。

就业工作卓有成效。全年共开发就业岗位 6298 个，城镇新增就业 5031 人，农村劳动力转移就业 1019 人，失业人员再就业 1253 人，就业困难人员再就业 140 人，解决零就业家庭比率达到 100%。

社保工作稳步推进。城镇职工基本养老保险新增 865 人，城镇居民养老保险 3801 人，新农保 14771 人，城镇居民医保 68922 人，征地农民基本养老保险参保 4762 人，新农合参保 25394 人，全面完成指标任务。

社会救助不断加强。全年为低保户发放低保金 876 万元，为困难家庭办理低保 290 余人，对 977 名城乡低保人员参保参合进行了资助，对 101 名困难群众进行了临时医疗救助。积极开展“爱心助学”、“节日慰问” 等活动，为困难家庭提供了帮助。

安居工程积极推进。前程家园、东风家园完成 115 栋回

迁住宅建设，基本满足当期回迁需求。分配廉租住房126套，发放低收入租赁住房补贴378户，启动1栋D级居民楼改造工程。

教育工作取得新进展。完成长沈学校幼儿园以及三中、六中、四小等校舍维修和朔胶操场建设，教学条件不断改善。教育质量不断提高，六中高考本科进线率达到97%，中考高分段人数同比2013年提高80%，创造了建区以来最好成绩。努力探索教育创新，与中国教育科学研究院签约共建教育综合改革实验区。

健康城市建设扎实推进。计划生育率达98%以上；优质服务率、群众知识普及率均达90%。在疾病防治方面，加强了各类传染病防疫工作，普及各类传染病防控知识，进一步提高了群众健康水平。

文化体育事业蓬勃发展。组织开展了文艺汇演、门球比赛、青年节风筝制作放飞等活动，社区艺术团表演、各类基层体育活动丰富多彩。成功举办了汽车节系列活动，汽车文化影响力进一步增强。

——一年来，坚持管理创新，社会治理工作积极推进

社区建设取得突破。加强了街道社区社会服务管理中心和公共服务平台建设。规范社区网格化管理，实现了社区干部对辖区百姓的面对面服务，网格建设不断完善。推进新建区域社区化管理工作，新审批了三个社区，为完善新区管理和失地农民享受市民服务奠定了基础。

维护社会和谐稳定。加强政法工作，强化平安建设，完成“天网工程”65个路口185个探头和老城区内路口高清探头架设。推进综治工作，街道、社区和农村综治组织覆盖率达到100%。加强了反邪教、戒毒和社区矫正工作。聘请专业律师参与信访接待，推进矛调工作法治化。加大信访矛盾纠纷排查和化解工作，初信初访办结率达100%。圆满完成了十八届四中全会和APEC会议等国家重要会事期间的信访维稳工作。进京非访人数明显减少，处于全市较低水平。

安全工作不断加强。重视生产安全、公共安全、交通安全、消防安全、食品药品安全等项工作，全面开展了大排查、大整改活动，建立了安全工作应急机制。通过齐抓共管，辖区群众安全感和满意度有效提高。

精神文明创建活动持续深入。充分发挥街道社区作用，大力开展群众性文体活动。积极开展志愿服务和“长春好人”推荐等活动，培育和践行社会主义核心价值观。扎实推进“道德讲堂”活动，以社会公德、职业道德、家庭美德、个人品德为主要内容，深入开展社会主义荣辱观宣传教育，弘扬了中华民族传统美德。圆满完成创城迎检、文明祭祀等工作。

农村工作有序推进。以“保稳定、促发展”为核心，全力做好征地征收的动员组织工作，认真落实农村经济社会和安全发展的各项措施，确保农村和谐稳定。

——一年来，坚持强化管理，自身建设不断加强

坚持抓好领导班子自身建设。奉行打铁还需自身硬理念，从严加强班子建设。严格班子工作规则和工作纪律，进一步增强了班子整体合力。不断加强学习，加快从政思维、从政理念、从政方式的转型，每个班子成员都能抓大事、顾全局，在各项工作中发挥了领头羊作用。

党的群众路线教育实践活动收效显著。严格按照中央、省市教育实践活动的总体要求，圆满完成第二批教育实践活动。全区两批参与活动单位共解决实际问题347个，解决群众反映强烈的突出问题96个。通过教育实践活动，“四风”问题得到有力整治，群众反映强烈的问题得到有效解决，广大党员干部贯彻党的群众路线的自觉性和坚定性明显增强。

基础管理工作不断加强。以强化档案管理、完善工作流程、整治薄弱环节为重点，在全区大力开展了“管理提升年”活动，进一步规范了基础工作，管理水平明显提高。

党建工作扎实推进。以“红旗党建”创建为引领，在农村和社区开展了服务型党组织创建活动，在机关事业单位开展了“五型”机关创建活动，加强了非公企业党建工作。有序推进了社区居委会和党组织换届工作。积极开展党员干部进社区等活动，进一步增强了党组织的凝聚力和影响力。

干部队伍建设有新成效。开展了部分岗位非领导职务晋升工作，73人非领导职务得到晋升，调动了干部的工作积极性。强化绩效考核工作，进一步完善了考核体系。加强干部培训，推进干部实训和周六讲堂工作常态化，完成了39名正处长的党校轮训和1名副主任、4名正处长的调训工作。强化党员教育管理工作，党员干部素质进一步提升。大力开展了调查研究活动，在全区形成了学习研究的风气。

软环境建设不断深入。强化工作落实，全面完成深化改革任务承接工作。积极推进简政放权和政务公开，规范整合政务窗口，完善了政务公开制度。加强企业服务，积极解决各类问题170余件。加大监督检查力度，工作效率和水平明显提高。

【莲花山开发区】2014年长春莲花山生态旅游度假区着力实施“开发开放、创新引领、生态先行、环境立区”战略，坚持改革创新，努力推动各项工迈上新台阶。全年地区生产总值实现2.15亿元，同比增长10.3%；全口径财政收入实现2.54亿元（剔除一次性增长因素，按可比口径统计），同比增长10%；地方口径财政收入实现1.17亿元（剔除一次性增长因素，按可比口径统计），同比增长10%；固定资产投资完成34亿元，同比增长25.9%，社会消费品零售总额达到9200万元，同比增长13%。同时，长春莲花山生态旅游度假区还被国家环保部、旅游局评为国家级生态旅游度假区。

统计资料

STATISTICS

综合

GENERAL SURVEY

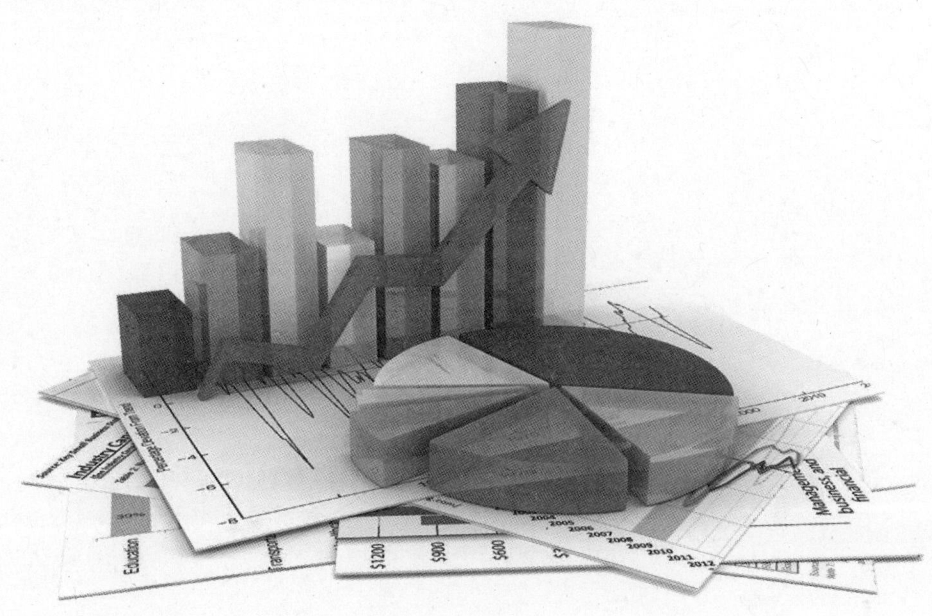

第一篇　综　　合

长春位于北半球中纬地带，欧亚大陆东岸的中国东北平原腹地，地处东经124°18′-127°02′，北纬43°05′-45°15′，市中心座落在东经125°19′，北纬43°43′。气候为中温带大陆性季风气候，素有“塞北春城”的美誉。

长春市地域辽阔，土地资源丰富，全境面积20593.5平方公里，其中市区面积3583平方公里。下辖南关、宽城、二道、朝阳、绿园、双阳六个城区及农安、德惠、九台、榆树四个县（市）。2014年末，全市总人口754.5万人，其中市区人口365.9万人，四县（市）人口388.7万人。

国民经济持续平稳增长，综合实力明显增强。全年实现国内生产总值5342.4亿元，按可比价格计算，比上年增长6.6%。其中，第一产业增加值332.0亿元，比上年增长4.7%；第二产业增加值2813.6亿元，增长6.9%；第三产业增加值2196.8亿元，增长6.6%。人均国内生产总值达到70891元，比上年增长6.8%。国民经济主要指标快速增长，各项社会事业健康发展。2014年，全市规模以上工业企业完成产值9831.1亿元，比上年增长6.7%，固定资产投资总额达到3924.5亿元，比上年增长15.1%，社会消费品零售总额实现2217.5亿元，比上年增长12.6%，进出口总额207.2亿美元，比上年增长1.7%，城乡人民生活质量进一步提高，总体达到小康水平，城市居民人均可支配收入和农民人均纯收入分别达到27298.9元和11285.6元。

1－1 行 政 区 划
DIVISIONS OF ADMINISTRATIVE

单位：个 unit

		城市 Urban area		农村 Rural area		
		街道办事处 Street agency	社区居民委员会 Residents committee	乡政府 Township government	镇政府 Town government	村民委员会 Villager committee
总计	Total	68	329	30	67	1677
市区	District	56	268	5	12	294
南关区	Nanguan	15	57	1		3
宽城区	Kuancheng	10	57		1	20
朝阳区	Chaoyang	10	52		2	24
二道区	Erdao	8	37	1	3	34
绿园区	Luyuan	9	56		3	22
双阳区	Shuangyang	4	15	1	3	134
县（市）	County	12	55	25	51	1383
九台市	Jiutai	4	17	2	12	310
榆树市	Yushu	4	12	9	15	388
农安县	Nong'an		16	10	12	377
德惠市	Dehui	4	10	4	12	308

农村中：总计中乡政府包括高新技术开发区 2 个，镇政府包括净月开发区 3 个，经济开发区 1 个，村民委员会，包括净月开发区 26 个，经济开发区 10 个，高新开发区 12 个，汽车产业园 9 个。

Ⅰ、In rural area：In the Total row，township governments include 2 in High－Tech Development Zone，town governments include 3 in Jingyue Development Zone，1 in Economic development Zone，villager committees include 26 in Jingyue Development Zone，10 in Economic development Zone，12 in High－Tech Development Zone，9 in Automobile Industry Park.

1－2 自 然 概 况
NATURAL CONDITIONS

		单位 Unit	长春市 Changchun	榆树市 Yushu	九台市 Jiutai	农安县 Nong'an	德惠市 Dehui
一、土地资源	Land resources						
1、国土面积	Area of territory	平方公里 sq · km	20593.50	4712.49	3371.52	5429.22	3460.85
2、耕地面积	Area of cultivated land	公顷 ha	1306607	391035	181827	377510	217259
二、水力资源	Water resources						
1、水资源总量	Surface water volume	亿立方米 100million cu · m	23.08	4.89	3.70	4.63	4.41
2、地下水资源量	Ground water volume	亿立方米 100million cu · m	15.54	3.25	2.74	3.62	2.50
三、林木资源	Forest resources						
1、森林面积	Forest area	万公顷 10000ha	32.00	3.90	6.61	5.05	2.47
2、森林覆盖率	Forest coverage rate	%	14.30	12.50	21.53	11.48	11.48

1－3　1995－2014年长春市社会经济主要指标
MAIN INDICATORS OF SOCIETY AND ECONOMIC（1995－2014）

年份 Year	年末总人口（万人） Population (10000person)	#市区 District	从业人员（万人） Employment (10000person)	#职工 Staff and workers	地区生产总值（亿元） Gross domestic products (100million yuan)	#第一产业 Primary industry	#第二产业 Secondary industry	#第三产业 Tertiary industry
1995	667.3	270.0	345.0	133.9	365.5	72.4	164.6	128.5
1998	676.8	274.2	346.2	131.9	434.9	92.7	191.0	151.2
1997	683.8	278.8	351.2	129.9	491.2	101.9	212.3	177.0
1998	686.9	282.7	334.6	105.1	569.6	109.9	242.1	217.6
1999	691.2	286.6	350.3	102.8	683.7	117.8	288.5	277.4
2000	699.6	292.8	311.4	96.9	803.2	109.7	352.6	340.9
2001	705.7	298.0	327.4	92.7	928.9	121.2	416.3	391.4
2002	712.5	303.9	329.4	90.4	1060.8	131.1	483.6	446.1
2003	718.2	310.0	334.7	89.0	1226.7	140.4	575.4	510.9
2004	724.1	314.7	376.1	88.4	1415.6	150.6	680.6	584.4
2005	731.5	337.2	353.9	83.7	1503.2	161.5	701.9	639.8
2006	739.3	348.8	326.4	83.8	1736.8	162.0	848.1	726.7
2007	745.9	358.1	329.4	84.1	2089.1	200.0	1033.4	855.7
2008	752.5	360.8	336.8	85.6	2501.3	217.8	1251.2	1032.3
2009	756.5	362.3	346.8	87.0	2848.6	223.9	1442.8	1181.9
2010	758.9	362.8	366.4	89.0	3329.0	252.7	1719.9	1356.4
2011	761.8	364.8	384.6	92.4	4003.0	290.1	2092.7	1620.2
2012	756.9	363.0	386.3	96.9	4456.6	317.1	2291.9	1847.6
2013	752.7	363.8	439.9	120.8	4964.7	324.1	2611.3	2029.3
2014	754.5	365.9	455.6	126.8	5342.4	332.0	2813.6	2196.8

1－3 续表1 continued1　　　　单位：亿元 unit：100million yuan

年份 Year	工业总产值 Gross industrial output value	农业总产值 Gross agricultural output value	固定资产投资总额 Investment in fixed assets	房地产开发 Real estate	建筑业总产值 Gross output value of construction
1995	487.3	144.5	108.7	22.6	51.4
1996	475.8	172.9	120.6	19.3	57.8
1997	496.4	176.8	106.0	14.0	64.1
1998	502.4	198.9	141.7	16.2	66.6
1999	596.6	200.9	194.4	25.2	78.1
2000	749.7	106.8	235.2	30.3	113.1
2001	954.7	223.9	285.0	48.5	140.3
2002	1202.1	242.1	320.5	60.8	162.4
2003	1510.2	259.2	389.6	77.7	198.7
2004	1712.7	281.5	460.0	90.4	224.8
2005	1728.9	272.9	650.4	106.6	276.4
2006	2140.0	289.0	950.4	174.2	344.0
2007	2839.1	340.6	1350.6	259.5	428.0
2008	3515.3	405.2	1818.8	352.9	511.4
2009	4461.7	418.4	2300.3	443.9	569.5
2010	5884.2	474.7	3001.5	542.8	669.8
2011	7005.0	523.8	2433.4	666.4	787.0
2012	8263.5	562.5	3172.9	649.7	971.8
2013	9213.4	602.7	3408.4	613.6	1022.2
2014	9831.1	626.9	3924.5	534.4	1243.1

1－3 续表 2 continued2

单位：亿元 unit：100million yuan

年份 Year	全市财政收入 Government revenue	#地方财政收入 Local government revenue	地方财政支出 Local government expenditures	金融机构存款余额 Balance of deposits of financial institutes	金融机构贷款余额 Balance of loans of financial institution
1995	36.5	12.1	25.7	354.8	432.6
1996	45.0	17.0	29.8	465.4	534.1
1997	49.8	18.5	35.1	542.4	631.8
1998	56.5	21.9	37.7	581.2	744.9
1999	67.4	27.1	48.1	885.0	1082.2
2000	76.0	30.4	51.1	1013.2	1243.8
2001	97.4	36.3	59.0	1158.4	1344.8
2002	103.9	37.8	70.1	1403.6	1492.5
2003	134.8	46.0	85.8	1615.2	1629.6
2004	149.8	50.7	100.8	1766.3	1791.5
2005	184.8	61.0	121.7	2065.8	1893.5
2006	210.6	71.6	146.7	2396.2	2194.8
2007	284.5	93.3	181.6	2598.4	2452.0
2008	372.1	119.0	240.3	3064.7	2859.2
2009	450.7	142.7	306.0	4354.2	3863.7
2010	563.4	180.8	382.9	5038.4	4616.8
2011	803.2	288.6	518.7	5619.1	5251.0
2012	927.7	340.8	555.5	6643.3	5828.3
2013	1077.6	381.8	633.0	7866.5	6543.2
2014	1156.6	397.3	675.8	8792.7	7532.4

1－3 续表 3

continued3

年份 Year	职工工资总额（亿元） Wages (100million yuan)	在岗职工年平均工资（元） Annual average wage of employed persons (yuan)	年末储蓄存款余额（亿元） Balance of deposits at year end (100million yuan)	社会销售品零售总额（亿元） Total value of retail trade (100million yuan)	商品零售价格指数（%） Overall retail price index	居民消费品价格总指数（%） Overall consumer price index
1995	66.3	5013	243.2	131.8	114.4	115.9
1996	83.3	6370	331.9	171.4	106.1	110.9
1997	90.8	7052	388.6	204.5	101.5	104.2
1998	84.6	7869	411.7	237.9	98.3	100.6
1999	90.0	8618	480.4	268.3	96.4	98.6
2000	95.5	9752	533.7	311.2	97.5	98.8
2001	104.6	11090	608.1	358.3	100.7	102.3
2002	123.6	12869	713.9	402.2	98.7	99.7
2003	124.4	13867	831.4	438.3	100.7	101.0
2004	139.3	15722	910.4	495.3	102.7	104.1
2005	150.3	17742	1059.3	600.1	101.3	101.7
2006	167.7	19955	1174.6	666.3	101.4	101.3
2007	203.1	24190	1202.1	778.3	102.2	103.7
2008	230.1	26969	1507.3	945.7	105.6	104.4
2009	265.1	30448	1861.3	1089.4	100.6	99.8
2010	318.0	35723	2086.3	1286.7	104.6	103.6
2011	379.5	41473	2359.3	1512.2	104.8	105.5
2012	448.2	46674	2790.5	1739.6	101.8	102.3
2013	642.3	51564	3132.5	1970.0	101.3	103.0
2014	729.6	56014	3407.9	2217.5	101.2	102.2

注：从 2009 年，在岗职工年平均工资改为城镇非私营单位在岗职工年平均工资。

Note：the annual average income of current employees in 2009 is annual average income of current employees in urban non－private companies or orgnizations.

1－3 续表 4 continued4

年份 Year	货物运输量（万吨） Freight traffic （10000ton）	旅客发送量（万人次） Passenger traffic （10000 person－time）	邮电业务总量（1990 年不变价格）（万元） Volume of post and telecommunication services（10000 yuan）
1995	7232. 0	4848. 0	53056. 0
1996	9363. 0	4794. 0	107927. 0
1997	9397. 0	4023. 0	139600. 0
1998	9326. 0	4799. 0	200000. 0
1999	9533. 0	4848. 4	284000. 0
2000	8334. 0	1937. 0	433564. 4
2001	8693. 0	2743. 0	316487. 5
2002	10773. 0	7668. 0	328971. 0
2003	10892. 0	6999. 0	356593. 4
2004	11576. 0	7631. 2	365994. 2
2005	9601. 3	5086. 6	414432. 8
2006	9943. 0	5360. 0	466281. 5
2007	10485. 2	5697. 3	503000. 0
2008	12452. 5	6046. 1	574881. 3
2009	8812. 6	9974. 5	955116. 4
2010	9763. 1	10502. 4	1333221. 0
2011	12308. 3	10239. 0	1348253. 0
2012	15479. 4	11783. 2	1435164. 0
2013	17475. 8	12388. 6	746475. 5
2014	9714. 5	8258. 3	576114. 3

注：从 2001 年开始，将邮电业务总量改为邮电业务收入。

Note：Since 2001 post and telecommunication service have changed into revenue of post and telelcommunication services

1－3 续表 5 continued5

年份 Year	外贸出口商品总额（亿美元） Exports （＄100 million）	吸收外资 Foreign capital absorbed			接待海外旅游者人数（万人/次） Tourists overseas （10000 person－times）
		签订合同项目（个） Contracts （unit）	签订合同金额（亿美元） Amount of contractssigned （＄100 million）	实际吸收外资金额（亿美元） Real amount of foreigncapital absorbed（＄100 million）	
1995	1. 40	323	5. 90	1. 80	3. 0
1996	1. 50	127	3. 10	0. 70	3. 3
1997	5. 00	130	2. 20	0. 70	3. 5
1998	3. 70	146	2. 10	2. 90	3. 4
1999	6. 00	150	5. 10	3. 30	4. 5
2000	7. 60	161	5. 10	3. 60	5. 5
2001	9. 80	125	4. 60	5. 10	6. 6
2002	12. 70	119	4. 00	6. 30	7. 6
2003	15. 50	118	3. 90	7. 50	6. 9
2004	8. 30	132	13. 20	9. 00	8. 3
2005	12. 70	139	5. 10	11. 70	11. 0
2006	10. 90	149	7. 20	14. 10	15. 1
2007	15. 10	123	6. 80	16. 90	20. 0
2008	16. 40	67	5. 12	20. 30	21. 7
2009	10. 90	47	4. 50	24. 30	21. 7
2010	20. 00	80	7. 90	26. 70	25. 0
2011	22. 70	44	5. 20	30. 80	30. 2
2012	29. 00	42	8. 50	36. 80	35. 7
2013	32. 90	35	3. 80	44. 40	37. 8
2014	24. 70	41	4. 30	50. 00	39. 5

1－3 续表 6 continued6

年份 Year	全市科技成果（项） Major achievements in science and technology (item)	高等学校在校人数（万人） Students in higher education (10000person)	小学在校学生数（万人） Students in primary Schools (10000person)	学龄儿童入学率（%） Enrollment rate of school－age children（%）
1995	231	7.1	69.0	99.80
1996	427	7.4	72.0	99.89
1997	245	7.7	73.8	99.85
1998	561	8.2	72.8	99.95
1999	522	9.9	69.9	99.86
2000	458	12.9	65.2	99.70
2001	498	15.6	60.0	97.00
2002	615	19.6	55.3	98.97
2003	723	23.1	51.5	99.50
2004	637	26.1	50.5	99.90
2005	692	29.1	47.6	99.96
2006	694	30.8	46.1	99.94
2007	677	33.1	45.4	99.98
2008	985	35.0	44.5	99.99
2009	1225	35.9	43.1	99.99
2010	143	36.5	42.2	99.99
2011	252	37.7	40.4	99.98
2012	235	38.8	40.2	99.98
2013	209	40.2	39.5	99.98
2014	276	49.8	38.4	99.98

注：2010 年的全市科技成果要通过鉴定、验收和认定为准。
Note: the major achievements in science and technology of 2010 are to be confirmed after appraisal, acceptance and determination.

1－3 续表 7 continued7

年份 Year	卫生机构数（个） Health agencies (unit)	#医院 Hospitals	医院病床（万张） Beds in hospitals (10000 beds)	卫生技术人员（万人） Medical technical personel (10000person)	#医生 Doctors
1995	830	303	2.4	3.8	1.6
1996	399	303	2.3	3.6	1.6
1997	642	304	2.3	3.8	1.6
1998	608	298	2.2	3.7	1.6
1999	672	294	2.4	3.7	1.6
2000	648	285	2.3	3.5	1.6
2001	660	291	2.2	3.6	1.6
2002	1498	298	2.4	3.4	1.4
2003	1554	298	2.3	3.5	1.5
2004	1642	294	2.3	3.4	1.4
2005	1659	288	2.4	3.3	1.4
2006	1832	320	2.6	3.5	1.6
2007	1941	320	2.7	3.6	1.6
2008	1923	313	2.9	3.6	1.6
2009	1920	309	3.4	3.7	1.7
2010	3853	310	3.7	4.0	1.8
2011	4153	306	3.9	4.0	1.8
2012	4092	302	4.2	4.3	1.8
2013	4224	299	4.5	4.4	1.8
2014	4219	301	4.7	4.5	1.8

1－4 1995－2014年长春市平均水平主要指标
PER CAPITA MAIN INDICATORS（1995－2014）

年份 Year	人均生产总值（元） Per capita Gross domestic product（yuan）	城市居民人均可支配收入（元） Per capita Urban resident disposable income（yuan）	农村居民人均纯收入（元） Per capita net income of rural resident（yuan）	每一农业人口占有耕地面积（亩） Per capita Cultivated land of rural population（ha）
1995	5455	3456	1841	4.3
1996	6472	4164	2245	4.2
1997	7223	4702	2280	4.2
1998	8312	4751	2520	4.5
1999	9923	5110	2560	4.1
2000	11550	5568	2568	4.0
2001	13220	6339	2785	4.1
2002	14959	6963	3147	4.1
2003	17147	7905	3411	4.1
2004	19630	8900	3906	4.0
2005	20654	10065	4180	4.0
2006	23618	11358	4480	4.2
2007	28133	12811	4780	4.3
2008	33384	15003	5292	4.2
2009	37753	16072	5662	4.3
2010	43936	17922	6665	4.2
2011	52649	20487	7965	4.4
2012	58691	22967	9064	4.4
2013	65776	26034	10060	4.4
2014	70891	27299	11286	4.5

1－4 续表 1 continued1

年份 Year	每一农业人口生产粮食（公斤） Per capita grainp roduced of rural population（kg）	每一工业职工创造产值（万元） Per capita output value of industrial workers（10000yuan）	每一工业职工实现利税（元） Per capita pre－tax profits of industrial workers（yuan）	每万人口拥有医疗床位数（张） Beds in hospital per 10000 population owned（bed）
1995	1800.0	5.3	5459.2	38.0
1996	1900.0	7.8	4886.9	36.0
1997	1600.0	7.6	5238.5	35.2
1998	2070.0	11.7	9809.0	35.0
1999	1895.0	18.1	1835.9	34.7
2000	1277.0	21.5	29350.0	32.8
2001	1561.8	27.2	35584.0	34.0
2002	1718.1	36.6	50975.6	31.0
2003	1569.1	43.1	55457.1	32.0
2004	1982.9	56.8	55249.2	32.0
2005	1945.4	52.2	33939.4	32.8
2006	1967.4	61.7	49596.5	32.5
2007	1798.9	80.0	85353.9	36.2
2008	2198.7	86.7	87189.3	40.0
2009	1728.1	105.0	124423.5	44.0
2010	1842.0	122.6	162558.6	48.8
2011	1855.0	174.7	243566.1	51.2
2012	2074.9	171.1	224244.3	55.9
2013	2246.5	186.7	248576.4	58.7
2014	2231.4	194.7	304257.4	62.8

1-5 长春市国民经济主要指标占全省比重
PROPORTION OF CHANGCHUN'S NATIONAL ECONOMIC INDICATORS TO JILIN PROVINCE

		全省 Total	长春 Changchun	长春占全省比重（%） Proportion （%）
土地面积（万平方公里）	Land area（10000sq·km）	18.7	2.1	11.2
年末总人口（万人）	Population at year-end（10000 person）	2752.4	754.5	27.4
地区生产总值（亿元）	Gross domestic products（100million yuan）	13803.8	5342.4	38.7
#第三产业（亿元）	Tertiary industry（100million yuan）	4992.0	2196.8	44.0
财政收入（亿元）	Government revenue（100 million yuan）	1203.4	397.3	33.0
工业增加值（亿元）	Gross industrial added value（100million yuan）	6492.9	2415.7	37.2
全社会固定资产投资总额（亿元）	Total investment in fixed assets（100million yuan）	11486.5	3924.5	34.2
社会消费品零售总额（亿元）	Total retail trade of consumer goods（100million yuan）	6080.9	2217.5	36.5
进出口商品总额（亿美元）	Total export and import（$ 100million）	263.8	207.2	78.6
出口商品总额（亿美元）	Export（$ 100million）	57.8	24.7	42.7
接待外国旅游人数（万人次）	Tourists overseas（10000person-time）	137.7	39.5	28.7

1-6 按当年价格计算的地区生产总值
GROSS DOMESTIC PRODUCT（AT CURRENT PRICE）

单位：万元　　unit：10000yuan

		绝对额 Absolute number		构成（%） properation	
		2013	2014	2013	2014
地区生产总值	Gross domestic product	49647003	53424262	100	100
第一产业	Primary industry	3241304	3320314	6.5	6.2
第二产业	Secondary industry	26113109	28136169	52.6	52.7
第三产业	Terinary industry	20292590	21967779	40.9	41.1
国（地区）外净要素收入	Net factor income from other areas	2171956	2334853		
国民生产总值	Gross national income	51818959	55759115		

1－7 2014 年长春市地区生产总值构成项目

单位：万元

		增加值 Added value
地区生产总值	Gross domestic product	53424262
农、林、牧、渔业	Agriculture，forestry，animal husbandry and fishery	3401469
工业	Industry	24157821
建筑业	Construction	4091632
批发和零售业	Wholesale，retailtrade	5146512
批发业	Wholesale	837680
零售业	Retail trade	4308832
交通运输、仓储和邮政业	Transportation storage，post and telecommunication	2594860
住宿和餐饮业	Hotel and catering service	976684
住宿业	Hotels	283930
餐饮业	Catering services	692754
信息传输、软件和信息技术服务业	Information computer and software	1548881
金融业	Finance	2007243
房地产业	Real estate	1206116
租赁和商务服务业	Lease and service	1917758
科学研究和技术服务业	Scientific research and polytechnic services	848878
水利、环境和公共设施管理业	Water conservancy，environment and public services	185524
居民服务、修理和其他服务业	Resident sevices	1012527
教育	Education	1731446
卫生和社会工作	Health care，sports and social welfare	679111
文化、体育和娱乐业	Culture，sports and recreation services	643485
公共管理、社会保障和社会组织	Public management and social organization	1274315
第一产业	Primary industry	3320314
第二产业	Secondary industry	28136169
第三产业	Terinary industry	21967779

注：农林牧渔业中的农林牧渔服务业划入第三产业。工业中的开采辅助活动和金属制品、机械和设备修理业划入第三产业。

COMPOSITION OF GROSS DOMESTIC PRODUCTS (2014)

unit: 10000yuan

劳动者报酬 Wages	生产税净额 Net taxes on production	补贴 Subsidies	固定资产折旧 Depreciation in fired assets	营业盈余 Operation surplus
21596287	12122867	385846	9226225	10478883
3112511	29143	52899	259815	
8172005	8517219	193200	4942062	2526535
2431595	533901	1056	263357	862779
1538429	1566842		365998	1675243
182685	458505		66911	129579
1355744	1108337		299087	1545664
590989	185992	103961	901945	915934
235763	78573		183525	478823
81286	26706		149899	26039
154477	51867		33626	452784
420901	133406		450081	544493
573279	244637		94794	1094533
164104	384535		513128	144349
476759	200108		449463	791428
395946	56942		123105	272885
97306	7119		31505	49594
254356	106147		57570	594454
1382109	14804		232320	102213
499211	12755		113850	53295
295192	20892		82228	245173
955832	29852	34730	161479	127152
3065016	18634	52899	236664	
10581625	9021628	194256	5139373	3393543
7949646	3082605	138691	3850188	7085340

Note: the animal husbandry and fishery in rural animal husbandry and fishery industry into third industries, development of the auxiliary activities and metal products, machinery and equipment repair industry into third industries.

1-8 2013-2014年长春市地区生产总值
GROSS DOMESTIC PRODUCT (2013-2014)

单位：万元　　unit：10000yuan

	2013		2014	
	绝对额 Absolute number	比上年增长% Indices (per=100)	绝对额 Absolute number	比上年增长% Indices (per=100)
地区生产总值	49647003	8.3	53424262	6.6
农、林、牧、渔业	3320499	3.5	3401469	4.7
工业	22221393	10.0	24157821	6.8
建筑业	3995734	5.8	4091632	7.7
批发和零售业	4743528	7.6	5146512	7.2
批发业	773643	7.2	837680	7.0
零售业	3969885	7.6	4308832	7.3
交通运输、仓储和邮政业	2451433	8.4	2594860	4.0
住宿和餐饮业	886967	8.1	976684	7.1
住宿业	260738	6.5	283930	7.9
餐饮业	626229	8.9	692754	6.8
信息传输、软件和信息技术服务业	1420573	7.9	1548881	8.9
金融业	1756709	13.7	2007243	13.0
房地产业	1186233	3.4	1206116	-1.2
租赁和商务服务业	1787286	8.1	1917758	6.5
科学研究和技术服务业	766135	7.8	848878	8.8
水利、环境和公共设施管理业	160488	6.8	185524	13.2
居民服务、修理和其他服务业	945403	8.2	1012527	5.1
教育	1584123	7.1	1731446	7.5
卫生和社会工作	632383	6.8	679111	4.2
文化、体育和娱乐业	622964	5.7	643485	-1.8
公共管理、社会保障和社会组织	1165152	4.7	1274315	7.2
第一产业	3241304	3.6	3320314	4.7
第二产业	26113109	9.3	28136169	6.9
第三产业	20292590	7.9	21967779	6.6

统计资料

STATISTICS

●人口

POPULATION

第二篇 人 口

2014年，我市户籍人口总数为754.5万人，比上年增长0.24%。农业人口为418.5万人，非农业人口为336.0万人。总人口中，男性为379.4万人，女性为375.1万人，分别占人口总数的50.28%和49.72%。户籍人口出生率、死亡率、自然增长率分别为10.36‰、5.53‰和4.83‰。

2－1 1995－2014年全市户数与人口
POPULATION AND HOUSEHOLDS（1995－2014）

年份 Year	总户数（户）Households	总人口（人）Population（person）	按地区分 By region		按性别分 By sex		按农业、非农业分 By agriculture	
			市区 City	县（市）County	男 Male	女 Female	农业 Agriculture	非农业 Non－agriculture
1995	1729366	6672912	2699569	3973343	3405570	3267342	4054554	2618358
1996	1774578	6767781	2741731	4026050	3448350	3319431	4099379	2668402
1997	1797299	6837875	2788071	4049804	3479853	3358022	4115644	2722231
1998	1828540	6868673	2826890	4041783	3494777	3373896	4101391	2767282
1999	1887580	6912278	2866357	4045921	3516229	3396049	4100246	2812032
2000	1955634	6996354	2928250	4068104	3557370	3438984	4117996	2878358
2001	2005838	7057321	2980185	4077136	3586780	3470541	4120995	2936326
2002	2047139	7125055	3039375	4085680	3624060	3500995	4122300	3002755
2003	2071834	7182348	3100132	4082216	3650591	3531757	4051808	3130540
2004	2108261	7240845	3147366	4093479	3674807	3566038	4061950	3178895
2005	2189007	7314959	3372215	3942744	3706329	3608630	4104222	3210737
2006	2236543	7392561	3487724	3904837	3743788	3648773	4136041	3256520
2007	2317389	7459463	3581301	3878162	3770314	3689149	4169834	3289629
2008	2394247	7525303	3608314	3916989	3799417	3725886	4206770	3318533
2009	2437362	7565065	3623220	3941845	3815302	3749763	4229060	3336005
2010	2474784	7588921	3627536	3961385	3823596	3765325	4243699	3345222
2011	2556925	7617663	3648045	3969618	3835334	3782329	4167543	3450120
2012	2592938	7569037	3629752	3939285	3811781	3757256	4140626	3428411
2013	2661310	7526708	3638156	3888552	3788511	3738197	4176181	3350527
2014	2708655	7545472	3658620	3886852	3794374	3751098	4185658	3359814

2－2 2014年县（市）区户数与人口
POPULATION AND HOUSEHOLDS BY REGION IN 2014

		总户数（户）Households	总人口（人）Population（person）	按性别分 By sex		按农业、非农业分 By agriculture	
				男 Male	女 Female	农业 Agriculture	非农业 Non－agriculture
总计	Total	2708655	7545472	3794374	3751098	4185658	3359814
市辖区合计	Total district	1381108	3658620	1808777	1849843	1041154	2617466
南关区	Nanguan	260580	706601	343364	363237	98789	607812
宽城区	Kuancheng	237523	601365	299293	302072	234384	366981
朝阳区	Chaoyang	267750	746103	363821	382282	95485	650618
二道区	Erdao	220594	567525	281494	286031	212280	355245
绿园区	Lvyuan	252003	659304	328824	330480	120697	538607
双阳区	Shuangyang	142662	377722	191981	185741	279519	98203
县（市）合计	Total county	1327547	3886852	1985597	1901255	3144504	742348
农安县	Nong'an	360090	1087494	557392	530102	866915	220579
九台市	Jiutai	252341	695407	355208	340199	523512	171895
榆树市	Yushu	269764	828731	420870	407861	682368	146363
德惠市	Dehui	445352	1275220	652127	623093	1071709	203511

2－3 1995－2014 年全市人口增减变动
BASIC STATISTICS ON POPULATION CHANGING（1995－2014）

单位：人　　unit：person

年份 Year	年平均人口 Average population per year	增加 Increase		减少 Decrease	
		出生 Birth	迁入 Immigrant	死亡 Death	迁出 Emigration
1995	6623955	83252	118949	32824	87836
1996	6720346	89655	178698	34376	145431
1997	6802828	70108	110922	33726	82135
1998	6853272	51611	99196	34105	85125
1999	6890472	51275	123089	37263	104941
2000	6954316	72167	118519	38603	87096
2001	7026838	51263	119192	32918	85365
2002	7091188	51915	131735	32551	86590
2003	7153702	47149	138354	31981	94280
2004	7211597	64439	125259	34353	96285
2005	7277902	70680	143362	53076	121278
2006	7353760	71912	129371	32829	100289
2007	7426012	79787	121634	32566	105044
2008	7525303	78697	89565	22929	78840
2009	7545184	77521	83531	37155	82833
2010	7576993	79004	74714	50097	79334
2011	7603292	71132	81991	39044	85109
2012	7593350	77423	68445	93736	100629
2013	7547872	69230		30727	
2014	7536090	78175		41696	

2－4 2014 年县（市）区人口增减变动
BASIC STATISTICS ON POPULATION CHANGING BY REGION IN 2014

单位：人　　unit：person

		年平均人口 Average population per year	增加 Increase		减少 Decrease	
			出生 Birth	迁入 Tmmigrant	死亡 Death	迁出 Emigration
全市总计	Total	7536090	78175		41696	
市辖区合计	Total district	3648388	43534		22441	
南关区	Nanguan	683340	8461		4212	
宽城区	Kuancheng	635602	7975		4753	
朝阳区	Chaoyang	737226	8271		4636	
二道区	Erdao	563675	7225		3127	
绿园区	Lvyuan	650250	8259		3937	
双阳区	Shuangyang	378297	3343		1776	
县（市）合计	Total county	3887702	34641		19255	
农安县	Nong'an	1085704	9492		2638	
九台市	Jiutai	696461	6094		3894	
榆树市	Yushu	1275591	11125		5037	
德惠市	Dehui	829946	7930		7686	

2－5 2014年非农业人口增减人数
BASIC STATISTICS ON NON－AGRICULTURAL POPULATION CHANGING IN 2014

单位：人　　unit：person

		全市 Total	市区 District	县（市）County（city）
一、年末非农业人口数	Total at year－end	3359814	2617466	742348
二、本年增加的非农业人口	Increase of population this year	111339	97952	13387
1. 出生	Birth	37815	32621	5194
2. 非农业人口迁入	Settle in	39335	35135	4200
3. 农业人口转非农业人口	From agricultural population to non－agricultural	7948	6600	1348
①招生	Recruit students	448	448	0
②聘用	Recruit workers	209	203	6
③征用土地	Requisition land	335	332	3
④投靠亲属	Run to Relative	3264	2708	556
⑤落户小城镇	Settle in small town	253	7	246
⑥投资购房	Investment in housing purchase	3409	2902	507
⑦其他	Others	30		30
4. 自港、澳、台和国外迁入	Settle in from Hongkong Macao Taiwan and foreign	29	28	1
5. 退出现役	Demobilized soldier	1118	952	166
6. 刑满释放解除劳教	Release after serving a sentence	46	34	12
7. 其他	Others	25048	22582	2466
三、本年减少的非农业人口	Decrease of population	102051	79901	22150
1. 死亡	Death	24633	17734	6899
2. 非农业人口迁出	Emigration	43893	34759	9134
3. 迁往港、澳、台和国外	To Hongkong Macao Taiwan and foreign	235	226	9
4. 服现役	Join the army	2505	1922	583
5. 服刑及劳教	Arrest and reeducation through labour			
6. 其他	Others	30785	25260	5525

2-6 1995-2014年全市人口出生率、死亡率、自然增长率
BIRTH RATE，DEATH RATE AND NATURAL GROWTH RATE（1995-2014）

年份 Year	出生率（‰） Birth rate	死亡率（‰） Death rate	自然增长率（‰） Natural growth rate
1995	12.56	4.95	7.61
1996	13.34	5.11	8.22
1997	10.30	4.95	5.34
1998	7.53	4.97	2.55
1999	7.44	5.40	2.03
2000	10.38	5.55	4.83
2001	7.30	4.68	2.61
2002	7.32	4.59	2.73
2003	6.59	4.47	2.12
2004	8.94	4.76	4.17
2005	9.71	7.29	2.42
2006	9.77	4.46	5.31
2007	10.74	4.39	6.36
2008	10.50	3.06	7.44
2009	10.30	4.92	5.35
2010	10.43	6.61	3.82
2011	9.36	5.14	4.22
2012	10.20	12.34	-2.14
2013	9.17	4.07	5.10
2014	10.36	5.53	4.83

2-7 2014年县（市）区人口出生率、死亡率、自然增长率
BIRTH RATE，DEATH RATE AND NATURAL GROWTH RATE BY REGION IN 2014

		出生率（‰） Birth rate	死亡率（‰） Death rate	自然增长率（‰） Natural growth rate
总计	Total	10.36	5.53	4.83
市辖区合计	Total districts	11.90	6.13	5.77
南关区	Nanguan	12.73	6.34	6.39
宽城区	Kuancheng	11.84	7.05	4.79
朝阳区	Chaoyang	11.32	6.34	4.98
二道区	Erdao	12.73	5.51	7.22
绿园区	Lvyuan	12.82	6.11	6.71
双阳区	Shuangyang	8.85	4.70	4.15
县（市）合计	Total counties cities	8.91	4.95	3.96
农安县	Nong'an	8.73	2.43	6.30
九台市	Jiutai	8.76	5.60	3.16
榆树市	Yushu	8.72	3.95	4.77
德惠市	Dehui	9.57	9.27	0.30

2－8 1995－2014 年镇人口
POPULATION IN TOWNS（1995－2014）

年份 Year	镇数 Towns（个）	总户数 Households（户）	总人口（人）Population（person） 合计 Total	#非农业人口 Non－agriculture
1995	69	557599	2291863	319459
1996	71	589036	2381214	328492
1997	71	599342	2412099	334127
1998	71	609599	2407593	332771
1999	74	645686	2462254	337720
2000	74	676750	2498310	345006
2001	74	801526	2929795	355492
2002	75	822162	2965038	366485
2003	75	823632	2986758	441370
2004	75	850008	3065440	485870
2005	68	932803	3220173	476417
2006	67	911694	3159614	434312
2007	71	1036920	3462174	482436
2008	66	989184	3239889	446073
2009	66	997561	3247261	451788
2010	66	999720	3230214	430396
2011	65	1021572	3221512	522597
2012	66	1038391	3216956	426242
2013	66	1059305	3182354	415838
2014	66	1072685	3188253	413910

2－9 2014 年县（市）区镇人口
POPULATION IN COUNTY IN 2014

		镇数 Towns（个）	总户数 Households（户）	总人口（人）Population（person） 合计 Total	#非农业人口 Non－agriculture
总计	Total	66	1072685	3188253	413910
市辖区合计	Total districts	21	300679	827042	120045
南关区	Nanguan	3	23633	71778	14107
宽城区	Kuancheng	5	98091	273139	46799
朝阳区	Chaoyang	2	18408	48349	4397
二道区	Erdao	5	74348	205318	31020
绿园区	Lvyuan	3	36183	88206	16739
双阳区	Shuangyang	3	50016	140252	6983
县（市）合计	Total counties（cities）	45	772006	2361211	293865
农安县	Nong'an	11	253922	723434	209194
九台市	Jiutai	9	134949	418252	19626
榆树市	Yushu	15	244747	761876	42573
德惠市	Dehui	10	138388	457649	22472

统计资料

STATISTICS

单位从业人员与劳动报酬

EMPLOYMENT AND WAGE

第三篇　单位从业人员与劳动报酬

2014 年，全市城镇非私营单位从业人员为 126.84 万人，比上年末增加 0.64 万人，增长 0.51 %。从经济类型划分上看，国有和集体经济单位所占比重继续下降，其他经济类型单位所占比重仍在上升。2014 年末，我市城镇非私营国有单位从业人员人数为 56.14 万人，占 44.26 %；集体经济单位从业人数 1.96 万人，占 1.55 %；其他经济单位从业人数 68.74 万人，占 54.19 %。

2014 年，全市城镇非私营单位从业人员工资总额为 729.61 亿元，比上年同期增长 10.55 %，其中，国有经济单位 369.82 亿元，增长 7.47 %；集体经济单位 6.79 亿元，增长 3.12 %；其他经济单位 353.00 亿元，同比增长 14.12 %。

2014 年全市城镇非私营单位就业人员平均工资 56014 元，比上年增长 8.63 %；在岗职工平均工资 56976 元，比上年增加 4625 元，增长 8.83%。

3－1 1995－2014年全市城镇非私营单位在岗职工工资总额
TOTAL WAGES OF STAFF AND WORKERS IN NON－PRIVATE UNITS（1995－2014）

单位：千元 unit：1000yuan

年份 Year	国有 State－owned		集体 Collective owned		其他 Others	
	全市 Total	#市区 District	全市 Total	#市区 District	全市 Total	#市区 District
1995	5220027	4423964	1045689	910067	364802	323990
1996	6569798	5592362	1251084	1086908	507483	451905
1997	7123101	6032678	1294877	1121163	658380	572053
1998	6574523	5616192	1040812	929690	932068	838951
1999	6871783	5828124	912084	824582	1348814	1246909
2000	7375814	6281248	960764	883329	1606900	1500715
2001	7529152	6478360	853190	792029	2074950	1920863
2002	8778127	7497443	883896	811997	2700222	2558936
2003	9191194	7846909	797041	722583	3033574	2882323
2004	10061498	8630697	773975	693387	3704129	3539419
2005	10136616	8818260	624595	540620	4273860	4039930
2006	10907523	9476019	623169	549543	5236869	4937691
2007	13691045	11857798	629786	557273	6677494	6352869
2008	15018507	12463127	645458	550119	8034251	7486086
2009	15713196	13553638	745397	607174	10577684	10128067
2010	18110165	15780837	784564	630033	13518177	12892878
2011	20578244	17725860	692474	555296	16679583	15997321
2012	22905754	19417457	718829	526708	17619377	16752500
2013	30758894	26931567	596468	351133	26828912	25114186
2014	32808661	28780114	590960	349587	30543409	29125465

3－2 1995－2014全市城镇非私营单位在岗职工平均工资
AVERGE WAGE OF STAFF AND WORKERS IN NON－PRIVATE UNITS（1995－2014）

单位：元 unit：yuan

年份 Year	国有 State－owned		集体 Collective owned		其他 Others	
	全市 Total	#市区 District	全市 Total	#市区 District	全市 Total	#市区 District
1995	5478	5941	3474	3600	5305	5242
1996	6844	7498	4547	4717	7027	7079
1997	7472	8151	5076	5313	8382	8358
1998	7205	8119	4452	4883	7436	7646
1999	7866	8835	4345	4893	9009	9240
2000	8526	9807	4814	5576	10220	10438
2001	11569	13270	7005	7307	12177	12888
2002	11100	13341	5215	6345	13066	13682
2003	11802	14275	5227	6472	13786	14456
2004	13659	16866	5576	6833	14910	15800
2005	18901	21570	9563	9577	17389	18314
2006	21837	25072	10925	10923	18455	19436
2007	27112	31231	11862	11990	21599	22737
2008	30535	34928	13143	13335	23854	24902
2009	33688	38584	15579	14603	28204	29357
2010	38428	44146	19129	18113	34143	35508
2011	43419	49180	23852	23830	40646	41815
2012	49732	55727	29417	28126	44353	45385
2013	60522	67299	33300	28913	45844	46859
2014	66053	73594	35866	31427	50179	51516

3-3 全市城镇非私营单位从业人员数

单位：人

		总计 Total	
		全市 Total	#市区 District
总计	Total	1268415	1100850
中央单位	Centre unit	239364	231935
省属单位	Provincial unit	99381	94006
市属单位	Unit belong to city	79293	76848
县及县以下单位	Unit below county	142022	44506
(一) 农、林、牧、渔业	Farming, forestry, animal husbandry and fishery	11858	2439
1. 农业	Farming	1241	705
2. 林业	Forestry	1298	343
3. 畜牧业	Animal husbandry	818	235
4. 渔业	Fishery	40	40
5. 农、林、牧、渔服务业	Farming, forestry, animal husbandry and fishery services	8461	1116
(二) 采矿业	Mining industry	3996	2181
1. 煤炭开采和洗选业	Coal mining and dressing	1825	48
2. 石油和天然气开采业	Extraction of petroleum and natural gas	57	19
3. 黑色金属矿采选业	Minging and dressing of ferrous metals		
4. 有色金属矿采选业	Mining and dressing of nonferrous metals	5	5
5. 非金属矿采选业	Mining and dressing of nonmetal mineral products		
6. 开采辅助活动	Mining auxiliary activities	2109	2109
7. 其他矿采选业	Others		
(三) 制造业	Manufacturing	395126	369725
1. 农副食品加工业	Food processing	29298	18067
2. 食品制造业	Food manufacturing	6662	2765
3. 饮料制造业	Beverage manufacturing	4612	2466
4. 烟草制品业	Tobacco processing	1217	1217
5. 纺织业	Textile industry	1378	1378
6. 纺织服装、鞋、帽制造业	Garments, shoes and hats	2974	2949
7. 皮革、毛皮、羽毛(绒)及其制品业	Leather, furs, down and related products	58	58
8. 木材加工及木、竹、藤、棕草制品业	Timber, bamboo, cane, palm and straw products	7775	7389
9. 家具制造业	Furniture	451	451
10. 造纸及纸制品业	Paper making and paper products	128	128
11. 印刷业和记录媒介的复制	Printing and record medium reproduction	3808	3281
12. 文教、工美、体育和娱乐用品制造业	Culture and education、Industrial art、Sports and entertainment products manufacturing	695	695
13. 石油加工、炼焦及核燃料加工业	Petroleum processing coking and nuclear processing	1765	514
14. 化学原料及化学制品制造业	Raw chemical material and chemical products	7489	6020
15. 医药制造业	Medical and pharmacutical products	12968	12118
16. 化学纤维制造业	Chemical fiber manufacturing	30	30
17. 橡胶和塑料制品业	Rubber and Plastic products	5152	4381
18. 非金属矿物制品业	Nonmetal mineral products	6728	5408
19. 黑色金属冶炼及压延加工业	Smelting and pressing of ferrous metals	1387	1387
20. 有色金属冶炼及压延加工业	Smelting and pressing of non - ferrous metals	268	233
21. 金属制品业	Metal products	3038	2880
22. 通用设备制造业	Ordinary machinery	6726	6387
23. 专用设备制造业	Special purpose equipment	5741	5670
24. 汽车制造业	Automobile industry	245974	245241

NUMBER OF EMPLOYED PERSONS IN NON – PRIVATE UNITS

unit: person

国有 State – owned		集体 Collective – owned		其他 Others	
全市 Total	#市区 District	全市 Total	#市区 District	全市 Total	#市区 District
561352	448587	19605	14146	687458	638117
239364	231935				
99381	94006				
79293	76848				
142022	44506				
10654	1509	111	36	1093	894
635	116	17		589	589
1262	307	36	36		
561	177			257	58
				40	40
8196	909	58		207	207
48	48			3948	2133
48	48			1777	
				57	19
				5	5
				2109	2109
148553	147683	2971	2522	243602	219520
41	41	381	381	28876	17645
420		23	23	6219	2742
		4	4	4608	2462
1217	1217				
		11	11	1367	1367
48	48	124	99	2802	2802
32	32	12	12	14	14
		160	120	7615	7269
		1	1	450	450
				128	128
181	181	555	382	3072	2718
		24	24	671	671
				1765	514
144	144	9	9	7336	5867
587	560			12381	11558
				30	30
71	71	174	24	4907	4286
343	343	52	52	6333	5013
103	103	73	73	1211	1211
				268	233
		63	63	2975	2817
1018	1018	205	205	5503	5164
765	765	30	7	4946	4898
143202	142779	499	499	102273	101963

3-3 续表 1 continued1

		总计 Total	
		全市 Total	#市区 District
25. 铁路、船舶、航空航天和其他运输设备制造业	Railway、Ship、aerospace and other Transportation Equipment	24127	24056
26. 电气机械及器材制造业	Electric equipment and machinery	4009	3971
27. 计算机、通信及其他电子设备制业	Computer and Telecommunication equipment adn other electronic equipment	3642	3642
28. 仪器仪表制造业	Instruments, meters	6749	6749
29. 其他制造业	Others	245	162
30. 废弃资源综合利用业	Comperehensive untilization of waste resources	29	29
31. 金属制品、机械和设备修理业	Metal products、machinery、Equipment repair industry	3	3
（四）电力、燃气及水的生产和供应业	Electric power, gas and water production and supply	66663	61396
1. 电力、热力的生产和供应业	Eleatrlc Power, and Head Power Production and Supply	58721	54910
2. 燃气生产和供应业	Production and supply of gas	2165	2165
3. 水的生产和供应业	Production and supply of water	5777	4321
（五）建筑业	Construction	161946	149574
1. 房屋和土木工程建筑业	Building and civil construction	81167	73059
2. 建筑安装业	Installment	45352	41373
3. 建筑装饰业	Decoration	20518	20253
4. 其他建筑业	Others	14909	14889
（六）批发和零售业	Wholesale and retail trade	58459	52147
1. 批发业	Wholesale	19463	17701
2. 零售业	Retail trade	38996	34446
（七）交通运输、仓储及邮政业	Transportation, storage, post and telecommunication	49207	44785
1. 铁路运输业	Railway transportation	100	100
2. 道路运输业	Highway transportation	27003	24790
3. 水上运输业	Waterway		
4. 航空运输业	Air transportation	4894	4894
5. 管道运输业	Pipeline transportation	1074	1074
6. 装卸搬运和其他运输服务业	Handling and other transportation services	687	687
7. 仓储业	Storage	6253	4835
8. 邮政业	Post services	9196	8405
（八）住宿和餐饮业	Hotel and catering services	18196	17929
1. 住宿业	Hotels	11605	11494
2. 餐饮业	Catering services	6591	6435
（九）信息传输、软件和信息技术服务业	Information transmission、software、information technology services	35781	33701
1. 电信、广播电视和卫星传输服务	Telecommunication、radio and television and satellite transmission services	26584	24504
2. 互联网相关服务	Internet and related service	974	974
3. 软件和信息技术服务业	Software and information technology services	8223	8223
（十）金融业	Finance	44036	37585
1. 货币金融服务业	Monetary and financial services	32525	26451
2. 资本市场服务业	Capital market services	2681	2681
3. 保险业	Insurance	8415	8038
4. 其他金融活动	Other finance services	415	415
（十一）房地产业	Real estate	31657	29991
其中：1. 房地产开发经营	Real estate developing and management	11260	10406
2. 房地产管理	Real estate management	17510	17308
3. 房地产中介服务	Medium services	802	765
（十二）租赁和商务服务业	Leasing and services	34547	33420

单位：人 unit：person

国有 State - owned		集体 Collective - owned		其他 Others	
全市 Total	#市区 District	全市 Total	#市区 District	全市 Total	#市区 District
		440	440	23687	23616
120	120	82	44	3807	3807
261	261			3381	3381
		34	34	6715	6715
				245	162
		15	15	14	14
				3	3
12269	9093			54394	52303
7611	5573			51110	49337
18	18			2147	2147
4640	3502			1137	819
9154	8722	1836	1716	150956	139136
2182	2182	104	104	78881	70773
6532	6100	776	656	38044	34617
245	245	842	842	19431	19166
195	195	114	114	14600	14580
6981	5314	844	651	50634	46182
5965	4446	600	447	12898	12808
1016	868	244	204	37736	33374
21208	18505	158	158	27841	26122
				100	100
9946	9438	125	125	16932	15227
4773	4773			121	121
				1074	1074
				687	687
2527	1123	33	33	3693	3679
3962	3171			5234	5234
5499	5434	267	267	12430	12228
4473	4452	88	88	7044	6954
1026	982	179	179	5386	5274
4360	2683	8	8	31413	31010
4034	2357			22550	22147
133	133			841	841
193	193	8	8	8022	8022
15978	12834	2350		25708	24751
13333	10505	2350		16842	15946
892	892			1789	1789
1616	1300			6799	6738
137	137			278	278
3163	2403	137	137	28357	27451
158	2	11	11	11091	10393
1293	1293	123	123	16094	15892
37		3	3	762	762
10186	9459	803	803	23558	23158

3－3 续表 2 continued2

		总计 Total	
		全市 Total	#市区 District
1. 租赁业	Leaseing	443	443
2. 商务服务业	Services	34104	32977
（十三）科学研究、技术服务业	Scientific research technical services	40935	38203
1. 研究与试验发展	Scientific research	10643	10643
2. 专业技术服务业	Technical services	28487	26135
3. 科技交流和应用服务业	Science and technology popularization and Application Services	1805	1425
（十四）水利、环境和公共设施管理业	Water conservancy，environment and public services	28337	21828
1. 水利管理业	Water conservancy	5543	2558
2. 生态保护和环境管理业	Ecological protection and Environment governance industry	378	286
3. 公共设施管理业	Public management	22416	18984
（十五）居民服务、修理和其他服务业	Resident services、repair and other services	7323	7142
1. 居民服务业	Resident services	2105	1924
2. 机动车、电子产品和日常产品修理业	Motor vehicle、Electronics and daily consumer products repairing	1127	1127
2. 其他服务业	Other social services	4091	4091
（十六）教育	Education	124076	81067
其中：1. 初等教育	Primary education	34015	10805
2. 中等教育	Secondary education	42181	23714
3. 高等教育	Higher education	40635	40635
（十七）卫生和社会工作	Health and social work	58206	45018
1. 卫生	Health care	56920	43928
2. 社会工作	Social work	1286	1090
（十八）文化、体育和娱乐业	Culture，sports and recreation services	17160	15527
1. 新闻出版业	News publishing	6568	6568
2. 广播、电影、电视和影视录音制作业	Broadcast、TV、movies and video recording industry	4111	3327
3. 文化艺术业	Culture and art	4257	3464
4. 体育	Sports	1459	1418
5. 娱乐业	Recreation services	765	750
（十九）公共管理、社会保障和社会组织	Public management、social security、social organization	80906	57192
其中：1. 中国共产党机关	Chinese communist party	2582	1972
2. 国家机构	State organs	75009	52556
3. 人民政协和民主党派	Political consultation and democratic party	572	504
4. 社会保障	Social security	975	690
5. 群众团体、社会团体和其他成员组织	The community、social organization and other members	1768	1470

单位：人 unit：person

国有 State – owned		集体 Collective – owned		其他 Others	
全市 Total	#市区 District	全市 Total	#市区 District	全市 Total	#市区 District
19	19			424	424
10167	9440	803	803	23134	22734
29476	26804	322	292	11137	11107
10119	10119	5	5	519	519
18196	15904	317	287	9974	9944
1161	781			644	644
20305	14194	6237	5896	1795	1738
5376	2512	121		46	46
187	152			191	134
14742	11530	6116	5896	1558	1558
1478	1297	747	747	5098	5098
667	486	387	387	1051	1051
216	216	46	46	865	865
595	595	314	314	3182	3182
116666	73657	32	32	7378	7378
33561	10351			454	454
40111	21644	1	1	2069	2069
37197	37197			3438	3438
52299	40981	2511	709	3396	3328
51205	40083	2511	709	3204	3136
1094	898			192	192
12394	10927	94	68	4672	4532
3561	3561	31	31	2976	2976
3111	2456	18	18	982	853
4030	3274	26		201	190
1321	1280			138	138
371	356	19	19	375	375
80681	57040	177	104	48	48
2582	1972				
74832	52452	177	104		
572	504				
975	690				
1720	1422			48	48

3－4 全市城镇非私营单位从业人员工资总额

单位：千元

		总计 Total	
		全市 Total	#市区 District
总计	Total	72961196	66999103
中央单位	Centre unit	21985957	21601004
省属单位	Provincial unit	5552128	5332034
市属单位	Unit belong to city	4086374	4004538
县及县以下单位	Unit below county	5307831	1904304
（一）农、林、牧、渔业	Farming，forestry，animal husbandry and fishery	396611	117335
1. 农业	Farming	43041	28683
2. 林业	Forestry	39060	13106
3. 畜牧业	Animal husbandry	29052	13881
4. 渔业	Fishery	1785	1785
5. 农、林、牧、渔服务业	Farming，forestry，animal husbandry and fishery services	283673	59880
（二）采矿业	Mining industry	260966	173711
1. 煤炭开采和洗选业	Coal mining and dressing	87118	1297
2. 石油和天然气开采业	Extraction of petroleum and natural gas	6725	5291
3. 黑色金属矿采选业	Minging and dressing of ferrous metals		
4. 有色金属矿采选业	Mining and dressing of nonferrous metals	129	129
5. 非金属矿采选业	Mining and dressing of nonmetal mineral products		
6. 开采辅助活动	Minging auxiliary activities	166994	166994
7. 其他矿采选业	Others		
（三）制造业	Manufacturing	27012676	26237874
1. 农副食品加工业	Food processing	1032843	699102
2. 食品制造业	Food manufacturing	209700	93434
3. 酒、饮料和精致茶制造业	Wine、drinks and Refined tea Industry	220265	134515
4. 烟草制品业	Tobacco processing	155237	155237
5. 纺织业	Textile industry	40769	40769
6. 纺织服装、服饰业	Textile and garment、Clothing industry	81483	81228
7. 皮革、毛皮、羽毛（绒）及其制品和制鞋业	Leather、furs、feather and their products	1517	1517
8. 木材加工及木、竹、滕、棕草制品业	Timber，bamboo，cane，palm and straw products	231249	219510
9. 家具制造业	Furniture	17013	17013
10. 造纸及纸制品业	Paper making and paper products	3262	3262
11. 印刷业和记录媒介的复制	Printing and record medium reproduction	132142	118300
12. 文教、工美、体育和娱乐用品制造业	Culture and education、Industrial art、Sports and entertainment products manufacturing	20388	20388
13. 石油加工、炼焦及核燃料加工业	Petroleum processing coking and nuclear processing	48114	13593
14. 化学原料及化学制品制造业	Raw chemical material and chemical products	454081	410489
15. 医药制造业	Medical and pharmacutical products	571845	541545
16. 化学纤维制造业	Chemical fiber manufacturing	1176	1176
17. 橡胶和塑料制品业	Rubber adn Plastic products	238008	211463
18. 非金属矿物制品业	Nonmetal mineral products	240489	206517
19. 黑色金属冶炼及压延加工业	Smelting and pressing of ferrous metals	77391	77391
20. 有色金属冶炼及压延加工业	Smelting and pressing of non－ferrous metals	11830	10990
21. 金属制品业	Metal products	95227	90369
22. 通用设备制造业	Ordinary machinery	353465	345660
23. 专用设备制造业	Special purpose equipment	238436	237012
24. 汽车制造业	Automobile industry	19950855	19924963

TOTAL WAGES OF EMPLOYED PERSONS IN NON – PRIVATE UNITS

unit：1000yuan

国有 State – owned		集体 Collective – owned		其他 Others	
全市 Total	#市区 District	全市 Total	#市区 District	全市 Total	#市区 District
36981789	32891379	679003	431502	35300404	33676222
21985957	21601004				
5552128	5332034				
4086374	4004538				
5307831	1904304				
345525	74089	3673	1826	47413	41420
18213	4332	477		24351	24351
37234	11280	1826	1826		
21244	12066			7808	1815
				1785	1785
268834	46411	1370		13469	13469
4164	4164			256802	169547
1297	1297			85821	
2867	2867			3858	2424
				129	129
				166994	166994
14402820	14376159	96689	84769	12513167	11776946
714	714	5149	5149	1026980	693239
8527		804	804	200369	92630
		303	303	219962	134212
155237	155237				
		307	307	40462	40462
1406	1406	2259	2004	77818	77818
1135	1135	346	346	36	36
		6582	5272	224667	214238
		13	13	17000	17000
				3262	3262
5756	5756	23504	18146	102882	94398
		1802	1802	18586	18586
				48114	13593
5431	5431	132	132	448518	404926
17953	17010			553892	524535
				1176	1176
5589	5589	4237	377	228182	205497
12858	12858	1015	1015	226616	192644
2450	2450	1460	1460	73481	73481
				11830	10990
		1452	1452	93775	88917
44121	44121	6295	6295	303049	295244
26865	26865	234	12	211337	210135
14087573	14070382	13420	13420	5849862	5841161

3－4 续表 1 continued1

		总计 Total	
		全市 Total	#市区 District
25. 铁路、船舶、航空航天和其他运输设备制造业	Railway、Ship、aerospace and other Transportation Equipment Manufacturing	1874838	1873769
26. 电气机械及器材制造业	Electric equipment and machinery	200420	199505
27. 通信设备计算机及其他电子设备制业	Computer and telecommunication equipment and other electronic equipment	149943	149943
28. 仪器仪表制造业	Instruments，meters	352226	352226
29. 其他制造业	Others	7185	5709
30. 废弃资源综合利用业	Comperhensive utilization of waste resoruces	1195	1195
31. 金属制品、机械和设备修理业	Mteal products、machinery、Equipment repair industry	84	84
（四）电力、燃气及水的生产和供应业	Electric power，gas and water production and supply	4521395	4248224
1. 电力、热力生产和供应业	Eleatrlc Power，and Head Power Production and Supply	4160386	3913601
2. 燃气生产和供应业	Production and supply of gas	111757	111757
3. 水的生产和供应业	Production and supply of water	249252	222866
（五）建筑业	Construction	7433295	7059214
1. 房屋建筑业	Building construction	4335191	4057796
2. 土木工程建筑业	Civil construction	1567429	1480029
3. 建筑安装业	Installment	902793	893987
4. 建筑装饰业其他建筑业	Decoration and Others	627882	627402
（六）批发和零售业	Wholesale and retail trade	2353209	2140896
1. 批发业	Wholesale	984869	909681
2. 零售业	Retail trade	1368340	1231215
（七）交通运输、仓储及邮政业	Transportation，storage，post and telecommunication	2350557	2229477
1. 铁路运输业	Railway transportation	13536	13536
2. 道路运输业	Highway transportation	1132872	1079446
3. 水上运输业	Waterway		
4. 航空运输业	Air transportation	465043	465043
5. 管道运输业	Pipeline transportation	85110	85110
6. 装卸搬运和其他运输代理业	Handling and other transportation services	23939	23939
7. 仓储业	Storage	213950	177772
8. 邮政业	Post services	416107	384631
（八）住宿和餐饮业	Hotel and catering services	594940	587113
1. 住宿业	Hotels	387298	383157
2. 餐饮业	Catering services	207642	203956
（九）信息传输、软件和信息技术服务业	Information、softwaer、information technology services	2217750	2135538
1. 电信、广播电视和卫星传输服务	Telecommunication、radio and television and satellite transmission services	1692572	1610360
2. 互联网和相关服务	Internet and telated service	44085	44085
3. 软件和信息技术服务业	Software and information technology services	481093	481093
（十）金融业	Finance	4300570	3908837
1. 货币金融服务业	Monetary and financial services	3683022	3301541
2. 资本市场服务业	Capital market services	200516	200516
3. 保险业	Insurance	375327	365075
4. 其他金融活动	Other finance services	41705	41705
（十一）房地产业	Real estate	1542370	1492479
其中：房地产开发与经营业	Real estate developing and management	771024	742379
房地产管理	Real estate management	636955	632214
房地产中介服务	Medium services	24349	23194
（十二）租赁和商务服务业	Leasing and services	1421073	1398579

单位：千元 unit：1000yuan

国有 State - owned		集体 Collective - owned		其他 Others	
全市 Total	#市区 District	全市 Total	#市区 District	全市 Total	#市区 District
		22956	22956	1851882	1850813
4082	4082	1946	1031	194392	194392
23123	23123			126820	126820
		1950	1950	350276	350276
				7185	5709
		523	523	672	672
				84	84
781237	639424			3740158	3608800
574016	449311			3586370	3464290
2102	2102			109655	109655
205119	188011			44133	34855
470850	466624	62474	59705	6899971	6532885
144439	144439	14603	14603	4176149	3898754
298771	294545	11992	9223	1256666	1176261
16243	16243	31894	31894	854656	845850
11397	11397	3985	3985	612500	612020
444866	364700	18724	14884	1889619	1761312
401255	331936	12807	9447	570807	568298
43611	32764	5917	5437	1318812	1193014
1200540	1118518	4534	4534	1145483	1106425
				13536	13536
451265	436469	3678	3678	677929	639299
460384	460384			4659	4659
				85110	85110
				23939	23939
91680	55930	856	856	121414	120986
197211	165735			218896	218896
180070	178629	7784	7784	407086	400700
145773	145254	2724	2724	238801	235179
34297	33375	5060	5060	168285	165521
263898	207034	319	319	1953533	1928185
249043	192179			1443529	1418181
6224	6224			37861	37861
8631	8631	319	319	472143	472143
1537699	1355790	159291		2603580	2553047
1419887	1246624	159291		2103844	2054917
40359	40359			160157	160157
63339	54693			311988	310382
14114	14114			27591	27591
140236	118745	3553	3553	1398581	1370181
5088	24	265	265	765671	742090
47699	47699	3223	3223	586033	581292
1155		65	65	23129	23129
414858	400159	24557	24557	981658	973863

3－4 续表 2 continued2

		总计 Total	
		全市 Total	#市区 District
1. 租赁业	Leaseing	15847	15847
2. 商务服务业	Services	1405226	1382732
（十三）科学研究、技术服务	Scientific research technical services	2647871	2555489
1. 研究与试验发展	Scientific research	721954	721954
2. 专业技术服务业	Technical services	1838987	1759678
3. 科技推广和应用服务业	Science and technology popularization and application services	86930	73857
（十四）水利、环境和公共设施管理业	Water conservancy，environment and public services	827025	677922
1. 水利管理业	Water conservancy	194444	123276
2. 环境管理业	Environment	10919	7740
3. 公共设施管理业	Public management	621662	546906
（十五）居民服务和其他服务业	Resident services and other services	260577	255175
1. 居民服务业	Resident services	106744	101342
2. 机动车、电子产品和日用产品修理业	Motor vehicle、Electronics and daily consumer products repairing	42567	42567
3. 其他服务业	Other social services	111266	111266
（十六）教育	Education	6619804	4923089
其中：1. 初等教育	Primary education	1415255	506871
2. 中等教育	Secondary education	1913555	1175443
3. 高等教育	Higher education	2956930	2956930
（十七）卫生和社会工作	Health and social work	3268338	2833605
1. 卫生	Health care	3222131	2793137
2. 社会工作	Social work	46207	40468
（十八）文化、体育和娱乐业	Culture，sports and recreation services	731307	674384
1. 新闻出版业	News publishing	267265	267265
2. 广播、电视、电影和影视录音制作业	Broadcast、TV、movies and video recording industry	181264	151453
3. 文化艺术业	Culture and art	191077	165788
4. 体育	Sports	61448	59917
5. 娱乐业	Recreation services	30253	29961
（十九）公共管理、社会保障和社会组织	Public administration、social security、social organizations	4200862	3350162
其中：1. 中国共产党机关	Chinese communist party	160616	136723
2. 国家机构	State organs	3855945	3051640
3. 人民政协和民主党派	Political consultation and democratic party	38540	35471
4. 社会保障	Social security	50515	41623
5. 群众团体、社会团体和宗教组织	Multitude organizations social organizations and religious organizations	95246	84705

单位：千元 unit：1000yuan

国有 State－owned		集体 Collective－owned		其他 Others	
全市 Total	#市区 District	全市 Total	#市区 District	全市 Total	#市区 District
852	852			14995	14995
414006	399307	24557	24557	966663	958868
1967135	1875770	23045	22775	657691	656944
699590	699590	225	225	22139	22139
1210668	1132376	22820	22550	605499	604752
56877	43804			30053	30053
610656	473965	151038	140616	65331	63341
190077	121975	3066		1301	1301
4584	3395			6335	4345
415995	348595	147972	140616	57695	57695
90100	84698	25206	25206	145271	145271
55938	50536	15302	15302	35504	35504
6992	6992	754	754	34821	34821
27170	27170	9150	9150	74946	74946
6299423	4602708	1584	1584	318797	318797
1387138	478754			28117	28117
1828250	1090138	37	37	85268	85268
2811367	2811367			145563	145563
3069471	2691355	84488	30471	114379	111779
3028223	2655846	84488	30471	109420	106820
41248	35509			4959	4959
567864	516364	2885	2567	160558	155453
166104	166104	619	619	100542	100542
148039	122968	1220	1220	32005	27265
181065	156459	318		9694	9329
56750	55219			4698	4698
15906	15614	728	728	13619	13619
4190377	3342484	9159	6352	1326	1326
160616	136723				
3846786	3045288	9159	6352		
38540	35471				
50515	41623				
93920	83379			1326	1326

3-5 全市城镇非私营单位从业人员平均工资

单位：元

		总计 Total	
		全市 Total	#市区 District
总计	Total	56014	59143
（一）农、林、牧、渔业	Farming，forestry，animal，husbandry and fishery	33385	48128
（二）采矿业	Mining industry	62883	76761
（三）制造业	Manufacturing	68357	70970
（四）电力、热力、燃气及水生产和供应业	Electric power，heat，gas and water production and supply	68228	69690
（五）建筑业	Construction	37411	38269
（六）批发和零售业	Wholesale and retail trade	40287	41097
（七）交通运输、仓储及邮政业	Transportation，storage，post and telecommunication	49066	51271
（八）住宿和餐饮业	Hotels and catering services	32052	32097
（九）信息传输、软件和信息技术服务业	Information transmission、software、information technology services	61931	63333
（十）金融业	Finance	99566	106386
（十一）房地产业	Real estate	47735	48734
（十二）租赁和商务服务业	Leasing and services	41566	42280
（十三）科学研究、技术服务业	Scientific research technical services	63813	65958
（十四）水利、环境和公共设施管理业	Water conservancy，environment and public facilities management	29710	31799
（十五）居民服务、修理和其他服务业	Resident service、repair and other service	36051	36210
（十六）教育	Education	53298	60625
（十七）卫生和社会工作	Health and social work	57232	64545
（十八）文化、体育和娱乐业	Culture，sports and recreation services	42196	42952
（十九）公共管理社会保障和社会组织	public administration、social security、social organization	51977	58729

AVERAGE WAGE OF EMPLOYED PERSONS IN NON – PRIVATE UNITS

unit: yuan

国有 State – owned		集体 Collective – owned		其他 Others	
全市 Total	#市区 District	全市 Total	#市区 District	全市 Total	#市区 District
65736	73137	34437	30274	49010	50349
32280	48235	33090	50722	44519	47829
46787	46787			63236	77989
96421	96807	32820	33962	51527	53848
67099	75493			68468	68753
45370	46906	29071	29440	37064	37875
64278	69414	21823	22382	37321	38144
56946	60862	28696	28696	42957	44349
32445	32567	29154	29154	31941	31954
60402	77223	39875	39875	62149	62139
96619	106195	68073		104402	106488
44604	49456	25934	25934	48177	48783
40176	41675	31283	31283	42538	42917
65340	68381	68997	78806	59498	59592
30569	34206	24928	24592	36255	36299
60510	64754	33166	33166	29177	29177
53854	62221	49500	49500	44277	44277
59721	67185	33809	43592	35621	35564
45288	46624	30052	36671	34190	34121
51985	58740	51455	60495	36833	36833

3-6 全市城镇非私营单位在岗职工人数

单位：人

		总计 Total	
		全市 Total	#市区 District
总计	Total	1062314	906321
中央单位	Centre unit	183196	176733
省属单位	Provincial unit	93771	88447
市属单位	Unit belong to city	72859	70540
县及县以下单位	Unit below county	133303	37304
（一）农、林、牧、渔业	Farming，forestry，animal husbandry and fishery	11852	2433
1. 农业	Farming	1240	704
2. 林业	Forestry	1298	343
3. 畜牧业	Animal husbandry	818	235
4. 渔业	Fishery	40	40
5. 农、林、牧、渔服务业	Farming，forestry，animal husbandry and fishery services	8456	1111
（二）采矿业	Mining industry	3971	2156
1. 煤炭开采和洗选业	Coal mining and dressing	1825	48
2. 石油和天然气开采业	Extraction of petroleum and natural gas	51	13
3. 黑色金属矿采选业	Minging and dressing of ferrous metals		
4. 有色金属矿采选业	Mining and dressing of nonferrous metals	5	5
5. 非金属矿采选业	Mining and dressing of nonmetal mineral products		
6. 开采辅助活动	Minging auxiliary activities	2090	2090
7. 其他矿采选业	Others		
（三）制造业	Manufacturing	319330	296287
1. 农副食品加工业	Food processing	26859	17712
2. 食品制造业	Food manufacturing	6569	2692
3. 酒、饮料和精致茶制造业	Wine、drinks and Refined tea Industry	4429	2452
4. 烟草制品业	Tobacco processing	1217	1217
5. 纺织业	Textile industry	1301	1301
6. 纺织服装、服饰业	Textile and garment、Clothing industry	2931	2906
7. 皮革、毛皮、羽毛（绒）及其制品和制鞋业	Leather、furs、feather and their products	58	58
8. 木材加工及木、竹、滕、棕草制品业	Timber，bamboo，cane，palm and straw products	6549	6163
9. 家具制造业	Furniture	451	451
10. 造纸及纸制品业	Paper making and paper products	128	128
11. 印刷业和记录媒介的复制	Printing and record medium reproduction	3767	3240
12. 文教、工美、体育和娱乐用品制造业	Culture and education、Industrial art、Sports and entertainment products manufacturing	695	695
13. 石油加工、炼焦及核燃料加工业	Petroleum processing coking and nuclear processing	1765	514
14. 化学原料及化学制品制造业	Raw chemical material and chemical products	6875	5406
15. 医药制造业	Medical and pharmaceutical products	12396	11546
16. 化学纤维制造业	Chemical fiber manufacturing	30	30
17. 橡胶和塑料制品业	Rubber adn Plastic products	4747	3976
18. 非金属矿物制品业	Nonmetal mineral products	6256	4936
19. 黑色金属冶炼及压延加工业	Smelting and pressing of ferrous metals	1215	1215
20. 有色金属冶炼及压延加工业	Smelting and pressing of non – ferrous metals	253	218
21. 金属制品业	Metal products	2825	2717
22. 通用设备制造业	Ordinary machinery	5934	5595
23. 专用设备制造业	Special purpose equipment	5516	5445
24. 汽车制造业	Automobile industry	181068	180370

NUMBER OF STAFF AND WORKERS IN NON – PRIVATE UNITS

unit：person

国有 State – owned		集体 Collective – owned		其他 Others	
全市 Total	#市区 District	全市 Total	#市区 District	全市 Total	#市区 District
484358	374253	16571	11326	561385	520742
183196	176733				
93771	88447				
72859	70540				
133303	37304				
10649	1504	111	36	1092	893
635	116	17		588	588
1262	307	36	36		
561	177			257	58
				40	40
8191	904	58		207	207
48	48			3923	2108
48	48			1777	
				51	13
				5	5
				2090	2090
104065	103195	2825	2376	212440	190716
41	41	381	381	26437	17290
420		23	23	6126	2669
		4	4	4425	2448
1217	1217				
		11	11	1290	1290
48	48	124	99	2759	2759
32	32	12	12	14	14
		160	120	6389	6043
		1	1	450	450
				128	128
177	177	551	378	3039	2685
		24	24	671	671
				1765	514
144	144	9	9	6722	5253
587	560			11809	10986
				30	30
71	71	171	21	4505	3884
219	219	52	52	5985	4665
103	103	72	72	1040	1040
				253	218
		63	63	2762	2654
900	900	197	197	4837	4498
691	691	30	7	4795	4747
99056	98633	499	499	81513	81238

3－6 续表1 continued1

		总计 Total	
		全市 Total	#市区 District
25. 铁路、船舶、航空航天和其他运输设备制造业	Railway、Ship、aerospace and other Transportation Equipment Manufacturing	22120	22049
26. 电气机械及器材制造业	Electric equipment and machinery	3210	3172
27. 通信设备计算机及其他电子设备制业	Computer and telecommunication equipment and other electronic equipment	3582	3582
28. 仪器仪表制造业	Instruments, meters	6314	6314
29. 其他制造业	Others	238	155
30. 废弃资源综合利用业	Comperhensive utilization of waste resoruces	29	29
31. 金属制品、机械和设备修理业	Mteal products、machinery、Equipment repair industry	3	3
（四）电力、燃气及水的生产和供应业	Electric power, gas and water production and supply	61374	56330
1. 电力、热力生产和供应业	Eleatrlc Power, and Head Power Production and Supply	53717	49962
2. 燃气生产和供应业	Production and supply of gas	2165	2165
3. 水的生产和供应业	Production and supply of water	5492	4203
（五）建筑业	Construction	102230	95796
1. 房屋建筑业	Building construction	38003	34871
2. 土木工程建筑业	Civil construction	36512	33495
3. 建筑安装业	Installment	17347	17082
4. 建筑装饰业其他建筑业	Decoration and Others	10368	10348
（六）批发和零售业	Wholesale and retail trade	55014	48953
1. 批发业	Wholesale	18275	16724
2. 零售业	Retail trade	36739	32229
（七）交通运输、仓储及邮政业	Transportation, storage, post and telecommunication	37941	33992
1. 铁路运输业	Railway transportation	100	100
2. 道路运输业	Highway transportation	19874	17751
3. 水上运输业	Waterway		
4. 航空运输业	Air transportation	4794	4794
5. 管道运输业	Pipeline transportation	1029	1029
6. 装卸搬运和其他运输代理业	Handling and other transportation services	606	606
7. 仓储业	Storage	5805	4568
8. 邮政业	Post services	5733	5144
（八）住宿和餐饮业	Hotel and catering services	16873	16609
1. 住宿业	Hotels	11289	11181
2. 餐饮业	Catering services	5584	5428
（九）信息传输、软件和信息技术服务业	Information、softwaer、information technology services	29060	27396
1. 电信、广播电视和卫星传输服务	Telecommunication、radio and television and satellite transmission services	20150	18486
2. 互联网和相关服务	Internet and telated service	922	922
3. 软件和信息技术服务业	Software and information technology services	7988	7988
（十）金融业	Finance	37756	31883
1. 货币金融服务业	Monetary and financial services	30232	24551
2. 资本市场服务业	Capital market services	2599	2599
3. 保险业	Insurance	4545	4353
4. 其他金融活动	Other finance services	380	380
（十一）房地产业	Real estate	27019	25434
其中：房地产开发与经营业	Real estate developing and management	10630	9857
房地产管理	Real estate management	13513	13311
房地产中介服务	Medium services	799	762
（十二）租赁和商务服务业	Leasing and services	28255	27151

单位：人 unit：person

国有 State - owned		集体 Collective - owned		其他 Others	
全市 Total	#市区 District	全市 Total	#市区 District	全市 Total	#市区 District
		310	310	21810	21739
120	120	82	44	3008	3008
239	239			3343	3343
		34	34	6280	6280
				238	155
		15	15	14	14
				3	3
10631	7645			50743	48685
6140	4125			47577	45837
18	18			2147	2147
4473	3502			1019	701
6030	5607	1730	1610	94470	88579
566	566	89	89	37348	34216
5070	4647	726	606	30716	28242
207	207	831	831	16309	16044
187	187	84	84	10097	10077
6204	4737	816	623	47994	43593
5410	4091	574	421	12291	12212
794	646	242	202	35703	31381
14055	11735	158	158	23728	22099
				100	100
4100	3592	125	125	15649	14034
4673	4673			121	121
				1029	1029
				606	606
2119	896	33	33	3653	3639
3163	2574			2570	2570
5422	5357	267	267	11184	10985
4434	4413	88	88	6767	6680
988	944	179	179	4417	4305
3473	2101	8	8	25579	25287
3148	1776			17002	16710
133	133			789	789
192	192	8	8	7788	7788
15200	12369	2148		20408	19514
13016	10329	2148		15068	14222
892	892			1707	1707
1161	1017			3384	3336
131	131			249	249
3100	2369	137	137	23782	22928
128	1	11	11	10491	9845
1260	1260	123	123	12130	11928
37		3	3	759	759
9764	9056	789	789	17702	17306

3－6 续表 2 continued2

		总计 Total	
		全市 Total	#市区 District
1. 租赁业	Leaseing	425	425
2. 商务服务业	Services	27830	26726
（十三）科学研究、技术服务	Scientific research technical services	38222	35508
1. 研究与试验发展	Scientific research	10166	10166
2. 专业技术服务业	Technical services	26301	23967
3. 科技推广和应用服务业	Science and technology popularization and application services	1755	1375
（十四）水利、环境和公共设施管理业	Water conservancy，environment and public services	20009	13504
1. 水利管理业	Water conservancy	5541	2556
2. 环境管理业	Environment	340	252
3. 公共设施管理业	Public management	14128	10696
（十五）居民服务和其他服务业	Resident services and other services	4820	4639
1. 居民服务业	Resident services	2069	1888
2. 机动车、电子产品和日用产品修理业	Motor vehicle、Electronics and daily consumer products repairing	1127	1127
3. 其他服务业	Other social services	1624	1624
（十六）教育	Education	119167	76958
其中：1. 初等教育	Primary education	33471	10580
2. 中等教育	Secondary education	40712	22705
3. 高等教育	Higher education	38115	38115
（十七）卫生和社会工作	Health and social work	55021	41899
1. 卫生	Health care	53804	40878
2. 社会工作	Social work	1217	1021
（十八）文化、体育和娱乐业	Culture，sports and recreation services	15604	13971
1. 新闻出版业	News publishing	6357	6357
2. 广播、电视、电影和影视录音制作业	Broadcast、TV、movies and video recording industry	3216	2432
3. 文化艺术业	Culture and art	4088	3295
4. 体育	Sports	1422	1381
5. 娱乐业	Recreation services	521	506
（十九）公共管理、社会保障和社会组织	Public administration、social security、social organizations	78796	55422
其中：1. 中国共产党机关	Chinese communist party	2571	1966
2. 国家机构	State organs	73095	50977
3. 人民政协和民主党派	Political consultation and democratic party	572	504
4. 社会保障	Social security	875	590
5. 群众团体、社会团体和宗教组织	Multitude organizations social organizations and religious organizations	1683	1385

单位：人 unit：person

国有 State－owned		集体 Collective－owned		其他 Others	
全市 Total	#市区 District	全市 Total	#市区 District	全市 Total	#市区 District
19	19			406	406
9745	9037	789	789	17296	16900
27744	25090	206	176	10272	10242
9647	9647			519	519
16956	14682	206	176	9139	9109
1141	761			614	614
14395	8284	4007	3666	1607	1554
5374	2510	121		46	46
187	152			153	100
8834	5622	3886	3666	1408	1408
1369	1188	729	729	2722	2722
659	478	369	369	1041	1041
216	216	46	46	865	865
494	494	314	314	816	816
112700	70491	32	32	6435	6435
33017	10126			454	454
38677	20670	1	1	2034	2034
35529	35529			2586	2586
49421	38159	2349	557	3251	3183
48396	37330	2349	557	3059	2991
1025	829			192	192
11515	10048	84	58	4005	3865
3419	3419	31	31	2907	2907
2678	2023	8	8	530	401
3883	3127	26		179	168
1285	1244			137	137
250	235	19	19	252	252
78573	55270	175	104	48	48
2571	1966				
72920	50873	175	104		
572	504				
875	590				
1635	1337			48	48

3-7 全市城镇非私营单位在岗职工工资总额

单位：千元

		总计 Total	
		全市 Total	#市区 District
总计	Total	63943030	58255166
中央单位	Centre unit	18493464	18138023
省属单位	Provincial unit	5281950	5063232
市属单位	Unit belong to city	3853990	3775182
县及县以下单位	Unit below county	5130071	1754491
（一）农、林、牧、渔业	Farming，forestry，animal husbandry and fishery	396495	117219
1. 农业	Farming	43005	28647
2. 林业	Forestry	39060	13106
3. 畜牧业	Animal husbandry	29052	13881
4. 渔业	Fishery	1785	1785
5. 农、林、牧、渔服务业	Farming，forestry，animal husbandry and fishery services	283593	59800
（二）采矿业	Mining industry	249771	162516
1. 煤炭开采和洗选业	Coal mining and dressing	87118	1297
2. 石油和天然气开采业	Extraction of petroleum and natural gas	5591	4157
3. 黑色金属矿采选业	Minging and dressing of ferrous metals		
4. 有色金属矿采选业	Mining and dressing of nonferrous metals	129	129
5. 非金属矿采选业	Mining and dressing of nonmetal mineral products		
6. 开采辅助活动	Minging auxiliary activities	156933	156933
7. 其他矿采选业	Others		
（三）制造业	Manufacturing	22649638	21934024
1. 农副食品加工业	Food processing	972217	687668
2. 食品制造业	Food manufacturing	206315	90670
3. 酒、饮料和精致茶制造业	Wine、drinks and Refined tea Industry	213735	134148
4. 烟草制品业	Tobacco processing	151252	151252
5. 纺织业	Textile industry	37627	37627
6. 纺织服装、服饰业	Textile and garment、Clothing industry	80187	79932
7. 皮革、毛皮、羽毛（绒）及其制品和制鞋业	Leather、furs、feather and their products	1517	1517
8. 木材加工及木、竹、藤、棕草制品业	Timber，bamboo，cane，palm and straw products	200027	188288
9. 家具制造业	Furniture	17013	17013
10. 造纸及纸制品业	Paper making and paper products	3262	3262
11. 印刷业和记录媒介的复制	Printing and record medium reproduction	130510	116668
12. 文教、工美、体育和娱乐用品制造业	Culture and education、Industrial art、Sports and entertainment products manufacturing	20388	20388
13. 石油加工、炼焦及核燃料加工业	Petroleum processing coking and nuclear processing	48114	13593
14. 化学原料及化学制品制造业	Raw chemical material and chemical products	377119	333527
15. 医药制造业	Medical and pharmacutical products	555200	524900
16. 化学纤维制造业	Chemical fiber manufacturing	1176	1176
17. 橡胶和塑料制品业	Rubber adn Plastic products	218773	192228
18. 非金属矿物制品业	Nonmetal mineral products	227296	193504
19. 黑色金属冶炼及压延加工业	Smelting and pressing of ferrous metals	67376	67376
20. 有色金属冶炼及压延加工业	Smelting and pressing of non－ferrous metals	10055	9215
21. 金属制品业	Metal products	88049	85173
22. 通用设备制造业	Ordinary machinery	311831	304026
23. 专用设备制造业	Special purpose equipment	228210	226786
24. 汽车制造业	Automobile industry	16006152	15981310

TOTAL WAGES OF STAFF AND WORKERS IN NON – PRIVATE UNITS

unit：1000yuan

国有 State – owned		集体 Collective – owned		其他 Others	
全市 Total	#市区 District	全市 Total	#市区 District	全市 Total	#市区 District
32808661	28780114	590960	349587	30543409	29125465
18493464	18138023				
5281950	5063232				
3853990	3775182				
5130071	1754491				
345445	74009	3673	1826	47377	41384
18213	4332	477		24315	24315
37234	11280	1826	1826		
21244	12066			7808	1815
				1785	1785
268754	46331	1370		13469	13469
4122	4122			245649	158394
1297	1297			85821	
2825	2825			2766	1332
				129	129
				156933	156933
11428200	11401539	87276	75356	11134162	10457129
714	714	5149	5149	966354	681805
8527		804	804	196984	89866
		303	303	213432	133845
151252	151252				
		307	307	37320	37320
1406	1406	2259	2004	76522	76522
1135	1135	346	346	36	36
		6582	5272	193445	183016
		13	13	17000	17000
				3262	3262
5722	5722	23419	18061	101369	92885
		1802	1802	18586	18586
				48114	13593
5431	5431	132	132	371556	327964
17953	17010			537247	507890
				1176	1176
5589	5589	4165	305	209019	186334
8352	8352	1015	1015	217929	184137
2450	2450	1425	1425	63501	63501
				10055	9215
		1452	1452	86597	83721
39960	39960	6148	6148	265723	257918
24586	24586	234	12	203390	202188
11128948	11111757	13420	13420	4863784	4856133

3－7 续表 1 continued1

		总计 Total	
		全市 Total	#市区 District
25. 铁路、船舶、航空航天和其他运输设备制造业	Railway、Ship、aerospace and other Transportation Equipment Manufacturing	1814536	1813467
26. 电气机械及器材制造业	Electric equipment and machinery	168983	168068
27. 通信设备计算机及其他电子设备制造业	Computer and telecommunication equipment and other electronic equipment	148422	148422
28. 仪器仪表制造业	Instruments，meters	336081	336081
29. 其他制造业	Others	6936	5460
30. 废弃资源综合利用业	Comperhensive utilization of waste resoruces	1195	1195
31. 金属制品、机械和设备修理业	Mteal products、machinery、Equipment repair industry	84	84
（四）电力、燃气及水的生产和供应业	Electric power，gas and water production and supply	4375683	4109256
1. 电力、热力生产和供应业	Eleatrlc Power，and Head Power Production and Supply	4019938	3777209
2. 燃气生产和供应业	Production and supply of gas	111757	111757
3. 水的生产和供应业	Production and supply of water	243988	220290
（五）建筑业	Construction	5354228	5111534
1. 房屋建筑业	Building construction	2800631	2629745
2. 土木工程建筑业	Civil construction	1291136	1228614
3. 建筑安装业	Installment	795492	786686
4. 建筑装饰业其他建筑业	Decoration and Others	466969	466489
（六）批发和零售业	Wholesale and retail trade	2245141	2041457
1. 批发业	Wholesale	943985	876634
2. 零售业	Retail trade	1301156	1164823
（七）交通运输、仓储及邮政业	Transportation，storage，post and telecommunication	1909356	1801181
1. 铁路运输业	Railway transportation	13536	13536
2. 道路运输业	Highway transportation	842432	790838
3. 水上运输业	Waterway		
4. 航空运输业	Air transportation	460002	460002
5. 管道运输业	Pipeline transportation	81144	81144
6. 装卸搬运和其他运输代理业	Handling and other transportation services	22498	22498
7. 仓储业	Storage	201579	170246
8. 邮政业	Post services	288165	262917
（八）住宿和餐饮业	Hotel and catering services	556661	548906
1. 住宿业	Hotels	377603	373534
2. 餐饮业	Catering services	179058	175372
（九）信息传输、软件和信息技术服务业	Information、softwaer、information technology services	1803267	1736121
1. 电信、广播电视和卫星传输服务	Telecommunication、radio and television and satellite transmission services	1293120	1225974
2. 互联网和相关服务	Internet and telated service	43314	43314
3. 软件和信息技术服务业	Software and information technology services	466833	466833
（十）金融业	Finance	4045130	3668737
1. 货币金融服务业	Monetary and financial services	3519366	3148715
2. 资本市场服务业	Capital market services	196551	196551
3. 保险业	Insurance	289075	283333
4. 其他金融活动	Other finance services	40138	40138
（十一）房地产业	Real estate	1433162	1385716
其中：房地产开发与经营业	Real estate developing and management	744331	718131
房地产管理	Real estate management	556265	551524
房地产中介服务	Medium services	24325	23170
（十二）租赁和商务服务业	Leasing and services	1140676	1118505

单位：千元 unit：1000yuan

国有 State－owned		集体 Collective－owned		其他 Others	
全市 Total	#市区 District	全市 Total	#市区 District	全市 Total	#市区 District
		13882	13882	1800654	1799585
4082	4082	1946	1031	162955	162955
22093	22093			126329	126329
		1950	1950	334131	334131
				6936	5460
		523	523	672	672
				84	84
752964	615113			3622719	3494143
548431	425000			3471507	3352209
2102	2102			109655	109655
202431	188011			41557	32279
276125	271983	50480	47711	5027623	4791840
29958	29958	5369	5369	2765304	2594418
221021	216879	10592	7823	1059523	1003912
14069	14069	31784	31784	749639	740833
11077	11077	2735	2735	453157	452677
420329	347883	18050	14210	1806762	1679364
379497	317898	12153	8793	552335	549943
40832	29985	5897	5417	1254427	1129421
891545	820596	4534	4534	1013277	976051
				13536	13536
191569	176773	3678	3678	647185	610387
455343	455343			4659	4659
				81144	81144
				22498	22498
81042	50137	856	856	119681	119253
163591	138343			124574	124574
177996	176555	7784	7784	370881	364567
145099	144580	2724	2724	229780	226230
32897	31975	5060	5060	141101	138337
235038	187332	319	319	1567910	1548470
220204	172498			1072916	1053476
6224	6224			37090	37090
8610	8610	319	319	457904	457904
1483477	1308526	153417		2408236	2360211
1376804	1206332	153417		1989145	1942383
40359	40359			156192	156192
52451	47972			236624	235361
13863	13863			26275	26275
138457	117926	3553	3553	1291152	1264237
4117	13	265	265	739949	717853
46891	46891	3223	3223	506151	501410
1155		65	65	23105	23105
400898	386410	23971	23971	715807	708124

3－7 续表 2 continued2

		总计 Total	
		全市 Total	#市区 District
1. 租赁业	Leaseing	15472	15472
2. 商务服务业	Services	1125204	1103033
（十三）科学研究、技术服务	Scientific research technical services	2500339	2408335
1. 研究与试验发展	Scientific research	703863	703863
2. 专业技术服务业	Technical services	1712088	1633157
3. 科技推广和应用服务业	Science and technology popularization and application services	84388	71315
（十四）水利、环境和公共设施管理业	Water conservancy，environment and public services	649376	500412
1. 水利管理业	Water conservancy	194295	123127
2. 环境管理业	Environment	9778	6738
3. 公共设施管理业	Public management	445303	370547
（十五）居民服务和其他服务业	Resident services and other services	212828	207426
1. 居民服务业	Resident services	105583	100181
2. 机动车、电子产品和日用产品修理业	Motor vehicle、Electronics and daily consumer products repairing	42567	42567
3. 其他服务业	Other social services	64678	64678
（十六）教育	Education	6447233	4764535
其中：1. 初等教育	Primary education	1406389	501762
2. 中等教育	Secondary education	1872793	1144713
3. 高等教育	Higher education	2841470	2841470
（十七）卫生和社会工作	Health and social work	3130990	2698299
1. 卫生	Health care	3086072	2659120
2. 社会工作	Social work	44918	39179
（十八）文化、体育和娱乐业	Culture，sports and recreation services	685375	628452
1. 新闻出版业	News publishing	260538	260538
2. 广播、电视、电影和影视录音制作业	Broadcast、TV、movies and video recording industry	158262	128451
3. 文化艺术业	Culture and art	187015	161726
4. 体育	Sports	60387	58856
5. 娱乐业	Recreation services	19173	18881
（十九）公共管理、社会保障和社会组织	Public administration、social security、social organizations	4157681	3312535
其中：1. 中国共产党机关	Chinese communist party	160393	136588
2. 国家机构	State organs	3817908	3019069
3. 人民政协和民主党派	Political consultation and democratic party	38540	35471
4. 社会保障	Social security	48322	39430
5. 群众团体、社会团体和宗教组织	Multitude organizations social organizations and religious organizations	92518	81977

单位：千元 unit：1000yuan

国有 State - owned		集体 Collective - owned		其他 Others	
全市 Total	#市区 District	全市 Total	#市区 District	全市 Total	#市区 District
852	852			14620	14620
400046	385558	23971	23971	701187	693504
1876324	1785337	17958	17688	606057	605310
681724	681724			22139	22139
1138420	1060506	17958	17688	555710	554963
56180	43107			28208	28208
487686	350995	102005	91583	59685	57834
189928	121826	3066		1301	1301
4584	3395			5194	3343
293174	225774	98939	91583	53190	53190
87791	82389	24774	24774	100263	100263
55775	50373	14870	14870	34938	34938
6992	6992	754	754	34821	34821
25024	25024	9150	9150	30504	30504
6170481	4487783	1584	1584	275168	275168
1378272	473645			28117	28117
1789127	1061047	37	37	83629	83629
2736377	2736377			105093	105093
2942196	2565908	80318	26515	108476	105876
2902237	2531688	80318	26515	103517	100917
39959	34220			4959	4959
542351	490851	2145	1827	140879	135774
163512	163512	619	619	96407	96407
135049	109978	480	480	22733	17993
177537	152931	318		9160	8795
55753	54222			4634	4634
10500	10208	728	728	7945	7945
4147236	3304857	9119	6352	1326	1326
160393	136588				
3808789	3012717	9119	6352		
38540	35471				
48322	39430				
91192	80651			1326	1326

3-8 全市城镇非私营单位在岗职工平均工资

单位：元

		总计 Total	
		全市 Total	#市区 District
总计	Total	56976	60225
中央单位	Centre unit		
省属单位	Provincial unit		
市属单位	Unit belong to city		
县及县以下单位	Unit below county		
（一）农、林、牧、渔业	Farming, forestry, animal, husbandry and fishery	33392	48199
（二）采矿业	Mining industry	62883	76761
（三）制造业	Manufacturing	67750	70337
（四）电力、热力、燃气及水生产和供应业	Electric power, heat, gas and water production and supply	68567	69923
（五）建筑业	Construction	38851	39604
（六）批发和零售业	Wholesale and retail trade	40610	41431
（七）交通运输、仓储及邮政业	Transportation, storage, post and telecommunication	50011	52289
（八）住宿和餐饮业	Hotels and catering services	32178	32225
（九）信息传输、软件和信息技术服务业	Information transmission、software、information technology services	61731	63135
（十）金融业	Finance	105794	114183
（十一）房地产业	Real estate	48735	49780
（十二）租赁和商务服务业	Leasing and services	41926	42680
（十三）科学研究、技术服务业	Scientific research technical services	64530	66771
（十四）水利、环境和公共设施管理业	Water conservancy, environment and public facilities management	33014	37974
（十五）居民服务、修理和其他服务业	Resident service、repair and other service	36260	36428
（十六）教育	Education	53993	61588
（十七）卫生和社会工作	Health and social work	57464	65115
（十八）文化、体育和娱乐业	Culture, sports and recreation services	43163	44085
（十九）公共管理社会保障和社会组织	public administration、social security、social organization	52745	59825

unit：yuan

国有 State－owned		集体 Collective－owned		其他 Others	
全市 Total	#市区 District	全市 Total	#市区 District	全市 Total	#市区 District
66053	73594	35866	31427	50179	51516
90358	91543				
55921	56815				
52056	52663				
38452	46907				
32288	48340	33090	50722	44527	47843
46787	46787			63236	77989
93974	94347	30872	31702	51758	54138
67836	75493			68722	69018
43828	45419	29229	29628	38682	39384
65416	70334	21747	22308	37543	38390
57168	61000	28696	28696	44220	45706
32534	32659	29154	29154	32085	32099
60520	77490	39875	39875	61907	61894
97621	106608	68073		115922	118887
44717	49468	25934	25934	49305	49931
40448	41968	31402	31402	42998	43410
65869	68996	69859	80309	60601	60703
34296	43245	26640	26257	36564	36617
63617	68715	33166	33166	29133	29133
54538	63115	49500	49500	44041	44041
59965	67760	34186	46421	35178	35110
46062	47571	28663	35136	34946	34892
52755	59839	51813	60495	36833	36833

统计资料

STATISTICS

●固定资产投资

INVESTMENT IN FIXED ASSETS

第四篇　固定资产投资

全年完成全社会固定资产投资总额3852.7亿元，比上年增长15.9%。其中：房地产开发投资534.4亿元，下降12.9%。新增固定资产3437.5亿元。固定资产交付使用率89.2%，比上年提高11.8个百分点。房屋面积竣工率为12.7%，比上年下降5.2个百分点。

从各产业完成投资情况看，第一产业投资39.3亿元，增长2.6%；第二产业投资1946.7亿元，增长23.2%；第三产业投资1866.7亿元，增长9.4%；从投资主体看，国有经济投资996.8亿元，增长1.5%；非国有经济投资2855.9亿元，增长21.9%，占全社会固定资产投资的比重为74.1%。全市工业投资1880.6亿元，增长21.3%。民间投资2752.9亿元，增长23.0%。

全市商品房施工面积6069.5万平方米，比上年增长7.7%。商品房竣工面积772.6万平方米，下降23.4%。商品房销售面积758.8万平方米，下降10.4%。商品房销售额475.1亿元，下降6.9%。空置面积523.1万平方米，增长5.2%。

4－1 1995－2014年全社会固定资产投资总额
TOTAL OF INVESTMENT IN FIXED ASSETS（1995～2014）

单位：万元　　unit：10000 yuan

年份 Year	固定资产投资总额 Total	基本建设 Captial construction	更新改造 Innovation	其他投资 Others	房地产投资 Real estate	城镇私人建房 Urban private	农村集体 Rural collective	农村私人建房 Rural private
1995	1086570	474862	215382	38785	226138	26035	76430	28938
1996	1205555	573973	236484	38160	192506	32001	101995	30436
1997	1060320	454696	200814	33009	139689	38482	160878	32752
1998	1416535	507416	254283	61878	161594	59228	336181	35955
1999	1944338	701282	354519	39754	251955	63317	494290	39221
2000	2352422	850330	437508	56032	303296	74460	584810	45986
2001	2850446	1054118	529811	69078	485481	86464	572943	52551
2002	3204576	1202562	607447	75480	608399	99532	556648	54508
2003	3896440	1479758	930996	65672	777020	72022	515059	55913
2004	4599564	1860133	1317651	93188	903503	57896	307072	60121
2005	6504218	4994859（城镇固定资产投资）			1066262	43097	400000（农村固定资产投资）	
2006	9504180	7156604（城镇固定资产投资）			1742021		605555（农村固定资产投资）	
2007	13506330	9567890（城镇固定资产投资）			2594979		1343461（农村固定资产投资）	
2008	18187804	13626977（城镇固定资产投资）			3528921		611906	420000
2009	23002699	16917007（城镇固定资产投资）			4439252		1646440（农村固定资产投资）	
2010	30014500	21928211（城镇固定资产投资）			5427566		2658723（农村固定资产投资）	
2011	24334400	16938878（固定资产项目投资）			6664177		731345（农村农户投资）	
2012	31729190	24539071（固定资产项目投资）			6496535		693584（农村农户投资）	
2013	34084100	27109378（固定资产项目投资）			6135822		838900（农村农户投资）	
2014	38526963	33182986（固定资产项目投资）			5343977		718337（农村农户投资）	

注：1. 2005年固定资产投资总额中城镇固定资产投资包括以前年度的基本建设、更新改造、其他投资；农村固定资产投资包括以前年度的农村集体、农村私人建房投资。

1. Urban fixed assets investment includes capital construction, innovation, other investment, and rural fixed assets investment contains rural collective, rural private house construction investment in prior years.

4－2 2014年长春市全社会固定资产投资完成情况综合表

单位：万元 unit：10000 yuan

指标名称	Item	全社会 The whole country	固定资产项目投资 Fixed Assets Projects Investment	房地产开发投资 Real Estate
一、计划投资	Investment			
1. 计划总投资	Total	84532146	50022779	34509367
其中：本年新开工项目	There in new star this year	30128458	30128458	
2. 自开始建设累计完成投资	Accumulation	65979864	42379479	23600385
二、自年初累计完成投资	Accumulation this year	38526963	33182986	5343977
其中：国有经济控股	State Holding	11056157	10465715	590442
其中：住宅	House	3922236	316755	3605481
1. 按控股类型分	Grouped by Type of Owning			
国有控股	State－owned	9967807	9967807	
集体控股	Collective－owned	36150	36150	
私人控股	Privato－Dwned	27492593	22741450	4751143
港澳台商控股	Hongkong. Macao and Taiwna－Owned	616134	70089	546045
外商控股	Foraign－owned	414279	367490	46789
2. 按建设性质分	Grouped by type of construction			
（1）新建	New Construction	16113305	16113305	
（2）扩建	Expansion	6203920	6203920	
（3）改建和技术改造	Reconstruction and technical reformation	7071327	7071327	
3. 按构成分	Grouped by Structure			
建筑工程	Construction Projects	19461325	15781148	3680177
安装工程	Installation Projects	2638856	2367519	271337
设备工具器具购置	Purchase of Equipment tools and instruments	13820176	13761165	59011
其他费用	Other cost	2606606	1273154	1333452
4. 按国民经济行业分	Grouped by sector			
（一）农、林、牧、渔业	Agriculture	393001	393001	
（二）采矿业	Mining industry	172525	172525	
（三）制造业	Manufacture	17887656	17887656	
（四）电力、燃气及水的生产和供应业	Electric power，gas and water production and supply	746202	746202	
（五）建筑业	Construction	660641	660641	
（六）批发和零售业	Wholesale and retail trade	2018311	2018311	
（七）交通运输、仓储和邮政业	Transport，storage，post and telecommunication	2118313	2118313	
（八）住宿和餐饮业	Hotels and catering	236600	236600	
（九）信息传输、软件和信息技术服务业	Information transmission、software、information technology services	546613	546613	

TABLE OF CHANGCHUN'S 2014 WHOLE SOCIETY FIXED ASSETS PROJECTS INVESTMENT COMPLETION STATUS

单位：万元 unit：10000 yuan

指标名称	Item	全社会 The whole country	固定资产项目投资 Fixed Assets Projects Investment	房地产开发投资 Real Estate
（十）金融业	Finance	125305	125305	
（十一）房地产业	Real estate	6424797	1080820	5343977
（十二）租赁和商务服务业	Leasing and business services	776685	776685	
（十三）科学研究、技术服务业	Science technical services	866282	866282	
（十四）水利、环境和公共设施管理业	Conservancy, environment and public utilities management	4163756	4163756	
（十五）居民服务和其他服务业	Resident services and others	197080	197080	
（十六）教育	Education	541128	541128	
（十七）卫生和社会工作	Health and social work	314365	314365	
（十八）文化、体育和娱乐业	Culture sport and arts	230338	230338	
（十九）公共管理和社会组织	Government and social organization	107365	107365	
三、新增固定资产	Newly increased	34374846	31693845	2681001
四、项目个数（个）	The numner of projects			
1. 施工项目个数	The number of construction projects	3151	3151	
其中：本年新开工	There in new star this year	2898	2898	
2. 本年投产项目个数	Number of under construction	2881	2881	
五、房屋建筑面积	Floor space of construction			
1. 施工面积	Floor space under construction	84468078	23772780	60695298
其中：住宅	House	44316274	2132664	42183610
2. 竣工面积	Floor space completed	19427345	11701557	7725788
其中：住宅	House	7397071	1052752	6344319
六、本年资金来源合计	Total funds sources	41475745	32973989	8501756
1. 上年末结余资金	Balance of cost year	1714666	46233	1668433
2. 本年资金来源小计	Subtotal of sources	39761079	32927756	6833323
（1）国家预算资金	State Budgetary Funds	518352	518352	
其中：中央预算资金	The Central Budget	38390	38390	
（2）国内贷款	Domestic loans	1700255	847639	852616
（3）债券	Bond			
（4）利用外资	Usage of foreign funds	27985	27985	
其中：外商直接投资	Direct foreign investment	23785	23785	
（5）自筹资金	Fund raising	34008873	31464598	2544275
其中：企、事业单位自有资金	Own funds	15299096	14156815	1142281
其中：股东投入资金	include：shareholder investment	387311	16372	370939
其中：借入资金	include：borrowed money	507346	9652	497694
（6）其他资金来源	Other sources	3505614	69182	3436432

4-3 2014年长春市房地产开发投资完成情况

单位：万元 unit：10000 yuan

指标名称 Item		总计 Total	其中：地方 Local	其中：地市县属 Prefecture
计划总投资	Total	34509367	33276286	32534989
自开始建设累计完成投资	Accumulative investment acyully completed since starting ofconstrution	23600385	22840416	22333135
本年计划投资	Planned investment			
本年完成投资	Completed investment	5343977	5237715	5067165
其中：本月完成投资	Investment completed this month	456612	446528	390725
土地开发投资额	Land developing			
配套工程投资	Auxiliary project			
国有经济控股	State - owned economic proprietary	590442	509048	420425
内资企业	Domestic funds	4751143	4644881	4474331
国有企业	State - owned			
集体企业	Collective - owned			
股份合作企业	Cooperative			
联营企业	Joint owned			
国有联营企业	State joint			
集体联营企业	Collective joint			
国有与集体联营企业	State and collective joint			
其他联营企业	Other joint			
有限责任公司	Limited liability company	3038482	2995888	2934116
国有独资公司	State owned solely	5365		
其他有限责任公司	Others	3033117	2995888	2934116
股份有限公司	Share holding	276051	251183	224332
私营企业	Private	1436610	1397810	1315883
私营独资企业	Private - funded	86300	47500	47500
私营合伙企业	Private parthnership			
私营有限责任公司	Private limited liability corporations	1313450	1313450	1231523
私营股份有限公司	Private share - holding corporations ltd.	36860	36860	36860
其他企业	Other			
港澳台商投资企业	Funded from Hongkong, Macao and Taiwan	546045	546045	546045
与港澳台商合资经营企业	Joint venture	353023	353023	353023
与港澳台商合资合作经营企业	Cooperative			
港澳台商独资经营企业	Sole tunds	193022	193022	193022
港澳台商投资股份有限公司	Share holding			
外商投资企业	Foreign investment	46789	46789	46789
中外合资经营企业	Joint venture	34046	34046	34046

BASIC CONDITIONS ON INVESTMENT OF REAL ESTATE DEVELOPMENT COMPLETED IN 2014

单位：万元　　unit：10000 yuan

指标名称 Item		总计 Total	其中：地方 Local	其中：地市县属 Prefecture
中外合作经营企业	Cooperative			
外资企业	Sole investment	12743	12743	12743
外商投资股份有限公司	Share holding			
按构成分：建筑工程	Construction Projects	3680177	3603119	3510167
安装工程	Installation Projects	271337	271153	263886
设备工器具购置	Purchase of Equipment tools and instruments	59011	59011	58384
其他费用	Other cost	1333452	1304432	1234728
其中：旧建筑物购置费	Purchase of old	16694	16694	16694
土地购置费	Durchase of land	1146889	1121034	1062860
住宅投资	House in vestment	3605481	3525898	3388014
其中：90 平米以下住房	House below 90sq. m	1411120	1357484	1308314
其中：144 平米以上住房	House above 144sq. m	753104	738891	724722
别墅、高档公寓	Villa and high – grade flat	410107	396107	395845
办公楼	Office buildings	260153	260152	260152
商业营业用房	Buniness houses	938602	924006	907084
其他	Others	539741	527659	511915
本年新增固定资产	Newly increased fixed assets	2681001	2670001	2670001
一、本年资金来源合计	Total funds sources	8501756	8353145	8101977
1. 上年末结余资金	Balance of last year	1668433	1640425	1545186
2. 本年资金来源小计	Subtotal fund sources	6833323	6712720	6556791
（1）国内贷款	Domestic loans	852616	851116	825565
银行贷款	Bank loans	594819	593319	593319
非银行金融机构贷款	Non – financial institution loans	257797	257797	232246
（2）利用外资	Usage of foreign funds			
其中：外商直接投资	Direct foreign investment			
（3）自筹资金	Fund raising	2544275	2519991	2468487
其中：自有资金	Own funds	1142281	1131070	1108806
股东投入资金	shareholder investment	370939	370939	341699
借入资金	borrowed money	497694	497694	497694
（4）其他资金来源	Other sources	3436432	3341613	3262739
其中：定金及预付款	Subscription and advanced payment	2204412	2167152	2107068
其中：个人按揭贷款	Personal mortgage loans	988495	960257	941467
二、本年各项应付款合计	Total payment	626491	598117	536740
其中：工程款	Project	494175	465801	408849

4－4 2014年长春市房地产面积综合表

单位：万元、平方米

指标名称	Item	合计 Total	住宅 House	$90m^2$ 以下住房 House below $90m^2$
房屋施工面积	Floor space under construction	60695298	42183610	16722902
其中：本年新开工面积	Started area	13973510	8875268	3097426
房屋竣工面积	Floor space completed	7725788	6344319	3595604
其中：不可销售面积	Floor space of not sold	712197	428591	346615
出租房屋面积	Areas for renting	308977	301	
商品房销售面积	Sale areas of commercial houses	7588363	6633500	2858600
其中：现房销售面积	Areas of current houses	2080655	1617691	657813
其中：期房销售面积	Areas of future houses	5507708	5015809	2200787
商品房屋销售额	Sale of commercial house	4751135	3878448	1506936
其中：现房销售额	Sale of current houses	1097658	766483	297067
其中：期房销售额	Sale of fucure houses	3653477	3111965	1209869
待售面积	No－purchase	5231056	3369199	1761188
其中：待售1－3年面积	1 to 3 years	881537	585793	229495
其中：待售3年以上面积	Above 3 years	794500	509051	228401

COMPREHENSIVE CONDITIONS ON CHANGCHUN REAL ESTATE IN 2014

unit：10000yuan，sq·m

144m² 以上住房 House over 144m²	别墅、高档公寓 Villa and top－grade flat	办公楼 Officebuilding	商业营业用房 Commericalhouse	其他房屋 Others
7181486	2908291	3160099	8532700	6818889
1427030	430519	736295	2462260	1899687
1016265	29325	70763	859418	451288
	7812	21000	160776	101830
		32345	276331	
1019478	333140	97312	572648	284903
205798	26003	32196	276723	154045
813680	307137	65116	295925	130858
774178	331624	72410	611187	189090
103251	32118	14757	247309	69109
670927	299506	57653	363878	119981
450726	187620	132520	1158013	571324
163924	126416	3577	173982	118185
97717	43911	43064	202760	39625

统计资料

STATISTICS

能源消费与库存

GONSUMPTION AND STORAGE OF ENERGY

5-1 工业企业能源购进、消费及库存情况（2014）

能源名称 Item		计量单位 Unit		企业单位数（个） Enterprises	年初库存量 Inventory
原煤	Coal	吨	ton	524	2324893.87
其中：1. 无烟煤	Anthracite	吨	ton	36	2955.81
2. 炼焦烟煤	Bituminous coal for coking	吨	ton	3	298.00
3. 一般烟煤	Normal bituminous coal	吨	ton	474	1257120.96
4. 褐煤	Brown coal	吨	ton	19	1064519.10
洗精煤	Fine coal washing	吨	ton	3	
其他洗煤	Other coal washing	吨	ton	3	209.14
煤制品	Coal products	吨	ton	13	121.00
焦炭	Coke	吨	ton	4	150.00
其他焦化产品	Other coke products	吨	ton		
焦炉煤气	Coal gas	万立方米	10000cu·m	2	
高炉煤气	Blast furnace gas	万立方米	10000cu·m		
转炉煤气	Revolving gas	万立方米	10000cu·m		
发生炉煤气	Producer gas	万立方米	10000cu·m		
天然气	Natural gas	万立方米	10000cu·m	74	58.42
液化天然气	Liquefied natural gas	吨	ton	6	
煤层气	Coal seam gas	吨	ton		
原油	Crude oil	吨	ton	3	10603.77
汽油	Gasoline	吨	ton	539	953.52
煤油	Kerosene	吨	ton	7	5854.00
柴油	Diesel oil	吨	ton	333	2050.88
燃料油	Fuel oil	吨	ton	7	605.99
液化石油气	Liquefied petroleum gas	吨	ton	2	
炼厂干气	Coking gas	吨	ton	1	
石脑油	Naphtha	吨	ton		
润滑油	Lubricating oil	吨	ton		
石蜡	Paraffin wax	吨	ton		
溶剂油	Solvent oil	吨	ton	1	
石油焦	Petroleum coke	吨	ton		
石油沥青	Petroleum asphalt	吨	ton		
其他石油制品	Other oil products	吨	ton	1	
热力	Heat	百万千焦	million kilo-joule	152	
电力	Electricity	万千瓦时	10000kwh	1051	
煤矸石用于燃料	Coal gangue for fuel	吨	ton		
城市生活垃圾用于燃料	Urban domestic waste for fuel	吨	ton	1	
生物质废料用于燃料	Biomass waste for fuel	吨	ton	2	
余热余压	Waste heat and waste pressure	百万千焦	million kilo-joule	1	
其它工业废料用于燃料	Other industrial waste for fuel	吨	ton		
其它燃料	Other fuel	吨标准煤	ton of SCE	5	33303.52
能源合计	Total of energy	吨标准煤	ton of SCE	1052	

ENERGY PURCHASE CONSUMPTION AND INVENORY OF INDUSTRIAL ENTERPRISES IN 2014

购进量 Purchase		消费量 Consumption					期末库存量 Inventory at the year – end
实物量 Physical quality	金额（千元） Sum	合计 Total	1. 工业生产消费 For production	用于原材料 For raw materials	2. 非工业生产消费 Non – industrial production	合计中：运输工具消费 Conveyance consumption	
25634685.39	8868504.90	25291897.22	25180650.68	221523.74	111246.64	1290.03	2708901.03
39986.17	25454.17	40379.08	38192.03	3969.44	2187.03	0.03	2328.72
1556.00	1461.00	1877.00	1757.00		120.00		
15901597.56	5936402.41	15578584.31	15503707.82	22193.38	74876.61	1290.00	1584818.02
9691545.66	2905187.32	9671056.83	9636993.83	195360.92	34063.00		1121754.29
570978.00	579953.00	570978.00	570978.00				
5125.74	3574.92	4930.56	3918.84		1011.72		404.32
11066.30	5534.85	10957.30	4814.30		6143.00		295.00
17744.25	46940.30	17804.25	17804.25				90.00
1.68	38.32	10590.68	10590.68				
30980.03	839663.95	36525.90	34619.24	611.27	1906.69		0.11
120.81	493.29	120.81	57.46		63.35	37.00	
719638.00	3267865.00	728200.00	728200.00				2042.00
66193.48	577862.10	69300.45	40973.27	246.12	28327.13	18310.93	974.28
159.90	1380.85	162.81	144.81		18.00		23.87
80320.19	619975.88	80939.53	39196.66	430.54	41742.81	44281.02	1300.38
324.04	1887.55	375.03	373.84		1.19		584.00
28.39	211.47	28.39	25.52		2.87		
65.00	230.00	65.00	65.00				
1330.33	13434.82	1330.33	1330.33				
63.34	220.28	63.34	63.34				
17782975.22	723297.75	25408185.50	16851936.66		8556248.74		
1359523.50	8289191.07	1650058.88	1583634.51		66424.41	1027.77	
484822.00		484822.00	484822.00				
		796782.56	796782.56				
520.71	41.55	520.71	122.00		398.71		
31743.73	29765.20	27923.42	27695.37	44.20	228.05		5598.11
		19365356.82	18791743.18		573614.07		

5-2 工业企业能源购进、消费与库存情况（2014）

能源名称	Name of Energy	计量单位	unit	企业单位数（个）Enterprises (unit)	工业生产消费量 Consumption industrial producing	加工转换投入合计 Total input in processing and transformation
原煤	Coal	吨	ton	524	23253763.28	20332234.81
其中：1. 无烟煤	Anthracite	吨	ton	36		
2. 炼焦烟煤	Bituminous coal for coking	吨	ton	3		
3. 一般烟煤	Normal bituminous coal	吨	ton	474	14227050.79	12106404.18
4. 褐煤	Brown coal	吨	ton	19	9026712.49	8225830.63
洗精煤	Fine coal washing	吨	ton	3	570421.00	570421.00
其他洗煤	Other coal washing	吨	ton	3		
煤制品	Coal products	吨	ton	13		
焦炭	Coke	吨	ton	4	16730.82	
其他焦化产品	Other coke products	吨	ton			
焦炉煤气	Coal gas	万立方米	10000cu·m	2	10590.68	
高炉煤气	Blast furnace gas	万立方米	10000cu·m			
转炉煤气	Revolving gas	万立方米	10000cu·m			
发生炉煤气	Producer gas	万立方米	10000cu·m			
天然气（气态）	Natural gas	万立方米	10000cu·m	74	17188.90	91.09
液化天然气（液态）	Liquefied natural gas	吨	ton	6		
煤层气（煤田）	Coal seam gas	吨	ton			
原油	Crude oil	吨	ton	3	723009.00	723009.00
汽油	Gasoline	吨	ton	539	1557.36	296.04
煤油	Kerosene	吨	ton	7	65.80	
柴油	Diesel oil	吨	ton	333	12536.59	1181.12
燃 料 油	Fuel oil	吨	ton	7	169.00	169.00
液化石油气	Liquefied petroleum gas	吨	ton	2		
炼厂干气	Coking gas	吨	ton	1		
石脑油	Naphtha	吨	ton			
润滑油	Lubricating oil	吨	ton			
石蜡	Paraffin wax	吨	ton			
溶剂油	Solvent oil	吨	ton	1		
石油焦	Petroleum coke	吨	ton			
石油沥青	Petroleum asphalt	吨	ton			
其他石油制品	Other oil products	吨	ton	1		
热力	Heat	百万千焦	million kilo-joule	152	7451782.73	
电力	Electricity	万千瓦时	10000kwh	1051	715735.34	
煤矸石用于燃料	Coal gangue for fuel	吨	ton			
城市生活垃圾用于燃料	Urban domestic waste for fuel	吨	ton	1	484822.00	484822.00
生物质废料用于燃料	Biomass waste for fuel	吨	ton	2	796782.56	796782.56
余热余压	Waste heat and waste pressure	百万千焦	million kilo-joule	1		
其它工业废料用于燃料	Other industrial waste for fuel	吨	ton			
其它燃料	Other fuel	吨标准煤	ton of SCE	5	24075.98	24075.98
能源合计	Total of energy	吨标准煤	ton of SCE	1052	15846288.45	12530049.11

ENERGE PURCHASE CONSUMPTIEN AND INVENORY OF INDUSTRY ENTERPRISE IN 2014

火力发电 Thermal power	供热 Heating	原煤入选 Physical Coal	炼焦 Coking	炼油 Petroleum Refining	制气 Gas Production	天然气液化 Natural Liquefied Gas	加工型煤 Processing Coal	能源加工转换产出 Output in Processing and transformation of energy
14291850. 38	6001588. 43		38796. 00					
8774220. 75	3293387. 43		38796. 00					
5517629. 63	2708201. 00							
			570421. 00					
								422500. 00
								10589. 00
35. 10	55. 99							
				723009. 00				
23. 17	272. 87							277083. 00
1041. 24	139. 88							249389. 00
153. 00	16. 00							
								109009. 00
								73956968. 27
								2553863. 71
484822. 00								
796782. 56								
24075. 95								
7581570. 39	3374497. 19		541090. 88	1032890. 65				7094054. 63

统计资料

STATISTICS

财政

GOVERNMENT FINANCE

第六篇　财　　政

2014年，面对宏观经济趋紧、下行压力加大的复杂形势，在市委、市政府的坚强领导下，全市各级财政部门沉着应对，统筹推进各项工作，充分发挥职能作用，切实保障改善民生，着力提高资金绩效，促进了全市经济社会和事业的健康发展。

一、财政收入平稳增长，圆满完成全年预算任务

2014年，全市一般预算全口径财政收入完成1156.6亿元，增长7.3%，完成年度预算的100.6%。其中，市本级全口径财政收入完成533.1亿元，增长11.6%；各城区及开发区全口径财政收入完成542.2亿元，增长4.0%；四县（市）全口径财政收入完成81.3亿元，增长3.5%。

2014年，全市地方级财政留用收入完成397.3亿元，增长4.1%。其中，增值税完成45.9亿元，增长14.5%；营业税完成45.4亿元，下降16.2%；企业所得税完成63.8亿元，增长27.0%；个人所得税完成12.4亿元，增长18.4%；城市维护建设税完成35.9亿元，下降13.9%；房产税完成11.9亿元，增长6.5%；耕地占用税完成20.5亿元，下降8.3%；契税完成37.9亿元，增长4.3%。

二、财政支出稳步增长，民生及重点项目支出得到优先保障

2014年，全市财政支出完成675.8亿元，增长6.8%。自年初以来，财政部门按照市委、市政府的部署和要求，本着有保、有压的原则，进一步调整和优化支出结构，助力全市经济和各项事业健康发展。积极落实各项惠民政策，确保各项补贴及时到位；进一步加大了民生支出和重点项目支出力度；多渠道筹措资金，加快资金拨付速度，支持了"两横三纵"快速路、地铁1、2号线、"暖房子"工程、保障性住房等重点项目建设。2014年，文化体育与传媒支出完成14.2亿元，增长15.0%；节能环保支出完成36.2亿元，增长53.9%；城乡社区事务支出完成130.7亿元，增长29.3%；交通运输支出完成30.0亿元，增长73.8%，上述民生支出项目增幅均高于全市支出平均增幅。

6-1 2014年全市一般预算全口径财政收入
GOVERNMENT REVENUE BY REGION

单位：万元 unit：10000 yuan

		绝对值 Absolute number	同比增减（%） Increasing rate year on year
全市收入总计	Total	11565777	7.3
1. 市本级	City level	5330683	11.6
2. 区合计	Total	5421940	4.0
南关区	Nanguan	503177	6.6
宽城区	Kuancheng	335577	4.0
朝阳区	Chaoyang	676121	5.3
二道区	Erdao	370337	9.5
绿园区	Lvyuan	484229	10.0
双阳区	Shuangyang	153003	1.9
经济开发区	Economic and technical developing area	701290	1.2
高新开发区	High - technical developing area	839641	-12.3
净月开发区	Jingyue developing area	265746	-2.5
汽车开发区	Xinxin developing area	1063962	17.8
莲花山度假区	Lianhua Mountain resort	28857	25.0
3. 县（市）合计	Total city and county	813154	3.5
榆树市	Yushu	141178	1.6
农安县	Nong'an	257364	8.7
德惠市	Dehui	211188	23.0
九台市	Jiutai	203424	-14.7

6-2 2014年全市地方级财政收入及一般预算财政支出

单位：万元

		绝对值 Absolute number	同比增减（%） Increasing rate year on year
一、税收收入	Revenue income	3202801	3.6
增值税	Value added tax	458781	14.5
营业税	Business tax	454316	-16.2
企业所得税	Enterprises income tax	637820	27.0
企业所得税退税	Income tax rebate		
个人所得税	Individual income tax	123642	18.4
资源税	Resourcex tax	5207	-9.7
固定资产投资方向调节税	Fixed assets investment adjustment tax		
城市维护建设税	Tax on the city maintenance and construction	359374	-13.9
房产税	Tax on real estate	119453	6.5
印花税	Stamp tax	74723	13.0
城镇土地使用税	Tax on use of urban land	104208	-6.2
土地增值税	Land value - added tax	233999	16.5
车船税	Tax on the use of vehicles and ships	45591	15.4
耕地占用税	Tax on the use of cultivated land	204571	-8.3
契税	Contract tax	379363	4.3
烟叶税	Tabacoo leaf tax	1671	-14.1
其他税收收入	Other Income	82	
二、非税收入	Non - yevenue income	770448	6.0
专项收入	Special income	189330	-8.2
行政性收费收入	Income from administrative fees	199495	2.4
罚没收入	Penalty and confiscafe income	95323	9.9
国有资本经营收入	State - owned assets income	28041	-31.7
国有资源（资产）有偿使用收入	State resources inlome	228469	19.6
其他收入	Others	29790	340.6
本年收入合计	Total	3973249	4.1

THE CITY'S LOCAL FINANCIAL REVENUE AND GENERAL BUDGETARY FINANCIAL EXPENDITURE IN 2014

unit: 10000yuan

		绝对值 Absolute number	同比增减（%） Increasing rate year on year
一、一般公共服务	General publil services	777548	6.9
二、外交	Dip lomaly		
三、国防	Defense	15390	-34.4
四、公共安全	Social Security	348431	8.2
五、教育	Education	856005	-11.0
六、科学技术	Science and technolgy	70087	-11.1
七、文化体育与传媒	Education and the media	142306	15.0
八、社会保障和就业	Social security and employment	767466	6.5
九、医疗卫生与计划生育	Medical and health care and family planning	505157	9.3
十、节能环保	Energy conservation and environmental protection	362126	53.9
十一、城乡社区	Urban and rural community services	1306998	29.3
十二、农林水	Agriculture, forestry, water affairs	359092	-13.9
十三、交通运输	Transport	300282	73.8
十四、资源勘探信息等支出	Affairs of Mining, Power and Information	222235	-17.3
十五、商业服务等支出	Expenses on conmercial services otc.	108846	29.9
十六、金融支出	Financial Supervision	4120	137.9
十七、援助其他地区支出	Support in other areas of expenditure		
十八、国土海洋气象等支出	Land and Resources and Meteorology	73907	10.1
十九、住房保障支出	Housing Security	122637	-21.6
二十、粮油物资储备支出	Administrative affairs such as cereals and oil supplies	28767	17.1
二十一、债务付息支出	Debit Interest	379289	-16.6
二十二、其他支出	Others	7688	-53.0
本年支出合计	Total	6758377	6.8

统计资料

STATISTICS

●物价

PRICE

第七篇　物　价

据国家统计局长春调查队调查数据显示：2014 年，长春市居民消费价格（CPI）同比上涨 2. 2%，涨幅较上年同期回落 0. 8 个百分点。各月 CPI 平稳运行，后期涨幅有所回落。其中，服务类价格上涨 1. 5%；消费品价格上涨 2. 5%；扣除食品、烟酒和能源后的价格上涨 1. 3%；非食品类价格上涨 1. 3%。从居民消费价格八大类涨跌构成看，全年呈“七升一降”格局。其中，食品类价格上涨 4. 0%；衣着类价格上涨 1. 9%；家庭设备用品及维修服务类价格上涨 1. 5%；医疗保健及个人用品类价格上涨 0. 2%；娱乐教育文化用品及服务类价格上涨 1. 4%；居住类价格上涨 2. 4%；交通和通信类价格上涨 0. 2%。烟酒类价格下降 0. 2%；

7－1 2013－2014年长春市居民消费价格分类指数
CONSUMER PRICE INDICES BY CATEGORY（2013－2014）

		2013	2014
居民消费价格总指数	General consumer price index	103. 0	102. 2
一、食品	Food	104. 0	104. 0
粮食	Grain	103. 7	102. 0
淀粉及制品	Starch and related products	97. 2	100. 1
干豆类及豆制品	Soybean products	102. 4	101. 1
油脂类	Oil and fat	96. 8	98. 1
肉禽及其制品	Meat and poultry	107. 3	101. 6
蛋类	Eggs	106. 3	113. 3
水产品类	Aquatic products	102. 1	106. 4
菜类	Vegetables	108. 7	96. 5
调味品	Seasoning	104. 3	107. 2
糖类	Sugar	98. 5	101. 1
茶及饮料	Tea and drink	99. 2	101. 3
干鲜瓜果	Dried and fresh fruits	100. 3	114. 9
糕点饼干面包	Cakes、cookes and bread	103. 3	101. 9
液体乳及乳制品	Milk and milk products	104. 9	105. 6
在外用膳食品	Catering food	102. 2	103. 2
其他食品	Processing services	101. 9	101. 3
二、烟酒	Tobacco，alcohol and articles	100. 3	99. 8
烟草	Tobacco	100. 2	100. 1
酒	Alcohol	100. 5	99. 4
三、衣着	Clothing	104. 9	101. 9
服装	Garments	103. 9	101. 9
衣着材料	Textiles	98. 1	101. 4
鞋袜帽	Shoes socks and hats	107. 5	101. 8
衣着加工服务费	Processing services	101. 9	101. 4
四、家庭设备用品及维修服务	Household facilites	100. 7	101. 5
耐用消费品	Durable consumer goods	101. 3	101. 9
室内装饰品	Interior decorations	98. 7	98. 9
床上用品	Bed daily articles	102. 2	103. 0
家庭日用杂品	Daily articles	99. 7	100. 6
家庭服务及加工维修服务	Maintain services	101. 2	104. 0
五、医疗保健和个人用品	Medical care and personal articles	100. 9	100. 2
医疗保健类	Medicine care	100. 4	100. 3
个人用品及服务	Personal articles and services	102. 2	100. 2
六、交通和通信	Transportation and telecommunication	99. 0	100. 2
交通	Transportation	99. 5	100. 0
通信	Telecommunication	98. 4	100. 5
七、娱乐教育文化用品及服务	Recreation education and culture	103. 7	101. 4
文娱用耐用消费品及服务	Recreation durable goods	98. 2	99. 6
教育	Education	105. 8	101. 6
文化娱乐类	Cultural goods	101. 1	100. 3
旅游	Tourism	103. 4	104. 9
八、居住	Residence	103. 8	102. 4
建房及装修材料	Housing	101. 7	100. 7
租房	Renting house	104. 6	101. 2
自有住房	Self－house	103. 0	102. 4
水、电、燃料	Water electricity and fuel	106. 4	103. 3

7－2 2013－2014 年长春市商品零售价格分类指数
RETAIL PRICE INDICES BY CATEGORY（2013－2014）

		2013	2014
商品零售价格总指数	Retail price indices	101.3	101.2
一、食品	Food	104.0	103.8
1. 粮食	Grain	103.7	102.0
2. 淀粉及制品	Starch and related products	97.2	100.1
3. 干豆类及豆制品	Soybean products	102.4	101.1
4. 油脂	Oil and fat	96.8	98.1
5. 肉禽及其制品	Meat poultry	107.3	101.6
6. 蛋	Eggs	106.3	113.3
7. 水产品	Aquatic products	102.1	106.4
8. 菜	Vegetables	108.7	96.5
9. 调味品	Seasoning	104.3	107.2
10. 糖	Sugar	98.5	101.1
11. 干鲜瓜果	Dried and fresh fruits	100.3	114.9
12. 糕点饼干面包	Cakes cookies and bread	103.3	101.9
13. 液体乳及乳制品	Milk and milk products	104.9	105.6
14. 在外用膳食品	Catering food	102.2	103.2
15. 其他食品	Other food	101.9	101.3
二、饮料、烟酒	Beverage，tobacco and alcohol	100.2	100.0
三、服装、鞋帽	Clothing，shoes and hats	104.7	101.8
四、纺织品	Textiles	101.0	102.7
五、家用电器及音像器材	Households facilities	99.6	101.7
六、文化办公用品	Official articles	99.3	99.5
七、日用品	Daily articles	100.5	100.4
八、体育娱乐用品	Sports and recreation articles	98.0	100.2
九、交通、通信用品	Transport and telecommunication	95.4	99.6
十、家具	Furniture	101.4	100.9
十一、化妆品	Cosmetics	104.4	99.5
十二、金银珠宝	Jeweliery	88.6	89.8
十三、中西药品及医疗保健用品	Traditional chinese and medical care	100.8	100.5
十四、书报杂志及电子出版物	Newspapers，magazines and electronic publishing	100.6	100.4
十五、燃料	Fuels	102.4	99.7
十六、建筑材料及五金电料	Construction materials and hardware	101.6	100.6

7－3 2014年长春市零售价格类指数
RETAIL PRICE INDICES BY CATEGORY（2014）

类别及名称 Item	指数 Index	类别及名称 Item	指数 Index
商品零售价格总指数 General index	101.2	3. 专业音像器材 Audiovisual products	100.2
一、食品类 Food	103.8	六、文化办公用品 Official articles	99.5
1. 粮食 Grain	102.0	七、日用品 Daily articles	100.4
2. 淀粉及制品 Starch and related products	100.1	1. 日用百货 Daily articles	100.7
3. 干豆类及豆制品 Soybean products	101.1	2. 日用杂品 Small articles	100.5
4. 油脂 Oil and fat	98.1	3. 洗涤用品 Washing appliance	100.8
5. 肉禽及其制品 Meat poultry	101.6	4. 其他日用品 Others	99.8
6. 蛋 Eggs	113.3	八、体育娱乐用品 Sports goods and cultural appliance	100.2
7. 水产品 Aquatic products	106.4	1. 体育用品 Sports goods	99.3
8. 菜 Vegetables	96.5	2. 娱乐用品 Cultural appliance	100.7
9. 调味品 Seasoning	107.2	九、交通、通信用品 Transport and telecommunication	99.6
10. 糖 Sugar	101.1	1. 交通运输机械 Transports	99.4
11. 干鲜瓜果 Dried and fresh fruits	114.9	2. 通信器材 Telecommunication	102.7
12. 糕点饼干面包 Cakes cookies and bread	101.9	十、家具 Furniture	100.9
13. 液体乳及乳制品 Milk products	105.6	十一、化妆品 Cosmetics	99.5
14. 在外用膳食品 Catering food	103.2	十二、金银珠宝 Jewellery	89.8
15. 其他食品 Other food	101.3	十三、中西药品及医疗保健用品 Medicines and equipment	100.5
二、饮料、烟酒 Beverage, tobacco and liquor	100.0	1. 医疗器具及用品 Equipment	101.6
1. 茶及饮料 Tea	101.3	2. 中药材及中成药 Chinese medicines	99.3
2. 烟草 Tobacco	100.1	3. 西药 Western medicines	100.9
3. 酒 Alcohol	99.4	4. 保健器及具品 Health care appliances and products	100.8
三、服装、鞋帽类 Clothing, shoes and hats	101.8	十四、书报杂志及电子出版物 Newspapers books and eleetronil publishing	100.4
1. 服装 Clothing	101.9	1. 教材及参考书 Books	100.7
2. 鞋袜帽 Shoes socks and hats	101.8	2. 书报杂志 Newspapers	100.1
3. 其他 Others	100.0	3. 电子音像制品 Electronic audiovisual products	100.0
四、纺织品类 Textiles	102.7	十五、燃料 Fuel	99.7
1. 衣着材料 Clothing	101.4	1. 煤炭及制品 Coal and products	101.0
2. 床上用品 Beds	103.6	2. 石油及制品 Oil and products	99.4
五、家用电器及音像器材 Households facilities	101.7	十六、建筑材料及五金电料 Construction materials and hardware	100.6
1. 家庭设备 Households facilities	102.4	1. 建筑装璜材料 Construction	100.8
2. 文娱用耐用消费品 Recreational durable goods	100.9	2. 五金电料 Hardware	99.8

统计资料

STATISTICS

●人民生活

PEOPLE'S LIVELIHOOD

第八篇　人民生活

2014 年长春市城市常住居民人均可支配收入 27299 元，同比增长 9.7%。其中，工资性收入 15476 元，经营净收入 2068 元，财产净收入 2006 元，转移性收入 7749 元。人均消费性支出 23454 元，同比增长 6.9%。

2014 年消费支出八大项中，呈现三升四降一持的平特点：

（一）食品支出同比下降。人均食品支出 5750 元，占消费支出 24.5%，同比下降 3.3%。

（二）衣着支出同比下降。人均衣着支出 2152 元，占消费支出的 9.2%，同比下降 10.3%。

（三）居住支出同比上升。人均居住支出 4746 元，占消费支出的 20.2%，同比增长 87.9%。

（四）生活用品及服务同比上升。人均生活用品及服务支出 1280 元，占消费支出的 5.4%，同比增长 5.1%。

（五）交通和通信支出同比下降。人均交通和通信支出 2952 元，占消费支出的 12.5%，同比下降 19.3%。

（六）教育文化娱乐支出同比持平。人均教育文化娱乐支出 3102 元，占消费支出的 13.2%，同比增长 0.2%。

（七）医疗保健同比上升。人均医疗保健支出 2767 元，占消费支出的 11.8%，同比增长 32.1%。

（八）其他用品和服务同比下降。人均其他用品和服务支出 706 元，占消费支出的 3.0%，同比下降 16.4%。

2014 年，长春市农村常住居民人均可支配收入 11286 元，同比增长 10.8%。其中：工资性收入 2372 元，占可支配收入的 21%；经营净收入 7253 元，占可支配收入的 64.3%；财产净收入 139 元，占可支配收入的 1.2%；转移净收入 1522 元，占可支配收入的 13.5%。

2014 年，长春市农村居民生活消费支出 7752 元。其中食品消费支出 2393 元，占消费支出的 30.9%；居住消费支出 1589 元，占消费支出的 20.5%；交通和通讯消费支出 882 元，占消费支出的 13.4%；医疗保健消费支出 831 元，占消费支出的 10.7%；文化教育娱乐消费支出 1038 元，占消费支出的 13.4%；衣着消费支出 539 元，占消费支出的 7%；生活用品及服务 297 元，占消费支出的 3.8 %；其他商品和服务消费支出 183 元，占消费支出的 2.4%。

8-1 城市住户基本情况
BASIC STATISTICS ON URBAN HOUSEHOLDS

		单位 Unit		合计 Total
一、居民收入	Resiclent income			
（一）家庭总收入	Household income	元/人	yuan/person	
其中：可支配收入	Disposable income	元/人	yuan/person	27298. 88
（一）工资性收入	Income	元/人	yuan/person	15475. 85
1. 工资及补贴收入	Wages and subsidies	元/人	yuan/person	
2. 其他劳动收入	Others	元/人	yuan/person	
（二）经营净收入	Business income	元/人	yuan/person	2067. 56
（三）财产性收入	Property income	元/人	yuan/person	2006. 33
（四）转移性收入	Transfer income	元/人	yuan/person	7749. 14
（二）城镇居民人均现金消费支出	Urban cash payment per capita	元/人	yuan/person	23454. 20
其中：（1）食品	Food	元/人	yuan/person	5750. 33
（2）衣着	Garments	元/人	yuan/person	2151. 81
（3）居住	Residence	元/人	yuan/person	4745. 87
（4）生活用品及服务	Household facilities and services	元/人	yuan/person	1280. 00
（5）医疗保健	Health care	元/人	yuan/person	2766. 96
（6）交通和通信	Transportation and telecommunication	元/人	yuan/person	2951. 62
（7）教育文化娱乐服务	Education and recreation service	元/人	yuan/person	3101. 79
（8）其他	Others	元/人	yuan/person	705. 82
二、家庭总支出	Household expenditure	元	yuan	29139. 77
一、消费支出	Consumption	元	yuan	23454. 20
（一）食品烟酒	Food, tobacco and alcohol	元	yuan	5750. 33
1. 食品	Food	元	yuan	4007. 70
（1）谷物	Corn	元	yuan	570. 97
（2）薯类	Tubers	元	yuan	68. 78
（3）豆类	Beans	元	yuan	78. 62
（4）食用油	Edible oil	元	yuan	161. 68
（5）蔬菜和食用菌	Vegetables and edible fungi	元	yuan	510. 32
（6）肉类	Meat	元	yuan	857. 88
（7）禽类	Poultry	元	yuan	126. 76
（8）水产品	Aquatic product	元	yuan	287. 14
（9）蛋类	Eggs	元	yuan	114. 18
（10）奶类	Milk	元	yuan	229. 90
（11）干鲜瓜果类	Dried and fresh fruits	元	yuan	668. 98
（12）糖果糕点类	confectionery	元	yuan	140. 73
（13）其他食品	Others	元	yuan	191. 75

8-1 续表1 continued1

		单位 Unit		合计 Total
2. 烟酒	Tobacco and alcohol	元	yuan	360.57
(1) 烟草	Tobacco	元	yuan	213.17
(2) 酒类	Alcohol	元	yuan	147.40
3. 饮料	Beverage	元	yuan	103.68
4. 饮食服务	catering service	元	yuan	1278.38
(1) 食堂用餐	Eat - in	元	yuan	275.22
(2) 其他在外饮食	Take - out	元	yuan	1002.47
(3) 食品加工服务费	Food processing	元	yuan	0.70
(二) 衣着	Garments	元	yuan	2151.81
1. 衣类	Clothing	元	yuan	1677.11
2. 鞋类	Shoes	元	yuan	474.70
(三) 居住	Housing	元	yuan	4745.87
1. 租赁房房租	Rent	元	yuan	229.86
2. 住房维修及管理	Maintenance and management	元	yuan	571.89
3. 水电燃料及其他	Water, electricity, fuel and others	元	yuan	1306.34
4. 自有住房折算租金	Imputed rent	元	yuan	2637.77
(四) 生活用品及服务	Articles for daily use, and services	元	yuan	1280.00
1. 家具及室内装饰品	Furnitures and indoor decorations	元	yuan	182.61
2. 家用器具	Household appliances	元	yuan	233.29
3. 家用纺织品	Household textile	元	yuan	91.65
4. 家庭日用杂品	Daily groceries	元	yuan	307.09
5. 个人用品	Personal products	元	yuan	437.70
6. 家庭服务	Family services	元	yuan	27.66
(五) 交通通信	Transportation and communication	元	yuan	2951.62
1. 交通	Transportation	元	yuan	2103.22
(1) 交通工具	Means of transport	元	yuan	904.41
(2) 交通费	Expense on transport	元	yuan	643.74
(3) 交通工具用燃料	Transportation fuel	元	yuan	353.06
(4) 交通工具使用及维修	Transportation employment and maintenance	元	yuan	202.01
其中：车辆保险支出	of which: insurance on transportation	元	yuan	49.40
2. 通信	Telecommunication	元	yuan	848.40
(1) 通信工具	Means of telecommunication	元	yuan	196.04
(2) 通信服务	Communication services	元	yuan	652.37
(六) 教育文化娱乐	Education and recreation	元	yuan	3101.79
1. 教育	Education	元	yuan	1594.59
(1) 学前教育	Preschool education	元	yuan	347.41
(2) 小学教育	Primary school education	元	yuan	285.58
(3) 初中教育	Junior high school education	元	yuan	242.23
(4) 高中教育	High school education	元	yuan	303.81
(5) 中专职高教育	Vocational education	元	yuan	
(6) 大专及以上教育	College or higher education	元	yuan	281.46
(7) 成人教育	Adult education	元	yuan	134.10
2. 文化娱乐	Recreation	元	yuan	1507.20
(1) 文娱耐用消费品	Durable consumer goods for recreation	元	yuan	167.21
(2) 其他文娱用品	Other recreation goods	元	yuan	215.72
(3) 文化娱乐服务	Cultural and entertaining services	元	yuan	1124.28
(七) 医疗保健	Health care	元	yuan	2766.96
1. 医疗器具及药品	Medical appliances and medicine	元	yuan	974.69
2. 医疗服务	Medical services	元	yuan	1792.26
(1) 门诊总费用	Outpatient services	元	yuan	463.82
(2) 住院总费用	Inpatient services	元	yuan	1328.44
(八) 其他用品和服务	Other products and services	元	yuan	705.82
1. 其他用品	Other products	元	yuan	362.67
2. 其他服务	Other services	元	yuan	343.15

8－2 城市住房和耐用消费品拥有情况

		单位	Unit	合计 Total
一、现住房情况	Housing conditions	—	–	
（一）人均住房建筑面积	Floor space per capita	平方米/人	sq . m/person	29.72
（二）按居住空间样式分的户数比重	Grouped by patterns of living space	—	—	
1. 单栋楼房	Detached storied building	%	%	0.78
2. 单栋平房	Detached single story building	%	%	4.34
3. 单元房	Apartment	%	%	94.06
4. 筒子楼或连片平房	Tube－shaped apartment or contiguous single story buildings	%	%	0.82
5. 其他	Others	%	%	
（三）按主要建筑材料分的户数比重	Grouped by main building materials	—	—	
1. 钢筋混凝土	Reinforced concrete	%	%	16.49
2. 砖混材料	Brick and concrete	%	%	79.87
3. 砖瓦砖木	Brick and tile brick	%	%	3.64
4. 竹草土坯	Bamboo, grass and mud brick	%	%	
5. 其他	Others	%	%	
（三）按房屋来源分的户数比重	Grouped by housing source	—	—	
1. 租赁住房	Rented housing	%	%	12.59
2. 自建住房	Self－built housing	%	%	4.37
3. 购买商品房	Bought commercial housing	%	%	35.65
4. 购买房改住房	Bought public housing	%	%	20.07
5. 购买保障性住房	Bought security housing	%	%	0.44
6. 拆迁安置房	Removal settlement building	%	%	19.36
7. 继承或获赠住房	Inherited or given housing	%	%	2.34
8. 其他	Others	%	%	5.19
（四）住房外道路为硬化路面的户比重	Proportions of housing with hardened road surface outside	%	%	99.05
二、生活设施状况	Conditions of living facilities	—	—	
（一）饮用水状况	Drinking water conditions	—	—	
1. 是否有管道设施	Pipeline facilities	—	—	
①管道供水入户	with pipeline in housing	%	%	97.62
②管道供水至公共取水点	with pipeline at public water point	%	%	0.43
③没有管道设施	without pipeline	%	%	1.95
2. 主要饮用水来源	Main source of drinking water	—	—	
①经过净化处理的自来水	Purified water supply	%	%	97.13
②受保护的井水和泉水	Protected well and spring	%	%	0.48
③不受保护的井水和泉水	Unprotected well and spring	%	%	2.38
④江河湖泊水	Rivers and lakes water	%	%	

8－2续表2 continued1

		单位	Unit	合计 Total
⑤其他饮用水来源	Others	%	%	
3. 获取饮用水存在的主要困难	Main difficulties of acquiring drinking water	—	—	
①单次取水往返时间超过半小时	Round－trip time over half an hour for water acquiring	%	%	
②间断或定时供水	Discontinuous or Fixed－time water supply	%	%	1.48
③当年连续缺水超过15天	Continuous water shortage for over 15 days in a year	%	%	
④获取饮用水无困难	No difficulties in acquiring water	%	%	98.52
4. 饮用前家里采取的主要处理措施	Main treatment measures before drinking	—	—	
①煮沸	Boiling	%	%	96.06
②加漂白剂/氯等	Adding bleaching agents/chlorine etc.	%	%	
③使用水过滤器	Using water filter	%	%	1.28
④其他处理措施	Other treatment measures	%	%	
⑤没有任何水处理措施	No treatment measures	%	%	2.66
（二）住宅内厕所状况	In－door toilet conditions	—	—	
1. 水冲式卫生厕所	Flush－type sanitary toilet	%	%	95.28
2. 水冲式非卫生厕所	Flush－type non－sanitary toilet	%	%	
3. 卫生旱厕	Sanitary dry pail latrine	%	%	0.25
4. 普通旱厕	Ordinary dry pail latrine	%	%	4.47
5. 无厕所	No toilet	%	%	
（三）主要炊用能源	Main energy for cook	—	—	
1. 天然气、煤气、液化石油气	Natural gas，coal gas，LPG	%	%	95.82
2. 煤炭	Coal	%	%	1.10
3. 电	Electricity	%	%	1.32
4. 沼气	Methane	%	%	
5. 其他	Others	%	%	1.76
三、每百户耐用消费品拥有情况	Ownership of durable consumer goods per 100 families	—	—	
（一）家用汽车	Family car	辆	unit	24.58
（二）摩托车	Motorcycle	辆	unit	4.92
（三）电冰箱（柜）	Refrigerator	台	set	98.28
（四）洗衣机	Washing machine	台	set	100.05
（五）热水器	Water heater	台	set	66.12
其中：太阳能热水器	of which：solar water heater	台	set	4.98
（六）空调	Air conditioner	台	set	19.75
（七）彩色电视机	Colour TV set	台	set	114.39
（八）摄像机	Video camera	台	set	9.81
（九）照相机	Camera	台	set	39.85
（十）计算机	Computer	台	set	78.62
其中：接入互联网的计算机	of which：with access to internet	台	set	69.67
（十一）中高档乐器	High－grade musical instruments	架	pcs	6.73
（十二）固定电话	telephone	部	pcs	48.91
（十三）移动电话	Mobile phone	部	pcs	226.36
其中：接入互联网的移动电话	of which：with access to internet	部	pcs	99.07

8-3 农村住户基本情况
BASIC STATISTICS ON RURAL HOUSEHOLDS

		单位 Unit		合计 Total
可支配收入	Disposable income	元	yuan	11285.61
一、工资性收入	Salary Income	元	yuan	2371.54
二、经营净收入	Business income	元	yuan	7252.87
三、财产净收入	Property income	元	yuan	139.36
四、转移净收入	Transfer income	元	yuan	1521.84
消费支出	Consumption	元	yuan	7752.16
（一）食品烟酒	Food，tobacco and alcohol	元	yuan	2393.19
（二）衣着	Garment	元	yuan	539.36
（三）居住	Residence	元	yuan	1588.76
（四）生活用品及服务	Household facilities and services	元	yuan	297.11
（五）交通通信	Transportation and telecommunication	元	yuan	881.71
（六）教育文化娱乐	Education and recreation service	元	yuan	1038.11
（七）医疗保健	Health care	元	yuan	830.85
（八）其他用品和服务	Others	元	yuan	183.07

统计资料

STATISTICS

●城市建设

GENERAL SURVEY OF CITY

9－1 长春市城区用气情况
BASIC STATISTICS ON SUPPLY OF GAS IN CITY

		单 位 Unit		2012	2013	2014
一、人工煤气	Gas					
生产能力	Production capacity of coal gas	万立方米/日	10000cu · m · day	80	80	80
储气能力	Gas storage capacity	万立方米	10000cu · m	20	20	20
供气管道长度	Length of gas pipeline	公里	km	1568	1540	1540
供气总量	Total gas supply	万立方米	10000cu · m	14641. 39	13072. 83	9309. 4
其中：家庭用量	Households	万立方米	10000cu · m	7493. 67	7106. 05	6646. 38
用气户数	Households access to gas	户	Household	553383	481702	26881
其中：家庭用户	Households	户	Household	538655	481655	254300
用气人口	Population	万人	10000 persons	156. 49	139. 96	76. 29
二、天然气	Natural gas					
储气能力	Gas storage capacity	万立方米	10000cu · m	25	25	25
供气管道长度	Length of gas supply	公里	km	2063	2542	2587. 85
供气总量	Total gas supply	万立方米	10000cu · m	29974. 54	36296. 66	53058. 26
其中：家庭用量	Households	万立方米	10000cu · m	9345. 21	11171. 38	17836
用户总数	Households access to gas	户	Household	517896	577922	1040491
用气人口	Population	万人	10000 persons	162. 2	185. 07	261. 22
三、液化石油气	Liquefied Petroleum gas					
储气能力	Gas storage capacity	吨 Ton	Ton	6000	6000	6000
供气管道长度	Length of gas pipeline	公里 km	km			
供气总量	Total gas supply	吨 Ton	Ton	68563. 04	32555. 76	43762
其中：家庭用量	Households	吨 Ton	Ton	9034. 56	7523. 64	7134
用气户数	Households	户 Household	Household	121432	93456	91646
用气人口	Population	万人 10000persons	10000 persons	35. 37	30. 19	28
四、燃气普及率	Percentage of population access to gas	%		98. 08	98. 4	98. 6

9－2 长春市政设施情况
BASIC STATISTICS ON PUBLIC UTILITIES

		单位 unit		2012	2013	2014
道路长度	Length of paved roads	公里	km	2850. 24	3009. 47	3125. 23
道路面积	Area of paved roads	万平方米	10000sq · m	6456. 58	6759. 96	7113. 21
桥梁数	Bridges	座	set	259	263	263
路灯数	Street lights	盏	unit	233933	237242	248593
排水管道长度	Length of exhaust piping	公里	km	4644. 52	4853. 3	4962
污水排放量	Volume of waste water discharged	万立方米	10000cu · m	24465. 7	26327	25974
污水处理厂座数	Number of factory for waste water ischarged	座	set	6	7	5
污水处理厂污水处理能力	Capacity of wasted water discharged	万立方米/日	10000cu · m/day	74. 3	84. 3	81. 5
污水处理总量	Volume of waste water treatment	万立方米	10000cu · m	21076	20858	21670

9－3 长春市园林绿化情况
BASIC STATISTICS ON PARKS，GARDENS AND GREEN AREAS

		单位 unit		2012	2013	2014
绿化覆盖面积	Total area of green land	公顷	ha	15525	12568	18398
其中：建成区	Finished area	公顷	ha	15220	12287	18244
园林绿地面积	Total area of parks and gardens	公顷	ha	13007	10772	16146
其中：建成区	Finished area	公顷	ha	12979	10727	16046
公共绿地面积	Public green areas	公顷	ha	4966	5018	5119
公园个数	Parks	个	unit	38	46	60
公园面积	Area of parks	公顷	ha	1200	1108	1326

9－4 长春市城区集中供热情况
BASIC STATISTICS ON HEATING IN CITY

		单位 unit		2012	2013	2014
供热能力（热水）	Heating capacity（water）	兆瓦	Mega watts	14274	17221. 8	17905. 8
供热能力（蒸汽）	Heating capacity（steam）	吨/小时	ton/hour	116	116	116
供热总量（热水）	Volume supplied（water）	万吉焦	10000gigajoules	6598	7976. 85	8145. 25
供热总量（蒸汽）	Volume supplied（steam）	吨/小时	ton/hour	106. 2	106. 2	108. 5
管道长度（热水）	Length of pipeline（water）	公里	km	5106. 41	5184. 55	5209. 55
管道长度（蒸汽）	Length of pipeline（steam）	公里	km	33. 2	33. 2	35
供热面积	Heated area	万平方米	10000sq · m	13305. 93	16071. 82	16407. 23

9－5 长春市城区自来水供应情况（公共供水）
BASIC STATISTICS ON TAP WATER SUPPLY IN CITY (WATER SUPPLY PUBLICLY)

		单位 unit		2014
年底自来水生产能力	Production capacity of tap water	万立方米/日	10000cu · m/day	117
年末供水管道长度	Length of water supply pipeline	公里	km	2146
供水总量	Volume of water supply	万立方米	10000 cu · m	34726
生产运营用水	For productive use	万立方米	10000 cu · m	4899
居民家庭用水	For residential use	万立方米	10000 cu · m	9772
售水量	Volume of sale	万立方米	10000 cu · m	23273
用水户数	Households access to tap water	户	Household	1284117
其中：家庭用户	Households	户	Household	1201033
用水人口	Population access to tapwater	万人	10000persons	360
人均日生活用水量	Per capita comsumption of tapwater	升	liter	7

9－6 长春市公共交通情况
BASIC STATISTICS ON PUBLIC TRANSPORTATION

		单位 unit		2014
一、汽车	Automobile			
运营车数	Operating automobile	辆	unit	4750
公共汽车	Buses	辆	unit	4750
标准运营车数	Number of standard operating	标台	unit	5346
运营线路网长度	Length of road	公里	km	4348
客运总量	Passengers traffic	万人次	10000person－times	74927
公共汽车	Buses	万人次	10000person－times	74927
其中：小公共汽车	Mini buses	万人次	10000person－times	
从业人数	Employment	人	person	9675
二、出租汽车	Taxi			
出租车数量	Number of taxi	辆	unit	16967
三、轨道交通	Orbital transport			
（一）轻轨	Light trolley			
运营车数	Operating automobile	列	train	106
运营线路网长度	Length of road	公里	km	47
客运总量	Passengers traffic	万人次	10000person－times	6492
（二）有轨电车	Trolley			
运营车数	Number of trolley operating	辆	unit	29
标准运营车数	Number of standard operating	标台	unit	58
运营线路网长度	Length of road	公里	km	8
客运总量	Passengers traffic	万人次/天	10000person－times/day	3

9-7 长春市主要年份市区房屋情况
BASIC STATISTICS ON BUILDING CONSTRUCTION AND HOUSING

		2011	2012	2013	2014
实有房屋建筑面积（万平方米）	Floor space of building（10000sq·m）	12554. 0	12839. 6	13083. 7	15556. 0
#私房（万平方米）	Private building（10000sq·m）	6753. 3	7346. 2	7822. 4	8865. 0
实有住宅建筑面积（万平方米）	Floor space of housing（10000sq·m）	8032. 1	8513. 3	8868. 2	9659. 0
#私房（万平方米）	Private building（10000sq·m）	6123. 2	6658. 6	7067. 2	7993. 0

9-8 长春市主要年份全市供电情况
BASIC STATISTICS ON ELECTRICITY SUPPLY IN CITY

		2011	2012	2013	2014
年底发电设备容量总计（千瓦）	Total of power station production（kw）	4748914	4754914	4879914	4894968
年底供电设备容量（千伏安）	Total available for supply（1000kwva）	12252400	14168450	15150650	15926750
全年供电量（万千瓦小时）	Annual supply electricity（10000kwh）	1481731	1564269	1673210	1723491
#自供（万千瓦小时）	By power station（10000kwh）	47180	28190	15097	10222
网供（万千瓦小时）	From electicity net（10000kwh）	1481731	1564269	1673210	1723491
全年用电量（万千瓦小时）	Total electricity consumption（10000kwh）	1698834	1790291	1885731	1927890
#工业用电（万千瓦小时）	Industry（10000kwh）	897440	1005025	1061479	1064707
农业用电（万千瓦小时）	Agriculture（10000kwh）	31401	23250	25556	28506
城乡人民生活用电（万千瓦小时）	Residential consumption（10000kwh）	396362	310668	296246	309383
送配电线路长度（公里）	Length of electric wire（km）	5131. 8	5609. 1	6120. 0	5952. 0
#输电线路（公里）	Electric wire（km）	5131. 8	5609. 1	6120. 0	5952. 0

统计资料

STATISTICS

农业

AGRICULTURE

第十篇　农　　业

2014 年，全年完成农林牧渔业总产值 626.9 亿元，同比增长 5.8% 。其中，种植业产值 322.5 亿元，同比增长 3.99%；林业产值 3 亿元，同比增长 28.8%；牧业产值 279.8 亿元，同比增长 7.9%，渔业产值 5.2 亿元，同比增长 5.3%；农林牧渔服务业产值 16.2 亿元，同比增长 1.5%。

全年农作物总播种面积 133.6 万公顷，比上年下降 0.3%；粮食播种面积 124.4 万公顷，与上年持平。粮食总产量达到 968.0 万吨，比上年下降 1.7%，其中：玉米产量 820.5 万吨，比上年增加 3.7 %；水稻产量 125.0 万吨，比上年下降 18%；蔬菜产量 258.0 万吨，比上年下降 3.4%。猪出栏 632.0 万头，比上年增加 2.8%；牛出栏 107.2 万头，比上年下降 14.4%；羊出栏 37.6 万只，比上年增加 3.6%；家禽出栏 2.4 亿只，比上年下降 4%；肉类总产量 113.8 万吨，比上年下降 2.2%；禽蛋产量 31.7 万吨，比上年增加 0.6%；牛奶产量 6.8 万吨，比上年增加 4.5%。

10－1 1995－2014 年农林牧渔业总产值（现价）
GROSS OUTPUT VALUE OF AGRICULTURE（at current price）（1995－2014）

单位：亿元　　unit：100million yuan

年份 Year	农林牧渔业总产值 Total	农业产值 Farming	林业产值 Forestry	牧业产值 Animal husbandry	渔业产值 Fishery
1995	144.5	8.9	0.7	53.7	1.1
1996	172.9	99.3	0.5	71.9	1.2
1997	176.8	94.0	0.7	80.8	1.3
1998	198.9	108.2	0.6	88.6	1.5
1999	200.9	92.9	0.5	105.8	1.7
2000	197.6	83.8	1.0	111.7	1.1
2001	223.9	108.0	0.5	114.4	1.0
2002	242.1	115.9	0.6	124.8	0.8
2003	259.2	116.7	1.1	139.2	1.0
2004	281.5	126.6	0.8	152.2	0.7
2005	272.9	130.8	2.1	137.3	1.5
2006	289.0	142.2	1.7	142.3	1.5
2007	340.6	160.3	0.9	176.2	1.8
2008	405.2	171.4	1.9	228.0	2.4
2009	418.4	185.3	1.9	216.2	2.2
2010	474.7	213.4	3.2	242.3	2.4
2011	523.8	248.6	2.8	254.5	3.7
2012	562.5	284.1	3.8	255.2	4.2
2013	602.7	307.2	2.3	272.3	5.2
2014	626.9	322.5	3.0	279.8	5.2

10－2 1995－2014 年农作物播种面积
TOTAL SOWN AREAS OF FARM CROPS（1995－2014）

单位：公顷　　unit：ha

年份 Year	农作物总播种面积 Total sown area	粮食作物 Grain crops		其他作物 Other crops		经济作物 Economic crops	
		播种面积 Sown area	占总播种面积（%） Percentage	播种面积 Sown area	占总播种面积（%） Percentage	播种面积 Sown area	占总播种面积（%） Percentage
1995	1120203	977304	87.2	31446	2.8	111453	10.0
1996	1124429	979061	87.1	32938	2.9	112430	10.0
1997	1122817	986045	87.8	27594	2.5	109178	9.7
1998	1122996	984485	87.7	21828	1.9	116683	10.4
1999	1121587	965869	86.1	26567	2.3	129151	11.6
2000	1121046	951131	84.8	38134	3.4	131781	11.8
2001	1114286	935373	84.0	42796	3.8	136117	12.2
2002	1109100	914514	82.5	41467	3.7	153119	13.8
2003	1106395	919045	83.1	169589	15.3	17761	1.6
2004	1139211	1012244	88.9	121564	10.7	5403	0.4
2005	1130795	1002871	88.7	119566	10.6	8358	0.7
2006	1140257	1006930	88.3	127143	11.2	6184	0.5
2007	1150344	1020703	88.7	122352	10.6	7289	0.6
2008	1189764	1097197	92.2	88768	7.5	3799	0.3
2009	1260099	1155556	91.7	100687	8.0	3856	0.3
2010	1257193	1150479	91.5	102575	8.2	4139	0.3
2011	1333060	1220935	91.6	107762	8.1	4363	0.3
2012	1344118	1245338	92.7	95585	7.1	3195	0.2
2013	1340272	1245453	92.9	94819	7.1	1402	0.1
2014	1336334	1243593	93.1	92741	6.9	1447	0.1

注：经济作物包括：油料、甜菜、烟叶、药材、蔬菜。

Note：Economic crops include：Oil－bearing，sugar beet，tobacco leaf，medical material and vegetables.

10－3 农作物总播种面积
TOTAL SOWN AREAS OF FARM CROPS

单位：公顷 unit：ha

		全市 Total	市辖区 District		榆树市 Yushu	农安县 Nong'an	九台市 Jiutai	德惠市 Dehui
			合计 Total	#双阳区 Shuangyang				
农作物总播种面积	Sown area							
一、粮食作物合计	Grain crops	1243593	129094	84096	378851	361792	171024	202832
（一）谷物	Corn	1206785	127466	82790	367772	352956	163850	194741
1. 稻谷	Rice	171988	15748	11323	71747	12084	23288	49121
其中：粳稻	Geng rice	171163	15748	71454	71747	12084	23234	48350
糯稻	Glutinous rice	825		13			54	771
2. 小麦	Wheat							
3. 玉米	Corn	1031504	111693	71454	296025	337884	140434	145468
4. 谷子	Millet	424		13		408	3	
5. 高粱	Sorghum	2843				2580	104	152
6. 其它谷物	Others	26					21	
（二）豆类合计	Beans	13197	344	114	2645	2926	3248	4034
其中：大豆	Soybean	11435	328	114	2645	2672	2028	3762
绿豆	Mung beans	224				161	8	54
红小豆	Red beans	887				93	722	57
（三）薯类（折粮）	Tubers	23611	1284	1192	8434	5910	3926	4057
其中：马铃薯	Potato	23269	1272	1180	8434	5597	3922	4044
二、油料合计	Oilbearing crops	5829			139	4505	42	1143
1. 花生	Peanuts	2209				2177	12	20
2. 芝麻	Sesame	159			139	20		
3. 葵花子	Sunflower seed	3451	1113			2308	30	
三、麻类合计	Fiber crops	3					3	
线麻	Line fiber							
四、烟叶合计	Tobacco	7952			550	5819	943	640
1. 烤烟叶	Fluecured tobacco leaf	1189			550			639
2. 晒烟	Suncured tobacco							
五、药材类合计	Crude drugs	38	18				20	
六、蔬菜（含菜用瓜）	Vegetable and melon	68119	13151	4727	11342	17228	8483	17915
七、瓜果类	Melon	9131	743	122	1155	4618	1088	1527
其中：西瓜	Watermelon	4150	220	10	439	2636	366	489
甜瓜	Muskmelon	4908	491	112	716	1980	683	1038
草莓	strawberry	2				2		
八、其它农作物	Other crops	1447	219	199			690	538
其中：青饲料	Forage	211	211	191				

10－4 农作物总产量
YIELD OF MAJOR FARM CROPS

单位：吨 unit：ton

		全市 Total	市辖区 District 合计 Total	市辖区 District #双阳区 Shuangyang	榆树市 Yushu	农安县 Nong' an	九台市 Jiutai	德惠市 Dehui
一、粮食作物合计	Grain crops	9680125	731497	550500	3350000	3000963	1087500	1510165
（一）谷物	Corn	9473825	729717	549530	3277180	2935166	1067216	1464546
1. 稻谷	Rice	1249651	95225	72505	557121	84226	153115	359964
其中：粳稻	Geng rice	1243733	95225	72505	557121	84226	152748	354413
糯稻	Glutinous rice	5918					367	5551
2. 小麦	Wheat							
3. 玉米	Corn	8204699	634365	476992	2720059	2832806	913781	1103688
4. 谷子	Millet	1898	33	33		1850	15	
5. 高粱	Sorghum	17360	14			16284	168	894
6. 其它谷物	Others	148	11				137	
（二）豆类合计	Beans	51074	958	310	10408	15106	11747	12855
其中：大豆	Soybean	44165	933	310	10408	13975	6736	12113
绿豆	Mung beans	842	2			638	26	176
红小豆	Red beans	2844	23			493	2180	148
（三）薯类（折粮）	Tubers	776471	4454	3298	312058	253455	42684	163820
其中：马铃薯	Potato	763524	4421	3265	312058	241090	42655	163300
二、经济作物	Economic crops							
（一）油料	Oilbearing crops	22133			348	18974	134	2677
1. 花 生	Peanuts	9868				9783	36	49
2. 芝 麻	Sesame	403			348	55		
3. 葵花子	Sunflower seed	11847				9136	98	2613
（二）生麻	Raw hemp	3					3	
生大麻	Raw hemp	3					3	
（三）烟叶（未加工烟草）	Tobacco leaves (unmanufactured)	21377	18598				1437	1342
烤烟（未去梗烤烟叶）	Cured tobacco (flue－cured tobacco not stemmed)	2952	1614					1338
（四）中草药材	Chinese medicinal herbs							
（五）蔬菜和食用菌	Vegetables and edible fungi	2579656	354901	84880	744553	375570	391342	713290
（六）瓜果类	Melon	286416	17558	1761	53872	127652	40492	46842
其中：西 瓜	Watermelon	146785	6193	136	20096	93001	11601	15894
香 瓜	Muskmelon	122542	10785	1625	24776	34627	21406	30948

10－5 农村基本情况及农业生产条件

		单位 Unit		全市 Total
一、乡村人口与从业人员	Number of rural laborers and population			
乡村户数	Number of rural households	户	household	1189231
乡村人口数	Rural population	人	person	4337729
1. 男	Male	人	person	2286101
2. 女	Female	人	person	2051628
乡村劳动力资源数	Rural labourers	人	person	2500164
1. 男	Male	人	person	1338146
2. 女	Female	人	person	1162018
乡村从业人员数	Rural labourer	人	person	2163064
1. 男	Male	人	person	1194733
其中：农业从业人员	Agriculture		person	769894
2. 女	Female	人	person	968331
其中：农业从业人员	Agriculture	人	person	636896
二、农村基础设施	Rural social basic facilities			
自来水受益村数	Villages access to tap water	个	person	710
通有线电视村数	Villages cable TV	个	person	1444
通宽带村数	Villages through broadband	个	person	1420
三、农业主要物质消耗	Energy and material consumption	吨	ton	
农用化肥施用量（实物）	Consumptin of chemical fertilizers	吨	ton	1038986
其中：1、氮肥	Nitrogenous fertilizer	吨	ton	445886
（1）硫酸铵	Sulphuric acid ammonia	吨	ton	21710
（2）硝酸铵	Nitric acid ammonia	吨	ton	17793
（3）尿素	Urea	吨	ton	376207
（4）碳酸氢铵	Carbonic acid hyorrogtn ammonia	吨	ton	21219
（5）氨水	Ammonia water	吨	ton	
（6）其他	Others	吨	ton	8957
2、磷肥	Phosphate fertilizer	吨	ton	120652
3、钾肥	Potash fertilizer	吨	ton	60038
4、复合肥	Compound fertilizer	吨	ton	412410
农用塑料薄膜使用量	Volume of use of plastic film	吨	ton	10717
其中：地膜使用量	Volume of use of mulching film	吨	ton	4810
地膜覆盖面积	Coverage of mulching film	公顷	ha	30360
农用柴油使用量	Volume of diesel used	吨	ton	133781
农药使用量	Volume of pesticide	吨	ton	9796
农村用电量	Electricity consumption	千千瓦时	kkwh	1308520
年末耕地面积	Area of land at year－end	公顷	ha	1306607

BASIC CONDITIONS OF RURAL GRASSROOTS UNITS

市辖区 District 合计 Total	市辖区 District #双阳区 Shuangyang	榆树市 Yushu	农安县 Nongan	九台市 Jiutai	德惠市 Dehui
216277	72361	309002	275207	185358	203387
720565	271922	1133948	1017485	653619	812112
379962	145168	596366	541478	342502	425793
340603	126754	537582	476007	311117	386319
421407	162081	596695	639297	385433	457332
225299	86012	326254	327625	208358	250610
196108	76069	270441	311672	177075	206722
365996	135723	559654	519991	339316	378107
199629	73614	308890	292113	185499	208602
122033	51566	176883	217404	137673	115901
166367	62109	250764	227878	153817	169505
105899	45269	150102	158716	117887	104292
189	92	177	190	82	72
260	134	369	244	263	308
226	134	330	302	254	308
128022	72973	312226	278312	159182	161244
48331	20486	132553	131546	57719	75737
1347	113	9689	2218	4070	4386
2980	1266	3373	7788	3652	
35507	13335	112020	120835	43602	64243
4317	4255	6154		3640	7108
4180	1517	1317	705	2755	
5072	3498	36176	37637	18379	23388
3632	1469	18268	12341	13912	11885
70987	47520	125229	96788	69172	50234
2272	897	3608	1435	1527	1875
647	319	1492	1073	625	973
3864	1234	4825	8812	1383	11476
11648	6541	46408	36881	18579	20265
1324	965	2696	1977	2070	1729
412442	296724	245820	250827	197444	201987
138976	86695	391035	377510	181827	217259

10－5 续表1

		单位 Unit		全市 Total
四、农业机械化情况	Agricultural machinery			
（一）农业机械总动力	Power of agricultural machinery	千瓦	kw	6002907
1. 柴油发动机动力	Diesel power	千瓦	kw	5603048
2. 汽油发动机动力	Gasoline power	千瓦	kw	33327
3. 电动机动力	Electric power	千瓦	kw	366533
（二）拖拉机配套机械及种植业机械	Tractors and planting machinery			
拖拉机	Tractors	台/千瓦	unit/kw	195544/3848020
其中：大中型拖拉机	Large and medium tractors	台/千瓦	unit/kw	119541/3070506
小型拖拉机	Mini tractors	台/千瓦	unit/kw	76003/777515
大中型拖拉机配套农具	Tractor towing farming machinery	台（套）	unit	175866
小型拖拉机配套农具	Mini tractor towing farm machinery	台（套）	unit	281169
种植业机械	Planting machinery	台	unit	69531
农用排灌动力机械	Irrigating machinery	台/千瓦	unit/kw	81508/562414
其中：柴油机	Diesel machinery	台/千瓦	unit/kw	55290/427392
电动机	Electric machinery	台/千瓦	unit/kw	26218/135023
农用水泵	Pump	台	unit	99858
机动喷雾（粉）机	Sprayer	台/千瓦	unit/kw	4536/9072
收获机械	Harvesting machinery	台/千瓦	unit/kw	
其中：联合收割机	Compound harvesters	台/千瓦	unit/kw	9837/473774
机动割晒机	Motoried harvesters	台/千瓦	unit/kw	61/201
（三）农产品初加工动力及作业机械	Farming products processing machinery	台/千瓦	unit/kw	34520/328341
其中：柴油机	Diesel machinery	台/千瓦	unit/kw	10149/106565
电动机	Electric machinery	台/千瓦	unit/kw	24371/221776
粮食加工机械	Grain	台（套）	unit	29823
油料加工机械	Oil plants	台（套）	unit	1219

continued1

市辖区 District 合计 Total	#双阳区 Shuangyang	榆树市 Yushu	农安县 Nong'an	九台市 Jiutai	德惠市 Dehui
282209	386963	1535354	1730278	921831	1146272
246775	338814	1448706	1693424	844678	1030651
99	2576	13550	2526	5084	9492
35335	45573	73098	34329	72070	106129
6324/114953	14502/219250	45852/1085946	66242/1246053	31569/535913	31055/645904
2561/73484	2802/115351	36022/975240	51825/1074794	9410/337548	16921/494089
3763/41469	11700/103899	9830/110706	14417/171260	22159/198366	14134/151815
1469	2884	37606	70504	32582	30821
6243	25136	81555	60291	39917	68027
1425	4587	24986	22300	7217	9016
5200/33746	8238/51340	16689/122724	9919/69032	12462/82043	29000/203530
2700/20871	3455/26707	14254/110183	6957/53778	6924/53523	21000/162330
2500/12875	4783/24632	2435/12540	2962/15254	5538/28521	8000/41200
5200	8241	4302	13700	26915	41500
30/60	111/222	280/560	2518/5036	1231/2462	366/732
82/4152	671/39347	3055/113047	2867/144800	1297/75341	1865/97086
12/40				49/162	
2974/27822	2425/22279	6888/63493	6109/61493	8569/83656	7555/69598
542/5691	151/1586	580/6090	4215/44258	4056/42588	606/6353
2432/22131	2274/20693	6308/57403	1894/17235	4513/41068	6950/63245
885	2272	9123	5610	4593	7340
72	18	95	828	96	110

10－5 续表2

		单位 Unit		全市 Total
（四）畜牧养植机械	Animal husbandry machinery	台/千瓦	unit/kw	19441/134901
饲草料加工机械	Feed pulverizer	台/千瓦	unit/kw	18144/121020
（五）运输机械	Transportation	辆/千瓦	coach/kw	
农用运输车	Truck	辆/千瓦	coach/kw	33791/574145
（六）农田基本建设农机械	Capital construction farming machinery	辆/千瓦	coach/kw	366/18666
（七）农机化作业情况	Agriculture mechanization conditions			
机耕面积	Machine－cultivated land	千公顷	1000ha	1023
机播面积	Machine－sowed land	千公顷	1000ha	1135
机电灌溉面积	Machine－irrigated land	千公顷	1000ha	179
机械植保面积	Machine－protected land	千公顷	1000ha	986
机收面积	Machine－harvested land	千公顷	1000ha	622
水稻播机插面积	Machine－planted rice land	千公顷	1000ha	117
水稻机收面积	Machine－harvested rice land	千公顷	1000ha	137
玉米机播面积	Machine－sowed corn land	千公顷	1000ha	1009
玉米机收面积	Machine－harvested corn land	千公顷	1000ha	484

continued2

市辖区 District 合计 Total	#双阳区 Shuangyang	榆树市 Yushu	农安县 Nong' an	九台市 Jiutai	德惠市 Dehui
464/3095	2130/14409	5915/40753	7164/49296	855/6697	2913/20652
464/3095	2062/13754	5795/38653	6493/43308	7204802	2610/17409
5300/95518	2111/33306	4921/82629	8662/146598	6857/122394	5940/93701
7/357	47/2397	143/7293	17/867	65/3315	87/4437
35	71	302	298	140	177
29	74. 4	338	366	162. 7	165
5	4. 9	75	15	22. 3	57
20	54. 9	315	248	180	168
4. 1	39. 9	200	192	82. 8	103. 3
3	8. 7	62	8	19	16. 3
2. 9	9. 2	60	9	23. 3	33. 3
26	65. 7	276	358	141. 7	142
1. 2	30. 7	140	183	59. 5	70

10－6 林业生产情况

指标名称 Item		单位 Unit		全市 Total	农安 Nong'an	九台 Jiutai
1. 当年造林面积	Areas of afforestation	公顷	ha	3311	1130	1000
2. 迹地更新面积	Areas of renewly cutover	公顷	ha	2601	115	150
3. 零星（四旁）植树	Odd pieces of planting	百株	100plant	52333	100	10000
4. 育苗面积	Areas of grow seedlings	公顷	ha	766	70	5
5. 幼林抚育实际面积	Areas of young trees	公顷	ha	3537	133	2500
6. 成林抚育面积	Areas of forest fostered	公顷	ha			
7. 木材产量	Timber yield	立方米	cu·m	254946	96000	30000
8. 天然和人工林的果实	Natural and plantation of fruit	吨	ton			

BASIC STATISTICS ON FORESTRY PRODUCTION

榆树 Yushu	德惠 Dehui	双阳区 Shuangyang	朝阳区 Chaoyang	宽城区 Kuancheng	南关区 Nanguan	二道区 Erdao	绿园区 Lvyuan	莲花山开发区 Lian hua maitain development zone	净月开发区 Jing yue development zone
	196	74	3	13		1	116	290	488
301	1980	40	3	12					
	36220	6000	13						
6	10	240	300	35				100	
138		133	100				133	200	200
66490	56100	6000	200	106				50	

10 -7 畜牧业主要产品生产及存栏情况

		单位 Unit		全市 Total
一、畜禽存栏	Live stock and poultry on hand			
猪	Pig	头	head	3850103
其中：能繁殖母猪	of which：productive sow	头	head	495189
牛	Cattle	头	head	2047332
1. 肉牛	Beef cattle	头	head	1831025
2. 奶牛	Dairy cattle	头	head	53239
羊	Sheep	只	head	571446
1. 山羊	Goat	只	head	137858
2. 绵羊	Sheep	只	head	433588
活家禽	Live poultry	千只	1000heads	118271
其中：活鸡	of which：live chicken	千只	1000heads	110169
其中：肉鸡	of which：broiler	千只	1000heads	71088
其中：蛋鸡	of which：layer	千只	1000heads	39081
二、畜禽出栏	Live stock and poultry on hand			
猪	Pig	头	head	6320212
牛	Cattle	头	head	1072735
羊	Sheep	只	head	376400
1. 山羊	Goat	只	head	75012
2. 绵羊	Sheep	只	head	301388
活家禽	Live poultry	千只	1000heads	240621
其中：活鸡	of which：live chicken	千只	1000heads	207032
三、畜禽产品产量	Live stock and poultry products production	吨	ton	
猪肉	Pork	吨	ton	562137
牛肉	Beef	吨	ton	166639
羊肉	Mutton	吨	ton	5576
1. 山羊肉	chevon	吨	ton	998
2. 绵羊肉	Sheep meat	吨	ton	4578
禽肉	Poultry meat	吨	ton	403123
其中：鸡肉	of which：chicken meat	吨	ton	355838
禽蛋	Poultry egg	吨	ton	316666
其中：鸡蛋	of which：chicken eggs	吨	ton	280633
生牛奶	Raw milk	吨	ton	68866

BASIC STATISTICS ON ANIMAL HUSBANDRY

市辖区 District		榆树市 Yushu	农安县 Nongan	九台市 Jiutai	德惠市 Dehui
合计 Total	#双阳区 Shuangyang				
187342	87834	1085710	1191212	587191	798648
17910	8780	170347	171541	57287	78104
177542	154700	713663	378992	397198	379937
143101	132473	685116	373643	387076	242089
9152	1338	28547	3218	10122	2200
19084	13278	102405	351733	18993	79231
13116	10645	56323	37220	9605	21594
5968	2633	46082	314513	9388	57637
18926	7913	17430	20332	31504	30079
14544	7360	16036	19681	30496	29412
3216	90	6972	13283	26350	21267
11328	7270	9064	6398	4146	8145
379922	206506	1409068	1924964	1214366	1391892
90030	73007	355864	243346	238955	144540
22068	14905	58765	238612	19405	37550
13997	11568	28207	9929	3182	19697
8071	3337	30558	228683	16223	17853
3014	2011	28849	68748	31713	108297
1381	435	27407	67468	29029	81747
30483	17043	135594	164479	99603	131978
16334	12631	51801	39230	34907	24367
324	197	648	3705	304	595
192	132	330	148	46	282
132	65	318	3557	258	313
5701	3823	66412	133591	59058	138361
4745	3012	56450	120632	58093	115918
74632	56647	82498	20704	44212	94620
58815	50405	75948	15751	39719	90400
14427	2286	29775	3129	18828	2707

10－7 续表1

		单位 Unit		全市 Total
一、活牲畜出栏产量（除猪、牛、羊外）	Live cattle market production (pig, cattle and sheep excluded)	吨	ton	7368
1. 马	Horses	吨	ton	4082
2. 驴	Donkeys	吨	ton	1015
3. 骡	Mules	吨	ton	1147
4. 鹿	Deers	吨	ton	
二、家兔	Domestic rabbits	吨	ton	9659
三、其他肉产量	Other meat	吨	ton	937
四、其他奶产量	Other milk	吨	ton	340
五、山羊毛产量	Wool of goat	公斤	kg	155
1. 山羊粗毛	Goat shag	公斤	kg	154
2. 山羊绒	Cashmere	公斤	kg	1
六、绵羊毛产量	Sheep wool	公斤	kg	201620
其中：细羊毛	of which：Fine wool	公斤	kg	57003
半细羊毛	Medium fine wool	公斤	kg	144617
七、天然蜂蜜产量	Natural honey	吨	ton	288
八、其他禽蛋产量	Other poultry egg	公斤	kg	205023
九、鹿茸产量	Pilos antler	公斤	kg	67075
十、貂皮产量	Mink	张	sheet	109647
十一、蚕茧产量	Cocoon	公斤	kg	
一、活牲畜存栏（除猪、牛、羊外）	Live stock on hand (pig, cattle and sheep excluded)	头	head	380427
1. 马	Horses	头	head	81796
2. 驴	Donkeys	头	head	27707
3. 骡	Mules	头	head	32348
4. 鹿	Deers	头	head	238576
二、家兔	Domestic rabbits	头	head	1556897
一、活牲畜出栏（除猪、牛、羊外）	Live stock on market (pig, cattle and sheep excluded)	头	head	75890
1. 马	Horses	头	head	31328
2. 驴	Donkeys	头	head	12720
3. 骡	Mules	头	head	10082
4. 鹿	Deers	头	head	
二、家兔	Domestic rabbits	头	head	4817299

continued1

市辖区 District		榆树市 Yushu	农安县 Nong' an	九台市 Jiutai	德惠市 Dehui
合计 Total	#双阳区 Shuangyang				
1392	711	3959	1205	82	730
201	56	2754	572	35	520
41	11	421	483	24	46
26	18	784	150	23	164
2		225	8589	838	5
159	62	630	52	71	25
8	1	224	93		15
1			139	15	
1			139	14	
				1	
2		193	2405	20	199000
2				1	57000
		193	2405	19	142000
33	29	104	107	37	7
1084		18145	11794		174000
56150	50486	960	6020	3937	8
		10300		99347	
219967	205915	83495	32797	7761	36407
2862	1232	51584	2670	2063	22617
948	502	7854	14836	558	3511
1170	344	16045	5623	1057	8453
214987	203837	8012	9668	4083	1826
340	18533	47591	1421408	85718	1840
23476	464	30298	13417	1919	6780
1947	254	19126	5730	322	4203
571	186	4921	6050	279	899
283		6251	1673	197	1678
1022		98421	4296454	419062	2340

10－8 农作物每公顷产量
YIELD OF MAJOR FARM CROPS FOR UNIT AREA

单位：公斤/公顷 unit：kg/ha

		全市 Total	市辖区 District		榆树市 Yushu	农安县 Nong’an	九台市 Jiutai	德惠市 Dehui
			合计 Total	#双阳区 Shuangyang				
一、粮食作物合计	Grain crops	7784	5666	6546	8843	8295	6359	7445
（一）谷物	Corn	7850	5725	6638	8911	8316	6513	7520
1. 稻谷	Rice	7266	6047	6403	7765	6970	6575	7328
其中：粳稻	Geng rice	7266	6047	6403	7765	6970	6574	7330
糯稻	Glutinous rice	7173					6796	7200
2. 小麦	Wheat							
3. 玉米	Corn	7954	5680	6676	9189	8384	6507	7587
4. 谷子	Millet	4476		2538		4534	5000	
5. 高粱	Sorghum	6106				6312	1615	5882
6. 其它谷物	Others	5692					6524	
（二）豆类合计	Beans	3870	2785	2719	3935	5163	3617	3187
其中：大豆	Soybean	3862	2845	2719	3935	5230	3321	3220
绿豆	Mung beans	3759				3963	3250	3259
红小豆	Red beans	3206				5301	3019	2596
（三）薯类（折粮）	Tubers	32886	3469	2767	37000	42886	10872	40380
其中：马铃薯	Potato	32813	3476	2767	37000	43075	10876	40381
二、经济作物								
（一）油料	Oilbearing crops	3797			2504	4212	3190	2342
1. 花 生	Peanuts	4467				4494	3000	2450
2. 芝 麻	Sesame	2535			2504	2750		
3. 葵花子	Sunflower seed	3433				3958	3267	2348
（二）生麻	Raw hemp	1000					1000	
生大麻	Raw hemp	1000					1000	
（三）烟叶（未加工烟草）	Tobacco leaves (unmanufactured)	2688			2935	2919	1524	2097
烤烟（未去梗烤烟叶）	Cured tobacco (flue－cured tobacco not stemmed)	2483			2935			2094
（四）中草药材	Chinese medicinal herbs							
（五）蔬菜和食用菌	Vegetables and edible fungi	37870	26987	17956	65646	21800	46133	39815
（六）瓜果类	Melon	31367	23631	14434	46642	27642	37217	30676
其中：西 瓜	Watermelon	35370	28150	13600	45777	35281	31697	32503
香 瓜	Muskmelon	24968	21965	14509	34603	17488	31341	29815

10－9 水果生产情况
BASIC STATISTICS ON FRUITS

		单位 Unit	全市 Total	市辖区 District		榆树市 Yushu	农安县 Nong'an	九台市 Jiutan	德惠市 Dehui
				合计 Total	#双阳区 Shuangyang				
一、水果产量合计	Output of fruits	吨 ton	58639	4128	140	18012	4925	7413	24161
1. 苹果	Apple	吨 ton	5435	17		1948	87	2615	768
其中：红富士苹果	Hong fu shi apple	吨 ton							
国光苹果	Guoguang apple	吨 ton	99				87		12
2. 梨	Pear	吨 ton	3077	35		1034	107	1107	794
其中：苹果梨	Apple pear	吨 ton	668	15			107	55	491
雪花梨	Snow pear	吨 ton	88						88
鸭梨	Ya pear	吨 ton	215						215
3. 其他园林水果	Others	吨 ton	50127	4076	140	15030	4731	3691	22599
其中：山楂	Haw	吨 ton	83	16		15		24	28
桃	Peach	吨 ton	29			16	12	1	
葡萄	Grape	吨 ton	40911	4060	140	9620	4593	828	21810
蓝莓	Blueberries	吨 ton							
樱桃	cherry	吨 ton	40					40	
二、食用坚果	Edible nuts	吨 ton							
其中：核桃	of which：Walnut	吨 ton							
板栗	Chinese chestnut	吨 ton							
松子	Pine nut	吨 ton							
三、水果面积	Area of fruit trees	公顷 ha	6948	201	10	2171	1700	1120	1756
1. 苹果	Apple	公顷 ha	873	4		350	3	427	89
2. 梨	Pear	公顷 ha	902	8		638	17	155	84
3. 山楂	Haw	公顷 ha	177	5		14		156	2
4. 桃	Peach	公顷 ha	21			9	2	10	
5. 葡萄	Grape	公顷 ha	3860	184	10	439	1664	66	1507
6. 蓝莓	Blueberries	公顷 ha							
7. 樱桃	cherry	公顷 ha	11					11	
8. 其它	Others	公顷 ha	1104			721	14	295	74

10－10 渔业生产情况
BASIC STATISTICS ON FISHERY

		单位 Unit	全市 Total	市辖区 District 合计 Total	#双阳区 Shuangyang	榆树市 Yushu	农安县 Nong'an	九台市 Jiutan	德惠市 Dehui
一、水产品产量	Output to aquatic	吨 ton	24844	3476	3476	5415	5561	4792	5600
#国营	State－owned	吨 ton	6868	579	579	2756	2948	381	204
1. 养殖产量	Artificially cultured	吨 ton	6828	579	579	2716	2948	381	204
2. 捕捞产量	Naturally grown	吨 ton	40			40			
二、养殖面积	Areas of artificially	公顷 ha	21754	2212	2212	4384	10890	2213	2055
#国营	State owned	公顷 ha	15363	772	772	3142	10227	1032	190

10－11 农林牧渔业总产值（现价）
GROSS OUTPUT VALUE OF FFAF（at current price）

单位：万元 unit：10000yuan

		全市 Total	市辖区 District 合计 Total	#双阳区 Shuangyang	榆树市 Yushu	农安县 Nong'an	九台市 Jiutai	德惠市 Dehui
农林牧渔业总产值	Total	6268802	562820	326131	1884308	1736256	773480	1311938
一、农业产值	Farming	3225243	285409	149517	1053862	854806	402121	629045
1. 谷物及其他作物	Cereals and others	2191142	155898	117245	754519	679501	242098	359126
（1）谷物	Cereal	2012496	154834	116681	708428	593530	227857	327847
（2）薯类	Tubers	94471	538	399	37447	31651	5125	19710
（3）油料	Oil－bearing	15757				13503	102	2152
（4）豆类	Beans	27122	510	165	5527	8021	6238	6826
（5）麻类	Fiber crop	1					1	
（6）烟草	Tobacco	41279			3117	32796	2775	2591
（7）糖料	Sugar crop	16	16					
2. 蔬菜园艺作物	Vegetables	905743	118965	31151	273382	137834	143647	231915
3. 水果 坚果 饮料作物	Fruits nuts and beverage crops	128358	10546	1121	25961	37471	16376	38004
二、林业产值	Forestry	30291	1580	929	7306	10618	4282	6505
（一）林木的培育和种植	Plants	2559	888	276	73	176	1019	403
（二）竹木采运	Wood cutting and transport	27732	692	653	7233	10442	3263	6102
（三）林产品的采集	The collection of frest products							
三、牧业产值	Animal husbandry	2798460	244372	159579	768929	815795	340936	628428
（一）牲畜饲养	Animals	459397	45717	28733	145962	115051	95260	57407
1. 牛的饲养	Cattle	389862	37562	26173	127577	87240	85665	51818
2. 羊的饲养	Sheep and goats	41857	2454	1657	6535	26534	2158	4176
3. 奶产品	Milk products	27336	5701	903	11850	1273	7437	1075
4. 毛绒产品	Wool	342				4		338
（二）猪的饲养	Hogs	1155924	73402	35664	375094	327051	134430	245947
（三）家禽饲养	Poultry	1146985	115141	86095	247210	351129	108442	325063
（四）其他畜牧业	Other livestock	36154	10112	9087	663	22564	2804	11
四、渔业产值	Fishery	52470	7341	7341	11436	11745	10121	11827
五、农林牧渔服务业	Farming，forestry，animal husbandry and fishery services	162338	24118	8765	42775	43292	16020	36133

10－12 农林牧渔业增加值（现价）
ADDED VALUE OF FFAF（at current price）

单位：万元 unit：10000yuan

		全市 Total	市辖区 District 合计 Total	市辖区 District #双阳区 Shuangyang	榆树市 Yushu	农安县 Nong' an	九台市 Jiutai	德惠市 Dehui
一、农林牧渔业总产值	Gross output value of FFAF	6268802	562820	326131	1884308	1736256	773480	1311938
二、中间消耗	Intermediate consumption	2867333	248900	136289	850396	787243	370671	610123
1. 农业	Farming	1219107	119724	58585	395720	309046	155937	238680
2. 林业	Forestry	16148	834	511	4908	3521	2707	4178
3. 牧业	Animal husbandry	1523660	111759	68972	418780	452079	198979	342063
4. 渔业	Fishery	27235	3762	3762	5976	6482	5039	5976
5. 服务业	Service	81183	12821	4459	25012	16115	8009	19226
三、农林牧渔业增加值	Added value of FFAF	3401469	313920	189842	1033912	949013	402809	701815
1. 农业	Farming	2006136	165685	90932	658142	545760	246184	390365
2. 林业	Forestry	14143	746	418	2398	7097	1575	2327
3. 牧业	Animal husbandry	1274800	132613	90607	350149	363716	141957	286365
4. 渔业	Fishery	25235	3579	3579	5460	5263	5082	5851
5. 服务业	Services	81155	11297	4306	17763	27177	8011	16907

统计资料

STATISTICS

工业

INDUSTRY

第十一篇 工 业

2014年，我市工业经济实现了平稳健康的增长，生产增速保持在合理的运行区间，工业结构调整取得明显进展，优势产业和重点企业对经济的支撑力不断增强，工业经济运行质量大幅度提升，呈现出利润增速高于利税增速，利税增速高于主营业务收入增速的良好发展态势。在经济增长从高速向中高速转变的过程中，工业发展不乏亮点精彩纷呈，我市工业经济正在朝着增长更稳定、结构更合理、质量更优良的方向加速演进，经济平稳运行的动力正在正常有序的转换。

（一）工业生产实现平稳健康增长。2014年，全市规模以上工业企业完成工业增加值2415.7亿元，按可比价格计算，比上年增长6.7%，月均增加值达201.3亿元，稳定在200亿元以上层面，比上年增加13.3亿元。从轻重工业看，偏重工业结构特点比较突出，重工业完成增加值1993.2亿元，按可比价格计算，比上年增长8%，高全市平均增速1.3个百分点，占全市比重82.5%，比上年提高1.3个百分点。从控股情况看，国有控股企业占主导地位，国有控股企业完成工业增加值1605.2亿元，按可比价格计算，比上年增长7.8%，高全市平均增速1.1个百分点，国有控股企业增加值占全市比重达66.4%，比上年提高0.9个百分点。

（二）中小企业和民营工业成为经济发展亮点。2014年，中小微企业完成工业增加值674亿元，按可比价格计算，比上年增长9.8%，大型企业完成工业增加值1731.7亿元，比上年增长5.5%，中小企业增加值增速比大型企业高4.3个百分点，中小企业增长较快，大型企业增速相对趋缓。其中：中型、小型和微型企业工业增加值增速分别为11.5%、8.8%和12.6%，比全市平均增速分别高4.8、2.1和5.9个百分点。民营工业完成工业增加值382.1亿元，比上年增长11.5%，高全市平均增速4.8个百分点，民营工业增加值占全市规上工业增加值比重达15.8%，比上年提高0.8个百分点。

（三）汽车工业是保持全市稳定健康增长的支撑。2014年，全市汽车工业完成增加值1459.9亿元，按可比价格计算，比上年增长8.5%，高全市平均增速1.8个百分点。汽车工业对全市工业增长的贡献率达75.5%，拉动全市工业增长2.7个百分点。汽车工业增加值占全市比重达60.4%，比上年提高1.1个百分点。在汽车工业中，汽车整车增加值增速比零部件工业快了1.23个百分点。如果扣除汽车工业，全市完成工业增加值955.9亿元，比上年增长4%。

（四）高端装备制造业和生物医药工业成为新的增长点。2014年，全市装备制造业完成工业增加值140亿元，按可比价格计算，比上年增长18.8%，高全市平均增速12.1个百分点，装备制造业增加值占全市比重为5.8%，比上年提高0.7个百分点。其中：轨道客车制造业完成增加值68.8亿元，比上年增长15.1%。生物医药工业完成增加值49.2亿元，比上年增长13%，高全市平均增速6.3个百分点。

（五）能源、电子和建材工业都保持了一定的增长。2014年，能源工业完成增加值153.5亿元，按可比价格计算，比上年增长2.6%；电子工业完成增加值36.7亿元，比上年增长2.7%；建材工业完成增加值148.7亿元，增长2.9%。食品工业完成增加值294.4亿元，比上年下降2.7%，主要是受长春大成实业集团有限公司生产下滑的影响，如果扣除大成公司，食品工业完成增加值196.1亿元，比上年增长13.1%。

（六）汽车产销量增速均高于全国平均水平，市场占有率进一步提高。汽车是我市最主要的工业产品，2014年，全国汽车产销量分别完成2372.3万辆和2349.2万辆，比上年分别增长7.3%和6.9%，总体呈现平稳增长态势，产销增速比上年分别下降7.5和7个百分点。一汽集团公司产销汽车250.3万辆和247万辆，比上年分别增长11.4%和11.3%，增速比全国平均水平分别高出4.1和4.4个百分点，全国市场占有率达10.5%，比上年提高0.4个百分点。在汽车产销量中，载货汽车产销量分别完成23万辆和24.7万辆，比上年分别下降13.3%和12.8%；客车产销量分别完成45万辆和44.6万辆，比上年分别增长27.8%和31%；轿车产销量分别完成182.2万辆和179.3万辆，比上年分别增长11.9%和11.1%。

（七）六大高耗能行业增加值增速放缓，占全市比重明显下降。2014年，六大高耗能行业完成工业增加值302.9亿元，按可比价格计算，比上年增长3.7%，低全市平均增速3个百分点；高耗能行业增加值占全市比重为12.5%，比上年下降2个百分点。六大高耗能行业用电量为46.7亿千瓦时，比上年下降4.7%，低全市工业用电量增速5个百分点。

（八）工业能源消费量继续下降，节能降耗工作取得重大成果。2014年，全市规模以上工业企业能源消费总量为1169.8万吨标准煤，比上年下降3.1%，这是今年以来连续10个月下降。按市供电公司提供的数据，2014年，全市工业企业用电量为106.5亿千瓦时，比上年增长0.3%。按当量值计算，全市万元工业增加值综合能耗为0.4894吨标准煤/万元，比上年下降9.1%。在工业生产平稳健康增长的基础上，企业能源消费量下降，说明我市工业节能降耗工作取得重要成果。

（九）利润大幅度增长，工业运行质量明显提高。2014年，全市规模以上工业企业实现主营业务收入10251.7亿元，比上年增长6.9%；实现利税总额1536.5亿元，比上年增长16.5%，高主营业务收入增速9.6个百分点；实现利润总额910.4亿元，比上年增长24.9%，高利税总额增速8.4个百分点，净增利润181.6亿元。实现主营业务利润793.4亿元，比上年增长31.5%，每百元主营业务收入中的成本81元，比上年下降2元，下降2.4%。主营业务利润率为8.9%，比上年提高1.3个百分点。分产业看，汽车工业实现利润764.9亿元，比上年增长28.6%，增幅高全市3.7个百分点，占全市利润总额的84.1%，装备制造业实现利润总额55.7亿元，比上年增长36.5%。全市工业运行质量又上了一个台阶。

11－1 2014年长春市主要工业产品产量
MAIN INDUSTRIAL PRODUCTS' OUTCOME OF CHANGCHUN IN 2014

产品	Products	单位	Unit	累计 Accumulative total
汽车	Vehicles	万辆	10000coach	250
#轿车	Cars	万辆	10000coach	182
#公路客车	Buses and cars	万辆	10000coach	2
#载货汽车	Truck	万辆	10000coach	15
铁路客车	Train	辆	coach	1102
摩托车	Motor cycle	万辆	10000coach	
发动机	Engine	万千瓦	10000KWH	287479
电动工具	Electrical tools	万台	10000unit	
变压器	Transformer	万千伏安	10000KVA	406
子午线轮胎	Meridian tyre	万条	10000item	348
电子元件	Electronic components	万件	10000pcs	113637
彩色电视机	Televisions	台	unit	
中小型拖拉机	Medium and small tractors	台	unit	4457
工业自动调节仪表与控制系统	Automatic Meter and System	台	unit	38235
金属切削机床	Metal－catting Machine Tools	台	unit	
发电量	Generated energy	亿千瓦时	100millions kwh	257
水泥	Cement	万吨	10000ton	2122
原煤	Raw coal	万吨	10000ton	416
焦炭	Coke	万吨	10000ton	42
钢材	Steels	万吨	10000ton	16
卷烟	Cigarette	万支	10000box	2000000
啤酒	Beer	万吨	10000ton	31
白酒	Wine	万吨	10000ton	13
中成药	Chinese medicine	吨	ton	3078
淀粉	Starch	万吨	10000ton	
饲料	Forage	万吨	10000ton	418
精炼食用植物油	Vegetable oil	万吨	10000ton	23
软饮料	Soft drink	万吨	10000ton	83
农用塑料薄膜	Plastic products	吨	ton	136259
鲜、冷藏肉	refrigerated meat	万吨	10000ton	87
天然原油	natural crude oil	万吨	10000ton	19
天然气	Gas	万立方米	10000cu · m	67090
煤气生产量	The gas production	万立方米	10000cu · m	
自来水生产量	Tap water production	亿立方米	100millions · m	4
服装	Clothing	万件	10000pcs	541

11－2 规模以上工业企业主要经济指标（大行业）（2014）

单位：万元

		企业单位数（个）Enterprises（unit）	亏损企业 Loss－suffering enterprises
总计	Total	1132	109
煤炭开采和洗选业	Coal mining and dressing	6	3
石油和天然气开采业	Extraction of petroleum and natural gas	1	
黑色金属矿采选业	Minging and dressing of ferrous metals		
有色金属矿采选业	Mining and dressing of nonferrous metals		
非金属矿采选业	Mining and dressing of nonmetal mineralproducts	2	
开采辅助活动	Mining auxiliary activities	3	1
其他采矿业	Others		
农副食品加工业	Food processing	161	13
食品制造业	Food manufacturing	39	4
酒、饮料和精制茶制造业	Wine、Drinks and refined tea industry	29	5
烟草制品业	Tobacco processing	1	
纺织业	Textile industry	6	2
纺织服装、服饰业	Textile and garment、Clothing industry	10	
皮革、毛皮、羽毛（绒）及其制品业	Leather furs down and related products	2	
木材加工及木、竹、藤、棕、草制品业	Timber，bamboo，cane，palm and straw products	18	1
家具制造业	Furniture	21	
造纸及纸制品业	Paper making and paper products	10	
印刷业和记录媒介的复制	Printing and record medium reproduction	24	4
文教、工美、体育和娱乐用品制造业	Culture and education、industrial art、sports and entertainment products manufacturing	4	
石油加工、炼焦及核燃料加工业	Petroleum processing coking and nuclear processing	8	
化学原料及化学制品制造业	Raw chemical material and chemical products	44	
医药制造业	Medical and pharmacutical products	55	9
化学纤维制造业	Chemical fiber manufacturing	2	
橡胶和塑料制品业	Rubber and Plastic products	46	2
非金属矿物制品业	Nonmetal mineral products	76	4
黑色金属冶炼及压延加工业	Smelting and pressing of ferrous metals	12	1
有色金属冶炼及压延加工业	Smelting and pressing of non－ferrous metals	2	
金属制品业	Metal products	52	4
通用设备制造业	Ordinary machinery	53	3
专用设备制造业	Special purpose equipment	46	7
汽车制造业	Automobile industry	254	28
铁路、船舶、航空航天和其他运输设备制造业	Railway、Ship、aerospace and other Transportation Equipment Manufacturing	25	1
电气机械及器材制造业	Electric equipment and machinery	50	5
计算机、通信及其他电子设备制业	Computer and Telecommunication equipment and other electronic equipment	14	1
仪器仪表制造业	Instruments，meters	13	1
其他制造业	Others	5	
废弃资源综合利用业	Comperehensive untilization of waste resources	3	
金属制品、机械和设备修理业	Metal products、machinery、Equipment repair industry		
电力、热力的生产和供应业	Production and supply of electric power and heat power	30	7
燃气生产和供应业	Production and supply of gas	3	1
水的生产和供应业	Production and supply of water	2	2

MAIN ECONOMIC INDICATORS OF INDUSTRIAL ENTERPRISES ABOVE DESIGNATED SIZE IN 2014

unit：10000yuan

工业总产值（当年价格）Gross industrial output value（current price）	工业销售产值（当年价格）Sale revenue（current price）	出口交货值 Export enterprises	初存货 Stock in year beginning	产成品 Finished goods
9756.6	9508.0	143.0	752.5	264.8
26.9	26.8		1.0	0.7
0.2	0.2			
6.1	6.1			
27.1	27.1		3.2	1.1
1119.2	1069.9	30.0	27.5	10.8
142.6	115.6	2.0	18.5	3.5
74.4	71.4		7.0	0.9
48.2	46.9		22.3	0.5
7.0	6.9	0.1	1.3	0.9
14.1	13.6	0.7	5.1	3.5
2.4	2.2	1.9	0.3	0.2
41.8	40.7	2.4	6.1	3.7
30.7	29.0	0.6	0.5	0.3
14.5	13.8		0.5	0.1
24.4	23.7		1.4	0.5
8.5	8.1	1.7	0.4	0.2
53.2	50.8		3.7	0.7
138.0	112.3		19.4	9.4
124.7	110.8	8.0	14.8	3.3
0.3	0.3	0.0	0.2	0.1
91.8	89.0	1.1	4.6	2.0
563.3	560.0		81.7	14.2
51.4	50.6		3.1	2.0
1.9	2.0		0.2	
78.6	75.7		5.4	1.2
108.2	101.8		5.9	1.4
83.8	80.4	2.3	6.2	1.7
5861.3	5772.4	53.2	433.7	195.3
338.2	336.8	36.3	56.6	1.7
78.3	75.4	0.2	8.5	2.6
28.6	27.2	0.5	2.6	0.8
15.9	15.4	2.1	3.4	1.2
10.9	10.4		0.1	0.1
8.9	8.5		0.1	
518.5	513.4		4.5	0.2
4.8	4.8		2.7	0.1
8.1	8.1		0.2	

11－2 续表 1 continued1

		资产总计 Total	流动资产合计 Current assets	应收帐款 Accounts receivable
总计	Total	7248. 0	4012. 5	610. 4
煤炭开采和洗选业	Coal mining and dressing	49. 4	19. 4	2. 2
石油和天然气开采业	Extraction of petroleum and natural gas	0. 2	0. 1	
黑色金属矿采选业	Minging and dressing of ferrous metals			
有色金属矿采选业	Mining and dressing of nonferrous metals			
非金属矿采选业	Mining and dressing of nonmetal mineralproducts	1. 5	0. 3	0. 1
开采辅助活动	Mining auxiliary activities	80. 3	10. 1	2. 6
其他采矿业	Others			
农副食品加工业	Food processing	349. 6	143. 5	26. 0
食品制造业	Food manufacturing	110. 8	52. 8	10. 7
酒、饮料和精制茶制造业	Wine、Drinks and refined tea industry	41. 2	17. 4	3. 1
烟草制品业	Tobacco processing	47. 6	35. 9	6. 0
纺织业	Textile industry	9. 5	4. 9	0. 9
纺织服装、服饰业	Textile and garment、Clothing industry	28. 2	19. 9	2. 2
皮革、毛皮、羽毛（绒）及其制品业	Leather furs down and related products	1. 6	0. 4	0. 1
木材加工及木、竹、藤、棕、草制品业	Timber、bamboo、cane、palm and straw products	47. 5	23. 7	1. 9
家具制造业	Furniture	13. 6	4. 1	0. 9
造纸及纸制品业	Paper making and paper products	4. 4	1. 5	0. 4
印刷业和记录媒介的复制	Printing and record medium reproduction	13. 8	6. 0	1. 3
文教、工美、体育和娱乐用品制造业	Culture and education、industrial art、sports and entertainment products manufacturing	2. 9	1. 2	0. 3
石油加工、炼焦及核燃料加工业	Petroleum processing coking and nuclear processing	22. 0	10. 1	0. 6
化学原料及化学制品制造业	Raw chemical material and chemical products	143. 8	86. 9	19. 4
医药制造业	Medical and pharmacutical products	185. 1	106. 0	16. 7
化学纤维制造业	Chemical fiber manufacturing	0. 8	-0. 1	-0. 3
橡胶和塑料制品业	Rubber and Plastic products	64. 9	28. 0	11. 9
非金属矿物制品业	Nonmetal mineral products	574. 7	345. 8	41. 4
黑色金属冶炼及压延加工业	Smelting and pressing of ferrous metals	15. 9	7. 5	2. 3
有色金属冶炼及压延加工业	Smelting and pressing of non－ferrous metals	0. 7	0. 4	0. 1
金属制品业	Metal products	37. 7	18. 0	5. 3
通用设备制造业	Ordinary machinery	68. 9	37. 9	8. 4
专用设备制造业	Special purpose equipment	53. 0	27. 0	8. 9
汽车制造业	Automobile industry	3986. 3	2543. 6	294. 8
铁路、船舶、航空航天和其他运输设备制造业	Railway、Ship、aerospace and other Transportation Equipment Manufacturing	401. 6	287. 7	97. 0
电气机械及器材制造业	Electric equipment and machinery	52. 3	33. 4	12. 6
计算机、通信及其他电子设备制造业	Computer and Telecommunication equipment and other electronic equipment	27. 8	12. 4	2. 4
仪器仪表制造业	Instruments，meters	26. 1	13. 2	2. 3
其他制造业	Others	5. 4	0. 8	0. 2
废弃资源综合利用业	Comperehensive untilization of waste resources	5. 9	2. 9	0. 4
金属制品、机械和设备修理业	Metal products、machinery、Equipment repairindustry			
电力、热力的生产和供应业	Production and supply of electric power and heat power	743. 6	94. 5	25. 5
燃气生产和供应业	Production and supply of gas	7. 0	10. 2	1. 4
水的生产和供应业	Production and supply of water	22. 4	5. 2	0. 3

单位：万元 unit：10000yuan

资产总计 Total assets							
流动资产合计 Current assets			固定资产合计 Fixed assets	固定资产原价 Original value of fixed assets	累计折旧 Accumulated depreciation		在建工程 Project under construction
存货 Inventory	产成品 Finished goods	在产品 Goods in process				本年折旧 Depreciation of the year	
1051.1	330.3	91.5	2844.7	3777.4	1527.4	275.3	327.2
1.9	1.1	0.0	23.1	30.1	14.7	1.5	5.3
			0.1	0.2	0.1		
0.1	0.1		0.6	0.6	0.1		
4.2	1.3		69.0	118.3	57.9	9.7	13.7
71.4	46.2	1.2	200.3	242.3	56.3	10.1	6.3
17.1	4.2	0.3	37.7	54.1	20.7	14.9	5.6
9.2	1.3	0.2	20.0	29.6	9.6	1.7	1.4
25.7	0.3	0.2	10.1	16.0	7.8	0.9	1.9
1.3	0.8		4.5	2.8	0.6	0.1	2.2
9.6	6.4	0.5	4.5	5.3	2.3	0.2	1.4
0.2	0.2		1.3	1.2	0.2	0.1	0.0
8.1	5.4		15.5	25.9	10.4	1.1	1.2
1.4	0.8		7.8	9.5	2.3	0.5	0.4
0.6	0.3		2.7	3.4	1.0	0.2	0.1
1.3	0.7	0.1	4.7	8.3	3.7	0.4	1.5
0.5	0.2	0.0	1.7	2.4	0.8	0.1	0.1
3.2	0.7	0.0	7.6	9.8	2.2	0.5	0.1
20.2	10.9	1.7	39.8	28.2	14.4	2.6	3.5
18.1	4.9	1.8	62.9	68.4	16.9	4.0	6.7
0.2	0.1	0.1	0.6	0.3	0.1		0.4
5.3	2.3	0.8	33.8	48.0	15.1	2.9	1.1
96.0	22.6	11.1	156.2	263.0	111.6	25.7	11.5
2.9	2.2		7.3	11.2	4.2	1.0	0.6
0.2			0.3	0.5	0.3		
7.2	2.6	1.0	16.0	21.5	6.3	1.7	0.4
8.2	3.1	1.7	20.1	39.8	19.0	1.9	3.8
8.4	3.8	1.3	19.6	25.6	8.9	1.5	0.9
598.2	199.2	9.0	1310.4	1531.0	641.6	128.1	159.0
100.7	1.9	58.4	73.3	108.3	36.2	7.5	4.7
8.0	4.2	0.3	15.8	23.9	10.0	1.9	1.0
2.9	0.7	0.5	14.7	18.1	4.3	1.0	1.0
3.7	1.2	0.9	4.8	7.3	2.5	0.4	5.0
0.3	0.2		4.2	4.3	0.5	0.2	
0.2			0.8	1.0	0.2		
11.6	0.3	0.6	621.4	961.2	417.0	51.0	71.3
3.0	0.1		14.8	21.3	6.8	0.8	12.3
0.2			17.0	34.8	20.8	1.4	3.1

11－2 续表 2 continued2

		负债合计 Liabilities	流动负债合计 Current liabilites	应付账款 Account payable
总计	Total	4110.6	3201.5	1322.2
煤炭开采和洗选业	Coal mining and dressing.	34.3	15.0	2.5
石油和天然气开采业	Extraction of petroleum and natural gas	0.1	0.1	
黑色金属矿采选业	Minging and dressing of ferrous metals			
有色金属矿采选业	Mining and dressing of nonferrous metals			
非金属矿采选业	Mining and dressing of nonmetal mineralproducts	0.2	0.3	0.1
开采辅助活动	Mining auxiliary activities	45.3	39.0	4.9
其他采矿业	Others			
农副食品加工业	Food processing	239.4	151.0	27.4
食品制造业	Food manufacturing	67.1	32.1	7.3
酒、饮料和精制茶制造业	Wine、Drinks and refined tea industry	30.2	26.0	5.0
烟草制品业	Tobacco processing	21.2	21.2	6.6
纺织业	Textile industry	8.2	8.1	0.9
纺织服装、服饰业	Textile and garment、Clothing industry	16.1	13.0	3.8
皮革、毛皮、羽毛（绒）及其制品业	Leather furs down and related products	0.7	0.7	0.1
木材加工及木、竹、藤、棕、草制品业	Timber，bamboo，cane，palm and straw products	27.2	16.0	1.2
家具制造业	Furniture	5.2	4.3	0.5
造纸及纸制品业	Paper making and paper products	1.9	1.5	0.5
印刷业和记录媒介的复制	Printing and record medium reproduction	7.3	5.8	0.8
文教、工美、体育和娱乐用品制造业	Culture and education、industrial art、sports and entertainment products manufacturing	1.4	1.1	0.2
石油加工、炼焦及核燃料加工业	Petroleum processing coking and nuclear processing	16.6	6.9	1.0
化学原料及化学制品制造业	Raw chemical material and chemical products	89.2	73.1	16.1
医药制造业	Medical and pharmacutical products	89.9	80.8	12.6
化学纤维制造业	Chemical fiber manufacturing	0.2	0.2	
橡胶和塑料制品业	Rubber and Plastic products	32.4	23.8	7.8
非金属矿物制品业	Nonmetal mineral products	424.6	284.4	33.4
黑色金属冶炼及压延加工业	Smelting and pressing of ferrous metals	7.3	6.8	2.6
有色金属冶炼及压延加工业	Smelting and pressing of non－ferrous metals	0.3	0.2	0.1
金属制品业	Metal products	21.2	17.6	2.7
通用设备制造业	Ordinary machinery	38.9	31.1	7.7
专用设备制造业	Special purpose equipment	23.9	21.5	4.1
汽车制造业	Automobile industry	1987.1	1704.2	931.6
铁路、船舶、航空航天和其他运输设备制造业	Railway、Ship、aerospace and other Transportation Equipment Manufacturing	271.0	252.1	128.7
电气机械及器材制造业	Electric equipment and machinery	28.3	24.4	7.5
计算机、通信及其他电子设备制业	Computer and Telecommunication equipment and other electronic equipment	14.0	6.9	1.3
仪器仪表制造业	Instruments，meters	8.9	5.2	0.7
其他制造业	Others	0.8	0.8	0.1
废弃资源综合利用业	Comperehensive untilization of waste resources	2.8	2.8	0.3
金属制品、机械和设备修理业	Metal products、machinery、Equipment repair industry			
电力、热力的生产和供应业	Production and supply of electric power and heat power	511.7	308.1	96.5
燃气生产和供应业	Production and supply of gas	26.4	11.5	5.1
水的生产和供应业	Production and supply of water	9.7	4.1	0.7

单位：万元 unit：10000yuan

非流动负债合计 Non – Current liabilites	所有者权益合计 Ownership interests	实收资本 Paid – up capital	国家资本 State	集体资本 Collective	法人资本 Corporation	个人资本 Private	港澳台资本 From HongKong Macao and Taiwan	外商资本 Foreign
765.7	3156.0	740.1	296.3	13.5	163.8	72.2	45.1	132.4
5.6	15.2	2.0	0.5	0.0	0.2	1.1		
	0.1							
	0.7	0.4				0.4		
6.4	34.9	1.1	0.4		0.2	0.5		
16.7	111.8	49.0	0.9	1.3	12.0	9.7	10.8	12.7
32.6	43.4	16.7			5.0	0.9		10.8
4.0	10.5	15.1	5.0	0.2	6.1	1.4		2.3
	26.5	6.4			6.4			
	1.3	1.8			0.7	0.8		0.3
2.9	11.4	3.1			1.6	1.4	0.2	
	0.9	0.1						
11.0	20.3	0.7			0.3	0.4		
0.8	9.1	1.9			1.6	0.3		
0.5	2.4	0.7			0.5	0.2		
1.2	6.4	2.0	0.3	0.1	0.8	0.9		
0.3	1.6	0.5			0.5			
1.0	5.4	4.3	0.0	1.8	0.4	2.0		0.1
15.0	54.4	23.3	0.1	0.2	2.7	2.6	0.5	5.7
8.7	93.4	36.2	10.5		10.1	5.3	1.8	7.8
	0.6	0.3			0.2	0.2		
7.7	32.0	16.8	1.1		4.4	1.1	8.9	1.2
134.7	147.9	32.2	4.8		6.4	20.5	0.4	0.1
0.5	8.6	5.0	0.9		3.1	0.1		1.0
	0.4	0.3	0.1			0.1		0.2
2.4	16.2	7.5	0.2	0.1	4.7	1.9	0.6	0.0
6.6	29.8	15.5	7.0		2.7	2.0		3.8
0.9	28.3	8.0	0.9	0.5	2.6	1.5		2.5
261.7	1989.4	242.5	66.4	4.4	67.7	8.3	17.1	77.1
18.7	130.4	67.4	55.6	3.8	5.1	1.3		1.6
0.8	24.0	9.8	0.3		1.4	3.2		4.9
6.8	13.2	4.0	0.8	0.6	1.8	0.4		0.2
2.5	17.0	3.9	1.2	0.4	0.4	1.7		0.2
	4.7	1.2			1.2	0.0		
	3.1	0.3	0.1		0.0	0.3		
					0.0	0.0		
203.4	229.3	150.8	136.5		10.6	1.8	4.0	
6.9	18.7	6.2	0.0		2.5		0.9	
5.5	12.8	3.1	3.0		0.1			

11－2 续表 3 continued3

		营业收入 Operation revenue	主营业务收入 Main operation income
总计	Total	10845. 90	10355. 6
煤炭开采和洗选业	Coal mining and dressing	17. 5	17. 2
石油和天然气开采业	Extraction of petroleum and natural gas	0. 2	0. 2
黑色金属矿采选业	Minging and dressing of ferrous metals		
有色金属矿采选业	Mining and dressing of nonferrous metals		
非金属矿采选业	Mining and dressing of nonmetal mineralproducts	6. 7	6. 7
开采辅助活动	Mining auxiliary activities	31. 1	29. 9
其他采矿业	Others		
农副食品加工业	Food processing	1120. 1	1095. 6
食品制造业	Food manufacturing	101. 2	101. 0
酒、饮料和精制茶制造业	Wine、Drinks and refined tea industry	70. 3	69. 5
烟草制品业	Tobacco processing	47. 6	46. 7
纺织业	Textile industry	6. 9	6. 8
纺织服装、服饰业	Textile and garment、Clothing industry	11. 7	11. 6
皮革、毛皮、羽毛（绒）及其制品业	Leather furs down and related products	2. 2	2. 2
木材加工及木、竹、藤、棕、草制品业	Timber，bamboo，cane，palm and straw products	38. 6	37. 4
家具制造业	Furniture	29. 0	28. 9
造纸及纸制品业	Paper making and paper products	13. 5	13. 4
印刷业和记录媒介的复制	Printing and record medium reproduction	23. 1	22. 8
文教、工美、体育和娱乐用品制造业	Culture and education、industrial art、sports and entertainment products manufacturing	8. 1	8. 1
石油加工、炼焦及核燃料加工业	Petroleum processing coking and nuclear processing	49. 4	49. 4
化学原料及化学制品制造业	Raw chemical material and chemical products	114. 3	113. 5
医药制造业	Medical and pharmaceutical products	97. 2	96. 9
化学纤维制造业	Chemical fiber manufacturing	0. 7	0. 7
橡胶和塑料制品业	Rubber and Plastic products	85. 8	83. 4
非金属矿物制品业	Nonmetal mineral products	553. 9	506. 3
黑色金属冶炼及压延加工业	Smelting and pressing of ferrous metals	44. 9	44. 3
有色金属冶炼及压延加工业	Smelting and pressing of non－ferrous metals	2. 0	2. 0
金属制品业	Metal products	74. 2	73. 8
通用设备制造业	Ordinary machinery	106. 8	106. 6
专用设备制造业	Special purpose equipment	81. 9	80. 3
汽车制造业	Automobile industry	7085. 9	6695. 4
铁路、船舶、航空航天和其他运输设备制造业	Railway、Ship、aerospace and other Transportation Equipment Manufacturing	340. 4	337. 5
电气机械及器材制造业	Electric equipment and machinery	77. 7	76. 1
计算机、通信及其他电子设备制业	Computer and Telecommunication equipment and other electronic equipment	26. 9	25. 9
仪器仪表制造业	Instruments，meters	14. 6	14. 4
其他制造业	Others	10. 6	10. 6
废弃资源综合利用业	Comperehensive untilization of waste resources	10. 2	9. 9
金属制品、机械和设备修理业	Metal products、machinery、Equipment repair industry		
电力、热力的生产和供应业	Production and supply of electric power and heat power	514. 8	504. 7
燃气生产和供应业	Production and supply of gas	17. 9	17. 9
水的生产和供应业	Production and supply of water	8. 1	8. 1

单位：万元 unit：10000yuan

营业成本 Operating costs	主营业务成本 Main operation cost	营业税金及附加 Business taxes and extra charges	主营业务税金及附加 Main operati on taxes and extra charges	其他业务收入 Other business revenue	其他业务利润 Other business profit
8887. 7	8448. 1	291. 9	291. 1	490. 3	99. 5
13. 3	13. 3	0. 3	0. 3	0. 4	
0. 2	0. 2				
6. 3	6. 3	0. 1	0. 1		
21. 8	20. 8	2. 4	2. 4	1. 2	0. 2
1020. 2	976. 6	4. 5	4. 5	24. 5	0. 4
86. 1	85. 7	0. 5	0. 5	0. 2	
57. 7	57. 0	1. 8	1. 8	0. 8	0. 2
15. 6	14. 2	21. 0	21. 0	0. 9	-0. 5
6. 1	6. 0			0. 1	
8. 9	8. 9	0. 1	0. 1	0. 1	0. 1
1. 8	1. 8				
31. 9	31. 1	0. 4	0. 3	1. 2	0. 0
24. 0	24. 0	0. 2	0. 2	0. 1	0. 0
11. 0	11. 0	0. 1	0. 1	0. 1	0. 1
19. 2	19. 1	0. 1	0. 1	0. 2	0. 2
6. 5	6. 4				
39. 7	39. 7	6. 2	6. 2		
94. 2	93. 3	0. 6	0. 5	0. 9	
56. 9	56. 4	0. 6	0. 6	0. 4	0. 1
0. 5	0. 5				
76. 3	72. 8	0. 3	0. 3	2. 3	0. 1
489. 1	453. 9	4. 3	4. 2	47. 6	1. 5
41. 2	40. 3	0. 2	0. 2	0. 6	
1. 9	1. 9				
60. 9	60. 9	0. 4	0. 4	0. 4	0. 1
85. 7	85. 5	0. 5	0. 5	0. 2	0. 0
66. 8	65. 1	0. 4	0. 4	1. 6	0. 2
5652. 9	5318. 4	241. 9	241. 7	390. 5	94. 7
266. 7	264. 6	1. 9	1. 9	2. 9	0. 7
63. 6	62. 3	0. 4	0. 4	1. 6	0. 3
18. 2	17. 7	0. 2	0. 1	1. 0	0. 1
10. 3	10. 0	0. 1	0. 1	0. 2	
9. 1	9. 1	0. 1	0. 1		
9. 1	8. 9			0. 2	
492. 8	483. 1	2. 3	2. 2	10. 1	1. 1
14. 8	14. 9	0. 1	0. 1		
6. 7	6. 7			0. 1	

11－2 续表 4 continued4

		财务费用 Financial cost	利息收入 Interest income	利息支出 Interest expendi ture
总计	Total	53.8	23.6	80.9
煤炭开采和洗选业	Coal mining and dressing	1.0		0.7
石油和天然气开采业	Extraction of petroleum and natural gas			
黑色金属矿采选业	Minging and dressing of ferrous metals			
有色金属矿采选业	Mining and dressing of nonferrous metals			
非金属矿采选业	Mining and dressing of nonmetal mineralproducts			
开采辅助活动	Mining auxiliary activities	1.2	1.1	
其他采矿业	Others			
农副食品加工业	Food processing	6.1	0.0	5.3
食品制造业	Food manufacturing	4.4	0.0	4.2
酒、饮料和精制茶制造业	Wine、Drinks and refined tea industry	0.6	0.1	0.7
烟草制品业	Tobacco processing	0.5		0.5
纺织业	Textile industry			
纺织服装、服饰业	Textile and garment、Clothing industry	0.4		0.4
皮革、毛皮、羽毛（绒）及其制品业	Leather furs down and related products	0.1		
木材加工及木、竹、藤、棕、草制品业	Timber，bamboo，cane，palm and straw products	1.6	0.1	1.5
家具制造业	Furniture	0.4		0.3
造纸及纸制品业	Paper making and paper products	0.2		0.2
印刷业和记录媒介的复制	Printing and record medium reproduction	0.3	0.1	0.2
文教、工美、体育和娱乐用品制造业	Culture and education、industrial art、sports and entertainment products manufacturing	0.2		0.1
石油加工、炼焦及核燃料加工业	Petroleum processing coking and nuclear processing	0.6		0.5
化学原料及化学制品制造业	Raw chemical material and chemical products	3.0	0.9	3.9
医药制造业	Medical and pharmacutical products	1.7	0.1	1.8
化学纤维制造业	Chemical fiber manufacturing			
橡胶和塑料制品业	Rubber and Plastic products	1.0	0.1	1.0
非金属矿物制品业	Nonmetal mineral products	19.0	0.9	18.9
黑色金属冶炼及压延加工业	Smelting and pressing of ferrous metals	0.5		0.4
有色金属冶炼及压延加工业	Smelting and pressing of non－ferrous metals			
金属制品业	Metal products	1.6	0.1	1.2
通用设备制造业	Ordinary machinery	1.6	0.3	1.3
专用设备制造业	Special purpose equipment	1.7		1.3
汽车制造业	Automobile industry	－18.6	19.0	12.3
铁路、船舶、航空航天和其他运输设备制造业	Railway、Ship、aerospace and other Transportation Equipment Manufacturing	3.7	0.3	3.7
电气机械及器材制造业	Electric equipment and machinery	1.2		1.0
计算机、通信及其他电子设备制业	Computer and Telecommunication equipment and other electronic equipment	0.3		0.2
仪器仪表制造业	Instruments，meters	0.2		0.2
其他制造业	Others	0.0		
废弃资源综合利用业	Comperehensive untilization of waste resources	0.1		
金属制品、机械和设备修理业	Metal products、machinery、Equipment repair industry			
电力、热力的生产和供应业	Production and supply of electric power and heat power	19.0	0.4	18.9
燃气生产和供应业	Production and supply of gas	0.2		0.2
水的生产和供应业	Production and supply of water			0.1

单位：万元 unit：10000yuan

销售费用 Marketing expenses	管理费用 Management expenses	税金 Tax	营业利润 Operating profit	资产减值损失 Impairment of Assets	公允价值变动收益 Fair Value Gain	投资收益 Investment income	补贴收入 Subsidies revenue
397.9	409.9	15.7	934.9	15.4	0.1	70.7	19.3
0.3	2.7	0.1					
	0.1						
0.1	0.1		0.2				0.5
0.4	2.5	0.1	-4.8				
19.8	23.2	0.5	35.7	0.3		0.0	1.3
7.6	8.4	0.2	7.7			0.1	0.1
3.8	2.4	0.2	2.2			-0.1	0.1
1.0	3.3	0.1	6.4			0.1	
0.2	0.3		0.3				
0.7	1.3		0.4				0.4
0.1	0.1		0.2				
1.3	1.4	0.2	0.9	0.1		1.4	
1.0	1.3	0.1	1.9	0.1		0.0	
0.5	0.7		1.1			0.0	
0.7	1.3	0.1	1.4			0.1	
0.3	0.5		0.7				0.1
0.5	0.7		2.5				
4.3	7.4	0.3	10.5				0.2
20.1	12.3	0.4	14.3	0.8		1.0	0.2
	0.1						
2.2	3.8	0.2	3.5			0.1	0.1
13.9	20.5	1.2	12.7	0.5		6.1	2.2
0.9	1.2		1.5	0.1			
	0.1						
2.1	3.3	0.2	5.7			0.1	
2.9	5.5	0.2	10.5	0.1		0.1	0.1
3.0	5.0	0.2	5.2	0.1		0.1	
287.1	260.5	9.4	772.1	9.4		60.7	11.8
7.0	21.9	1.0	36.4	2.8		0.2	0.1
2.9	6.0	0.2	3.4	0.1		0.2	0.1
1.5	3.7	0.2	3.4	0.1		0.1	0.4
0.5	1.5	0.1	2.1			0.1	0.1
0.3	0.4		0.7				
0.1	0.3		0.4			0.1	
7.6	4.0	0.5	-2.9	0.3		0.2	1.7
2.5	0.8			0.1		0.2	
0.8	1.7	0.2	-1.3	0.3			

11－2 续表 5 continued5

		营业外收入 Norbusiness revenue	营业外支出 Norbusiness expenditure	利润总额 Profit
总计	Total	47. 1	20. 1	951. 9
煤炭开采和洗选业	Coal mining and dressing	0. 2	0. 1	0. 2
石油和天然气开采业	Extraction of petroleum and natural gas			
黑色金属矿采选业	Minging and dressing of ferrous metals			
有色金属矿采选业	Mining and dressing of nonferrous metals			
非金属矿采选业	Mining and dressing of nonmetal mineralproducts	0. 5		0. 6
开采辅助活动	Mining auxiliary activities	0. 1		－4. 8
其他采矿业	Others			
农副食品加工业	Food processing	1. 6	0. 3	32. 7
食品制造业	Food manufacturing	0. 6	0. 1	7. 2
酒、饮料和精制茶制造业	Wine、Drinks and refined tea industry	0. 2	0. 2	2. 2
烟草制品业	Tobacco processing		0. 3	6. 1
纺织业	Textile industry			0. 3
纺织服装、服饰业	Textile and garment、Clothing industry	0. 4		0. 8
皮革、毛皮、羽毛（绒）及其制品业	Leather furs down and related products			0. 2
木材加工及木、竹、藤、棕、草制品业	Timber，bamboo，cane，palm and straw products	0. 7		1. 5
家具制造业	Furniture		0. 1	1. 9
造纸及纸制品业	Paper making and paper products	0. 1	0. 1	1. 1
印刷业和记录媒介的复制	Printing and record medium reproduction	0. 1		1. 5
文教、工美、体育和娱乐用品制造业	Culture and education、industrial art、sports and entertainment products manufacturing			0. 7
石油加工、炼焦及核燃料加工业	Petroleum processing coking and nuclear processing			2. 5
化学原料及化学制品制造业	Raw chemical material and chemical products	0. 3	0. 1	10. 4
医药制造业	Medical and pharmacutical products	1. 6	0. 2	15. 5
化学纤维制造业	Chemical fiber manufacturing			
橡胶和塑料制品业	Rubber and Plastic products	0. 2	0. 2	3. 5
非金属矿物制品业	Nonmetal mineral products	3. 3	3. 6	12. 4
黑色金属冶炼及压延加工业	Smelting and pressing of ferrous metals			1. 5
有色金属冶炼及压延加工业	Smelting and pressing of non－ferrous metals			
金属制品业	Metal products	0. 1	0. 2	5. 6
通用设备制造业	Ordinary machinery	0. 2	0. 1	10. 6
专用设备制造业	Special purpose equipment	0. 2	0. 1	5. 2
汽车制造业	Automobile industry	22. 0	10. 0	779. 9
铁路、船舶、航空航天和其他运输设备制造业	Railway、Ship、aerospace and other Transportation Equipment Manufacturing	1. 0	1. 0	36. 4
电气机械及器材制造业	Electric equipment and machinery	0. 2	0. 1	3. 5
计算机、通信及其他电子设备制业	Computer and Telecommunication equipment and other electronic equipment	0. 6		3. 9
仪器仪表制造业	Instruments，meters	0. 2		2. 2
其他制造业	Others			0. 7
废弃资源综合利用业	Comperehensive untilization of waste resources			0. 4
金属制品、机械和设备修理业	Metal products、machinery、Equipment repair industry			
电力、热力的生产和供应业	Production and supply of electric power and heat power	12. 5	3. 1	6. 6
燃气生产和供应业	Production and supply of gas			
水的生产和供应业	Production and supply of water	0. 6	0. 1	－0. 8

单位：万元 unit：10000yuan

应交所得税 Income tax payable	亏损企业 亏损总额 Total loss of loss – suffering enterprises	利税总额 Pre – tax profits	应交税金 及附加 Taxes and extra charges	本年应付 职工薪酬 Wages payable of the year	本年应交 增值税 Value added
210. 2	25. 4	1598. 2	872. 1	392. 1	354. 4
0. 2	0. 7	1. 7	1. 8	5. 7	1. 2
		0. 8	0. 2	0. 4	0. 1
	6. 3	-2. 1	2. 8	0. 8	0. 3
1. 0	0. 5	39. 6	8. 5	13. 4	2. 5
0. 9	0. 1	9. 9	3. 8	5. 2	2. 3
0. 2	0. 6	5. 2	3. 4	3. 3	1. 2
1. 5		32. 2	27. 7	2. 3	5. 2
0. 1	0. 1	0. 6	0. 4	0. 4	0. 3
0. 1		1. 2	0. 6	1. 3	0. 4
0. 1		0. 2	0. 1	0. 1	0. 1
0. 3		2. 4	1. 3	3. 8	0. 4
0. 2		2. 7	1. 1	1. 0	0. 7
0. 1		1. 6	0. 6	0. 4	0. 4
0. 3	0. 1	2. 1	1. 1	1. 1	0. 6
0. 2		1. 0	0. 6	0. 4	0. 3
0. 2		9. 7	7. 4	0. 6	1. 1
1. 2		14. 7	5. 8	3. 8	3. 8
2. 5	2. 5	20. 3	7. 7	8. 7	4. 2
				0. 1	
0. 6	0. 4	5. 3	2. 6	3. 7	1. 5
2. 7	0. 1	26. 7	18. 2	18. 8	10. 0
0. 4		2. 5	1. 4	0. 5	0. 9
		0. 1	0. 1	0. 1	0. 0
0. 2	0. 2	8. 2	3. 0	2. 0	2. 2
2. 2	0. 8	15. 0	6. 8	5. 0	4. 0
1. 0	0. 6	8. 5	4. 5	3. 1	3. 0
187. 0	8. 1	1290. 3	706. 7	212. 5	268. 5
5. 1	1. 5	53. 6	23. 2	20. 0	15. 2
0. 3	1. 3	6. 3	3. 3	2. 9	2. 4
0. 8		5. 2	2. 2	2. 5	1. 1
0. 2		2. 8	0. 9	1. 5	0. 5
		0. 9	0. 2	0. 1	0. 1
		0. 5	0. 2	0. 3	0. 1
0. 7	0. 8	28. 8	23. 4	61. 9	19. 9
		0. 1	0. 1	1. 8	0. 0
0. 0	0. 8	-0. 4	0. 6	2. 7	0. 4

11－2 续表 6 continued6

		全部从业人员年平均人数（万人）Annual averageof employment（10000person）	总资产贡献率（%）Ratio of TotalAssets to Industry Value
总计	Total	49.5	22.8
煤炭开采和洗选业	Coal mining and dressing	0.9	4.8
石油和天然气开采业	Extraction of petroleum and natural gas		14.8
黑色金属矿采选业	Minging and dressing of ferrous metals		
有色金属矿采选业	Mining and dressing of nonferrous metals		
非金属矿采选业	Mining and dressing of nonmetal mineral products		51.9
开采辅助活动	Mining auxiliary activities	0.3	－3.9
其他采矿业	Others		
农副食品加工业	Food processing	3.6	12.9
食品制造业	Food manufacturing	1.0	12.8
酒、饮料和精制茶制造业	Wine、Drinks and refined tea industry	0.7	14.2
烟草制品业	Tobacco processing	0.1	68.4
纺织业	Textile industry	0.1	6.6
纺织服装、服饰业	Textile and garment、Clothing industry	0.4	5.6
皮革、毛皮、羽毛（绒）及其制品业	Leather furs down and related products		16.7
木材加工及木、竹、藤、棕、草制品业	Timber，bamboo，cane，palm and straw products	0.8	8.1
家具制造业	Furniture	0.3	22.2
造纸及纸制品业	Paper making and paper products	0.1	38.8
印刷业和记录媒介的复制	Printing and record medium reproduction	0.3	16.7
文教、工美、体育和娱乐用品制造业	Culture and education、industrial art、sports and entertainment products manufacturing	0.1	39.4
石油加工、炼焦及核燃料加工业	Petroleum processing coking and nuclear processing	0.2	46.6
化学原料及化学制品制造业	Raw chemical material and chemical products	0.8	12.3
医药制造业	Medical and pharmacutical products	1.5	11.8
化学纤维制造业	Chemical fiber manufacturing	0.0	3.0
橡胶和塑料制品业	Rubber and Plastic products	0.8	9.5
非金属矿物制品业	Nonmetal mineral products	0.9	7.8
黑色金属冶炼及压延加工业	Smelting and pressing of ferrous metals	0.2	18.0
有色金属冶炼及压延加工业	Smelting and pressing of non－ferrous metals		10.7
金属制品业	Metal products	0.6	24.6
通用设备制造业	Ordinary machinery	0.8	23.3
专用设备制造业	Special purpose equipment	0.7	18.4
汽车制造业	Automobile industry	24.8	32.2
铁路、船舶、航空航天和其他运输设备制造业	Railway、Ship、aerospace and other Transportation Equipment Manufacturing	2.3	14.2
电气机械及器材制造业	Electric equipment and machinery	0.6	13.9
计算机、通信及其他电子设备制业	Computer and Telecommunication equipment and other electronic equipment	0.4	19.4
仪器仪表制造业	Instruments，meters	0.3	11.4
其他制造业	Others		16.8
废弃资源综合利用业	Comperehensive untilization of waste resources	0.1	8.9
金属制品、机械和设备修理业	Metal products、machinery、Equipment repair industry		
电力、热力的生产和供应业	Production and supply of electric power and heat power	5.3	6.4
燃气生产和供应业	Production and supply of gas	0.2	3.4
水的生产和供应业	Production and supply of water	0.3	－1.5

单位：万元 unit：10000yuan

资产负债率（%） Ratio of Assetsto Industrial value（%）	流动资产周转率（次/年） Times of Annual Tumover of circulating Funds (time/year)	成本费用利润率（%） Ratio of Profits tocost（%）	产品销售率（%） Proportion of Products sold（%）
56.7	2.7	9.8	97.5
69.3	0.9	1.2	99.8
64.9	4.5	8.5	100.0
10.2	24.5	9.7	99.2
56.5	3.1	-18.4	99.9
68.5	7.8	3.1	95.6
60.6	1.9	6.8	81.1
73.4	4.0	3.4	95.9
44.5	1.3	29.7	97.2
86.4	1.4	4.7	97.5
57.1	0.6	7.3	96.0
45.0	5.9	7.2	94.3
57.2	1.6	4.3	97.3
38.1	7.1	6.9	94.5
44.0	9.3	8.8	95.3
53.0	3.9	6.8	97.3
46.7	6.6	9.1	95.8
75.4	4.9	6.0	95.4
62.0	1.3	9.6	81.4
48.6	0.9	17.0	88.8
30.2	-8.4	2.8	100.0
50.0	3.1	4.2	96.9
73.9	1.6	2.3	99.4
45.7	6.0	3.4	98.3
42.7	5.7	2.2	104.7
56.4	4.1	8.2	96.3
56.4	2.8	11.0	94.1
45.0	3.0	6.8	95.9
49.9	2.8	12.6	98.5
67.5	1.2	12.2	99.6
54.1	2.3	4.7	96.3
50.5	2.2	16.6	95.1
34.0	1.1	17.9	97.1
13.7	12.6	7.1	95.7
46.8	3.6	3.9	95.5
68.8	5.5	1.3	99.0
379.8	1.8	0.0	99.7
43.1	1.6	-8.5	100.0

11－3 规模以上工业企业主要经济指标（总表）（2014）

单位：万元

		企业单位数（个）Enterprises (unit)	亏损企业 Loss－suffering enterprises
总 计	Total	1132	109
一、按登记注册类型分组：	Grouped by type registered		
内资企业	Domestic funds	970	87
国有企业	State－owned	14	5
中央企业	Centre enterprises	5	0
地方企业	Local enterprises	9	5
集体企业	Collective－owned	7	2
股份合作企业	Share holding cooperative	1	1
联营企业	Joint ownership		
国有联营企业	State joint ownership enterprises		
集体联营企业	Collective－owned		
国有与集体联营企业	State－collective joint		
其他联营企业	Others		
有限责任公司	Limited company	341	49
国有独资公司	State－owned	14	2
其他有限责任公司	Others	327	47
股份有限公司	Share holding	63	8
私营企业	Private	530	22
私营独资企业	Solely Owned	16	
私营合作企业	Private partnership	1	
私营有限责任公司	Limited company	498	21
私营股份有限公司	Private	15	1
其他企业	Others	14	
港、澳、台商投资企业	Funded from Hongkong, Macao and Taiwan	27	5
合资经营企业（港或澳、台资）	Funded from Hongkong, Macao and Taiwan	14	2
合作经营企业（港或澳、台资）	Cooperative	1	
港澳台商独资经营企业	Solely owned	10	2
港澳台商投资股份有限公司	Funded from Hongkong, Macao and Taiwan	2	1
其他港澳台商投资企业	Others		
外商投资企业	Foreign funded	135	17
中外合资经营企业	Joint Venture	79	7
中外合作经营企业	Cooperative	3	
外资企业	Foreign funded	50	10
外商投资股份有限公司	Share holding	2	
其他外商投资企业	Others	1	
二、按经济组织类型分组	Grouped by ownership		
独资企业	Solely owned enterprises	97	19
国有企业	State－owned	14	5
集体企业	Collective－owned	7	2
私营独资企业	Solely Owned	16	

MAIN ECONOMIC INDICATORS OF INDUSTRIAL ENTERPRISES ABOVE DESIGNATED SIZE IN 2014

unit：10000yuan

工业总产值（当年价格）Gross industrial output value (current price)	工业销售产值（当年价格）Sale revenue (current price)	出口交货值 Export enterprises	年初存货 Stock in year beginning	产成品 Finished goods
9756.6	9508.0	142.9	752.5	264.8
8033.0	7814.6	82.6	641.7	231.4
4583.0	4511.9	36.8	356.0	157.1
4561.9	4496.1	36.8	354.0	156.4
21.1	15.8		2.0	0.7
5.1	5.4	0.0	0.1	0.1
1190.2	1156.4	2.9	69.9	25.6
423.2	422.6	0.1	2.8	0.8
767.1	733.8	2.8	67.1	24.8
1302.1	1225.7	35.8	161.8	27.0
938.2	900.9	7.2	53.2	21.4
17.5	17.1		1.1	0.2
1.5	1.5			
879.4	843.3	6.0	47.7	17.9
39.7	38.9	1.2	4.3	3.3
14.4	14.4	0.0	0.5	0.1
562.7	536.3	23.1	21.0	11.8
53.4	55.3	1.8	5.9	2.8
0.5	0.8		0.1	
499.3	471.0	21.3	13.2	7.3
9.4	9.2		1.7	1.7
1161.0	1157.1	37.2	89.8	21.6
827.6	818.3	13.4	47.3	12.2
18.6	23.7		9.8	
223.9	224.4	14.1	22.5	6.1
74.3	74.3	9.7	5.0	1.8
16.6	16.6		5.3	1.5
5328.8	5229.7	72.2	392.9	170.8
4583.0	4511.9	36.8	356.0	157.1
5.1	5.4		0.1	0.1
17.5	17.1		1.1	0.2

11－3 续表 1 continued1

		资产总计 Total	流动资产合计 Current assets	应收帐款 Accounts receivable
总 计	Total	7247.9	4012.5	610.4
一、按登记注册类型分组：	Grouped by type registered			
内资企业	Domestic funds	6190.5	3364.1	378.6
国有企业	State－owned	3180.7	1992.4	76.7
中央企业	Centre enterprises	3130.5	1976.5	74.7
地方企业	Local enterprises	50.3	16.0	2.0
集体企业	Collective－owned	3.0	2.1	0.6
股份合作企业	Share holding cooperative	0.9	0.5	0.2
联营企业	Joint ownership			
国有联营企业	State joint ownership enterprises			
集体联营企业	Collective－owned			
国有与集体联营企业	State－collective joint			
其他联营企业	Others			
有限责任公司	Limited company	1135.4	349.8	105.9
国有独资公司	State－owned	502.2	53.9	11.8
其他有限责任公司	Others	633.2	295.9	94.1
股份有限公司	Share holding	1422.1	816.3	150.3
私营企业	Private	443.2	200.6	44.8
私营独资企业	Solely Owned	10.8	2.6	0.5
私营合作企业	Private partnership	0.2		
私营有限责任公司	Limited company	406.3	182.4	40.8
私营股份有限公司	Private	26.0	15.7	3.4
其他企业	Others	5.1	2.5	0.2
港、澳、台商投资企业	Funded from Hongkong，Macao and Taiwan	263.2	102.3	39.3
合资经营企业（港或澳、台资）	Funded from Hongkong，Macao and Taiwan	48.2	26.8	9.7
合作经营企业（港或澳、台资）	Cooperative	0.5	0.2	
港澳台商独资经营企业	Solely owned	205.1	68.0	27.7
港澳台商投资股份有限公司	Funded from Hongkong，Macao and Taiwan	9.6	7.4	1.8
其他港澳台商投资企业	Others			
外商投资企业	Foreign funded	794.2	546.1	192.5
中外合资经营企业	Joint Venture	480.8	332.5	106.0
中外合作经营企业	Cooperative	41.9	20.4	1.3
外资企业	Foreign funded	186.9	129.7	62.9
外商投资股份有限公司	Share holding	60.9	45.4	19.7
其他外商投资企业	Others	23.7	18.1	2.7
二、按经济组织类型分组	Grouped by ownership			
独资企业	Solely owned enterprises	3586.5	2194.8	168.4
国有企业	State－owned	3180.7	1992.4	76.7
集体企业	Collective－owned	3.0	2.1	0.6
私营独资企业	Solely Owned	10.8	2.6	0.5

单位：万元 unit：10000yuan

资产总计 Total assets							
流动资产合计 Current assets			固定资产合计 Fixed assets	固定资产原价 Original value of fixed assets	累计折旧 Accumulated depreciation		在建工程 Project under construction
存货 Inventory	产成品 Finished goods	在产品 Goods in process				本年折旧 Depreciation of the year	
1051.1	330.3	91.5	2844.7	3777.4	1527.4	275.3	327.2
931.1	295.2	80.3	2512.2	3271.4	1329.4	225.6	305.3
523.0	159.9	1.2	1182.9	1324.8	551.8	99.7	138.1
521.5	159.2	1.1	1149.1	1264.7	520.2	97.0	134.3
1.5	0.7	0.1	33.8	60.1	31.6	2.7	3.8
0.3	0.2		0.8	1.8	1.0		0.1
0.2	0.1		0.5	0.6	0.2		
85.1	32.4	6.6	683.8	1012.3	428.9	58.1	98.1
9.7	0.8	1.2	435.4	678.3	317.7	37.7	67.9
75.4	31.6	5.4	248.4	334.0	111.3	20.4	30.2
254.2	66.8	70.1	453.1	688.9	277.2	53.8	53.4
67.2	35.3	2.5	189.2	240.5	69.7	13.8	15.6
1.2	0.3	0.0	7.9	8.4	0.5	0.2	0.1
61.5	31.3	2.2	174.0	221.6	66.0	12.8	15.0
4.4	3.8	0.2	7.3	10.4	3.1	0.8	0.6
1.2	0.7	0.0	1.9	2.5	0.6	0.1	
17.0	10.4	1.2	141.5	181.8	47.4	17.8	8.3
5.2	2.5	0.4	18.0	25.3	9.8	1.8	3.3
0.1			0.2	0.4	0.2		
9.7	5.8	0.8	122.4	154.9	36.9	15.9	4.9
2.1	2.0		0.8	1.2	0.4	0.1	0.1
102.9	24.8	10.0	191.0	324.2	150.5	31.9	13.6
50.0	14.5	8.4	104.4	184.1	82.0	22.6	8.5
10.6	0.6	0.0	13.8	29.5	16.1	1.3	0.5
23.2	6.5	1.6	56.5	81.7	39.7	5.7	4.6
5.0	1.8		11.3	21.4	10.2	2.1	
14.1	1.4		5.0	7.6	2.5	0.4	
557.4	172.5	3.6	1370.5	1571.7	630.0	121.4	147.7
523.0	159.9	1.2	1182.9	1324.8	551.8	99.7	138.1
0.3	0.2		0.8	1.8	1.0		0.1
1.2	0.3		7.9	8.4	0.5	0.2	0.1

11－3 续表 2 continued2

		负债合计 Liabilities	流动负债合计 Current liabilites	应付账款 Account payable
总 计	Total	4110.6	3201.5	1322.2
一、按登记注册类型分组:	Grouped by type registered			
内资企业	Domestic funds	3479.0	2713.2	1087.4
国有企业	State－owned	1564.2	1300.7	709.3
中央企业	Centre enterprises	1529.3	1283.3	705.0
地方企业	Local enterprises	34.9	17.4	4.3
集体企业	Collective－owned	0.9	0.6	0.2
股份合作企业	Share holding cooperative	0.5	0.5	0.3
联营企业	Joint ownership			
国有联营企业	State joint ownership enterprises			
集体联营企业	Collective－owned			
国有与集体联营企业	State－collective joint			
其他联营企业	Others			
有限责任公司	Limited company	682.5	487.6	154.5
国有独资公司	State－owned	313.3	207.2	69.0
其他有限责任公司	Others	369.2	280.4	85.6
股份有限公司	Share holding	1005.0	746.5	177.3
私营企业	Private	223.6	175.6	44.7
私营独资企业	Solely Owned	2.5	2.0	0.4
私营合作企业	Private partnership			
私营有限责任公司	Limited company	206.5	159.3	40.7
私营股份有限公司	Private	14.7	14.2	3.6
其他企业	Others	2.3	1.8	1.1
港、澳、台商投资企业	Funded from Hongkong, Macao and Taiwan	189.4	89.7	32.9
合资经营企业（港或澳、台资）	Funded from Hongkong, Macao and Taiwan	23.7	21.1	10.4
合作经营企业（港或澳、台资）	Cooperative	0.1	0.1	0.0
港澳台商独资经营企业	Solely owned	163.9	66.7	22.3
港澳台商投资股份有限公司	Funded from Hongkong, Macao and Taiwan	1.8	1.8	0.1
其他港澳台商投资企业	Others			
外商投资企业	Foreign funded	442.2	398.6	201.9
中外合资经营企业	Joint Venture	272.7	248.5	137.2
中外合作经营企业	Cooperative	15.0	8.8	1.2
外资企业	Foreign funded	112.6	99.5	43.7
外商投资股份有限公司	Share holding	25.4	25.4	19.3
其他外商投资企业	Others	16.4	16.4	0.5
二、按经济组织类型分组	Grouped by ownership			
独资企业	Solely owned enterprises	1844.0	1469.6	775.8
国有企业	State－owned	1564.2	1300.7	709.3
集体企业	Collective－owned	0.9	0.6	0.2
私营独资企业	Solely Owned	2.5	2.0	0.4

单位：万元 unit：10000yuan

非流动负债合计 Non – Current liabilites	所有者权益合计 Ownership interests	实收资本 Paid – up capital	国家资本 State	集体资本 Collective	法人资本 Corporation	个人资本 Private	港澳台资本 From HongKong Macao and Taiwan	外商资本 Foreign
765.7	3156.0	740.1	296.3	13.5	163.8	72.2	45.1	132.4
694.7	2737.6	497.1	283.7	12.9	111.1	71.0	0.2	1.6
263.5	1616.5	111.1	104.6		6.5			
246.0	1601.2	105.7	99.4		6.4			
17.5	15.4	5.4	5.2		0.2			
0.2	2.2	0.3		0.2	0.1			
	0.4	0.5				0.5		
179.6	446.7	188.0	117.9	2.3	45.0	23.2		1.6
105.9	188.8	98.8	96.5	0.0	1.7	0.5		0.0
73.7	257.9	89.2	21.4	2.3	43.3	22.6		1.6
232.9	454.7	130.8	61.0	6.3	27.3	20.8		
18.4	215.0	65.3	0.2	4.1	31.5	26.0	0.2	
0.5	8.1	1.8			0.6	1.2		
	0.1							
15.9	195.5	59.0	0.2	4.1	29.3	23.3	0.2	
2.1	11.3	4.5			1.6	1.5		
	2.1	1.3			0.8	0.5		
36.0	73.5	59.2	0.4		6.8	0.6	40.7	10.8
2.6	24.5	25.6	0.4		4.3	0.4	19.6	0.9
0.0	0.4	0.1			0.0	0.1	0.0	0.0
33.5	40.9	32.2			1.8		20.5	9.9
0.0	7.7	1.3			0.7		0.6	
35.0	344.9	183.7	12.2	0.6	45.9	0.6	4.2	120.1
22.5	209.8	90.1	7.4	0.6	44.0	0.6	0.5	37.1
6.3	26.9	8.3	4.3		0.0		2.5	1.5
6.2	75.9	47.1	0.6		1.9		1.3	43.4
	25.0	35.1						35.1
	7.3	3.0						3.0
303.7	1743.6	192.6	105.2	0.2	10.9	1.2	21.8	53.3
263.5	1616.5	111.1	104.6	0.0	6.5			
0.2	2.2	0.3	0.0	0.2	0.1			
0.5	8.1	1.8	0.0	0.0	0.6	1.2	0.0	0.0

11－3 续表 3 continued3

		营业收入 Operation revenue	主营业务收入 Main operation income
总 计	Total	10845. 9	10355. 6
一、按登记注册类型分组：	Grouped by type registered		
内资企业	Domestic funds	9042. 2	8593. 6
国有企业	State－owned	5688. 9	5332. 0
中央企业	Centre enterprises	5667. 8	5311. 1
地方企业	Local enterprises	21. 1	20. 8
集体企业	Collective－owned	4. 8	4. 8
股份合作企业	Share holding cooperative		
联营企业	Joint ownership		
国有联营企业	State joint ownership enterprises		
集体联营企业	Collective－owned		
国有与集体联营企业	State－collective joint		
其他联营企业	Others		
有限责任公司	Limited company	1152. 5	1122. 5
国有独资公司	State－owned	414. 1	412. 0
其他有限责任公司	Others	738. 4	710. 6
股份有限公司	Share holding	1239. 2	1181. 0
私营企业	Private	942. 4	939. 0
私营独资企业	Solely Owned	17. 2	17. 1
私营合作企业	Private partnership	1. 5	1. 5
私营有限责任公司	Limited company	883. 1	879. 8
私营股份有限公司	Private	40. 7	40. 6
其他企业	Others	14. 3	14. 3
港、澳、台商投资企业	Funded from Hongkong，Macao and Taiwan	526. 8	522. 3
合资经营企业（港或澳、台资）	Funded from Hongkong，Macao and Taiwan	56. 3	53. 9
合作经营企业（港或澳、台资）	Cooperative	0. 8	0. 8
港澳台商独资经营企业	Solely owned	460. 9	458. 8
港澳台商投资股份有限公司	Funded from Hongkong，Macao and Taiwan	8. 8	8. 8
其他港澳台商投资企业	Others		
外商投资企业	Foreign funded	1276. 9	1239. 7
中外合资经营企业	Joint Venture	903. 4	885. 5
中外合作经营企业	Cooperative	23. 7	23. 7
外资企业	Foreign funded	233. 7	229. 7
外商投资股份有限公司	Share holding	84. 3	84. 3
其他外商投资企业	Others	31. 9	16. 6
二、按经济组织类型分组	Grouped by ownership		
独资企业	Solely owned enterprises	6405. 5	6042. 4
国有企业	State－owned	5688. 9	5332. 0
集体企业	Collective－owned	4. 8	4. 8
私营独资企业	Solely Owned	17. 2	17. 1

单位：万元 unit：10000yuan

营业成本 Operating costs	主营业务成本 Main operation cost	营业税金及附加 Business taxes and extra charges	主营业务税金及附加 Main operation taxes and extra charges	他业务收入 Other business revenue	其他业务利润 Other business profit
8887.7	8448.1	291.9	291.1	490.3	99.5
7279.8	6916.3	262.0	261.5	448.6	96.9
4416.5	4148.7	236.4	236.4	357.0	89.7
4397.7	4131.0	236.3	236.3	356.7	89.7
18.8	17.7	0.1	0.1	0.3	
4.1	4.1				
1027.3	1001.8	7.0	6.8	30.0	2.8
403.2	401.4	1.5	1.4	2.1	0.9
624.0	600.4	5.5	5.3	27.8	1.9
1063.6	996.3	9.0	8.8	58.2	3.8
755.6	752.6	9.5	9.4	3.4	0.6
14.7	14.7	0.1	0.1		
1.2	1.2				
704.0	701.2	9.3	9.2	3.3	0.6
35.7	35.6	0.1	0.1	0.0	
12.8	12.8	0.1	0.1	0.0	
496.1	491.8	3.7	3.7	4.5	
43.4	41.3	0.3	0.3	2.5	0.3
0.5	0.5		0.0		
445.6	443.4	3.3	3.3	2.1	-0.3
6.6	6.6	0.1	0.1		
1111.9	1040.0	26.2	26.0	37.3	2.7
806.7	749.5	23.9	23.8	17.9	2.1
17.6	17.6	0.1	0.1		
184.0	180.4	1.8	1.7	4.0	0.6
76.6	76.6	0.4	0.4	0.0	-0.1
27.1	15.9	0.1	0.1	15.3	
5064.8	4791.3	241.6	241.6	363.1	90.0
4416.5	4148.7	236.4	236.4	357.0	89.7
4.1	4.1				
14.7	14.7	0.1	0.1		

11－3 续表 4 continued4

		财务费用 Financial cost	利息收入 Interest income	利息支出 Interest expenditure
总 计	Total	53.8	23.6	80.9
一、按登记注册类型分组:	Grouped by type registered			
内资企业	Domestic funds	46.8	21.4	71.3
国有企业	State－owned	－19.0	16.8	10.3
中央企业	Centre enterprises	－19.6	16.7	9.6
地方企业	Local enterprises	0.6		0.7
集体企业	Collective－owned			
股份合作企业	Share holding cooperative			
联营企业	Joint ownership			
国有联营企业	State joint ownership enterprises			
集体联营企业	Collective－owned			
国有与集体联营企业	State－collective joint			
其他联营企业	Others			
有限责任公司	Limited company	18.1	1.0	17.6
国有独资公司	State－owned	8.9	0.3	9.0
其他有限责任公司	Others	9.2	0.7	8.7
股份有限公司	Share holding	33.5	3.3	33.0
私营企业	Private	14.0	0.3	10.4
私营独资企业	Solely Owned	0.1		0.1
私营合作企业	Private partnership	0.1	0.1	
私营有限责任公司	Limited company	13.2	0.2	9.7
私营股份有限公司	Private	0.7		0.6
其他企业	Others	0.1		
港、澳、台商投资企业	Funded from Hongkong, Macao and Taiwan	5.3	0.1	5.1
合资经营企业（港或澳、台资）	Funded from Hongkong, Macao and Taiwan	0.5		0.2
合作经营企业（港或澳、台资）	Cooperative			
港澳台商独资经营企业	Solely owned	4.8	0.1	4.8
港澳台商投资股份有限公司	Funded from Hongkong, Macao and Taiwan			
其他港澳台商投资企业	Others			
外商投资企业	Foreign funded	1.7	2.2	4.6
中外合资经营企业	Joint Venture	0.4	1.4	2.0
中外合作经营企业	Cooperative	0.8		0.8
外资企业	Foreign funded	0.4	0.7	1.6
外商投资股份有限公司	Share holding	－0.1		
其他外商投资企业	Others	0.2		0.2
二、按经济组织类型分组	Grouped by ownership			
独资企业	Solely owned enterprises	－13.7	17.6	16.7
国有企业	State－owned	－19.0	16.8	10.3
集体企业	Collective－owned			
私营独资企业	Solely Owned	0.1		0.1

单位：万元 unit：10000yuan

销售费用 Marketing expenses	管理费用 Management expenses	税金 Tax	营业利润 Operating profit	资产减值损失 Loss from asset devaluation	公允价值变动收益 Changes in fair value of the proceeds	投资收益 Investment income	补贴收入 Subsidies revenue
397.9	409.9	15.7	934.9	15.4	0.1	70.7	19.3
367.4	329.9	13.1	815.4	14.8	0.1	70.2	17.0
264.2	182.4	7.0	653.7	8.3		52.5	10.6
263.2	179.8	6.8	655.0	8.0		52.5	10.6
1.0	2.6	0.2	-1.2	0.3			
0.1	0.3	0.0	0.4				
39.3	41.6	1.9	42.9	1.5		4.8	2.8
8.1	3.2	0.3	-3.3	0.7		1.1	0.6
31.2	38.3	1.6	46.2	0.8		3.7	2.2
36.4	65.5	2.8	58.1	4.1		12.5	2.5
27.2	39.7	1.3	59.9	0.9		0.4	0.6
0.4	0.7	0.1	0.9				
	0.1		0.1			0.1	
25.5	37.2	1.2	57.7	0.9		0.3	0.6
1.2	1.8	0.1	1.2				
0.2	0.4		0.5				0.5
5.1	13.2	0.3	17.2			0.1	0.2
1.5	3.9	0.1	6.8				0.2
0.1	0.2		0.1				
3.3	8.6	0.1	8.8			0.1	
0.2	0.6		1.5				
25.3	66.9	2.3	102.4	0.6		0.3	2.1
13.5	32.5	1.3	68.6	0.3		0.2	1.0
2.0	0.7	0.1	2.5				
7.0	21.9	0.8	18.9			0.2	0.3
2.6	11.3	0.0	8.4	0.2			
0.2	0.4	0.0	4.0				0.8
275.1	213.9	8.1	682.8	8.4		52.8	10.9
264.2	182.4	7.0	653.7	8.3		52.5	10.6
0.1	0.3		0.4				
0.4	0.7	0.1	0.9				

11 - 3 续表 5 continued5

		营业外收入 Norbusiness revenue	营业外支出 Norbusiness expenditure	利润总额 Profit
总 计	Total	47. 1	20. 1	951. 9
一、按登记注册类型分组：	Grouped by type registered			
内资企业	Domestic funds	39. 6	18. 1	835. 3
国有企业	State - owned	16. 0	8. 3	661. 5
中央企业	Centre enterprises	15. 2	8. 1	662. 0
地方企业	Local enterprises	0. 9	0. 2	-0. 6
集体企业	Collective - owned			0. 3
股份合作企业	Share holding cooperative			
联营企业	Joint ownership			
国有联营企业	State joint ownership enterprises			
集体联营企业	Collective - owned			
国有与集体联营企业	State - collective joint			
其他联营企业	Others			
有限责任公司	Limited company	14. 4	3. 3	52. 8
国有独资公司	State - owned	10. 3	1. 5	5. 5
其他有限责任公司	Others	4. 0	1. 8	47. 3
股份有限公司	Share holding	7. 1	5. 3	59. 9
私营企业	Private	1. 5	1. 1	59. 9
私营独资企业	Solely Owned		0. 1	0. 8
私营合作企业	Private partnership			0. 1
私营有限责任公司	Limited company	1. 4	0. 8	57. 8
私营股份有限公司	Private	0. 1	0. 1	1. 2
其他企业	Others	0. 5		1. 0
港、澳、台商投资企业	Funded from Hongkong, Macao and Taiwan	0. 8	0. 1	16. 7
合资经营企业（港或澳、台资）	Funded from Hongkong, Macao and Taiwan	0. 4		7. 2
合作经营企业（港或澳、台资）	Cooperative			0. 1
港澳台商独资经营企业	Solely owned	0. 3		8. 1
港澳台商投资股份有限公司	Funded from Hongkong, Macao and Taiwan			1. 3
其他港澳台商投资企业	Others			
外商投资企业	Foreign funded	6. 8	2. 0	100. 0
中外合资经营企业	Joint Venture	3. 5	1. 6	68. 1
中外合作经营企业	Cooperative	0. 1	0. 0	2. 5
外资企业	Foreign funded	2. 3	0. 3	20. 3
外商投资股份有限公司	Share holding	0. 1		8. 4
其他外商投资企业	Others	0. 8		0. 7
二、按经济组织类型分组	Grouped by ownership			
独资企业	Solely owned enterprises	18. 7	8. 8	691. 0
国有企业	State - owned	16. 0	8. 3	661. 5
集体企业	Collective - owned		0. 0	0. 3
私营独资企业	Solely Owned		. 0. 1	0. 8

单位：万元 unit：10000yuan

应交所得税 Income tax payable	亏损企业亏损总额 Total loss of loss-suffering enterprises	利税总额 Pre-tax profits	应交税金及附加 Taxes and extra charges	本年应付职工薪酬 Wages payable of the year	本年应交增值税 Value added
210.2	25.4	1598.2	872.1	392.1	354.4
184.2	15.4	1408.4	770.4	327.6	311.1
163.9	1.0	1126.6	636.1	148.7	228.8
163.8		1126.3	634.9	145.0	228.0
0.1	1.0	0.4	1.2	3.8	0.8
0.1		0.4	0.2	0.2	0.1
				0.1	
6.6	6.2	88.3	44.0	92.5	28.5
0.9	0.6	21.2	16.9	53.8	14.2
5.8	5.6	67.0	27.2	38.7	14.3
8.7	7.5	99.3	51.0	59.2	30.5
4.8	0.7	92.4	38.8	26.0	23.1
0.1		1.1	0.5	0.5	0.2
		0.1			
4.6	0.7	88.2	36.2	24.1	21.2
0.2		3.0	2.1	1.4	1.7
0.1		1.3	0.4	0.8	0.2
3.4	0.2	24.4	11.5	8.8	4.1
1.3		9.4	3.6	2.7	1.9
		0.1	0.1	0.1	0.1
1.9	0.1	13.2	7.1	5.7	1.7
0.2	0.1	1.7	0.7	0.2	0.4
22.6	9.8	165.4	90.2	55.7	39.3
16.2	6.8	117.9	67.4	38.5	26.0
0.1		3.4	1.0	1.7	0.8
5.1	3.0	29.7	15.4	11.5	7.7
1.1		13.7	6.4	3.4	4.8
0.1		0.7	0.1	0.7	
171.0	4.1	1171.1	659.2	166.6	238.5
163.9	1.0	1126.6	636.1	148.7	228.8
0.1	0.0	0.4	0.2	0.2	0.1
0.1		1.1	0.5	0.5	0.2

11－3 续表 6 continued6

		全部从业人员年平均人数（万人）Annual averageof employment（10000person）	总资产贡献率（%）Ratio of TotalAssets to Industry Value
总 计	Total	49.5	22.8
一、按登记注册类型分组：	Grouped by type registered		
内资企业	Domestic funds	41.2	23.6
国有企业	State－owned	15.3	35.2
中央企业	Centre enterprises	14.6	35.8
地方企业	Local enterprises	0.7	2.1
集体企业	Collective－owned	0.1	15.3
股份合作企业	Share holding cooperative		－3.6
联营企业	Joint ownership		
国有联营企业	State joint ownership enterprises		
集体联营企业	Collective－owned		
国有与集体联营企业	State－collective joint		
其他联营企业	Others		
有限责任公司	Limited company	12.3	9.2
国有独资公司	State－owned	4.5	6.0
其他有限责任公司	Others	7.8	11.9
股份有限公司	Share holding	6.3	9.1
私营企业	Private	7.1	23.1
私营独资企业	Solely Owned	0.1	10.7
私营合作企业	Private partnership		24.4
私营有限责任公司	Limited company	6.6	24.1
私营股份有限公司	Private	0.4	13.8
其他企业	Others	0.1	25.8
港、澳、台商投资企业	Funded from Hongkong, Macao and Taiwan	1.7	11.2
合资经营企业（港或澳、台资）	Funded from Hongkong, Macao and Taiwan	0.6	20.1
合作经营企业（港或澳、台资）	Cooperative	0.1	31.3
港澳台商独资经营企业	Solely owned	1.1	8.7
港澳台商投资股份有限公司	Funded from Hongkong, Macao and Taiwan	0.0	18.1
其他港澳台商投资企业	Others		
外商投资企业	Foreign funded	6.6	21.1
中外合资经营企业	Joint Venture	4.0	24.6
中外合作经营企业	Cooperative	0.1	9.9
外资企业	Foreign funded	2.0	16.3
外商投资股份有限公司	Share holding	0.4	22.4
其他外商投资企业	Others	0.1	4.0
二、按经济组织类型分组	Grouped by ownership		
独资企业	Solely owned enterprises	18.7	32.6
国有企业	State－owned	15.3	35.2
集体企业	Collective－owned	0.1	15.3
私营独资企业	Solely Owned	0.1	10.7

单位：万元 unit：10000yuan

资产负债率（%） Ratio of Assetsto Industrial value（%）	流动资产周转率（次/年） Times of Annual Tumover of circulating Funds (time/year)	成本费用利润率（%） Ratio of Profitsto cost（%）	产品销售率（%） Proportion of Products sold（%）
56.7	2.7	9.8	97.5
56.2	2.7	10.4	97.3
49.2	2.9	13.7	98.5
48.9	2.9	13.7	98.6
69.5	1.3	-2.4	75.0
28.7	2.4	7.1	105.4
55.5	0.1	-54.6	204.2
60.1	3.3	4.7	97.2
62.4	7.7	1.3	99.9
58.3	2.5	6.7	95.7
70.7	1.5	5.0	94.1
50.5	4.7	7.2	96.0
23.1	6.7	5.1	97.7
7.6	82.2	6.1	100.0
50.8	4.8	7.4	95.9
56.4	2.6	3.1	98.0
45.2	5.8	7.5	99.7
72.0	5.2	3.2	95.3
49.1	2.1	14.6	103.6
12.2	4.8	7.2	167.6
79.9	6.8	1.8	94.3
18.9	1.2	17.6	97.7
55.7	2.3	8.3	99.7
56.7	2.7	8.0	98.9
35.8	1.2	12.0	127.0
60.3	1.8	9.5	100.2
41.8	1.9	9.3	100.0
69.2	1.8	2.4	99.8
51.4	2.9	12.5	98.1
49.2	2.9	13.7	98.5
28.7	2.4	7.1	105.4
23.1	6.7	5.1	97.7

11－3 续表 7 continued7

		企 业 单位数（个） Enterprises	亏损企业 Loss－suffering enterprises
港澳台商独资经营企业	Solely owned	10	2
外资企业	Foreign funded	50	10
合作、合伙企业	Cooperation and partnership	21	1
股份合作企业	Share holding cooperative	1	1
国有联营企业	State joint ownership enterprises		
集体联营企业	Collective－owned		
国有与集体联营企业	State－collective joint		
其他联营企业	Others		
私营合伙企业	Private partnership	1	
合作经营企业（港或澳、台资）	Cooperative	1	
中外合作经营企业	Cooperative	3	
其他企业（内资）	Others	14	
其他港澳台商投资企业	Others		
其他外商投资企业	Others	1	
股份有限公司	Share holding	82	10
股份有限公司（内资）	Share holding (domestic)	63	8
私营股份有限公司	Private	15	1
港澳台商投资股份有限公司	Funded from Hongkong Macao and Taiwan	2	1
外商投资股份有限公司	Share holding	2	
有限责任公司	Limited company	932	79
国有独资公司	State－owned	14	2
私营有限责任公司	Limited company	498	21
合资经营企业（港或澳、台资）	Funded from Hongkong, Macao and Taiwan	14	2
中外合资经营企业	Joint Venture	79	7
其他有限责任公司	Others	327	47
三、在总计中：亏损企业	Making loss enterprises	109	109
在总计中：国有控股企业	State share holding	98	22
农村工业	Rural industry	13	1
轻工业	Light－Industry	411	41
重工业	Heavy industry	721	68
在总计中：大型企业	Grouped by size of enterprises	48	7
中型企业	Medium－sized enterprises	167	18
小型企业	Small－sized enterprises	917	84
纯小型企业	Pure small－sized erilerprises	875	80
微型企业	Micro－sized enterprises	42	4

单位：万元 unit：10000yuan

工业总产值（当年价格）Gross industrial output value (current price)	工业销售产值（当年价格）Sale revenue (current price)	出口交货值 Export enterprises	年初存货 Stock in year beginning	产成品 Finished goods
499.3	471.0	21.3	13.2	7.3
223.9	224.4	14.1	22.5	6.1
51.7	56.9		15.9	1.8
			0.2	0.2
1.5	1.5			
0.5	0.8		0.1	
18.6	23.7		9.8	0.0
14.4	14.4		0.5	0.1
16.6	16.6		5.3	1.5
1425.5	1348.0	46.6	172.8	33.8
1302.1	1225.7	35.8	161.8	27.0
39.7	38.9	1.2	4.3	3.3
9.4	9.2		1.7	1.7
74.3	74.3	9.7	5.0	1.8
2950.7	2873.3	24.1	170.8	58.5
423.2	422.6	0.1	2.8	0.8
879.4	843.3	6.0	47.7	17.9
53.4	55.3	1.8	5.9	2.8
827.6	818.3	13.4	47.3	12.2
767.1	733.8	2.8	67.1	24.8
226.5	191.1	5.6	33.9	11.9
6359.6	6240.2	74.8	535.1	187.3
6.9	7.2		0.6	0.3
1717.1	1622.1	48.1	103.8	26.6
8039.5	7886.0	94.9	648.6	238.2
6871.8	6743.4	110.6	472.4	182.8
1019.4	995.3	20.0	106.6	35.7
1865.4	1769.3	12.4	173.5	46.3
1812.4	1741.6	12.2	168.3	45.1
53.0	27.7	0.2	5.1	1.3

11－3 续表 8 continued8

		资产总计 Total	流动资产合计 Current assets	应收帐款 Accounts receivable
港澳台商独资经营企业	Solely owned	205. 1	68. 0	27. 7
外资企业	Foreign funded	186. 9	129. 7	62. 9
合作、合伙企业	Cooperation and partnership	72. 3	41. 6	4. 4
股份合作企业	Share holding cooperative	0. 9	0. 5	0. 2
国有联营企业	State joint ownership enterprises			
集体联营企业	Collective－owned			
国有与集体联营企业	State－collective joint			
其他联营企业	Others			
私营合伙企业	Private partnership	0. 2		
合作经营企业（港或澳、台资）	Cooperative	0. 5	0. 2	
中外合作经营企业	Cooperative	41. 9	20. 4	1. 3
其他企业（内资）	Others	5. 1	2. 5	0. 2
其他港澳台商投资企业	Others			
其他外商投资企业	Others	23. 7	18. 1	2. 7
股份有限公司	Share holding	1518. 5	884. 7	175. 2
股份有限公司（内资）	Share holding（domestic）	1422. 1	816. 3	150. 3
私营股份有限公司	Private	26. 0	15. 7	3. 4
港澳台商投资股份有限公司	Funded from Hongkong Macao and Taiwan	9. 6	7. 4	1. 8
外商投资股份有限公司	Share holding	60. 9	45. 4	19. 7
有限责任公司	Limited company	2070. 7	891. 4	262. 4
国有独资公司	State－owned	502. 2	53. 9	11. 8
私营有限责任公司	Limited company	406. 3	182. 4	40. 8
合资经营企业（港或澳、台资）	Funded from Hongkong，Macao and Taiwan	48. 2	26. 8	9. 7
中外合资经营企业	Joint Venture	480. 8	332. 5	106. 0
其他有限责任公司	Others	633. 2	295. 9	94. 1
三、在总计中：亏损企业	Making loss enterprises	452. 0	179. 7	45. 7
在总计中：国有控股企业	State share holding	5181. 3	2893. 2	265. 7
农村工业	Rural industry	5. 0	2. 9	1. 0
轻工业	Light－Industry	882. 0	423. 9	77. 3
重工业	Heavy industry	6365. 9	3588. 6	533. 1
在总计中：大型企业	Grouped by size of enterprises	4874. 1	2718. 8	303. 5
中型企业	Medium－sized enterprises	880. 3	467. 8	155. 5
小型企业	Small－sized enterprises	1493. 5	825. 9	151. 4
纯小型企业	Pure small－sized erilerprises	1392. 0	775. 8	141. 9
微型企业	Micro－sized enterprises	101. 5	50. 1	9. 5

单位：万元 unit：10000yuan

资产总计 Total assets							
流动资产合计 Current assets			定资产合计 Fixed assets	固定资产原价 Original value of fixed assets	累计折旧 Accumulated depreciation	本年折旧 Depreciation of the year	建工程 Project under construction
存货 Inventory	产成品 Finished goods	在产品 Goods in process					
9.7	5.8	0.8	122.4	154.9	36.9	15.9	4.9
23.2	6.5	1.6	56.5	81.7	39.7	5.7	4.6
26.2	2.8		21.4	40.5	19.6	1.7	0.5
0.2	0.1		0.5	0.6	0.2		
0.1			0.2	0.4	0.2		
10.6	0.6		13.8	29.5	16.1	1.3	0.5
1.2	0.7		1.9	2.5	0.6	0.1	0.0
14.1	1.4		5.0	7.6	2.5	0.4	
265.6	74.4	70.4	472.5	722.0	290.9	56.8	54.1
254.2	66.8	70.1	453.1	688.9	277.2	53.8	53.4
4.4	3.8	0.2	7.3	10.4	3.1	0.8	0.6
2.1	2.0		0.8	1.2	0.4	0.1	0.1
5.0	1.8	0.0	11.3	21.4	10.2	2.1	
201.8	80.6	17.6	980.2	1443.3	586.8	95.4	124.9
9.7	0.8	1.2	435.4	678.3	317.7	37.7	67.9
61.5	31.3	2.2	174.0	221.6	66.0	12.8	15.0
5.2	2.5	0.4	18.0	25.3	9.8	1.8	3.3
50.0	14.5	8.4	104.4	184.1	82.0	22.6	8.5
75.4	31.6	5.4	248.4	334.0	111.3	20.4	30.2
67.0	45.8	3.6	222.9	345.2	150.6	30.8	32.7
803.7	231.9	76.0	2115.9	2806.0	1192.6	196.6	256.0
0.9	0.4	0.0	1.8	2.6	0.9	0.1	
161.9	69.1	4.5	398.5	511.6	154.8	36.4	31.9
889.2	261.3	87.0	2446.2	3265.8	1372.6	238.9	295.3
696.1	187.0	57.9	2031.5	2633.3	1112.0	196.0	251.7
117.1	39.8	14.4	328.6	466.1	169.8	28.0	33.6
237.8	103.5	19.2	484.6	678.0	245.6	51.3	41.9
229.2	99.4	17.8	450.7	648.5	223.8	48.9	37.7
8.6	4.1	1.5	33.9	29.5	21.8	2.5	4.3

11－3 续表 9 continued9

		负债合计 Liabilities	流动负债合计 Current liabilites	应付账款 Account payable
港澳台商独资经营企业	Solely owned	163. 9	66. 7	22. 3
外资企业	Foreign funded	112. 6	99. 5	43. 7
合作、合伙企业	Cooperation and partnership	34. 3	27. 4	3. 1
股份合作企业	Share holding cooperative	0. 5	0. 5	0. 3
国有联营企业	State joint ownership enterprises			
集体联营企业	Collective－owned			
国有与集体联营企业	State－collective joint			
其他联营企业	Others			
私营合伙企业	Private partnership			
合作经营企业（港或澳、台资）	Cooperative	0. 1	0. 1	
中外合作经营企业	Cooperative	15. 0	8. 8	1. 2
其他企业（内资）	Others	2. 3	1. 8	1. 1
其他港澳台商投资企业	Others			
其他外商投资企业	Others	16. 4	16. 4	0. 5
股份有限公司	Share holding	1046. 9	787. 9	200. 4
股份有限公司（内资）	Share holding（domestic）	1005. 0	746. 5	177. 3
私营股份有限公司	Private	14. 7	14. 2	3. 6
港澳台商投资股份有限公司	Funded from Hongkong Macao and Taiwan	1. 8	1. 8	0. 1
外商投资股份有限公司	Share holding	25. 4	25. 4	19. 3
有限责任公司	Limited company	1185. 3	916. 5	342. 8
国有独资公司	State－owned	313. 3	207. 2	69. 0
私营有限责任公司	Limited company	206. 5	159. 3	40. 7
合资经营企业（港或澳、台资）	Funded from Hongkong, Macao and Taiwan	23. 7	21. 1	10. 4
中外合资经营企业	Joint Venture	272. 7	248. 5	137. 2
其他有限责任公司	Others	369. 2	280. 4	85. 6
三、在总计中：亏损企业	Making loss enterprises	362. 1	285. 5	70. 6
在总计中：国有控股企业	State share holding	2936. 4	2295. 3	1002. 4
农村工业	Rural industry	2. 2	2. 5	0. 5
轻工业	Light－Industry	522. 1	365. 7	75. 2
重工业	Heavy industry	3588. 5	2835. 7	1247. 0
在总计中：大型企业	Grouped by size of enterprises	2697. 7	2107. 8	1043. 9
中型企业	Medium－sized enterprises	506. 8	405. 8	141. 0
小型企业	Small－sized enterprises	906. 1	687. 9	137. 3
纯小型企业	Pure small－sized erilerprises	840. 1	638. 7	131. 2
微型企业	Micro－sized enterprises	66. 0	49. 2	6. 1

单位：万元 unit：10000yuan

非流动负债合计 Non－Current liabilites	所有者权益合计 Ownership interests	实收资本 Paid－up capital	国家资本 State	集体资本 Collective	法人资本 Corporation	个人资本 Private	港澳台资本 From HongKong Macao and Taiwan	外商资本 Foreign
33.5	40.9	32.2			1.8		20.5	9.9
6.2	75.9	47.1	0.6		1.9		1.3	43.4
6.3	37.3	13.1	4.3		0.8	1.1	2.5	4.5
	0.4	0.5				0.5		
	0.1							
	0.4	0.1				0.1		
6.3	26.9	8.3	4.3				2.5	1.5
	2.1	1.3			0.8	0.5		
	7.3	3.0						3.0
235.0	498.8	171.7	61.0	6.3	29.5	22.4	0.6	35.1
232.9	454.7	130.8	61.0	6.3	27.3	20.8		
2.1	11.3	4.5			1.6	1.5		
	7.7	1.3			0.7		0.6	
	25.0	35.1						35.1
220.6	876.4	362.7	125.9	7.0	122.6	47.6	20.2	39.5
105.9	188.8	98.8	96.5		1.7	0.5		
15.9	195.5	59.0	0.2	4.1	29.3	23.3	0.2	
2.6	24.5	25.6	0.4		4.3	0.4	19.6	0.9
22.5	209.8	90.1	7.4	0.6	44.0	0.6	0.5	37.1
73.7	257.9	89.2	21.4	2.3	43.3	22.6		1.6
74.2	85.3	89.2	21.8	3.2	36.2	6.2	1.3	21.5
630.9	2279.7	354.7	283.4	4.1	44.7	18.7	0.2	3.4
0.1	2.2	0.6		0.2	0.1	0.3		
79.3	358.7	147.0	20.8	1.6	49.2	22.2	12.7	38.1
686.3	2797.3	593.0	275.5	12.0	114.6	50.0	32.4	94.3
492.7	2209.0	352.1	185.1	3.7	60.5	1.9	27.4	72.4
82.3	371.0	196.8	96.5	4.4	35.2	13.2	9.3	37.3
190.6	576.0	191.1	14.7	5.4	68.1	57.0	8.4	22.7
176.4	541.9	168.0	10.4	5.4	66.8	55.4	5.9	22.1
14.2	34.1	23.2	4.3		1.3	1.7	2.5	0.6

11－3 续表 10 continued10

		营业收入 Operation revenue	主营业务收入 Main operation income
港澳台商独资经营企业	Solely owned	460. 9	458. 8
外资企业	Foreign funded	233. 7	229. 7
合作、合伙企业	Cooperation and partnership	72. 3	56. 9
股份合作企业	Share holding cooperative		
国有联营企业	State joint ownership enterprises		
集体联营企业	Collective－owned		
国有与集体联营企业	State－collective joint		
其他联营企业	Others		
私营合伙企业	Private partnership	1. 5	1. 5
合作经营企业（港或澳、台资）	Cooperative	0. 8	0. 8
中外合作经营企业	Cooperative	23. 7	23. 7
其他企业（内资）	Others	14. 3	14. 3
其他港澳台商投资企业	Others		
其他外商投资企业	Others	31. 9	16. 6
股份有限公司	Share holding	1372. 9	1314. 7
股份有限公司（内资）	Share holding (domestic)	1239. 2	1181. 0
私营股份有限公司	Private	40. 7	40. 6
港澳台商投资股份有限公司	Funded from Hongkong Macao and Taiwan	8. 8	8. 8
外商投资股份有限公司	Share holding	84. 3	84. 3
有限责任公司	Limited company	2995. 3	2941. 6
国有独资公司	State－owned	414. 1	412. 0
私营有限责任公司	Limited company	883. 1	879. 8
合资经营企业（港或澳、台资）	Funded from Hongkong, Macao and Taiwan	56. 3	53. 9
中外合资经营企业	Joint Venture	903. 4	885. 5
其他有限责任公司	Others	738. 4	710. 6
三、在总计中：亏损企业	Making loss enterprises	207. 9	194. 1
在总计中：国有控股企业	State share holding	7429. 5	6999. 3
农村工业	Rural industry	7. 0	7. 0
轻工业	Light－Industry	1634. 9	1606. 5
重工业	Heavy industry	9211. 0	8749. 1
在总计中：大型企业	Grouped by size of enterprises	8021. 8	7617. 9
中型企业	Medium－sized enterprises	1021. 4	993. 9
小型企业	Small－sized enterprises	1802. 7	1743. 8
纯小型企业	Pure small－sized erilerprises	1776. 5	1718. 1
微型企业	Micro－sized enterprises	26. 2	25. 7

单位：万元 unit：10000yuan

营业成本 Operating costs	主营业务成本 Main operation cost	营业税金及附加 Business taxes and extra charges	主营业务税金及附加 Main operation taxes and extra charges	其他业务收入 Other business revenue	其他业务利润 Other business profit
445. 6	443. 4	3. 3	3. 3	2. 1	-0. 3
184. 0	180. 4	1. 8	1. 7	4. 0	0. 6
59. 2	48. 1	0. 3	0. 2	15. 4	
1. 2	1. 2				
0. 5	0. 5				
17. 6	17. 6	0. 1	0. 1		
12. 8	12. 8	0. 1	0. 1		
27. 1	15. 9	0. 1	0. 1	15. 3	
1182. 4	1115. 0	9. 5	9. 3	58. 3	3. 7
1063. 6	996. 3	9. 0	8. 8	58. 2	3. 8
35. 7	35. 6	0. 1	0. 1		
6. 6	6. 6	0. 1	0. 1		
76. 6	76. 6	0. 4	0. 4		-0. 1
2581. 3	2493. 8	40. 4	40. 0	53. 6	5. 8
403. 2	401. 4	1. 5	1. 4	2. 1	0. 9
704. 0	701. 2	9. 3	9. 2	3. 3	0. 6
43. 4	41. 3	0. 3	0. 3	2. 5	0. 3
806. 7	749. 5	23. 9	23. 8	17. 9	2. 1
624. 0	600. 4	5. 5	5. 3	27. 8	1. 9
195. 2	175. 5	3. 3	3. 3	13. 7	0. 4
5937. 9	5587. 0	269. 6	269. 1	430. 2	95. 1
6. 2	6. 1				
1401. 0	1352. 1	29. 3	29. 2	28. 4	0. 6
7486. 8	7096. 0	262. 6	261. 8	461. 9	98. 9
6533. 1	6168. 7	269. 6	269. 3	403. 9	94. 3
844. 7	815. 8	11. 7	11. 6	27. 4	2. 5
1510. 0	1463. 6	10. 6	10. 3	59. 0	2. 8
1488. 6	1442. 6	10. 3	10. 0	58. 5	2. 7
21. 4	21. 0	0. 3	0. 2	0. 5	0. 1

11－3 续表 11 continued11

		财务费用 Financial cost	利息收入 Interest income	利息支出 Interest expenditure
港澳台商独资经营企业	Solely owned	4.8	0.1	4.8
外资企业	Foreign funded	0.4	0.7	1.6
合作、合伙企业	Cooperation and partnership	1.2		1.0
股份合作企业	Share holding cooperative			
国有联营企业	State joint ownership enterprises			
集体联营企业	Collective－owned			
国有与集体联营企业	State－collective joint			
其他联营企业	Others			
私营合伙企业	Private partnership	0.1	0.1	
合作经营企业（港或澳、台资）	Cooperative			
中外合作经营企业	Cooperative	0.8		0.8
其他企业（内资）	Others	0.1		
其他港澳台商投资企业	Others			
其他外商投资企业	Others	0.2		0.2
股份有限公司	Share holding	34.2	3.4	33.7
股份有限公司（内资）	Share holding（domestic）	33.5	3.3	33.0
私营股份有限公司	Private	0.7		0.6
港澳台商投资股份有限公司	Funded from Hongkong Macao and Taiwan			
外商投资股份有限公司	Share holding	－0.1		
有限责任公司	Limited company	32.1	2.5	29.6
国有独资公司	State－owned	8.9	0.3	9.0
私营有限责任公司	Limited company	13.2	0.2	9.7
合资经营企业（港或澳、台资）	Funded from Hongkong，Macao and Taiwan	0.5		0.2
中外合资经营企业	Joint Venture	0.4	1.4	2.0
其他有限责任公司	Others	9.2	0.7	8.7
三、在总计中：亏损企业	Making loss enterprises	8.5	1.3	7.5
在总计中：国有控股企业	State share holding	21.9	20.3	51.1
农村工业	Rural industry			
轻工业	Light－Industry	15.5	0.4	14.5
重工业	Heavy industry	38.3	23.2	66.5
在总计中：大型企业	Grouped by size of enterprises	4.1	19.6	32.8
中型企业	Medium－sized enterprises	14.0	1.9	15.1
小型企业	Small－sized enterprises	35.7	2.1	33.1
纯小型企业	Pure small－sized erilerprises	33.1	1.2	29.7
微型企业	Micro－sized enterprises	2.6	0.9	3.3

单位：万元 unit：10000yuan

销售费用 Marketing expenses	管理费用 Management expenses	税金 Tax	营业利润 Operating profit	资产减值损失 Impairment of Assets	公允价值变动收益 Fair Value Gain	投资收益 Investment income	补贴收入 Subsidies revenue
3.3	8.6	0.1	8.8			0.1	
7.0	21.9	0.8	18.9			0.2	0.3
2.6	1.7	0.1	7.0			0.1	1.3
0.0	0.1		0.1			0.1	
0.1	0.2		0.1				
2.0	0.7	0.1	2.5				
0.2	0.4		0.5				0.5
0.2	0.4		4.0				0.8
40.5	79.1	2.9	69.1	4.3		12.5	2.5
36.4	65.5	2.8	58.1	4.1		12.5	2.5
1.2	1.8	0.1	1.2				
0.2	0.6		1.5				
2.6	11.3		8.4	0.2			
79.8	115.2	4.6	176.0	2.8		5.3	4.6
8.1	3.2	0.3	-3.3	0.7		1.1	0.6
25.5	37.2	1.2	57.7	0.9		0.3	0.6
1.5	3.9	0.1	6.8				0.2
13.5	32.5	1.3	68.6	0.3		0.2	1.0
31.2	38.3	1.6	46.2	0.8		3.7	2.2
7.3	20.4	1.2	-28.1	1.2		0.5	0.6
302.3	251.6	10.7	728.3	13.4		66.2	15.5
0.2	0.2		0.2				
59.8	62.6	2.1	77.2	1.7		1.3	2.2
338.1	347.3	13.6	857.7	13.8		69.4	17.1
313.8	273.4	9.9	764.6	11.8		59.7	13.6
30.5	54.3	2.2	83.9	1.2		4.0	2.1
53.6	82.2	3.6	86.4	2.5		7.1	3.7
52.2	79.0	3.4	85.3	2.5		7.0	3.7
1.5	3.3	0.2	1.2				

11－3 续表 12 continued12

		营业外收入 Norbusiness revenue	营业外支出 Norbusiness expenditure
港澳台商独资经营企业	Solely owned	0. 3	
外资企业	Foreign funded	2. 3	0. 3
合作、合伙企业	Cooperation and partnership	1. 5	
股份合作企业	Share holding cooperative		
国有联营企业	State joint ownership enterprises		
集体联营企业	Collective－owned		
国有与集体联营企业	State－collective joint		
其他联营企业	Others		
私营合伙企业	Private partnership		
合作经营企业（港或澳、台资）	Cooperative		
中外合作经营企业	Cooperative	0. 1	
其他企业（内资）	Others	0. 5	
其他港澳台商投资企业	Others		
其他外商投资企业	Others	0. 8	
股份有限公司	Share holding	7. 3	5. 5
股份有限公司（内资）	Share holding（domestic）	7. 1	5. 3
私营股份有限公司	Private	0. 1	0. 1
港澳台商投资股份有限公司	Funded from Hongkong Macao and Taiwan		
外商投资股份有限公司	Share holding	0. 1	
有限责任公司	Limited company	19. 7	5. 8
国有独资公司	State－owned	10. 3	1. 5
私营有限责任公司	Limited company	1. 4	0. 8
合资经营企业（港或澳、台资）	Funded from Hongkong，Macao and Taiwan	0. 4	
中外合资经营企业	Joint Venture	3. 5	1. 6
其他有限责任公司	Others	4. 0	1. 8
三、在总计中：亏损企业	Making loss enterprises	4. 4	1. 4
在总计中：国有控股企业	State share holding	35. 8	16. 4
农村工业	Rural industry		
轻工业	Light－Industry	5. 4	1. 7
重工业	Heavy industry	41. 7	18. 5
在总计中：大型企业	Grouped by size of enterprises	33. 1	12. 5
中型企业	Medium－sized enterprises	7. 0	2. 1
小型企业	Small－sized enterprises	7. 0	5. 6
纯小型企业	Pure small－sized erilerprises	6. 9	5. 5
微型企业	Micro－sized enterprises	0. 1	0. 1

单位：万元 unit：10000yuan

利润总额 Profit	应交所得税 Income tax payable	亏损企业亏损总额 Total loss of loss – suffering enterprises	利税总额 Pre – tax profits	应交税金及附加 Taxes and extra charges	本年应付职工薪酬 Wages payable of the year	本年应交增值税 Value added
8. 1	1. 9	0. 1	13. 2	7. 1	5. 7	1. 7
20. 3	5. 1	3. 0	29. 7	15. 4	11. 5	7. 7
4. 3	0. 2		5. 6	1. 6	3. 4	1. 0
					0. 1	
0. 1			0. 1			
0. 1			0. 1	0. 1	0. 1	0. 1
2. 5	0. 1		3. 4	1. 0	1. 7	0. 8
1. 0	0. 1		1. 3	0. 4	0. 8	0. 2
0. 7	0. 1		0. 7	0. 1	0. 7	
70. 8	10. 3	7. 6	117. 7	60. 1	64. 2	37. 4
59. 9	8. 7	7. 5	99. 3	51. 0	59. 2	30. 5
1. 2	0. 2		3. 0	2. 1	1. 4	1. 7
1. 3	0. 2	0. 1	1. 7	0. 7	0. 2	0. 4
8. 4	1. 1		13. 7	6. 4	3. 4	4. 8
185. 8	28. 7	13. 7	303. 8	151. 3	157. 9	77. 6
5. 5	0. 9	0. 6	21. 2	16. 9	53. 8	14. 2
57. 8	4. 6	0. 7	88. 2	36. 2	24. 1	21. 2
7. 2	1. 3		9. 4	3. 6	2. 7	1. 9
68. 1	16. 2	6. 8	117. 9	67. 4	38. 5	26. 0
47. 3	5. 8	5. 6	67. 0	27. 2	38. 7	14. 3
–25. 4	0. 2	25. 4	–13. 1	13. 6	21. 9	8. 9
747. 8	181. 5	12. 1	1301. 7	746. 1	280. 5	284. 4
0. 3			0. 3	0. 1	0. 2	0. 0
75. 5	8. 1	5. 0	125. 4	60. 1	43. 6	20. 7
876. 5	202. 1	20. 3	1472. 8	812. 0	348. 5	333. 7
779. 8	184. 4	15. 4	1337. 3	751. 9	277. 7	288. 0
85. 1	14. 1	4. 5	125. 6	56. 9	56. 5	28. 8
87. 1	11. 6	5. 4	135. 2	63. 4	57. 9	37. 6
86. 1	11. 5	4. 9	132. 3	61. 1	56. 2	35. 9
1. 0	0. 1	0. 6	3. 0	2. 3	1. 7	1. 8

11－3 续表 13 continued13

		全部从业人员年平均人数（万人）Annual averageof employment（10000person）	总资产贡献率（%）Ratio of TotalAssets to Industry Value
港澳台商独资经营企业	Solely owned	1.1	8.7
外资企业	Foreign funded	2.0	16.3
合作、合伙企业	Cooperation and partnership	0.4	9.1
股份合作企业	Share holding cooperative		-3.6
国有联营企业	State joint ownership enterprises		
集体联营企业	Collective－owned		
国有与集体联营企业	State－collective joint		
其他联营企业	Others		
私营合伙企业	Private partnership		24.4
合作经营企业（港或澳、台资）	Cooperative	0.1	31.3
中外合作经营企业	Cooperative	0.1	9.9
其他企业（内资）	Others	0.1	25.8
其他港澳台商投资企业	Others		
其他外商投资企业	Others	0.1	4.0
股份有限公司	Share holding	7.1	9.7
股份有限公司（内资）	Share holding（domestic）	6.3	9.1
私营股份有限公司	Private	0.4	13.8
港澳台商投资股份有限公司	Funded from Hongkong Macao and Taiwan		18.1
外商投资股份有限公司	Share holding	0.4	22.4
有限责任公司	Limited company	23.4	16.0
国有独资公司	State－owned	4.5	6.0
私营有限责任公司	Limited company	6.6	24.1
合资经营企业（港或澳、台资）	Funded from Hongkong，Macao and Taiwan	0.6	20.1
中外合资经营企业	Joint Venture	4.0	24.6
其他有限责任公司	Others	7.8	11.9
三、在总计中：亏损企业	Making loss enterprises	3.4	-1.5
在总计中：国有控股企业	State share holding	27.5	25.7
农村工业	Rural industry	0.1	6.3
轻工业	Light－Industry	9.3	15.8
重工业	Heavy industry	40.3	23.8
在总计中：大型企业	Grouped by size of enterprises	30.3	27.7
中型企业	Medium－sized enterprises	9.3	15.8
小型企业	Small－sized enterprises	10.0	11.1
纯小型企业	Pure small－sized erilerprises	9.7	11.6
微型企业	Micro－sized enterprises	0.3	5.3

单位：万元 unit：10000 yuan

资产负债率（%） Ratio of Assetsto Industrial value（%）	流动资产周转率（次/年） Times of Annual Tumover of circulating Funds (time/year)	成本费用利润率（%） Ratio of Profits to cost（%）	产品销售率（%） Proportion of Products sold（%）
79.9	6.8	1.8	94.3
60.3	1.8	9.5	100.2
47.4	1.7	6.7	110.3
55.5	0.1	-54.6	204.2
7.6	82.2	6.1	100.0
12.2	4.8	7.2	167.6
35.8	1.2	12.0	127.0
45.2	5.8	7.5	99.7
69.2	1.8	2.4	99.8
68.9	1.6	5.3	94.6
70.7	1.5	5.0	94.1
56.4	2.6	3.1	98.0
18.9	1.2	17.6	97.7
41.8	1.9	9.3	100.0
57.2	3.4	6.6	97.4
62.4	7.7	1.3	99.9
50.8	4.8	7.4	95.9
49.1	2.1	14.6	103.6
56.7	2.7	8.0	98.9
58.3	2.5	6.7	95.7
80.1	1.2	-11.0	84.4
56.7	2.6	11.5	98.1
44.4	2.4	3.9	105.0
59.2	3.9	4.9	94.5
56.4	2.6	10.7	98.1
55.4	3.0	11.0	98.1
57.6	2.2	9.0	97.6
60.7	2.2	5.2	94.9
60.4	2.3	5.2	96.1
65.0	0.5	3.4	52.2

统计资料

STATISTICS

交通运输、邮电通信业

TRANSPORTATION, POST AND TELECOMMUNICATION

第十二篇　交通运输、邮电通信业

2014年，我市机动车保有量为150万辆，比上年增加5.5万辆，增长3.8%，其中：个人机动车保有量为130.8万辆，比上年增加5.9万辆，增长4.7%。在总计中：新注册1.4万辆。在总计中：运营车辆21.1万辆，比上年减少2万辆，下降8.7%，非运营车辆128.8万辆，比上年增加7.5万辆，增长6.2%。

2014年末全市民用汽车保有量114.4万辆，增长12.3%。其中，私人汽车保有量96.6万辆，增长15.3%。

全年公路货物周转量334.9亿吨公里，增长8.4%；旅客周转量为59亿人公里，增长2.6%。民航完成货邮吞吐量7.4万吨，增长8.1%；完成旅客吞吐量742.2万人，增长10.2%。

2014年完成邮电业务总量57.6亿元，下降22.8%。其中：邮政业务总量5.2亿元，增长3%；电信业务总量52.4亿元，下降24.7%。全年特快专递完成58万件，下降20%；邮政储蓄平均余额2616.4亿元，增长5%。全市市话年末达到130.5万户，下降14.2%；农话年末达到26万户，增长1.4%。移动电话年末达到868.7万户，下降22.9%。互联网用户已经达到392.6万户，下降36.4 %，其中宽带用户110.9万户，增长9.6%。

12－1 2014年长春市机动车辆保有量
NUMBER OF CIVIL MOTOR VEHICLE OWNED (2014)

单位：辆　　　　unit：coach

		机动车保有量 Number of civil motor vehicle owned						报废 Ababdibed Non－operating
		总计 Total				营运 Operating	非营运 Non－operating	
			进口 Import	个人 Individual	新注册 new register			
总计	Total	1500551	63014	1308367	13773	211243	1287993	1624
一、汽车	Vehicles	1144590	62911	965955	13592	188051	955231	1587
1、载客汽车	Buses and cars	984481	62572	857358	12743	38035	945138	238
其中：大型	large	14464	126	884	157	8454	4829	28
中型	mudium	6024	192	2035	16	587	5310	18
小型	Smaller	936575	61894	829049	12531	28977	907598	180
微型	Smaller	27418	360	25390	39	17	27401	12
2、载货汽车	Truck	131373	289	83537	814	123959	7414	1292
其中：重型	heavy	34663	13	14281	389	34069	594	755
中型	Mudium	8430	6	5707	15	8075	355	508
轻型	light	87997	270	63345	410	81586	6411	29
微型	Small	283		204		229	54	
3、其他汽车	Others	28736	50	25060	35	26057	2679	57
其中：三轮汽车	Tricar	8112		8107	3	7510	602	
低速货车	Low－speed truck/Therein	15385	3	15166	8	15077	308	2
二、摩托车	Motor cycle	342876	94	340813	112	10388	332488	2
1、普通	Ordinary	333539	94	331522	111	10382	323157	2
2、轻便	Light	9337		9291	1	6	9331	
三、挂车	Trailer	12686	8	1366	64	12544	142	35
1、重型	Heavy	12628	2	1349	64	12492	136	23
2、中型	Medium－sized	21	4	13		17	4	12
3、轻型	Dght	37	2	4		35	2	
四、拖拉机	Tractors	7		7				
1、大中型	Large and medium							
2、小型方向盘式	small							
3、手扶式	Shou fu	7		7				
五、其他类型	others	392	1	226	5	260	132	

统计资料

STATISTICS

建筑业

CONSTUCTION

第十三篇　建筑业

2014 年，全市建筑业发展状况良好，其主要经济指标仍保持增长态势。

建筑业产值稳步增长。2014 年全年累计完成建筑业总产值 1243.1 亿元，比去年增长 22%；竣工产值 777.6 亿元，增长 31.9%；房屋施工面积 6878.5 万平方米，增长 19.6%。

企业利润大幅提高。2014 年，全市建筑业企业实现工程结算收入 1164.6 亿元，增长 18.1%；实现工程结算税金及附加 1005.9 亿元，增长 17.7%；实现工程结算利润 116.6 亿元，增长 14.5%；实现营业利润 50.9 亿元，增长 64.8。产值利润率由 2013 年的 3%，提高到 4.1%，提高了 1.1 个百分点。

13－1 2014年长春市建筑业企业施工房屋竣工面积表

指标名称	Item	建筑业企业个数 Number of construction enterprises	本年实际房屋建筑竣工面积（平方米） Floor space of building completed（sq. m）
总 计	Total	1233	26649237
其中：国有及国有控股企业	State－owned and state－holding enterprise	99	3220427
一、按登记注册类型分组	Grouped by type registered		
内资企业	Domestic funded	1224	26649237
国有企业	State－owned	20	1275225
集体企业	Collective－owned	7	
股份合作企业	Cooperative	1	
联营企业	Joint		
国有联营企业	State joint owned		
集体联营企业	Collective joint owned		
国有与集体联营企业	State－collective joint owned		
其他联营企业	Other joint owned		
有限责任公司	Limited liability corporations	651	12568784
国有独资公司	State－owned solely	23	793775
其他有限责任公司	Other	628	11775009
股份有限公司	Share holding	63	3576211
私营企业	Private	481	9229017
私营独资企业	Private funded	2	
私营合伙企业	Private partner	2	
私营有限责任公司	Private limited company	450	8562945
私营股份有限公司	Private share holding	27	666072
其他企业	Others	1	
港、澳、台商投资企业	Funded from Hongkong Macao and Taiwan	6	
与港澳台合资经营	joint venture	6	
与港澳台合作经营	Cooperative		
港、澳、台商独资	Solely owned		
港、澳、台商投资股份有限公司	Share holding		
其他港澳台投资	Others	1	
外商投资企业	Foreign funds	1	
中外合资经营企业	Joint venture		
中外合作经营企业	Cooperative		
外资企业	Foreign funded		
外商投资股份有限公司	Share holding		
其他外商投资	Others		
二、按国民经济行业分组	Grouped by sector		
房屋建筑业	Housing industry	342	20826812
土木工程建筑业	Engineering Construction	331	2259274
铁路、道路、隧道和桥梁工程建筑	Railway roads and briages projects	172	1684128
铁路工程建筑	Railway	9	
公路工程建筑	Roads	37	348212
市政道路工程建筑	Municipal road engineering construction	105	1054480
其他道路、隧道和桥梁工程建筑	Others	21	281436
水利和内河港口工程建筑	Water conservation and inland port engineering construction	43	165148
水源及供水设施工程建筑	Water resources and water supply facilities engineering construction	23	
河湖治理及防洪设施工程建筑	The govemance of rivers and lakes and flood control facilities engineering and construction	16	165148

COMPLETED SPACE OF CONSTRUCTION ENTERPRISES IN 2014

指标名称	Item	建筑业企业个数 Number of construction enterprises	本年实际房屋建筑竣工面积（平方米） Floor space of building completed (sq. m)
港口及航运设施工程建筑	Harbor and shipping facilities engineering constructions	4	
海洋工程建筑	Marine engineering constructions		
工矿工程建筑	Mining construction	6	
架线及管道工程建筑	Pipe – line construction	32	18700
架线及设备工程建筑	Wiring and equipment engineering constructions	24	18700
管道工程建筑	Pipes engineering constructions	8	
其他土木工程建筑	Others	78	391298
建筑安装业	Construction and installation projects	323	2664179
电气安装	Electrial installation	57	2750
管道和设备安装	Pipes and equipment installation	193	6200
其他建筑安装业	Others	73	2655229
建筑装饰和其他建筑业	Construction and decoration industry and others	235	898972
建筑装饰业	Construction and decoration industry	148	455449
工程准备活动	Project preparation activities	29	110706
建筑物拆除活动	Building demolition activities	28	110706
其他工程准备活动	Others	1	
提供施工设备服务	Equipment seruices	1	
其他未列明建筑业	Others	57	332817
三、按隶属关系分组	Grouped by administrative		
中央	Central	39	665568
省（自治区、直辖市）	Province	96	1450070
地区（州、盟、省辖市）	Areas (prefectures、leagues、Provincial cities)	140	5736863
县（区、市、旗）	County	40	1528032
街道	Street	2	
镇	Town		
乡	Township		
居委会	Resident committee		
村委会	Village committee		
其他	Others	914	17268704
四、按企业资质等级分组	Group according to grades of enterprise qualification		
施工总承包	General construction contract	562	25223749
特别	Superfine		
一级	First class	41	7385767
二级	Second class	205	10590949
三级及以下	Third class and below	316	7247033
专业承包	Responsibility contracts on specialties	669	1425488
一级	First class	54	258000
二级	Second class	131	459305
三级及以下	Third class and below	484	708183
五、按控股情况分	Grouped by owned		
国有控股	State – owned	99	3220427
集体控股	Collective – owned	26	199494
私人控股	Private – owned	773	18289626
港澳台控股	HongKong Macao and Taiwan – owned	4	
外商控股	Foreign – owned		
其他	Others	329	4939690

13－2 2014年长春市建筑业企业主要财务状况表

单位：千元

指标名称	Item	固定资产原价 Original value of fixed assets
总 计	Total	13657917
其中：国有及国有控股企业	State－owned and state－holding enterprise	3858383
一、按登记注册类型分组	Grouped by type registered	
内资企业	Domestic funded	13312454
国有企业	State－owned	923439
集体企业	Collective－owned	89957
股份合作企业	Cooperative	6785
联营企业	Joint	
国有联营企业	State joint owned	
集体联营企业	Collective joint owned	
国有与集体联营企业	State－collective joint owned	
其他联营企业	Other joint owned	
有限责任公司	Limited liability corporations	7523147
国有独资公司	State－owned solely	2005239
其他有限责任公司	Other	5517908
股份有限公司	Share holding	798641
私营企业	Private	3970456
私营独资企业	Private funded	731
私营合伙企业	Private partner	3615
私营有限责任公司	Private limited company	3821583
私营股份有限公司	Private share holding	144527
其他企业	Others	29
港、澳、台商投资企业	Funded from Hongkong Macao and Taiwan	345463
与港澳台合资经营	Joint venture	345463
与港澳台合作经营	Cooperative	
港、澳、台商独资	Solely owned	
港、澳、台商投资股份有限公司	Share holding	
其他港澳台投资	Others	
外商投资企业	Foreign funds	
中外合资经营企业	Joint venture	
中外合作经营企业	Cooperative	
外资企业	Foreign funded	
外商投资股份有限公司	Share holding	
其他外商投资	Others	
二、按国民经济行业分组	Grouped by sector	
房屋建筑业	Housing industry	2401075
土木工程建筑业	Engineering Construction	9035792
铁路、道路、隧道和桥梁工程建筑	Railway roads and briages projects	5385333
铁路工程建筑	Railway	522301
公路工程建筑	Roads	2056796
市政道路工程建筑	Municipal road engineering construction	1698630
其他道路、隧道和桥梁工程建筑	Others	1107606
水利和内河港口工程建筑	Water conservation and inland port engineering construction	1034082
水源及供水设施工程建筑	Water resources and water supply facilities engineering construction	321028
河湖治理及防洪设施工程建筑	The govemance of rivers and lakes and flood control facilities engineering and construction	704242
港口及航运设施工程建筑	Harbor and shipping facilities engineering constructions	8812

MAIN FINANCIAL CONDITIONS OF CONSTRUCTION ENTERPRISES IN 2014

unit：1000yuan

资产合计 Current assets	流动负债合计 Current liabilites	非流动负债合计 Non - current liabilities	负债合计 Liabilities	所有者权益合计 Ownership interests
116646388	65951779	3283620	76658641	39987747
19410901	14576498	217608	15559585	3851316
113937007	64007620	3262328	74693189	39243818
3939581	4090278	70425	4183335	-243754
602648	461773	11581	473354	129294
7791	1366		1366	6425
57108583	29572789	1514583	34672844	22435739
5671082	3280771	123095	3437648	2233434
51437501	26292018	1391488	31235196	20202305
12139858	5795481	55818	9103387	3036471
40132128	24080278	1609921	26253248	13878880
12149	1901		1901	10248
22486	633		633	21853
38297822	23107092	1538769	25197050	13100772
1799671	970652	71152	1053664	746007
6418	5655		5655	763
2707558	1944159	21292	1965452	742106
2707558	1944159	21292	1965452	742106
1823				1823
1823				1823
36878842	23357038	310029	26031394	10847448
59740793	31534270	2691910	38746821	20993972
45537539	22029808	2525313	28927672	16609867
8073266	5586149		5586179	2487087
10275694	3498014	438256	4510830	5764864
18671112	10768477	1875290	13012119	5658993
8517467	2177168	211767	5818544	2698923
7669679	5189043	137294	5460688	2208991
2518358	1659328	21217	1814896	703462
4920026	3420332	116077	3536409	1383617
231295	109383		109383	121912

13－2 续表 1 continued1

指标名称	Item	固定资产原价 Original value of fixed assets
海洋工程建筑	Marine engineering constructions	
工矿工程建筑	Mining construction	476495
架线及管道工程建筑	Pipe－line construction	1915353
架线及设备工程建筑	Wiring and equipment engineering constructions	1887467
管道工程建筑	Pipes engineering constructions	27886
其他土木工程建筑	Others	224529
建筑安装业	Construction and installation projects	1383342
电气安装	Electrial installation	216636
管道和设备安装	Pipes and equipment installation	826319
其他建筑安装业	Others	340387
建筑装饰和其他建筑业	Construction and decoration industry and others	837708
建筑装饰业	Construction and decoration industry	422993
工程准备活动	Project preparation activities	34872
建筑物拆除活动	Building demolition activities	34735
其他工程准备活动	Others	137
提供施工设备服务	Equipment seruices	100
其他未列明建筑业	Others	379743
三、按隶属关系分组	Grouped by administrative	
中央	Central	1870014
省（自治区、直辖市）	Province	2033698
地区（州、盟、省辖市）	Areas（prefectures、leagues、Provincial cities）	2080630
县（区、市、旗）	County	252070
街道	Street	2232
镇	Town	
乡	Township	
居委会	Resident committee	
村委会	Village committee	
其他	Others	7419273
四、按企业资质等级分组	Group according to grades of enterprise qualification	
施工总承包	General construction contract	11218087
特别	Superfine	
一级	First class	4602878
二级	Second class	5317457
三级及以下	Third class and below	1297752
专业承包	Responsibility contracts on specialties	2439830
一级	First class	638921
二级	Second class	632766
三级及以下	Third class and below	1168143
五、按控股情况分	Grouped by owned	
国有控股	State－owned	3858383
集体控股	Collective－owned	196847
私人控股	Private－owned	6768401
港澳台控股	HongKong Macao and Taiwan－owned	320534
外商控股	Foreign－owned	
其他	Others	2513752

单位：千元 unit：1000yuan

资产合计 Current assets	流动负债合计 Current liabilites	非流动负债合计 Non - current liabilities	负债合计 Liabilities	所有者权益合计 Ownership interests
1062285	1746700		1746700	-684415
4074226	1875618	22594	1898215	2176011
3876463	1741360	22594	1763957	2112506
197763	134258		134258	63505
1397064	693101	6709	713546	683518
14323407	8151753	170164	8813975	5509432
1911949	940485	51692	1102356	809593
5839272	2604156	48491	2732090	3107182
6572186	4607112	69981	4979529	1592657
5703346	2908718	111517	3066451	2636895
3125402	1552933	103326	1696432	1428970
159452	23033		28143	131309
148507	15870		20980	127527
10945	7163		7163	3782
21410	1244		1244	20166
2397082	1331508	8191	1340632	1056450
10910002	9685616	148878	9868998	1041004
17965221	6867092	164219	10737474	7227747
12095570	7211957	39674	7695029	4400541
1911269	923497	3644	1024101	887168
40920	8624		8624	32296
73723406	41254993	2927205	47324415	26398991
98984313	57637140	2990424	67535724	31448589
43814650	27609164	1660538	32450893	11363757
39089547	21367959	933326	24718005	14371542
16080116	8660017	396560	10366826	5713290
17662075	8314639	293196	9122917	8539158
3951160	2142098	22030	2233630	1717530
4909877	2298831	128235	2466124	2443753
8801038	3873710	142931	4423163	4377875
19410901	14576498	217608	15559585	3851316
1820698	1443438	17670	1463190	357508
69079452	38823419	1965199	45692337	23387115
2409225	1818423	21292	1839716	569509
23926112	9290001	1061851	12103813	11822299

13 – 2 续表 2 continued2

指标名称	Item	主营业务收入 Main business revenue
总 计	Total	115841353
其中：国有及国有控股企业	State – owned and state – holding enterprise	19111592
一、按登记注册类型分组	Grouped by type registered	
内资企业	Domestic funded	112894481
国有企业	State – owned	4307243
集体企业	Collective – owned	681310
股份合作企业	Cooperative	10250
联营企业	Joint	
国有联营企业	State joint owned	
集体联营企业	Collective joint owned	
国有与集体联营企业	State – collective joint owned	
其他联营企业	Other joint owned	
有限责任公司	Limited liability corporations	54595294
国有独资公司	State – owned solely	6254831
其他有限责任公司	Other	48340463
股份有限公司	Share holding	11904894
私营企业	Private	41370057
私营独资企业	Private funded	9965
私营合伙企业	Private partner	8797
私营有限责任公司	Private limited company	37810881
私营股份有限公司	Private share holding	3540414
其他企业	Others	25433
港、澳、台商投资企业	Funded from Hongkong Macao and Taiwan	2173977
与港澳台合资经营	joint venture	2173977
与港澳台合作经营	Cooperative	
港、澳、台商独资	Solely owned	
港、澳、台商投资股份有限公司	Share holding	
其他港澳台投资	Others	
外商投资企业	Foreign funds	
中外合资经营企业	Joint venture	
中外合作经营企业	Cooperative	
外资企业	Foreign funded	
外商投资股份有限公司	Share holding	
其他外商投资	Others	
二、按国民经济行业分组	Grouped by sector	
房屋建筑业	Housing industry	50398898
土木工程建筑业	Engineering Construction	40242900
铁路、道路、隧道和桥梁工程建筑	Railway roads and briages projects	28035946
铁路工程建筑	Railway	2149964
公路工程建筑	Roads	6838198
市政道路工程建筑	Municipal road engineering construction	13594867
其他道路、隧道和桥梁工程建筑	Others	5452917
水利和内河港口工程建筑	Water conservation and inland port engineering construction	7434127
水源及供水设施工程建筑	Water resources and water supply facilities engineering construction	2030531
河湖治理及防洪设施工程建筑	The govemance of rivers and lakes and flood control facilities engineering and construction	5081651

单位：千元 unit：1000yuan

主营业务成本 Main operation cost	主营业务税金及附加 Main operation taxes and extra charges	管理费用 Management expenses	利润总额 Total profits	应交所得税 Income taxes payable	应付职工薪酬（本年贷方累计发生额） Payroll payable (credit accumulated happening this year
97464871	4074949	3790248	5225828	1696651	8066580
17032787	1000071	667632	252359	129727	1307874
94729273	3987516	3708825	5121044	1669498	7976210
3860539	118211	181135	10986	12719	417307
510307	20855	97037	74991	3879	90151
8386	346		16	1	2680
45609354	2184550	2104187	2696586	741267	3236658
5312630	629073	182819	80125	26850	327793
40296724	1555477	1921368	2616461	714417	2908865
9965624	354151	196034	465126	203086	1428614
34751772	1308498	1129453	1873081	708469	2800080
8057	241	2119	-459	145	1430
7444	296	715	402	193	1569
31764172	1199429	1067296	1766815	639423	2389109
2972099	108532	59323	106323	68708	407972
23291	905	979	258	77	720
1938343	56529	34655	90659	20036	59861
1938343	56529	34655	90659	20036	59861
		103	-77		
		103	-77		
42803967	2146972	959849	1739543	743985	4416744
33342339	1158562	1675623	2216694	547172	1943619
22546957	807697	1127040	1806471	441059	996611
1799489	77439	72418	60047	24000	61671
5653633	232255	267973	554924	137706	239677
11250917	354543	464692	971087	225229	556273
3842918	143460	321957	220413	54124	138990
6556969	219670	269088	299515	64774	494849
1824672	69835	86262	51136	18753	199709
4538985	142177	178027	132193	42012	288100

13－2 续表 3 continued3

指标名称	Item	主营业务收入 Main business revenue
港口及航运设施工程建筑	Harbor and shipping facilities engineering constructions	321945
海洋工程建筑	Marine engineering constructions	
工矿工程建筑	Mining construction	656793
架线及管道工程建筑	Pipe－line construction	3267489
架线及设备工程建筑	Wiring and equipment engineering constructions	3139167
管道工程建筑	Pipes engineering constructions	128322
其他土木工程建筑	Others	848545
建筑安装业	Construction and installation projects	19470478
电气安装	Electrial installation	1453967
管道和设备安装	Pipes and equipment installation	6016488
其他建筑安装业	Others	12000023
建筑装饰和其他建筑业	Construction and decoration industry and others	4956182
建筑装饰业	Construction and decoration industry	2972636
工程准备活动	Project preparation activities	141593
建筑物拆除活动	Building demolition activities	135764
其他工程准备活动	Others	5829
提供施工设备服务	Equipment seruices	47000
其他未列明建筑业	Others	1794953
三、按隶属关系分组	Grouped by administrative	
中央	Central	11470905
省（自治区、直辖市）	Province	14706292
地区（州、盟、省辖市）	Areas（prefectures、leagues、Provincial cities）	13978721
县（区、市、旗）	County	2151262
街道	Street	52653
镇	Town	
乡	Township	
居委会	Resident committee	
村委会	Village committee	
其他	Others	72708625
四、按企业资质等级分组	Group according to grades of enterprise qualification	
施工总承包	General construction contract	98317068
特别	Superfine	
一级	First class	41623595
二级	Second class	37960241
三级及以下	Third class and below	18733232
专业承包	Responsibility contracts on specialties	16751390
一级	First class	4415358
二级	Second class	3906378
三级及以下	Third class and below	8429654
五、按控股情况分	Grouped by owned	
国有控股	State－owned	19079808
集体控股	Collective－owned	2277935
私人控股	Private－owned	72166298
港澳台控股	HongKong Macao and Taiwan－owned	2067123
外商控股	Foreign－owned	
其他	Others	19477294

单位：千元 unit：1000yuan

主营业务成本 Main operation cost	主营业务税金及附加 Main operation taxes and extra charges	管理费用 Management expenses	利润总额 Total profits	应交所得税 Income taxes payable	应付职工薪酬（本年贷方累计发生额） Payroll payable (credit accumulated happening this year
193312	7658	4799	116186	4009	7040
661586	20212	59851	-74663	2207	136717
2880989	78414	144129	144666	29137	210378
2772181	73900	137792	142484	28514	202146
108808	4514	6337	2182	623	8232
695838	32569	75515	40705	9995	105064
16486164	592152	720575	898041	335811	1097675
1128424	45545	160711	70191	15465	152306
4436114	156783	386721	403265	84348	451702
10921626	389824	173143	424585	235998	493667
4035146	146359	387536	357348	62566	578033
2490996	94429	130660	232036	46489	250887
102093	3167	19254	9548	3152	11373
98400	2971	18229	8638	2909	11005
3693	196	1025	910	243	368
37954	1579	5956	223	155	14760
1404103	47184	231666	115541	12770	301013
10074228	755127	489191	1239	37212	785196
11565948	440348	538568	737800	194230	417956
11689404	456756	418878	582736	249730	2018749
1800828	82454	74649	167605	33212	206012
48662	1275	2421	301	227	2600
61488546	2308085	2219876	3721945	1174923	4605558
83324223	3553116	2606327	4232919	1455681	6429138
36888290	1241105	900917	1233471	651969	2385428
31856022	1715843	1036048	2048070	560622	2576393
14579911	596168	669362	951378	243090	1467317
13343393	490929	1137256	978707	233853	1606933
3513852	119260	302174	321139	59191	432292
3225199	119082	256136	233662	51804	327217
6604342	252587	578946	423906	122858	847424
16858555	989851	667491	258778	129976	1305002
1898084	74764	189525	135836	22531	221847
60318317	2274639	2055050	3239573	1180499	5194474
1876436	52838	26992	61407	12785	42548
15716224	651953	804525	1516032	343743	1272200

13－3 2014年长春市建筑业企业生产情况指标

单位：千元

项目	Item	建筑业总产值 Output value of construction	按构成分建筑工程产值 By register output value of construction
总 计	Total	124310490	105007575
其中：国有及国有控股企业	State－owned and state－holding enterprise	22314844	18593422
一、按登记注册类型分组	Grouped by type registered		
内资企业	Domestic funded	114213936	95388451
国有企业	State－owned	4124622	2109537
集体企业	Collective－owned	622641	75360
股份合作企业	Cooperative	10250	10250
联营企业	Joint		
国有联营企业	State joint owned		
集体联营企业	Collective joint owned		
国有与集体联营企业	State－collective joint owned		
其他联营企业	Other joint owned		
有限责任公司	Limited liability corporations	55521401	48548995
国有独资公司	State－owned solely	6908192	6431060
其他有限责任公司	Other	48613209	42117935
股份有限公司	Share holding	12373111	11170662
私营企业	Private	41536478	33448214
私营独资企业	Private funded	12000	4000
私营合伙企业	Private partner	15300	
私营有限责任公司	Private limited company	38000343	30986234
私营股份有限公司	Private share holding	3508835	2457980
其他企业	Others	25433	25433
港、澳、台商投资企业	Funded from Hongkong Macao and Taiwan	1832244	1433154
与港澳台合资经营	joint venture	1832244	1433154
与港澳台合作经营	Cooperative		
港、澳、台商独资	Solely owned		
港、澳、台商投资股份有限公司	Share holding		
其他港澳台投资	Others		
外商投资企业	Foreign funds		
中外合资经营企业	Joint venture		
中外合作经营企业	Cooperative		
外资企业	Foreign funded		
外商投资股份有限公司	Share holding		
其他外商投资	Others		
二、按国民经济行业分组	Grouped by sector		
房屋建筑业	Housing industry	54131884	49833858
土木工程建筑业	Engineering Construction	38731602	33641512
铁路、道路、隧道和桥梁工程建筑	Railway roads and briages projects	26473526	24811022
铁路工程建筑	Railway	2185765	2185765
公路工程建筑	Roads	6680574	6323245
市政道路工程建筑	Municipal road engineering construction	12727367	11548225
其他道路、隧道和桥梁工程建筑	Others	4879820	4753787
水利和内河港口工程建筑	Water conservation and inland port engineering construction	7697791	7001907
水源及供水设施工程建筑	Water resources and water supply facilities engineering construction	1848992	1725240
河湖治理及防洪设施工程建筑	The govemance of rivers and lakes and flood control facilities engineering and construction	5552031	5107609
港口及航运设施工程建筑	Harbor and shipping facilities engineering constructions	296768	169058

PRODUCTIVE INDICATIONS ABOUT CONSTRUCTION ENTERPRISES IN 2014

unit: 1000yuan

项目	Item	建筑业总产值 Output value of construction	按构成分建筑工程产值 By register output value of construction
海洋工程建筑	Marine engineering constructions		
工矿工程建筑	Mining construction	655531	347239
架线及管道工程建筑	Pipe - line construction	3019060	845858
架线及设备工程建筑	Wiring and equipment engineering constructions	2891930	836858
管道工程建筑	Pipes engineering constructions	127130	9000
其他土木工程建筑	Others	885694	635486
建筑安装业	Construction and installation projects	18626395	9662707
电气安装	Electrial installation	1302045	36730
管道和设备安装	Pipes and equipment installation	5374065	1361695
其他建筑安装业	Others	11950285	8264282
建筑装饰和其他建筑业	Construction and decoration industry and others	4556299	3683528
建筑装饰业	Construction and decoration industry	2643717	2065335
工程准备活动	Project preparation activities	245732	239608
建筑物拆除活动	Building demolition activities	239903	239608
其他工程准备活动	Others	5829	
提供施工设备服务	Equipment seruices	47000	
其他未列明建筑业	Others	1619850	1378585
三、按隶属关系分组	Grouped by administrative		
中央	Central	14369853	11880284
省（自治区、直辖市）	Province	13379992	12439199
地区（州、盟、省辖市）	Areas（prefectures、leagues、Provincial cities）	14012353	12000634
县（区、市、旗）	County	2535632	2148809
街道	Street	64472	
镇	Town		
乡	Township		
居委会	Resident committee		
村委会	Village committee		
其他	Others	71683878	58352679
四、按企业资质等级分组	Group according to grades of enterprise qualification		
施工总承包	General construction contract	101362655	88928762
特别	Superfine		
一级	First class	41661837	36385953
二级	Second class	40161898	34108555
三级及以下	Third class and below	19538920	18434254
专业承包	Responsibility contracts on specialties	14683525	7892843
一级	First class	4359862	2356662
二级	Second class	3380527	1929368
三级及以下	Third class and below	6943136	3606813
五、按控股情况分	Grouped by owned		
国有控股	State - owned	18983727	15342852
集体控股	Collective - owned	2261300	1209957
私人控股	Private - owned	73898913	62387246
港澳台控股	HongKong Macao and Taiwan - owned	1777301	1428211
外商控股	Foreign - owned		
其他	Others	19124939	16453339

13－3 续表 1 continued1

项目	Item	房屋建筑施工面积 Construction space	直接从事生产经营活动的人数 Avarage number of directly engaged in production and business operation activities
总 计	Total	68784850	322515
其中：国有及国有控股企业	State－owned and state－holding enterprise	9556106	49830
一、按登记注册类型分组	Grouped by type registered		
内资企业	Domestic funded	60918501	303013
国有企业	State－owned	1759677	6692
集体企业	Collective－owned		1829
股份合作企业	Cooperative		498
联营企业	Joint		
国有联营企业	State joint owned		
集体联营企业	Collective joint owned		
国有与集体联营企业	State－collective joint owned		
其他联营企业	Other joint owned		
有限责任公司	Limited liability corporations	24704232	141130
国有独资公司	State－owned solely	1161497	10726
其他有限责任公司	Other	23542735	130404
股份有限公司	Share holding	8771131	36040
私营企业	Private	25683461	116798
私营独资企业	Private funded		80
私营合伙企业	Private partner		94
私营有限责任公司	Private limited company	23650356	110049
私营股份有限公司	Private share holding	2033105	6575
其他企业	Others		26
港、澳、台商投资企业	Funded from Hongkong Macao and Taiwan	175679	6269
与港澳台合资经营	joint venture	175679	6269
与港澳台合作经营	Cooperative		
港、澳、台商独资	Solely owned		
港、澳、台商投资股份有限公司	Share holding		
其他港澳台投资	Others		
外商投资企业	Foreign funds		
中外合资经营企业	Joint venture		
中外合作经营企业	Cooperative		
外资企业	Foreign funded		
外商投资股份有限公司	Share holding		
其他外商投资	Others		
二、按国民经济行业分组	Grouped by sector		
房屋建筑业	Housing industry	42380853	168014
土木工程建筑业	Engineering Construction	5036165	71664
铁路、道路、隧道和桥梁工程建筑	Railway roads and briages projects	2773582	46130
铁路工程建筑	Railway		5707
公路工程建筑	Roads	524259	17658
市政道路工程建筑	Municipal road engineering construction	1967887	17861
其他道路、隧道和桥梁工程建筑	Others	281436	4904
水利和内河港口工程建筑	Water conservation and inland port engineering construction	168148	14929
水源及供水设施工程建筑	Water resources and water supply facilities engineering construction	3000	6204
河湖治理及防洪设施工程建筑	The govemance of rivers and lakes and flood control facilities engineering and construction	165148	7912
港口及航运设施工程建筑	Harbor and shipping facilities engineering constructions		813

单位：千元 unit：1000yuan

项目	Item	房屋建筑施工面积 Construction space	直接从事生产经营活动的人数 Avarage number of directly engaged in production and business operation activities
海洋工程建筑	Marine engineering constructions		
工矿工程建筑	Mining construction		2617
架线及管道工程建筑	Pipe - line construction	58700	3988
架线及设备工程建筑	Wiring and equipment engineering constructions	58700	3587
管道工程建筑	Pipes engineering constructions		401
其他土木工程建筑	Others	2035735	4000
建筑安装业	Construction and installation projects	11655861	54479
电气安装	Electrial installation	501770	5537
管道和设备安装	Pipes and equipment installation	1601570	14117
其他建筑安装业	Others	9552521	34825
建筑装饰和其他建筑业	Construction and decoration industry and others	2021301	15125
建筑装饰业	Construction and decoration industry	817554	10040
工程准备活动	Project preparation activities	727255	463
建筑物拆除活动	Building demolition activities	727255	453
其他工程准备活动	Others		10
提供施工设备服务	Equipment seruices		210
其他未列明建筑业	Others	476492	4412
三、按隶属关系分组	Grouped by administrative		
中央	Central	2345039	15851
省（自治区、直辖市）	Province	3484821	21843
地区（州、盟、省辖市）	Areas（prefectures、leagues、Provincial cities）	12479949	63375
县（区、市、旗）	County	1822124	11591
街道	Street		80
镇	Town		
乡	Township		
居委会	Resident committee		
村委会	Village committee		
其他	Others	40962247	196542
四、按企业资质等级分组	Group according to grades of enterprise qualification		
施工总承包	General construction contract	53396253	262077
特别	Superfine		
一级	First class	19096202	87353
二级	Second class	19381920	93715
三级及以下	Third class and below	14918131	81009
专业承包	Responsibility contracts on specialties	7697927	47205
一级	First class	475881	8146
二级	Second class	2442250	11199
三级及以下	Third class and below	4779796	27860
五、按控股情况分	Grouped by owned		
国有控股	State - owned	5831638	37741
集体控股	Collective - owned	782337	25360
私人控股	Private - owned	45338857	191928
港澳台控股	HongKong Macao and Taiwan - owned	175679	6085
外商控股	Foreign - owned		
其他	Others	8965669	48168

统计资料

STATISTICS

批发零售贸易和住宿餐饮业

WHOLESALE RETAIL TRADES AND HOTELS CATERING

第十四篇　批发零售贸易和住宿餐饮业

2014 年，我市消费品市场保持了较为繁荣活跃的势头，实现社会消费品零售总额 2217.5 亿元，同比增长 12.6%。

分行业看：四大行业零售额均保持了增长。其中批发业实现零售额 174.5 亿元，增长 8.2%。零售业实现零售额 1831.4 亿元，增长 13.2%。住宿业实现零售额 19.2 亿元，增长 6.4%。餐饮业实现零售额 192.5 亿元，增长 11.4%。

从规模上看：2014 年，全市限额以上批发零售、住宿餐饮企业和个体户实现零售额 903.3 亿元，同比增长 5.9%。限额以下批发零售、住宿餐饮和个体户实现零售额 1314.2 亿元，同比增长 17.6%。

14－1 社会消费品零售总额（2014）
TOTAL RETAIL SALES OF CONSUMER GOODS（2014）

单位：万元 unit：10000 yuan

指标名称	Item	2014
社会消费品零售总额	Total	22175471.4
（一）按销售单位所在地分组	Grouped by region	
1、城镇	Urban	20689190.0
2、乡村	Rural	1486281.4
（二）按行业分组	Grouped by sector	
（1）批发、零售贸易业	Wholesale and retail trade	20058523.1
批发业	Wholesale	1745011.8
零售业	Retail trade	18313511.3
限额以上	Above designated size	8793035.8
批发限额以上	Wholesale limit above	1004703.3
零售限额以上	Retail trade limit above	7788332.5
限额以下	Under designated size	11265487.3
批发限额以下企业（单位）及个体户	Wholesale limit below and imdividucl	740308.5
零售限额以下企业（单位）及个体户	Retailtrade limit belon and indroidnal	10525178.8
（2）住宿和餐饮业	Hotels and catering	2116948.3
限额以上企业（单位）及个体户	Enterprises（companies）and self－employed individuals above limits	240247.7
限额以下企业（单位）及个体户	Enterprises（companies）and self－employed individuals under limits	1876700.6

14－2 限额以上批发和零售业法人基本情况（2014）

指标名称	Item	法人企业数（个）Corporate enterprises（unit）
总计	Total	358
一、批发业	Wholesale	124
1. 按批发行业小类分组	Grouped by Sector	
农、林、牧产品批发	Farming、Fore、Animal、Husbandry	15
谷物、豆及薯类批发	Cereal beans and Tubers	12
种子批发	Seed	2
饲料批发	Forage	1
棉、麻批发	Cotton and Fiber	
林业产品批发	Forestry	
牲畜批发	Animal	
其他农牧产品批发	Others	
食品、饮料及烟草制品批发业	Food drink and tobaccos	5
米、面制品及食用油批发业	Grain and edible oil	
糕点、糖果及糖批发	Cake Candy and Suger	
果品、蔬菜批发	Fruit and Vegetable	
肉、禽、蛋、奶及水产品批发	Meet fowl egg and marine products	
盐及调味品批发	Salt and condiment	2
营养和保健品批发	The nutrition and health care products retail	
酒、饮料及茶叶批发	Alcohol beverage and tea tobaccos	1
烟草制品批发业	Tobaccos	1
其他食品批发	Others	1
纺织、服装及日用品批发业	Textile garment and daily articles	6
纺织品、针织品及原料批发	Textile knitwear and raw moterial	
服装批发业	Garment	1
鞋帽批发	Shoe and hat	
化妆品及卫生用品批发	Cosmetic and sanitary accessories	
厨房、卫生间用具及日用杂货批发	Kitchen rest room and daily articles	
灯具、装饰物品批发	Lamps and lanterns、decorative items wholesale	
家用电器批发	Electrical household appliances	4
其他家庭用品批发	Others	1
文化、体育用品及器材批发业	Sporting goods and equipment wholesale	3
文具用品批发	Stationery	
体育用品及器材批发	Sporting goods and equipment wholesale	
图书批发	Books	3
报刊批发	Newspaper	
音像制品及电子出版物批发	Audio－visual and E－journal products	
首饰、工艺品及收藏品批发	Jewelry handicraft article and collection	
其他文化用品批发	Others	
医药及医疗器材批发	Medicine and medical appliance	28
西药批发	Western medicine	23
中药批发	Chinese medicine	3
医疗用品及器材批发	Medical component	2
矿产品、建材及化工产品批发	Minerals construction materials	32
煤炭及制品批发	Coal and related products	
石油及制品批发	Petroleum and related products	5
非金属矿及制品批发	Non－metal materials	

GENERAL INFORMATION OF THE ABOVE－NORM WHOLESALE AND RETAIL（2014）

从业人员期末人数（人）(person)	其中：女性 Female	法人所属产业活动单位数（个）The number of legal persons' establishments	批发和零售业 Wholesale and retail trade	其他 Others
42408	21560	1085	756	329
9500	3836	368	247	121
922	276	15		15
863	261	12		12
52	12	2		2
7	3	1		1
1134	449	9	4	5
165	58	2		2
24	19	1		1
840	290	5	4	1
105	82	1		1
719	285	7	2	5
30	14	2	2	
595	233	4		4
94	38	1		1
475	273	3		3
475	273	3		3
1627	856	28		28
1479	757	23		23
71	49	3		3
77	50	2		2
3146	1212	270	239	31
2054	841	240	235	5

14－2 续表1

指标名称 Item		法人企业数 （个） Corporate enterprises （unit）
金属及金属矿批发业	Metal materials	7
建材批发业	Construction materials	18
化肥批发业	Chemical fertilizers	2
农药批发	Agricultural chemical	
农用薄膜批发	Agricultural film	
其他化工产品批发	Others	
机械设备、五金交电及电子产品批发业	Machinery hardware and electronic equipment	35
农业机械批发	Farm machinery	7
汽车批发	Motorcycle	1
汽车零配件批发	Motorcycle and parts	6
摩托车及零配件批发	Motor vehicles motorcycle and parts	1
五金产品批发	Hardware products	2
电器设备批发	Appliances	
计算机、软件及辅助设备批发业	Computer software and accessories	2
通讯及广播电视设备批发	Communication and radiated television	2
其他机械设备及电子产品批发	Others	14
贸易经纪与代理	Agency and brokerage	
贸易代理	Trade agency	
拍卖	Auction	
其他贸易经济与代理	Others	
其他批发业	Other wholesale	
再生物资回收与批发	Renewable materials recovery and wholesale	
其他未列明的批发	Others	
2. 按登记注册类型分组	Grouped by type registered	
内资企业	Domestic funds	120
国有企业	State－owned	4
集体企业	Collective－owned	
股份合作企业	Cooperative	
联营企业	Joint	
国有联营企业	State joint owned	
集体联营企业	Collective joint owned	
国有与集体联营企业	State－collective joint owned	
其他联营企业	Other joint owned	
有限责任公司	Limited liability corporations	57
国有独资企业	State－owned solely	8
其他有限责任公司	Limited liability corporations	49
股份有限公司	Share holding	7
私营企业	Private	49
私营独资企业	Private funded	
私营合伙企业	Private partner	
私营有限责任公司	Private limited company	47
私营股份有限公司	Private share holding	2
其他企业	Others	3
港、澳、台商投资企业	Funded from Hongkong Macao and Taiwan	2
与港澳台商合资经营企业	Joint venture	
与港澳台商合作经营企业	Cooperative	

continued 1

从业人员期末人数（人）(person)	其中：女性 Female	法人所属产业活动单位数（个）The number of legal persons' establishments	批发和零售业 Wholesale and retail trade	其他 Others
266	62	7		7
619	241	18		18
207	68	5	4	1
1477	485	36	2	34
37	11	7		7
15	3	1		1
514	197	7	2	5
48		1		1
23	6	2		2
38	19	2		2
69	32	2		2
733	217	14		14
8729	3570	364	247	117
2902	1135	241	237	4
3873	1674	58	2	56
938	363	8		8
2935	1311	50	2	48
395	186	7		7
1507	562	55	8	47
1484	559	53	8	45
23	3	2		2
52	13	3		3
403	124	2		2

14-2 续表2

指标名称	Item	法人企业数（个）Corporate enterprises (unit)
港、澳、台商独资经营企业	Solefunds	2
港、澳、台商投资股份有限公司	Share holding	
其他港澳台投资企业	Others	
外商投资企业	Foreign funds	2
中外合资经营企业	Joint venture	2
中外合作经营企业	Cooperative	
外资企业	Foreign funded	
外商投资股份有限公司.	Share holding	
其他外商投资企业	Others	
3. 按控股情况分组	Grouped by owned	
国有控股	State - owned	17
集体控股	Collective - owned	
私人控股	Private - owned	82
港澳台商控股	Hongkong Macao and Taiwan - Owned	2
外商控股	Foreign - owned	
其他	Others	23
4. 按经营形式分组	Grouped by form of management	
独立门店	Substantive store	106
连锁总店（总部）	Chain headquarter	
连锁门店	Chain store	1
其他	Others	17
5. 按单位规模分	Grouped by size of enterprises	
大型	Large - sized	6
中型	Medium - sized	53
小型	Small - sized	52
微型	Micro - sized	13
二、零售业	Retail trade	234
1. 按零售行业小类分组	Grouped by sectors	
综合零售业	Retail trade	30
百货零售业	Consumer goods	18
超级市场零售业	Supermarket	11
其他综合零售业	Other comprehensive retail business	1
食品、饮料及烟草制品专门零售业	Food beverage and tobaccos	3
粮油零售	Food and Oil	
糕点、面包零售	Cake and bread	1
果品、蔬菜零售	Fruit and Vegetable	
肉、禽、蛋及水产品零售	Meet, fowl, egg and marine products	
营养和保健品零售	Nutrition and health care	
酒、饮料及茶叶零售	Alcohol beverage and tea	
烟草制品零售	Tobaccos	2
其他食品零售	Others	
纺织、服装及日用品专门零售业	Textile, garment and daily articles	12
纺织品及针织品零售	Textile and knitwear	
服装零售业	Garments	7
鞋帽零售	Shoe and hat	
化妆品级卫生用品零售	Cosmetic and sanitary accessories	1

continued 2

从业人员期末人数（人）(person)	其中：女性 Female	法人所属产业活动单位数（个）The number of legal persons' establishments	批发和零售业 Wholesale and retail trade	其他 Others
403	124	2		2
368	142	2		2
368	142	2		2
4453	1736	254	237	17
3108	1324	88	8	80
403	124	2		2
1536	652	24	2	22
8276	3310	347	243	104
404	220	1		1
820	306	20	4	16
3967	1529	243	237	6
4352	1818	56	4	52
898	378	56	6	50
283	111	13		13
32908	17724	717	509	208
15135	9139	65	42	23
9646	6606	22	5	17
3489	2380	42	37	5
2000	153	1		1
578	392	59	59	
119	90	17	17	
459	302	42	42	
1353	940	36	28	8
1044	690	17	13	4
42	27	1		1

14－2 续表3

指标名称	Item	法人企业数（个）Corporate enterprises（unit）
钟表、眼镜零售	Clock and spectacles	4
箱、包零售	Bags and suitcases retail	
厨房用具及日用杂品零售	Kitchenware and daily commodities retail	
自行车零售	Bicycle	
其他日用品零售	Others	
文化、体育用品及器材专门零售	Cultural and sport goods	10
文具用品零售	Stationery	
体育用品零售业	Cultural and sports goods	
图书、报刊零售	Books、Newspaper	7
音像制品及电子出版物零售	Audio－visual and E－journal products	
珠宝首饰零售	Jewelry	2
工艺美术品及收藏品零售	Handicraft article and collection	1
乐器零售	Musical instruments retail	
照相器材零售	Photogrphic apparatus retail	
其他文化用品零售	Others	
医药及医疗器材专门零售业	Medicine and medical appliance	12
药品零售业	Medicine	12
医疗用品及器材零售	Medical component	
汽车、摩托车、燃料及零配件专门零售业	Vehicles，motorcycle and part	124
汽车零售业	Vehicles	108
汽车零配件零售	Installation kit	4
摩托车及零配件零售	Motoreycle	1
机动车燃料零售业	Fuel	11
家用电器及电子产品专门零售业	Electrical household equipment	15
家用视听设备零售	Household audio and video equipment	3
日用家电设备零售	Household applianeces retail	4
计算机、软件及辅助设备零售业	Computer software and accessories	3
通信设备零售业	Teleconmmunicational equipment	2
其他电子产品零售	Others	3
五金、家具及室内装修材料专门零售业	Hardware funiture and indoor hareware fitting	8
五金零售	Hardware	2
灯具零售	Lamps	1
家具零售	Funiture	1
涂料零售	Coating	
卫生洁具零售	Sanitary ware retail	
木质装饰材料零售	Wooden decorative materials retail	
陶瓷、石材装饰材料零售	Ceramics、decorative stone materials retail	2
其他室内装修材料零售	Others	2
货摊、无店铺及其他零售业	Other retail trade	20
货摊食品零售	Food	
货摊纺织、服装及鞋零售	Booth textile、clothing and shoes retail	
货摊日用品零售	Booth commodity retail	
互联网零售	Internet retail	
邮购及电视、电话零售	Mail－order and TV and phone retail	
旧货零售	Second hand	
生活用燃料零售	Fuel for life	14

continued 3

从业人员期末人数（人）(person)	其中：女性 Female	法人所属产业活动单位数（个）The number of legal persons' establishments	批发和零售业 Wholesale and retail trade	其他 Others
267	223	18	15	3
756	383	17	12	5
662	328	9	5	4
70	55	6	5	1
24		2	2	
2476	1998	293	278	15
2476	1998	293	278	15
10194	3490	153	33	120
8378	2828	117	11	106
252	66	4		4
15	6	1		1
1549	590	31	22	9
1342	843	58	47	11
79	39	3		3
979	642	28	27	1
96	30	3		3
141	111	21	20	1
47	21	3		3
312	189	10	3	7
73	59	2		2
63	38	3	3	
29	14	1		1
114	73	2		2
33	5	2		2
762	350	26	7	19
663	315	20	7	13

14－2 续表4

指标名称	Item	法人企业数（个）Corporate enterprises（unit）
其他未列明的零售	Others	6
2. 按登记注册类型分组	Grouped by type registered	
内资企业	Domestic funds	224
国有企业	State－owned	1
集体企业	Collective－owned	
股份合作企业	Cooperative	2
联营企业	Joint	
国有联营企业	State joint owned	
集体联营企业	Collective joint owned	
国有与集体联营企业	State－collective joint owned	
其他联营企业	Other joint owned	
有限责任公司	Limited liability corporations	102
国有独资公司	State－owned solely	4
其他有限责任公司	Limited liability corporations	98
股份有限公司	Share holding	8
私营企业	Private	107
私营独资企业	Private funded	4
私营合伙企业	Private partner	
私营有限责任公司	Private limited company	100
私营股份有限公司	Private share holding	3
其他企业	Others	4
港、澳、台商投资企业	Funded from Hongkong，Macao and Taiwan	3
合资经营企业（港或澳、台资）	Joint venture	2
合作经营企业（港或澳、台资）	Cooperative	
港、澳、台商独资经营企业	Solefunds	1
港、澳、台商投资股份有限公司	Share holding	
其他港澳台投资企业	Others	
外商投资企业	Foreign funds	7
中外合资经营企业	Joint venture	5
中外合作经营企业	Cooperative	
外资企业	Foreign funded	1
外商投资股份有限公司	Share holding	
其他外商投资股份有限公司	Others	1
3. 按控股情况分组	Grouped by owned	
国有控股	State－owned	15
集体控股	Collective－owned	2
私人控股	Private－owned	176
港澳台商控股	Hongkong，Macao and Taiwan－Owned	2

continued 4

从业人员期末人数（人）(person)	其中：女性 Female	法人所属产业活动单位数（个）The number of legal persons' establishments	批发和零售业 Wholesale and retail trade	其他 Others
99	35	6		6
30223	16054	689	488	201
54	29	1		1
1801	1323	2		2
13585	6307	229	144	85
252	100	4	1	3
13333	6207	225	143	82
6756	4966	234	224	10
7878	3337	219	120	99
159	89	4		4
7560	3153	212	120	92
159	95	3		3
149	92	4		4
1090	780	20	19	1
999	696	5	4	1
91	84	15	15	
1595	890	8	2	6
676	309	5		5
837	550	2	2	
82	31	1		1
7852	5456	281	268	13
1805	1322	2		2
14020	6405	347	186	161
221	134	16	15	1

14－2 续表5

指标名称	Item	法人企业数（个）Corporate enterprises（unit）
外商控股	Foreign－owned	4
其他	Others	35
4. 按经营形式分组	Grouped by form of management	
独立门店	Substantive store	209
连锁总店（总部）	Chain headquarter	13
连锁门店	Chain store	5
其他	Others	7
5. 按单位规模分	Grouped by size of enterprises	
大型	Large－sized	19
中型	Medium－sized	102
小型	Small－sized	91
微型	Micro－sized	22
6. 按零售业态分组	Grouped by form of retail	
有店铺零售	Retail trade	232
食杂店	Traditional grocery store	
便利店	Convenience store	
折扣店	Discount store	
超市	Market	5
大型超市	Super market	6
仓储会员店	Warehouse store	1
百货店	Consumer goods	24
专业店	Specialty store	105
专卖店	Exclusive shop	83
家居建材商店	Household items hall	1
购物中心	Shopping center	2
厂家直销中心	Direct sales by manufacturers	5
无店铺零售	Other retail trade	2
电视购物	TV shopping	
邮购	Purchase by mail	
网上商店	Store on line	
自动售货亭	Vending machine	
电话购物	Call shopping	

continued 5

从业人员期末人数（人）(person)	其中：女性 Female	法人所属产业活动单位数（个）The number of legal persons' establishments	批发和零售业 Wholesale and retail trade	其他 Others
1182	729	5	2	3
7828	3678	66	38	28
21664	9532	309	120	189
8311	6263	376	367	9
902	542	25	22	3
2031	1387	7		7
18097	10715	352	338	14
12012	5823	240	154	86
2416	1016	101	14	87
383	170	24	3	21
32876	17713	715	509	206
312	250	8	5	3
3168	2128	34	32	2
10	2	1		1
11910	6877	28	5	23
11131	5772	479	384	95
5679	2349	155	80	75
29	14	1		1
438	258	4	3	1
199	63	5		5
32	11	2		2

14-3 限额以上批发和零售法人企业财务状况综合表（2014）

单位：万元

指标名称		法人企业数（个）Corporate enter prises (unit)	执行《2006年企业会计准则》企业个数（个）Number of enterprises implmenting Accounting Standards for Business Enterprises 2006
总计	Total	358	298
一、批发业	Whole sale enterprises	124	104
1. 按批发行业小类分组	Grouped by Sector		
农、林、牧产品批发	Farming、Fore、animal husbandry	15	14
谷物、豆及薯类批发	Cereal beans and Tubers	12	11
种子批发	Seed	2	2
饲料批发	Forage	1	1
棉、麻批发	Cotton and Fiber		
林业产品批发	Forestry		
牲畜批发	Animal		
其他农牧产品批发	Others		
食品、饮料及烟草制品批发	Food, drink and tobaccos	5	4
米、面制品及食用油批发	Grain and edible oil		
糕点、糖果及糖批发	Cake, Candy and Suger		
果品、蔬菜批发	Fruit and Vegetable		
肉、禽、蛋、奶及水产品批发	Meat fowl egg and marine products		
盐及调味品批发	Salt and condiment	2	2
营养和保健品批发	The nutrition and health care products retail		
酒、饮料机茶叶批发	Alcohol beverage and tea tobaccos	1	
烟草制品批发	Tobaccos	1	1
其他食品批发	Others	1	1
纺织、服装及家庭用品批发	Textiles, garments and daily articles	6	5
纺织品、针织品及原料批发	Textile, knitwear and raw moterial		
服装批发	Garments	1	1
鞋帽批发	Shoe and hat		
化妆品及卫生用品批发	Cosmetic and sanitary accessories		
厨房、卫生间用具及日用杂货批发	Kitchen, rest room and daily articles		
灯具、装饰物品批发	Iamps and lanterns、decorative items wholesale		
家用电器批发	Electrical household appliances	4	3
其他家庭用品批发	Others	1	1
文化、体育用品及器材批发	Cultural and sports goods	3	3
文具用品批发	Stationery		
体育用品及器材批发	Sporting goods and equipment wholeasale		
图书批发	Books	3	3
报刊批发	Newspaper		
音像制品及电子出版物批发	Audio-visual and E-journal products		
首饰、工艺品及收藏品批发	Jewelry, handicraft article and collection		
其他文化用品批发	Others		
医药及医疗器材批发	Medicines and medical appliances	28	22
西药批发	Western medicine	23	17
中药批发	Chinese medicine	3	3
医疗用品及器材批发	Medical component	2	2
矿产品、建材及化工产品批发	Minerals and construction materials	32	25

LIMITATION ABOVE WHOLESALE AND RETAIL BUSINESS AS A LEGAL PERSON ENTERPRISE COMPREHENSIVE TABLE OF CHANGES IN FINANCIAL POSITION (2014)

unit: 10000 yuan

一、年初存货 Inventory	二、期末资产负债 The final balance sheet						
	流动资产合计 Circulating funds	应收帐款 Receivables	存货 Inventery	固定资产合计 Total fixed assets	固定资产原价 Original Value of fixed assets	累计折旧 Total depreciation	本年折旧 Depreciationg in this year
2123714.2	5829378.4	1315020.5	1338451.4	1253676.4	1696067.7	503801.6	87093.3
1121647.4	3357619.4	968642.3	663343.4	251800.1	312244.4	121379.1	18136.8
107433.2	532641.3	131768.3	227263.3	28846.6	47685.9	18713.1	1209.8
106890.6	526678.7	131686.9	227167.3	24277.5	42912.1	18508.4	1169.8
542.6	5627.3		45.1	4560.2	4684.1	123.9	25.2
	335.3	81.4	50.9	8.9	89.7	80.8	14.8
49256.6	212532.3	26065.6	54731.2	34137.0	59304.9	25167.8	3261.5
3902.1	11205.5	3583.8	2251.2	2910.0	3831.9	921.8	157.4
1047.3	2200.2	393.8	1240.4	505.0	505.0		
43875.2	197124.1	21049.4	50807.6	30704.9	54926.4	24221.5	3079.6
432.0	2002.5	1038.6	432.0	17.1	41.6	24.5	24.5
7808.7	20458.3	3949.0	8700.2	398.5	1009.3	610.8	122.0
4291.9	6420.1	188.4	5240.2	7.7	21.6	13.9	5.1
1492.1	9803.2	3439.2	1437.7	272.9	609.6	336.7	30.2
2024.7	4235.0	321.4	2022.3	117.9	378.1	260.2	86.7
11703.4	45793.7	9397.8	11163.7	15030.6	20921.9	5891.3	759.9
11703.4	45793.7	9397.8	11163.7	15030.6	20921.9	5891.3	759.9
747758.0	479897.6	200524.0	62673.2	9140.1	18705.1	9565.0	1249.4
746045.8	459798.0	185680.1	61087.1	8968.3	18244.3	9276.0	1159.3
530.5	11307.7	7813.1	389.3	56.1	145.2	89.1	23.7
1181.7	8791.9	7030.8	1196.8	115.7	315.6	199.9	66.4
124620.8	1798223.2	519595.1	218768.7	142762.6	132756.5	51055.0	9200.3

14－3 续表 1 continued1

指标名称	Item	在建工程 Circulating funds	资产总计 Total assets
总计	Total	242671.2	8148839.9
一、批发业	Whole sale enterprises	51676.5	3872612.1
1. 按批发行业小类分组	Grouped by Sector		
农、林、牧产品批发	Farming、Fore、animal husbandry	816.7	592851.0
谷物、豆及薯类批发	Cereal beans and Tubers	816.7	580188.7
种子批发	Seed		12318.1
饲料批发	Forage		344.2
棉、麻批发	Cotton and Fiber		
林业产品批发	Forestry		
牲畜批发	Animal		
其他农牧产品批发	Others		
食品、饮料及烟草制品批发	Food, drink and tobaccos	21650.2	272404.7
米、面制品及食用油批发	Grain and edible oil		
糕点、糖果及糖批发	Cake, Candy and Suger		
果品、蔬菜批发	Fruit and Vegetable		
肉、禽、蛋、奶及水产品批发	Meat fowl egg and marine products		
盐及调味品批发	Salt and condiment		14485.0
营养和保健品批发	The nutrition and health care products retail		
酒、饮料机茶叶批发	Alcohol beverage and tea tobaccos		2705.2
烟草制品批发	Tobaccos	21650.2	253194.9
其他食品批发	Others		2019.6
纺织、服装及家庭用品批发	Textiles, garments and daily articles		21846.0
纺织品、针织品及原料批发	Textile, knitwear and raw moterial		
服装批发	Garments		6493.4
鞋帽批发	Shoe and hat		
化妆品及卫生用品批发	Cosmetic and sanitary accessories		
厨房、卫生间用具及日用杂货批发	Kitchen, rest room and daily articles		
灯具、装饰物品批发	Iamps and lanterns、decorative items wholesale		
家用电器批发	Electrical household appliances		10999.7
其他家庭用品批发	Others		4352.9
文化、体育用品及器材批发	Cultural and sports goods		81665.7
文具用品批发	Stationery		
体育用品及器材批发	Sporting goods and equipment wholeasale		
图书批发	Books		81665.7
报刊批发	Newspaper		
音像制品及电子出版物批发	Audio－visual and E－journal products		
首饰、工艺品及收藏品批发	Jewelry, handicraft article and collection		
其他文化用品批发	Others		
医药及医疗器材批发	Medicines and medical appliances	254.3	554025.8
西药批发	Western medicine		532099.3
中药批发	Chinese medicine	254.3	12332.0
医疗用品及器材批发	Medical component		9594.5
矿产品、建材及化工产品批发	Minerals and construction materials	25218.4	2042313.7

单位：万元 unit：10000 yuan

二、期末资产负债 The final balance sheet				
流动负债合计 Total current liabilities	应付账款 Inventory	非流动负债合计 Non－current liabilities	负债合计 Total liabilities	所有者权益 Creditor' s equity
5999310. 2	1072382. 1	609510. 5	6609024. 6	1539815. 3
3129307. 9	597238. 0	127801. 9	3257109. 8	615502. 3
558743. 9	28653. 1	10364. 6	569108. 5	23742. 5
556958. 9	28653. 1	10364. 6	567323. 5	12865. 2
1628. 9			1628. 9	10689. 2
156. 1			156. 1	188. 1
43567. 8	18645. 3		43567. 8	228836. 9
10263. 4	4060. 8		10263. 4	4221. 6
2403. 4	2403. 4		2403. 4	301. 8
29705. 9	11993. 1		29705. 9	223489. 0
1195. 1	188. 0		1195. 1	824. 5
20934. 4	14700. 6	1450. 0	22384. 4	－538. 4
8085. 3	7253. 0		8085. 3	－1591. 9
13132. 3	8096. 2		13132. 3	－2132. 6
－283. 2	－648. 6	1450. 0	1166. 8	3186. 1
54435. 7	25187. 5	1463. 7	55899. 4	25766. 3
54435. 7	25187. 5	1463. 7	55899. 4	25766. 3
410834. 3	147143. 1	69586. 4	480420. 7	73605. 1
390654. 0	134707. 3	69586. 4	460240. 4	71858. 9
11963. 3	11121. 3		11963. 3	368. 7
8217. 0	1314. 5		8217. 0	1377. 5
1820898. 7	256801. 1	34851. 1	1855749. 8	186563. 9

14－3 续表 2 continued2

指标名称	Item	实收资本 Driginal Value of fixed assets	国家资本 State owned	集体资本 Collective
总计	Total	851575.6	101184.5	8982.8
一、批发业	Whole sale enterprises	366328.1	81171.6	1910.3
1. 按批发行业小类分组	Grouped by Sector			
农、林、牧产品批发	Farming、Fore、animal husbandry	58910.0	850.0	
谷物、豆及薯类批发	Cereal beans and Tubers	57360.0	850.0	
种子批发	Seed	1500.0		
饲料批发	Forage	50.0		
棉、麻批发	Cotton and Fiber			
林业产品批发	Forestry			
牲畜批发	Animal			
其他农牧产品批发	Others			
食品、饮料及烟草制品批发	Food，drink and tobaccos	2591.7	2261.7	
米、面制品及食用油批发	Grain and edible oil			
糕点、糖果及糖批发	Cake，Candy and Suger			
果品、蔬菜批发	Fruit and Vegetable			
肉、禽、蛋、奶及水产品批发	Meat fowl egg and marine products			
盐及调味品批发	Salt and condiment	466.4	466.4	
营养和保健品批发	The nutrition and health care products retail			
酒、饮料机茶叶批发	Alcohol beverage and tea tobaccos	100.0		
烟草制品批发	Tobaccos	1795.3	1795.3	
其他食品批发	Others	230.0		
纺织、服装及家庭用品批发	Textiles，garments and daily articles	4050.0		
纺织品、针织品及原料批发	Textile，knitwear and raw moterial			
服装批发	Garments	2500.0		
鞋帽批发	Shoe and hat			
化妆品及卫生用品批发	Cosmetic and sanitary accessories			
厨房、卫生间用具及日用杂货批发	Kitchen，rest room and daily articles			
灯具、装饰物品批发	Iamps and lanterns、decorative items wholesale			
家用电器批发	Electrical household appliances	1150.0		
其他家庭用品批发	Others	400.0		
文化、体育用品及器材批发	Cultural and sports goods	22195.2	21851.2	
文具用品批发	Stationery			
体育用品及器材批发	Sporting goods and equipment wholeasale			
图书批发	Books	22195.2	21851.2	
报刊批发	Newspaper			
音像制品及电子出版物批发	Audio－visual and E－journal products			
首饰、工艺品及收藏品批发	Jewelry，handicraft article and collection			
其他文化用品批发	Others			
医药及医疗器材批发	Medicines and medical appliances	48424.2	20480.0	
西药批发	Western medicine	46024.2	20480.0	
中药批发	Chinese medicine	1400.0		
医疗用品及器材批发	Medical component	1000.0		
矿产品、建材及化工产品批发	Minerals and construction materials	196119.0	27228.7	1849.3

单位：万元 unit：10000 yuan

二、期末资产负债 The final balance sheet				三、损益及分配 Gains and losses and distribution			
法人资本 Corporate	个人资本 Private	港澳台资本 Funded from Hongkong，Macao and Taiwan	外商资本 Foreign funds	营业收入 Operation revenue	主营业务收入 Operating revenue	营业成本 Operating costs	主营业务成本 Operating costs
368432. 5	302002. 2	52388. 8	18584. 8	12983064. 1	12778485. 4	11727624. 2	11701767. 1
195599. 6	47146. 6	35500. 0	5000. 0	7003788. 4	6997191. 3	6455634. 6	6453925. 4
15050. 0	8010. 0	35000. 0		451732. 5	450368. 8	434527. 2	434139. 5
15000. 0	6510. 0	35000. 0		444761. 7	443398. 0	427881. 7	427494. 0
	1500. 0			3619. 9	3619. 9	3379. 0	3379. 0
50. 0				3350. 9	3350. 9	3266. 5	3266. 5
230. 0	100. 0			714862. 5	713871. 2	540874. 4	540057. 1
				25576. 7	25576. 7	17865. 6	17822. 2
	100. 0			10757. 1	10757. 1	10477. 6	10477. 6
				667924. 2	666937. 9	503122. 7	502354. 0
230. 0				10604. 5	10599. 5	9408. 5	9403. 3
3500. 0	50. 0	500. 0		131779. 3	130293. 6	120777. 9	120415. 9
2500. 0				4874. 0	4874. 0	3462. 2	3462. 2
600. 0	50. 0	500. 0		108542. 3	108206. 6	101985. 4	101623. 4
400. 0				18363. 0	17213. 0	15330. 3	15330. 3
68. 0	276. 0			34271. 2	33696. 4	28324. 6	28324. 6
68. 0	276. 0			34271. 2	33696. 4	28324. 6	28324. 6
17829. 2	10115. 0			617254. 7	617106. 7	568564. 3	568564. 3
16229. 2	9315. 0			577330. 2	577182. 2	532049. 7	532049. 7
1100. 0	300. 0			27450. 3	27450. 3	25997. 4	25997. 4
500. 0	500. 0			12474. 2	12474. 2	10517. 2	10517. 2
150320. 0	16721. 0			3367485. 8	3367264. 0	3274716. 9	3274585. 4

14－3 续表 3 continued3

指标名称	Item	营业税金及附加 Business taxes and extra charges
总计	Total	67750.3
一、批发业	Whole sale enterprises	41517.4
1. 按批发行业小类分组	Grouped by Sector	
农、林、牧产品批发	Farming、Fore、animal husbandry	13.2
谷物、豆及薯类批发	Cereal beans and Tubers	13.2
种子批发	Seed	
饲料批发	Forage	
棉、麻批发	Cotton and Fiber	
林业产品批发	Forestry	
牲畜批发	Animal	
其他农牧产品批发	Others	
食品、饮料及烟草制品批发	Food，drink and tobaccos	36083.5
米、面制品及食用油批发	Grain and edible oil	
糕点、糖果及糖批发	Cake，Candy and Suger	
果品、蔬菜批发	Fruit and Vegetable	
肉、禽、蛋、奶及水产品批发	Meat fowl egg and marine products	
盐及调味品批发	Salt and condiment	83.0
营养和保健品批发	The nutrition and health care products retail	
酒、饮料机茶叶批发	Alcohol beverage and tea tobaccos	25.6
烟草制品批发	Tobaccos	35958.9
其他食品批发	Others	16.0
纺织、服装及家庭用品批发	Textiles，garments and daily articles	293.9
纺织品、针织品及原料批发	Textile，knitwear and raw moterial	
服装批发	Garments	9.9
鞋帽批发	Shoe and hat	
化妆品及卫生用品批发	Cosmetic and sanitary accessories	
厨房、卫生间用具及日用杂货批发	Kitchen，rest room and daily articles	
灯具、装饰物品批发	Iamps and lanterns、decorative items wholesale	
家用电器批发	Electrical household appliances	178.6
其他家庭用品批发	Others	105.4
文化、体育用品及器材批发	Cultural and sports goods	59.3
文具用品批发	Stationery	
体育用品及器材批发	Sporting goods and equipment wholeasale	
图书批发	Books	59.3
报刊批发	Newspaper	
音像制品及电子出版物批发	Audio－visual and E－journal products	
首饰、工艺品及收藏品批发	Jewelry，handicraft article and collection	
其他文化用品批发	Others	
医药及医疗器材批发	Medicines and medical appliances	841.4
西药批发	Western medicine	780.4
中药批发	Chinese medicine	21.0
医疗用品及器材批发	Medical component	40.0
矿产品、建材及化工产品批发	Minerals and construction materials	1907.7

单位：万元 unit：10000 yuan

三、损益及分配 Gainsay and losses and distribution							
主营业务税金及附加 Main operation taxes and extra charges	其他业务利润 Other business profit	销售费用 Marketing expenses	管理费用 Management expenses	税金 Taxes	财务费用 Financial expenses	利息收入 Interest income	利息支出 Interest expenditure
66817.7	73261.2	537083.6	355153.6	17019.5	126825.7	14916.4	103717.6
41510.9	10429.1	313587.9	74355.1	3638.2	44408.3	7774.9	38444.5
13.2	3273.5	19950.7	5030.1	38.7	21258.1	461.4	19983.1
13.2	3189.1	19932.6	4796.9	33.9	21258.0	461.4	19983.1
		12.3	168.0				
	84.4	5.8	65.2	4.8	0.1		
36083.5	4943.0	22495.5	21946.3	992.7	-1039.2	1640.2	6.9
83.0	4725.4	2046.4	2235.3	48.6	-8.0	8.6	
25.6		28.9	143.1		49.3		
35958.9	217.6	19434.2	19443.5	909.9	-1090.1	1628.9	
16.0		986.0	124.4	34.2	9.6	2.7	6.9
293.5	-26.3	7687.0	2320.3	86.2	98.8	51.6	127.1
9.9		1516.7	460.4	7.1	1.0		
178.2	-26.3	4550.7	1461.5	48.4	-31.1	51.6	
105.4		1619.6	398.4	30.7	128.9		127.1
59.3	57.1	3053.6	6858.7	59.9	-16.4	24.7	-5.4
59.3	57.1	3053.6	6858.7	59.9	-16.4	24.7	-5.4
841.4	23.4	20773.5	12276.3	350.6	10219.5	532.6	4191.0
780.4	23.4	19917.3	10283.9	312.1	10202.1	531.5	4173.6
21.0			1315.5	24.0		0.1	-0.3
40.0		856.2	676.9	14.5	17.4	1.0	17.7
1901.7	-21.4	57152.3	11626.5	1801.1	12711.3	3868.3	12571.9

14－3 续表 4 continued4

指标名称	Item	资产减值损失 Lost	公允价值变动收益 Revenue	投资收益 Investment income
总计	Total	9065.9	－5.7	8828.5
一、批发业	Whole sale enterprises	8321.8	－5.7	8753.2
1. 按批发行业小类分组	Grouped by Sector			
农、林、牧产品批发	Farming、Fore、animal husbandry	14.1	－5.7	2478.9
谷物、豆及薯类批发	Cereal beans and Tubers	13.4	－5.7	2478.9
种子批发	Seed	0.7		
饲料批发	Forage			
棉、麻批发	Cotton and Fiber			
林业产品批发	Forestry			
牲畜批发	Animal			
其他农牧产品批发	Others			
食品、饮料及烟草制品批发	Food, drink and tobaccos			14.6
米、面制品及食用油批发	Grain and edible oil			
糕点、糖果及糖批发	Cake, Candy and Suger			
果品、蔬菜批发	Fruit and Vegetable			
肉、禽、蛋、奶及水产品批发	Meat fowl egg and marine products			
盐及调味品批发	Salt and condiment			
营养和保健品批发	The nutrition and health care products retail			
酒、饮料机茶叶批发	Alcohol beverage and tea tobaccos			
烟草制品批发	Tobaccos			14.6
其他食品批发	Others			
纺织、服装及家庭用品批发	Textiles, garments and daily articles	－355.8		
纺织品、针织品及原料批发	Textile, knitwear and raw moterial			
服装批发	Garments	－516.4		
鞋帽批发	Shoe and hat			
化妆品及卫生用品批发	Cosmetic and sanitary accessories			
厨房、卫生间用具及日用杂货批发	Kitchen, rest room and daily articles			
灯具、装饰物品批发	Iamps and lanterns、decorative items wholesale			
家用电器批发	Electrical household appliances	160.6		
其他家庭用品批发	Others			
文化、体育用品及器材批发	Cultural and sports goods	1874.6		2309.8
文具用品批发	Stationery			
体育用品及器材批发	Sporting goods and equipment wholeasale			
图书批发	Books	1874.6		2309.8
报刊批发	Newspaper			
音像制品及电子出版物批发	Audio－visual and E－journal products			
首饰、工艺品及收藏品批发	Jewelry, handicraft article and collection			
其他文化用品批发	Others			
医药及医疗器材批发	Medicines and medical appliances	2835.5		10.3
西药批发	Western medicine	2835.5		
中药批发	Chinese medicine			10.3
医疗用品及器材批发	Medical component			
矿产品、建材及化工产品批发	Minerals and construction materials	3941.6		3149.7

单位：万元 unit：10000 yuan

三、损益及分配 Gains and losses and distribution					四、人工成本及增值税 Labor cost and VAT	
营业利润 Business profit	营业外收入 Norbusiness revenue	补贴收入 Subsidies revenue	利润总额 Total profit	应交所得税 Income taxes payable	应付职工薪酬（本年贷方累计发生额） Payroll payable (credit accumulated happening this year)	应交增值税 VAT payableinput
169179.7	34125.6	9053.8	194171.7	64768.5	346632	193156
75344.6	23329.0	5199.6	73774.0	29236.4	161754	59042
-26587.7	7197.6	2918.9	-21495.0	73.0	5522	6744
-26660.9	7197.6	2918.9	-21568.2	66.8	5390	6730
59.9			59.9	3.5	106	14
13.3			13.3	2.7	26	
94559.9	12164.6	1418.8	95121.9	24750.0	5996	23108
3397.7	45.4	44.1	3436.1	848.5	1125	692
32.6			32.6	8.1	71	26
91069.6	1514.4	1374.7	91592.8	23841.9	4753	22231
60.0	10604.8		60.4	51.5	47	159
957.2	50.4	40.0	993.8	211.7	2870	2075
-59.8			-59.8		192	83
236.6	10.4		237.9	7.8	2033	1682
780.4	40.0	40.0	815.7	203.9	646	310
-3573.4	1884.2	780.9	-1880.4	26.8	6047	51
-3573.4	1884.2	780.9	-1880.4	26.8	6047	51
1754.5	567.4		2200.6	1752.8	6601	2266
1261.3	567.1		1818.6	1734.4	6142	1319
126.7			15.5	3.8	73	
366.5	0.3		366.5	14.6	386	947
9048.9	865.1	40.9	853.3	417.0	33365	7913

14－3 续表 5 continued5

指标名称		法人企业数（个）Corporate enterprises (unit)	执行《2006 年企业会计准则》企业个数（个）Number of enterprises implmenting Accounting Standards for Business Enterprises 2006
煤炭及制品批发	Coal and related products		
石油及制品批发	Petroleum and related products	5	3
非金属矿及制品批发	Non－metal materials		
金属及金属矿批发	Metal materials	7	6
建材批发	Constructional materials	18	15
化肥批发	Chemical fertilizer	2	1
农药批发	Agricultural chemical		
农用薄膜批发	Agricultural film		
其他化工产品批发	Others		
机械设备、五金产品及电子产品批发	Machinery，hardware and electric equipment	35	31
农业机械批发	Farm machinery	7	7
汽车批发	motorcycle	1	1
汽车零件批发	motorcycle and parts	6	5
摩托车及零件批发	Motor vehicles，motorcycle and parts	1	1
五金产品批发	Hardware products	2	1
电气设备批发	Electrical household appliances		
计算机、软件及辅助设备批发	Computer software and accessories	2	1
通讯及广播电视设备批发	Communication and radiated television	2	1
其他机械设备及电子产品批发	Others	14	14
贸易经纪与代理	Agency and brokerage		
贸易代理	Trade agency		
拍卖	Auction		
其他贸易经济与代理	Other		
其他批发业	Other		
再生物资回收与批发	Renewable materials recovery and wholesale		
其他未列明的批发	Others		
2. 按登记注册类型分组	Grouped by type registered		
内资企业	Domestic funds	120	100
国有企业	State－owned	4	4
集体企业	Collective－owned		
股份合作企业	Cooperative		
联营企业	Joint		
国有联营企业	State joint owned		
集体联营企业	Collective joint owned		
国有与集体联营企业	State－collective joint owned		
其他联营企业	Others joint owned		
有限责任公司	Limited liability corporations	57	45
国有独资企业	State－owned solely	8	7
其他有限责任公司	Limited liability corporations	49	38
股份限公司	Share holding	7	6
私营企业	Private	49	42
私营独资企业	Private funded		
私营合伙企业	Private partner		

单位：万元 unit：10000 yuan

一、年初存货 Inventory	二、期末资产负债 The final balance sheet						
	流动资产合计 Current assets	应收帐款 Receivables	存货 Inventery	固定资产合计 Total fixed assets	固定资产原价 Original Value of fixed assets	累计折旧 Total depreciation	本年折旧 Depreciationg in this year
16512.6	44157.0	9857.0	16548.5	115952.7	96516.7	41625.1	6398.0
81590.6	978501.0	401322.6	83351.5	23433.6	30675.3	7241.7	2400.8
21448.6	290584.8	90999.0	12313.0	2422.5	3655.1	1232.6	363.3
5069.0	484980.4	17416.5	106555.7	953.8	1909.4	955.6	38.2
73066.7	268073.0	77342.5	80043.1	21484.7	31860.8	10376.1	2333.9
4223.5	3387.7	311.8	2847.6	3969.9	4644.3	674.4	35.3
111.1	375.6	260.2	111.1	3.5	57.2	53.7	2.9
26663.6	116544.0	11538.2	33014.2	4063.5	8789.4	4725.9	1127.2
2796.7	6420.9	521.9	2748.4	3879.3	5003.5	1124.2	197.1
3335.1	5654.5	1567.8	3775.4	750.9	998.4	247.5	61.9
1269.1	3663.6	319.0	1010.3	254.1	299.6	45.5	3.6
2203.0	5550.4	499.5	1578.9	50.2	167.1	116.9	13.8
32464.6	126476.3	62324.1	34957.2	8513.3	11901.3	3388.0	892.1
1101462.2	3241195.9	963896.0	639803.3	247714.7	301198.8	114545.1	17737.7
78806.8	370712.1	21768.3	203041.1	138031.5	140975.1	64004.7	8661.0
213057.7	2124712.2	777612.7	317258.6	78006.3	115925.4	37919.0	6951.3
92760.4	649403.0	376305.7	92711.1	42468.4	65406.5	22938.0	3854.3
120297.3	1475309.2	401307.0	224547.5	35537.9	50518.9	14981.0	3097.0
35991.8	246875.9	60405.3	49186.5	1450.9	2806.5	1355.6	348.4
772339.7	495063.2	102410.7	69283.8	30115.5	41257.5	11142.0	1742.1

14－3 续表 6 continued6

指标名称	Item	在建工程 Circulating funds	资产总计 Total assets
煤炭及制品批发	Coal and related products		
石油及制品批发	Petroleum and related products	17396.0	163076.5
非金属矿及制品批发	Non－metal materials		
金属及金属矿批发	Metal materials	7822.4	1063310.9
建材批发	Constructional materials		306642.2
化肥批发	Chemical fertilizer		509284.1
农药批发	Agricultural chemical		
农用薄膜批发	Agricultural film		
其他化工产品批发	Others		
机械设备、五金产品及电子产品批发	Machinery，hardware and electric equipment	3736.9	307505.2
农业机械批发	Farm machinery		7384.8
汽车批发	motorcycle		398.0
汽车零件批发	motorcycle and parts	122.0	128522.2
摩托车及零件批发	Motor vehicles，motorcycle and parts		11596.2
五金产品批发	Hardware products		6794.6
电气设备批发	Electrical household appliances		
计算机、软件及辅助设备批发	Computer software and accessories		3917.7
通讯及广播电视设备批发	Communication and radiated television		6448.6
其他机械设备及电子产品批发	Others	3614.9	142443.1
贸易经纪与代理	Agency and brokerage		
贸易代理	Trade agency		
拍卖	Auction		
其他贸易经济与代理	Other		
其他批发业	Other		
再生物资回收与批发	Renewable materials recovery and wholesale		
其他未列明的批发	Others		
2. 按登记注册类型分组	Grouped by type registered		
内资企业	Domestic funds	50911.2	3740133.8
国有企业	State－owned	37537.3	534752.8
集体企业	Collective－owned		
股份合作企业	Cooperative		
联营企业	Joint		
国有联营企业	State joint owned		
集体联营企业	Collective joint owned		
国有与集体联营企业	State－collective joint owned		
其他联营企业	Others joint owned		
有限责任公司	Limited liability corporations	663.6	2324347.1
国有独资企业	State－owned solely	531.6	754363.2
其他有限责任公司	Limited liability corporations	132.0	1569983.9
股份有限公司	Share holding		310805.7
私营企业	Private	12710.3	566184.8
私营独资企业	Private funded		
私营合伙企业	Private partner		

单位：万元 unit：10000 yuan

二、期末资产负债 The final balance sheet				
流动负债合计 Total current liabilities	应付账款 Inventory	非流动负债合计 Non - current liabilities	负债合计 Total liabilities	所有者权益合计 Creditor's equity
143057.9	18915.7	1716.3	144774.2	18302.3
912788.0	113963.4	14134.8	926922.8	136388.1
287917.4	73197.4	19000.0	306917.4	-275.2
477135.4	50724.6		477135.4	32148.7
219893.1	106107.3	10086.1	229979.2	77526.0
2804.7	234.5	333.4	3138.1	4246.7
276.7	242.3		276.7	121.3
73719.6	21458.8	9483.9	83203.5	45318.7
8438.0	1130.7		8438.0	3158.2
5353.8	3480.9		5353.8	1440.8
1039.9	50.8		1039.9	2877.8
3969.6	72.1		3969.6	2479.0
124290.8	79437.2	268.8	124559.6	17883.5
3065603.3	583352.1	111587.8	3177191.1	562942.7
310237.1	30333.1	1489.8	311726.9	223025.9
2068931.5	391748.1	17574.1	2086505.6	237841.5
585996.6	83001.7	1671.5	587668.1	166695.1
1482934.9	308746.4	15902.6	1498837.5	71146.4
247430.5	39742.5	22670.1	270100.6	40705.1
435493.2	119013.6	69853.8	505347.0	60837.8

14－3 续表 7 continued7

指标名称	Item	实收资本 Original Value of fixed assets	国家资本 State owned	集体资本 Collective
煤炭及制品批发	Coal and related products			
石油及制品批发	Petroleum and related products	13963.0	11178.7	1849.3
非金属矿及制品批发	Non－metal materials			
金属及金属矿批发	Metal materials	132282.0	16050.0	
建材批发	Constructional materials	27449.0		
化肥批发	Chemical fertilizer	22425.0		
农药批发	Agricultural chemical			
农用薄膜批发	Agricultural film			
其他化工产品批发	Others			
机械设备、五金产品及电子产品批发	Machinery, hardware and electric equipment	34038.0	8500.0	61.0
农业机械批发	Farm machinery	1110.0		
汽车批发	motorcycle	120.0		61.0
汽车零件批发	motorcycle and parts	15758.0	7500.0	
摩托车及零件批发	Motor vehicles, motorcycle and parts	1600.0		
五金产品批发	Hardware products	1050.0		
电气设备批发	Electrical household appliances			
计算机、软件及辅助设备批发	Computer software and accessories	2550.0		
通讯及广播电视设备批发	Communication and radiated television	1500.0	1000.0	
其他机械设备及电子产品批发	Others	10350.0		
贸易经纪与代理	Agency and brokerage			
贸易代理	Trade agency			
拍卖	Auction			
其他贸易经济与代理	Other			
其他批发业	Other			
再生物资回收与批发	Renewable materials recovery and wholesale			
其他未列明的批发	Others			
2. 按登记注册类型分组	Grouped by type registered			
内资企业	Domestic funds	316828.1	73671.6	1910.3
国有企业	State－owned	3744.0	3744.0	
集体企业	Collective－owned			
股份合作企业	Cooperative			
联营企业	Joint			
国有联营企业	State joint owned			
集体联营企业	Collective joint owned			
国有与集体联营企业	State－collective joint owned			
其他联营企业	Others joint owned			
有限责任公司	Limited liability corporations	233018.1	49447.6	1910.3
国有独资企业	State－owned solely	149397.6	49397.6	
其他有限责任公司	Limited liability corporations	83620.5	50.0	1910.3
股份有限公司	Share holding	37351.0	20480.0	
私营企业	Private	41515.0		
私营独资企业	Private funded			
私营合伙企业	Private partner			

单位：万元 unit：10000 yuan

二、期末资产负债 The final balance sheet				三、损益及分配 Gains and losses and distribution			
法人资本 Corporate	个人资本 Private	港澳台资本 Funded from Hongkong，Macao and Taiwan	外商资本 Foreign funds	营业收入 Operation revenue	主营业务收入 Operating revenue	营业成本 Operating costs	主营业务成本 Operating costs
35.0	900.0			1099807.4	1099694.5	1040584.6	1040580.7
111400.0	4832.0			1283557.8	1283448.9	1264256.0	1264131.8
18885.0	8564.0			879243.1	879243.1	867472.6	867469.2
20000.0	2425.0			104877.5	104877.5	102403.7	102403.7
8602.4	11874.6		5000.0	1686402.4	1684590.6	1487849.3	1487838.6
310.0	800.0			20608.8	20608.8	16896.6	16896.6
	59.0			4392.1	4392.1	4055.6	4055.6
	3258.0		5000.0	1498063.0	1496825.8	1319090.7	1319080.0
	1600.0			11308.9	11273.7	10301.0	10301.0
1042.5	7.5			8457.8	8457.8	7690.9	7690.9
500.0	2050.0			29508.8	29508.8	28574.4	28574.4
500.0				26550.5	26296.8	25508.5	25508.5
6249.9	4100.1			87512.5	87226.8	75731.6	75731.6
194099.6	47146.6			5544069.9	5538814.6	5168505.0	5166814.2
				1571656.4	1570251.2	1355927.6	1354919.4
159892.1	21768.1			2958346.9	2955414.1	2865623.6	2865084.9
100000.0				1192709.8	1191771.9	1156451.5	1156283.9
59892.1	21768.1			1765637.1	1763642.2	1709172.1	1708801.0
15262.0	1609.0			413397.1	412671.6	390309.8	390169.3
18745.5	22769.5			593805.2	593646.9	550207.5	550204.1

14-3 续表 8 continued8

指标名称	Item	营业税金及附加 Business taxes and extra charges
煤炭及制品批发	Coal and related products	
石油及制品批发	Petroleum and related products	798.4
非金属矿及制品批发	Non-metal materials	
金属及金属矿批发	Metal materials	953.1
建材批发	Constructional materials	154.1
化肥批发	Chemical fertilizer	2.1
农药批发	Agricultural chemical	
农用薄膜批发	Agricultural film	
其他化工产品批发	Others	
机械设备、五金产品及电子产品批发	Machinery, hardware and electric equipment	2318.4
农业机械批发	Farm machinery	152.7
汽车批发	motorcycle	5.9
汽车零件批发	motorcycle and parts	1854.2
摩托车及零件批发	Motor vehicles, motorcycle and parts	96.4
五金产品批发	Hardware products	13.7
电气设备批发	Electrical household appliances	
计算机、软件及辅助设备批发	Computer software and accessories	20.5
通讯及广播电视设备批发	Communication and radiated television	24.2
其他机械设备及电子产品批发	Others	150.8
贸易经纪与代理	Agency and brokerage	
贸易代理	Trade agency	
拍卖	Auction	
其他贸易经济与代理	Other	
其他批发业	Other	
再生物资回收与批发	Renewable materials recovery and wholesale	
其他未列明的批发	Others	
2. 按登记注册类型分组	Grouped by type registered	
内资企业	Domestic funds	39668.6
国有企业	State-owned	36598.4
集体企业	Collective-owned	
股份合作企业	Cooperative	
联营企业	Joint	
国有联营企业	State joint owned	
集体联营企业	Collective joint owned	
国有与集体联营企业	State-collective joint owned	
其他联营企业	Others joint owned	
有限责任公司	Limited liability corporations	1974.2
国有独资企业	State-owned solely	1061.6
其他有限责任公司	Limited liability corporations	912.6
股份有限公司	Share holding	214.0
私营企业	Private	876.4
私营独资企业	Private funded	
私营合伙企业	Private partner	

单位：万元 unit：10000 yuan

三、损益及分配 Gainsay and losses and distribution							
主营业务税金及附加 Main operation taxes and extra charges	其他业务利润 Other business profit	销售费用 Marketing expenses	管理费用 Management expenses	税金 Taxes	财务费用 Financial expenses	利息收入 Interest income	利息支出 Interest expenditure
798.4		46387.5	2247.5	823.6	3217.0	41.4	3258.3
947.1	-21.4	3777.8	5236.9	866.8	4850.9	3536.1	5892.5
154.1		6796.3	4070.1	110.7	2811.2	268.8	2206.1
2.1		190.7	72.0		1832.2	22.0	1215.0
2318.3	2179.8	182475.3	14296.9	309.0	1176.2	1196.1	1569.9
152.7		2304.6	776.3	0.2	247.6	0.1	76.5
5.9		215.6	75.0		0.5	0.1	
1854.2	1711.1	171204.1	6464.7	126.8	-432.0	1105.4	283.0
96.4	35.0	279.4	475.2		117.5	40.5	150.9
13.7		375.8	263.5		75.2		
20.5	120.8	1.0	458.4		73.7		0.4
24.2		589.7	223.4		14.6		0.3
150.7	312.9	7505.1	5560.4	182.0	1079.1	50.0	1058.8
39662.1	9105.6	142698.3	66218.8	3638.2	45252.0	6766.6	38234.3
36598.4	217.6	65775.1	20015.8	1408.4	2252.2	1633.6	3345.7
1967.8	7863.9	35759.3	32234.9	1718.2	26793.4	4038.6	24301.4
1055.6	4727.7	11403.4	11559.4	901.3	4144.6	2483.5	4403.6
912.2	3136.2	24355.9	20675.5	816.9	22648.8	1555.1	19897.8
214.0	725.3	13250.5	3647.8	20.8	6985.5	719.1	7483.0
876.3	210.4	27494.1	10180.7	490.7	9193.4	375.2	3077.1

14－3 续表 9 continued9

指标名称	Item	资产减值损失 Lost	公允价值变动收益 Revenue	投资收益 Investment income
煤炭及制品批发	Coal and related products			
石油及制品批发	Petroleum and related products	470.1		36.9
非金属矿及制品批发	Non－metal materials			
金属及金属矿批发	Metal materials	1090.9		2487.8
建材批发	Constructional materials	2380.6		625.0
化肥批发	Chemical fertilizer			
农药批发	Agricultural chemical			
农用薄膜批发	Agricultural film			
其他化工产品批发	Others			
机械设备、五金产品及电子产品批发	Machinery, hardware and electric equipment	11.8		789.9
农业机械批发	Farm machinery			
汽车批发	motorcycle	42.1		
汽车零件批发	motorcycle and parts			789.9
摩托车及零件批发	Motor vehicles, motorcycle and parts			
五金产品批发	Hardware products			
电气设备批发	Electrical household appliances			
计算机、软件及辅助设备批发	Computer software and accessories			
通讯及广播电视设备批发	Communication and radiated television	－32.3		
其他机械设备及电子产品批发	Others	2.0		
贸易经纪与代理	Agency and brokerage			
贸易代理	Trade agency			
拍卖	Auction			
其他贸易经济与代理	Other			
其他批发业	Other			
再生物资回收与批发	Renewable materials recovery and wholesale			
其他未列明的批发	Others			
2. 按登记注册类型分组	Grouped by type registered			
内资企业	Domestic funds	8314.4	－5.7	8859.1
国有企业	State－owned	5.9		42.0
集体企业	Collective－owned			
股份合作企业	Cooperative			
联营企业	Joint			
国有联营企业	State joint owned			
集体联营企业	Collective joint owned			
国有与集体联营企业	State－collective joint owned			
其他联营企业	Others joint owned			
有限责任公司	Limited liability corporations	8163.5	－5.7	5345.5
国有独资企业	State－owned solely	3415.7		4792.9
其他有限责任公司	Limited liability corporations	4747.8	－5.7	552.6
股份有限公司	Share holding	142.3		2846.6
私营企业	Private	2.0		625.0
私营独资企业	Private funded			
私营合伙企业	Private partner			

单位：万元 unit：10000 yuan

三、损益及分配 Gains and losses and distribution					四、人工成本及增值税 Labor cost and VAT	
营业利润 Business profit	营业外收入 Norbusiness revenue	补贴收入 Subsidies revenue	利润总额 Total profit	应交所得税 Income taxes payable	应付职工薪酬（本年贷方累计发生额）Payroll payable (credit accumulated happening this year)	应交增值税 VAT payableinput
6608.9	312.5	40.0	5265.9	129.5	28636	6710
5880.0	330.0		6202.9	818.4	2500	929
-3816.8	66.4		-9952.7	-530.9	1877	273
376.8	156.2	0.9	-662.8		352	
-814.8	599.7	0.1	-2020.2	2005.1	101353	16887
231.0	0.4		231.4	1.4	102	
-2.6			-6.9		84600	48
671.2	382.9		-724.7	1565.8	11854	15448
39.4	1.1		40.3	13.5	190	152
38.7	61.9		100.1	38.6	178	94
501.6			501.6	40.0	249	66
222.4			222.4	26.7	553	2
-2516.5	153.4	0.1	-2384.4	319.1	3627	1076
82900.0	21045.3	4937.1	79130.3	29234.5	149561	43387
91123.4	6136.5	3983.6	95112.5	23870.0	33149	26160
-6228.4	14093.7	952.5	-14432.3	3918.5	108529	15385
9979.5	1695.0	84.1	11012.7	1590.3	11253	1854
-16207.9	12398.7	868.4	-25445.0	2328.2	97276	13531
1693.8	475.7		2120.0	792.2	2349	661
-3523.9	339.4	1.0	-3559.9	643.4	5372	1128

14-3 续表10 continued10

指标名称		法人企业数（个）Corporate enterprises (unit)	执行《2006年企业会计准则》企业个数（个）Number of enterprises implmenting Accounting Standards for Business Enterprises 2006
私营有限责任公司	Private limited company	47	41
私营股份有限公司	Private share holding	2	1
其他企业	Others	3	3
港、澳、台商投资企业	Funded from HongKong, Macao and Taiwan	2	2
与港澳台商合资经营企业	Joint venture		
与港澳台商合作经营企业	Cooperative		
港、澳、台商独资经营企业	Sole funds	2	2
港、澳、台商投资股份有限公司	Share holding		
其他港、澳、台投资企业	Others		
外商投资企业	Foreign funded	2	2
中外合资经营企业	Joint venture	2	2
中外合作经营企业	Cooperative		
外资企业	Foreign funded		
外商投资股份有限公司	Share holding		
其他外商投资企业	Others		
3. 按控股情况分组	Grouped by owned		
国有控股	State - owned	17	16
集体控股	Collective - owned		
私人控股	Private - owned	82	66
港澳台商控股	Hongkong, Macao and Taiwan - Owned	2	2
外商控股	Foreign - owned		
其他	Others	23	20
4. 按经营形式分组	Grouped by form of management		
独立门店	Substantive store	106	89
连锁总店（总部）	Chain headquarter		
连锁门店	Chain store	1	1
其他	Others	17	14
5. 按单位规模分	Grouped by size of enterprises		
大型	Large - sized	6	6
中型	Medium - sized	53	44
小型	Small - sized	52	42
微型	Micro - sized	13	12
二、零售业	Retail trade	234	194
1. 按零售行业小类分组	Grouped by sectors		
综合零售	Retail trade	30	29
百货零售	Consumer goods	18	17
超级市场零售	Supermarket	11	11
其他综合零售	Others comprehensive retail business	1	1
食品、饮料及烟草制品专门零售	Food, beverage and tobaccos	3	2
粮油零售	Food and Oil		
糕点、面包零售	Cake and bread	1	
果品、蔬菜零售	Fruit and Vegetable		
肉、禽、蛋及水产品零售	Meat, fowl, egg and marine products		
营养和保健品零售	Nutrition and health care		

单位：万元 unit：10000 yuan

一、年初存货 Inventory	二、期末资产负债 The final balance sheet						
	流动资产合计 Current assets	应收帐款 Receivables	存货 Inventery	固定资产合计 Total fixed assets	固定资产原价 Original Value of fixed assets	累计折旧 Total depreciation	本年折旧 Depreciationg in this year
767847. 7	487162. 5	99987. 9	68796. 3	21479. 3	32256. 4	10777. 1	1710. 0
4492. 0	7900. 7	2422. 8	487. 5	8636. 2	9001. 1	364. 9	32. 1
1266. 2	3832. 5	1699. 0	1033. 3	110. 5	234. 3	123. 8	34. 9
796. 6	38076. 8	204. 3	259. 0	3175. 1	7043. 3	3742. 0	375. 2
796. 6	38076. 8	204. 3	259. 0	3175. 1	7043. 3	3742. 0	375. 2
19388. 6	78346. 7	4542. 0	23281. 1	910. 3	4002. 3	3092. 0	23. 9
19388. 6	78346. 7	4542. 0	23281. 1	910. 3	4002. 3	3092. 0	23. 9
264274. 5	1731341. 2	607310. 2	374123. 4	182514. 8	212216. 3	90762. 5	12793. 5
829168. 5	1218034. 8	219975. 2	243325. 3	44496. 0	62379. 7	17883. 7	2765. 0
796. 6	38076. 8	204. 3	259. 0	3175. 1	7043. 3	3742. 0	375. 2
27407. 8	370166. 6	141152. 6	45635. 7	21614. 2	30605. 1	8990. 9	2203. 1
1077560. 7	3031629. 5	911743. 7	565206. 9	211354. 8	244542. 0	94248. 2	14360. 5
8049. 1	38352. 8	6858. 0	8011. 9	14052. 7	18737. 4	4684. 7	670. 8
36037. 6	287637. 1	50040. 6	90124. 6	26392. 6	48965. 0	22446. 2	3105. 5
768684. 5	605400. 6	104168. 9	87415. 9	136981. 5	137502. 7	61582. 3	8639. 6
270932. 1	2344856. 0	773373. 2	510889. 8	83141. 0	129175. 5	46034. 5	7520. 5
75893. 4	349840. 1	82775. 0	61302. 1	18704. 5	26660. 5	7955. 9	1180. 5
6137. 4	57522. 7	8325. 2	3735. 6	12973. 1	18905. 7	5806. 4	796. 2
1002066. 8	2471759. 0	346378. 2	675108. 0	1001876. 3	1383823. 3	382422. 5	68956. 5
188614. 6	885197. 0	63451. 4	220239. 2	788617. 8	1043155. 6	253335. 8	44551. 7
154950. 2	802085. 7	60020. 3	201784. 2	755793. 9	992096. 9	235740. 5	42621. 3
33451. 8	80735. 3	3431. 1	18455. 0	27182. 9	45417. 7	17595. 3	1930. 4
212. 6	2376. 0			5641. 0	5641. 0		
13500. 5	23176. 2	41. 5	18637. 4	3667. 6	6571. 0	2903. 4	367. 8
252. 7	900. 6	41. 5	78. 4	359. 8	780. 4	420. 6	118. 6

14－3 续表 11 continued11

指标名称	Item	在建工程 Circulating funds	资产总计 Total assets
私营有限责任公司	Private limited company	12710.3	548315.1
私营股份有限公司	Private share holding		17869.7
其他企业	Others		4043.4
港、澳、台商投资企业	Funded from HongKong, Macao and Taiwan	765.3	47586.5
与港澳台商合资经营企业	Joint venture		
与港澳台商合作经营企业	Cooperative		
港、澳、台商独资经营企业	Sole funds	765.3	47586.5
港、澳、台商投资股份有限公司	Share holding		
其他港、澳、台投资企业	Others		
外商投资企业	Foreign funded		84891.8
中外合资经营企业	Joint venture		84891.8
中外合作经营企业	Cooperative		
外资企业	Foreign funded		
外商投资股份有限公司	Share holding		
其他外商投资企业	Others		
3. 按控股情况分组	Grouped by owned		
国有控股	State－owned	38068.9	2077659.0
集体控股	Collective－owned		
私人控股	Private－owned	12710.3	1338417.9
港澳台商控股	Hongkong, Macao and Taiwan－Owned	765.3	47586.5
外商控股	Foreign－owned		
其他	Others	132.0	408948.7
4. 按经营形式分组	Grouped by form of management		
独立门店	Substantive store	42393.8	3452600.1
连锁总店（总部）	Chain headquarter		
连锁门店	Chain store		73231.8
其他	Others	9282.7	346780.2
5. 按单位规模分	Gruoped by size of enterprises		
大型	Large－sized	37495.9	775716.2
中型	Medium－sized	5522.9	2608024.3
小型	Small－sized	70.0	392964.5
微型	Micro－sized	8587.7	95907.1
二、零售业	Retail trade	190994.7	4276227.8
1. 按零售行业小类分组	Grouped by sectors		
综合零售	Retail trade	155588.4	2242054.2
百货零售	Consumer goods	154931.8	2112230.9
超级市场零售	Supermarket	602.5	121752.2
其他综合零售	Others comprehensive retail business	54.1	8071.1
食品、饮料及烟草制品专门零售	Food, beverage and tobaccos	7805.3	36383.4
粮油零售	Food and Oil		
糕点、面包零售	Cake and bread		1363.3
果品、蔬菜零售	Fruit and Vegetable		
肉、禽、蛋及水产品零售	Meat, fowl, egg and marine products		
营养和保健品零售	Nutrition and health care		

单位：万元 unit：10000 yuan

二、期末资产负债 The final balance sheet				
流动负债合计 Total current liabilities	应付账款 Inventory	非流动负债合计 Non－current liabilities	负债合计 Total liabilities	所有者权益合计 Creditor's equity
428336.4	111856.8	69853.8	498190.2	50124.9
7156.8	7156.8		7156.8	10712.9
3511.0	2514.8		3511.0	532.4
5825.6	228.1	6817.2	12642.8	34943.7
5825.6	228.1	6817.2	12642.8	34943.7
57879.0	13657.8	9396.9	67275.9	17615.9
57879.0	13657.8	9396.9	67275.9	17615.9
1650096.2	221211.7	29883.1	1679979.3	397679.7
1116732.2	258363.2	74780.1	1191512.3	146905.6
5825.6	228.1	6817.2	12642.8	34943.7
356653.9	117435.0	16321.5	372975.4	35973.3
2824995.0	528596.5	115005.3	2940000.3	512599.8
47685.3	19850.5	1463.7	49149.0	24082.8
256627.6	48791.0	11332.9	267960.5	78819.7
465079.3	104263.2	70700.6	535779.9	239936.3
2297008.4	368734.2	26761.6	2323770.0	284254.3
324361.8	114149.2	20522.5	344884.3	48080.2
42858.4	10091.4	9817.2	52675.6	43231.5
2870002.3	475144.1	481708.6	3351914.8	924313.0
1408877.4	232546.3	387715.2	1796592.6	445461.6
1283997.1	206808.2	385535.7	1669532.8	442698.1
122456.4	25738.1	512.8	122969.2	－1217.0
2423.9		1666.7	4090.6	3980.5
28113.8	12478.8		28113.8	8269.6
370.3	228.3		370.3	993.0

14－3 续表 12 continued12

指标名称	Item	实收资本 Driginal Value of fixed assets	国家资本 State owned	集体资本 Collective
私营有限责任公司	Private limited company	38215.0		
私营股份有限公司	Private share holding	3300.0		
其他企业	Others	1200.0		
港、澳、台商投资企业	Funded from HongKong, Macao and Taiwan	35500.0		
与港澳台商合资经营企业	Joint venture			
与港澳台商合作经营企业	Cooperative			
港、澳、台商独资经营企业	Sole funds	35500.0		
港、澳、台商投资股份有限公司	Share holding			
其他港、澳、台投资企业	Others			
外商投资企业	Foreign funded	14000.0	7500.0	
中外合资经营企业	Joint venture	14000.0	7500.0	
中外合作经营企业	Cooperative			
外资企业	Foreign funded			
外商投资股份有限公司	Share holding			
其他外商投资企业	Others			
3. 按控股情况分组	Grouped by owned			
国有控股	State－owned	200691.6	80691.6	
集体控股	Collective－owned			
私人控股	Private－owned	95631.2	480.0	
港澳台商控股	Hongkong, Macao and Taiwan－Owned	35500.0		
外商控股	Foreign－owned			
其他	Others	34505.3		1910.3
4. 按经营形式分组	Grouped by form of management			
独立门店	Substantive store	281405.6	47940.4	61.0
连锁总店（总部）	Chain headquarter			
连锁门店	Chain store	21851.2	21851.2	
其他	Others	63071.3	11380.0	1849.3
5. 按单位规模分	Gruoped by size of enterprises			
大型	Large－sized	21444.0	10444.0	
中型	Medium－sized	256698.1	70427.6	1849.3
小型	Small－sized	43824.0	250.0	61.0
微型	Micro－sized	44362.0	50.0	
二、零售业	Retail trade	485247.5	20012.9	7072.5
1. 按零售行业小类分组	Grouped by sectors			
综合零售	Retail trade	108488.2	4019.2	7072.5
百货零售	Consumer goods	83332.9	4019.2	3500.0
超级市场零售	Supermarket	22155.3		572.5
其他综合零售	Others comprehensive retail business	3000.0		3000.0
食品、饮料及烟草制品专门零售	Food, beverage and tobaccos	7077.0	6869.0	
粮油零售	Food and Oil			
糕点、面包零售	Cake and bread	208.0		
果品、蔬菜零售	Fruit and Vegetable			
肉、禽、蛋及水产品零售	Meat, fowl, egg and marine products			
营养和保健品零售	Nutrition and health care			

单位：万元 unit：10000 yuan

二、期末资产负债 The final balance sheet				三、损益及分配 Gains and losses and distribution			
法人资本 Corporate	个人资本 Private	港澳台资本 Funded from Hongkong，Macao and Taiwan	外商资本 Foreign funds	营业收入 Operation revenue	主营业务收入 Operating revenue	营业成本 Operating costs	主营业务成本 Operating costs
16745.5	21469.5			585861.6	585703.3	542849.5	542846.1
2000.0	1300.0			7943.6	7943.6	7358.0	7358.0
200.0	1000.0			6864.3	6830.8	6436.5	6436.5
		35500.0		78184.5	78079.9	73425.4	73417.7
		35500.0		78184.5	78079.9	73425.4	73417.7
1500.0			5000.0	1381534.0	1380296.8	1213704.2	1213693.5
1500.0			5000.0	1381534.0	1380296.8	1213704.2	1213693.5
115000.0			5000.0	4623630.9	4619888.9	4193957.4	4192770.9
61472.6	33678.6			1290680.7	1288510.1	1208348.9	1208199.8
		35500.0		78184.5	78079.9	73425.4	73417.7
19127.0	13468.0			1011292.3	1010712.4	979902.9	979537.0
194964.6	32939.6	500.0	5000.0	6523660.7	6518112.3	6004444.2	6002746.6
				26640.6	26065.8	21092.6	21092.6
635.0	14207.0	35000.0		453487.1	453013.2	430097.8	430086.2
5000.0	500.0	500.0	5000.0	3704770.0	3702546.5	3295110.3	3294330.9
162662.2	21759.0			2741080.0	2737082.4	2634293.6	2633418.3
25187.5	18325.5			525359.6	525121.7	495044.1	495000.6
2749.9	6562.1	35000.0		32578.8	32440.7	31186.6	31175.6
172832.9	254855.6	16888.8	13584.8	5979275.7	5781294.1	5271989.6	5247841.7
35976.2	41418.7	15478.8	4522.8	2071255.8	1902539.0	1692606.7	1677848.2
20682.2	39652.7	15478.8		1842946.4	1683819.7	1498738.4	1484031.1
15294.0	1766.0		4522.8	208002.9	198412.8	179237.4	179186.2
				20306.5	20306.5	14630.9	14630.9
208.0				43676.1	43676.1	35659.6	35659.6
208.0				3378.5	3378.5	2247.9	2247.9

14－3 续表13 continued13

指标名称	Item	营业税金及附加 Business taxes and extra charges
私营有限责任公司	Private limited company	866.4
私营股份有限公司	Private share holding	10.0
其他企业	Others	5.6
港、澳、台商投资企业	Funded from HongKong, Macao and Taiwan	138.6
与港澳台商合资经营企业	Joint venture	
与港澳台商合作经营企业	Cooperative	
港、澳、台商独资经营企业	Sole funds	138.6
港、澳、台商投资股份有限公司	Share holding	
其他港、澳、台投资企业	Others	
外商投资企业	Foreign funded	1710.2
中外合资经营企业	Joint venture	1710.2
中外合作经营企业	Cooperative	
外资企业	Foreign funded	
外商投资股份有限公司	Share holding	
其他外商投资企业	Others	
3. 按控股情况分组	Grouped by owned	
国有控股	State－owned	39651.1
集体控股	Collective－owned	
私人控股	Private－owned	1191.4
港澳台商控股	Hongkong, Macao and Taiwan－Owned	138.6
外商控股	Foreign－owned	
其他	Others	536.3
4. 按经营形式分组	Grouped by form of management	
独立门店	Substantive store	41125.2
连锁总店（总部）	Chain headquarter	
连锁门店	Chain store	6.3
其他	Others	385.9
5. 按单位规模分	Gruoped by size of enterprises	
大型	Large－sized	38847.2
中型	Medium－sized	2094.2
小型	Small－sized	566.7
微型	Micro－sized	9.3
二、零售业	Retail trade	26232.9
1. 按零售行业小类分组	Grouped by sectors	
综合零售	Retail trade	18230.6
百货零售	Consumer goods	17292.9
超级市场零售	Supermarket	934.1
其他综合零售	Others comprehensive retail business	3.6
食品、饮料及烟草制品专门零售	Food, beverage and tobaccos	176.6
粮油零售	Food and Oil	
糕点、面包零售	Cake and bread	30.0
果品、蔬菜零售	Fruit and Vegetable	
肉、禽、蛋及水产品零售	Meat, fowl, egg and marine products	
营养和保健品零售	Nutrition and health care	

单位：万元 unit：10000 yuan

三、损益及分配 Gainsay and losses and distribution

主营业务税金及附加 Main operation taxes and extra charges	其他业务利润 Other business profit	销售费用 Marketing expenses	管理费用 Management expenses	税金 Taxes	财务费用 Financial expenses	利息收入 Interest income	利息支出 Interest expenditure
866.3	210.4	27091.6	10082.7	483.7	9122.2	375.2	3077.1
10.0		402.5	98.0	7.0	71.2		
5.6	88.4	419.3	139.6	0.1	27.5	0.1	27.1
138.6	97.0	1431.9	3458.9		-53.1	3.2	
138.6	97.0	1431.9	3458.9		-53.1	3.2	
1710.2	1226.5	169457.7	4677.4		-790.6	1005.1	210.2
1710.2	1226.5	169457.7	4677.4		-790.6	1005.1	210.2
39645.1	8149.8	249330.1	40566.0	2568.8	23010.5	6612.6	25727.2
1191.3	1136.8	48921.4	18068.3	702.0	16628.5	834.6	10113.0
138.6	97.0	1431.9	3458.9		-53.1	3.2	
535.9	1045.5	13904.5	12261.9	367.4	4822.4	324.5	2604.3
41118.7	9922.1	302184.0	60328.7	3253.3	41629.1	7519.2	36096.5
6.3		2558.0	6309.8		-1.5		-5.4
385.9	507.0	8845.9	7716.6	384.9	2780.7	255.7	2353.4
38847.2	1444.1	250180.1	28401.3	1567.3	5305.3	2634.1	3345.4
2087.7	3877.7	47698.1	33884.8	1825.2	33663.3	4633.6	31072.3
566.7	4953.2	14546.0	8454.0	219.1	4290.3	499.2	2991.0
9.3	154.1	1163.7	3615.0	26.6	1149.4	8.0	1035.8
25306.8	62832.1	223495.7	280798.5	13381.3	82417.4	7141.5	65273.1
17724.9	39685.9	90022.9	157064.1	8345.5	38349.9	637.5	37098.7
17079.4	26998.8	68938.5	143781.6	7955.4	36396.2	614.6	36218.1
641.9	12687.1	18838.8	11296.3	390.1	1857.0	22.9	875.2
3.6		2245.6	1986.2		96.7		5.4
176.6	88.7	1688.8	6147.9	176.5	66.3	83.9	47.5
30.0	2.6	443.3	538.7	30.0	8.2	0.6	

14-3 续表 14 continued14

指标名称	Item	资产减值损失 Lost	公允价值变动收益 Revenue	投资收益 Investment income
私营有限责任公司	Private limited company	2.0		625.0
私营股份有限公司	Private share holding			
其他企业	Others	0.7		
港、澳、台商投资企业	Funded from HongKong, Macao and Taiwan	7.4		-105.9
与港澳台商合资经营企业	Joint venture			
与港澳台商合作经营企业	Cooperative			
港、澳、台商独资经营企业	Sole funds	7.4		-105.9
港、澳、台商投资股份有限公司	Share holding			
其他港、澳、台投资企业	Others			
外商投资企业	Foreign funded			
中外合资经营企业	Joint venture			
中外合作经营企业	Cooperative			
外资企业	Foreign funded			
外商投资股份有限公司	Share holding			
其他外商投资企业	Others			
3. 按控股情况分组	Grouped by owned			
国有控股	State - owned	3551.6	-5.7	4577.8
集体控股	Collective - owned			
私人控股	Private - owned	2.7		3491.4
港澳台商控股	Hongkong, Macao and Taiwan - Owned	7.4		-105.9
外商控股	Foreign - owned			
其他	Others	4760.1		789.9
4. 按经营形式分组	Grouped by form of management			
独立门店	Substantive store	6001.9	-5.7	5749.9
连锁总店（总部）	Chain headquarter			
连锁门店	Chain store	1874.6		2309.8
其他	Others	445.3		693.5
5. 按单位规模分	Gruoped by size of enterprises			
大型	Large - sized	2380.5		42.0
中型	Medium - sized	6405.5	-5.7	8192.1
小型	Small - sized	-471.6		625.0
微型	Micro - sized	7.4		-105.9
二、零售业	Retail trade	744.1		75.3
1. 按零售行业小类分组	Grouped by sectors			
综合零售	Retail trade	181.3		-1870.7
百货零售	Consumer goods	126.5		-656.3
超级市场零售	Supermarket	54.8		-1214.4
其他综合零售	Others comprehensive retail business			
食品、饮料及烟草制品专门零售	Food, beverage and tobaccos			
粮油零售	Food and Oil			
糕点、面包零售	Cake and bread			
果品、蔬菜零售	Fruit and Vegetable			
肉、禽、蛋及水产品零售	Meat, fowl, egg and marine products			
营养和保健品零售	Nutrition and health care			

单位：万元 unit：10000 yuan

三、损益及分配 Gains and losses and distribution					四、人工成本及增值税 Labor cost and VAT	
营业利润 Business profit	营业外收入 Norbusiness revenue	补贴收入 Subsidies revenue	利润总额 Total profit	应交所得税 Income taxes payable	应付职工薪酬（本年贷方累计发生额）payroll payable（credit accumulated happening this year）	应交增值税 VAT payableinput
-3527.8	339.4	1.0	-3572.9	640.2	5320	1128
3.9			13.0	3.2	53	
-164.9			-110.0	10.4	162	53
-330.5	2192.2	262.5	1857.4		1385	1404
-330.5	2192.2	262.5	1857.4		1385	1404
-7224.9	91.5		-7213.7	1.9	10808	14252
-7224.9	91.5		-7213.7	1.9	10808	14252
78649.3	8482.2	4067.7	82159.0	26292.9	57197	51682
1010.9	12498.0	856.9	1407.1	1748.4	10603	3483
-330.5	2192.2	262.5	1857.4		1385	1404
-3985.1	156.6	12.5	-11649.5	1195.1	92569	2474
73855.9	17824.1	4883.7	69223.6	27700.5	148928	55310
-2889.4	1102.8		-1977.7		5792	
4378.1	4402.1	315.9	6528.1	1535.9	7035	3733
84587.3	1733.4	1374.7	78083.9	23247.2	44643	43167
-8182.6	18955.1	3548.9	-5574.2	3942.5	26912	13565
3598.4	253.8	13.5	3631.7	2030.9	88631	2243
-4658.5	2386.7	262.5	-2367.4	15.8	1569	68
93835.1	10796.6	3854.2	120397.7	35532.1	184878	134114
72929.6	5716.1	3096.9	78335.7	23442.0	99999	21000
77016.0	4394.9	2482.3	80876.3	22949.4	88212	19920
-5429.9	1321.2	614.6	-3884.1	492.6	11161	1080
1343.5			1343.5		626	
-3.1	26.4		-49.7	27.6	3347	398
110.4			110.7	27.6	532	250

14-3 续表 15 continued15

指标名称		法人企业数（个）Corporate enterprises (unit)	执行《2006 年企业会计准则》企业个数（个）Number of enterprises implmenting Accounting Standards for Business Enterprises 2006
烟、饮料及茶叶零售	Alcohol、beverage and tea		
烟草制品零售	Tobaccos	2	2
其他食品零售	Others		
纺织、服装及日用品专门零售	Textile, garment and daily articles	12	12
纺织品及针织品零售	Textile and knitwear		
服装零售	Garments	7	7
鞋帽零售	Shoe and hat		
化妆品及卫生用品零售	Cosmetic and sanitary accessories	1	1
钟表、眼镜零售	Clock and spectacles	4	4
箱、包零售	Bags and suitcases retail		
厨房用具及日用杂品零售	Kitchenware and daily commodities retail		
自行车零售	Bicycle		
其他日用品零售	Others		
文化、体育用品及器材专门零售	Cultural and sport goods and equipment	10	10
文具用品零售	Stationery		
体育用品零售	Cultural and sports goods		
图书、报刊零售	Books、Newspaper	7	7
音像制品及电子出版物零售	Audio - visual and E - journal products		
珠宝首饰零售	Jewelry	2	2
工艺美术品及收藏品零售	Handicraft, article and collection	1	1
乐器零售	Musical instrument appliance		
照相器材零售	Photographic equipment retail		
其他文化用品零售	Others		
医药及医疗器材专门零售	Medicines and medical equipment	12	11
药品零售	Medicines	12	11
医疗用品及器材零售	Medical component		
汽车、摩托车、燃料及零配件专门零售业	Vehicles, motorcycle and parts	124	96
汽车零售	Vehicles	108	85
汽车零配件零售	Installation kit	4	2
摩托车及零配件零售	Motoreycle	1	1
机动车燃料零售业	Fuels	11	8
家用电器及电子产品专门零售	Electrical household applicances and electronic products	15	12
家用视听设备零售	Household audio and video equipment	3	3
日用家电设备零售	Household appliances retail	4	4
计算机、软件及辅助设备零售	Computer software and accessories	3	2
通信设备零售	Telecommunication equipment	2	2
其他电子产品零售	Others	3	1
五金、家具及室内装修材料专门零售	Hardware, furniture and indoor hardware fitting	8	5
五金零售	Hardware	2	1
灯具零售	Lamps	1	1
家具零售	Funiture	1	1
涂料零售	Coating		
卫生洁具零售	Sanitary ware retail		

单位：万元 unit：10000 yuan

一、年初存货 Inventory	二、期末资产负债 The final balance sheet						
	流动资产合计 Current assets	应收帐款 Receivables	存货 Inventery	固定资产合计 Total fixed assets	固定资产原价 Original Value of fixed assets	累计折旧 Total depreciation	本年折旧 Depreciationg in this year
13247.8	22275.6		18559.0	3307.8	5790.6	2482.8	249.2
24760.1	76777.0	20549.4	23849.0	32693.0	53893.2	21200.2	742.9
14287.1	60751.1	19379.9	13210.4	30058.8	49148.8	19090.0	426.4
4042.7	5774.1	715.6	2933.1	138.4	282.6	144.2	34.2
6430.3	10251.8	453.9	7705.5	2495.8	4461.8	1966.0	282.3
11608.7	26108.1	2697.7	13858.1	6603.4	10226.6	3623.2	530.1
6424.8	15077.4	2231.6	5271.7	6536.2	9998.1	3461.9	505.0
2689.2	6551.2	111.9	5835.3	16.5	40.6	24.1	15.7
2494.7	4479.5	354.2	2751.1	50.7	187.9	137.2	9.4
34079.3	232632.6	113364.5	40477.2	25975.1	33239.3	7264.2	1461.9
34079.3	232632.6	113364.5	40477.2	25975.1	33239.3	7264.2	1461.9
706370.6	1139597.9	118603.4	338420.4	134375.6	222567.0	89868.9	20286.1
694040.5	1067003.4	108390.3	322358.9	121725.4	193184.1	73136.2	17178.2
3860.7	13732.6	218.3	8111.2	456.8	869.1	412.3	49.0
167.4	167.4			148.9	197.1	48.2	8.1
8302.0	58694.5	9994.8	7950.3	12044.5	28316.7	16272.2	3050.8
10830.1	49853.1	12699.2	8249.0	1332.5	2674.8	1342.3	607.2
1357.6	2286.4	347.2	1336.0	161.7	261.6	99.9	6.9
2027.5	35173.4	8739.5	1899.5	345.1	548.1	203.0	8.6
1036.1	3798.0	1322.7	555.2	382.3	1071.8	689.5	523.1
5454.9	6520.7	1992.4	3649.7	382.9	659.2	276.3	37.2
954.0	2074.6	297.4	808.6	60.5	134.1	73.6	31.4
4738.5	19766.7	8897.6	4298.9	2306.7	2915.2	608.5	45.2
2186.2	2587.8	222.4	1610.1	41.1	144.7	103.6	12.1
	5604.1			8.6	87.6	79.0	14.7

14－3 续表 16 continued16

指标名称	Item	在建工程 Circulating funds	资产总计 Total assets
烟、饮料及茶叶零售	Alcohol、beverage and tea		
烟草制品零售	Tobaccos	7805. 3	35020. 1
其他食品零售	Others		
纺织、服装及日用品专门零售	Textile, garment and daily articles	35. 3	117122. 5
纺织品及针织品零售	Textile and knitwear		
服装零售	Garments	35. 3	94991. 4
鞋帽零售	Shoe and hat		
化妆品及卫生用品零售	Cosmetic and sanitary accessories		9383. 5
钟表、眼镜零售	Clock and spectacles		12747. 6
箱、包零售	Bags and suitcases retail		
厨房用具及日用杂品零售	Kitchenware and daily commodities retail		
自行车零售	Bicycle		
其他日用品零售	Others		
文化、体育用品及器材专门零售	Cultural and sport goods and equipment		38468. 5
文具用品零售	Stationery		
体育用品零售	Cultural and sports goods		
图书、报刊零售	Books、Newspaper		27370. 6
音像制品及电子出版物零售	Audio－visual and E－journal products		
珠宝首饰零售	Jewelry		6567. 7
工艺美术品及收藏品零售	Handicraft, article and collection		4530. 2
乐器零售	Musical instrument appliance		
照相器材零售	Photographic equipment retail		
其他文化用品零售	Others		
医药及医疗器材专门零售	Medicines and medical equipment	3061. 8	271354. 5
药品零售	Medicines	3061. 8	271354. 5
医疗用品及器材零售	Medical component		
汽车、摩托车、燃料及零配件专门零售业	Vehicles, motorcycle and parts	24503. 9	1437208. 1
汽车零售	Vehicles	16051. 1	1288300. 6
汽车零配件零售	Installation kit		18046. 3
摩托车及零配件零售	Motoreycle		316. 3
机动车燃料零售业	Fuels	8452. 8	130544. 9
家用电器及电子产品专门零售	Electrical household applicances and electronic products		84898. 0
家用视听设备零售	Household audio and video equipment		2448. 1
日用家电设备零售	Household appliances retail		66372. 9
计算机、软件及辅助设备零售	Computer software and accessories		5882. 3
通信设备零售	Telecommunication equipment		8059. 6
其他电子产品零售	Others		2135. 1
五金、家具及室内装修材料专门零售	Hardware, furniture and indoor hardware fitting		23147. 2
五金零售	Hardware		2628. 9
灯具零售	Lamps		
家具零售	Funiture		6587. 2
涂料零售	Coating		
卫生洁具零售	Sanitary ware retail		

单位：万元 unit：10000 yuan

二、期末资产负债 The final balance sheet				
流动负债合计 Total current liabilities	应付账款 Inventory	非流动负债合计 Non - current liabilities	负债合计 Total liabilities	所有者权益合计 Creditor's equity
27743.5	12250.5		27743.5	7276.6
120690.4	35938.0	11555.4	132245.8	-15123.3
105161.9	31861.0	11200.0	116361.9	-21370.5
4373.6	1872.1		4373.6	5009.9
11154.9	2204.9	355.4	11510.3	1237.3
26217.1	5725.5	10927.8	37144.9	1323.6
19505.5	5083.6	10927.8	30433.3	-3062.7
4120.7	334.5		4120.7	2447.0
2590.9	307.4		2590.9	1939.3
221767.8	79181.6	2000.0	223767.8	47586.7
221767.8	79181.6	2000.0	223767.8	47586.7
989797.8	75323.8	65669.8	1055671.5	381536.6
928259.3	67532.9	42768.8	971232.0	317068.6
15286.8	617.5		15286.8	2759.5
266.3	78.3		266.3	50.0
45985.4	7095.1	22901.0	68886.4	61658.5
47600.4	21470.5	40.4	47640.8	37257.2
1107.0	200.0		1107.0	1341.1
40739.7	20201.6		40739.7	25633.2
3077.8	264.0		3077.8	2804.5
1388.7	167.7		1388.7	6670.9
1287.2	637.2	40.4	1327.6	807.5
16766.4	8742.2	3800.0	20566.4	2580.8
976.1	10.2		976.1	1652.8
4361.3		2800.0	7161.3	-574.1

14－3 续表 17 continued17

指标名称	Item	实收资本 Original Value of fixed assets	国家资本 State owned	集体资本 Collective
烟、饮料及茶叶零售	Alcohol、beverage and tea			
烟草制品零售	Tobaccos	6869.0	6869.0	
其他食品零售	Others			
纺织、服装及日用品专门零售	Textile，garment and daily articles	17483.3		
纺织品及针织品零售	Textile and knitwear			
服装零售	Garments	11750.0		
鞋帽零售	Shoe and hat			
化妆品及卫生用品零售	Cosmetic and sanitary accessories	4000.0		
钟表、眼镜零售	Clock and spectacles	1733.3		
箱、包零售	Bags and suitcases retail			
厨房用具及日用杂品零售	Kitchenware and daily commodities retail			
自行车零售	Bicycle			
其他日用品零售	Others			
文化、体育用品及器材专门零售	Cultural and sport goods and equipment	9650.0	4774.7	
文具用品零售	Stationery			
体育用品零售	Cultural and sports goods			
图书、报刊零售	Books、Newspaper	5650.0	4774.7	
音像制品及电子出版物零售	Audio－visual and E－journal products			
珠宝首饰零售	Jewelry	2500.0		
工艺美术品及收藏品零售	Handicraft，article and collection	1500.0		
乐器零售	Musical instrument appliance			
照相器材零售	Photographic equipment retail			
其他文化用品零售	Others			
医药及医疗器材专门零售	Medicines and medical equipment	13065.1	3500.0	
药品零售	Medicines	13065.1	3500.0	
医疗用品及器材零售	Medical component			
汽车、摩托车、燃料及零配件专门零售业	Vehicles，motorcycle and parts	305261.1	850.0	
汽车零售	Vehicles	254516.8	50.0	
汽车零配件零售	Installation kit	2710.0		
摩托车及零配件零售	Motoreycle	50.0		
机动车燃料零售业	Fuels	47984.3	800.0	
家用电器及电子产品专门零售	Electrical household applicances and electronic products	8497.8		
家用视听设备零售	Household audio and video equipment	216.8		
日用家电设备零售	Household appliances retail	1431.0		
计算机、软件及辅助设备零售	Computer software and accessories	900.0		
通信设备零售	Telecommunication equipment	5200.0		
其他电子产品零售	Others	750.0		
五金、家具及室内装修材料专门零售	Hardware，furniture and indoor hardware fitting	4487.6		
五金零售	Hardware	1480.0		
灯具零售	Lamps			
家具零售	Funiture	2000.0		
涂料零售	Coating			
卫生洁具零售	Sanitary ware retail			

单位：万元 unit：10000 yuan

二、期末资产负债 The final balance sheet				三、损益及分配 Gains and losses and distribution			
法人资本 Corporate	个人资本 Private	港澳台资本 Funded from Hongkong，Macao and Taiwan	外商资本 Foreign funds	营业收入 Operation revenue	主营业务收入 Operating revenue	营业成本 Operating costs	主营业务成本 Operating costs
				40297.6	40297.6	33411.7	33411.7
5683.3	11700.0	60.0	40.0	118502.7	109660.6	84019.2	83848.7
4350.0	7300.0	60.0	40.0	82312.3	73482.0	52756.9	52586.4
	4000.0			19160.0	19160.0	17281.8	17281.8
1333.3	400.0			17030.4	17018.6	13980.5	13980.5
875.3	4000.0			45450.7	44430.8	36175.4	36148.8
875.3				31535.8	30515.9	23641.9	23615.3
	2500.0			7252.5	7252.5	6473.5	6473.5
	1500.0			6662.4	6662.4	6060.0	6060.0
6027.1	3538.0			410227.5	406683.0	360882.3	360752.6
6027.1	3538.0			410227.5	406683.0	360882.3	360752.6
109455.3	184583.8	1350.0	9022.0	2992644.3	2978365.1	2801751.4	2792688.9
61441.0	182653.8	1350.0	9022.0	2455645.0	2443069.1	2294399.2	2286423.1
2000.0	710.0			67553.7	67553.7	62321.0	62321.0
	50.0			544.3	544.3	538.6	538.6
46014.3	1170.0			468901.3	467198.0	444492.6	443406.2
1350.0	7147.8			151722.6	150153.8	128340.5	128340.4
50.0	166.8			2685.9	2685.9	2422.1	2422.1
1000.0	431.0			106896.6	106327.8	89768.6	89768.5
300.0	600.0			13707.7	12707.7	10774.5	10774.5
	5200.0			23303.5	23303.5	21003.0	21003.0
	750.0			5128.9	5128.9	4372.3	4372.3
2757.6	1730.0			19348.1	19337.8	16397.7	16397.7
	1480.0			9173.8	9163.5	8546.6	8546.6
2000.0				1383.9	1383.9		

14－3 续表 18 continued18

指标名称	Item	营业税金及附加 Business taxes and extra charges
烟、饮料及茶叶零售	Alcohol、beverage and tea	
烟草制品零售	Tobaccos	146.6
其他食品零售	Others	
纺织、服装及日用品专门零售	Textile, garment and daily articles	1356.0
纺织品及针织品零售	Textile and knitwear	
服装零售	Garments	1235.7
鞋帽零售	Shoe and hat	
化妆品及卫生用品零售	Cosmetic and sanitary accessories	99.5
钟表、眼镜零售	Clock and spectacles	20.8
箱、包零售	Bags and suitcases retail	
厨房用具及日用杂品零售	Kitchenware and daily commodities retail	
自行车零售	Bicycle	
其他日用品零售	Others	
文化、体育用品及器材专门零售	Cultural and sport goods and equipment	248.3
文具用品零售	Stationery	
体育用品零售	Cultural and sports goods	
图书、报刊零售	Books、Newspaper	112.4
音像制品及电子出版物零售	Audio－visual and E－journal products	
珠宝首饰零售	Jewelry	114.1
工艺美术品及收藏品零售	Handicraft, article and collection	21.8
乐器零售	Musical instrument appliance	
照相器材零售	Photographic equipment retail	
其他文化用品零售	Others	
医药及医疗器材专门零售	Medicines and medical equipment	1240.5
药品零售	Medicines	1240.5
医疗用品及器材零售	Medical component	
汽车、摩托车、燃料及零配件专门零售业	Vehicles, motorcycle and parts	3664.7
汽车零售	Vehicles	3105.4
汽车零配件零售	Installation kit	84.9
摩托车及零配件零售	Motoreycle	0.7
机动车燃料零售业	Fuels	473.7
家用电器及电子产品专门零售	Electrical household applicances and electronic products	779.7
家用视听设备零售	Household audio and video equipment	4.4
日用家电设备零售	Household appliances retail	485.8
计算机、软件及辅助设备零售	Computer software and accessories	120.8
通信设备零售	Telecommunication equipment	138.9
其他电子产品零售	Others	29.8
五金、家具及室内装修材料专门零售	Hardware, furniture and indoor hardware fitting	103.0
五金零售	Hardware	11.1
灯具零售	Lamps	
家具零售	Funiture	80.4
涂料零售	Coating	
卫生洁具零售	Sanitary ware retail	

单位：万元 unit：10000 yuan

三、损益及分配 Gainsay and losses and distribution							
主营业务税金及附加 Main operation taxes and extra charges	其他业务利润 Other business profit	销售费用 Marketing expenses	管理费用 Management expenses	税金 Taxes	财务费用 Financial expenses	利息收入 Interest income	利息支出 Interest expenditure
146. 6	86. 1	1245. 5	5609. 2	146. 5	58. 1	83. 3	47. 5
1071. 7	9319. 8	12820. 1	15044. 9	604. 9	3776. 2	11. 1	3181. 5
951. 4	8659. 8	10574. 9	11957. 8	590. 7	3192. 7	5. 6	2663. 1
99. 5	660. 0	1620. 5	453. 4	4. 2	81. 3	1. 0	71. 5
20. 8		624. 7	2633. 7	10. 0	502. 2	4. 5	446. 9
231. 9	686. 4	2398. 5	5566. 1	32. 9	575. 1	20. 7	131. 8
96. 0	645. 1	2251. 4	4631. 3	32. 1	381. 2	20. 6	20. 1
114. 1	40. 6	90. 0	501. 8		113. 9	0. 1	111. 7
21. 8	0. 7	57. 1	433. 0	0. 8	80. 0		
1167. 9	1718. 1	18663. 7	9844. 0	335. 7	3717. 6	3712. 5	991. 1
1167. 9	1718. 1	18663. 7	9844. 0	335. 7	3717. 6	3712. 5	991. 1
3653. 0	10095. 9	75813. 5	75186. 1	2390. 2	34793. 3	2632. 3	23285. 4
3101. 7	9308. 9	60702. 8	67970. 8	2214. 5	31425. 2	2579. 4	20285. 3
84. 9	21. 3	2613. 0	876. 7	0. 1	541. 9	14. 7	556. 6
0. 7		4. 0	13. 8	7. 0			
465. 7	765. 7	12493. 7	6324. 8	168. 6	2826. 2	38. 2	2443. 5
744. 3	1072. 1	16812. 7	7052. 8	1296. 4	304. 3	7. 3	180. 9
4. 4		159. 3	161. 7	12. 0	6. 0		
450. 4	568. 7	15464. 3	3531. 0	1162. 4	134. 3	5. 5	57. 6
120. 8	503. 4	997. 7	958. 5	35. 0	120. 8		120. 7
138. 9		56. 7	1850. 9	87. 0	40. 9	1. 1	2. 6
29. 8		134. 7	550. 7		2. 3	0. 7	
103. 0	165. 2	355. 5	2417. 5	158. 8	330. 9	31. 8	331. 2
11. 1		2. 1	678. 4	1. 6	−3. 9	25. 9	0. 2
80. 4			1370. 0	117. 0	229. 8		229. 8

14－3 续表 19 continued19

指标名称	Item	资产减值损失 Lost	公允价值变动收益 Revenue	投资收益 Investment income
烟、饮料及茶叶零售	Alcohol、beverage and tea			
烟草制品零售	Tobaccos			
其他食品零售	Others			
纺织、服装及日用品专门零售	Textile, garment and daily articles	55.8		
纺织品及针织品零售	Textile and knitwear			
服装零售	Garments	55.8		
鞋帽零售	Shoe and hat			
化妆品及卫生用品零售	Cosmetic and sanitary accessories			
钟表、眼镜零售	Clock and spectacles			
箱、包零售	Bags and suitcases retail			
厨房用具及日用杂品零售	Kitchenware and daily commodities retail			
自行车零售	Bicycle			
其他日用品零售	Others			
文化、体育用品及器材专门零售	Cultural and sport goods and equipment	292.7		6.2
文具用品零售	Stationery			
体育用品零售	Cultural and sports goods			
图书、报刊零售	Books、Newspaper	292.7		6.2
音像制品及电子出版物零售	Audio－visual and E－journal products			
珠宝首饰零售	Jewelry			
工艺美术品及收藏品零售	Handicraft, article and collection			
乐器零售	Musical instrument appliance			
照相器材零售	Photographic equipment retail			
其他文化用品零售	Others			
医药及医疗器材专门零售	Medicines and medical equipment	135.3		503.4
药品零售	Medicines	135.3		503.4
医疗用品及器材零售	Medical component			
汽车、摩托车、燃料及零配件专门零售业	Vehicles, motorcycle and parts	79.0		1426.7
汽车零售	Vehicles	72.6		811.3
汽车零配件零售	Installation kit			
摩托车及零配件零售	Motoreycle			
机动车燃料零售业	Fuels	6.4		615.4
家用电器及电子产品专门零售	Electrical household applicances and electronic products			
家用视听设备零售	Household audio and video equipment			
日用家电设备零售	Household appliances retail			
计算机、软件及辅助设备零售	Computer software and accessories			
通信设备零售	Telecommunication equipment			
其他电子产品零售	Others			
五金、家具及室内装修材料专门零售	Hardware, furniture and indoor hardware fitting			
五金零售	Hardware			
灯具零售	Lamps			
家具零售	Funiture			
涂料零售	Coating			
卫生洁具零售	Sanitary ware retail			

单位：万元 unit：10000 yuan

三、损益及分配 Gains and losses and distribution					四、人工成本及增值税 Labor cost and VAT	
营业利润 Business profit	营业外收入 Norbusiness revenue	补贴收入 Subsidies revenue	利润总额 Total profit	应交所得税 Income taxes payable	应付职工薪酬（本年贷方累计发生额）Payroll payable (credit accumulated happening this year)	应交增值税 VAT payableinput
-113.5	26.4		-160.4		2815	148
1430.5	1134.2	100.0	3116.0	85.6	9419	2609
2538.5	1088.2	100.0	3521.8	8.1	8470	1975
-376.5	10.0		289.7	74.7	181	503
-731.5	36.0		-695.5	2.8	769	131
200.8	363.5	294.8	1022.2	15.1	3365	208
231.1	363.2	294.8	1009.9		2924	67
-40.8			0.8	9.6	271	142
10.5	0.3		11.5	5.5	171	
16247.5	463.1		16540.2	4212.7	10621	9482
16247.5	463.1		16540.2	4212.7	10621	9482
2885.3	3013.9	362.5	21221.4	7278.2	50431	96120
-1117.4	2300.2	362.5	16772.9	6284.4	44186	93824
1116.2	20.8		1158.3	130.8	980	268
-12.8					7	8
2899.3	692.9		3290.2	863.0	5257	2021
-1567.4	75.5		-1796.2	150.0	2762	3297
-67.6			-67.6	0.5	123	47
-2487.4	34.8		-2370.7	4.0	1754	2948
735.4			390.0	97.0	361	18
213.1			213.0	40.6	402	87
39.1	40.7		39.1	7.9	122	197
-256.5	1.3		-7.6	27.1	831	158
-60.5	0.6		-59.9	15.1	186	53
-296.3			-48.4		258	

14－3 续表 20 continued20

指标名称		法人企业数（个）Corporate enterprises (unit)	执行《2006 年企业会计准则》企业个数（个）Number of enterprises implmenting Accounting Standards for Business Enterprises 2006
木质装饰材料零售	Wooden decorative materials retail		
陶瓷、石材装饰材料零售	Ceramics、decorative stone materials retail	2	1
其他室内装修材料零售	Others	2	1
货摊、无店铺及其他零售业	Other retail trade	20	17
货摊食品零售	Food		
货摊纺织、服装及鞋零售	Booth textile、clothing and shoes retail		
货摊日用品零售	Booth commodity retail		
互联网零售	Internet retailer		
邮购及电子销售	Mail order and electronic sales		
旧货零售	Second hand		
生活用燃料零售	Fuel for life	14	13
其他未列明的零售	Others	6	4
2. 按登记注册类型分组	Grouped by type registered		
内资企业	Domestic funds	224	184
国有企业	State－owned	1	1
集体企业	Collective－owned		
股份合作企业	Cooperative	2	2
联营企业	Joint		
国有联营企业	State joint owned		
集体联营企业	Collective joint owned		
国有与集体联营企业	State－collective joint owned		
其他联营企业	Others joint owned		
有限责任公司	Limited liability company	102	86
国有独资公司	State owned solely	4	4
其他有限责任公司	Limited liability company	98	82
股份有限公司	Share holding	8	8
私营企业	Private	107	83
私营独资企业	Private funded	4	2
私营合伙企业	Private partner		
私营有限责任公司	Private limited company	100	79
私营股份有限公司	Private share holding	3	2
其他企业	Others	4	4
港、澳、台商投资企业	Funded from HongKong，Macao and Taiwan	3	3
与港澳台商合资经营企业	Joint venture	2	2
与港澳台商合作经营企业	Cooperative		
港、澳、台商独资经营企业	Solefunds	1	1
港、澳、台商投资股份有限公司	Share holding		
其他港澳台投资企业	others		
外商投资企业	Foreign funded	7	7
中外合资经营企业	Joint venture	5	5
中外合作经营企业	Cooperative		
外资企业	Foreign funds	1	1
外商投资股份有限公司	Share holding		

单位：万元 unit：10000 yuan

一、年初存货 Inventory	二、期末资产负债 The final balance sheet						
	流动资产合计 Current assets	应收帐款 Receivables	存货 Inventery	固定资产合计 Total fixed assets	固定资产原价 Original Value of fixed assets	累计折旧 Total depreciation	本年折旧 Depreciationg in this year
1613. 4	2429. 8	381. 2	1919. 9	145. 4	182. 4	37. 0	18. 4
938. 9	9145. 0	8294. 0	768. 9	2111. 6	2500. 5	388. 9	
7564. 4	18650. 4	6073. 5	7078. 8	6304. 6	8580. 6	2276. 0	363. 6
4850. 5	10614. 4	3048. 1	4621. 9	5783. 3	7570. 3	1787. 0	206. 8
2713. 9	8036. 0	3025. 4	2456. 9	521. 3	1010. 3	489. 0	156. 8
972865. 6	2166363. 7	314185. 9	643954. 5	900002. 3	1200951. 1	301987. 9	59998. 2
1211. 0	2717. 7	1092. 6	1347. 6	795. 7	1205. 9	410. 2	44. 7
3016. 3	5653. 1	462. 5	3104. 9	1677. 3	2594. 3	917. 0	208. 0
164106. 4	841174. 5	192118. 3	177166. 7	123397. 7	216763. 0	93293. 8	12493. 1
525. 6	3495. 7	1098. 1	434. 5	3523. 9	4512. 0	988. 1	289. 3
163580. 8	837678. 8	191020. 2	176732. 2	119873. 8	212251. 0	92305. 7	12203. 8
162357. 2	508604. 6	15102. 9	211583. 4	652001. 8	794838. 0	142273. 7	34295. 8
638352. 6	783657. 3	105174. 5	244341. 9	121037. 7	184060. 1	64695. 5	12793. 0
25967. 8	14095. 1	1587. 8	5901. 8	2390. 9	4219. 5	1828. 6	254. 9
594054. 2	741849. 0	103332. 3	224472. 1	109500. 3	168836. 7	61009. 5	11989. 8
18330. 6	27713. 2	254. 4	13968. 0	9146. 5	11003. 9	1857. 4	548. 3
3822. 1	24556. 5	235. 1	6410. 0	1092. 1	1489. 8	397. 7	163. 6
5713. 0	218257. 0	19. 3	5435. 9	39970. 1	103732. 1	63762. 0	4334. 8
5562. 4	217387. 4		4585. 6	38541. 6	101002. 7	62461. 1	4182. 7
150. 6	869. 6	19. 3	850. 3	1428. 5	2729. 4	1300. 9	152. 1
23488. 2	87138. 3	32173. 0	25717. 6	61903. 9	79140. 1	16672. 6	4623. 5
19210. 6	67987. 8	31986. 5	16095. 8	53791. 8	69953. 2	15597. 8	3948. 5
1272. 8	6620. 9	5. 0	4312. 5	3830. 7	4424. 7	594. 0	194. 2

14－3 续表21 continued21

指标名称	Item	在建工程 Circulating funds	资产总计 Total assets
木质装饰材料零售	Wooden decorative materials retail		
陶瓷、石材装饰材料零售	Ceramics、decorative stone materials retail		2674.5
其他室内装修材料零售	Others		11256.6
货摊、无店铺及其他零售业	Other retail trade		25591.4
货摊食品零售	Food		
货摊纺织、服装及鞋零售	Booth textile、clothing and shoes retail		
货摊日用品零售	Booth commodity retail		
互联网零售	Internet retailer		
邮购及电子销售	Mail order and electronic sales		
旧货零售	Second hand		
生活用燃料零售	Fuel for life		17024.7
其他未列明的零售	Others		8566.7
2. 按登记注册类型分组	Grouped by type registered		
内资企业	Domestic funds	190924.6	3534870.7
国有企业	State－owned		4060.7
集体企业	Collective－owned		
股份合作企业	Cooperative		7330.4
联营企业	Joint		
国有联营企业	State joint owned		
集体联营企业	Collective joint owned		
国有与集体联营企业	State－collective joint owned		
其他联营企业	Others joint owned		
有限责任公司	Limited liability company	24137.3	1136817.6
国有独资公司	State owned solely		8419.2
其他有限责任公司	Limited liability company	24137.3	1128398.4
股份有限公司	Share holding	156426.9	1382045.0
私营企业	Private	10360.4	977014.6
私营独资企业	Private funded		16498.0
私营合伙企业	Private partner		
私营有限责任公司	Private limited company	10284.0	923384.3
私营股份有限公司	Private share holding	76.4	37132.3
其他企业	Others		27602.4
港、澳、台商投资企业	Funded from HongKong，Macao and Taiwan	70.1	571082.9
与港澳台商合资经营企业	Joint venture	70.1	568784.8
与港澳台商合作经营企业	Cooperative		
港、澳、台商独资经营企业	Solefunds		2298.1
港、澳、台商投资股份有限公司	Share holding		
其他港澳台投资企业	others		
外商投资企业	Foreign funded		170274.2
中外合资经营企业	Joint venture		137120.7
中外合作经营企业	Cooperative		
外资企业	Foreign funds		12432.0
外商投资股份有限公司	Share holding		

单位：万元 unit：10000 yuan

二、期末资产负债 The final balance sheet

流动负债合计 Total current liabilities	应付账款 Inventory	非流动负债合计 Non - current liabilities	负债合计 Total liabilities	所有者权益合计 Creditor's equity
1246. 2	657. 9	1000. 0	2246. 2	428. 3
10182. 8	8074. 1		10182. 8	1073. 8
10171. 2	3737. 4		10171. 2	15420. 2
2843. 5	1291. 3		2843. 5	14181. 2
7327. 7	2446. 1		7327. 7	1239. 0
2435203. 7	384688. 4	276425. 8	2711833. 4	823037. 3
2982. 9	2353. 7	821. 0	3803. 9	256. 8
4558. 5	33. 0		4558. 5	2771. 9
834891. 1	175037. 0	83139. 0	918234. 0	218583. 6
3149. 2	1083. 7	1470. 5	4619. 7	3799. 5
831741. 9	173953. 3	81668. 5	913614. 3	214784. 1
907524. 2	121846. 4	143852. 0	1051376. 2	330668. 8
662615. 7	84572. 1	46913. 8	709529. 5	267485. 1
5433. 6	1009. 4		5433. 6	11064. 4
623667. 2	80153. 1	46913. 8	670581. 0	252803. 3
33514. 9	3409. 6		33514. 9	3617. 4
22631. 3	846. 2	1700. 0	24331. 3	3271. 1
274637. 1	80678. 2	174620. 0	449257. 1	121825. 8
273172. 3	79213. 4	174620. 0	447792. 3	120992. 5
1464. 8	1464. 8		1464. 8	833. 3
160161. 5	9777. 5	30662. 8	190824. 3	－20550. 1
126190. 6	4020. 1	30150. 0	156340. 6	－19219. 9
15203. 6	5457. 5	512. 8	15716. 4	－3284. 4

14－3 续表22 continued22

指标名称	Item	实收资本 Original Value of fixed assets	国家资本 State owned	集体资本 Collective
木质装饰材料零售	Wooden decorative materials retail			
陶瓷、石材装饰材料零售	Ceramics、decorative stone materials retail	257.6		
其他室内装修材料零售	Others	750.0		
货摊、无店铺及其他零售业	Other retail trade	11237.4		
货摊食品零售	Food			
货摊纺织、服装及鞋零售	Booth textile、clothing and shoes retail			
货摊日用品零售	Booth commodity retail			
互联网零售	Internet retailer			
邮购及电子销售	Mail order and electronic sales			
旧货零售	Second hand			
生活用燃料零售	Fuel for life	10153.4		
其他未列明的零售	Others	1084.0		
2. 按登记注册类型分组	Grouped by type registered			
内资企业	Domestic funds	437140.6	20012.9	7072.5
国有企业	State－owned	1000.4	1000.4	
集体企业	Collective－owned			
股份合作企业	Cooperative	2684.0		1500.0
联营企业	Joint			
国有联营企业	State joint owned			
集体联营企业	Collective joint owned			
国有与集体联营企业	State－collective joint owned			
其他联营企业	Others joint owned			
有限责任公司	Limited liability company	152856.5	14993.3	5000.0
国有独资公司	State owned solely	1891.0	1215.7	
其他有限责任公司	Limited liability company	150965.5	13777.6	5000.0
股份有限公司	Share holding	49059.6	4019.2	572.5
私营企业	Private	230203.3		
私营独资企业	Private funded	6560.0		
私营合伙企业	Private partner			
私营有限责任公司	Private limited company	222343.3		
私营股份有限公司	Private share holding	1300.0		
其他企业	Others	1336.8		
港、澳、台商投资企业	Funded from HongKong，Macao and Taiwan	16412.1		
与港澳台商合资经营企业	Joint venture	15578.8		
与港澳台商合作经营企业	Cooperative			
港、澳、台商独资经营企业	Solefunds	833.3		
港、澳、台商投资股份有限公司	Share holding			
其他港澳台投资企业	others			
外商投资企业	Foreign funded	31694.8		
中外合资经营企业	Joint venture	26271.5		
中外合作经营企业	Cooperative			
外资企业	Foreign funds	1522.8		
外商投资股份有限公司	Share holding			

单位：万元 unit：10000 yuan

二、期末资产负债 The final balance sheet				三、损益及分配 Gains and losses and distribution			
法人资本 Corporate	个人资本 Private	港澳台资本 Funded from Hongkong，Macao and Taiwan	外商资本 Foreign funds	营业收入 Operation revenue	主营业务收入 Operating revenue	营业成本 Operating costs	主营业务成本 Operating costs
57.6	200.0			3174.6	3174.6	2491.5	2491.5
700.0	50.0			5615.8	5615.8	5359.6	5359.6
10500.1	737.3			126447.9	126447.9	116156.8	116156.8
9816.1	337.3			108784.4	108784.4	99824.5	99824.5
684.0	400.0			17663.5	17663.5	16332.3	16332.3
155199.6	254855.6			5506757.7	5326526.3	4882816.2	4861882.3
				7014.4	6854.1	6258.2	6241.2
584.0	600.0			31431.3	31431.3	30294.9	30294.9
96193.1	36670.1			2189877.9	2151217.3	1970126.2	1968200.3
675.3				9174.4	8931.9	6232.1	6222.5
95517.8	36670.1			2180703.5	2142285.4	1963894.1	1961977.8
10449.6	34018.3			1416700.7	1291444.0	1150763.4	1139606.1
47972.9	182230.4			1806600.0	1790573.0	1673958.7	1666125.0
	6560.0			77496.9	77496.9	72598.5	72598.5
47972.9	174370.4			1681669.9	1665642.9	1557205.1	1549371.4
	1300.0			47433.2	47433.2	44155.1	44155.1
	1336.8			55133.4	55006.6	51414.8	51414.8
833.3		15538.8	40.0	284093.4	269045.8	223318.9	220208.9
		15538.8	40.0	282016.7	266980.9	222528.2	219418.2
833.3				2076.7	2064.9	790.7	790.7
16800.0		1350.0	13544.8	188424.6	185722.0	165854.5	165750.5
16800.0		1350.0	8121.5	155255.6	152723.2	135636.1	135532.1
			1522.8	8869.7	8699.5	7430.8	7430.8

14－3 续表 23 continued23

指标名称	Item	营业税金及附加 Business taxes and extra charges
木质装饰材料零售	Wooden decorative materials retail	
陶瓷、石材装饰材料零售	Ceramics、decorative stone materials retail	6.7
其他室内装修材料零售	Others	4.8
货摊、无店铺及其他零售业	Other retail trade	433.5
货摊食品零售	Food	
货摊纺织、服装及鞋零售	Booth textile、clothing and shoes retail	
货摊日用品零售	Booth commodity retail	
互联网零售	Internet retailer	
邮购及电子销售	Mail order and electronic sales	
旧货零售	Second hand	
生活用燃料零售	Fuel for life	419.7
其他未列明的零售	Others	13.8
2. 按登记注册类型分组	Grouped by type registered	
内资企业	Domestic funds	23152.2
国有企业	State－owned	14.8
集体企业	Collective－owned	
股份合作企业	Cooperative	236.9
联营企业	Joint	
国有联营企业	State joint owned	
集体联营企业	Collective joint owned	
国有与集体联营企业	State－collective joint owned	
其他联营企业	Others joint owned	
有限责任公司	Limited liability company	6251.4
国有独资公司	State owned solely	18.9
其他有限责任公司	Limited liability company	6232.5
股份有限公司	Share holding	13129.4
私营企业	Private	3441.8
私营独资企业	Private funded	277.2
私营合伙企业	Private partner	
私营有限责任公司	Private limited company	3041.0
私营股份有限公司	Private share holding	123.6
其他企业	Others	77.9
港、澳、台商投资企业	Funded from HongKong，Macao and Taiwan	2615.6
与港澳台商合资经营企业	Joint venture	2601.1
与港澳台商合作经营企业	Cooperative	
港、澳、台商独资经营企业	Solefunds	14.5
港、澳、台商投资股份有限公司	Share holding	
其他港澳台投资企业	others	
外商投资企业	Foreign funded	465.1
中外合资经营企业	Joint venture	417.8
中外合作经营企业	Cooperative	
外资企业	Foreign funds	37.3
外商投资股份有限公司	Share holding	

单位：万元 unit：10000 yuan

三、损益及分配 Gainsay and losses and distribution							
主营业务税金及附加 Main operation taxes and extra charges	其他业务利润 Other business profit	销售费用 Marketing expenses	管理费用 Management expenses	税金 Taxes	财务费用 Financial expenses	利息收入 Interest income	利息支出 Interest expenditure
6.7	165.2	312.0	248.8	1.6	74.5	0.1	74.6
4.8		41.4	120.3	38.6	30.5	5.8	26.6
433.5		4920.0	2475.1	40.4	503.8	4.4	25.0
419.7		4467.4	1771.4	35.0	496.4	2.8	16.6
13.8		452.6	703.7	5.4	7.4	1.6	8.4
22226.1	44053.8	194703.6	257011.9	12460.0	64938.3	7071.8	49541.1
0.8	129.3	285.7	360.7	13.7	40.2		
236.9		245.0	387.7	33.6	185.8	0.2	
5629.1	30653.1	87454.0	85186.9	4094.7	22498.9	4866.9	13895.2
16.5	117.6	820.2	1771.0	18.4	43.5	20.6	20.1
5612.6	30535.5	86633.8	83415.9	4076.3	22455.4	4846.3	13875.1
13129.4	4428.7	58486.8	109350.5	6878.4	20818.7	601.7	21751.0
3152.0	8842.7	47871.8	59015.5	1367.8	21477.4	1354.0	13766.5
277.2	559.4	2105.1	1645.9	8.0	41.9	38.7	3.0
2754.6	8222.1	44724.4	55563.7	1236.3	21064.2	1298.7	13443.6
120.2	61.2	1042.3	1805.9	123.5	371.3	16.6	319.9
77.9		360.3	2710.6	71.8	-82.7	249.0	128.4
2615.6	18421.7	15853.2	14885.5	707.3	9522.8	15.2	9362.9
2601.1	18421.7	15418.7	14295.6	707.3	9288.3	11.6	9131.6
14.5		434.5	589.9		234.5	3.6	231.3
465.1	356.6	12938.9	8901.1	214.0	7956.3	54.5	6369.1
417.8	356.6	8879.2	8003.9	132.0	7046.1	45.7	5479.7
37.3		3331.2	96.1	-17.9	119.8	0.4	109.4

14－3 续表 24 continued24

指标名称	Item	资产减值损失 Lost	公允价值变动收益 Revenue	投资收益 Investment income
木质装饰材料零售	Wooden decorative materials retail			
陶瓷、石材装饰材料零售	Ceramics、decorative stone materials retail			
其他室内装修材料零售	Others			
货摊、无店铺及其他零售业	Other retail trade			9.7
货摊食品零售	Food			
货摊纺织、服装及鞋零售	Booth textile、clothing and shoes retail			
货摊日用品零售	Booth commodity retail			
互联网零售	Internet retailer			
邮购及电子销售	Mail order and electronic sales			
旧货零售	Second hand			
生活用燃料零售	Fuel for life			9.7
其他未列明的零售	Others			
2. 按登记注册类型分组	Grouped by type registered			
内资企业	Domestic funds	639.0		744.5
国有企业	State－owned	32.9		6.2
集体企业	Collective－owned			
股份合作企业	Cooperative			
联营企业	Joint			
国有联营企业	State joint owned			
集体联营企业	Collective joint owned			
国有与集体联营企业	State－collective joint owned			
其他联营企业	Others joint owned			
有限责任公司	Limited liability company	326.1		114.1
国有独资公司	State owned solely	193.7		
其他有限责任公司	Limited liability company	132.4		114.1
股份有限公司	Share holding	262.1		343.7
私营企业	Private	17.9		280.5
私营独资企业	Private funded			
私营合伙企业	Private partner			
私营有限责任公司	Private limited company	17.9		280.5
私营股份有限公司	Private share holding			
其他企业	Others			
港、澳、台商投资企业	Funded from HongKong，Macao and Taiwan			－1000.0
与港澳台商合资经营企业	Joint venture			－1000.0
与港澳台商合作经营企业	Cooperative			
港、澳、台商独资经营企业	Solefunds			
港、澳、台商投资股份有限公司	Share holding			
其他港澳台投资企业	others			
外商投资企业	Foreign funded	105.1		330.8
中外合资经营企业	Joint venture	107.6		330.8
中外合作经营企业	Cooperative			
外资企业	Foreign funds	－2.5		
外商投资股份有限公司	Share holding			

单位：万元 unit：10000 yuan

三、损益及分配 Gains and losses and distribution					四、人工成本及增值税 Labor cost and VAT	
营业利润 Business profit	营业外收入 Norbusiness revenue	补贴收入 Subsidies revenue	利润总额 Total profit	应交所得税 Income taxes payable	应付职工薪酬（本年贷方累计发生额）Payroll payable (credit accumulated happening this year)	应交增值税 VAT payableinput
41.1			41.1	10.3	269	58
59.2	0.7		59.6	1.7	118	46
1968.4	2.6		2015.7	293.8	4104	843
1814.7	2.4		1862.0	262.8	1865	763
153.7	0.2		153.7	31.0	2239	80
84403.3	9796.1	3854.2	110401.3	30339.9	179065	128242
28.1	79.6	79.6	107.2		248	6
81.0			74.5	1.5	5453	
18235.3	3335.8	615.2	23351.8	7599.3	94554	88008
95.0	229.3	160.9	320.4		1061	1
18140.3	3106.5	454.3	23031.4	7599.3	93493	88008
64233.5	3989.6	2482.3	67857.5	17720.3	44551	17920
1172.9	2388.7	677.1	18400.5	4876.5	33778	21933
828.3	1.9		1115.7	72.8	458	38
348.4	2385.1	677.1	17286.9	4803.4	32261	23048
-3.8	1.7		-2.1	0.3	1060	-1153
652.5	2.4		609.8	142.3	480	375
16897.4	435.5		17275.1	4409.5	1235	4326
16884.8	434.7		17261.7	4407.2	1234	4216
12.6	0.8		13.4	2.3	1	110
-7465.6	565.0		-7278.7	782.7	4578	1546
-4504.3	157.4		-4605.3	782.7	2901	1183
-2143.0	277.6		-1868.2		1028	280

14－3 续表 25 continued25

指标名称		法人企业数（个）Corporate enterprises (unit)	执行《2006 年企业会计准则》企业个数（个）Number of enterprises implmenting Accounting Standards for Business Enterprises 2006
其它外商投资企业司	Others	1	1
3. 按控股情况分	Grouped by owned		
国有控股	State－owned	15	15
集体控股	Collective－owned	2	1
私人控股	Private－owned	176	142
港澳台商控股	Hongkong，Macao and Taiwan－Owned	2	2
外商控股	Foreign－owned	4	4
其他	Others	35	30
4. 按经营形式分	Grouped by form of management		
独立门店	Substantive store	209	175
连锁总店（总部）	Chain headquarter	13	11
连锁门店	Chain store	5	4
其他	Others	7	4
5. 按单位规模分	Gruoped by size of enterprises		
大型	Large－sized	19	19
中型	Medium－sized	102	88
小型	Small－sized	91	72
微型	Micro－sized	22	15
6. 按零售业态分组	Grouped by form of retail		
有店铺零售	Retail trade	232	194
食杂店	Traditional grocery store		
便利店	Convenience store		
折扣店	Discount store		
超市	Market	5	5
大型超市	Super market	6	6
仓储会员店	Warehouse store	1	1
百货店	Consumer goods	24	22
专业店	Specialty store	105	94
专卖店	Exclusive shop	83	60
家居建材商店	Household items hall	1	1
购物中心	Shopping center	2	2
厂家直销中心	Direct sales by manufacturers	5	3
无店铺零售	Other retail trade	2	
电视购物	TV shopping		
邮购	Purchase by mail		
网上商店	Store on line		
自动售货亭	Vending machine		
电话购物	Call shopping		

单位：万元 unit：10000 yuan

一、年初存货 Inventory	二、期末资产负债 The final balance sheet						
	流动资产合计 Current assets	应收帐款 Receivables	存货 Inventery	固定资产合计 Total fixed assets	固定资产原价 Original Value of fixed assets	累计折旧 Total depreciation	本年折旧 Depreciationg in this year
3004.8	12529.6	181.5	5309.3	4281.4	4762.2	480.8	480.8
198696.1	677829.4	101054.3	251452.8	655558.5	790609.6	135029.1	34075.2
4491.4	9616.5	3206.3	3664.0	1819.8	2640.0	820.2	150.9
741997.7	1268322.9	164747.1	361839.6	183354.4	311933.0	129714.7	22123.1
7669.2	10356.3	1325.6	5908.1	3740.6	6391.5	2650.9	1502.1
12889.0	28535.7	1132.9	16608.8	14407.9	18735.8	3764.3	1710.9
36323.4	477098.2	74912.0	35634.7	142995.1	253513.4	110443.3	9394.3
809845.9	1882437.8	309090.2	419304.8	336520.5	572922.4	237538.9	33015.8
181831.0	555403.5	27158.0	240981.6	645297.1	781539.8	135581.2	34547.4
6237.2	16152.7	643.8	10872.3	11241.5	16468.6	5227.1	795.4
4152.7	17765.0	9486.2	3949.3	8817.2	12892.5	4075.3	597.9
256413.5	1026957.2	60075.6	289358.2	772967.0	1043194.3	269588.9	43516.6
257731.9	1112859.6	190274.1	311679.2	143661.6	226857.1	84267.7	18384.8
480972.3	273077.0	51567.1	72292.1	41349.0	59300.4	17993.1	5178.1
6949.1	58865.2	44461.4	1778.5	43898.7	54471.5	10572.8	1877.0
1001737.0	2469975.8	345633.0	674836.8	1001845.0	1383772.2	382402.7	68936.7
22624.5	12718.9	3233.2	3327.7	9972.5	12497.5	2525.0	566.8
11933.1	70413.9	2823.0	15272.2	21773.0	37616.0	15203.5	1450.7
332.2	556.0	130.0	426.0	246.5	246.5		
155320.6	807727.5	60777.6	201969.0	767916.0	1006265.0	237786.5	42994.0
218329.2	686885.4	104619.5	220035.1	90354.3	156226.3	67122.0	11892.3
582990.0	857706.2	172995.7	226283.0	76155.8	116122.2	40393.0	10905.4
	5604.1			8.6	87.6	79.0	14.7
291.0	18209.3	62.1	227.3	27228.6	45026.1	17797.5	42.8
9916.4	10154.5	991.9	7296.5	8189.7	9685.0	1496.2	1070.0
329.8	1783.2	745.2	271.2	31.3	51.1	19.8	19.8

14－3 续表 26 continued26

指标名称	Item	在建工程 Circulating funds	资产总计 Total assets
其它外商投资企业公司	Others		20721.5
3. 按控股情况分	Grouped by owned		
国有控股	State－owned	166020.5	1555847.0
集体控股	Collective－owned		11436.3
私人控股	Private－owned	23297.0	1648982.3
港澳台商控股	Hongkong，Macao and Taiwan－Owned		15083.1
外商控股	Foreign－owned		51453.5
其他	Others	1677.2	993425.6
4. 按经营形式分	Grouped by form of management		
独立门店	Substantive store	24371.7	2786229.8
连锁总店（总部）	Chain headquarter	163067.4	1416950.8
连锁门店	Chain store	602.5	41664.2
其他	Others	2953.1	31383.0
5. 按单位规模分	Gruoped by size of enterprises		
大型	Large－sized	170828.4	2445664.7
中型	Medium－sized	9665.6	1359382.5
小型	Small－sized	10396.7	357983.0
微型	Micro－sized	104.0	113197.6
6. 按零售业态分组	Grouped by form of retail		
有店铺零售	Retail trade	190994.7	4274413.3
食杂店	Traditional grocery store		
便利店	Convenience store		
折扣店	Discount store		
超市	Market		24194.7
大型超市	Super market	602.5	104605.5
仓储会员店	Warehouse store		802.5
百货店	Consumer goods	154985.9	2130419.7
专业店	Specialty store	15395.5	911960.8
专卖店	Exclusive shop	19975.5	1020689.1
家居建材商店	Household items hall		6587.2
购物中心	Shopping center	35.3	46270.7
厂家直销中心	Direct sales by manufacturers		28883.1
无店铺零售	Other retail trade		1814.5
电视购物	TV shopping		
邮购	Purchase by mail		
网上商店	Store on line		
自动售货亭	Vending machine		
电话购物	Call shopping		

单位：万元 unit：10000 yuan

二、期末资产负债 The final balance sheet				
流动负债合计 Total current liabilities	应付账款 Inventory	非流动负债合计 Non - current liabilities	负债合计 Total liabilities	所有者权益合计 Creditor' s equity
18767. 3	299. 9		18767. 3	1954. 2
1071628. 5	185167. 3	140850. 8	1212479. 3	343367. 7
9227. 9	1851. 9		9227. 9	2208. 4
1142690. 1	138608. 5	97108. 3	1240002. 1	408980. 2
8915. 6	2969. 6		8915. 6	6167. 5
64988. 2	8121. 1	512. 8	65501. 0	-14047. 5
572552. 0	138425. 7	243236. 7	815788. 9	177636. 7
1851833. 8	302847. 9	349770. 6	2201808. 3	584421. 5
973220. 5	155335. 0	131902. 0	1105122. 5	311828. 3
24142. 1	3600. 7	15. 0	24157. 1	17507. 1
20805. 9	13360. 5	21. 0	20826. 9	10556. 1
1495144. 6	254927. 2	373468. 7	1868613. 3	577051. 4
999134. 5	168682. 4	54705. 5	1053840. 0	305542. 5
282672. 8	39183. 8	17834. 4	300711. 1	57271. 9
93050. 4	12350. 7	35700. 0	128750. 4	-15552. 8
2868389. 4	474441. 2	481708. 6	3350301. 9	924111. 4
27096. 1	6381. 3		27096. 1	-2901. 4
106082. 6	22030. 8	512. 8	106595. 4	-1989. 9
345. 6	180. 6		345. 6	456. 9
1289956. 7	206859. 1	387364. 5	1677321. 2	453098. 5
611328. 2	123445. 9	49796. 4	661124. 6	250836. 2
751621. 1	108601. 6	29979. 5	781804. 3	238884. 8
4361. 3		2800. 0	7161. 3	-574. 1
60720. 3	4851. 9	11200. 0	71920. 3	-25649. 6
16877. 5	2090. 0	55. 4	16933. 1	11950. 0
1612. 9	702. 9		1612. 9	201. 6

14－3 续表 27 continued27

指标名称	Item	实收资本 Driginal Value of fixed assets	国家资本 State owned	集体资本 Collective
其它外商投资企业司	Others	3900.5		
3. 按控股情况分	Grouped by owned			
国有控股	State－owned	45852.9	18825.7	
集体控股	Collective－owned	2150.3		1500.0
私人控股	Private－owned	356059.8	387.2	
港澳台商控股	Hongkong，Macao and Taiwan－Owned	3083.3		
外商控股	Foreign－owned	18544.8		
其他	Others	59556.4	800.0	5572.5
4. 按经营形式分	Grouped by form of management			
独立门店	Substantive store	419561.3	9760.9	5572.5
连锁总店（总部）	Chain headquarter	45535.2	10202.0	
连锁门店	Chain store	12601.0		
其他	Others	7550.0	50.0	1500.0
5. 按单位规模分	Gruoped by size of enterprises			
大型	Large－sized	143332.3	10589.2	4500.0
中型	Medium－sized	274187.5	8878.0	2000.0
小型	Small－sized	56451.7	495.7	572.5
微型	Micro－sized	11276.0	50.0	
6. 按零售业态分组	Grouped by form of retail			
有店铺零售	Retail trade	485097.5	20012.9	7072.5
食杂店	Traditional grocery store			
便利店	Convenience store			
折扣店	Discount store			
超市	Market	2232.5		572.5
大型超市	Super market	19412.8		
仓储会员店	Warehouse store	200.0		
百货店	Consumer goods	89492.5	4578.8	6500.0
专业店	Specialty store	147324.9	5364.1	
专卖店	Exclusive shop	213012.3	10070.0	
家居建材商店	Household items hall	2000.0		
购物中心	Shopping center	1100.0		
厂家直销中心	Direct sales by manufacturers	10322.5		
无店铺零售	Other retail trade	150.0		
电视购物	TV shopping			
邮购	Purchase by mail			
网上商店	Store on line			
自动售货亭	Vending machine			
电话购物	Call shopping			

单位：万元 unit：10000 yuan

二、期末资产负债 The final balance sheet				三、损益及分配 Gains and losses and distribution			
法人资本 Corporate	个人资本 Private	港澳台资本 Funded from Hongkong，Macao and Taiwan	外商资本 Foreign funds	营业收入 Operation revenue	主营业务收入 Operating revenue	营业成本 Operating costs	主营业务成本 Operating costs
			3900.5	24299.3	24299.3	22787.6	22787.6
11739.8	15287.4			1646901.8	1524799.4	1359329.4	1348091.0
23.0	627.3			35034.2	35034.2	33366.8	33366.8
127377.8	228294.8			3266013.5	3238526.0	3029439.3	3020224.4
1733.3		1350.0		63413.1	63401.3	54118.1	54118.1
5000.0			13544.8	87290.9	86764.1	78699.8	78699.8
26959.0	10646.1	15538.8	40.0	880622.2	832769.1	717036.2	713341.6
145364.1	231490.2	16828.8	10544.8	4477874.1	4408505.2	4066091.8	4053187.0
12215.8	20017.4	60.0	3040.0	1382578.6	1254960.4	1099304.4	1088118.6
10001.0	2600.0			52018.0	51030.4	43929.2	43878.0
5252.0	748.0			66805.0	66798.1	62664.2	62658.1
77346.0	35418.3	15478.8		2907729.7	2746625.6	2468509.5	2452973.4
60192.3	188122.4	1410.0	13584.8	2550654.5	2519163.1	2331346.9	2322931.0
26638.6	28744.9			473219.0	470062.5	429112.7	429026.9
8656.0	2570.0			47672.5	45442.9	43020.5	42910.4
172732.9	254805.6	16888.8	13584.8	5977179.2	5779197.6	5270052.8	5245904.9
960.6	699.4			29662.6	27806.1	23639.3	23639.3
14794.0	96.0		4522.8	176954.7	167924.2	152579.6	152528.4
50.0	150.0			1074.7	1074.7	831.7	831.7
20932.2	42002.7	15478.8		1879354.5	1720196.6	1526807.0	1512097.1
97366.5	43244.3	1350.0		2068484.6	2055973.2	1880241.5	1878894.7
31528.6	167413.2	60.0	3940.5	1716075.3	1708253.9	1603611.4	1595632.1
2000.0				1383.9	1383.9		
1100.0				38988.5	31384.6	22445.2	22384.5
4001.0	1200.0		5121.5	65200.4	65200.4	59897.1	59897.1
100.0	50.0			2096.5	2096.5	1936.8	1936.8

14－3 续表28 continued28

指标名称	Item	营业税金及附加 Business taxes and extra charges
其它外商投资企业公司	Others	10.0
3. 按控股情况分	Grouped by owned	
国有控股	State－owned	13296.4
集体控股	Collective－owned	261.6
私人控股	Private－owned	6128.3
港澳台商控股	Hongkong，Macao and Taiwan－Owned	229.6
外商控股	Foreign－owned	153.4
其他	Others	6163.6
4. 按经营形式分	Grouped by form of management	
独立门店	Substantive store	12207.2
连锁总店（总部）	Chain headquarter	13455.4
连锁门店	Chain store	283.9
其他	Others	286.4
5. 按单位规模分	Gruoped by size of enterprises	
大型	Large－sized	18856.6
中型	Medium－sized	5479.2
小型	Small－sized	1851.1
微型	Micro－sized	46.0
6. 按零售业态分组	Grouped by form of retail	
有店铺零售	Retail trade	26228.3
食杂店	Traditional grocery store	
便利店	Convenience store	
折扣店	Discount store	
超市	Market	307.5
大型超市	Super market	667.6
仓储会员店	Warehouse store	4.0
百货店	Consumer goods	17446.6
专业店	Specialty store	4359.2
专卖店	Exclusive shop	2470.9
家居建材商店	Household items hall	80.4
购物中心	Shopping center	824.6
厂家直销中心	Direct sales by manufacturers	67.5
无店铺零售	Other retail trade	4.6
电视购物	TV shopping	
邮购	Purchase by mail	
网上商店	Store on line	
自动售货亭	Vending machine	
电话购物	Call shopping	

单位：万元 unit：10000 yuan

三、损益及分配 Gainsay and losses and distribution							
主营业务税金及附加 Main operation taxes and extra charges	其他业务利润 Other business profit	销售费用 Marketing expenses	管理费用 Management expenses	税金 Taxes	财务费用 Financial expenses	利息收入 Interest income	利息支出 Interest expenditure
10. 0		728. 5	801. 1	99. 9	790. 4	8. 4	780. 0
13280. 0	988. 7	66530. 1	113045. 5	6841. 2	22134. 6	4247. 8	19910. 9
261. 6		708. 1	244. 0	31. 0	447. 3	5. 0	261. 8
5758. 7	22805. 0	94689. 9	99675. 0	4284. 4	36740. 7	2694. 3	24732. 2
229. 6		3719. 3	1893. 2	26. 2	590. 8	44. 3	584. 8
153. 4	356. 6	7433. 9	2242. 5	170. 4	2048. 2	10. 6	1193. 8
5623. 5	38681. 8	50414. 4	63698. 3	2028. 1	20455. 8	139. 5	18589. 6
11574. 1	56048. 4	140990. 9	164668. 7	5933. 7	60885. 9	6554. 7	44248. 9
13162. 4	5847. 4	76275. 3	110800. 9	6889. 3	20791. 3	574. 9	20593. 7
283. 9	936. 3	3744. 0	4185. 6	504. 1	380. 5	3. 7	350. 5
286. 4		2485. 5	1143. 3	54. 2	359. 7	8. 2	80. 0
18273. 9	41387. 9	121092. 2	168307. 8	9925. 2	41016. 8	895. 1	38880. 1
5208. 6	17062. 8	85095. 4	82632. 6	2435. 8	30474. 8	5668. 3	17522. 7
1778. 5	4248. 9	15531. 8	25134. 4	1013. 8	5882. 1	534. 4	4117. 8
45. 8	132. 5	1776. 3	4723. 7	6. 5	5043. 7	43. 7	4752. 5
25302. 2	62832. 1	223495. 7	280664. 7	13381. 3	82418. 8	7140. 1	65273. 1
198. 5	1352. 5	2219. 3	2979. 6	131. 3	1083. 1	6. 7	1003. 0
411. 8	12631. 5	16619. 5	9170. 5	311. 2	1297. 7	22. 7	431. 4
4. 0		82. 0	73. 0		3. 0		1. 6
17230. 7	27027. 3	71471. 2	147724. 6	8021. 1	36524. 0	618. 2	36223. 5
4297. 6	10835. 5	89206. 1	64317. 8	2382. 7	19395. 4	832. 9	12779. 2
2470. 6	3442. 0	41289. 1	44389. 2	1495. 6	20832. 6	5629. 7	11712. 2
80. 4			1370. 0	117. 0	229. 8		229. 8
541. 1	7543. 3		9166. 1	475. 7	2758. 9	2. 1	2588. 2
67. 5		2608. 5	1473. 9	446. 7	294. 3	27. 8	304. 2
4. 6			133. 8		-1. 4	1. 4	

14－3 续表 29 continued29

指标名称	Item	资产减值损失 Lost	公允价值变动收益 Revenue	投资收益 Investment income
其它外商投资企业司	Others			
3. 按控股情况分	Grouped by owned			
国有控股	State－owned	561.2		85.6
集体控股	Collective－owned			
私人控股	Private－owned	17.9		1028.5
港澳台商控股	Hongkong，Macao and Taiwan－Owned	49.8		
外商控股	Foreign－owned	55.3		－48.5
其他	Others	59.9		－990.3
4. 按经营形式分	Grouped by form of management			
独立门店	Substantive store	418.3		1713.7
连锁总店（总部）	Chain headquarter	319.4		－1638.4
连锁门店	Chain store			
其他	Others	6.4		
5. 按单位规模分	Gruoped by size of enterprises			
大型	Large－sized	319.5		－31.2
中型	Medium－sized	424.5		106.5
小型	Small－sized	0.1		
微型	Micro－sized			
6. 按零售业态分组	Grouped by form of retail			
有店铺零售	Retail trade	744.1		75.3
食杂店	Traditional grocery store			
便利店	Convenience store			
折扣店	Discount store			
超市	Market	－2.8		－1214.4
大型超市	Super market	54.8		
仓储会员店	Warehouse store			
百货店	Consumer goods	152.9		－656.3
专业店	Specialty store	515.2		1284.6
专卖店	Exclusive shop	－33.9		709.9
家居建材商店	Household items hall			
购物中心	Shopping center	55.8		
厂家直销中心	Direct sales by manufacturers	2.1		－48.5
无店铺零售	Other retail trade			
电视购物	TV shopping			
邮购	Purchase by mail			
网上商店	Store on line			
自动售货亭	Vending machine			
电话购物	Call shopping			

单位：万元 unit：10000 yuan

三、损益及分配 Gains and losses and distribution					四、人工成本及增值税 Labor cost and VAT	
营业利润 Business profit	营业外收入 Norbusiness revenue	补贴收入 Subsidies revenue	利润总额 Total profit	应交所得税 Income taxes payable	应付职工薪酬（本年贷方累计发生额） Payroll payable (credit accumulated happening this year)	应交增值税 VAT payableinput
-818.3	130.0		-805.2		648	83
72150.2	5066.1	2777.1	77466.8	19838.8	51662	19500
6.4			0.4		3618	
528.0	3506.7	977.1	20154.7	7048.3	64771	101689
2812.3	12.8		2658.2	667.9	1630	600
-3390.7	552.6		-2987.3		2275	321
21728.9	1658.4	100.0	23104.9	7977.1	60921	12004
34427.3	4426.4	757.3	54797.0	16995.4	121975	115612
60053.5	4964.1	2482.3	64528.5	18172.5	50514	18247
-505.2	784.1	614.6	584.1	146.8	7642	557
-140.5	622.0		488.1	217.4	4747	-302
89656.1	5411.2	3256.9	94623.9	23527.1	114920	31258
15484.7	4856.2	561.1	35800.9	11164.0	54496	97318
-4368.0	521.8	36.2	-2894.8	820.8	14420	5287
-6937.7	7.4		-7132.3	20.2	1042	251
93812.4	10796.6	3854.2	120374.7	35526.8	184822	134078
-1777.8	197.2		-1611.5	61.4	1643	1213
-3435.0	1234.0	614.6	-1957.2	416.3	10081	1030
81.0			81.0		36	13
78571.9	4410.1	2482.3	82445.2	22974.6	89478	20017
11712.7	2972.2	354.8	14878.9	5562.2	47988	99765
4399.2	1823.6	302.5	21622.9	6506.7	28484	11773
-296.3			-48.4		258	
3737.9	107.1	100.0	3793.0		2246	316
818.8	52.4		1170.8	5.6	4607	-49
22.7			23.0	5.3	56	36

14－4 限额以上批发和零售业法人企业商品购进、销售和库存(2014)

单位：万元

指标名称	Item	法人企业数（个）Corporate enterprises（unit）	从业人员期末人数（人）(person)	商品购进额 Amount
总计	Total	358	42408	12918016. 2
一、批发业	Wholesale	124	9500	7065652. 4
1. 按批发行业小类分组	Grouped by Sector			
农、林、牧产品批发	Farming、Fore、Animal、Husbandry	15	922	527618. 1
谷物、豆及薯类批发	Cereal beans and Tubers	12	863	520862. 0
种子批发	Seed	2	52	3438. 6
饲料批发	Forage	1	7	3317. 5
棉、麻批发	Cotton and Fiber			
林业产品批发	Forestry			
牲畜批发	Animal			
其他农牧产品批发	Others			
食品、饮料及烟草制品批发业	Food drink and tobaccos	5	1134	496303. 8
米、面制品及食用油批发业	Grain and edible oil			
糕点、糖果及糖批发	Cake Candy and Suger			
果品、蔬菜批发	Fruit and Vegetable			
肉、禽、蛋、奶及水产品批发	Meet fowl egg and marine products			
盐及调味品批发	Salt and condiment	2	165	13577. 5
营养和保健品批发	The nutrition and health care products retail			
酒、饮料及茶叶批发	Alcohol beverage and tea tobaccos	1	24	10524. 0
烟草制品批发业	Tobaccos	1	840	471379. 3
其他食品批发	Others	1	105	823. 0
纺织、服装及日用品批发业	Textile garment and daily articles	6	719	126699. 6
纺织品、针织品及原料批发	Textile knitwear and raw moterial			
服装批发业	Garment	1	30	3894. 1
鞋帽批发	Shoe and hat			
化妆品及卫生用品批发	Cosmetic and sanitary accessories			
厨房、卫生间用具及日用杂货批发	Kitchen rest room and daily articles			
灯具、装饰物品批发	Lamps and lanterns、decorative items wholesale			
家用电器批发	Electrical household appliances	4	595	107240. 5
其他家庭用品批发	Others	1	94	15565. 0
文化、体育用品及器材批发业	Sporting goods and equipment wholesale	3	475	49268. 4
文具用品批发	Stationery			
体育用品及器材批发	Sporting goods and equipment wholesale			
图书批发	Books	3	475	49268. 4
报刊批发	Newspaper			
音像制品及电子出版物批发	Audio－visual and E－journal products			
首饰、工艺品及收藏品批发	Jewelry handicraft article and collection			
其他文化用品批发	Others			
医药及医疗器材批发	Medicine and medical appliance	28	1627	712504. 4
西药批发	Western medicine	23	1479	682001. 7
中药批发	Chinese medicine	3	71	23513. 6
医疗用品及器材批发	Medical component	2	77	6989. 1
矿产品、建材及化工产品批发	Minerals construction materials	32	3146	3445976. 5
煤炭及制品批发	Coal and related products			
石油及制品批发	Petroleum and related products	5	2054	1044706. 2
非金属矿及制品批发	Non－metal materials			

TOTAL PURCHASE, SALES AND INVENTORY IN WHOLESALE AND RETAIL TRADE ABOVE DESIGNATED SIZE (2014)

unit: 10000yuan

进口额 Imports	商品销售额 Commodity sales	批发额 Wholesale	出口额 Exports	零售额 Retail	期末商品库存额 Inventory	年末零售营业面积（平方米） Business areas (m^2)
210972.2	15314524.1	6814987.1	26134.8	8499537	1370607.4	3366278
65967.8	7424076.3	6192195.6	25691	1231880.7	668122.6	188961
34370.7	447661.3	413529.2	1335.6	34132.1	220863.1	82861
34370.7	440774.8	406642.7	1335.6	34132.1	220417.1	82791
	3619.9	3619.9			395.1	
	3266.6	3266.6			50.9	70
	764613.7	763648.6		965.1	45561.6	1415
	26435.1	26435.1			2057.0	234
	10757.1	9792.0		965.1	1240.4	75
	715236.4	715236.4			41627.5	
	12185.1	12185.1			636.7	1106
	132426	128963.8		3462.2	9793.3	1453
	3462.2			3462.2	6241	1000
	111750.8	111750.8			1530.4	453
	17213.0	17213.0			2021.9	
	46580.5	45204.1		1376.4	17155.1	5000
	46580.5	45204.1		1376.4	17155.1	5000
	744617.0	718907.9		25709.1	71995.6	8942
	707848.5	682139.4		25709.1	70121.1	7522
	24294.3	24294.3			1139.3	460
	12474.2	12474.2			735.2	960
	3585266.3	2433731.4		1151534.9	221853.2	65260
	1255234.7	393025.9		862208.8	18606.3	19103

14－4 续表1 continued1

指标名称	Item	法人企业数（个）Corporate enterprises（unit）	从业人员期末人数（人）（person）	商品购进额 Amount
金属及金属矿批发业	Metal materials	7	266	1320527.3
建材批发业	Construction materials	18	619	877544.6
化肥批发业	Chemical fertilizers	2	207	203198.4
农药批发	Agricultural chemical			
农用薄膜批发	Agricultural film			
其他化工产品批发	Others			
机械设备、五金交电及电子产品批发业	Machinery hardware and electronic equipment	35	1477	1707281.6
农业机械批发	Farm machinery	7	37	19977.3
汽车批发	motorcycle	1	15	4070.5
汽车零配件批发	motorcycle and parts	6	514	1518466.6
摩托车及零配件批发	Motor vehicles motorcycle and parts	1	48	10301.0
五金产品批发	Hardware products	2	23	7929.1
电器设备批发	Appliances			
计算机、软件及辅助设备批发业	Computer software and accessories	2	38	28891.6
通讯及广播电视设备批发	Communication and radiated television	2	69	26611.6
其他机械设备及电子产品批发	Others	14	733	91033.9
贸易经纪与代理	Agency and brokerage			
贸易代理	Trade agency			
拍卖	Auction			
其他贸易经济与代理	Others			
其他批发业	Other wholesale			
再生物资回收与批发	Renewable materials recovery and wholesale			
其他未列明的批发	Others			
2. 按登记注册类型分组	Grouped by type registered			
内资企业	Domestic funds	120	8729	5590614.4
国有企业	State－owned	4	2902	1430526.9
集体企业	Collective－owned			
股份合作企业	Cooperative			
联营企业	Joint			
国有联营企业	State joint owned			
集体联营企业	Collective joint owned			
国有与集体联营企业	State－collective joint owned			
其他联营企业	Other joint owned			
有限责任公司	Limited liability corporations	57	3873	3046918.3
国有独资企业	State－owned solely	8	938	1184937.6
其他有限责任公司	Limited liability corporations	49	2935	1861980.7
股份有限公司	Share holding	7	395	535789.0
私营企业	Private	49	1507	574099.2
私营独资企业	Private funded			
私营合伙企业	Private partner			
私营有限责任公司	Private limited company	47	1484	570967.7
私营股份有限公司	Private share holding	2	23	3131.5
其他企业	Others	3	52	3281.0
港、澳、台商投资企业	Funded from Hongkong Macao and Taiwan	2	403	73413.4
与港澳台商合资经营企业	Joint venture			
与港澳台商合作经营企业	Cooperative			

单位：万元 unit：10000yuan

进口额 Imports	商品销售额 Commodity sales	批发额 Wholesale	出口额 Exports	零售额 Retail	期末商品库存额 Inventory	年末零售营业面积（平方米） Business areas (m^2)
	1333026.7	1131024.9		202001.8	83325.3	840
	892127.4	804803.1		87324.3	13879.6	41185
	104877.5	104877.5			106042.0	4132
31597.1	1702911.5	1688210.6	24355.4	14700.9	80900.7	24030
	20608.8	18608.8		2000.0	4273.4	2368
	4392.1	4392.1			111.1	60
31597.1	1508928.4	1508928.4	24355.4		33703.2	1032
	11273.7	11255.1		18.6	2748.1	
	8418.9	8418.9			3520.2	18733
	29131.6	27586.8		1544.8	1010.2	
	26550.5	25417.6		1132.9	1578.9	369
	93607.5	83602.9		10004.6	33955.6	1468
65967.8	5965091.5	4733216.0	25691.0	1231875.5	644682.7	188961
	1768824.6	910150.2		858674.4	195072.6	16000
65967.8	3052805.8	2764957.7	25691.0	287848.1	323417.4	107028
	1205333.7	1003331.9		202001.8	98478.9	66774
65967.8	1847472.1	1761625.8	25691.0	85846.3	224938.5	40254
	525686.1	471337.7		54348.4	59072.7	40602
	611504.6	580500.0		31004.6	66046.7	25251
	603829.4	572824.8		31004.6	65393.9	8660
	7675.2	7675.2			652.8	16591
	6270.4	6270.4			1073.3	80
	77840.3	77835.1		5.2	158.8	

14－4 续表 2 continued2

指标名称	Item	法人企业数（个）Corporate enterprises (unit)	从业人员期末人数（人）(person)	商品购进额 Amount
港、澳、台商独资经营企业	Solefunds	2	403	73413.4
港、澳、台商投资股份有限公司	Share holding			
其他港澳台投资企业	Others			
外商投资企业	Foreign funds	2	368	1401624.6
中外合资经营企业	Joint venture	2	368	1401624.6
中外合作经营企业	Cooperative			
外资企业	Foreign funded			
外商投资股份有限公司.	Share holding			
其他外商投资企业	Others			
3. 按控股情况分组	Grouped by owned			
国有控股	State－owned	17	4453	4648379.1
集体控股	Collective－owned			
私人控股	Private－owned	82	3108	1357716.8
港澳台商控股	Hongkong Macao and Taiwan－Owned	2	403	73413.4
外商控股	Foreign－owned			
其他	Others	23	1536	986143.1
4. 按经营形式分组	Grouped by form of management			
独立门店	Substantive store	106	8276	6527766.3
连锁总店（总部）	Chain headquarter			
连锁门店	Chain store	1	404	41954.3
其他	Others	17	820	495931.8
5. 按单位规模分	Grouped by size of enterprises			
大型	Large－sized	6	3967	3453964.3
中型	Medium－sized	53	4352	3078665.0
小型	Small－sized	52	898	501033.8
微型	Micro－sized	13	283	31989.3
二、零售业	Retail trade	234	32908	5852363.8
1. 按零售行业小类分组	Grouped by sectors			
综合零售业	Retail trade	30	15135	2161965.1
百货零售业	Consumer goods	18	9646	1950723.3
超级市场零售业	Supermarket	11	3489	189754.1
其他综合零售业	Other comprehensive retail business	1	2000	21487.7
食品、饮料及烟草制品专门零售业	Food beverage and tobaccos	3	578	47244.3
粮油零售	Food and Oil			
糕点、面包零售	Cake and bread	1	119	3378.5
果品、蔬菜零售	Fruit and Vegetable			
肉、禽、蛋及水产品零售	Meet, fowl, egg and marine products			
营养和保健品零售	Nutrition and health care			
酒、饮料及茶叶零售	Alcohol beverage and tea			
烟草制品零售	Tobaccos	2	459	43865.8
其他食品零售	Others			
纺织、服装及日用品专门零售业	Textile, garment and daily articles	12	1353	88082.9
纺织品及针织品零售	Textile and knitwear			
服装零售业	Garments	7	1044	55429.4
鞋帽零售	Shoe and hat			
化妆品及卫生用品零售	Cosmetics and health Prodact	1	42	16405.3
钟表、眼镜零售	Clock and spectacles	4	267	16248.2

单位：万元 unit：10000yuan

进口额 Imports	商品销售额 Commodity sales	批发额 Wholesale	出口额 Exports	零售额 Retail	期末商品库存额 Inventory	年末零售营业面积（平方米）Business areas (m^2)
	77840.3	77835.1		5.2	158.8	
	1381144.5	1381144.5			23281.1	
	1381144.5	1381144.5			23281.1	
34370.7	5007657.6	3926882.9		1080774.7	382277.6	83074
31597.1	1314244.8	1236488.7	24355.4	77756.1	250426.4	60321
	77840.3	77835.1		5.2	158.8	
	1024333.6	950988.9	1335.6	73344.7	35259.8	45566
65967.8	6909997.5	5679987.2	24355.4	1230010.3	564561.9	184101
	38514.9	38514.9			14003.8	
	475563.9	473693.5	1335.6	1870.4	89556.9	4860
	3902357.1	2975074.4		927282.7	80352.1	16300
65967.8	2938827.7	2662252	24355.4	276575.7	520778.1	23379
	549620.3	521603.2	1335.6	28017.1	63075.2	82248
	33271.2	33266.0		5.2	3917.2	67034
145004.4	7890447.8	622791.5	443.8	7267656.3	702484.8	3177317
	3906009.2	807.6		3905201.6	269716.2	2520906
	3690050.6	601.5		3689449.1	249480.5	2352440
	189560.1	206.1		189354	20023.1	156766
	26398.5			26398.5	212.6	11700
	49824.5			49824.5	18809.7	5842
	3378.5			3378.5	250.7	1100
	46446.0			46446	18559.0	4742
	102623.0	26464.8		76158.2	26200.8	117838
	66600.7	7343.9		59256.8	11058.5	112887
	19120.9	19120.9			2933.1	1000
	16901.4			16901.4	12209.2	3951

14－4 续表3 continued3

指标名称	Item	法人企业数（个）Corporate enterprises（unit）	从业人员期末人数（人）（person）	商品购进额 Amount
箱、包零售	Bags and suitcases retail			
厨房用具及日用杂品零售	Kitchenware and daily commodities retail			
自行车零售	Bicycle			
其他日用品零售	Others			
文化、体育用品及器材专门零售	Cultural and sport goods	10	756	48070.7
文具用品零售	Stationery			
体育用品零售业	Cultural and sports goods			
图书、报刊零售	Books、Newspaper	7	662	33267.2
音像制品及电子出版物零售	Audio－visual and E－journal products			
珠宝首饰零售	Jewelry	2	70	8420.0
工艺美术品及收藏品零售	Handicraft article and collection	1	24	6383.5
乐器零售	Musical instruments retail			
照相器材零售	Photogrphic apparatus retail			
其他文化用品零售	Others			
医药及医疗器材专门零售业	Medicine and medical appliance	12	2476	373532.3
药品零售业	Medicine	12	2476	373532.3
医疗用品及器材零售	Medical component			
汽车、摩托车、燃料及零配件专门零售业	Vehicles，motorcycle and part	124	10194	2892606.6
汽车零售业	Vehicles	108	8378	2364770.8
汽车零配件零售	Installation kit	4	252	16493.1
摩托车及零配件零售	Motoreycle	1	15	455.1
机动车燃料零售业	Fuel	11	1549	510887.6
家用电器及电子产品专门零售业	Electrical household equipment	15	1342	108567.1
家用视听设备零售	Household audio and video equipment	3	79	2701.9
日用家电设备零售	Household applianeces retail	4	979	74023.8
计算机、软件及辅助设备零售业	Computer software and accessories	3	96	5831.4
通信设备零售业	Teleconmmunicational equipment	2	141	22198.0
其他电子产品零售	Others	3	47	3812.0
五金、家具及室内装修材料专门零售业	Hardware funiture and indoor hareware fitting	8	312	17681.0
五金零售	Hardware	2	73	8021.8
灯具零售	Lamps	1	63	
家具零售	Funiture	1	29	1620.0
涂料零售	Coating			
卫生洁具零售	Sanitary ware retail			
木质装饰材料零售	Wooden decorative materials retail			
陶瓷、石材装饰材料零售	Ceramics、decorative stone materials retail	2	114	3268.6
其他室内装修材料零售	Others	2	33	4770.6
货摊、无店铺及其他零售业	Other retail trade	20	762	114613.8
货摊食品零售	Food			
货摊纺织、服装及鞋零售	Booth textile、clothing and shoes retail			
货摊日用品零售	Booth commodity retail			
互联网零售	Internet retail			
邮购及电视、电话零售	Mail－order and TV and phone retail			
旧货零售	Second hand			
生活用燃料零售	Fuel for life	14	663	102605.8
其他未列明的零售	Others	6	99	12008.0
2. 按登记注册类型分组	Grouped by type registered			
内资企业	Domestic funds	224	30223	5647900.3

单位：万元 unit：10000yuan

进口额 Imports	商品销售额 Commodity sales				期末商品库存额 lnventory	年末零售营业面积（平方米） Business areas（m^2）
		批发额 Wholesale	出口额 Exports	零售额 Retail		
	48544. 9	12155. 3		36389. 6	19017. 2	16210
	34630. 0	8855. 6		25774. 4	9989. 3	15595
	7252. 5	3299. 7		3952. 8	5835. 3	550
	6662. 4			6662. 4	3192. 6	65
	410156. 6	276100. 5		134056. 1	40376	60832
	410156. 6	276100. 5		134056. 1	40376	60832
144571. 9	3071341. 4	298136. 2		2773205. 2	309293. 7	308645
144551. 1	2463717	51042. 4		2412674. 6	297811. 5	282537
20. 8	67731. 8			67731. 8	3262. 5	6000
	544. 3			544. 3	78. 2	580
	539348. 3	247093. 8		292254. 5	8141. 5	19528
432. 4	156097. 3	1659. 4	443. 7	154437. 9	8186. 0	81862
	2710. 9	600. 0		2110. 9	1336. 0	2958
	113036. 3			113036. 3	1831. 2	74320
	11577. 7			11577. 7	555. 5	284
	23303. 5			23303. 5	3654. 6	3760
432. 4	5468. 9	1059. 4	443. 7	4409. 5	808. 7	540
0. 1	18863. 4	2691. 0	0. 1	16172. 4	4454. 4	11434
	9265. 5			9265. 5	1606. 2	1738
						300
	1645. 8			1645. 8	55. 6	116
	3174. 6	1572. 4		1602. 2	1874. 2	8170
0. 1	4777. 5	1118. 6	0. 1	3658. 9	918. 4	1110
	126987. 5	4776. 7		122210. 8	6430. 8	53748
	108695. 5			108695. 5	3978. 4	53318
	18292. 0	4776. 7		13515. 3	2452. 4	430
113210. 9	7688277. 7	622791. 5	443. 8	7065486. 2	629002. 2	3035342

14－4 续表 4 continued4

指标名称	Item	法人企业数（个）Corporate enterprises（unit）	从业人员期末人数（人）（person）	商品购进额 Amount
国有企业	State－owned	1	54	9074.6
集体企业	Collective－owned			
股份合作企业	Cooperative	2	1801	30504.5
联营企业	Joint			
国有联营企业	State joint owned			
集体联营企业	Collective joint owned			
国有与集体联营企业	State－collective joint owned			
其他联营企业	Other joint owned			
有限责任公司	Limited liability corporations	102	13585	2161157.4
国有独资公司	State－owned solely	4	252	8974.6
其他有限责任公司	Limited liability corporations	98	13333	2152182.8
股份有限公司	Share holding	8	6756	1727698.2
私营企业	Private	107	7878	1664659.3
私营独资企业	Private funded	4	159	70759.1
私营合伙企业	Private partner			
私营有限责任公司	Private limited company	100	7560	1550737.7
私营股份有限公司	Private share holding	3	159	43162.5
其他企业	Others	4	149	54806.3
港、澳、台商投资企业	Funded from Hongkong，Macao and Taiwan	3	1090	23423.8
与港澳台商合资经营企业	Joint venture	2	999	21882.3
与港澳台商合作经营企业	Cooperative			
港、澳、台商独资企业	Solefunds	1	91	1541.5
港、澳、台商投资股份有限公司	Share holding			
其他港澳台投资企业	Others			
外商投资企业	Foreign funds	7	1595	181039.7
中外合资经营企业	Joint venture	5	676	140285.7
中外合作经营企业	Cooperative			
外资企业	Foreign funded	1	837	11995.2
外商投资股份有限公司	Share holding			
其他外商投资股份有限公司	Others	1	82	28758.8
3. 按控股情况分组	Grouped by owned			
国有控股	State－owned	15	7852	1961502.3
集体控股	Collective－owned	2	1805	30937.1
私人控股	Private－owned	176	14020	3131032.5
港澳台商控股	Hongkong，Macao and Taiwan－Owned	2	221	61581.2
外商控股	Foreign－owned	4	1182	89206.5
其他	Others	35	7828	578104.2
4. 按经营形式分组	Grouped by form of management			
独立门店	Substantive store	209	21664	4063819.1
连锁总店（总部）	Chain headquarter	13	8311	1683730.7
连锁门店	Chain store	5	902	41911.0

单位：万元 unit：10000yuan

进口额 Imports	商品销售额 Commodity sales	批发额 Wholesale	出口额 Exports	零售额 Retail	期末商品库存额 Inventory	年末零售营业面积（平方米）Business areas (m^2)
	9040.7	8855.6		185.1	1967.4	86
	31773.0	2365.7		29407.3	3136.5	743
44630.7	2299473.2	543053.1		1756420.1	191488.1	581725
	8782.9			8782.9	946.3	4740
44630.7	2290690.3	543053.1		1747637.2	190541.8	576985
	3482441.2			3482441.2	211989.6	2124026
68580.2	1813733.5	67917.1	443.8	1745816.4	213987.8	321358
	77854.9			77854.9	5784.9	4679
68580.2	1688073.6	67917.1	443.8	1620156.5	203669.6	284913
	47805.0			47805.0	4533.3	31766
	51816.1	600.0		51216.1	6432.8	7404
	24744.5			24744.5	46376.9	60898
	23648.9			23648.9	43095.2	57700
	1095.6			1095.6	3281.7	3198
31793.5	177425.6			177425.6	27105.7	81077
31793.5	143193.7			143193.7	16880.1	22672
	9932.6			9932.6	4916.3	47850
	24299.3			24299.3	5309.3	10555
	3717277.6	288526.5		3428751.1	256896.6	2078887
	35032.2			35032.2	3695.6	833
140854.1	3354155.7	328828.8	443.8	3025326.9	334292.8	666073
	62837.6			62837.6	9168.0	3798
	83996.7			83996.7	17206.0	70177
4150.3	637148.0	5436.2		631711.8	81225.8	357549
145004.4	4331128.6	573484.9	443.8	3757643.7	445757.4	1058147
	3440927.0	5896.0		3435031.0	242029.9	2098959
	49783.5	11299.7		38483.8	10884.3	18298

14－4 续表5 continued5

指标名称	Item	法人企业数（个） Corporate enterprises （unit）	从业人员期末人数（人） （person）	商品购进额 Amount
其他	Others	7	2031	62903. 0
5. 按单位规模分	Grouped by size of enterprises			
大型	Large－sized	19	18097	2966362. 5
中型	Medium－sized	102	12012	2440779. 5
小型	Small－sized	91	2416	409815. 5
微型	Micro－sized	22	383	35406. 3
6. 按零售业态分组	Grouped by form of retail			
有店铺零售	Retail trade	232	32876	5851747. 8
食杂店	Traditional grocery store			
便利店	Convenience store			
折扣店	Discount store			
超市	Market	5	312	24104. 5
大型超市	Super market	6	3168	160937. 1
仓储会员店	Warehouse store	1	10	1075. 7
百货店	Consumer goods	24	11910	1988181. 5
专业店	Specialty store	105	11131	2014498. 9
专卖店	Exclusive shop	83	5679	1586315. 1
家居建材商店	Household items hall	1	29	1620. 0
购物中心	Shopping center	2	438	22583. 8
厂家直销中心	Direct sales by manufacturers	5	199	52431. 2
无店铺零售	Other retail trade	2	32	616. 0
电视购物	TV shopping			
邮购	Purchase by mail			
网上商店	Store on line			
自动售货亭	Vending machine			
电话购物	Call shopping			

单位：万元 unit：10000yuan

进口额 Imports	商品销售额 Commodity sales	批发额 Wholesale	出口额 Exports	零售额 Retail	期末商品库存额 Inventory	年末零售营业面积（平方米） Business areas (m^2)
	68608.7	32110.9		36497.8	3813.2	1913
	4815792.7	266561.1		4549231.6	324238.7	2450085
131899.8	2555010.5	308726.1		2246284.4	302493.8	497319
11395.2	471426.1	47504.3	443.8	423921.8	71811.6	197374
1709.4	48218.5			48218.5	3940.7	32539
145004.4	7888301.8	622791.5	443.8	7265510.3	702213.1	3177197
	28621.3	3847.4		24773.9	3105.3	10660
	159418			159418	17113.6	126906
	1074.7			1074.7	135.1	8000
432.4	3732215.1	3314.9	443.7	3728900.2	250226.5	2396619
93031.8	2201384.1	339806.1	0.1	1861578	213003.3	342908
51440.2	1679268.6	267823.1		1411445.5	210944.5	192839
	1645.8			1645.8	55.6	116
	22647.5			22647.5	227.3	91300
100.0	62026.7	8000.0		54026.7	7401.9	7849
	2146.0			2146.0	271.7	120

14－5 限额以上住宿业和餐饮业法人企业基本情况（2014）

指标名称	Item	法人企业数（个）Corporate enterprises（unit）
总计	Total	102
一、住宿业	Hotels	54
1. 按住宿行业小类分组	Grouped by sectors	
旅游饭店	Tourism restaurant	42
一般旅馆	Hotels	8
其他住宿服务	Other accommomodation services	4
2. 按登记注册类型分组	Grouped by type registered	
内资企业	Domestic funds	48
国有企业	State－owned	20
集体企业	Collective－owned	1
股份合作企业	Cooperative	1
联营企业	Joint	
国有联营企业	State joint owned	
集体联营企业	Collective joint owned	
国有与集体联营企业	State－collective joint owned	
其他联营企业	Other joint owned	
有限责任公司	Limited liability corporations	19
国有独资企业	State－owned soely	1
其他有限责任公司	Others	18
股份有限公司	Share holding	3
私营企业	Private	4
私营独资企业	Private funded	
私营合伙企业	Private partner	
私营有限责任公司	Private limited company	3
私营股份有限公司	Private share holding	1
其他企业	Others	
港、澳、台商投资企业	Funded from Hongkong，Macao and Taiwan	2
与港澳台商合资经营企业	Joint venture	1
与港澳台商合作经营企业	Cooperative	1
港、澳、台商独资经营企业	Solefunds	
港、澳、台商投资股份有限公司	Share holding	
其他港澳台投资企业	Others	

GENERAL INFORMATION OF THE ABOVE – NORM HOTELS AND CATERING (2014)

从业人员期末人数（人）(person)	其中：女性 Female	法人所属产业活动单位个数（个）The number of legal persons' establishments	住宿业和餐饮业 Hotels and catering	其它 Others
13326	7882	129	28	101
8206	4786	59	5	54
7323	4263	44	1	43
291	140	11	4	7
592	383	4		4
6853	4020	52	5	47
3477	2041	21	1	20
60	34	1		1
32	25	1		1
2777	1631	19		19
283	134	1		1
2494	1497	18		18
228	122	6	4	2
279	167	4		4
260	160	3		3
19	7	1		1
391	225	3		3
166	83	1		1
225	142	2		2

14－5 续表 1 continuedl

指标名称	Item	法人企业数（个）Corporate enterprises（unit）
外商投资企业	Foreign funded	4
中外合资经营企业	Joint venture	3
中外合作经营企业	Cooperative	1
外资企业	Foreign funds	
外商投资股份有限公司	Share holding	
其他外商投资企业	Others	
3. 按控股情况分组	Grouped by owned	
国有控股	State－owned	24
集体控股	Collective－owned	1
私人控股	Private－owned	10
港澳台商控股	Hongkong，Macao and Taiwan－Owned	2
外商控股	Foreign－owned	1
其他	Others	16
4. 按经营形式分组	Grouped by form of management	
独立门店	Substantive store	51
连锁总店（总部）	Chain headquarter	
连锁门店	Chain store	
其他	Others	3
5. 按单位规模分	Gruoped by size of enterprises	
大型	Large－sized	2
中型	Medium－sized	16
小型	Small－sized	35
微型	Micro－sized	1
6. 按星级分组	Grouped by star	
五星	Five－star	2
四星	Four－star	15
三星	Three－star	17
二星	Two－star	2
一星	One－star	
其他	Others	18
二、餐饮业	Catering	48
1. 按餐饮行业小类分组	Grouped by sector	
正餐服务	Dinner	47
快餐服务	Fast food	1
饮料及冷饮服务	Beverage and cold drink	
茶馆服务	The teahouse service	
咖啡馆服务	Coffee shops serve	
酒吧服务	Abar Service	
其他饮料及冷饮服务	Others	
其他餐饮服务	Others	
小吃服务	Anack service	
餐饮配送服务	Food and beverage distribution service	
其他未列明餐饮业	Others	
2. 按登记注册类型分组	Grouped by type registered	
内资企业	Domestic funds	48
国有企业	State owned	4

单位：万元 unit：10000yuan

从业人员期末人数（人）(person)	其中：女性 Female	法人所属产业活动单位个数（个）The number of legal persons' establishments	住宿业和餐饮业 Hotels and catering	其它 Others
962	541	4		4
848	491	3		3
114	50	1		1
3992	2299	25	1	24
60	34	1		1
646	409	10		10
391	225	3		3
165	70	1		1
2952	1749	19	4	15
7511	4346	56	5	51
695	440	3		3
1146	714	2		2
4199	2413	18	1	17
2498	1422	38	4	34
363	237	1		1
890	506	2		2
3747	2194	17	1	16
1479	847	17		17
72	38	2		2
2018	1201	21	4	17
5120	3096	70	23	47
4796	2844	69	23	46
324	252	1		1
5120	3096	70	23	47
898	506	4		4

14－5 续表 2 continued2

指标名称	Item	法人企业数（个） Corporate enterprises (unit)
集体企业	Collective owned	3
股份合作企业	Cooperative	
联营企业	Joint	
国有联营企业	State joint owned	
集体联营企业	Collective joint owned	
国有与集体联营企业	State－collective joint owned	
其他联营企业	Other joint owned	
有限责任公司	Limited liability corporations	22
国有独资企业	State owned solely	2
其他有限责任公司	Others	20
股份有限公司	Share holding	2
私营企业	Private	15
私营独资企业	Private funded	3
私营合伙企业	Private partner	
私营有限责任公司	Private limited company	11
私营股份有限公司	Private share holding	1
其他企业	Others	2
港、澳、台商投资企业	Funded from Hongkong，Macao and Taiwan	
与港澳台商合资经营企业	Joint venture	
与港澳台商合作经营企业	Cooperative	
港、澳、台商独资经营企业	Solefunds	
港、澳、台商投资股份有限公司	Share holding	
其它港澳台投资企业	Others	
外商投资企业	Foreign funded	
中外合资经营企业	Joint venture	
中外合作经营企业	Cooperative	
外资企业	Foreign funds	
外商投资股份有限公司	Share holding	
其他外商投资企业	Others	
3. 按控股情况分组	Grouped by owned	
国有控股	State－owned	7
集体控股	Collective－owned	3
私人控股	Private－owned	27
港澳台商控股	Hongkong，Macao and Taiwan－Owned	
外商控股	Foreign－owned	
其他	Others	11
4. 按经营形式分组	Grouped by form of retail	
独立门店	Substantive store	46
连锁总店（总部）	Chain headquarter	
连锁门店	Chain store	1
其他	Others	1
5. 按单位规模分	Gruoped by size of enterprises	
大型	Large－sized	2
中型	Medium－sized	5
小型	Small－sized	39
微型	Micro－sized	2

单位：万元 unit：10000yuan

从业人员期末人数（人）(person)	其中：女性 Female	法人所属产业活动单位个数（个）The number of legal persons' establishments	住宿业和餐饮业 Hotels and catering	其它 Others
145	51	3		3
2369	1526	22		22
240	140	2		2
2129	1386	20		20
75	55	2		2
1538	893	37	23	14
213	136	3		3
1305	746	33	23	10
20	11	1		1
95	65	2		2
1163	661	7		7
145	51	3		3
2382	1477	49	23	26
1430	907	11		11
4580	2658	68	23	45
324	252	1		1
216	186	1		1
1006	652	2		2
1813	1147	27	23	4
2281	1288	39		39
20	9	2		2

14－6 限额以上住宿业和餐饮业法人企业经营情况（2014）

单位：万元

		法人企业数（个）Corporate enterprises (unit)	从业人员期末人数（人）(person)	营业额 Turnover
总计	Total	102	13326	214433.0
一、住宿业	Hotels	54	8206	121375.2
1. 按住宿行业小类分组	Grouped by sectors			
旅游饭店	Tourism restaurant	42	7323	110294.8
一般旅馆	Hotels	8	291	4025.2
其他住宿服务	Other accommomodation services	4	592	7055.2
2. 按登记注册类型分组	Grouped by type registered			
内资企业	Domestic funds	48	6853	91643.1
国有企业	State－owned	20	3477	43346.0
集体企业	Collective－owned	1	60	762.8
股份合作企业	Cooperative	1	32	502.1
联营企业	Joint			
国有联营企业	State joint owned			
集体联营企业	Collective joint owned			
国有与集体联营企业	State－collective joint owned			
其他联营企业	Other joint owned			
有限责任公司	Limited liability corporations	19	2777	36822.5
国有独资企业	State－owned soely	1	283	3998.5
其他有限责任公司	Others	18	2494	32824.0
股份有限公司	Share holding	3	228	4543.2
私营企业	Private	4	279	5666.5
私营独资企业	Private funded			
私营合伙企业	Private partner			
私营有限责任公司	Private limited company	3	260	5403.1
私营股份有限公司	Private share holding	1	19	263.4
其他企业	Others			
港、澳、台商投资企业	Funded from Hongkong，Macao and Taiwan	2	391	5456.4
与港澳台商合资经营企业	Joint venture	1	166	3222.5
与港澳台商合作经营企业	Cooperative	1	225	2233.9
港、澳、台商独资经营企业	Solefunds			
港、澳、台商投资股份有限公司	Share holding			
其他港澳台投资企业	Others			
外商投资企业	Foreign funded	4	962	24275.7
中外合资经营企业	Joint venture	3	848	21585.7
中外合作经营企业	Cooperative	1	114	2690.0
外资企业	Foreign funds			
外商投资股份有限公司	Share holding			
其他外商投资企业	Others			
3. 按控股情况分组	Grouped by owned			
国有控股	State－owned	24	3992	51837.8
集体控股	Collective－owned	1	60	762.8
私人控股	Private－owned	10	646	10507.2
港澳台商控股	Hongkong，Macao and Taiwan－Owned	2	391	5456.4
外商控股	Foreign－owned	1	165	1781.0
其他	Others	16	2952	51030.0
4. 按经营形式分组	Grouped by form of management			

COMPREHENSIVE CONDITIONS OF ENTERPRISES ABOVE DESIGNATED SIZE IN HOTELS AND RESTAURANTS IN 2014

unit：10000 yuan

客房收入 Guestroom income	餐费收入 Food bill	商品销售收入 Goodssale income	其他收入 Other income	客房间数（间）Rooms	床位数（个）Beds	餐位数（位）Seats	年末餐饮营业面积（平方米）Businessareas（m^2）
82402. 1	116658. 7	1318. 7	14053. 5	10668	18171	55946	319755
58178. 0	50485. 8	725. 8	11985. 6	8103	13727	28538	198792
52175. 6	46181. 8	674. 5	11262. 9	6681	11286	24054	149839
3050. 6	785. 5	39. 5	149. 6	745	1307	1586	19835
2951. 8	3518. 5	11. 8	573. 1	677	1134	2898	29118
45370. 9	37649. 2	527. 3	8095. 7	6721	11650	21843	147879
20350. 8	18321. 6	259. 1	4414. 5	2642	4358	10159	78719
362. 8	400. 0			82	166	120	300
367. 9	134. 2			80	110	280	1000
18451. 0	15701. 4	235. 4	2434. 7	2946	5394	9286	53757
1571. 3	2140. 3		286. 9	211	348	269	700
16879. 7	13561. 1	235. 4	2147. 8	2735	5046	9017	53057
2279. 6	1055. 0	9. 6	1199. 0	418	689	490	5150
3558. 8	2037. 0	23. 2	47. 5	553	933	1508	8953
3406. 8	1971. 5	6. 0	18. 8	507	831	1300	5953
152. 0	65. 5	17. 2	28. 7	46	102	208	3000
2502. 9	2650. 2	159. 0	144. 3	344	534	2002	29418
1438. 5	1758. 5	11. 8	13. 7	162	229	1200	21418
1064. 4	891. 7	147. 2	130. 6	182	305	802	8000
10304. 2	10186. 4	39. 5	3745. 6	1038	1543	4693	21495
9720. 0	8107. 3	36. 0	3722. 4	933	1373	2949	18907
584. 2	2079. 1	3. 5	23. 2	105	170	1744	2588
24065. 6	21627. 1	259. 1	5886. 0	3208	5315	11178	85419
362. 8	400. 0			82	166	120	300
6286. 8	4023. 8	35. 9	160. 7	1327	3022	3751	20356
2502. 9	2650. 2	159. 0	144. 3	344	534	2002	29418
732. 3	595. 2		453. 5	244	386	1610	15557
24227. 6	21189. 5	271. 8	5341. 1	2898	4304	9877	47742

14－6 续表 1 continued1

		法人企业数（个）Corporate enterprises（unit）	从业人员期末人数（人）（person）	营业额 Turnover
独立门店	Substantive store	51	7511	109933.7
连锁总店（总部）	Chain headquarter			
连锁门店	Chain store			
其他	Others	3	695	11441.5
5. 按单位规模分	Grouped by size of enterprises			
大型	Large－sized	2	1146	27165.8
中型	Medium－sized	16	4199	57844.3
小型	Small－sized	35	2498	36365.1
微型	Micro－sized	1	363	
6. 按星级分组	Grouped by star			
五星	Five－star	2	890	20925.2
四星	Four－star	15	3747	41677.4
三星	Three－star	17	1479	24130.8
二星	Two－star	2	72	1624.4
一星	One－star			
其他	Others	18	2018	33017.4
二、餐饮业	Catering	48	5120	93057.8
1. 按餐饮行业小类分组	Grouped by sector			
正餐服务	Dinner	47	4796	82116.5
快餐服务	Fast food	1	324	10941.3
饮料及冷饮服务	Beverage and cold drink			
茶馆服务	The teahouse service			
咖啡馆服务	Coffee shops serve			
酒吧服务	Abar Service			
其他饮料及冷饮服务	Others			
其他餐饮服务	Others			
小吃服务	Anack service			
餐饮配送服务	Food and beverage distribution service			
其他未列明餐饮业	Others			
2. 按登记注册类型分组	Grouped by type registered			
内资企业	Domestic funds	48	5120	93057.8
国有企业	State owned	4	898	14830.4
集体企业	Collective owned	3	145	1652.2
股份合作企业	Cooperative			
联营企业	Joint			
国有联营企业	State joint owned			
集体联营企业	Collective joint owned			
国有与集体联营企业	State－collective joint owned			
其他联营企业	Other joint owned			
有限责任公司	Limited liability corporations	22	2369	48782.5
国有独资企业	State owned solely	2	240	2079.0

单位：万元 unit：10000yuan

客房收入 Guestroom income	餐费收入 Food bill	商品销售收入 Goodssale income	其他收入 Other income	客房间数（间） Rooms	床位数（个） Beds	餐位数（位） Seats	年末餐饮营业面积（平方米） Businessareas（m^2）
51483.3	46005.1	525.8	11919.5	7496	12996	27138	189779
6694.7	4480.7	200.0	66.1	607	731	1400	9013
13539.6	10231.7	236.0	3158.5	996	1288	659	4213
25233.1	27025.8	303.9	5281.5	3251	5209	14039	85120
19405.3	13228.3	185.9	3545.6	3856	7230	13840	90556
							18903
9160.5	8579.1	36.0	3149.6	755	1103	1565	8819
18778.6	18900.4	241.4	3757.0	2650	4037	11971	83690
10641.7	10055.0	169.9	3264.2	1856	3432	8282	50822
686.3	264.6		673.5	214	364	781	4764
18910.9	12686.7	278.5	1141.3	2628	4791	5939	50697
24224.1	66172.9	592.9	2067.9	2565	4444	27408	120963
24224.1	55231.6	592.9	2067.9	2565	4444	25458	116259
	10941.3					1950	4704
24224.1	66172.9	592.9	2067.9	2565	4444	27408	120963
9123.3	5705.6	1.5		413	904	2375	7960
598.8	746.1	190.7	116.6	144	274	1035	11000
9938.9	36944.5	112.0	1787.1	1230	2008	11545	58534
850.7	1092.0		136.3	129	225	940	3837

14－6 续表 2 continued2

		法人企业数（个）Corporate enterprises（unit）	从业人员期末人数（人）（person）	营业额 Turnover
其他有限责任公司	Others	20	2129	46703.5
股份有限公司	Share holding	2	75	1446.8
私营企业	Private	15	1538	23810.6
私营独资企业	Private funded	3	213	2778.5
私营合伙企业	Private partner			
私营有限责任公司	Private limited company	11	1305	20658.3
私营股份有限公司	Private share holding	1	20	373.8
其他企业	Others	2	95	2535.3
港、澳、台商投资企业	Funded from Hongkong，Macao and Taiwan			
与港澳台商合资经营企业	Joint venture			
与港澳台商合作经营企业	Cooperative			
港、澳、台商独资经营企业	Solefunds			
港、澳、台商投资股份有限公司	Share holding			
其它港澳台投资企业	Others			
外商投资企业	Foreign funded			
中外合资经营企业	Joint venture			
中外合作经营企业	Cooperative			
外资企业	Foreign funds			
外商投资股份有限公司	Share holding			
其他外商投资企业	Others			
3. 按控股情况分组	Grouped by owned			
国有控股	State－owned	7	1163	17354.1
集体控股	Collective－owned	3	145	1652.2
私人控股	Private－owned	27	2382	44102.8
港澳台商控股	Hongkong，Macao and Taiwan－Owned			
外商控股	Foreign－owned			
其他	Others	11	1430	29948.7
4. 按经营形式分组	Grouped by form of retail			
独立门店	Substantive store	46	4580	77766.6
连锁总店（总部）	Chain headquarter			
连锁门店	Chain store	1	324	10941.3
其他	Others	1	216	4349.9
5. 按单位规模分	Gruoped by size of enterprises			
大型	Large－sized	2	1006	23593.7
中型	Medium－sized	5	1813	33448.7
小型	Small－sized	39	2281	35983.8
微型	Micro－sized	2	20	31.6

单位：万元 unit：10000yuan

客房收入 Guestroom income	餐费收入 Food bill	商品销售收入 Goodssale income	其他收入 Other income	客房间数（间）Rooms	床位数（个）Beds	餐位数（位）Seats	年末餐饮营业面积（平方米）Businessareas（m^2）
9088.2	35852.5	112.0	1650.8	1101	1783	10605	54697
455.5	991.3			68	74	715	1955
3184.9	20274.9	187.8	163.0	489	752	10768	39554
564.1	2214.4			170	253	1840	10700
2414.4	17893.1	187.8	163.0	299	469	8878	28054
206.4	167.4			20	30	50	800
922.7	1510.5	100.9	1.2	221	432	970	1960
10270.1	6946.2	1.5	136.3	592	1229	3715	14597
598.8	746.1	190.7	116.6	144	274	1035	11000
5482.6	37929.7	395.6	294.9	964	1617	16508	71063
7872.6	20550.9	5.1	1520.1	865	1324	6150	24303
24224.1	50881.7	592.9	2067.9	2565	4444	25158	115809
	10941.3					1950	4704
	4349.9					300	450
8315.9	15277.8			245	560	2577	7204
9417.9	22536.6	5.1	1489.1	1007	1519	10983	26651
6490.3	28326.9	587.8	578.8	1313	2365	13833	85908
	31.6					15	1200

14－7 限额以上住宿和餐饮业法人企业主要财务状况综合表（2014）

单位：万元

指标名称	Item	法人企业数（个）Corporate enterprises (unit)	执行《2006年企业会计准则企业个数》Number of enterprises implmenting Accounting Standards for Business Enterprises 2006	一、年初存货 Inventory
总计	Total	102	85	9461.2
一、住宿业	Hotels	54	49	6335.8
1. 按住宿行业小类分组	Grouped by sectors			
旅游饭店	Tourism restaurant	42	40	5779.2
一般旅馆	Hotels	8	6	183.6
其他住宿业	Other	4	3	373.0
2. 按登记注册类型分组	Grouped by type registered			
内资企业	Domestic funds	48	45	4306.9
国有企业	State－owned	20	20	2321.9
集体企业	Collective－owned	1	1	49.7
股份合作企业	Cooperative	1	1	82.2
联营企业	Joint			
国有联营企业	State joint owned			
集体联营企业	Collective joine owned			
国有与集体联营企业	State－collective joint owned			
其他联营企业	Other joint owned			
有限责任公司	Limited liability corporations	19	16	1303.3
国有独资企业	State－owned solely	1	1	374.6
其他有限责任公司	Limited liability corporations	18	15	928.7
股份有限公司	Share holding	3	3	169.4
私营企业	Private	4	4	380.4
私营独资企业	Private funded			
私营合伙企业	Private partner			
私营有限责任公司	Private limited company	3	3	360.9
私营股份有限公司	Private share holding	1	1	19.5
其他企业	Others			
港、澳、台商投资企业	Funded from Hongkong, Macao and Taiwan	2	1	487.2
与港澳台商合资经营企业	Joint venture	1		102.5
与港澳台商合作经营企业	Cooperative	1	1	384.7
港、澳、台商独资经营企业	Solefunds			
港、澳、台商投资股份有限公司	Share holding			
其它港澳台投资企业	Others			

MAIN FINANCIAL INDICATIONS OF ENTERPRISES ABOVE DESIGNATED SIZE IN HOTELS AND RESTAURANTS IN 2014

unit：10000 yuan

流动资产合计 Circulating funds	应收帐款 Receivables	存货 Inventery	固定资产合计 Total fixed assets	固定资产原价 Original Valueof fixed assets	累计折旧 Total depreciation	本年折旧 Depreciation in this year
191129. 9	6034. 9	8654. 3	312072. 3	528673. 7	216817. 0	17407. 0
136221. 6	1425. 3	6140. 0	231490. 9	416221. 2	184730. 3	12831. 8
128409. 7	6294. 0	5684. 2	226964. 9	409135. 1	182170. 2	11846. 1
6073. 7	-4911. 1	156. 7	4058. 7	5534. 6	1475. 9	850. 6
1738. 2	42. 4	299. 1	467. 3	1551. 5	1084. 2	135. 1
108979. 2	304. 5	4031. 3	165592. 5	265999. 3	100406. 8	10389. 4
26818. 2	1708. 0	1935. 8	73846. 8	123526. 8	49680. 0	3810. 3
356. 8	9. 5	27. 8	27. 7	98. 8	71. 1	6. 3
912. 3		82. 2	474. 2	2632. 1	2157. 9	691. 8
66694. 7	-1670. 6	1422. 4	76184. 1	116456. 5	40272. 4	4806. 3
2582. 4	295. 1	326. 5	17732. 2	20411. 8	2679. 6	803. 0
64112. 3	-1965. 7	1095. 9	58451. 9	96044. 7	37592. 8	4003. 3
2142. 0	19. 5	148. 2	10694. 3	17648. 5	6954. 2	691. 7
12055. 2	238. 1	414. 9	4365. 4	5636. 6	1271. 2	383. 0
12019. 2	217. 5	413. 2	3853. 4	5124. 6	1271. 2	383. 0
36. 0	20. 6	1. 7	512. 0	512. 0		
8976. 7	-42. 7	448. 6	2202. 2	6310. 7	4108. 5	400. 3
458. 8	-114. 0	80. 3	175. 7	387. 3	211. 6	73. 5
8517. 9	71. 3	368. 3	2026. 5	5923. 4	3896. 9	326. 8

14－7 续表 1 continued1

指标名称	Item	在建工程 Circulationg funds	资产总计 Total assets
总计	Total	54823.4	630217.9
一、住宿业	Hotels	39601.6	442579.2
1. 按住宿行业小类分组	Grouped by sectors		
旅游饭店	Tourism restaurant	38756.0	425321.5
一般旅馆	Hotels	775.6	12417.0
其他住宿业	Other	70.0	4840.7
2. 按登记注册类型分组	Grouped by type registered		
内资企业	Domestic funds	38833.4	341463.4
国有企业	State－owned	22531.7	134857.4
集体企业	Collective－owned		384.5
股份合作企业	Cooperative		2013.5
联营企业	Joint		
国有联营企业	State joint owned		
集体联营企业	Collective joine owned		
国有与集体联营企业	State－collective joint owned		
其他联营企业	Other joint owned		
有限责任公司	Limited liability corporations	16301.7	174561.1
国有独资企业	State－owned solely		28316.8
其他有限责任公司	Limited liability corporations	16301.7	146244.3
股份有限公司	Share holding		12992.4
私营企业	Private		16654.5
私营独资企业	Private funded		
私营合伙企业	Private partner		
私营有限责任公司	Private limited company		16106.5
私营股份有限公司	Private share holding		548.0
其他企业	Others		
港、澳、台商投资企业	Funded from Hongkong，Macao and Taiwan		13940.8
与港澳台商合资经营企业	Joint venture		661.0
与港澳台商合作经营企业	Cooperative		13279.8
港、澳、台商独资经营企业	Solefunds		
港、澳、台商投资股份有限公司	Share holding		
其它港澳台投资企业	Others		

单位：万元 unit：10000 yuan

二、期末资产负债 The final balance sheet				
流动负债合计 Total current liabilities	应付帐款 Inventory	非流动负债合计 Non - current liabilities	负债合计 Total liabilities	所有者权益 Creditor' s equity
239015.4	53499.3	114597.1	353629.2	276588.7
175905.9	41744.7	80227.6	256150.2	186429.0
157618.1	36266.5	76483.8	234118.6	191202.9
9964.9	946.2	3743.8	13708.7	-1291.7
8322.9	4532.0		8322.9	-3482.2
138759.5	25942.9	54809.4	193585.6	147877.8
49888.6	16051.6	6938.3	56843.6	78013.8
71.1	1.5		71.1	313.4
593.1	195.4	46.3	639.4	1374.1
77464.5	8496.9	37381.0	114845.5	59715.6
16846.7	530.3	3600.0	20446.7	7870.1
60617.8	7966.6	33781.0	94398.8	51845.5
7033.7	541.0	143.8	7177.5	5814.9
3708.5	656.5	10300.0	14008.5	2646.0
3678.2	656.5	10300.0	13978.2	2128.3
30.3			30.3	517.7
5309.5	1387.6	11414.0	16723.5	-2782.7
319.2	258.8		319.2	341.8
4990.3	1128.8	11414.0	16404.3	-3124.5

14-7 续表2 continued2

指标名称	Item	实收资本 Driginal	国家资本 State owned
总计	Total	205561.1	119381.9
一、住宿业	Hotels	162133.1	89259.4
1. 按住宿行业小类分组	Groupcd by sectors		
旅游饭店	Tourism restaurant	159227.9	88817.6
一般旅馆	Hotels	1669.4	431.8
其他住宿业	Other	1235.8	10.0
2. 按登记注册类型分组	Grouped by type registered		
内资企业	Domestic funds	118537.6	83241.1
国有企业	State - owned	81107.3	79809.3
集体企业	Collective - owned	20.0	
股份合作企业	Cooperative	10.0	
联营企业	Joint		
国有联营企业	State joint owned		
集体联营企业	Collective joine owned		
国有与集体联营企业	State - collective joint owned		
其他联营企业	Other joint owned		
有限责任公司	Limited liability corporations	30030.9	
国有独资企业	State - owned solely	15000.0	
其他有限责任公司	Limited liability corporations	15030.9	
股份有限公司	Share holding	3851.7	3431.8
私营企业	Private	3517.7	
私营独资企业	Private funded		
私营合伙企业	Private partner		
私营有限责任公司	Private limited company	3000.0	
私营股份有限公司	Private share holding	517.7	
其他企业	Others		
港、澳、台商投资企业	Funded from Hongkong, Macao and Taiwan	2800.0	
与港澳台商合资经营企业	Joint venture	1000.0	
与港澳台商合作经营企业	Cooperative	1800.0	
港、澳、台商独资经营企业	Solefunds		
港、澳、台商投资股份有限公司	Share holding		
其它港澳台投资企业	Others		

单位：万元 unit：10000 yuan

集体资本 Collective	法人资本 Corporate	个人资本 Private	港澳台资本 Funded from Hongkong, Macao and Taiwan	外商资本 Foreign funds
138.3	43693.9	8322.4	1800.0	32224.6
40.3	36156.1	2652.7	1800.0	32224.6
40.3	35525.3	820.1	1800.0	32224.6
	205.0	1032.6		
	425.8	800.0		
40.3	33403.5	1852.7		
	1298.0			
20.0				
	10.0			
20.3	29590.5	420.1		
	15000.0			
20.3	14590.5	420.1		
	5.0	414.9		
	2500.0	1017.7		
	2500.0	500.0		
		517.7		
	200.0	800.0	1800.0	
	200.0	800.0		
			1800.0	

14－7 续表3 continued3

指标名称	Item	营业收入 Operation revenue	主营业务收入 Operating revenue
总计	Total	216199.5	212450.7
一、住宿业	Hotels	121544.0	118286.5
1. 按住宿行业小类分组	Grouped by sectors		
旅游饭店	Tourism restaurant	110363.4	107371.7
一般旅馆	Hotels	4116.2	3864.1
其他住宿业	Other	7064.4	7050.7
2. 按登记注册类型分组	Grouped by type registered		
内资企业	Domestic funds	91527.4	88915.1
国有企业	State－owned	42893.0	41807.9
集体企业	Collective－owned	762.8	762.8
股份合作企业	Cooperative	502.1	502.1
联营企业	Joint		
国有联营企业	State joint owned		
集体联营企业	Collective joine owned		
国有与集体联营企业	State－collective joint owned		
其他联营企业	Other joint owned		
有限责任公司	Limited liability corporations	36945.7	35639.6
国有独资企业	State－owned solely	3998.5	3711.6
其他有限责任公司	Limited liability corporations	32947.2	31928.0
股份有限公司	Share holding	4587.3	4372.2
私营企业	Private	5836.5	5830.5
私营独资企业	Private funded		
私营合伙企业	Private partner		
私营有限责任公司	Private limited company	5573.1	5567.1
私营股份有限公司	Private share holding	263.4	263.4
其他企业	Others		
港、澳、台商投资企业	Funded from Hongkong，Macao and Taiwan	5581.8	5563.8
与港澳台商合资经营企业	Joint venture	3236.2	3222.5
与港澳台商合作经营企业	Cooperative	2345.6	2341.3
港、澳、台商独资经营企业	Solefunds		
港、澳、台商投资股份有限公司	Share holding		
其它港澳台投资企业	Others		

单位：万元 unit：10000 yuan

营业成本 Operation costs	主营业务成本 Operation cost	营业税金及附加 Business taxes and extra charges	主营业务税金及附加 Operating taxes and extra harges	其他业务利润 Other profits	销售费用 Marking expenses
81832. 6	81331. 5	12176. 8	11949. 7	3714. 7	79311. 8
42120. 7	41841. 5	6891. 7	6754. 7	2969. 8	48755. 5
37818. 6	37600. 4	6194. 2	6083. 7	2657. 0	45518. 3
2040. 1	1979. 1	313. 2	286. 7	312. 3	1217. 7
2262. 0	2262. 0	384. 3	384. 3	0. 5	2019. 5
33384. 5	33107. 1	5291. 1	5171. 8	5569. 8	33481. 8
16539. 7	16539. 7	2333. 4	2333. 1	2201. 3	15839. 4
315. 1	315. 1	41. 7	41. 7		220. 0
335. 0	335. 0	59. 3	59. 3		42. 0
12543. 3	12326. 9	2133. 3	2019. 5	3368. 1	14349. 0
879. 6	863. 5	207. 9	207. 9		2114. 5
11663. 7	11463. 4	1925. 4	1811. 6	3368. 1	12234. 5
1049. 5	988. 5	390. 9	389. 7	0. 4	1977. 7
2601. 9	2601. 9	332. 5	328. 5		1053. 7
2391. 2	2391. 2	331. 5	327. 5		1018. 7
210. 7	210. 7	1. 0	1. 0		35. 0
1388. 3	1388. 1	315. 0	315. 0	4. 1	1945. 9
746. 6	746. 6	183. 6	183. 6		880. 4
641. 7	641. 5	131. 4	131. 4	4. 1	1065. 5

14－7 续表4 continued4

指标名称	Item	管理费用 Management expenses	税金 Taxes
总计	Total	60422.4	1741.6
一、住宿业	Hotels	39107.6	1500.3
1. 按住宿行业小类分组	Grouped by sectors		
旅游饭店	Tourism restaurant	35479.5	1447.0
一般旅馆	Hotels	1064.9	52.0
其他住宿业	Other	2563.2	1.3
2. 按登记注册类型分组	Grouped by type registered		
内资企业	Domestic funds	26952.6	1271.4
国有企业	State－owned	12727.8	334.6
集体企业	Collective－owned	109.2	
股份合作企业	Cooperative	30.2	
联营企业	Joint		
国有联营企业	State joint owned		
集体联营企业	Collective joine owned		
国有与集体联营企业	State－collective joint owned		
其他联营企业	Other joint owned		
有限责任公司	Limited liability corporations	11213.8	807.0
国有独资企业	State－owned solely	1559.6	176.7
其他有限责任公司	Limited liability corporations	9654.2	630.3
股份有限公司	Share holding	987.9	93.8
私营企业	Private	1883.7	36.0
私营独资企业	Private funded		
私营合伙企业	Private partner		
私营有限责任公司	Private limited company	1872.7	36.0
私营股份有限公司	Private share holding	11.0	
其他企业	Others		
港、澳、台商投资企业	Funded from Hongkong，Macao and Taiwan	2964.1	53.8
与港澳台商合资经营企业	Joint venture	1607.2	
与港澳台商合作经营企业	Cooperative	1356.9	53.8
港、澳、台商独资经营企业	Solefunds		
港、澳、台商投资股份有限公司	Share holding		
其它港澳台投资企业	Others		

单位：万元 unit：10000 yuan

三、损益及分配 Gains and losses and distribution

财务费用 Financial expenses	利息收入 Interest income	利息支出 Interest expenditure	资产减值损失 Lost	公允减值变动收益 Revenue
7457. 8	376. 0	5741. 0	57. 6	
4810. 9	321. 3	4025. 5	57. 6	
4583. 4	318. 6	3928. 3	57. 9	
190. 1		97. 2		
37. 4	2. 7		-0. 3	
2713. 2	291. 9	2312. 4	57. 9	
68. 4	101. 0	66. 3		
2. 5				
0. 3	0. 3			
2167. 2	187. 5	1782. 7	27. 9	
183. 1	183. 9	27. 2	27. 9	
1984. 1	3. 6	1755. 5		
8. 4	3. 1			
466. 4		463. 4	30. 0	
463. 4		463. 4	30. 0	
3. 0				
1061. 0	3. 0	1008. 3	-0. 3	
23. 1	2. 2		-0. 3	
1037. 9	0. 8	1008. 3		

14－7 续表 5 continued5

指标名称	Item	投资收益 Investment income	营业利润 Business profits
总计	Total	－494.1	－19554.2
一、住宿业	Hotels	－494.1	－14690.0
1. 按住宿行业小类分组	Grouped by sectors		
旅游饭店	Tourism restaurant	－489.7	－13744.7
一般旅馆	Hotels	－4.4	－743.6
其他住宿业	Other		－201.7
2. 按登记注册类型分组	Grouped by type registered		
内资企业	Domestic funds	－494.1	－10877.0
国有企业	State－owned	－857.2	－5472.5
集体企业	Collective－owned		74.3
股份合作企业	Cooperative		35.3
联营企业	Joint		
国有联营企业	State joint owned		
集体联营企业	Collective joine owned		
国有与集体联营企业	State－collective joint owned		
其他联营企业	Other joint owned		
有限责任公司	Limited liability corporations	367.5	－5150.9
国有独资企业	State－owned solely	393.4	－580.7
其他有限责任公司	Limited liability corporations	－25.9	－4570.2
股份有限公司	Share holding	－4.4	168.5
私营企业	Private		－531.7
私营独资企业	Private funded		
私营合伙企业	Private partner		
私营有限责任公司	Private limited company		－534.4
私营股份有限公司	Private share holding		2.7
其他企业	Others		
港、澳、台商投资企业	Funded from Hongkong, Macao and Taiwan		－2092.2
与港澳台商合资经营企业	Joint venture		－204.4
与港澳台商合作经营企业	Cooperative		－1887.8
港、澳、台商独资经营企业	Solefunds		
港、澳、台商投资股份有限公司	Share holding		
其它港澳台投资企业	Others		

单位：万元 unit：10000 yuan

营业外收入 Norbusiness revenue	补贴收入 Subsidies revenue	利润总额 Total profits	应交所得税 Income taxes payable	四、人工成本 Workers cost 应付职工薪酬 （本年贷方计发生额） payroll payable （credit accumulated happening this year）
1288.9	34.4	-11956.8	990.2	44315.4
1070.4	10.4	-7516.1	726.3	29341.4
1027.0	10.4	-6872.1	673.5	26566.6
35.8		-449.9	52.8	932.4
7.6		-194.1		1842.4
1039.8	10.4	-3307.2	127.6	25960.4
704.4	10.4	-4958.2	5.6	12671.8
		75.7	18.6	211.0
				103.5
300.4		1898.9	53.2	10722.9
4.9		-575.8		1599.2
295.5		2474.7	53.2	9123.7
35.0		444.4	42.7	933.7
		-768.0	7.5	1317.5
		-770.7	7.5	1269.5
		2.7		48.0
1.6		-2096.2		1467.4
1.6		-202.8		867.7
		-1893.4		599.7

14－7 续表 6 continued6

指标名称	Item	法人企业数（个）Corporate enterprises（unit）	执行《2006 年企业会计准则企业个数》Number of enterprises implmenting Accounting Standards for Business Enterprises 2006	一、年初存货 Inventory
外商投资企业	Foreign funded	4	3	1541. 7
中外合资经营企业	Joint venture	3	2	729. 1
中外合作经营企业	Cooperative	1	1	812. 6
外资企业	Foreign funds			
外商投资股份有限公司	Share holding			
其他外商投资企业	Others			
3. 按控股情况分组	Grouped by owned			
国有控股	State－owned	24	24	2948. 1
集体控股	Collective－owned	1	1	49. 7
私人控股	Private－owned	10	8	711. 3
港澳台商控股	Hongkong，Macao and Taiwan－Owned	2	1	487. 2
外商控股	Foreign－owned	1	1	319. 5
其他	Others	16	14	1820. 0
4. 按经营形式分组	Grouped by form of management			
独立门店	Substantive store	51	46	6066. 0
连锁总店（总部）	Chain headquarter			
连锁门店	Chain store			
其他	Others	3	3	269. 8
5. 按单位规模分	Gruoped by size of enterprises			
大型	Large－sized	2	2	549. 5
中型	Medium－sized	16	14	3778. 8
小型	Small－sized	35	32	1845. 4
微型	Micro－sized	1	1	162. 1
6. 按星级分组	Grouped by star			
五星	Five－star	2	2	694. 9
四星	Four－star	15	14	3242. 8
三星	Three－star	17	16	1124. 8
二星	Two－star	2	2	46. 3
一星	One－star			
其他	Others	18	15	1227. 0
二、餐饮业	Catering	48	36	3125. 4
1. 按餐饮行业小类分组	Grouped by sector			

单位：万元 unit：10000 yuan

流动资产合计 Circulating funds	应收帐款 Receivables	存货 Inventery	固定资产合计 Total fixed assets	固定资产原价 Original Valueof fixed assets	累计折旧 Total depreciation	本年折旧 Depreciation in this year
18265. 7	1163. 5	1660. 1	63696. 2	143911. 2	80215. 0	2042. 1
9274. 6	807. 4	874. 3	54338. 1	125095. 3	70757. 2	1849. 0
8991. 1	356. 1	785. 8	9358. 1	18815. 9	9457. 8	193. 1
32360. 5	2017. 2	2492. 7	102693. 1	164117. 3	61424. 2	5989. 3
356. 8	9. 5	27. 8	27. 7	98. 8	71. 1	6. 3
18746. 0	-4155. 8	709. 7	5704. 4	7748. 9	2044. 5	555. 4
8976. 7	-42. 7	448. 6	2202. 2	6310. 7	4108. 5	400. 3
1468. 7	111. 3	268. 7	12347. 7	29313. 2	16965. 5	
74312. 9	3485. 8	2192. 5	108515. 8	208632. 3	100116. 5	5880. 5
100105. 1	276. 6	5814. 4	201804. 9	372713. 5	170908. 6	11078. 9
36116. 5	1148. 7	325. 6	29686. 0	43507. 7	13821. 7	1752. 9
36489. 4	1443. 0	521. 1	56885. 8	111736. 6	54850. 8	3060. 1
65330. 8	2584. 9	3570. 8	114076. 3	194728. 8	80652. 5	5504. 5
33222. 4	-2893. 8	1923. 3	48422. 5	87472. 8	39050. 3	3238. 8
1179. 0	291. 2	124. 8	12106. 3	22283. 0	10176. 7	1028. 4
15890. 8	1772. 7	675. 9	44345. 7	101731. 5	57385. 8	1918. 6
40776. 6	2011. 2	3179. 1	107714. 9	189267. 3	81552. 4	4644. 2
18706. 2	688. 0	1015. 7	34680. 6	56766. 9	22086. 3	2568. 8
531. 4	372. 0	34. 1	49. 7	238. 4	188. 7	5. 4
60316. 6	-3418. 6	1235. 2	44700. 0	68217. 1	23517. 1	3694. 8
54908. 3	4609. 6	2514. 3	80581. 4	112452. 5	32086. 7	4575. 2

14－7 续表 7 continued7

指标名称	Item	在建工程 Circulationg funds	资产总计 Total assets
外商投资企业	Foreign funded	768. 2	87175. 0
中外合资经营企业	Joint venture	752. 1	68375. 4
中外合作经营企业	Cooperative	16. 1	18799. 6
外资企业	Foreign funds		
外商投资股份有限公司	Share holding		
其他外商投资企业	Others		
3. 按控股情况分组	Grouped by owned		
国有控股	State－owned	22531. 7	177953. 5
集体控股	Collective－owned		384. 5
私人控股	Private－owned	6674. 4	31606. 9
港澳台商控股	Hongkong，Macao and Taiwan－Owned		13940. 8
外商控股	Foreign－owned		15831. 6
其他	Others	10395. 5	202861. 9
4. 按经营形式分组	Grouped by form of management		
独立门店	Substantive store	39601. 6	374569. 7
连锁总店（总部）	Chain headquarter		
连锁门店	Chain store		
其他	Others		68009. 5
5. 按单位规模分	Gruoped by size of enterprises		
大型	Large－sized	752. 1	95407. 8
中型	Medium－sized	22477. 8	221307. 0
小型	Small－sized	16371. 7	104751. 8
微型	Micro－sized		21112. 6
6. 按星级分组	Grouped by star		
五星	Five－star	752. 1	61503. 0
四星	Four－star	22459. 6	199460. 2
三星	Three－star	9715. 5	65965. 1
二星	Two－star		584. 3
一星	One－star		
其他	Others	6674. 4	115066. 6
二、餐饮业	Catering	15221. 8	187638. 7
1. 按餐饮行业小类分组	Grouped by sector		

单位：万元 unit：10000 yuan

二、期末资产负债 The final balance sheet				
流动负债合计 Total current liabilities	应付帐款 Inventory	非流动负债合计 Non - current liabilities	负债合计 Total liabilities	所有者权益 Creditor' s equity
31836.9	14414.2	14004.2	45841.1	41333.9
6519.4	1555.5	14004.2	20523.6	47851.8
25317.5	12858.7		25317.5	-6517.9
74284.3	17281.2	10584.6	84885.6	93067.9
71.1	1.5		71.1	313.4
10121.4	2133.3	19981.0	30102.4	1504.5
5309.5	1387.6	11414.0	16723.5	-2782.7
1371.6	853.1	4500.0	5871.6	9960.0
84748.0	20088.0	33748.0	118496.0	84365.9
173157.8	40875.4	56127.6	229302.1	145267.6
2748.1	869.3	24100.0	26848.1	41161.4
7336.1	1336.4	33084.8	40420.9	54986.9
114484.7	23198.7	26043.7	140528.4	80778.6
41033.2	9251.8	14371.1	55421.0	49330.8
13051.9	7957.8	6728.0	19779.9	1332.7
13314.7	1840.9	8984.8	22299.5	39203.5
91321.0	27891.5	26941.7	118279.4	81180.8
27510.6	5004.0	76.3	27586.9	38378.2
742.4	545.5		742.4	-158.1
43017.2	6462.8	44224.8	87242.0	27824.6
63109.5	11754.6	34369.5	97479.0	90159.7

14－7 续表 8 continued8

指标名称	Item	实收资本 Original	国家资本 State owned
外商投资企业	Foreign funded	40795.5	6018.3
中外合资经营企业	Joint venture	36660.0	4000.0
中外合作经营企业	Cooperative	4135.5	2018.3
外资企业	Foreign funds		
外商投资股份有限公司	Share holding		
其他外商投资企业	Others		
3. 按控股情况分组	Grouped by owned		
国有控股	State－owned	99964.0	83241.1
集体控股	Collective－owned	20.0	
私人控股	Private－owned	4048.2	
港澳台商控股	Hongkong，Macao and Taiwan－Owned	2800.0	
外商控股	Foreign－owned	9960.0	
其他	Others	45340.9	6018.3
4. 按经营形式分组	Grouped by form of management		
独立门店	Substantive store	159433.3	89259.4
连锁总店（总部）	Chain headquarter		
连锁门店	Chain store		
其他	Others	2699.8	
5. 按单位规模分	Gruoped by size of enterprises		
大型	Large－sized	19299.8	
中型	Medium－sized	100769.6	63929.6
小型	Small－sized	39800.1	23066.2
微型	Micro－sized	2263.6	2263.6
6. 按星级分组	Grouped by star		
五星	Five－star	25700.6	
四星	Four－star	104327.1	69249.9
三星	Three－star	23346.0	17518.0
二星	Two－star	287.2	277.2
一星	One－star		
其他	Others	8472.2	2214.3
二、餐饮业	Catering	43428.0	30122.5
1. 按餐饮行业小类分组	Grouped by sector		

单位：万元 unit：10000 yuan

集体资本 Collective	法人资本 Corporate	个人资本 Private	港澳台资本 Funded from Hongkong，Macao and Taiwan	外商资本 Foreign funds
	2552.6			32224.6
	1494.0			31166.0
	1058.6			1058.6
	16308.0	414.9		
20.0				
20.3	2650.1	1377.8		
	200.0	800.0	1800.0	
	1494.0			8466.0
	15504.0	60.0		23758.6
40.3	33466.3	2642.7	1800.0	32224.6
	2689.8	10.0		
	2599.8			16700.0
	26681.4	1300.0	1800.0	7058.6
40.3	6874.9	1352.7		8466.0
	9000.6			16700.0
	17752.6		1800.0	15524.6
20.0	5748.0	60.0		
		10.0		
20.3	3654.9	2582.7		
98.0	7537.8	5669.7		

14－7 续表 9 continued9

指标名称	Item	营业收入 Operation revenue	主营业务收入 Operating revenue
外商投资企业	Foreign funded	24434.8	23807.6
中外合资经营企业	Joint venture	21744.7	21117.5
中外合作经营企业	Cooperative	2690.1	2690.1
外资企业	Foreign funds		
外商投资股份有限公司	Share holding		
其他外商投资企业	Others		
3. 按控股情况分组	Grouped by owned		
国有控股	State－owned	51384.8	49931.8
集体控股	Collective－owned	762.8	762.8
私人控股	Private－owned	10677.2	10671.2
港澳台商控股	Hongkong, Macao and Taiwan－Owned	5581.8	5563.8
外商控股	Foreign－owned	1940.0	1462.0
其他	Others	51197.4	49894.9
4. 按经营形式分组	Grouped by form of management		
独立门店	Substantive store	110019.5	106762.0
连锁总店（总部）	Chain headquarter		
连锁门店	Chain store		
其他	Others	11524.5	11524.5
5. 按单位规模分	Gruoped by size of enterprises		
大型	Large－sized	27165.8	27165.8
中型	Medium－sized	57963.1	57209.0
小型	Small－sized	36415.1	33911.7
微型	Micro－sized		
6. 按星级分组	Grouped by star		
五星	Five－star	20922.9	20922.9
四星	Four－star	41943.8	40725.4
三星	Three－star	23925.3	22906.1
二星	Two－star	1629.5	1624.4
一星	One－star		
其他	Others	33122.5	32107.7
二、餐饮业	Catering	94655.5	94164.2
1. 按餐饮行业小类分组	Grouped by sector		

单位：万元 unit：10000 yuan

营业成本 Operation costs	主营业务成本 Operation cost	营业税金及附加 Business taxes and extra charges	主营业务税金及附加 Operating taxes and extra harges	其他业务利润 Other profits	销售费用 Marking expenses
7347.9	7346.3	1285.6	1267.9	-2604.1	13327.8
6480.5	6478.9	1133.8	1116.1	-2604.1	13026.9
867.4	867.4	151.8	151.8		300.9
18503.8	18487.7	2956.5	2956.2	2201.3	19591.0
315.1	315.1	41.7	41.7		220.0
4562.4	4562.4	687.5	683.5	311.9	2879.6
1388.3	1388.1	315.0	315.0	4.1	1945.9
454.4	454.4	97.0	97.0	-2604.1	1727.8
16896.7	16633.8	2794.0	2661.3	3056.6	22391.2
37185.5	36906.3	6293.3	6156.3	2969.8	44436.8
4935.2	4935.2	598.4	598.4		4318.7
10230.6	10230.6	1428.7	1428.7		8420.5
15147.5	15129.6	3626.0	3608.3	3060.3	27635.1
16742.6	16481.3	1837.0	1717.7	-90.5	12699.9
6649.0	6649.0	1090.0	1090.0	3055.7	5792.6
10625.3	10607.4	2586.7	2569.0	-1682.3	24422.2
11530.9	11330.6	1187.5	1091.2	1279.1	7442.9
394.4	394.4	84.9	84.6	5.0	264.4
12921.1	12860.1	1942.6	1919.9	312.3	10833.4
39711.9	39490.0	5285.1	5195.0	744.9	30556.3

14－7 续表 10 continued10

指标名称	Item	管理费用 Management expenses	税金 Taxes
外商投资企业	Foreign funded	9190. 9	175. 1
中外合资经营企业	Joint venture	7625. 1	175. 1
中外合作经营企业	Cooperative	1565. 8	
外资企业	Foreign funds		
外商投资股份有限公司	Share holding		
其他外商投资企业	Others		
3. 按控股情况分组	Grouped by owned		
国有控股	State－owned	15147. 7	603. 9
集体控股	Collective－owned	109. 2	
私人控股	Private－owned	2859. 3	81. 2
港澳台商控股	Hongkong, Macao and Taiwan－Owned	2964. 1	53. 8
外商控股	Foreign－owned	1805. 5	
其他	Others	16221. 8	761. 4
4. 按经营形式分组	Grouped by form of management		
独立门店	Substantive store	36756. 6	1167. 4
连锁总店（总部）	Chain headquarter		
连锁门店	Chain store		
其他	Others	2351. 0	332. 9
5. 按单位规模分	Gruoped by size of enterprises		
大型	Large－sized	5928. 6	307. 1
中型	Medium－sized	23193. 9	977. 7
小型	Small－sized	9985. 1	215. 5
微型	Micro－sized		
6. 按星级分组	Grouped by star		
五星	Five－star	5943. 2	
四星	Four－star	18527. 0	732. 0
三星	Three－star	3848. 8	174. 0
二星	Two－star	891. 4	
一星	One－star		
其他	Others	9897. 2	594. 3
二、餐饮业	Catering	21314. 8	241. 3
1. 按餐饮行业小类分组	Grouped by sector		

单位：万元 unit：10000 yuan

三、损益及分配 Gains and losses and distribution

财务费用 Financial expenses	利息收入 Interest income	利息支出 Interest expenditure	资产减值损失 Lost	公允减值变动收益 Revenue
1036. 7	26. 4	704. 8		
756. 2	21. 8	704. 8		
280. 5	4. 6			
257. 5	288. 3	93. 5	27. 9	
2. 5				
680. 1		560. 6	30. 0	
1061. 0	3. 0	1008. 3	-0. 3	
704. 8		704. 8		
2105. 0	30. 0	1658. 3		
3139. 4	321. 3	2367. 2	57. 6	
1671. 5		1658. 3		
1740. 4		1656. 0		
2376. 8	247. 2	1770. 2	27. 6	
693. 7	74. 1	599. 3	30. 0	
96. 7	1. 5			
2325. 2	239. 3	1806. 6	27. 9	
-154. 5	3. 5	-202. 7		
-0. 2	0. 2			
2543. 7	76. 8	2421. 6	29. 7	
2646. 9	54. 7	1715. 5		

14－7 续表11 continued11

指标名称	Item	投资收益 Investment income	营业利润 Business profits
外商投资企业	Foreign funded		－1720.8
中外合资经营企业	Joint venture		－1244.5
中外合作经营企业	Cooperative		－476.3
外资企业	Foreign funds		
外商投资股份有限公司	Share holding		
其他外商投资企业	Others		
3. 按控股情况分组	Grouped by owned		
国有控股	State－owned	－463.8	－5563.0
集体控股	Collective－owned		74.3
私人控股	Private－owned		－1022.1
港澳台商控股	Hongkong，Macao and Taiwan－Owned		－2092.2
外商控股	Foreign－owned		－2849.5
其他	Others	－30.3	－3237.5
4. 按经营形式分组	Grouped by form of management		
独立门店	Substantive store	－494.1	－12339.7
连锁总店（总部）	Chain headquarter		
连锁门店	Chain store		
其他	Others		－2350.3
5. 按单位规模分	Gruoped by size of enterprises		
大型	Large－sized		－583.0
中型	Medium－sized	367.5	－7642.3
小型	Small－sized	－861.6	－6464.7
微型	Micro－sized		
6. 按星级分组	Grouped by star		
五星	Five－star	－25.9	1325.5
四星	Four－star	－463.8	－11000.6
三星	Three－star		40.5
二星	Two－star		－5.4
一星	One－star		
其他	Others	－4.4	－5050.0
二、餐饮业	Catering		－4864.2
1. 按餐饮行业小类分组	Grouped by sector		

单位：万元 unit：10000 yuan

营业外收入 Norbusiness revenue	补贴收入 Subsidies revenue	利润总额 Total profits	应交所得税 Income taxes payable	四、人工成本 Workers cost 应付职工薪酬（本年贷方计发生额）Payroll payable（credit accumulated happening this year）
29.0		-2112.7	598.7	1913.6
13.1		-1342.5	598.7	1491.9
15.9		-770.2		421.7
744.3	10.4	-5084.6	5.6	15188.2
		75.7	18.6	211.0
24.6		-1085.8	8.7	2744.6
1.6		-2096.2		1467.4
		-2849.5		496.8
299.9		3524.3	693.4	9233.4
836.3	10.4	-11812.6	705.3	26839.6
234.1		4296.5	21.0	2501.8
246.4		6048.9	598.7	2987.1
442.1	10.4	-7648.9	2.5	16149.0
381.9		-5916.1	125.1	9425.9
				779.4
14.5		1243.8	598.7	2331.4
683.3		-10831.4	2.5	12977.0
39.4	10.4	-41.1	49.7	4836.4
25.5		20.1	3.5	547.7
307.7		2092.5	71.9	8648.9
218.5	24.0	-4440.7	263.9	14974.0

14－7 续表 12 continued12

指标名称	Item	法人企业数（个）Corporate enterprises（unit）	执行《2006 年企业会计准则企业个数》Number of enterprises implmenting Accounting Standards for Business Enterprises 2006	一、年初存货 Inventory
正餐服务业	Dinner	47	35	2996.5
快餐服务业	Fast food	1	1	128.9
饮料及冷饮服务业	Beverage and cold drink			
茶馆服务	The teahouse services			
咖啡馆服务	Coffee shaop serve			
酒吧服务	Bar Service			
其他饮料及冷饮服务	Others			
其他餐饮业	Others			
小吃服务	Snack service			
餐饮配送服务	Food and beverage distribution services			
其他未列明餐饮业	Others			
2. 按登记注册类型分组	Grouped by type registered			
内资企业	Domestic funds	48	36	3125.4
国有企业	State－owned	4	3	296.0
集体企业	Collective－owned	3	1	26.5
股份合作企业	Cooperative			
联营企业	Joint			
国有联营企业	State joint owned			
集体联营企业	Collective joine owned			
国有与集体联营企业	State－collective joint owned			
其他联营企业	Other joint owned			
有限责任公司	Limited liability corporations	22	18	1449.5
国有独资公司	State－owned solely	2	2	217.3
其他有限责任公司	Limited liability corporations	20	16	1232.2
股份有限公司	Share holding	2	2	
私营企业	Private	15	11	927.5
私营独资企业	Private funded	3	1	108.5
私营合伙企业	Private partner			
私营有限责任公司	Private limited company	11	9	816.5
私营股份有限公司	Private share holding	1	1	2.5
其他企业	Others	2	1	425.9
港、澳、台商投资企业	Funded from Hongkong, Macao and Taiwan			

单位：万元 unit：10000 yuan

流动资产合计 Circulating funds	应收帐款 Receivables	存货 Inventery	固定资产合计 Total fixed assets	固定资产原价 Original Valueof fixed assets	累计折旧 Total depreciation	本年折旧 Depreciation in this year
54398.1	4504.7	2366.5	78528.2	108510.8	30198.2	4319.8
510.2	104.9	147.8	2053.2	3941.7	1888.5	255.4
54908.3	4609.6	2514.3	80581.4	112452.5	32086.7	4575.2
16555.1	1619.2	166.7	34057.2	45577.9	11520.7	1738.3
379.5	149.9	21.5	138.2	285.2	153.0	5.0
31586.0	2550.9	1335.8	37383.4	54227.1	17053.3	970.6
1868.7	411.5	211.5	94.7	513.4	418.7	99.0
29717.3	2139.4	1124.3	37288.7	53713.7	16634.6	871.6
82.6		30.3	177.0	241.8	64.8	12.5
5249.8	193.9	749.6	3734.3	6510.7	2776.4	1578.3
654.8	34.8	107.8	143.1	236.7	93.6	23.1
4286.3	159.1	639.6	3585.8	6264.5	2678.7	1553.1
308.7		2.2	5.4	9.5	4.1	2.1
1055.3	95.7	210.4	5091.3	5609.8	518.5	270.5

14－7 续表 13 continued13

指标名称	Item	在建工程 Circulationg funds	资产总计 Total assets
正餐服务业	Dinner	15221.8	179191.3
快餐服务业	Fast food		8447.4
饮料及冷饮服务业	Beverage and cold drink		
茶馆服务	The teahouse services		
咖啡馆服务	Coffee shaop serve		
酒吧服务	Bar Service		
其他饮料及冷饮服务	Others		
其他餐饮业	Others		
小吃服务	Snack service		
餐饮配送服务	Food and beverage distribution services		
其他未列明餐饮业	Others		
2. 按登记注册类型分组	Grouped by type registered		
内资企业	Domestic funds	15221.8	187638.7
国有企业	State－owned	9159.1	59779.9
集体企业	Collective－owned	6.0	517.7
股份合作企业	Cooperative		
联营企业	Joint		
国有联营企业	State joint owned		
集体联营企业	Collective joine owned		
国有与集体联营企业	State－collective joint owned		
其他联营企业	Other joint owned		
有限责任公司	Limited liability corporations	99.5	95383.7
国有独资公司	State－owned solely		2308.6
其他有限责任公司	Limited liability corporations	99.5	93075.1
股份有限公司	Share holding		287.5
私营企业	Private	5957.2	25376.4
私营独资企业	Private funded		902.1
私营合伙企业	Private partner		
私营有限责任公司	Private limited company	5957.2	24146.8
私营股份有限公司	Private share holding		327.5
其他企业	Others		6293.5
港、澳、台商投资企业	Funded from Hongkong，Macao and Taiwan		

单位：万元 unit：10000 yuan

二、期末资产负债 The final balance sheet				
流动负债合计 Total current liabilities	应付帐款 Inventory	非流动负债合计 Non - current liabilities	负债合计 Total liabilities	所有者权益 Creditor' s equity
58877. 1	11112. 2	34369. 5	93246. 6	85944. 7
4232. 4	642. 4		4232. 4	4215. 0
63109. 5	11754. 6	34369. 5	97479. 0	90159. 7
19301. 1	2290. 3	12385. 5	31686. 6	28093. 3
794. 4	517. 9	24. 0	818. 4	-300. 7
27366. 6	7509. 4	10960. 0	38326. 6	57057. 1
1167. 8	45. 7		1167. 8	1140. 8
26198. 8	7463. 7	10960. 0	37158. 8	55916. 3
79. 3	70. 0		79. 3	208. 2
9244. 7	1202. 8	11000. 0	20244. 7	5131. 7
269. 2	91. 9		269. 2	632. 9
8967. 0	1106. 2	11000. 0	19967. 0	4179. 8
8. 5	4. 7		8. 5	319. 0
6323. 4	164. 2		6323. 4	-29. 9

14－7 续表 14 continued14

指标名称 Item		实收资本 Driginal	国家资本 State owned
正餐服务业	Dinner	39428. 0	30122. 5
快餐服务业	Fast food	4000. 0	
饮料及冷饮服务业	Beverage and cold drink		
茶馆服务	The teahouse services		
咖啡馆服务	Coffee shaop serve		
酒吧服务	Bar Service		
其他饮料及冷饮服务	Others		
其他餐饮业	Others		
小吃服务	Snack service		
餐饮配送服务	Food and beverage distribution services		
其他未列明餐饮业	Others		
2. 按登记注册类型分组	Grouped by type registered		
内资企业	Domestic funds	43428. 0	30122. 5
国有企业	State－owned	28122. 5	28122. 5
集体企业	Collective－owned	98. 0	
股份合作企业	Cooperative		
联营企业	Joint		
国有联营企业	State joint owned		
集体联营企业	Collective joine owned		
国有与集体联营企业	State－collective joint owned		
其他联营企业	Other joint owned		
有限责任公司	Limited liability corporations	9706. 4	2000. 0
国有独资公司	State－owned solely	850. 0	
其他有限责任公司	Limited liability corporations	8856. 4	2000. 0
股份有限公司	Share holding	167. 7	
私营企业	Private	5118. 4	
私营独资企业	Private funded	542. 7	
私营合伙企业	Private partner		
私营有限责任公司	Private limited company	4225. 7	
私营股份有限公司	Private share holding	350. 0	
其他企业	Others	215. 0	
港、澳、台商投资企业	Funded from Hongkong，Macao and Taiwan		

单位：万元 unit：10000 yuan

集体资本 Collective	法人资本 Corporate	个人资本 Private	港澳台资本 Funded from Hongkong，Macao and Taiwan	外商资本 Foreign funds
98. 0	3537. 8	5669. 7		
	4000. 0			
98. 0	7537. 8	5669. 7		
98. 0				
	6029. 4	1677. 0		
	850. 0			
	5179. 4	1677. 0		
	10. 0	157. 7		
	1288. 4	3830. 0		
	512. 7	30. 0		
	775. 7	3450. 0		
		350. 0		
	210. 0	5. 0		

14－7 续表 15 continued15

指标名称	Item	营业收入 Operation revenue	主营业务收入 Operating revenue
正餐服务业	Dinner	83714.2	83222.9
快餐服务业	Fast food	10941.3	10941.3
饮料及冷饮服务业	Beverage and cold drink		
茶馆服务	The teahouse services		
咖啡馆服务	Coffee shaop serve		
酒吧服务	Bar Service		
其他饮料及冷饮服务	Others		
其他餐饮业	Others		
小吃服务	Snack service		
餐饮配送服务	Food and beverage distribution services		
其他未列明餐饮业	Others		
2. 按登记注册类型分组	Grouped by type registered		
内资企业	Domestic funds	94655.5	94164.2
国有企业	State－owned	14830.4	14828.9
集体企业	Collective－owned	1652.2	1652.2
股份合作企业	Cooperative		
联营企业	Joint		
国有联营企业	State joint owned		
集体联营企业	Collective joine owned		
国有与集体联营企业	State－collective joint owned		
其他联营企业	Other joint owned		
有限责任公司	Limited liability corporations	48664.2	48275.1
国有独资公司	State－owned solely	2079.0	1942.7
其他有限责任公司	Limited liability corporations	46585.2	46332.4
股份有限公司	Share holding	1413.8	1413.8
私营企业	Private	24515.6	24414.9
私营独资企业	Private funded	3183.5	3183.5
私营合伙企业	Private partner		
私营有限责任公司	Private limited company	20958.3	20857.6
私营股份有限公司	Private share holding	373.8	373.8
其他企业	Others	3579.3	3579.3
港、澳、台商投资企业	Funded from Hongkong，Macao and Taiwan		

单位：万元 unit：10000 yuan

营业成本 Operation costs	主营业务成本 Operation cost	营业税金及附加 Business taxes and extra charges	主营业务税金及附加 Operating taxes and extra harges	其他业务利润 Other profits	销售费用 Marking expenses
35580.9	35359.0	4672.4	4582.3	744.9	25127.5
4131.0	4131.0	612.7	612.7		5428.8
39711.9	39490.0	5285.1	5195.0	744.9	30556.3
3330.8	3330.8	866.3	866.3		3225.8
769.6	769.6	83.6	83.6	9.0	684.5
21218.7	21215.5	2754.3	2754.0	0.1	16467.2
432.9	432.9	116.4	116.4	0.1	694.4
20785.8	20782.6	2637.9	2637.6		15772.8
1151.5	1151.5	78.5	78.5		
11896.4	11677.7	1321.0	1231.2	735.8	8625.8
1696.8	1696.8	101.6	101.6	735.8	754.9
10079.1	9860.4	1204.3	1114.5		7657.7
120.5	120.5	15.1	15.1		213.2
1344.9	1344.9	181.4	181.4		1553.0

14－7 续表 16 continued16

指标名称	Item	管理费用 Management expenses	税金 Taxes
正餐服务业	Dinner	20713. 3	235. 5
快餐服务业	Fast food	601. 5	5. 8
饮料及冷饮服务业	Beverage and cold drink		
茶馆服务	The teahouse services		
咖啡馆服务	Coffee shaop serve		
酒吧服务	Bar Service		
其他饮料及冷饮服务	Others		
其他餐饮业	Others		
小吃服务	Snack service		
餐饮配送服务	Food and beverage distribution services		
其他未列明餐饮业	Others		
2. 按登记注册类型分组	Grouped by type registered		
内资企业	Domestic funds	21314. 8	241. 3
国有企业	State－owned	9606. 2	101. 5
集体企业	Collective－owned	51. 3	4. 6
股份合作企业	Cooperative		
联营企业	Joint		
国有联营企业	State joint owned		
集体联营企业	Collective joine owned		
国有与集体联营企业	State－collective joint owned		
其他联营企业	Other joint owned		
有限责任公司	Limited liability corporations	8612. 5	60. 1
国有独资公司	State－owned solely	732. 2	0. 1
其他有限责任公司	Limited liability corporations	7880. 3	60. 0
股份有限公司	Share holding	143. 6	16. 1
私营企业	Private	2499. 1	45. 1
私营独资企业	Private funded	560. 1	7. 5
私营合伙企业	Private partner		
私营有限责任公司	Private limited company	1891. 8	29. 3
私营股份有限公司	Private share holding	47. 2	8. 3
其他企业	Others	402. 1	13. 9
港、澳、台商投资企业	Funded from Hongkong，Macao and Taiwan		

单位：万元 unit：10000 yuan

三、损益及分配 Gains and losses and distribution

财务费用 Financial expenses	利息收入 Interest income	利息支出 Interest expenditure	资产减值损失 Lost	公允减值变动收益 Revenue
2444. 9	52. 5	1514. 4		
202. 0	2. 2	201. 1		
2646. 9	54. 7	1715. 5		
251. 6	0. 7	2. 5		
1042. 2	30. 5	432. 2		
8. 5	0. 9			
1033. 7	29. 6	432. 2		
14. 0				
1154. 0	3. 7	1115. 5		
7. 0	2. 5	0. 3		
1145. 7	1. 2	1113. 9		
1. 3		1. 3		
185. 1	19. 8	165. 3		

14－7 续表 17 continued17

指标名称	Item	投资收益 Investment income	营业利润 Business profits
正餐服务业	Dinner		－4829.5
快餐服务业	Fast food		－34.7
饮料及冷饮服务业	Beverage and cold drink		
茶馆服务	The teahouse services		
咖啡馆服务	Coffee shaop serve		
酒吧服务	Bar Service		
其他饮料及冷饮服务	Others		
其他餐饮业	Others		
小吃服务	Snack service		
餐饮配送服务	Food and beverage distribution services		
其他未列明餐饮业	Others		
2. 按登记注册类型分组	Grouped by type registered		
内资企业	Domestic funds		－4864.2
国有企业	State－owned		－2450.5
集体企业	Collective－owned		63.2
股份合作企业	Cooperative		
联营企业	Joint		
国有联营企业	State joint owned		
集体联营企业	Collective joine owned		
国有与集体联营企业	State－collective joint owned		
其他联营企业	Other joint owned		
有限责任公司	Limited liability corporations		－1434.8
国有独资公司	State－owned solely		94.6
其他有限责任公司	Limited liability corporations		－1529.4
股份有限公司	Share holding		26.2
私营企业	Private		－980.4
私营独资企业	Private funded		63.1
私营合伙企业	Private partner		
私营有限责任公司	Private limited company		－1020.0
私营股份有限公司	Private share holding		－23.5
其他企业	Others		－87.9
港、澳、台商投资企业	Funded from Hongkong，Macao and Taiwan		

单位：万元 unit：10000 yuan

				四、人工成本 Workers cost
营业外收入 Norbusiness revenue	补贴收入 Subsidies revenue	利润总额 Total profits	应交所得税 Income taxes payable	应付职工薪酬（本年贷方计发生额）Payroll payable (credit accumulated happening this year)
182.7	24.0	-4437.9	263.9	13535.4
35.8		-2.8		1438.6
218.5	24.0	-4440.7	263.9	14974.0
42.0		-2443.7		2995.3
8.6		80.8	30.1	334.9
94.4		-1057.3	134.8	7748.8
1.0		95.6	25.3	703.1
93.4		-1152.9	109.5	7045.7
		26.2	7.2	201.5
73.5	24.0	-958.8	91.8	3507.7
		50.1	15.4	271.1
73.5	24.0	-985.4	70.7	3232.8
		-23.5	5.7	3.8
		-87.9		185.8

14－7 续表 18 continued18

指标名称	Item	法人企业数（个）Corporate enterprises（unit）	执行《2006 年企业会计准则企业个数》Number of enterprises implmenting Accounting Standards for Business Enterprises 2006	一、年初存货 Inventory
与港澳台商合资经营企业	Joint venture			
与港澳台商合作经营企业	Cooperative			
港、澳、台商独资经营企业	Solefunds			
港、澳、台商投资股份有限公司	Share holding			
其他港澳台投资企业	Others			
外商投资企业	Foreign funded			
中外合资经营企业	Joint venture			
中外合作经营企业	Cooperative			
外资企业	Foreign funds			
外商投资股份有限公司	Share holding			
其他外商投资企业	Others			
3. 按控股情况分组	Grouped by owned			
国有控股	State－owned	7	6	522. 9
集体控股	Collective－owned	3	1	26. 5
私人控股	Private－owned	27	23	1622. 4
港澳台商控股	Hongkong，Macao and Taiwan－Owned			
外商控股	Foreign－owned			
其他	Others	11	6	953. 6
4. 按经营形式分组	Grouped by form of management			
独立门店	Substantive store	46	34	2842. 5
连锁总店（总部）	Chain headquarter			
连锁门店	Chain store	1	1	128. 9
其他	Others	1	1	154. 0
5. 按单位规模分	Gruoped by size of enterprises			
大型	Large－sized	2	2	255. 1
中型	Medium－sized	5	4	1073. 4
小型	Small－sized	39	29	1779. 1
微型	Micro－sized	2	1	17. 8

单位：万元 unit：10000 yuan

流动资产合计 Circulating funds	应收帐款 Receivables	存货 Inventery	固定资产合计 Total fixed assets	固定资产原价 Original Valueof fixed assets	累计折旧 Total depreciation	本年折旧 Depreciation in this year
18476. 8	2076. 1	383. 8	34151. 9	46144. 3	11992. 4	1890. 3
379. 5	149. 9	21. 5	138. 2	285. 2	153. 0	5. 0
12824. 9	808. 1	1469. 0	12227. 6	17966. 8	5739. 2	2290. 9
23227. 1	1575. 5	640. 0	34063. 7	48056. 2	14202. 1	389. 0
53196. 6	4449. 1	2238. 6	78516. 6	108489. 6	30188. 6	4315. 4
510. 2	104. 9	147. 8	2053. 2	3941. 7	1888. 5	255. 4
1201. 5	55. 6	127. 9	11. 6	21. 2	9. 6	4. 4
15447. 0	968. 0	147. 8	35089. 6	47944. 8	12855. 2	1925. 4
19875. 6	1493. 2	844. 0	32788. 1	46793. 3	14005. 2	1386. 3
19466. 5	2053. 6	1503. 3	12541. 6	17511. 8	5185. 8	1250. 7
119. 2	94. 8	19. 2	162. 1	202. 6	40. 5	12. 8

14－7 续表 19 continued19

指标名称	Item	在建工程 Circulationg funds	资产总计 Total assets
与港澳台商合资经营企业	Joint venture		
与港澳台商合作经营企业	Cooperative		
港、澳、台商独资经营企业	Solefunds		
港、澳、台商投资股份有限公司	Share holding		
其他港澳台投资企业	Others		
外商投资企业	Foreign funded		
中外合资经营企业	Joint venture		
中外合作经营企业	Cooperative		
外资企业	Foreign funds		
外商投资股份有限公司	Share holding		
其他外商投资企业	Others		
3. 按控股情况分组	Grouped by owned		
国有控股	State－owned	9159.1	62452.6
集体控股	Collective－owned	6.0	517.7
私人控股	Private－owned	6056.7	47456.3
港澳台商控股	Hongkong，Macao and Taiwan－Owned		
外商控股	Foreign－owned		
其他	Others		77212.1
4. 按经营形式分组	Grouped by form of management		
独立门店	Substantive store	15221.8	177978.1
连锁总店（总部）	Chain headquarter		
连锁门店	Chain store		8447.4
其他	Others		1213.2
5. 按单位规模分	Gruoped by size of enterprises		
大型	Large－sized	9159.1	65579.7
中型	Medium－sized	5954.9	71973.8
小型	Small－sized	107.8	49763.4
微型	Micro－sized		321.8

单位：万元 unit：10000 yuan

二、期末资产负债 The final balance sheet				
流动负债合计 Total current liabilities	应付帐款 Inventory	非流动负债合计 Non－current liabilities	负债合计 Total liabilities	所有者权益 Creditor' s equity
20521.9	2336.0	12595.5	33117.4	29335.2
794.4	517.9	24.0	818.4	－300.7
22437.5	2299.1	13150.0	35587.5	11868.8
19355.7	6601.6	8600.0	27955.7	49256.4
58233.0	10518.2	34369.5	92602.5	85375.6
4232.4	642.4		4232.4	4215.0
644.1	594.0		644.1	569.1
21359.6	1784.8	12385.5	33745.1	31834.6
14667.6	4685.3	11000.0	25667.6	46306.2
26960.5	5276.7	10984.0	37944.5	11818.9
121.8	7.8		121.8	200.0

14－7 续表 20 continued20

指标名称	Item	实收资本 Driginal	国家资本 State owned
与港澳台商合资经营企业	Joint venture		
与港澳台商合作经营企业	Cooperative		
港、澳、台商独资经营企业	Solefunds		
港、澳、台商投资股份有限公司	Share holding		
其他港澳台投资企业	Others		
外商投资企业	Foreign funded		
中外合资经营企业	Joint venture		
中外合作经营企业	Cooperative		
外资企业	Foreign funds		
外商投资股份有限公司	Share holding		
其他外商投资企业	Others		
3. 按控股情况分组	Grouped by owned		
国有控股	State－owned	29025.5	28122.5
集体控股	Collective－owned	98.0	
私人控股	Private－owned	10159.5	
港澳台商控股	Hongkong，Macao and Taiwan－Owned		
外商控股	Foreign－owned		
其他	Others	4145.0	2000.0
4. 按经营形式分组	Grouped by form of management		
独立门店	Substantive store	39398.0	30122.5
连锁总店（总部）	Chain headquarter		
连锁门店	Chain store	4000.0	
其他	Others	30.0	
5. 按单位规模分	Gruoped by size of enterprises		
大型	Large－sized	31619.6	27619.6
中型	Medium－sized	3290.0	2000.0
小型	Small－sized	8318.4	502.9
微型	Micro－sized	200.0	

单位：万元 unit：10000 yuan

集体资本 Collective	法人资本 Corporate	个人资本 Private	港澳台资本 Funded from Hongkong, Macao and Taiwan	外商资本 Foreign funds
	870.0	33.0		
98.0				
	5741.8	4417.7		
	926.0	1219.0		
98.0	3521.8	5655.7		
	4000.0			
	16.0	14.0		
	4000.0			
	16.0	1274.0		
98.0	3321.8	4395.7		
	200.0			

14－7 续表 21 continued21

指标名称	Item	营业收入 Operation revenue	主营业务收入 Operating revenue
与港澳台商合资经营企业	Joint venture		
与港澳台商合作经营企业	Cooperative		
港、澳、台商独资经营企业	Solefunds		
港、澳、台商投资股份有限公司	Share holding		
其他港澳台投资企业	Others		
外商投资企业	Foreign funded		
中外合资经营企业	Joint venture		
中外合作经营企业	Cooperative		
外资企业	Foreign funds		
外商投资股份有限公司	Share holding		
其他外商投资企业	Others		
3. 按控股情况分组	Grouped by owned		
国有控股	State－owned	17354.1	17216.3
集体控股	Collective－owned	1652.2	1652.2
私人控股	Private－owned	45918.9	45818.2
港澳台商控股	Hongkong，Macao and Taiwan－Owned		
外商控股	Foreign－owned		
其他	Others	29730.3	29477.5
4. 按经营形式分组	Grouped by form of management		
独立门店	Substantive store	79364.3	78873.0
连锁总店（总部）	Chain headquarter		
连锁门店	Chain store	10941.3	10941.3
其他	Others	4349.9	4349.9
5. 按单位规模分	Gruoped by size of enterprises		
大型	Large－sized	23593.7	23593.7
中型	Medium－sized	33356.6	33134.8
小型	Small－sized	37673.6	37404.1
微型	Micro－sized	31.6	31.6

单位：万元 unit：10000 yuan

营业成本 Operation costs	主营业务成本 Operation cost	营业税金及附加 Business taxes and extra charges	主营业务税金及附加 Operating taxes and extra harges	其他业务利润 Other profits	销售费用 Marking expenses
4021.7	4021.7	1007.8	1007.8	0.1	4069.6
769.6	769.6	83.6	83.6	9.0	684.5
21445.6	21226.9	2596.6	2506.8	735.8	16886.2
13475.0	13471.8	1597.1	1596.8		8916.0
32556.7	32334.8	4428.9	4338.8	744.9	24387.1
4131.0	4131.0	612.7	612.7		5428.8
3024.2	3024.2	243.5	243.5		740.4
6646.5	6646.5	1317.8	1317.8		7833.4
12179.0	12175.8	1882.0	1862.8		12391.0
20870.6	20651.9	2083.6	2012.7	744.9	10298.6
15.8	15.8	1.7	1.7		33.3

14－7 续表 22 continued22

指标名称	Item	管理费用 Management expenses	税金 Taxes
与港澳台商合资经营企业	Joint venture		
与港澳台商合作经营企业	Cooperative		
港、澳、台商独资经营企业	Solefunds		
港、澳、台商投资股份有限公司	Share holding		
其他港澳台投资企业	Others		
外商投资企业	Foreign funded		
中外合资经营企业	Joint venture		
中外合作经营企业	Cooperative		
外资企业	Foreign funds		
外商投资股份有限公司	Share holding		
其他外商投资企业	Others		
3. 按控股情况分组	Grouped by owned		
国有控股	State－owned	10338.9	101.9
集体控股	Collective－owned	51.3	4.6
私人控股	Private－owned	4526.2	98.1
港澳台商控股	Hongkong，Macao and Taiwan－Owned		
外商控股	Foreign－owned		
其他	Others	6398.4	36.7
4. 按经营形式分组	Grouped by form of management		
独立门店	Substantive store	20550.8	235.5
连锁总店（总部）	Chain headquarter		
连锁门店	Chain store	601.5	5.8
其他	Others	162.5	
5. 按单位规模分	Gruoped by size of enterprises		
大型	Large－sized	9797.3	5.8
中型	Medium－sized	6216.5	35.7
小型	Small－sized	5292.8	199.8
微型	Micro－sized	8.2	

单位：万元 unit：10000 yuan

三、损益及分配 Gains and losses and distribution

财务费用 Financial expenses	利息收入 Interest income	利息支出 Interest expenditure	资产减值损失 Lost	公允减值变动收益 Revenue
260.3	1.6	2.5		
1760.5	26.0	1481.9		
626.1	27.1	231.1		
2444.9	52.5	1514.4		
202.0	2.2	201.1		
446.0	2.2	201.1		
1231.4	20.0	1162.7		
969.2	32.5	351.7		
0.3				

14-7 续表 23 continued23

指标名称	Item	投资收益 Investment income	营业利润 Business profits
与港澳台商合资经营企业	Joint venture		
与港澳台商合作经营企业	Cooperative		
港、澳、台商独资经营企业	Solefunds		
港、澳、台商投资股份有限公司	Share holding		
其他港澳台投资企业	Others		
外商投资企业	Foreign funded		
中外合资经营企业	Joint venture		
中外合作经营企业	Cooperative		
外资企业	Foreign funds		
外商投资股份有限公司	Share holding		
其他外商投资企业	Others		
3. 按控股情况分组	Grouped by owned		
国有控股	State - owned		-2344.4
集体控股	Collective - owned		63.2
私人控股	Private - owned		-1296.0
港澳台商控股	Hongkong，Macao and Taiwan - Owned		
外商控股	Foreign - owned		
其他	Others		-1287.0
4. 按经营形式分组	Grouped by form of management		
独立门店	Substantive store		-5008.8
连锁总店（总部）	Chain headquarter		
连锁门店	Chain store		-34.7
其他	Others		179.3
5. 按单位规模分	Gruoped by size of enterprises		
大型	Large - sized		-2447.3
中型	Medium - sized		-543.3
小型	Small - sized		-1845.9
微型	Micro - sized		-27.7

单位：万元 unit：10000 yuan

营业外收入 Norbusiness revenue	补贴收入 Subsidies revenue	利润总额 Total profits	应交所得税 Income taxes payable	四、人工成本 Workers cost 应付职工薪酬（本年贷方计发生额）payroll payable (credit accumulated happening this year)
43.0		-2348.1	25.3	3810.9
8.6		80.8	30.1	334.9
135.8	24.0	-1246.4	147.3	6288.3
31.1		-927.0	61.2	4539.9
182.7	24.0	-4618.8	218.7	12755.4
35.8		-2.8		1438.6
		180.9	45.2	780.0
35.8		-2415.4		3638.6
91.0	24.0	-465.6	70.8	6329.4
91.7		-1532.0	193.1	4997.6
		-27.7		8.4

统计资料

STATISTICS

●对外经济贸易和旅游业

FOREIGN TRADE TOURISM

第十五篇　对外经济贸易和旅游业

据海关统计：2014 年，我市实现进出口总额 207.2 亿美元，同比增长 1.7%。其中实现进口额 182.5 亿美元，同比增长 6.7%。实现出口额 24.7 亿美元，同比下降 24.7%。

从进出口的贸易方式看，我市的进出口以一般贸易为主。2014 年，我市一般贸易实现进出口额为 198.3 亿美元，同比增长 2.1%，占全部进出口额的 95.7%。其次是加工贸易实现进出口额 8.4 亿美元，同比下降 3.7%，占全部进出口额的 4.0%。

从进出口市场情况看，2014 年，我市对各大洲的进出口额有增有减。其中对欧洲进出口额 154.0 亿美元，增长 10.6%。亚洲进出口额 43.0 亿美元，增长 0.1%。对非洲进出口额 3.3 亿美元，同比下降 24.3%。对北美洲进出口额 3.7 亿美元，同比下降 43.3%。对拉丁美洲进出口额 2.4 亿美元，同比下降 61.2%。对大洋洲进出口额 0.7 亿美元，同比下降 83.4% 。

2014 年，我市实际利用外资 500293.0 万美元，同比增长 12.7%。新设立外商投资企业 41 户，同比增长 17.1%；合同外资金额 42901.4 万美元，同比增长 12.7%。

15－1 对外经济贸易指标
FOREIGN TRADE AND ECONOMIC COOPERATION

		单位 Unit	2013	2014
进出口总额（一）	Total import and export（Ⅰ）	万美元＄＄10000	2039892	2071900
其中：进口	Imports	万美元＄＄10000	1710572	1825165
出口	Exports	万美元＄＄10000	329320	246735
1. 国有企业	State owned	万美元＄＄10000	908333	863953
其中：进口	Imports	万美元＄＄10000	785832	753461
出口	Exports	万美元＄＄10000	122500	110491
2. 集体企业	Collective owned	万美元＄＄10000	514	649
其中：进口	Imports	万美元＄＄10000	1	2
出口	Exports	万美元＄＄10000	513	647
3. 三资企业	Foreign funded	万美元＄＄10000	958096	1118658
其中：进口	Imports	万美元＄＄10000	903452	1047188
出口	Exports	万美元＄＄10000	54644	71470
4. 私营企业	Private	万美元＄＄10000	172809	88376
其中：进口	Imports	万美元＄＄10000	21270	63865
出口	Exports	万美元＄＄10000	151539	24511
进出口总额（二）	Total import and export（Ⅱ）	万美元＄＄10000	1907826	2071225
其中：进口	Imports	万美元＄＄10000	1686658	1851336
出口	Exports	万美元＄＄10000	221168	219889
新批项目（企业）数	Number of new registered enterprises	个 unit	35	41
投资总额	Total investment	万美元＄＄10000	138533	177825
合同利用外资额	Contract foreign investment	万美元＄＄10000	38072	42901
其中：直接利用外资额	Direct foreign investments	万美元＄＄10000	38072	42901
实际利用外资额	Total of foreign funds actually used	万美元＄＄10000	443995	500293
其中：直接利用外资额	Direct foreign investment	万美元＄＄10000	93868	106031

注：进出口总额（一）中进出口总额是指在长春行政区域内工商注册、并在长春海关登记、赋予代码为“2201”的全部有外贸经营权的企业（公司）进出口总额。它是衡量我市有外贸经营权的企业（公司）经营规模和总体水平的标志。

进出口总额（二）中进出口总额是指在全国各地工商注册，并在当地海关登记的赋予相应代码的有外贸经营权的企业（公司），进口商品目的地为长春市、出口产品货源地产自长春市的进出口总额。它是衡量我市进口市场需求（包括项目）及出口生产质量、能力的标志。

Note：

* lmport－export value（Ⅰ）by changchun foreign trade managing units refer to actul value of imports and exports carried out by corporation which have been registered by changchun customhouse and vested with ri－ght to run import，export business. It is a measure of trade rights to the city and the overall level of the enterprise size.

* * lmport value of commodities by the places of their destination and export value of commodities by the place of their origin in china：The places of their consumption，utilization or the place of their final des－tination. The latter indicator refers to the value of export commodities of the places of their origin or t－he place of the commodities dispatched，changchun.

15－2 2002－2014 长春市旅游经济情况

		2002	2003	2004
海外旅游者（人次）	International tourists（person－time）	76146	68877	87201
外国人（人次）	Foreigners（person－time）	55064	51523	70249
华侨（人次）	Overseas Chinese（person－time）			
港澳同胞（人次）	Compatriots from Hongkong and Macao（person－time）	5861	8546	8378
台湾同胞（人次）	Compatriots from Taiwan（person－time）	1522	8808	8574
海外旅游者（人天）	International tourists（person－day）	246356	215277	258627
外国人（人天）	Foreigners（person－day）	196813	178884	220862
华侨（人天）	Overseas Chinese（person－day）			
港澳同胞（人天）	Compatriots from Hongkong and Macao（person－day）	15691	18188	20187
台湾同胞（人天）	Compatriots from Taiwan（person－day）	33852	18205	17578
国内旅游者（万人次）	Domestic tourists（10000person－time）	1085.5	1031	1100
旅游外汇收入（万美元）	Foreign exchange earnings from tourism（$10000）	4204	3671	4295
旅游业总收入（亿元）	Revenue of tourism（100 millon yuan）	67	83	96.7

DEVELOPMENT OF TOURISM（2002－2014）

2005	2006	2007	2008	2009	2010	2011	2012	2013	2014
110000	151100	200248	217008	217000	249824	301639	356627	378261	394540
87100	117200	164834	187702	183251	219780	248034	286961	305616	314446
12100	17500	19210	13905	23326	20475	28809	36828	39554	41710
10700	16200	16204	10399	10534	9569	24796	32838	33091	38384
330000	420600	459611	595025	670934	806995	998963	1146277	1253593	1352119
276000	340200	409052	510417	583681	722157	838729	935851	1058121	1124431
28700	40800	50559	54444	57799	57121	85530	109363	112040	118930
24800	39500	47440	30164	29454	27717	74706	101063	100924	108858
1218.4	1366.7	1587.2	1896.6	2246.5	2612.64	3084.17	3620.21	4191.67	4948.31
5103.3	6665	8930	10680	11625	13747.87	16974.46	22379.05	24305.89	28901.84
120.2	148.2	182.84	228.31	276.6	350.42	431.65	548.28	685.79	839.5

15－3 主要出口商品情况
MAIN EXPORT GOODS

商品名称	Item	出口金额（万美元）Export（$10000）	占出口总额比重（%）Proportion（%）
合计	Total	246735	100.0
粮食	Food	6884	2.8
汽车（包括整套散件）	Automobile	24339	9.9
汽车零件	Vehicle parts	26485	10.7
服装及衣着附件	Garments and accessories	9427	3.8
新的充气橡胶轮胎	New pneumaticrubber tire	10993	4.5
塑料制品	Plastic products	1715	0.7
肉及杂碎	Meat	1934	0.8
胶合板及类似多层板	Veneer and multiply wood	8929	3.6
家具及其零件	Furniture	2841	1.2
摩托车	Motorcycles	1602	0.6
通断保护电路装置及零件	Hardware	1402	0.6
医药品	Medicine materials	7946	3.2
箱包及类似容器	Bags and similar containers	211	0.1
纺织纱线、织物及制品	Weave and products	1103	0.4
家用或装饰用木制品	Timeber products for household or decoration	574	0.2
医疗仪器及器械	Medical apparatus and appliance	324	0.1
灯具照明装置及其零件	Lighting installation and its spares	417	0.2
手用或机用工具	Manual or machine tools	2799	1.1
玻璃制品	Glasswares	20	
钢 材	Steel products	250	0.1

15－4 主要进口商品情况
MAIN IMPORT GOODS

商品名称	Item	出口金额（万美元）Export（$10000）	占出口总额比重（%）Proportion（%）
合计	Total	1825165	100
汽车零件	Vehicles parts	730158	40.0
汽车（包括整套散件）	Vehicles	500444	27.4
计量检测分析自控仪器及器具	Analysis of measurement control equipment and appliance	103398	5.7
大豆	Soybean	1786	0.4
金属加工机床	Metal－cutling machine tools	19521	1.1
通断保护电路装置及零件	Hardware	42746	2.3
活塞式内燃机的零件	Parts of piston eagine	11551	0.6
钢材	Steel products	15104	0.8
钢铁制标准坚固件	Standard strong steel products	21312	1.2
收音设备	Recording equipment	20576	1.1
集成电路	Integrated circuit	12406	0.7
电动机及发电机	Electromotor and dynamo	10528	0.6
电视、收音机及无线电讯装置的零附件	Electrical apparatus and parts	43312	2.4
初级形状的塑料	Initial shape plastics	8635	0.5
液泵及液体提升机	Pump and liquid elevator	9512	0.5
变压、整流、电感器及零件	Transformer rectifier inductor and parts	15414	0.8
机械提升搬运装卸设备及零件	Mechanical handling equipmeat and parts to upgrade handing	7259	0.4
医疗仪器及器械	Medical apparatus and appliance	3173	0.2
合成橡胶（包括乳胶）	Synthetic rubber（include emulsoid）	4070	0.2
电线和电缆	Wire and cable	5805	0.3
制冷设备用压缩机	Compressor for refrigeration facility	7031	0.4
塑料制品	Plastic products	5610	0.3
纺织纱线、织物及制品	Weave and products	6304	0.3
空气调节器	Air conditioners	6887	0.4
阀门	Valve	2631	0.1
棉 花	Conton	80	

15－5 外贸进出口总值分国别（地区）出口情况（2014）
BASIC CONDITIONS OF FOREIGN TRADE BY COUNTRY（2014）

国家（地区）	Country or region	出口额（万美元） Exports（＄10000）
总 值	Total	246735
日本	Japan	33134
韩国	Korea	12053
美国	United States	18073
德国	Germany	13815
印度	India	12601
香港	HongKong	12114
越南	Vietnam	3813
台湾	Taiwan	2836
比利时	France	3666
加 拿 大	Canada	1905
伊朗	Iran	15393
巴基斯坦	Pakistan	2596
英国	United Kingdom	3056
墨西哥	Mexico	4482
荷兰	Netherland	4478
澳大利亚	Australia	6524
俄罗斯	Russia	6708
菲 律 宾	Philippines	3460
尼日利亚	Nigeria	1782
意 大 利	Italy	2459
阿拉伯联合酋长国	United Arab Emirates	780
马来西亚	Malaysia	1539
沙特阿拉伯	Saudi Arabia	1245
印度尼西亚	Indonesia	2404
埃及	Egypt	396
法国	France	747
约旦	Jordan	286
西班牙	Spain	1169
南非（阿扎尼亚）	South Africa	6127
柬埔寨	Cambodia	169
巴西	Brazil	5460
丹麦	Denmark	324
乌克兰	Ukraine	603
土耳其	Turkey	3070
泰国	Algeria	7550

15－6 外贸进出口总值分国别（地区）进口情况（2014）
BASIC CONDITIONS OF IMPORT IN FOREIGN TRADE BY COUNTRY（2014）

国家（地区）	Country or region	进口额（万美元） Imports（$10000）
总 值	Total	1825165
德国	Germany	990033
日本	Japan	233077
匈牙利	Hungary	98389
美国	United States	16241
意大利	Italy	23790
韩国	Korea	13199
捷克共和国	Czech	55262
比利时	Belgium	55742
法国	France	15002
瑞典	Sweden	5614
马来西亚	Malaysia	9594
墨西哥	Mexico	2813
西班牙	Spain	22908
奥地利	Austria	19629
巴西	Brazil	605
英国	Britain	3763
俄罗斯	Russia	14
泰国	Thailand	7270
台湾	Taiwan	4887
澳大利亚	Australia	612
波兰	Poland	8611
瑞士	Switzerland	8463
荷兰	Netherlands	8197
菲律宾	Philippines	2916
新 加 坡	Singapore	3384
印度尼西亚	Indonesia	1085
香港	HongKong	439
挪威	Norway	1837
印度	India	1605
以色列	Israel	622
越南	Vietnam	835
土耳其	Turkey	3839
加 拿 大	Canada	795
丹麦	Denmark	1846
爱尔兰	Ireland	524

15－7 2014年新批外商项目（企业）分类表
NEW REGISTERED FOREIGN PROJECTS (ENTERPRISES) BY CATEGORY IN 2014

		户数（个）Enterprises (unit)	合同外资（万美元）Investment ($10000)	比重（%）Percentage (%)
总计	Total	41	42901.4	17.10
1. 按行业类别分	Grouped by sector			
第一产业	Primary industry	1	1290	368.50
第二产业	Secondary industry	13	29849	23.90
第三产业	Terinary industry	27	11762	－14.10
2. 按国别、地区分	Grouped by country or region			
香港	Hongkong	18	19658.6	38.80
韩国	Korea	6	488.6	－3.90
日本	Japan	2	1623.6	138.40
荷兰	Holland			
德国	Germany	1	13395.8	19.40
新加坡	Singapore	2	700	35.00
3. 按经济类型分	Grouped by ownership			
中外合资企业	Sino－foreign joint ventures	15	22161.1	9.10
中外合作企业	Sino－foreign cooperative enterprises			
外商独资企业	Exclusively foreign－owned enterprises	26	20714.3	45.50
外商股份制企业	Foreign investment share enterprises			
投资性公司	Investment compani			

统计资料

STATISTICS

金融保险业

BANKING AND INSURANCE

第十六篇　金融保险业

2014年，全市金融机构按照国家“稳增长、促改革、调结构、惠民生”的总体要求，加大金融对我市经济增长和结构调整的支持力度，贷款结构不断优化，加大对小微企业、“三农”等领域的信贷支持力度，全市金融为地方经济发展提供了有力的资金保障。保险行业发展稳中求进，进中有为，为人民群众的生命和财产安全提供保障的功能得到充分发挥，行业发展再上新台阶。

一、各项存款增速回升。2014年末，全市人民币存款余额8723.4亿元，比年初增加915.1亿元，增长11.7%，增速由今年2月份最低的1.8%逐步回升到年末的11.7%，回升了9.9个百分点。

从存款结构看：个人存款余额3495.1亿元，比年初增加288.5亿元，增长9.0%。其中，储蓄存款余额3380.1亿元，比年初新增272.9亿元，增长8.8%；单位存款余额为4709.7亿元，比年初增加626.0亿元，增长15.3%。其中，单位活期存款1989.3亿元，比年初增加259.3亿元，增长15.0%，单位定期存款1410.2亿元，比年初增加313.1亿元，增长28.5%。

二、各项贷款平稳增长。2014年末，全市人民币贷款余额7475.5亿元，比年初增加978.2亿元，增长15.1%。

从贷款期限看：短期贷款余额2157.3亿元，比年初增加354.4亿元，增长19.7%，中长期贷款余额5105.5亿元，比年初增加563.3亿元，增长12.4%。在短期贷款中，个人贷款及透支328.5亿元，比年初增加49.2亿元，增长17.6%；单位普通贷款及透支1649.7亿元，比年初增加274.9亿元，增长20.0%；银团贷款34.3亿元，比年初增加14.6亿元，增长74.3%。在中长期贷款中，个人贷款1266.6亿元，比年初增加193.8亿元，增长18.1%；单位普通贷款3153.2亿元，比年初增加296.9亿元，增长10.4%；银团贷款681.3亿元，比年初增加71.3亿元，增长11.7%。

三、保险事业稳中求进，行业发展再上新台阶

2014年，长春市保险业稳中求进，进中有为，推动各项改革不断深入，行业发展增质提速，市场秩序持续好转，产品创新能力切实加强，保障功能充分发挥，市场活力充分激活，市场潜力充分释放，行业发展再上新台阶。2014年全市保险业实现保费收入128.9亿元，同比增长20.9%，其中财产险保费收入56.0亿元，同比增长15.2%；人身险保费收入72.9亿元，同比增长25.6%。全年赔付支出49.0亿元，同比增长9.3%，其中财产险赔付支出31.0亿元，同比增长10.5%，人身险赔付支出18.0亿元，同比增长7.4%。

16－1 主要年份城乡居民储蓄存款（人民币）
DEPOSITS OF URBAN AND RURAL RESIDENTS（RMB）

单位：万元 unit：10000yuan

		2008	2009	2010	2011	2012	2013	2014
年末储蓄存款余额	Balance of deposits at year－end	15073851	18341564	20627232	23377845	27673822	31071578	33801096
按地区分	Grouped by region							
市辖区	District	12704620	15512984	17316468	19352550	22643743	25569503	27424812
榆树市	Yushu	574939	676928	779902	893225	1090981	1278789	1515311
农安县	Nong'an	603493	722512	846674	1072861	1296227	1526672	1836581
德惠市	Dehui	643234	765246	865048	1039702	1339419	1489145	1680151
九台市	Jiutai	547565	663894	819140	1019507	1303452	1207469	1344241

16－2 1995－2014 年保险费收入和赔款支出
PREMIUM AND CLAIM OF INSURANCE（1995－2014）

单位：千元 unit：1000yuan

年份 Year	保险费收入 Premium	赔款支出 Claim	赔付率（%） Payment rate
1995	242880	156920	64.6
1996	243165	27898	11.5
1997	834330	216260	25.9
1998	467423	288599	61.7
1999	840370	234360	27.9
2000	897800	284490	31.7
2001	1203345	404926	33.7
2002	1870688	484611	25.9
2003	2871260	562650	19.6
2004	3212130	579940	18.1
2005	2986980	665300	22.3
2006	3513544	902754	25.7
2007	4521397	1687103	37.3
2008	5685661	2069416	36.4
2009	6810096	2234097	32.8
2010	9325866	2259205	24.2
2011	8443132	2505617	29.7
2012	8953946	3167895	35.4
2013	10664214	4484021	42.0
2014	12888849	4902490	38.0

注：因执行新会计准则，保费收入计算口径发生变化，2011 年保费收入为新口径。
Note：the calculating calibers of premium income have been changed，due to new accounting standards. New calibers were adopted for premium income of year 2011.

16－3 2014年全市金融机构信贷收支（人民币）
CREDIT FUNDS BALANCE SHEET OF FINANCIAL INSTITUTIONS（RMB）IN 2014

单位：亿元　　unit：100million yuan

来源项目名称 Item of sources	金额 Amount	运用项目名称 Item of uses	金额 Amount
一、各项存款 Deposits	8723.39	一、各项贷款 Loans	7475.45
1. 单位存款 Deposits of enterprises	4709.73	（一）境内贷款 Domestic loans	7474.95
其中：活期存款 Current deposits	1989.32	1、短期贷款 Short term loans	2157.30
定期存款 Fixed deposits	1410.19	（1）个人贷款及透支 Personal loans and overdrafts	328.45
通知存款 deposit at notice	254.49	其中：个人消费贷款 Individual consumption loans	132.19
保证金存款 margin deposit	406.76	（2）单位普通贷款及透支 Non－personal and overdrafts	1649.74
2、个人存款 personal deposit	3495.10	其中：经营贷款 business loans	1590.11
储蓄存款 savings deposit	3380.11	固定资产贷款 Fixed asset loans	2.80
保证金存款 margin deposit for security	1.32	（3）普通并购货款 General M & A payment	
结构性存款 structured deposit	113.66	（4）银团贷款 Syndicated loans	34.27
3. 财政性存款 Treasury deposits	370.64	（5）贸易融资 Trade financing	144.84
4. 临时性存款 Government and organization	13.65	（6）境外筹资转贷款 On－lending of overseas financing	
5. 委托存款 Precative deposits	61.07	2、中长期贷款 Medium and long－term loans	5105.53
6. 其他存款 Others	73.20	（1）个人贷款 Personal loans	1266.61
二、金融债券 Bonds	26.98	其中：个人消费贷款 Individual consumption loans	1055.67
三、中长期借款 Payable		（2）单位普通贷款 Non－personal loans	3153.19
四、应付及暂收款 Interbank loan	270.01	其中：经营贷款 business loans	432.41
其中：应付利息 of which：interest payable	143.00	固定资产贷款 Fixed asset loans	2720.78
五、同业往来（来源方）Interbank loan	211.60	（3）普通并购货款 General M & A payment	4.41
六、系统内资金往来（来源方）Pooling currency	479.92	（4）银团贷款 Syndicated loans	681.32
七、外汇买卖（来源方）foreign exchange trading（sources）	311.69	（5）贸易融资 Trade financing	
其中：结售汇 of which：exchange settlement	311.51	（6）境外筹资转贷款 On－lending of overseas financing	
八、各项准备 Creditor’s equity	196.54	3、融资租赁 Lease	0.05
其中：贷款损失准备金 of which：loan loss reserves	178.8	4、票据融资 Bill financing	204.92
九、所有者权益 Creditor’s equity	505.26	其中：贴现 of which：discount	204.92
其中：实收资本	174.21	5、各项垫款 Delay loans	7.15
十、其他 Others	-1411.43	（二）境外贷款 Foreign loans	0.50
		二、有价证券 securities	271.60
		三、股权及其他投资 Equities and other investments	735.95
		四、应收及预付款 Receivable and payable	120.39
		其中：应收利息 of which：interest payable	52.33
		五、同业往来（运用方）Interbank account	234.06
		六、系统内资金往来（运用方）Within account	
		七、金银占款 Funds outstanding for gold and silver	
		八、外汇买卖（运用方）foreign exchange trading（users）	312.99
		其中：结售汇 of which：exchange settlement	312.64
		九、固定资产 Fixed assets	116.13
		十、库存现金 Cash in vault	45.79
		十一、投资性房地产 Investment real estate	1.59
资金来源总计 Total of sovrces	9313.96	资金运用总计 Total of souse	9313.96

16－4 2014年全市金融机构年末储蓄存款余额（人民币）
DEPOSITS BALANCE SHEET OF FINANCE INSTITUTIONS IN 2014（RMB）

单位：万元　　unit：10000yuan

		金额 Amount
全市金融机构年末储蓄存款余额	Total	33801096
按地区划分	Grouped by object	
市辖区	District	27424812
榆树	Yushu	1515311
农安	Nong'an	1836581
德惠	Dehui	1680151
九台	Jutai	1344241

16－5 2014年全市保险业务状况
BASIC STATISTICS ON INSURANCE IN 2014

单位：千元　　unit：1000yuan

		保费收入 Premium	赔款支出 Claim	赔付率（%） Loss ratio
总计	Total	12888849	4902490	38.0
一、财产险合计	Property	5474927	2881271	52.6
企财险	Enterprises property insurance	342426	118253	34.5
家财险	Family property insurance	19801	12653	63.9
机动车险	Motor vehicle insurance	4050914	2316299	57.2
工程保险	Engineering insurance	46785	9019	19.3
责任险	Liability insurance	168299	57119	33.9
保证保险	Guarantee insurance	328085	43429	13.2
货运险	Freight transport insurance	257057	172963	67.3
农业保险	Agriculture insurance	226026	122833	54.3
其他	Other life insurance	35534	28703	80.8
二、人身险合计	Life insurance	7413922	2021219	27.3
人寿保险	Life insurance	6236964	1523698	24.4
意外伤害险	Accident injury insurance	243295	49628	20.4
健康险	Health insurance	933663	447893	48.0

统计资料

STATISTICS

教育、科技及文化事业

EDUCATION, SCIENCE AND TECHNOLOGY CULTURE

2015

长春统计年鉴

CHANGCHUN STATISTICAL YEARBOOK

第十七篇　教育、科技及文化事业

2014年，教育事业整体水平得到进一步提升。年末全市拥有各级各类教育学校2479所（含学前教育，以下同），其中：在长普通高校37所（含专修学院），成人高校8所，中等职业学校104所，普通高中68所，普通初中264所，职业初中3所，小学1197所，特殊教育学校10所，幼儿园784所，工读学校1所；全市各级各类学校招生人数39.8万人，其中：研究生1.7万人，普通本专科14.6万人，成人本专科5.5万人，中等职业学校1.38万人，普通高中3.87万人，初中阶段6.2万人，小学6.5万人，特殊教育104人。全市各级各类学校在校人数140.4万人，其中在读研究生4.9万人，普通本专科在校生49.8万人，成人本专科生11万人，中等职业学校在校生4.8万人，普通高中在校生12.9万人，初中在校生18.5万人，小学在校生38.4万人，特殊教育在校生0.09万人。

2014年文化事业得到进一步发展。年末全市共有文化（文物）事业机构225家，其中艺术表演团体3家，艺术表演场馆6家，公共图书馆12家，艺术馆、文化馆12家，文化站160家，文化艺术科研、科技机构2家，文物保护研究机构1家，文物保护管理机构3家，其他文化事业18家，其他文化企业1家，博物馆9家，文化市场管理机构15家。公共图书馆总藏量439.9万册，其中少儿图书馆藏量61.3万册。

2014年，全市有各类文化经营场所950家，其中互联网上网服务营业场所619家（连锁75家），文化娱乐场所190家，演出场所15家，音像制品经营场所123家，古玩（美术品）经营店3家。其中市区（含开发区）文化经营场所591家，其中互联网上网服务营业场所521家（连锁73家），文化娱乐场所158家，演出场所9家，古玩（美术品）经营店3家。

2014年，全市有广播电台4座，节目10套，中波发射台和转播台9座，转播台9座，广播人口覆盖率为100%；电视台4座，节目9套，电视人口覆盖率为100%。

17－1 长春市各级各类教育基本情况
BASIC STATISTICS ON EDUCATION

		校数 Schools	毕业生（人）Graduates（person）	在校生数（人）Student enrollment（person）	教职工（人）Teacher and staff（person）	
					合计 Total	其中：专任教师 Full time teacher
一、高等教育	Higher education	45	154401	573921	43237	26948
1、研究生培养机构	Graduate cultivation mechanism		14349	49214	0	0
普通高校	Instituions of higher education		14326	49113		
科研机构	Scientific research institution		23	101		
2. 普通高等教育	Regular higher education	37	99606	414582	41364	25836
本科	Undergraduate		74254	330895		
专科	Specialty		25352	83687		
3. 成人高等教育	Adult Higher Education	8	40446	110125	1544	915
普通高校	Instituions of higher education		32980	96058		
成人高校	Adult eduction shcolls		7466	14067		
4. 民办其他高等教育机构					329	197
二、高中段教育	High school education	172	72893	177364	19987	15388
1. 中等职业	Secondary vocation	104	25953	47905	7398	5203
其中：普通中专	Special education schools	12	6550	15666	1741	1362
成人中专	Special secondary schools for adults	12	2691	4046	1773	1309
职业高中	Vocational senior middle schools	80	9745	13958	3726	2461
其他机构	Others		6967	14235	158	71
2. 普通高中	Senior secondary schools	68	46940	129459	12589	10185
三、初中阶段教育	junior high school education	270	60279	185059	24771	20687
1. 职业初中	Vocational middle schools	4	88	317	80	63
2. 普通初中	Junior secondary schools	266	60191	184742	24691	20624
四、小 学	Primary shools	1197	64962	383905	31475	27424
五、特殊教育	Special education schools	10	96	931	431	338
六、工读学校	Approved shcools	1			41	29
七、幼 儿 园	Kindergartens	784	38106	126879	16804	9870

17－2 中学概况
BASIC STATISTICS ON SECONDARY SCHOOLS

		校数（所）Schools	班数（个）Classes（unit）	毕业生数（人）Graduates（person）	在校学生数（人）Student enrollment（person）	教职工数（人）Teacher and staff（person）	
						合计 Total	#专职教师 Full time teacher
长春市	Changchun	338	6655	107219	314518	37360	30872
城区	District	149	3408	54056	157713	17924	15435
市辖区	District	30	969	17700	47659	3997	3461
南关区	Nanguan	10	144	1882	5775	934	809
宽城区	Kuancheng	11	213	3109	9698	1045	1014
朝阳区	Chaoyang	12	221	3302	9145	1220	1064
二道区	Erdao	11	284	3873	12893	2037	1912
绿园区	Lvyuan	9	204	2944	9169	1068	928
高新开发区	High－technical developing area	4	52	648	2232	410	353
经济开发区	Economic technical developing area	3	32	315	1127	203	191
净月开发区	Jingyue developing area	4	42	646	1583	231	203
省直	Directly under province	13	685	11744	35051	3409	2916
汽车区		13	215	3265	8669	1361	1182
双阳区	Shuangyang	26	330	4401	14094	1403	924
莲花山区	lianhuashan	3	17	227	618	606	478
四县（市）	Four counties	189	3247	53163	156805	19436	15437
农安县	Nong'an	54	833	13807	41529	5821	4547
九台市	Jiutai	38	608	9130	28682	5234	4168
榆树市	Yushu	55	1033	16893	49065	4619	3629
德惠市	Dehui	42	773	13333	37529	3762	3093

注：各项指标中含职业初中。Note：junior high school exclveded.

17－3 小学概况
BASIC STATISTICS ON PRIMARY SCHOOLS

		校数（所）Schools	班数（个）Classes（unit）	毕业生数（人）Graduates（person）	在校学生数（人）Student enrollment（person）	教职工数（人）Teacher and staff（person）	
						合计 Total	#专职教师 Full time teacher
长春市	Changchun	1197	12121	64962	383905	31475	27424
城区	District	291	4819	29067	181063	12440	10908
市辖区	District	6	290	2174	13135	758	671
南关区	Nanguan	25	436	2929	16156	1243	1129
宽城区	Kuancheng	27	544	3293	21167	1693	1640
朝阳区	Chaoyang	26	542	3599	21264	1677	1533
二道区	Erdao	15	466	3158	19411	897	806
绿园区	Lvyuan	27	496	3181	18929	1359	1200
高新开发区	Economic technical developing area	2	100	482	4369	46	41
经济开发区	Economic developing area	14	229	1362	9222	577	552
净月开发区	Jingyue developing area	12	168	883	5121	416	381
省直	Directly under province	5	436	2799	19132	699	601
汽车区	Automobile Disttict	8	309	1734	12863	461	408
双阳区	Shuangyang	111	749	3121	18172	2433	1783
莲花山	lianhuashan	13	54	352	2122	181	163
四县（市）	Four counties	906	7302	35895	202842	19035	16516
农安县	Nong'an	304	2205	8709	56112	6315	5389
九台市	Jiutai	91	1091	6301	38502	1978	1702
榆树市	Yushu	281	2345	11486	60625	6147	5446
德惠市	Dehui	230	1661	9399	47603	4595	3979

注：专任教师按办学类型。

17－4 幼儿园
BASIC STATISTICS ON KINDERGARTENS

		园数（所）Kindergartens（unit）	在园幼儿数（人）Children（person）	教职工数（人）Teacher and staff（person）	
				合计 Total	#：专职教师 Full time teacher
长春市	Changchun	784	126879	16804	9870
城区	District	476	74928	12313	6787
市辖区	District	1	437	67	44
南关区	Nanguan	42	7567	1387	814
宽城区	Kuancheng	56	7834	1570	773
朝阳区	Chaoyang	77	11888	2259	1179
二道区	Erdao	49	7680	1256	681
绿园区	Lvyuan	98	12624	2099	1139
高新开发区	Economic technical developing area	8	2189	391	243
经济开发区	Economic developing area	36	5600	915	567
净月开发区	Jingyue developing area	23	3326	562	324
省直	Directly under province		1177		
汽车区	Automobile Disttict	20	4649	689	353
双阳区	Shuangyang	59	9099	1056	638
莲花山	lianhuashan	7	858	62	32
四县（市）	Four counties	308	51951	4491	3083
农安县	Nong'an	75	13482	707	596
九台市	Jiutai	72	11107	1799	1200
榆树市	Yushu	40	11063	557	446
德惠市	Dehui	121	16299	1428	841

17－5 文化事业基本情况
BASIC STATISTICS ON CULTURAL INSTITUTIONS

		单位 Unit		全市 Total	市区 District	县（市）County
一、座席个数	Seats	个	sets	3077	2177	900
1. 电影院、开放礼堂俱乐部	Cinema music hall	个	unit			
2. 艺术表演场所	Theater	个	unit	3077	2177	900
二、演（映）出场次	Performances	场	shous	3130	2900	230
1. 电影院、开放礼堂俱乐部	Cinema music hall	场	shows			
2. 艺术表演场所	Theater	场	shows	309	159	150
其中：艺术演出	Performancing	场	shows	151	151	
3. 艺术表演团体	Art performance group	场	shows	2821	2741	80
三、观众人次	Spectators	千人次	1000person－time	2012	1827	185
1. 电影院、开放礼堂俱乐部	Cinema music hall	千人次	1000person－time			
2. 艺术表演场所	Theater	千人次	1000person－time	220	195	25
其中：艺术演出	Performancing	千人次	1000person－time	183	183	
3. 艺术表演团体	Art performance group	千人次	1000person－time	1792	1632	160
四、举办展览个数	Number of exhibition	个	unit	189	77	112
1. 群众艺术馆	Mass art centres	个	unit	13	13	
2. 文化馆（站）	Cultural centers	个	unit	145	36	109
3. 博物馆	Museums	个	unit	31	28	3
其中：文化部门	Cultural department	个	unit	31	28	3
4. 文物商店	Arts store	个	unit			
五、参观人次	Visitors	千人次	1000person－time	3110	2825	285
1. 文物保护管理机构	Agency of historical relics	千人次	1000person－time			
2. 博物馆	Museums	千人次	1000person－time	3110	2825	285
其中：文化部门	Cultural department	件	pcs	3110	2825	285
六、文物藏品	Number of collection	件	pcs	139376	133531	5845
1. 文物保护管理机构	Agency of historical relics	件	pcs	1008	526	482
2. 博物馆	Museums	件	pcs	138368	133005	5363
其中：文化部门	Cultural department			138368	133005	5363
七、总藏量	Number of collections	千册（件）	1000 pcs	9924	8875	1049
1. 群众艺术馆	Mass art centres	千册	1000 pcs	10	10	
2. 文化馆（站）	Cultural centers	千册	1000 pcs	683		683
3. 公共图书馆	Public libraries	千册	1000 pcs	9231	8865	366

17－6 文化事业机构 、人数
INSTITUTIONS AND PERSONNEL INCULTURE AND ART

		机构数（个）Institutions			职工数（人）Workers and staff members（person）		
		总计 Total	市区 District	县（市）County	总计 Total	市区 District	县（市）County
一、电影事业	Film						
1. 电影发行放映管理机构	Film renting units						
2. 电影制片厂	Film studios						
3. 电影院、影剧院	Cinemas						
4. 开放礼堂、俱乐部	Music hall						
5. 对内礼堂、俱乐部	Theatre						
6. 电影队	Film team						
二、艺术业	Art institutions	18	13	5	1342	1257	85
1. 艺术表演团体	Art performance troups	7	6	1	1103	1078	25
2. 艺术表演场所	Theatre	7	6	1	223	178	45
3. 艺术创作机构	Art creation institution	4	1	3	16	1	15
三、文化科技科研机构	Institutions of S&R	4	4		110	110	
四、出版事业	Published						
1、报社	Newspapers						
2、出版	Published						
3、画报社	Painting						
4、杂志社	Magazine						
五、文物事业	Cultural relics	16	10	6	553	453	100
1. 文物保护管理机构	Agency of historical relics	4	1	3	49	3	46
2. 文物研究机构	Research historical relics agency	2	2		69	69	
3. 博物馆	Museums	9	6	3	422	368	54
其中：文化部门	Cultural department	9	6	3	422	368	54
4. 文物商店	Arts store	1	1		13	13	
六、图书馆	Public libraries	13	9	4	665	519	146
其中：少儿公共图书馆	Public libraries	2	2		275	275	
七、群众文化	Mass culture	173	9	164	816	255	561
1. 群众艺术馆	Mass art centres	3	3		152	152	
2. 文化馆	Culture centres	10	6	4	284	103	181
3. 文化站	Culture department and stations	160		160	380		380
其中：乡镇文化站	Township cultural stations	96		96	226		226

17－7 2014年全部工业企业基本情况

指标名称	Item	企业数（个）Enterprises（unit）
总计	Total	1132
一、按企业规模分组	Grouped by size of enterprises	
大型企业	Large－sized enterprises	48
中型企业	Medium－sized enterprises	167
小型企业	Small－sized enterprises	875
微型企业	Micro－sized enterprises	42
二、按隶属关系分组	Grouped by administrative	
中央	Central	28
省（自治区、直辖市）	Province（autonomous region，municipality）	34
地（区、市、州、盟）	Region（district，city，prefecture，league）	102
县（区、市、旗）	County（district，city，banner）	83
街道	Street	3
镇	Town	20
乡	Township	8
（社区）居委会	Residents committee	
村委会	Village committee	5
其他	Others	849
三、按登记注册类型分组	Grouped by type registered	
内资企业	Domestic funds	970
国有企业	State－owned	14
集体企业	Collective－owned	7
股份合作企业	Share holding cooperative	1
联营企业	Joint ownership	
国有联营企业	State joint ownership enterprises	
集体联营企业	Joint ownership	
国有与集体联营企业	Joint ownership	
其他联营企业	Others	
有限责任公司	Limited company	341
国有独资公司	State－owned	14
其他有限责任公司	Others	327
股份有限公司	Share holding	63
私营企业	Private	530
私营独资企业	Solely Owned	16
私营合伙企业	Private partnership	1
私营有限责任公司	Limited company	498
私营股份有限公司	Private Share holding	15
其他企业	Others	14
港、澳、台商投资企业	Funded from Hongkong，Macao and Taiwan	27
合资经营企业（港或澳、台资）	Funded from Hongkong，Macao and taiwan	14
合作经营企业（港或澳、台资）	Cooperative	1
港、澳、台商独资经营企业	Solely owned	10
港、澳、台商投资股份有限公司	Company invested by Hong Kong，Macau or Taiwan	2
其他港澳台商投资企业	Others	

BASIC CONDITIONS OF ALL INDUSTRIAL ENTERPRISES IN 2014

#有 R&D 活动 With R&D activities	#有科技机构 With S&T institutions	从业人员期末人数（人）Employees at year－end (person)	从业人员平均人数（人）Average number of employees (person)	工业总产值（万元）Total industrial output value (10000yuan)	主营业务收入（万元）Main business revenue (10000yuan)
97	53	497610	495436	97566387.2	103555739.7
17	6	303350	302860	68717712.5	76178823.6
28	15	94119	92634	10194238.3	9939145.7
50	31	97544	97034	18124187.8	17180618.2
2	1	2597	2908	530248.6	257152.2
10	4	215346	216667	53594686.3	61093308.8
10	5	25267	25096	5797509.6	5143056.4
17	6	62703	61723	6932404.1	7527855.2
4	3	14896	14773	2484481.2	2420549.1
		197	189	12323.3	14793.2
		3031	2992	411738.1	364184.9
1		772	738	42103.2	39986.1
		544	510	26748.2	29668.8
55	35	174854	172748	28264393.2	26922337.2
74	51	413875	412408	80329945.9	85936301.0
3	2	153146	153247	45829576.0	53319707.1
		968	932	50996.3	48349.3
		236	236	157.5	321.6
32	18	123090	122902	11902415.8	11225242.9
5	2	44051	44463	4231921.4	4119547.1
27	16	79039	78439	7670494.4	7105695.8
14	7	63342	63186	13021370.6	11809550.3
23	22	71730	70562	9381571.1	9390124.2
		1425	1392	175325.9	171149.6
		21	21	15328.8	15328.8
21	21	66692	65595	8794154.1	8797530.8
2	1	3592	3554	396762.3	406115.0
2	2	1363	1343	143858.6	143005.6
6		17299	17333	5626659.2	5222675.1
4		5680	5549	534281.6	538820.9
		468	465	4785.3	8022.2
1		10783	10939	4993283.9	4588325.4
1		368	380	94308.4	87506.6

17－7 续表 1

指标名称	Item	利润总额（万元）Profit（10000yuan）
总计	Total	9519239.0
一、按企业规模分组	Grouped by size of enterprises	
大型企业	Large－sized enterprises	7797723.7
中型企业	Medium－sized enterprises	850758.4
小型企业	Small－sized enterprises	861072.9
微型企业	Micro－sized enterprises	9684.0
二、按隶属关系分组	Grouped by administrative	
中央	Central	6913552.7
省（自治区、直辖市）	Province（autonomous region，municipality）	212052.0
地（区、市、州、盟）	Region（district，city，prefecture，league）	691854.2
县（区、市、旗）	County（district，city，banner）	125481.5
街道	Street	132.7
镇	Town	23028.3
乡	Township	1786.8
（社区）居委会	Residents committee	
村委会	Village committee	800.1
其他	Others	1550550.7
三、按登记注册类型分组	Grouped by type registered	
内资企业	Domestic funds	8352596.5
国有企业	State－owned	6614524.5
集体企业	Collective－owned	3182.7
股份合作企业	Share holding cooperative	－325.9
联营企业	Joint ownership	
国有联营企业	State joint ownership enterprises	
集体联营企业	Joint ownership	
国有与集体联营企业	Joint ownership	
其他联营企业	Others	
有限责任公司	Limited company	527785.4
国有独资公司	State－owned	55023.6
其他有限责任公司	Others	472761.8
股份有限公司	Share holding	598724.3
私营企业	Private	598535.8
私营独资企业	Solely Owned	8025.6
私营合伙企业	Private partnership	825.5
私营有限责任公司	Limited company	577479.7
私营股份有限公司	Private Share holding	12205.0
其他企业	Others	10169.7
港、澳、台商投资企业	Funded from Hongkong，Macao and Taiwan	166918.5
合资经营企业（港或澳、台资）	Funded from Hongkong，Macao and Taiwan	72017.0
合作经营企业（港或澳、台资）	Cooperative	537.8
港、澳、台商独资经营企业	Solely owned	81357.9
港、澳、台商投资股份有限公司	Company invested by Hong Kong，Macau or Taiwan	13005.8
其他港澳台商投资企业	Others	

continued1

主营业务税金及附加（万元）Taxes and Other Charges on Principal Business（10000yuan）	管理费用中的税金（万元）Taxes in management expenses（10000yuan）	应交增值税（万元）Value Added Tax Payable（10000yuan）	资产总计（万元）Tatal Assets（10000yuan）	出口交货值（万元）Delivery Value for Export（10000yuan）
2910888. 1	156804. 6	3517700. 0	72479182. 0	1429374. 9
2692760. 4	98799. 7	2861767. 8	48741241. 7	1105481. 9
115577. 4	21964. 9	284191. 4	8803125. 6	199745. 7
100336. 2	34372. 7	354273. 4	13920118. 6	122139. 9
2214. 1	1667. 3	17467. 4	1014696. 1	2007. 4
2422554. 2	83594. 3	2650526. 4	42140122. 2	641681. 5
39615. 2	15770. 4	113487. 3	7015773. 6	1717. 8
239312. 3	15032. 2	213721. 7	5545430. 6	46218. 0
15167. 2	4435. 1	33899. 1	1317880. 7	1379. 4
17. 9		20. 8	12123. 0	
1852. 9	284. 7	6203. 4	73241. 9	
132. 9	25. 6	217. 8	34225. 7	
19. 6	15. 0	6. 8	15280. 6	
192215. 9	37647. 3	499616. 7	16325103. 7	738378. 2
2614653. 2	131271. 4	3087169. 0	61904569. 2	826248. 6
2363830. 1	70409. 8	2287748. 1	31807424. 8	367521. 0
125. 2	163. 2	1099. 7	30185. 1	
3. 2	14. 4		9092. 7	
67676. 9	19044. 0	267470. 5	11354054. 7	29376. 5
14421. 1	2822. 3	141793. 2	5022216. 7	945. 1
53255. 8	16221. 7	125677. 3	6331838. 0	28431. 4
87484. 9	28190. 4	298477. 2	14220634. 8	357807. 0
94432. 9	13243. 7	230488. 6	4432172. 9	71544. 1
1218. 7	615. 6	1713. 2	107734. 1	
73. 0	135. 5		1797. 4	
92186. 9	11677. 5	211771. 1	4062954. 1	59946. 9
954. 3	815. 1	17004. 3	259687. 3	11597. 2
1100. 0	205. 9	1884. 9	51004. 2	
36778. 7	3050. 4	39240. 8	2632217. 3	231098. 6
2681. 5	1413. 7	19371. 6	481595. 3	17938. 2
92. 6	99. 8	769. 4	4576. 3	
33411. 1	1327. 9	15570. 5	2050514. 1	213160. 4
593. 5	209. 0	3529. 3	95531. 6	

17－7 续表2

指标名称	Item	企业数（个）Enterprises（unit）
外商投资企业	Foreign funded	135
中外合资经营企业	Joint Venture	79
中外合作经营企业	Cooperative	3
外资企业	Solely owned	50
外商投资股份有限公司	Company invested by foreign businessmen	2
其他外商投资企业	Others	1
四、按国民经济行业大类分组	Grouped by sector	
采矿业	Mining Industry	12
煤炭开采和洗选业	Coal mining and dressing	6
石油和天然气开采业	Extraction of petroleum and natural gas	1
黑色金属矿采选业	Minging and dressing of ferrous metals	
有色金属矿采选业	Mining and dressing of nonferrous metals	
非金属矿采选业	Mining and dressing of nonmetal mineral products	2
开采辅助活动	Mining auxiliary activities	3
其他采矿业	Others	
制造业	Manufacturing	1085
农副食品加工业	Farm sideline food processing	161
食品制造业	Food manufacturing	39
酒、饮料和精制茶制造业	Alcohol, drink and fine tea manufacturing industries	29
烟草制品业	Tobacco processing	1
纺织业	Textile industry	6
纺织服装、服饰业	Textile clothing industry	10
皮革、毛皮、羽毛及其制品和制鞋业	Leather, fur, feather and related products and footwear industry	2
木材加工和木、竹、藤、棕、草制品业	Timber, bamboo, cane, palm and straw products	18
家具制造业	Furniture	21
造纸和纸制品业	Paper making and paper products	10
印刷和记录媒介复制业	Printing and record medium reproduction	24
文教、工美、体育和娱乐用品制造业	Education, arts and crafts, PE, and entertainment products	4
石油加工、炼焦和核燃料加工业	Petroleum processing coking and nuclear processing	8
化学原料和化学制品制造业	Raw chemical material and chemical products	44
医药制造业	Medical and pharmacutical products	55
化学纤维制造业	Chemical fiber manufacturing	2
橡胶和塑料制品业	Rubber and plastic products	46
非金属矿物制品业	Nonmetal mineral products	76
黑色金属冶炼和压延加工业	Smelting and pressing of ferrous metals	12
有色金属冶炼和压延加工业	Smelting and pressing of non－ferrous metals	2
金属制品业	Metal products	52

continued2

		从业人员期末人数（人）Employees at year－end（person）	从业人员平均人数（人）Average number of employees（person）	工业总产值（万元）Total industrial output value（10000yuan）	主营业务收入（万元）Main business revenue（10000yuan）
#有 R&D 活动 With R&D activities	#有科技机构 With S&T institutions				
17	2	66436	65695	11609782.1	12396763.6
15	2	39742	39598	8276338.0	8854607.9
		682	676	186271.6	236558.9
2		20120	20342	2238609.5	2296590.9
		4695	3892	742510.1	843296.3
		1197	1187	166052.9	165709.6
		11434	11422	603160.1	539829.5
		8658	8601	268813.5	171667.5
		38	38	2192.0	2192.0
		311	314	61202.6	67381.5
		2427	2469	270952.0	298588.5
95	53	427373	425552	91649141.0	97709652.8
9	7	36405	36338	11191680.4	10955863.8
		9905	9829	1425805.2	1009530.5
1		7151	7130	744410.6	695008.2
		1217	1321	482118.8	466691.5
		1386	1293	70284.6	68046.1
	1	4172	4208	141189.9	115852.7
		190	188	23672.3	22167.2
1		8325	8338	417737.5	374053.6
		2813	2768	306849.4	288739.4
		1264	1234	144747.4	134381.2
		2928	2900	243693.0	228423.4
		1086	1078	84543.1	81023.0
		1516	1501	532277.9	494215.4
2	2	8425	8215	1379725.6	1134490.3
20	9	14853	14571	1247248.7	968489.0
		218	208	3129.4	7278.4
2	1	7413	7483	918365.0	834309.6
2	2	8800	9032	5632735.7	5062858.7
		1507	1524	513991.6	443083.2
		82	84	19172.1	20015.6
1		5916	5918	785955.3	737712.2

17－7 续表3

指标名称	Item	利润总额（万元）Profit（10000yuan）
外商投资企业	Foreign funded	999724. 0
中外合资经营企业	Joint Venture	680673. 0
中外合作经营企业	Cooperative	25373. 7
外资企业	Solely owned	202534. 4
外商投资股份有限公司	Company invested by foreign businessmen	84395. 3
其他外商投资企业	Others	6747. 6
四、按国民经济行业大类分组	Grouped by sector	
采矿业	Mining Industry	－39215. 0
煤炭开采和洗选业	Coal mining and dressing	2036. 9
石油和天然气开采业	Extraction of petroleum and natural gas	182. 9
黑色金属矿采选业	Minging and dressing of ferrous metals	
有色金属矿采选业	Mining and dressing of nonferrous metals	
非金属矿采选业	Mining and dressing of nonmetal mineral products	6316. 7
开采辅助活动	Mining auxiliary activities	－47751. 5
其他采矿业	Others	
制造业	Manufacturing	9500720. 1
农副食品加工业	Farm sideline food processing	326580. 6
食品制造业	Food manufacturing	72171. 4
酒、饮料和精制茶制造业	Alcohol, drink and fine tea manufacturing industries	22027. 9
烟草制品业	Tobacco processing	60539. 8
纺织业	Textile industry	3055. 6
纺织服装、服饰业	Textile clothing industry	8218. 4
皮革、毛皮、羽毛及其制品和制鞋业	Leather, fur, feather and related products and footwear industry	1486. 8
木材加工和木、竹、藤、棕、草制品业	Timber, bamboo, cane, palm and straw products	15410. 2
家具制造业	Furniture	18468. 0
造纸和纸制品业	Paper making and paper products	10827. 0
印刷和记录媒介复制业	Printing and record medium reproduction	14537. 3
文教、工美、体育和娱乐用品制造业	Education, arts and crafts, PE, and entertainment products	6752. 4
石油加工、炼焦和核燃料加工业	Petroleum processing coking and nuclear processing	24771. 5
化学原料和化学制品制造业	Raw chemical material and chemical products	104228. 2
医药制造业	Medical and pharmacutical products	154621. 9
化学纤维制造业	Chemical fiber manufacturing	196. 6
橡胶和塑料制品业	Rubber and plastic products	35003. 4
非金属矿物制品业	Nonmetal mineral products	123620. 7
黑色金属冶炼和压延加工业	Smelting and pressing of ferrous metals	14926. 4
有色金属冶炼和压延加工业	Smelting and pressing of non－ferrous metals	430. 5
金属制品业	Metal products	55812. 2

continued3

主营业务税金及附加（万元）Taxes and Other Charges on Principal Business（10000yuan）	管理费用中的税金（万元）Taxes in management expenses（10000yuan）	应交增值税（万元）Value Added Tax Payable（10000yuan）	资产总计（万元）Tatal Assets（10000yuan）	出口交货值（万元）Delivery Value for Export（10000yuan）
259456.2	22482.8	391290.2	7942395.5	372027.7
237508.1	13439.7	258649.0	4808185.2	134026.2
551.5	478.9	7595.9	419392.8	
17033.5	8240.5	76644.8	1868845.4	141325.9
3905.2	74.3	48336.9	609091.2	96675.6
457.9	249.4	63.6	236880.9	
26919.2	1492.7	16154.8	1313413.6	
2716.4	868.7	12158.5	494358.7	
5.4	16.6	53.8	1631.6	
660.6	25.0	558.6	14660.7	
23536.8	582.4	3383.9	802762.6	
2861389.9	148685.3	3301843.6	63435875.4	1429374.9
44575.7	4526.7	10656.5	3496424.4	299573.8
4495.9	2275.4	22635.0	1107506.4	19639.8
18229.6	2194.2	11937.9	411862.3	
209511.1	1115.7	51490.9	476391.8	
225.9	26.4	2778.7	95223.1	1439.9
558.3	197.5	3508.1	281576.5	7177.1
94.0	6.5	793.7	16435.5	19434.8
3443.1	1506.7	-443.9	474689.9	24106.9
2046.8	704.8	6465.3	136088.6	5460.6
768.9	291.5	3942.8	44057.3	
1053.6	1101.6	5611.2	137612.4	
331.9	229.1	3255.0	29250.1	17357.8
61762.7	303.6	10569.6	219842.4	
5313.7	3032.6	37492.7	1437799.6	113.1
5986.8	4343.8	42429.6	1851338.9	79479.5
44.8	2.5	1.2	8026.4	
2897.7	1791.7	14801.4	649193.5	10979.4
41645.1	11959.5	99593.0	5747332.0	
1624.8	341.5	8520.2	159002.5	
21.8	77.1	269.2	7229.7	
3950.0	1699.1	21730.8	376528.2	

17－7 续表4

指标名称	Item	企业数（个）Enterprises（unit）
通用设备制造业	Ordinary machinery	53
专用设备制造业	Special purpose equipment	46
汽车制造业	Automobile industry	254
铁路、船舶、航空航天和其他运输设备制造业	Railway, water way, aviation and other transportation equipment	25
电气机械和器材制造业	Electric equipment and machinery	50
计算机、通信和其他电子设备制造业	Telecommunication equipment computer and other electronic equipment	14
仪器仪表制造业	Instrument manufacturing	13
其他制造业	Others	5
废弃资源综合利用业	Waste resources comprehensive utilization industry	3
电力、热力、燃气及水生产和供应业	Production and supply of electric power and heat power and gas and water	35
电力、热力生产和供应业	Production and supply of electric power and heat power	30
燃气生产和供应业	Production and supply of gas	3
水的生产和供应业	Production and supply of water	2
五、按企业控股情况分组	Grouped by owned	
国有控股	State－owned	98
集体控股	Collective－owned	27
私人控股	Private－owned	780
港澳台商控股	Hongkong, Macao and Taiwan－owned	18
外商控股	Foreign－owned	89
其他	Others	120
六、按地区分组	Grouped by sector	
市辖区	District	
南关区	Nanguan	6
宽城区	Kuangcheng	117
朝阳区	Chaoyang	53
二道区	Erdao	211
绿园区	Lvyuan	50
双阳区	Shuangyang	38
农安县	nong' an	68
九台市	Jiutai	46
榆树市	Yushu	68
德惠市	Dehui	102

continued4

#有 R&D 活动 With R&D activities	#有科技机构 With S&T institutions	从业人员期末人数（人） Employees at year－end（person）	从业人员平均人数（人） Average number of employees（person）	工业总产值（万元） Total industrial output value（10000yuan）	主营业务收入（万元） Main business revenue（10000yuan）
2	2	7611	7573	1081734. 0	1066427. 4
7	5	7323	7264	837881. 5	802723. 8
32	16	249228	248237	58612523. 1	66954273. 5
6	2	23611	23360	3381764. 0	3374581. 4
2	2	6023	6044	782803. 4	760878. 7
4	2	4218	4157	286305. 8	259413. 2
4	1	2837	2830	158884. 9	143784. 9
	1	460	436	108561. 0	105962. 3
		490	490	89349. 8	99374. 6
2		58803	58462	5314086. 1	5306257. 4
2		53318	53038	5184894. 7	5046568. 9
		2097	2055	48331. 6	179170. 0
		3388	3369	80859. 8	80518. 5
25	9	274046	274653	63596390. 3	69993205. 1
4	2	11685	11540	3245476. 2	2978378. 0
36	33	116004	114521	14988832. 1	14497878. 3
3		12662	12826	5175467. 5	4765797. 2
5		41781	40551	6465509. 4	7224435. 3
24	9	41432	41345	4094711. 7	4096045. 8
1	1	5982	5800	171640. 6	172863. 2
6	5	18871	18166	2355847. 6	2087611. 4
6	4	54779	55364	5428011. 4	5422534. 3
5	6	39113	38542	9352086. 0	8576757. 2
6	1	31745	31674	6206322. 4	6232027. 6
	1	6151	6133	435263. 2	411274. 3
2	2	10089	9924	1828158. 3	1650254. 7
1	1	7089	7107	971199. 3	992199. 3
		14536	14231	1841364. 8	1668559. 1
4	6	17713	17975	2901036. 8	2806628. 7

17-7 续表5

指标名称	Item	利润总额（万元）Profit（10000yuan）
通用设备制造业	Ordinary machinery	105614.8
专用设备制造业	Special purpose equipment	51888.2
汽车制造业	Automobile industry	7798992.6
铁路、船舶、航空航天和其他运输设备制造业	Railway, water way, aviation and other transportation equipment	363912.9
电气机械和器材制造业	Electric equipment and machinery	34536.2
计算机、通信和其他电子设备制造业	Telecommunication equipment computer and other electronic equipment	39162.5
仪器仪表制造业	Instrument manufacturing	22282.9
其他制造业	Others	6967.9
废弃资源综合利用业	Waste resources comprehensive utilization industry	3675.3
电力、热力、燃气及水生产和供应业	Production and supply of electric power and heat power and gas and water	57733.9
电力、热力生产和供应业	Production and supply of electric power and heat power	65584
燃气生产和供应业	Production and supply of gas	-15.5
水的生产和供应业	Production and supply of water	-7834.6
五、按企业控股情况分组	Grouped by owned	
国有控股	State - owned	7477631.8
集体控股	Collective - owned	92053.4
私人控股	Private - owned	926265.4
港澳台商控股	Hongkong, Macao and Taiwan - owned	101380.6
外商控股	Foreign - owned	593022.6
其他	Others	328885.2
六、按地区分组	Grouped by sector	
市辖区	District	
南关区	Nanguan	-6350.2
宽城区	Kuangcheng	87328.6
朝阳区	Chaoyang	138836.6
二道区	Erdao	383265.3
绿园区	Lvyuan	414231.1
双阳区	Shuangyang	18613.5
农安县	nong' an	189730.7
九台市	Jiutai	621874.5
榆树市	Yushu	40178.1
德惠市	Dehui	76261.4

continued5

主营业务税金及附加（万元）Taxes and Other Charges on Principal Business（10000yuan）	管理费用中的税金（万元）Taxes in management expenses（10000yuan）	应交增值税（万元）Value Added Tax Payable（10000yuan）	资产总计（万元）Tatal Assets（10000yuan）	出口交货值（万元）Delivery Value for Export（10000yuan）
5042.0	1966.4	39464.0	688627.9	10.8
3856.4	1708.8	29134.7	530016.2	23105.4
2417207.2	93497.2	2682144.5	39862855.9	531500.7
19143.2	9523.5	152425.9	4015621.3	362818.4
4281.6	1870.7	22521.1	523000.4	1686.5
1315.2	1616.4	10507.2	277498.9	4888.8
896.6	675.1	5059.6	260994.2	20601.6
772.5	43.7	1164.9	54429.1	
293.0	56.0	1382.8	59420.0	
22579.0	6626.6	199701.6	7729893	
21583.1	5072.3	199272.8	7436369.8	
563.8		-3227.7	69565.5	
432.1	1554.3	3656.5	223957.7	
2691276.3	107209.3	2836024.5	51813328.4	747918.0
1653.8	1870.3	27507.0	1697769.0	54569.9
134701.7	21006.0	287634.4	8295699.6	92813.7
34434.0	1738.2	25219.8	2296419.5	213160.4
31766.7	13930.9	194206.3	4973657.0	263385.0
17055.6	11049.9	147108.0	3402308.5	57527.9
638.0	2553.9	4888.3	455287.2	268.4
13859.2	3716.0	8823.2	1821358.3	652.9
40554.2	3461.1	172313.4	6197490.9	7028.8
263701	13464.4	286509.3	7698828.8	19434.8
19616.1	10885.0	159924.4	4954037.7	410319.4
6655.6	1995.0	14215.0	587610.8	
69076.7	999.4	10954.1	766122.9	
62532.1	18018.5	311611.5	8587053.1	353852.6
19478.3	3176.0	15005.3	1086355.6	38124.3
9542.3	2107.9	15431.8	1036323.1	82344.6

17－8 2014年全部工业企业R&D人员

指标名称	Item	R&D人员合计（人）Personnel	#1. 参加项目人员 Personnel in S&T project	2. 管理和服务人员 S&t Management and service
总计	Total	19020	16116	2904
一、按企业规模分组	Grouped by size of enterprises			
大型	Large－sized enterprises	15263	12721	2542
中型	Medium－sized enterprises	2366	2160	206
小型	Small－sized enterprises	1321	1178	143
微型	Micro－sized enterprises	70	57	13
二、按隶属关系分组	Grouped by administrative			
中央	Central	12863	10589	2274
省（自治区、直辖市）	Province（autonomous region，municipality）	667	604	63
地（区、市、州、盟）	Region（district，city，prefecture，league）	1907	1616	291
县（区、市、旗）	County（district，city，banner）	195	156	39
街道	Street			
镇	Town			
乡	Township	3	3	
（社区）居委会	Residents committee			
村委会	Village committee			
其他	Others	3385	3148	237
三、按登记注册类型分组	Grouped by type registered			
内资企业	Domestic funds	17063	14282	2781
国有企业	State－owned	10783	8693	2090
集体企业	Collective－owned			
股份合作企业	Share holding cooperative			
联营企业	Joint ownership			
国有联营企业	State joint ownership enterprises			
集体联营企业	Joint ownership			
国有与集体联营企业	Joint ownership			
其他联营企业	Others			
有限责任公司	Limited company	2629	2331	298
国有独资公司	State－owned	491	472	19
其他有限责任公司	Others	2138	1859	279
股份有限公司	Share holding	2968	2642	326
私营企业	Private	635	586	49
私营独资企业	Solely Owned			
私营合伙企业	Private partnership			
私营有限责任公司	Limited company	569	522	47
私营股份有限公司	Private Share holding	66	64	2
其他企业	Others	48	30	18
港、澳、台商投资企业	Funded from Hongkong，Macao and Taiwan	1023	964	59
合资经营企业（港或澳、台资）	Funded from Hongkong，Macao and Taiwan	461	423	38
合作经营企业（港或澳、台资）	Cooperative			
港、澳、台商独资经营企业	Solely owned	557	536	21
港、澳、台商投资股份有限公司	Company invested by Hong Kong，Macau or Taiwan businessmen	5	5	
其它港澳台投资企业	Others			
外商投资企业	Foreign funded	934	870	64
中外合资经营企业	Joint Venture	878	816	62
中外合作经营企业	Cooperative			
外资企业	Solely owned	56	54	2
外商投资股份有限公司	Company invested by foreign businessmen			
其他外商投资企业	Others			

BASIC STATISTICS ON R&D PERSONNEL OF ALL INDUSTRIAL ENTERPRISE IN 2014

#女性 Female	#研究人员 Researcher	#1. 全时人员 Full - time	2. 非全时人员 Part - time	R&D 人员折合全时当量合计（人年） Full - time equivalent of R&D staff	#研究人员 Researcher	#1. 基础研究人员 fundamental research	2. 应用研究人员 Application research	3. 试验发展人员 Experimental developing
4624	6955	9304	9716	15768. 8	5962. 6		1895. 5	13873. 3
3928	5799	6902	8361	13707. 8	5356		1862. 5	11845. 3
332	738	1422	944	1178. 4	325. 1		33	1145. 5
341	374	918	403	824. 3	241. 5			824. 3
23	44	62	8	58. 3	39. 9			58. 3
3235	4885	5224	7639	11488. 6	4390. 6		1827. 8	9660. 8
163	204	472	195	438. 6	174. 9			438. 6
450	599	1168	739	1400. 1	458. 5		2. 2	1397. 9
39	111	132	63	25. 8	19. 4			25. 8
1	2	3		0. 9	0. 6			0. 9
736	1154	2305	1080	2414. 8	918. 6		65. 5	2349. 3
4128	6194	7858	9205	14248. 1	5280. 8		1862. 2	12385. 9
2826	3248	3582	7201	9913	2957. 1		1827	8085. 9
383	883	1497	1132	1703. 7	681. 2		30. 2	1673. 5
171	271	318	173	349. 9	201. 5			349. 9
212	612	1179	959	1353. 8	479. 7		30. 2	1323. 6
769	1868	2419	549	2270. 4	1550. 9		3	2267. 5
119	185	343	292	314. 7	83. 2		2	312. 7
103	173	277	292	267. 8	75. 7		2	265. 8
16	12	66		46. 9	7. 6			46. 9
31	10	17	31	46. 4	8. 4			46. 4
243	440	844	179	779. 4	412		19. 9	759. 5
51	33	287	174	238. 5	20. 4		19. 9	218. 6
188	406	557		535. 9	390. 6			535. 9
4	1		5	5	1			5
253	321	602	332	741. 3	269. 8		13. 3	727. 9
250	310	558	320	692. 4	259. 2		13. 3	679. 1
3	11	44	12	48. 8	10. 6			48. 8

17－8 续表1

指标名称	Item	R&D人员合计（人）Personnel	#参加项目人员 Personnel in S&T project
四、按国民经济行业大类分组	Grouped by sector		
制造业	Manufacturing	18806	15914
农副食品加工业	Farm sideline food processing	786	749
食品制造业	Food manufacturing		
酒、饮料和精制茶制造业	Alcohol, drink and fine tea manufacturing industries	3	3
烟草制品业	Tobacco processing		
纺织业	Textile industry		
纺织服装、服饰业	Textile clothing industry		
皮革、毛皮、羽毛及其制品和制鞋业	Leather, fur, feather and related products and footwear industry		
木材加工和木、竹、藤、棕、草制品业	Timber, bamboo, cane, palm and straw products	82	66
家具制造业	Furniture		
造纸和纸制品业	Paper making and paper products		
印刷和记录媒介复制业	Printing and record medium reproduction		
文教、工美、体育和娱乐用品制造业	Education, arts and crafts, PE, and entertainment products		
石油加工、炼焦和核燃料加工业	Petroleum processing coking and nuclear processing		
化学原料和化学制品制造业	Raw chemical material and chemical products	38	37
医药制造业	Medical and pharmacutical products	1114	935
化学纤维制造业	Chemical fiber manufacturing		
橡胶和塑料制品业	Rubber and plastic products	148	142
非金属矿物制品业	Nonmetal mineral products	86	78
黑色金属冶炼和压延加工业	Smelting and pressing of ferrous metals		
有色金属冶炼和压延加工业	Smelting and pressing of non－ferrous metals		
金属制品业	Metal products	24	24
通用设备制造业	Ordinary machinery	99	75
专用设备制造业	Special purpose equipment	132	116
汽车制造业	Automobile industry	13811	11414
铁路、船舶、航空航天和其他运输设备制造业	Railway, water way, aviation and other transportation equipment	1572	1439
电气机械和器材制造业	Electric equipment and machinery	47	44
计算机、通信和其他电子设备制造业	Telecommunication equipment computer and other electronicequipment	415	397
仪器仪表制造业	Instrument manufacturing	449	395
其他制造业	Others		
废弃资源综合利用业	Waste resources comprehensive utilization industry		
金属制品、机械和设备修理业	Metal products、machinery、Equipment repair industry		
电力、热力、燃气及水生产和供应业	Production and supply of electric power and heat power and gas and water	214	202
电力、热力生产和供应业	Production and supply of electric power and heat power	214	202
燃气生产和供应业	Production and supply of gas		
水的生产和供应业	Production and supply of water		
五、按企业控股情况分组	Grouped by owned		
国有控股	State－owned	14552	12073
集体控股	Collective－owned	196	166
私人控股	Private－owned	1563	1422
港澳台商控股	Hongkong, Macao and Taiwan－owned	592	561
外商控股	Foreign－owned	185	169
其他	Others	1932	1725
六、按地区分组	Grouped by sector		
市辖区	District		
南关区	Nanguan	35	30
宽城区	Kuangcheng	207	187
朝阳区	Chaoyang	633	608
二道区	Erdao	187	154
绿园区	Lvyuan	1674	1534
双阳区	Shuangyang		
农安县	nong' an	5	4
九台市	Jiutai	82	78
榆树市	Yushu		
德惠市	Dehui	34	30

continued1

#管理和服务人员 S&t Management and service	#女性 Female	#研究人员 Researcher	#1. 全时人员 Full - time	2. 非全时人员 Part - time	R&D 人员折合全时当量合计（人年） Full - time equivalent of R&D staff	#研究人员 Researcher	#1. 基础研究人员 fundamental research	2. 应用研究人员 Application research	3. 试验发展人员 Experimental developing
2892	4565	6793	9263	9543	15629. 7	5852. 6		1895. 5	13734. 2
37	208	455	678	108	634. 3	403. 8			634. 3
	1	2	3		0. 9	0. 6			0. 9
16			72	10	2. 8				2. 8
1	1	10	2	36	24. 8	5. 8			24. 8
179	392	355	677	437	905. 1	293. 8			905. 1
6		2	51	97	116. 8	2. 0			116. 8
8	38	46	74	12	82. 2	45. 3			82. 2
		24	24		24. 0	24. 0			24. 0
24	24	73	75	24	16. 1	14. 1			16. 1
16	27	37	122	10	13	7. 5			13. 0
2397	3438	3988	5422	8389	11892. 7	3460. 6		1864. 5	10028. 2
133	303	1430	1371	201	1551. 7	1414. 7		30. 2	1521. 5
3	11	23	33	14	13. 3	7. 2			13. 3
18	65	125	255	160	209. 7	110. 8			209. 7
54	57	223	404	45	142. 4	62. 3		0. 7	141. 6
12	59	162	41	173	139. 1	110. 0			139. 1
12	59	162	41	173	139. 1	110. 0			139. 1
2479	3714	5518	6481	8071	12641	4885. 5		1830	10811
30	48	61	111	85	123. 3	40. 5			123. 3
141	230	410	846	717	845. 7	173. 2		2	843. 7
31	198	409	587	5	570. 9	393. 6			570. 9
16	47	48	120	65	113. 9	30. 0			113. 9
207	387	509	1159	773	1473. 9	439. 9		63. 4	1410. 5
5	4	18	26	9	6. 5	3. 3			6. 5
20	24	64	99	108	115. 3	22. 3			115. 3
25	71	230	289	344	408. 3	149. 7			408. 3
33	69	102	172	15	88. 0	48. 0			88. 0
140	368	1455	1483	191	1589. 0	1422. 6		30. 2	1558. 8
1	2	4	5		1. 3	1. 0			1. 3
4	36	25	57	25	75. 9	23. 1			75. 9
4	1	6	19	15	3. 9	0. 7			3. 9

17－9 2014 年全部工业企业 R&D 经费情况

指标名称	Item	R&D 经费内部支出合计（万元）Internal expenses of R&D (10000 yuan)
总计	Total	528080.9
一、按企业规模分组	Grouped by size of enterprises	
大型	Large－sized enterprises	462908.5
中型	Medium－sized enterprises	39573.4
小型	Small－sized enterprises	25229.1
微型	Micro－sized enterprises	369.9
二、按隶属关系分组	Grouped by administrative	
中央	Central	400916.0
省（自治区、直辖市）	Province (autonomous region, municipality)	6033.0
地（区、市、州、盟）	Region (district, city, prefecture, league)	30810.8
县（区、市、旗）	County (district, city, banner)	2963.3
街道	Street	
镇	Town	
乡	Township	70.0
（社区）居委会	Residents committee	
村委会	Village committee	
其他	Others	87287.8
三、按登记注册类型分组	Grouped by type registered	
内资企业	Domestic funds	461831.0
国有企业	State－owned	254887.2
集体企业	Collective－owned	
股份合作企业	Share holding cooperative	
联营企业	Joint ownership	
国有联营企业	State joint ownership enterprises	
集体联营企业	Joint ownership	
国有和集体联营企业	Joint ownership	
其他联营企业	Others	
有限责任公司	Limited company	37909.6
国有独资公司	State－owned	4794.2
其他有限责任公司	Others	33115.4
股份有限公司	Share holding	155116.1
私营企业	Private	13714.1
私营独资企业	Solely Owned	
私营合伙企业	Private partnership	
私营有限责任公司	Limited company	12756.6
私营股份有限公司	Private Share holding	957.5
其他企业	Others	204.0
港、澳、台商投资企业	Funded from Hongkong, Macao and Taiwan	35585.3
合资经营企业（港或澳、台资）	Funded from Hongkong, Macao and taiwan	5818.7
合作经营企业（港或澳、台资）	Cooperative	
港、澳、台商独资经营企业	Solely owned	29726.6
港、澳、台商投资股份有限公司	Company invested by Hong Kong, Macau or Taiwan businessmen	40.0
外商投资企业	Foreign funded	
中外合资经营企业	Joint Venture	30664.6
中外合作经营企业	Cooperative	28525.9
外商企业	Solely owned	
外商投资股份有限公司	Company invested by foreign businessmen	2138.7
其他外商投资企业	Others	

EXPENDITURE FOR R&D FUNDS OF ALL INDUSTRIAL ENTERPRISES IN 2014

(一) 按活动类型分组 Grouped by activity type			(二) 按支出用途分组 Grouped by objects of expenditure				
①基础研究支出 fundamental research	②应用研究支出 Application research	③试验发展支出 Experimental developing	1. 经常费支出 Regular expenses	#人员劳务费 personnel	2. 资产性支出 Assets	#①土建工程 Civil engineering	②仪器设备 Equipment
	168535.2	359545.7	512072.0	80651.0	16008.9	782.1	15226.8
	167884.4	295024.1	453416.3	61123.8	9492.2	731.4	8760.8
	650.8	38922.6	34983.9	12831.5	4589.5	22.4	4567.1
		25229.1	23387.5	6603.9	1841.6	28.3	1813.3
		369.9	284.3	91.8	85.6		85.6
	166484.4	234431.6	396140.7	47822.2	4775.3	655.0	4120.3
		6033.0	5487.6	2739.5	545.4	21.6	523.8
	461.6	30349.2	28518.4	9909.3	2292.4	52.8	2239.6
		2963.3	1866.4	838.9	1096.9		1096.9
		70.0	70.0	15.0			
	1589.2	85698.6	79988.9	19326.1	7298.9	52.7	7246.2
	167126.2	294704.8	451427.2	65401.8	10403.8	738.0	9665.8
	166013.8	88873.4	250744.0	25303.6	4143.2	649.3	3493.9
	163.6	37746.0	34484.7	11765.4	3424.9	9.2	3415.7
		4794.2	4412.5	1250.3	381.7	7.2	374.5
	163.6	32951.8	30072.2	10515.1	3043.2	2.0	3041.2
	932.2	154183.9	153703.6	25727.0	1412.5	52.8	1359.7
	16.6	13697.5	12291.4	2524.8	1422.7	26.7	1396.0
	16.6	12740.0	11633.9	2397.2	1122.7	26.7	1096.0
		957.5	657.5	127.6	300.0		300.0
		204.0	203.5	81.0	0.5		0.5
	709.9	34875.4	35105.6	1909.5	479.7	32.7	447.0
	709.9	5108.8	5339.0	1343.2	479.7	32.7	447.0
		29726.6	29726.6	563.8			
		40.0	40.0	2.5			
	699.1	29965.5	25539.2	13339.7	5125.4	11.4	5114.0
	699.1	27826.8	23415.5	13095.3	5110.4	11.4	5099.0
		2138.7	2123.7	244.4	15.0		15.0

17－9 续表1

指标名称	Item	1. 政府资金 Government funds
总计	Total	13896.7
一、按企业规模分组	Grouped by size of enterprises	
大型	Large－sized enterprises	9707.5
中型	Medium－sized enterprises	2059.1
小型	Small－sized enterprises	2124.6
微型	Micro－sized enterprises	5.5
二、按隶属关系分组	Grouped by administrative	
中央	Central	7637.7
省（自治区、直辖市）	Province（autonomous region，municipality）	60
地（区、市、州、盟）	Region（district，city，prefecture，league）	996.3
县（区、市、旗）	County（district，city，banner）	310
街道	Street	
镇	Town	
乡	Township	
（社区）居委会	Residents committee	
村委会	Village committee	
其他	Others	4892.7
三、按登记注册类型分组	Grouped by type registered	
内资企业	Domestic funds	11800.9
国有企业	State－owned	2346
集体企业	Collective－owned	
股份合作企业	Share holding cooperative	
联营企业	Joint ownership	
国有联营企业	State joint ownership enterprises	
集体联营企业	Joint ownership	
国有和集体联营企业	Joint ownership	
其他联营企业	Others	
有限责任公司	Limited company	2068.4
国有独资公司	State－owned	376.1
其他有限责任公司	Others	1692.3
股份有限公司	Share holding	5853.7
私营企业	Private	1532.8
私营独资企业	Solely Owned	
私营合伙企业	Private partnership	
私营有限责任公司	Limited company	1432.8
私营股份有限公司	Private Share holding	100
其他企业	Others	
港、澳、台商投资企业	Funded from Hongkong，Macao and Taiwan	1960
合资经营企业（港或澳、台资）	Funded from Hongkong，Macao and taiwan	
合作经营企业（港或澳、台资）	Cooperative	
港、澳、台商独资经营企业	Solely owned	1960
港、澳、台商投资股份有限公司	Company invested by Hong Kong，Macau or Taiwan businessmen	
外商投资企业	Foreign funded	
中外合资经营企业	Joint Venture	135.8
中外合作经营企业	Cooperative	135.8
外商企业	Solely owned	
外商投资股份有限公司	Company invested by foreign businessmen	
其他外商投资企业	Others	

continued1

（三）按资金来源分组 Grouped by capital sources			R&D 经费外部支出 Exterior outlays of R&D			
2. 企业资金 Enterprises funds	3. 境外资金 Offshore funds	4. 其他资金 Other funds		对境内研究机构支出 Expenses on domestic research institues	对境内高等学校支出 Expenses on domestic colleges	对境外支出 Expenses offshore
496803. 2	11068. 3	6312. 7	43685. 9	20131. 9	4475. 7	13323. 6
437108. 4	11068. 3	5024. 3	39977. 9	17030. 2	4228. 4	12995. 3
36544. 7		969. 6	409. 2	65. 9	14. 3	328. 3
22785. 7		318. 8	3288. 8	3025. 8	233. 0	
364. 4			10. 0	10. 0		
376840. 2	11068. 3	5369. 8	37483. 7	16131. 9	4228. 4	11831. 1
5973. 0			2336. 8	2315. 3	0. 2	
29814. 5			2678. 9	1468. 0	16. 7	1164. 2
2653. 3			46. 5		46. 5	
35. 0		35. 0				
81487. 2		907. 9	1140. 0	216. 7	183. 9	328. 3
432649. 1	11068. 3	6312. 7	42577. 8	19763. 2	4475. 7	12995. 3
252541. 2			21169. 3	13188. 0	98. 8	7882. 3
35706. 2		135. 0	2757. 3	1342. 6	250. 5	1164. 2
4418. 1			342. 9	202. 4	140. 5	
31288. 1		135. 0	2414. 4	1140. 2	110. 0	1164. 2
132824. 3	11068. 3	5369. 8	18362. 0	5070. 5	3999. 3	3948. 8
11373. 4		807. 9	289. 2	162. 1	127. 1	
10699. 7		624. 1	162. 7	35. 6	127. 1	
673. 7		183. 8	126. 5	126. 5		
204. 0						
33625. 3						
5818. 7						
27766. 6						
40. 0						
30528. 8			1108. 1	368. 7		328. 3
28390. 1			1108. 1	368. 7		328. 3
2138. 7						

17－9 续表2

指标名称	Item	R&D经费内部支出合计 Internal expenses of R&D
四、按国民经济行业大类分组	Grouped by sector	
制造业	Manufacturing	526900.2
农副食品加工业	Farm sideline food processing	33106.7
食品制造业	Food manufacturing	
酒、饮料和精制茶制造业	Alcohol, drink and fine tea manufacturing industries	70.0
烟草制品业	Tobacco processing	
纺织业	Textile industry	
纺织服装、服饰业	Textile clothing industry	
皮革、毛皮、羽毛及其制品和制鞋业	Leather, fur, feather and related products and footwear industry	
木材加工和木、竹、藤、棕、草制品业	Timber, bamboo, cane, palm and straw products	146.7
家具制造业	Furniture	
造纸和纸制品业	Paper making and paper products	
印刷和记录媒介复制业	Printing and record medium reproduction	
文教、工美、体育和娱乐用品制造业	Education, arts and crafts, PE, and entertainment products	
石油加工、炼焦和核燃料加工业	Petroleum processing coking and nuclear processing	
化学原料和化学制品制造业	Raw chemical material and chemical products	1764.0
医药制造业	Medical and pharmacutical products	20481.5
化学纤维制造业	Chemical fiber manufacturing	
橡胶和塑料制品业	Rubber and plastic products	3828.1
非金属矿物制品业	Nonmetal mineral products	1047.6
黑色金属冶炼和压延加工业	Smelting and pressing of ferrous metals	
有色金属冶炼和压延加工业	Smelting and pressing of non－ferrous metals	
金属制品业	Metal products	162.0
通用设备制造业	Ordinary machinery	1109.4
专用设备制造业	Special purpose equipment	2690.3
汽车制造业	Automobile industry	314026.3
铁路、船舶、航空航天和其他运输设备制造业	Railway, water way, aviation and other transportation equipment	141233.1
电气机械和器材制造业	Electric equipment and machinery	1863.3
计算机、通信和其他电子设备制造业	Telecommunication equipment computer and other electronic equipment	1645.5
仪器仪表制造业	Instrument manufacturing	3725.7
其他制造业	Others	
废弃资源综合利用业	Waste resources comprehensive utilization industry	
金属制品、机械和设备修理业	Metal products、machinery、Equipment repair industry	
电力、热力、燃气及水生产和供应业	Production and supply of electric power and heat power and gas and water	1180.7
电力、热力生产和供应业	Production and supply of electric power and heat power	1180.7
燃气生产和供应业	Production and supply of gas	
水的生产和供应业	Production and supply of water	
五、按企业控股情况分组	Grouped by owned	
国有控股	State－owned	418900.5
集体控股	Collective－owned	2880.0
私人控股	Private－owned	28329.3
港澳台商控股	Hongkong, Macao and Taiwan－owned	30581.7
外商控股	Foreign－owned	6804.4
其他	Others	40585.0
六、按地区分组	Grouped by sector	
市辖区	District	
南关区	Nanguan	336.1
宽城区	Kuangcheng	3092.0
朝阳区	Chaoyang	10369.2
二道区	Erdao	3224.1
绿园区	Lvyuan	143798.7
双阳区	Shuangyang	
农安县	nong'an	74.0
九台市	Jiutai	212.8
榆树市	Yushu	
德惠市	Dehui	400.9

continued2

（一）按活动类型分组 Grouped by activity type			（二）按支出用途分组 Grouped by objects of expenditure				
①基础研究支出 fundamental research	②应用研究支出 Application research	③试验发展支出 Experimental developing	1. 经常费支出 Regular expenses	#人员劳务费 personnel	2. 资产性支出 Assets	#①土建工程 Civil engineering	②仪器设备 Equipment
	168535. 2	358365. 0	511075. 9	80304. 8	15824. 3	774. 9	15049. 4
		33106. 7	32644. 7	1607. 7	462. 0	6. 1	455. 9
		70. 0	70. 0	15. 0			
		146. 7	94. 7	43. 5	52. 0		52. 0
		1764. 0	1392. 3	126. 2	371. 7		371. 7
		20481. 5	18976. 1	5731. 9	1505. 4	49. 0	1456. 4
		3828. 1	3828. 1	1399. 8			
		1047. 6	802. 9	369. 2	244. 7		244. 7
		162. 0	149. 7	107. 6	12. 3		12. 3
		1109. 4	962. 9	427. 6	146. 5	1. 5	145. 0
		2690. 3	2507. 2	927. 8	183. 1	24. 1	159. 0
	167901. 0	146125. 3	301841. 4	45971. 5	12184. 9	694. 2	11490. 7
	163. 6	141069. 5	140769. 9	21075. 0	463. 2		463. 2
		1863. 3	1863. 3	267. 5			
		1645. 5	1516. 7	669. 4	128. 8		128. 8
	470. 6	3255. 1	3656. 0	1565. 1	69. 7		69. 7
		1180. 7	996. 1	346. 2	184. 6	7. 2	177. 4
		1180. 7	996. 1	346. 2	184. 6	7. 2	177. 4
	166946. 0	251954. 5	413084. 0	54511. 2	5816. 5	670. 8	5145. 7
		2880. 0	2665. 1	1337. 0	214. 9	10. 2	204. 7
	16. 6	28312. 7	25472. 0	6711. 8	2857. 3	26. 7	2830. 6
		30581. 7	30431. 7	788. 1	150. 0		150. 0
		6804. 4	5051. 2	1149. 6	1753. 2	10. 8	1742. 4
	1572. 6	39012. 4	35368. 0	16153. 3	5217. 0	63. 6	5153. 4
		336. 1	336. 1	23. 9			
		3092. 0	2792. 0	460. 3	300. 0		300. 0
		10369. 2	8445. 2	2368. 8	1924. 0	7. 2	1916. 8
		3224. 1	2734. 2	823. 6	489. 9	22. 1	467. 8
	163. 6	143635. 1	143367. 2	21618. 4	431. 5		431. 5
		74. 0	73. 5	16. 0	0. 5		0. 5
		212. 8	201. 1	151. 0	11. 7		11. 7
		400. 9	205. 3	100. 2	195. 6		195. 6

17－9 续表3

指标名称 Item		1. 政府资金 Government funds
四、按国民经济行业大类分组	Grouped by sector	
制造业	Manufacturing	13896.7
农副食品加工业	Farm sideline food processing	2095.5
食品制造业	Food manufacturing	
酒、饮料和精制茶制造业	Alcohol, drink and fine tea manufacturing industries	
烟草制品业	Tobacco processing	
纺织业	Textile industry	
纺织服装、服饰业	Textile clothing industry	
皮革、毛皮、羽毛及其制品和制鞋业	Leather, fur, feather and related products and footwear industry	
木材加工和木、竹、藤、棕、草制品业	Timber, bamboo, cane, palm and straw products	
家具制造业	Furniture	
造纸和纸制品业	Paper making and paper products	
印刷和记录媒介复制业	Printing and record medium reproduction	
文教、工美、体育和娱乐用品制造业	Education, arts and crafts, PE, and entertainment products	
石油加工、炼焦和核燃料加工业	Petroleum processing coking and nuclear processing	
化学原料和化学制品制造业	Raw chemical material and chemical products	1080.0
医药制造业	Medical and pharmacutical products	2571.3
化学纤维制造业	Chemical fiber manufacturing	
橡胶和塑料制品业	Rubber and plastic products	
非金属矿物制品业	Nonmetal mineral products	60.0
黑色金属冶炼和压延加工业	Smelting and pressing of ferrous metals	
有色金属冶炼和压延加工业	Smelting and pressing of non－ferrous metals	
金属制品业	Metal products	
通用设备制造业	Ordinary machinery	60.0
专用设备制造业	Special purpose equipment	93.2
汽车制造业	Automobile industry	2517.0
铁路、船舶、航空航天和其他运输设备制造业	Railway, water way, aviation and other transportation equipment	4086.0
电气机械和器材制造业	Electric equipment and machinery	
计算机、通信和其他电子设备制造业	Telecommunication equipment computer and other electronic equipment	153.4
仪器仪表制造业	Instrument manufacturing	1180.3
其他制造业	Others	
废弃资源综合利用业	Waste resources comprehensive utilization industry	
金属制品、机械和设备修理业	Metal products、machinery、Equipment repair industry	
电力、热力、燃气及水生产和供应业	Production and supply of electric power and heat power and gas and water	
电力、热力生产和供应业	Production and supply of electric power and heat power	
燃气生产和供应业	Production and supply of gas	
水的生产和供应业	Production and supply of water	
五、按企业控股情况分组	Grouped by owned	
国有控股	State－owned	8125.2
集体控股	Collective－owned	
私人控股	Private－owned	1729.8
港澳台商控股	Hongkong, Macao and Taiwan－owned	1960.0
外商控股	Foreign－owned	
其他	Others	2081.7
六、按地区分组	Grouped by sector	
市辖区	District	
南关区	Nanguan	
宽城区	Kuangcheng	203.4
朝阳区	Chaoyang	1181.0
二道区	Erdao	120.0
绿园区	Lvyuan	4272.1
双阳区	Shuangyang	
农安县	nong' an	
九台市	Jiutai	
榆树市	Yushu	
德惠市	Dehui	

continued3

（三）按资金来源分组 Grouped by capital sources			R&D 经费外部支出 Exterior outlays of R&D			
2. 企业资金 Enterprises funds	3. 境外资金 Offshore funds	4. 其他资金 Other funds		对境内研究机构支出 Expenses on domestic research institues	对境内高等学校支出 Expenses on domestic colleges	对境外支出 Expenses offshore
495622. 5	11068. 3	6312. 7	43363. 6	19950. 1	4335. 2	13323. 6
31011. 2			150. 0	30. 0	120. 0	
35. 0		35. 0				
146. 7			21. 3			
684. 0			0. 5		0. 5	
17910. 2			4429. 0	3246. 4	18. 4	1164. 2
3753. 1		75. 0				
987. 6			379. 9	379. 7	0. 2	
162. 0						
1049. 4						
2497. 1		100. 0	9. 8	4. 9	4. 9	
310776. 4		732. 9	22157. 3	13369. 8	165. 6	8210. 6
121054. 5	11068. 3	5024. 3	16144. 2	2914. 2	3989. 1	3948. 8
1863. 3						
1492. 1			30. 0			
2199. 9		345. 5	41. 6	5. 1	36. 5	
1180. 7			322. 3	181. 8	140. 5	
1180. 7			322. 3	181. 8	140. 5	
394237. 2	11068. 3	5469. 8	37952. 6	16542. 8	4265. 1	11831. 1
2880. 0						
25756. 6		842. 9	514. 6	313. 2	171. 4	
28621. 7						
6804. 4			329. 0			328. 3
38503. 3			4889. 7	3275. 9	39. 2	1164. 2
336. 1						
2813. 6		75. 0	35. 1	5. 1	30. 0	
8639. 1		549. 1	322. 8	181. 8	141. 0	
3104. 1			389. 7	384. 6	5. 1	
123434. 0	11068. 3	5024. 3	16002. 7	2772. 7	3989. 1	3948. 8
39. 0		35. 0				
212. 8			1935. 6	1935. 6		
400. 9			30. 0	30. 0		

17－10 2013年工业企业全部R&D项目情况

指标名称	Item	项目数（项）Projects（unit）
总计	Total	1155
一、按企业规模分组	Grouped by size of enterprises	
大型	Large－sized enterprises	599
中型	Medium－sized enterprises	282
小型	Small－sized enterprises	272
微型	Micro－sized enterprises	2
二、按隶属关系分组	Grouped by administrative	
中央	Central	546
省（自治区、直辖市）	Province（autonomous region，municipality）	53
地（区、市、州、盟）	Region（district，city，prefecture，league）	155
县（区、市、旗）	County（district，city，banner）	22
街道	Street	
镇	Town	
乡	village	1
居委会	Neighborhood	
村委会	village	
其他	Others	378
三、按登记注册类型分组	Grouped by type registered	
内资企业	Domestic funds	905
国有企业	State－owned	413
有限责任公司	Limited company	192
国有独资公司	State－owned	20
其他有限责任公司	Others	172
股份有限公司	Share holding	165
私营企业	Private	132
私营独资企业	Solely Owned	
私营有限责任公司	Limited company	125
私营股份有限公司	Private Share holding	7
其他企业	Others	3
港、澳、台商投资企业	Funded from Hongkong，Macao and Taiwan	17
合资经营企业（港或澳、台资）	Funded from Hongkong，Macao and taiwan	12
港、澳、台商独资经营企业	Solely owned	4
港、澳、台商投资股份有限公司	Company invested by Hong Kong，Macau or Taiwan businessmen	1
外商投资企业	Foreign funded	233
中外合资经营企业	Joint Venture	216
中外合作经营企业	Cooperative enterprises	
外资企业	Solely owned	17
外商投资有限股份公司	Company invested by foreign businessmen	
其它外商投资企业	Others	

SUMMARY OF ALL R&D PROJECTS OF ALL INDUSTRIAL ENTERPRISES IN 2013

参加项目人员 （人） Personnel	项目人员折合全时当量 （人年） Full - time equivalent of engaged project personnel （person year）	全部项目经费内部支出 （万元） Internal expenpenses of all projects （10000 yuan）
16116	13303.9	494301.1
12721	11413.3	438764.3
2160	1123.3	32647.7
1178	720.3	22798.0
57	47.0	91.1
10589	9449.0	378436.2
604	405.2	5680.5
1616	1173.7	27950.4
156	22.9	1814.5
3	0.9	70.0
3148	2252.3	80349.5
14282	11870.9	431685.0
8693	7999.4	234041.3
2331	1455.7	33388.1
472	339.0	4184.1
1859	1116.7	29204.0
2642	2091.2	152847.7
586	295.3	11206.9
522	249.6	10650.7
64	45.8	556.2
30	29.2	201.0
964	732.5	35435.8
423	211.8	5669.2
536	515.7	29726.6
5	5.0	40.0
870	700.5	27180.3
816	653.7	25041.6
54	46.8	2138.7

17-10 续表1

指标名称 Item		项目数 （项） Projects （unit）
四、按国民经济大类分组	Grouped by new sector	
制造业	Manufacturing	1149
农副食品加工业	Farm sideline food processing	31
食品制造业	Food manufacturing	
酒、饮料和精制茶制造业	Alcohol, drink and fine tea manufacturing industries	1
纺织服装、服饰业	Textile clothing industry	
木材加工和木、竹、藤、棕、草制品业	Timber, bamboo, cane, palm and straw products	2
化学原料和化学制品制造业	Raw chemical material and chemical products	4
医药制造业	Medical and pharmaceutical products	164
橡胶和塑料制品业	Rubber and plastic products	22
非金属矿物制品业	Nonmetal mineral products	13
金属制品业	Nonmetal mineral products	6
通用设备制造业	Ordinary machinery	9
专用设备制造业	Special purpose equipment	20
汽车制造业	Automobile industry	734
铁路、船舶、航空航天和其他运输设备制造业	Railway, water way, aviation and other transportation equipment	71
电气机械和器材制造业	Electric equipment and machinery	24
计算机、通信和其他电子设备制造业	Telecommunication equipment computer and other electronic equipment	9
仪器仪表制造业	Instrument manufacturing	39
电力、热力、燃气及水生产和供应业	Production and supply of electric power and heat power and gas and water	6
电力、热力生产和供应业	Production and supply of electric power and heat power	6
五、按企业控股情况分组	Grouped by owned	
国有控股	State - owned	633
集体控股	Collective - owned	17
私人控股	Private - owned	220
港澳台商控股	Hongkong, Macao and Taiwan - owned	6
外商控股	Foreign - owned	46
其他	Others	233
六、按地区分组	Grouped by sector	
市辖区	District	
南关区	Nanguan	5
宽城区	Kuangcheng	41
朝阳区	Chaoyang	34
二道区	Erdao	24
绿园区	Lvyuan	77
双阳区	Shuangyang	
农安县	nong' an	2
九台市	Jiutai	1
榆树市	Yushu	
德惠市	Dehui	4

continued1

参加项目人员 （人） Personnel	项目人员折合全时当量 （人年） Full - time equivalent of engaged project personnel （person year）	全部项目经费内部支出 （万元） Internal expenpenses of all projects （10000 yuan）
15914	13171. 0	493305. 0
749	607. 0	32229. 7
3	0. 9	70. 0
66	2. 2	125. 0
37	24. 6	1510. 0
935	747. 9	17906. 2
142	112. 1	3828. 1
78	74. 2	839. 7
24	24. 0	162. 0
75	14. 2	799. 8
116	11. 5	1729. 3
11414	9782. 0	287708. 0
1439	1427. 3	140753. 1
44	12. 2	1764. 2
397	196. 1	1223. 6
395	134. 8	2656. 3
202	133. 0	996. 1
202	133. 0	996. 1
12073	10474. 3	394804. 5
166	103. 3	2750. 6
1422	783. 5	24423. 5
561	540. 7	30491. 0
169	105. 4	5344. 2
1725	1296. 7	36487. 3
30	5. 6	336. 1
187	98. 7	2549. 7
608	393. 6	8858. 7
154	78. 8	1909. 6
1534	1459. 4	143313. 3
4	1. 1	71. 0
78	72. 2	212. 8
30	3. 5	220. 9

17－11 2014年工业企业办科技机构情况

		机构数（个）Institutions
总计	Total	53
一、按企业规模分组	Grouped by size of enterprises	
大型	Large－sized enterprises	6
中型	Medium－sized enterprises	15
小型	Small－sized enterprises	31
微型	Micro－sized enterprises	1
二、按隶属关系分组	Grouped by administrative	
中央	Central	4
省（自治区、直辖市）	Province（autonomous region，municipality）	5
地（区、市、州、盟）	Region（district，city，prefecture，league）	6
县（区、市、旗）	County（district，city，banner）	3
其他	Others	35
三、按登记注册类型分组	Grouped by type registered	
内资企业	Domestic funds	51
国有企业	State－owned	2
有限责任公司	Limited company	18
国有独资公司	State－owned	2
其他有限责任公司	Others	16
股份有限公司	Share holding	7
私营企业	Private	22
私营独资企业	Solely Owned	
私营有限责任公司	Limited company	21
私营股份有限公司	Private Share holding	1
其他企业	Others	2
港、澳、台商投资企业	Funded from Hongkong，Macao and Taiwan	
合资经营企业（港或澳、台资）	Funded from Hongkong，Macao and taiwan	
港、澳、台商独资经营企业	Solely owned	
港、澳、台商投资股份有限公司	Company invested by Hong Kong，Macau or Taiwan businessmen	
外商投资企业	Foreign funded	2
中外合资经营企业	Joint Venture	2
中外合作经营企业	Cooperative enterprises	
外资企业	Solely owned	
外商投资有限股份公司	Company invested by foreign businessmen	
其它外商投资企业	Others	
四、按国民经济行业大类分组	Grouped by sector	
制造业	Manufacturing	53
农副食品加工业	Farm sideline food processing	7
食品制造业	Food manufacturing	
酒、饮料和精制茶制造业	Alcohol，drink and fine tea manufacturing industries	
烟草制品业	Tobacco processing	
纺织业	Textile industry	
纺织服装、服饰业	Textile clothing industry	1
皮革、毛皮、羽毛及其制品和制鞋业	Leather，fur，feather and related products and footwear industry	
木材加工和木、竹、藤、棕、草制品业	Timber，bamboo，cane，palm and straw products	
家具制造业	Furniture	
造纸和纸制品业	Paper making and paper products	
印刷和记录媒介复制业	Printing and record medium reproduction	
文教、工美、体育和娱乐用品制造业	Education，arts and crafts，PE，and entertainment products	

BASIC CONDITIONS OF R&D INSTITUTIONS OF ALL INDUSTRIAL ENTERPRISES IN 2014

机构人员合计（人） Personnel	#博士毕业 Doctors	硕士毕业 Postgraduates	本科毕业 Bachelor	机构经费支出（万元） Institutions' expenses (10000yuan)	仪器和设备原价（万元） Prices of instruments and equipment (10000yuan)	进口 Import	境外机构数（个） Offshore institutions
9186	184	2120	6030	293015. 0	240119. 8	15036. 9	2
7365	140	1821	4800	267675. 6	206362. 8	9027. 0	
1100	15	123	787	13186. 8	23765. 5	4702. 2	
713	29	176	442	12067. 0	9911. 2	1307. 7	2
8			1	85. 6	80. 3		
6610	130	1747	4378	252384. 8	190784. 6		
289	11	80	183	3685. 3	7493. 3	998. 1	
556	14	46	420	6184. 5	7797. 9	259. 6	1
133	4	7	77	1999. 8	1183. 0		
1598	25	240	972	28760. 6	32861. 0	13779. 2	1
8736	176	2015	5758	276431. 7	219736. 0	2467. 2	1
6437	130	1741	4224	250736. 0	190637. 0		
1202	26	151	811	14401. 9	9839. 5	1436. 5	
257	8	30	219	2816. 8	4318. 6		
945	18	121	592	11585. 1	5520. 9	1436. 5	
575	10	54	390	5615. 1	9650. 3	998. 1	1
486	9	66	328	5674. 7	9408. 4	32. 6	
463	9	64	307	5664. 7	9108. 4	32. 6	
23		2	21	10. 0	300. 0		
36	1	3	5	4	200. 8		
							1
							1
450	8	105	272	16583. 3	20383. 8	12569. 7	
450	8	105	272	16583. 3	20383. 8	12569. 7	
9186	184	2120	6030	293015. 0	240119. 8	15036. 9	2
44	1	5	18	1129. 9	703. 8		
12			12	1546. 8	63. 6		

17－11 续表 1

		机构数（个）Institutions
石油加工、炼焦和核燃料加工业	Petroleum processing coking and nuclear processing	
化学原料和化学制品制造业	Raw chemical material and chemical products	2
医药制造业	Medical and pharmacutical products	9
化学纤维制造业	Chemical fiber manufacturing	
橡胶和塑料制品业	Rubber and plastic products	1
非金属矿物制品业	Nonmetal mineral products	2
黑色金属冶炼和压延加工业	Smelting and pressing of ferrous metals	
有色金属冶炼和压延加工业	Smelting and pressing of non－ferrous metals	
金属制品业	Metal products	
通用设备制造业	Ordinary machinery	2
专用设备制造业	Special purpose equipment	5
汽车制造业	Automobile industry	16
铁路、船舶、航空航天和其他运输设备制造业	Railway，water way，aviation and other transportation equipment	2
电气机械和器材制造业	Electric equipment and machinery	2
计算机、通信和其他电子设备制造业	Telecommunication equipment computer and other electronic equipment	2
仪器仪表制造业	Instrument manufacturing	1
其他制造业	Others	1
废弃资源综合利用业	Waste resources comprehensive utilization industry	
金属制品、机械和设备修理业	Metal products、machinery、Equipment repair industry	
电力、热力、燃气及水生产和供应业	Production and supply of electric power and heat power and gas and water	
电力、热力生产和供应业	Production and supply of electric power and heat power	
燃气生产和供应业	Production and supply of gas	
水的生产和供应业	Production and supply of water	
五、按企业业控股情况分组	Grouped by owned	
国有控股	State－owned	9
集体控股	Collective－owned	2
私人控股	Private－owned	33
港澳台商控股	Hongkong，Macao and Taiwan－owned	
外商控股	Foreign－owned	
其他	Others	9
六、按地区分组	Grouped by sector	
市辖区	District	
南关区	Nanguan	1
宽城区	Kuangcheng	5
朝阳区	Chaoyang	4
二道区	Erdao	6
绿园区	Lvyuan	1
双阳区	Shuangyang	1
农安县	nong’an	2
九台市	Jiutai	1
榆树市	Yushu	
德惠市	Dehui	6

continued1

机构人员合计（人）Personnel	博士毕业 Doctors	硕士毕业 Postgraduates	本科毕业 Bachelor	机构经费支出（万元）Institutions' expenses（10000yuan）	仪器和设备原价（万元）Prices of instruments and equipment（10000yuan）	进口 Import	境外机构数（个）Offshore institutions
14	2	3	9	1896.3	562.8		
460	6	60	230	3896.0	1550.1	259.6	
69			32	10.0	2510.3	32.6	
75	4	27	42	787.3	1617.2	998.1	
							1
168	5	43	107	1898.0	640.0		
224	3	24	193	1959.0	3372.0	50.0	
7649	151	1902	5067	274188.0	221883.8	13696.6	1
184		8	163	112.0	384.0		
145	1	3	71	2119.4	497.1		
89	5	26	58	517.9	78.8		
37	3	14	20	1017.6	5291.9		
16	3	5	8	1936.8	964.4		
7138	148	1842	4783	256843.3	204296.2	998.1	
116	5	35	63	1756.0	620.0		
1221	18	93	731	14332.3	13763.1	1159.5	1
711	13	150	453	20083.4	21440.5	12879.3	1
10	3	1	6	97.9	18.8		
103	7	20	72	5262.6	2327.4		
301	2	11	218	2858.6	1924.4		
268	6	44	175	1867.3	6942.0	1030.7	
161		6	142	102.0	84.0		
113	1	1	45	728.9	226.1		
7		5	2	56.0	15.8		
85		8	77	212.8	2.7		
26			6	507.9	482.8		

17－12 2014年全部工业企业自主知识产权保护情况

指标名称	Item	专利申请数（件）Patent application（piece）	发明专利（件）Inventions（piece）
总计	Total	1496	605
一、按企业规模分组	Grouped by size of enterprises		
大型	Large－sized enterprises	1002	358
中型	Medium－sized enterprises	178	75
小型	Small－sized enterprises	281	159
微型	Micro－sized enterprises	35	13
二、按隶属关系分组	Grouped by administrative		
中央	Central	735	295
省（自治区、直辖市）	Province（autonomous region，municipality）	54	22
地（区、市、州、盟）	Region（district，city，prefecture，league）	290	95
县（区、市、旗）	County（district，city，banner）	6	2
街道	Street		
镇	Town		
乡	Township		
（社区）居委会	Residents committee		
村委会	Village committee		
其他	Others	411	191
三、按登记注册类型分组	Grouped by type registered		
内资企业	Domestic funds	1325	554
国有企业	State－owned	350	87
集体企业	Collective－owned		
股份合作企业	Share holding cooperative		
联营企业	Joint ownership		
国有联营企业	State joint ownership enterprises		
集体联营企业	Joint ownership		
国有与集体联营企业	Joint ownership		
其他联营企业	Others		
有限责任公司	Limited company	403	233
国有独资公司	State－owned	212	117
其他有限责任公司	Others	191	116
股份有限公司	Share holding	433	146
私营企业	Private	139	88
私营独资企业	Solely Owned		
私营合伙企业	Private partnership		
私营有限责任公司	Limited company	124	81
私营股份有限公司	Private Share holding	15	7
其他企业	Others		
港、澳、台商投资企业	Funded from Hongkong，Macao and Taiwan	38	24
合资经营企业（港或澳、台资）	Funded from Hongkong，Macao and taiwan	38	24
合作经营企业（港或澳、台资）	Cooperative		
港、澳、台商独资经营企业	Solely owned		
港、澳、台商投资股份有限公司	Company invested by Hong Kong，Macao or Taiwan businessmen		
其它港澳台投资企业	Others		
外商投资企业	Foreign funded	133	27
中外合资经营企业	Joint Venture	117	26
中外合作经营企业	Cooperative		
外商企业	Solely owned	16	1
外商投资股份有限公司	Company invested by foreign businessmen		
其他外商投资企业	Others		

INDEPENDENT INTELLECTUAL PROPERTY RIGHTS OF ALL INDUSTRIAL ENTERPRISES AND RELEVANT CONDITIONS IN 2014

有效发明专利数（件）Effective patent inventions (piece)	境外授权 Offshore authorization	专利所有权转让及许可数（项）Number of patent ownership transferred and licensed	专利所有权转让与许可收入（万元）Income of patent ownership transferred and licensed (10000yuan)	发表科技论文（篇）Science and technology papers published	拥有注册商标数（件）Registered trademarks owned (piece)	境外注册 Overseas registration	形成国家或行业标准数（项）national standards or trade standards
693	9	185	16		1080	790	24
169	1	28			611	440	15
245	3	68	16		453	110	
279	5	89			16	240	9
130		31			652	440	15
35		2			2	66	
154	2	16			396	77	
39	2	39			3	2	
335	5	97	16		27	205	9
408	8	133			678	739	15
39		3			407	386	15
186	6	56			221	124	
40		4			190	36	
146	6	52			31	88	
101		53			43	107	
82	2	21			7	122	
76	2	21			7	122	
6							
85		24				35	9
74		24				35	9
11							
200	1	28	16		402	16	
162	1	12	16		402	16	
38		16					

17－12 续表 1

指标名称	Item	专利申请数（件） Patent application （piece）	发明专利（件） Inventions （piece）
四、按国民经济行业大类分组	Grouped by sector		
制造业	Manufacturing	1296	495
农副食品加工业	Farm sideline food processing	5	5
食品制造业	Food manufacturing		
酒、饮料和精制茶制造业	Alcohol，drink and fine tea manufacturing industries		
烟草制品业	Tobacco processing		
纺织业	Textile industry		
纺织服装、服饰业	Textile clothing industry	3	3
皮革、毛皮、羽毛及其制品和制鞋业	Leather，fur，feather and related products and footwear industry		
化学原料和化学制品制造业	Raw chemical material and chemical products	52	28
医药制造业	Medical and pharmacutical products	224	86
化学纤维制造业	Chemical fiber manufacturing		
橡胶和塑料制品业	Rubber and plastic products	17	17
非金属矿物制品业	Nonmetal mineral products	8	
黑色金属冶炼和压延加工业	Smelting and pressing of ferrous metals		
有色金属冶炼和压延加工业	Smelting and pressing of non－ferrous metals		
金属制品业	Metal products	12	1
通用设备制造业	Ordinary machinery	26	8
专用设备制造业	Special purpose equipment	56	40
汽车制造业	Automobile industry	655	194
铁路、船舶、航空航天和其他运输设备制造业	Railway，water way，aviation and other transportation equipment	160	76
电气机械和器材制造业	Electric equipment and machinery	17	12
计算机、通信和其他电子设备制造业	Telecommunication equipment computer and other electronic equipment	38	18
仪器仪表制造业	Instrument manufacturing	20	7
其他制造业	Others	3	
废弃资源综合利用业	Waste resources comprehensive utilization industry		
金属制品、机械和设备修理业	Metal products、machinery、Equipment repair industry		
电力、热力、燃气及水生产和供应业	Production and supply of electric power and heat power and gas and water	200	110
电力、热力生产和供应业	Production and supply of electric power and heat power	200	110
燃气生产和供应业	Production and supply of gas		
水的生产和供应业	Production and supply of water		
五、按企业控股情况分组	Grouped by owned		
国有控股	State－owned	856	332
集体控股	Collective－owned	57	23
私人控股	Private－owned	216	125
港澳台商控股	Hongkong，Macao and Taiwan－owned	6	
外商控股	Foreign－owned	28	2
其他	Others	333	123
六、按地区分组	Grouped by sector		
市辖区	District		
南关区	Nanguan	1	
宽城区	Kuangcheng	24	9
朝阳区	Chaoyang	248	152
二道区	Erdao	51	20
绿园区	Lvyuan	153	76
双阳区	Shuangyang	19	14
农安县	nong’an		
九台市	Jiutai		
榆树市	Yushu		
德惠市	Dehui		

continued1

有效发明专利数（件）Effective patent inventions (piece)	境外授权 Offshore authorization	专利所有权转让及许可数（项）Number of patent ownership transferred and licensed	专利所有权转让与许可收入（万元）Income of patent ownership transferred and licensed (10000yuan)	发表科技论文（篇）Science and technology papers published	拥有注册商标数（件）Registered trademarks owned (piece)	境外注册 Overseas registration	形成国家或行业标准数（项）national standards or trade standards
673	9	16		895	790	24	140
15				1	45		
					1		
				1	8		1
94	1			17	233	9	59
17							
2				2	39		8
12					2		
4				19	4		
27	5			10	18		1
345	1	16		789	416	15	35
43				52			31
13				2	3		2
25				1	18		
76	2				2		2
				1	1		1
20				185			
20				185			
222	4			655	517	15	74
21	1				15		1
152	2			13	168	9	13
11							
114				395	9		
173	2	16		17	81		52
					1		
5				4	8		5
52				178	7		
14	2			25	49		8
44				69	18		31
13					49		
						8	
4							

17－13 2014年全部工业企业新产品开发、生产及销售情况

指标名称		新产品开发项目数（项）Number of new product development
总计	Total	1200
一、按企业规模分组	Grouped by size of enterprises	
大型	Large－sized enterprises	347
中型	Medium－sized enterprises	438
小型	Small－sized enterprises	410
微型	Micro－sized enterprises	5
二、按隶属关系分组	Grouped by administrative	
中央	Central	173
省（自治区、直辖市）	Province（autonomous region，municipality）	82
地（区、市、州、盟）	Region（district，city，prefecture，league）	323
县（区、市、旗）	County（district，city，banner）	22
街道	Street	
镇	Town	
乡	Township	1
（社区）居委会	Residents	
村委会	Village committee	
其他	Others	599
三、按登记注册类型分组	Grouped by type registered	
内资企业	Domestic funds	749
国有企业	State－owned	5
集体企业	Collective－owned	
股份合作企业	Share holding cooperative	
联营企业	Joint ownership	
国有联营企业	State joint ownership enterprises	
集体联营企业	Joint ownership	
国有与集体联营企业	Joint ownership	
其他联营企业	Others	
有限责任公司	Limited company	276
国有独资公司	State－owned	5
其他有限责任公司	Others	271
股份有限公司	Share holding	231
私营企业	Private	235
私营独资企业	Solely owned	
私营合伙企业	Private partnership	
私营有限责任公司	Limited company	223
私营股份有限公司	Private share holding	12
其他企业	Others	2
港、澳、台商投资企业	Funded from Hongkong，Macao and taiwan	38
合资经营企业（港或澳、台资）	Funded from Hongkong，Macao and taiwan	32
合作经营企业（港或澳、台资）	Cooperative	
港、澳、台商独资经营企业	Solely owned	4
港、澳、台商投资股份有限公司	Company invested by Hongkong，Macao or Taiwan businessment	2
其他港澳台投资企业	Others	
外商投资企业	Foreign funded	413
中外合资经营企业	Joint venture	373
中外合作经营企业	Cooperative enterprises	1
外资企业	Solely owned	39
外商投资股份有限公司	Company invested by foreign businessmen	
其他外商投资企业	Others	

NEW PRODUCT DEVELOPMENT，MANUFACTURING AND SALE OF ALL INDUSTRIAL ENTERPRISES IN 2014

新产品开发经费支出（万元）Expenses on new product development (10000yuan)	新产品产值（万元）Production value of new product (10000yuan)	新产品销售收入（万元）Sales income of new product (10000yuan)	出口 Export
427930. 0	5580731. 5	136231146. 5	
302742. 2	4271340. 2	12366428. 4	
79940. 0	828271. 5	801911. 0	
43572. 9	480221. 8	453021. 1	
1674. 9	898. 0	1786. 0	
165244. 9	3457860. 2	11569764. 7	
17739. 7	254677. 5	224966. 7	
104724. 1	784921. 8	768072. 6	
6256. 5	17574. 7	18697. 6	
70. 0			
133894. 8	1065697. 3	1041644. 9	
263550. 3	4405462. 8	12511169. 2	
1109. 7	786467. 3	8865162. 0	
62111. 1	560958. 7	561059. 3	
618. 8	22834. 2	22834. 2	
61492. 3	538124. 5	538225. 1	
177721. 2	2922304. 9	2954794. 2	
22408. 3	135731. 9	130153. 7	
20022. 6	107357. 3	105055. 1	
2385. 7	28374. 6	25098. 6	
200. 0			
38156. 1	156709. 9	158024. 8	
8309. 5	156709. 9	158024. 8	
29726. 6			
120. 0			
126223. 6	1018558. 8	953952. 5	
103163. 1	919098. 9	854847. 6	
19084. 2	3378. 5	4826. 5	
3976. 3	96081. 4	94278. 4	

17－13 续表 1

指标名称		新产品开发项目数（项）Number of new product development
四、按新国民经济行业大类分组	Grouped by new sector	
制造业	Manufacturing	1200
农副食品加工业	Farm sideline food processing	17
食品制造业	Food manufacturing	1
酒、饮料和精制茶制造业	Alcohol，drink and fine tea manufacturing industries	1
烟草制品业	Tobacco processing	
纺织业	Textile industry	
纺织服装、服饰业	Textile clothing industry	
皮革、毛皮、羽毛及其制品和制鞋业	Leather，fur，feather and related products and footwear industry	
木材加工和木、竹、藤、棕、草制品业	Timber，bamboo，cane，palm and straw products	2
化学原料和化学制品制造业	Raw chemical material and chemical products	3
医药制造业	Medical and pharmaceutical products	250
橡胶和塑料制品业	Rubber and plastic products	49
非金属矿物制品业	Nonmetal mineral products	16
黑色金属冶炼和压延加工业	Smelting and pressing of ferrous metals	1
有色金属冶炼和压延加工业	Smelting and pressing of non－ferrous metals	
金属制品业	Nonmetal mineral products	6
通用设备制造业	Ordinary machinery	21
专用设备制造业	Special purpose equipment	75
汽车制造业	Automobile industry	561
铁路、船舶、航空航天和其他运输设备制造业	Railway，water way，aviation and other transportation equipment	83
电气机械和器材制造业	Electric equipment and machinery	41
计算机、通信和其他电子设备制造业	Telecommunication equipment computer and other electronic equipment	24
仪器仪表制造业	Instrument manufacturing	48
其他制造业	Others	1
废弃资源综合利用业	Waste comprehensive utilization of resources industry	
金属制品、机械和设备修理业	Metal products、machinery、Equipment repair industry	
电力、热力、燃气及水生产和供应业	Production and supply of electric power and heat power and gas and water	
电力、热力生产和供应业	Production and supply of electric power and heat power	
燃气生产和供应业	Production and supply of gas	
水的生产和供应业	Water production and supply	
五、企业控股情况分组	Grouped by owned	
国有控股	State－owned	348
集体控股	Collective－owned	29
私人控股	Private－owned	356
港澳台商控股	Hongkong，Macao and Taiwan－owned	7
外商控股	Foreign－owned	166
其他	Others	294
六、按地区分组	Grouped by Region	
市辖区	District	
南关区	Nanguan	5
宽城区	Kuancheng	49
朝阳区	Chaoyang	46
二道区	Erdao	71
绿园区	Lvyuan	79
双阳区	Shuangyang	48
农安县	Nong’an	1
九台市	Jiutai	2
榆树市	Yushu	
德惠市	Dehui	4

continued1

新产品开发经费支出（万元） Expenses on new product development (10000yuan)	新产品产值（万元） Production value of new product (10000yuan)	新产品销售收入（万元） Sales income of new product (10000yuan)	
			出口 Export
427930. 0	5580731. 5	13623146. 5	
31273. 3	35951. 8	39610. 1	
19084. 2	3378. 5	4826. 5	
70. 0			
	665. 2	665. 2	
146. 7	670. 0	450. 0	
1305. 0	17440. 2	18115. 7	
30977. 8	70658. 6	39166. 8	
5473. 0	159411. 8	159410. 7	
1160. 2			
18. 0			
162. 0			
3550. 2	5193. 8	5103. 8	
7841. 8	17257. 7	20248. 1	
152305. 3	2350099. 0	10409989. 9	
157518. 2	2805289. 9	2817536. 1	
3948. 7	39487. 4	37046. 8	
4515. 2	37410. 1	35377. 5	
5283. 2	27663. 4	26060. 6	
3297. 2	10154. 1	9538. 7	
199830. 2	3991866. 3	12080272. 0	
6941. 7	61928. 5	66497. 6	
62224. 8	489939. 9	484318. 7	
30661. 7	12366. 6	10569. 8	
75578. 2	549526. 0	503248. 3	
52693. 4	475104. 2	478240. 1	
115. 4			
6313. 6	47766. 7	45986. 9	
9092. 0	223195. 7	220202. 2	
7811. 3	46142. 9	45369. 3	
156829. 1	2812617. 3	2823166. 7	
7361. 1	18314. 8	18314. 8	
70. 0			
19297. 0	3378. 5	4826. 5	
400. 9			

17－14 2014年全部工业企业政府相关政策落实情况

指标名称	Item	来自政府部门的科技活动资金（万元） Science and technology activity fund from government	研究开发费用加计扣除减免税（万元） Research and development expenses with additional deduction of tax reduction and exemption	高新技术企业减免税（万元） High tech enterprise tax reduction and exemption
总计	Total	20281.2	311089.9	35240.8
一、按企业规模分组	Grouped by size of enterprises			
大型	Large－sized enterprises	12471.8	307750.9	24629.7
中型	Medium－sized enterprises	4172.8	1109.9	5330.9
小型	Small－sized enterprises	3631.1	2229.1	5280.2
微型	Micro－sized enterprises	5.5		
二、按隶属关系分组	Grouped by administrative			
中央	Central	9444.8	307861.9	20598.7
省（自治区、直辖市）	Province（autonomous region，municipality）	129.0	1161.3	2507.8
地（区、市、州、盟）	Region（district，city，prefecture，league）	1538.6	393.6	1970.0
县（区、市、旗）	County（district，city，banner）	310.0	62.5	174.3
街道	Street			
镇	Town			
乡	Township			
（社区）居委会	Residents			
村委会	Village committee			
其他	Others	8858.8	1610.6	9990.0
三、按登记注册类型分组	Grouped by type registered			
内资企业	Domestic funds	17668.4	310885.6	28036.3
国有企业	State－owned	2406.0	302344.9	645.8
集体企业	Collective－owned			
股份合作企业	Share holding cooperative			
有限责任公司	Limited company	3542.9	3122.1	5115.2
国有独资公司	State－owned	447.7		
其他有限责任公司	Others	3095.2	3122.1	5115.2
股份有限公司	Share holding	8376.7	4513.6	21046.4
私营企业	Private	3342.8	905.0	1228.9
私营独资企业	Solely owned			
私营合伙企业	Private partnership			
私营有限责任公司	Limited company	3242.8	905.0	1228.9
私营股份有限公司	Private share holding	100.0		
其他企业	Others			
港、澳、台商投资企业	Funded from Hongkong，Macao and taiwan	2476.0	145.0	1304.7
合资经营企业（港或澳、台资）	Funded from Hongkong，Macao and taiwan		145.0	1304.7
合作经营企业（港或澳、台资）	Cooperative			
港、澳、台商独资经营企业	Solely owned			
港、澳、台商投资股份有限公司	Company invested by Hongkong，Macao or Taiwan businessment			
其他港澳台投资企业	Others			
外商投资企业	Foreign funded	136.8	59.3	5899.8
中外合资经营企业	Joint venture	135.8	59.3	5384.1
中外合作经营企业	Cooperative enterprises			
外资企业	Solely owned	1.0		515.7
外商投资股份有限公司	Company invested by foreign businessmen			

IMPLEMENTATION OF GOVERNMENT' S RELEVANT POLICIES OF ALL INDUSTRIAL ENTERPRISES SIZE IN 2014

指标名称	Item	来自政府部门的科技活动资金（万元）Science and technology activity fund from government	研究开发费用加计扣除减免税（万元）Research and development expenses with additional deduction of tax reduction and exemption	高新技术企业减免税（万元）High tech enterprise tax reduction and exemption
其他外商投资企业	Others			
九、按国民经济行业大类分组	Grouped by sectors			
制造业	Manufacturing	20281.2	311089.9	35240.8
农副食品加工业	Farm sideline food processing	2614.5		
食品制造业	Food manufacturing			
酒、饮料和精制茶制造业	Alcohol, drink and fine tea manufacturing industries			
烟草制品业	Tobacco processing			
医药制造业	Medical and pharmacutical products	4227.1	553.7	2284.5
化学纤维制造业	Chemical fiber manufacturing	1260.0		
橡胶和塑料制品业	Rubber and plastic products			
非金属矿物制品业	Nonmetal mineral products	60.0	15.7	13.6
黑色金属冶炼和压延加工业	Smelting and pressing of ferrous metals			
有色金属冶炼和压延加工业	Smelting and pressing of non－ferrous metals			
金属制品业	Metal products			
通用设备制造业	Ordinary machinery	80.0	1054.7	239.0
专用设备制造业	Special purpose equipment	727.8	83.4	506.3
汽车制造业	Automobile industry	2651.0	303309.3	9627.6
铁路、船舶、航空航天和其他运输设备制造业	Railway, water way, aviation and other transportation equipment	5312.5	5529.2	19683.3
电气机械和器材制造业	Electric equipment and machinery	456.4	53.7	517.1
计算机、通信和其他电子设备制造业	Telecommunication equipment computer and other electronic equipment	1359.2	355.1	383.4
仪器仪表制造业	Instrument manufacturing	1532.7	135.1	851.8
电力、热力、燃气及水生产和供应业	Production and supply of electric power and heat power and gas and water			
电力、热力生产和供应业	Production and supply of electric power and heat power			
五、企业控股情况分组	Grouped by owned			
国有控股	State－owned	10519.3	307976.6	21328.5
集体控股	Collective－owned	449.0	1002.7	1725.4
私人控股	Private－owned	3719.8	1390.4	4215.4
港澳台商控股	Hongkong, Macao and Taiwan－owned	2476.0	54.3	17203.0
外商控股	Foreign－owned	1.0		838.1
其他	Others	3116.1	665.9	6961.1
六、按地区分组	Grouped by Region			
市辖区	District			
南关区	Nanguan	19.6		
宽城区	Kuancheng	309.2	96.7	122.0
朝阳区	Chaoyang	1263.0	388.2	1313.7
二道区	Erdao	175.0	168.4	13.6
绿园区	Lvyuan	5570.2	5583.5	19855.6
双阳区	Shuangyang	757.4	164.7	1199.1
农安县	Nong' an	180.0		
九台市	Jiutai		106.4	580.9
榆树市	Yushu			
德惠市	Dehui	3.0		

17－15 2014 年全部工业企业技术获取和技术改造情况

指标名称	Item	引进技术经费支出（万元）Expenses on technology introduction（10000yuan）
总计	Total	8092. 7
一、按企业规模分组	Grouped by size of enterprises	
大型	Large－sized enterprises	7939. 1
中型	Medium－sized enterprises	
小型	Small－sized enterprises	153. 6
微型	Micro－sized enterprises	
二、按隶属关系分组	Grouped by administrative	
中央	Central	7939. 1
省（自治区、直辖市）	Province（autonomous region，municipality）	
地（区、市、州、盟）	Region（district，city，prefecture，league）	
县（区、市、旗）	County（district，city，banner）	
其他	Others	153. 6
三、按登记注册类型分组	Grouped by type registered	
内资企业	Domestic funds	7939. 1
国有企业	State－owned	7939. 1
有限责任公司	Limited company	
有限责任公司		
国有独资公司	State－owned	
其他有限责任公司	Others	
股份有限公司	Share holding	
私营企业	Private	
私营独资企业	Solely owned	
私营合伙企业	Private partnership	
私营有限责任公司	Limited company	
私营股份有限公司	Private Share holding	
其他企业	Others	
港、澳、台商投资企业	Funded from Hongkong，Macao and taiwan	
合资经营企业（港或澳、台资）	Funded from Hongkong，Macao and taiwan	
合作经营企业（港或澳、台资）	Cooperative	
港、澳、台商独资经营企业	Solely owned	
港、澳、台商投资股份有限公司	Company invested by Hongkong，Macao or Taiwan businessment	
其他港澳台投资企业	Others	
外商投资企业	Foreign funded	153. 6
中外合资经营企业	Joint venture	
中外合作经营企业	Cooperative enterprises	
外资企业	Solely owned	153. 6
外商投资股份有限公司	Company invested by foreign businessmen	
其他外商投资企业	Others	
四、按国民经济行业大类分组	Grouped by sectors	
制造业	Manufacturing	8092. 7
农副食品加工业	Farm sideline food processing	
食品制造业	Food manufacturing	
纺织服装、服饰业	Textile clothing industry	
木材加工和木、竹、藤、棕、草制品业	Timber，bamboo，cane，palm and straw products	
化学原料和化学制品制造业	Raw chemical material and chemical products	
医药制造业	Medical and pharmacutical products	
非金属矿物制品业		

BASIC STATISTICS ON TECHNOLOGICAL TRANSFORMATION TECHNOLOGY DEVELOPING OF ALL INDUSTRIAL ENTERPRISES SIZE IN 2014

消化吸收经费支出（万元）Expenses on training（10000yuan）	购买国内技术经费支出（万元）Technology developing（10000yuan）	技术改造经费支出（万元）Innovation（10000yuan）
10. 0	5747. 1	341016. 7
	5367. 7	302536. 1
10. 0	83. 0	38252. 6
	296. 4	228. 0
	5367. 7	335112. 3
	266. 4	212. 8
		5358. 0
10. 0	80. 0	5. 0
	33. 0	328. 6
10. 0	5747. 1	341001. 5
	5367. 7	295658. 1
	3. 0	39439. 0
	3. 0	39439. 0
10. 0	346. 4	5575. 8
	30. 0	328. 6
	30. 0	328. 6
		15. 2
		15. 2
10. 0	5747. 1	293146. 7
		212. 8

17－15 续表 1

指标名称	Item	引进技术经费支出（万元）Expenses on technology introduction（10000yuan）
通用设备制造业	Ordinary machinery	
专用设备制造业	Special purpose equipment	
汽车制造业	Automobile industry	8092.7
铁路、船舶、航空航天和其他运输设备制造业	Railway，water way，aviation and other transportation equipment	
计算机、通信和其他电子设备制造业	Telecommunication equipment computer and other electronic equipment	
仪器仪表制造业	Instrument manufacturing	
电力、热力、燃气及水生产和供应业	Production and supply of electric power and heat power and gas and water	
电力、热力生产和供应业	Production and supply of electric power and heat power	
燃气生产和供应业	Production and supply of gas	
水的生产和供应业	Water production and supply	
十、按企业控股情况分组	Grouped by owned	
国有控股	State－owned	7939.1
集体控股	Collective－owned	
私人控股	Private－owned	
港澳台商控股	Hongkong，Macao and Taiwan－owned	
外商控股	Foreign－owned	153.6
其他	Others	
十一、按地区分组	Grouped by Region	
市辖区	District	
南关区	Nanguan	
宽城区	Kuancheng	
朝阳区	Chaoyang	
二道区	Erdao	
绿园区	Lvyuan	
双阳区	Shuangyang	
农安县	Nong’an	
九台市	Jiutai	
榆树市	Yushu	
德惠市	Dehui	

continued1

消化吸收经费支出（万元）Expenses on training（10000yuan）	购买国内技术经费支出（万元）Technology developing（10000yuan）	技术改造经费支出（万元）Innovation（10000yuan）
		435.0
10.0	5480.7	287267.3
		5201.0
		47870.0
		47870.0
	5634.1	340470.3
10.0	113.0	333.6
		212.8
		298.0
	296.4	34703.6
		5201.0
		212.8

17－16 2014年全部工业企业限额以上R&D项目情况

指标名称	Item	项目数合计（项） Projects (unit)	参加科技项目人员（人） science and technology personnel	本年度项目经费内部支出（万元） Internal expenpenses of all projects (10000 yuan)
总计	Total	880	9773	477385.0
一、按项目来源分组	Grouped by projects			
国家科技项目	National at projects	25	535	46562.4
地方科技项目	Local projects	28	467	9423.3
其他企业委托科技项目	Other enterprises projects	63	264	7880.0
本企业自选科技项目	Enterprises projects	739	8234	387979.5
来自境外的科技项目	Foreign projects	5	107	14034.1
其他科技项目	Others	20	166	11505.7
二、按项目合作形式分组	Grouped by cooperation type			
与境外机构合作	With foreign countries	9	25	1403.2
与境内高校合作	With higher education	51	766	48353.6
与境内独立研究院所合作	With institution	39	716	51651.6
与境内注册的外商独资企业合作	With foreign cooperate enterprises	1	12	775.0
与境内注册的其他企业合作	With others enterprises registered in China	43	456	6963.5
独立研究	Independent studies	722	7588	362583.9
其他	Others	15	210	5654.2
三、按项目活动类型分组	Grouped by active type			
基础研究	Fundamental research			
应用研究	Application research	177	2114	154864.8
试验发展	Experimental development	703	7659	322520.2
四、按项目成果形式分组	Grouped by forms of projects achievements			
论文或专著	Papers or monograph	4	174	2501.3
自主研制的新产品原型或样机样件、样品、配方、新装置	Prototype or sample machine, sample article, recipe, new device of self－developed product	379	3012	113233.0
自主开发的新技术或新工艺、新工法	Self－developed new technology, new process, or new method	459	5767	351524.8
发明专利	Inventions and patents	38	820	10125.9
五、按项目技术经济目标分组	Grouped by goals			
科学原理的探索、发现	Exploration and discovery of scientific principles	10	196	3912.2
技术原理的研究	Technology principal research	303	3864	237656.0
开发全新产品	New products	339	3387	171850.3
增加产品功能或提高性能	Product function and performance improvement	174	1631	41946.6
提高劳动生产率	Raising productivity	8	123	1526.9
减少能源消耗或提高能源使用效率	Reducting energy consumption, or improving engergy usage effectiveness	7	124	3367.8
节约原材料	Saving material	8	45	1833.9
减少环境污染	Reducing environment waste	5	61	2437.6
其他	Others	26	342	12853.7
六、企业规模分组	Grouped by size of enterprises			
大型	Large－sized enterprises	464	7070	423734.9
中型	Medium－sized enterprises	219	1630	31712.0
小型	Small－sized enterprises	195	1054	21847.5
微型	Micro－sized enterprises	2	19	90.6
七、隶属关系分组	Grouped by administrative			
中央	Central	396	5368	378383.8
省（自治区、直辖市）	Province (autonomous region, municipality)	48	498	5237.3
地（区、市、州、盟）	Region (district, city, prefecture, league)	143	1353	27246.3
县（区、市、旗）	County (district, city, banner)	9	95	1285.2
乡		1	3	70.0
其他	Others	283	2456	65162.4

R&D PROJECTS STATUS ABOVE NORM OF ALL INDUSTRIAL ENTERPRISES IN 2014

17－16 续表 1 continued1

指标名称	Item	项目数合计（项）Projects（unit）	参加科技项目人员（人）science and technology personnel	本年度项目经费内部支出（万元）Internal expenpenses of all projects（10000 yuan）
八、登记注册类型分组	Grouped by type registered			
内资企业	Domestic funds	644	8428	429080.3
国有企业	State－owned	289	3657	233997.4
集体企业	Collective－owned			
有限责任公司	Limited company	151	1957	32168.8
国有独资公司	State－owned	10	405	3885.7
其他有限责任公司	Others	141	1552	28283.1
股份有限公司	Share holding	138	2293	152152.2
私营企业	Private	64	502	10561.1
私营独资企业	Solely owned			
私营合伙企业	Private partnership			
私营有限责任公司	Limited company	57	438	10005.0
私营股份有限公司	Private Share holding	7	64	556.1
其他企业	Others	2	19	200.8
港、澳、台商投资企业	Funded from Hongkong，Macao and Taiwan	17	616	21270.2
合资经营企业（港或澳、台资）	Funded from Hongkong，Macao and taiwan	12	401	5669.2
合作经营企业（港或澳、台湾）	Cooperative			
港、澳、台商独资经营企业	Solely owned	4	210	15561.0
港、澳、台商投资股份有限公司	Company invested by Hong Kong，Macau or Taiwan businessmen	1	5	40.0
其他港澳台投资企业	Others			
外商投资企业	Foreign funded	219	729	27034.5
中外合资经营企业	Joint venture	202	687	24895.9
中外合作经营企业	Cooperative enterprises			
外资企业	Solely owned	17	42	2138.6
外商投资股份有限公司	Company invested by foreign business			
其他外商投资企业	Others			
九、按国民经济行业大类分组	Grouped by sectors			
制造业	Manufacturing	878	9613	476687.3
农副食品加工业	Farm sideline food processing	25	365	17753.9
食品制造业	Food manufacturing			
酒、饮料和精制茶制造业	Alcohol，drink and fine tea manufacturing industries	1	3	70.0
烟草制品业	Tobacco processing			
纺织业	Textile industry			
纺织服装、服饰业	Textile clothing industry			
皮革、毛皮、羽毛及其制品和制鞋业	Leather，fur，feather and related products and footwear industry			
木材加工和木、竹、藤、棕、草制品业	Timber，bamboo，cane，palm and straw products	2	66	125.0
家具制造业	Furniture manufacturing			
造纸和纸制品业	Paper making and paper products			
印刷和记录媒体介复制业	Printing and record medium reproduction			
文教、工美、体育和娱乐用品制造业	Education，arts and craft，PE，and entertainmengt products			
石油加工、炼焦和核燃料加工业	Petroleum processing coking and nuclear processing			
化学原料和化学制品制造业	Raw chemical material and chemical products	3	37	1509.8
医药制造业	Medical and pharmaceutical products	108	880	17426.8

17－16 续表 2 continued2

指标名称 Item		项目数合计（项） Projects (unit)	参加科技项目人员（人） science and technology personnel	本年度项目经费内部支出（万元） Internal expenpenses of all projects (10000 yuan)
化学纤维制造业	Chemical fiber manufacturing			
橡胶和塑料制品业	Rubber and plastic products	22	142	3827.8
非金属矿物制品业	Nonmetal mineral products	9	61	826.2
黑色金属冶炼和压延加工业	Smelting and pressing of ferrous metals			
有色金属冶炼和压延加工业	Smelting and pressing of non－ferrous metals			
金属制品业	Metal products	6	24	162.0
通用设备制造业	Ordinary machinery	9	47	799.4
专用设备制造业	Special purpose equipment	11	97	1534.0
汽车制造业	Automobile industry	576	5995	286688.8
铁路、船舶、航空航天和其他运输设备制造业	Railway，water way，aviation and other transportation equipment	65	1295	140628.5
电气机械和器材制造业	Electric equipment and machinery	12	40	1730.5
计算机、通信和其他电子设备制造业	Telecommunication equipment computer and other electronic equipment	9	334	1223.1
仪器仪表制造业	Instrument manufacturing	20	227	2381.5
其他制造业	Others			
废弃资料综合利用	Waste resources comprehensive utilization industry			
金属制品、机械和设备修理业	Metal products、machinery、Equipment repair industry			
电力、热力、燃气及水生产和供应业	Production and supply of electric power and heat power and gas and water	2	160	697.7
电力、热力生产和供应业	Production and supply of electric power and heat power	2	160	697.7
燃气生产和供应业	Production and supply of gas			
水的生产和供应业	Water production and supply			
十、企业控股情况分组	Grouped by owned			
国有控股	State－owned	467	6594	394391.0
集体控股	Collective－owned	17	126	2352.6
私人控股	Private－owned	128	1198	23086.0
港澳台商控股	Hongkong，Macao and Taiwan－owned	6	235	16325.4
外商控股	Foreign－owned	37	98	5331.6
其他	Others	225	1522	35898.4
十一、按地区分组	Grouped by Region			
市辖区	District			
南关区	Nanguan	1	10	37.7
宽城区	Kuancheng	18	156	2248.4
朝阳区	Chaoyang	17	449	8850.3
二道区	Erdao	14	108	1801.2
绿园区	Lvyuan	69	1390	143278.7
双阳区	Shuangyang			
农安县	Nong’an	2	4	70.8
九台市	Jiutai	1	78	212.8
榆树市	Yushu			
德惠市	Dehui	4	29	220.9

统计资料

STATISTICS

体育、卫生及其他事业

SPORTS, PUBLIC HEALTH AND OTHERS

第十八篇　体育、卫生及其他事业

全年成功承办了中国俱乐部超级联赛、瓦萨国际越野滑雪赛、中美俄职业男篮巡回赛等国际国内大型体育赛事9项次。举办了市乒乓球、篮球、速滑等省市各级各类体育赛事160项次。我市代表团参加了第二十二届索契冬奥会，在短道速滑、自由式滑雪空中技巧、雪上技巧比赛中夺得金牌、银牌、铜牌各1枚的优异成绩，继续保持了我市冬季项目全国前列位置。

以“繁荣群众体育，建设幸福长春”为主题，广泛开展全民健身活动2000项次，落实“健康长春——全民健身行动计划”，推进幸福长春建设，在雕塑公园、长春公园、净月公园等建设了10条健身步道，安装了100套健身路径，为12个乡镇、120个行政村安装健身器材。全年体育彩票销售15.3亿元，占全省销售比例的42%。

2014年末，全市卫生医疗机构4219个，下降0.17%。其中：医院、卫生院301所，增长0.67%，拥有医疗床位4.74万张，比上年增长5.46%。卫生技术人员为4.52万人，比上年增长4.02%。每千人拥有执业医师和执业助理医师2.49人。

18－1 公共体育场
STADIUMS AND GYMNASIUMS

	实际数（个）Number		实际数（个）Number		实际数（个）Number
体育场 stadium	46	体育馆 Gymnasiums	18	室内游泳池 Swimming pool	30
室外游泳池 Outdoor swimming pools	4	运动场 Stadiums	544	足球场 Football court	62
室内游泳馆 Swimming pools	30	室内网球场 Indoor tennis court	8	保龄球房 Bowling ball room	5

18－2 卫生机构床位、人员数
BEDS AND PERSONNEL IN HEALTH INSTITUTIONS

机构分类 Institutions		机构数（个）Institutions	床位数（张）beds	人员数（人）Personnel				
				合计 Total	#卫生技术员 Medical technical personnel			注册护士 Registered nurses
					合计 Total	执业医师 Certified doctors	执业助理医师 Assistant doctors	
总计	Total	4090	42283	59158	42934	17078	18505	15795
一．医院	Hospitals	167	37144	37780	30388	11879	12460	12523
二．社区卫生服务中心（站）	Community health ceve canters	96	1086	2993	2442	885	1006	849
三、卫生院	Clinics	135	3243	3976	2932	923	1276	651
四．门诊部	Policlinic	226	103	1560	1505	863	919	456
五．诊所、卫生所、医务室	Clinique meadical institute infirmary	1223		2276	2270	1284	1311	776
六．急救中心（站）	First－aid centre	1		141	76	43	43	33
七．村卫生室	Village clinic	2189		6765	452	215	397	55
八．采供血机构	Blood bank	1		238	175	32	42	90
九．妇幼保健院（所站）	Maternity and child care centers	11	429	1008	779	388	431	210
十．专科疾病防治院（所站）	Specialized prevention & treatment centers or station	7	278	416	288	117	136	61
十一．疾病预防控制中心	Sanitation and antiepidemic agencies	13		1341	1025	431	475	83
十二．卫生监督所（中心）	Health care centre	15		500	497	0	0	0
十三．健康教育所（站中心）	Health training centre	2		53	32	5	5	1
十四．其他卫生机构	Other institutions	4		17	16	4	4	6

18－3 计划生育情况
BASIC STATISTICS ON BIRTH CONTROL

		育龄妇女人数（人）Birth－aged women（person）	其中：已婚 Married	20周岁以前结婚人数（人）Married before 20 years old	23周岁以后结婚人数（人）Married after 23 years old	晚婚率（%）Rate of married at mature age（%）	晚育率（%）Rate of late child birth（%）	计划内出生（人）Plan birth（person）	计划生育率（%）Birthcon trolrate（%）	领证率（%）Link card rate（%）
总计	Total	2052276	1404155	5407	13697	54.92	75.42	45622	96.33	33.62
南关区	Nanguan	122450	77967		827	66.48	95.78	2322	100	56.51
宽城区	Kuancheng	148616	104252	7	1065	71.1	94.68	3958	99.27	25.36
朝阳区	Chaoyang	181350	114450	46	739	84.07	93.94	3091	99.1	27.93
二道区	Erdao	87940	60248	4	327	68.99	93.53	1753	100	56.49
绿园区	Lvyuan	138333	95655	2	332	71.86	93.83	1792	99.89	37.58
榆树市	Yushu	326853	225727	1544	1605	43.51	53.34	5905	93.24	48.55
农安县	Nong'an	300488	210834	1434	3335	55.56	65.61	7891	94.34	27.74
德惠市	Dehui	260380	159337	1090	1441	41.67	55.84	5905	95.16	19.99
九台市	Jiutai	200349	146467	884	1713	49.87	63.96	5787	93.9	25.13
双阳区	Shuangyang	91793	67526	305	891	57.37	65.6	2051	95.62	36.14
经开区	Developing area	72157	54007		416	63.22	95.51	2564	100	7.19
净旅区	Tourism area	40100	29873	54	375	57.78	90.1	747	99.47	17.05
高新区	High － technical area	22598	17287	5	292	77.04	89.27	756	100	28.69
汽开区	Motor vehicle development zone"	45903	32141	3	169	73.16	93.72	822	99.52	43.3
莲花山区	Lianhua mountain area	12966	8384	29	170	52.15	73.33	278	100	36.67

18－4 节育情况
BASIC CONDITION OF CONTRACEPTION

		避孕人数（人）Persons of contraception（person）	避孕率（%）Rate of contraception（%）	手术例数（个）Number of operation
总计	Total	1259614	89. 71	39158
南关区	Nanguan	67509	86. 59	898
宽城区	Kuancheng	91543	87. 81	2426
朝阳区	Chaoyang	104515	91. 32	2265
二道区	Erdao	55847	92. 7	1540
绿园区	Lvyuan	86053	89. 96	1278
榆树市	Yushu	192481	85. 27	5875
农安县	Nong′an	191620	90. 89	6716
德惠市	Dehui	148631	93. 28	4128
九台市	Jiutai	134820	92. 05	7226
双阳区	Shuangyang	62770	92. 96	2157
经开区	Developing area	44804	82. 96	2008
净月区	Tourism area	27021	90. 45	1134
高新区	High－technical area	15984	92. 46	845
汽开区	Motor vehicles development zone	28419	88. 42	260
莲花山区	Lianhua mountain area	7597	90. 61	402

18－5 火灾基本情况
BASIC STATISTICS ON FIRES

		全市 Total
次数（次）	Cases	1931
死人（人）	Deaths（person）	3
伤人（人）	Injuries（person）	10
直接损失（元）	Direct losses（yuan）	10456213

18－6 交通事故情况
BASIC STATISTICS ON TRAFFIC ACCIDENTS

		次数 Times	死亡（人）Death（person）	伤人（人）Injuries（person）	直接折款（元）Loss（yuan）
总计	Total	1500	544	1941	19573969
市区合计	Total district	931	237	967	16390318
南关交警大队	Nanguan traffic police department	90	25	87	1482800
宽城交警大队	Kuancheng traffic police department	255	21	284	6100401
朝阳交警大队	Chao yang traffic police department	102	16	108	476416
二道交警大队	Erdao traffic police department	59	21	58	609800
汽车厂交警大队	Automobile factory traffic police department	38	15	35	1814900
双阳交警大队	Shuangyang traffic police department	128	48	140	1272300
绿园交警大队	Lvyuan traffic police department	131	34	136	3129000
经济开发区交警大队	Econmic development zone traffic police department	43	15	30	128100
净月开发区交警大队	Jing yue development zone traffic police department	46	20	49	987000
高新交警大队	High－tech traffic police department	39	22	40	389601
公路治安巡逻大队	Road peace and patrol department	98	38	100	1065201
站前治安管理分局	Zhanqian public security and management office				
榆树交警大队	Yushu traffic police department	125	53	136	521650
农安交警大队	Nong' an traffic police department	144	73	147	514200
九台交警大队	Jiutai traffic police department	72	57	48	558700
德惠交警大队	Dehui traffic police department	96	72	62	292400

18－7 刑事案件情况
BASIC STATISTICS ON PUBLIC ORDER

<table>
<tr><td>立案 Put on record</td><td>合计（起）Total（case）</td><td>31358</td><td>破案 Break cases</td><td>合计（件）Total（case）</td><td>17615</td></tr>
<tr><td rowspan="5">发案地域 Put on recordArea of Cases happened</td><td>城区 City zone</td><td>22680</td><td colspan="2">破获年前案件 Break cases before the year</td><td>1829</td></tr>
<tr><td>郊区 Suburb</td><td>1111</td><td colspan="2">破获外省、区市案件 Break cases in other provinces and cities</td><td>323</td></tr>
<tr><td>镇 Town</td><td>6845</td><td rowspan="3">直接受害人 Direct victims</td><td>死亡（人）Death（person）</td><td>128</td></tr>
<tr><td rowspan="2">其他 Others</td><td rowspan="2">722</td><td>受伤（人）Injury（person）</td><td>253</td></tr>
<tr><td>其他（人）Others（person）</td><td>17422</td></tr>
<tr><td colspan="2">补立年前案件 Makeup case before the year</td><td>3087</td><td colspan="2">财物、损失总价值（万元）Total value of property and loss（10000yuan）</td><td>15103</td></tr>
</table>

主要统计　指标解释

EXPLANATORY NOTES ON MAIN STATISTICAL INDICATORS

主要统计指标解释

自然资源

森林覆盖率 通常是指森林面积占土地总面积之比，一般用百分数表示。但国家规定在计算森林覆盖率时，森林面积还包括灌木林面积、农田林网树占地面积以及四旁树木的覆盖面积。森林覆盖率，是反映一个国家或地区森林资源和绿化水平的重要指标。计算公式：

$$森林覆盖率（\%）=\frac{森林面积}{土地总面积}\times 100\%$$

本《年鉴》内所列森林覆盖率是按有林地面积计算的。

森林蓄积量指森林面积上生长着的林木树干材积总量。它是反映一个国家或地区森林资源总规模和水平的重要指标。

矿产保有储量指探明的矿产储量（包括工业储量和远景储量）扣除已开采部分和地下损失量后的年末实有储量。它反映国家矿产资源的现状。

综　　合

国内生产总值 是按市场价格计算的国内生产总值的简称。它是一个国家（地区）所有常住单位在一定时期内生产活动的最终成果。国内生产总值有三种表现形态，即价值形态、收入形态和产品形态。从价值形态看，它是所有常住单位在一定时期内所生产的全部货物和服务价值超过同期投入的全部非固定资产货物和服务价值的差额，即所有常住单位的增加值之和；从收入形态看，它是所有常住单位在一定时期内所创造并分配给常住单位和非常住单位的初次分配收入之和；从产品形态看，它是最终使用的货物和服务减去进口货物和服务。在实际核算中，国内生产总值的三种表现形态表现为三种计算方法，即生产法、收入法和支出法。三种方法分别从不同的方面反映国内生产总值及构成。

国民生产总值 是按市场价格计算的国民生产总值的简称。它是一个国家所有常住单位在一定时期内收入初次分配的最终成果。一国常住单位从事生产活动所创造的增加值在初次分配过程中主要分配给该国的常住单位，但也有一部分以劳动者报酬和财产收入等形式分配给该国的非常住单位，同时，国外生产所创造的增加值也有一部分以劳动者报酬和财产收入等形式分配给该国的常住单位。从而产生了国民生产总值概念，它等于国内生产总值加上来自国外的劳动者报酬和财产收入减去付给国外的劳动者报酬和财产收入。与国内生产总值不同，国内生产总值是一个生产概念，而国民生产总值则是个收入概念。

国民生产总值同社会总产值、国民收入的区别，从核算范围看，社会总产值和国民收入都只计算物质生产部门的劳动成果，而国民生产总值除计算物质生产部门劳动成果外，还计算非物质生产部门的劳动成果。从这三个指标的价值构成看，社会总产值计算了社会产品的全部价值；国民生产总值计算在生产产品和提供劳务过程中增加的价值，即增加值不计算中间产品和中间劳务投入的价值；而国民收入除了不计算中间产品价值外，还不包括固定资产折旧价值，即只计算净产值。

三次产业 根据社会生产活动历史发展的顺序对产业结构的划分，产品直接取自自然界的部门称为第一产业，对初级产品进行再加工的部门称为第二产业，为生产和消费提供各种服务的部门称为第三产业。

它是世界上通用的产业结构分类，但各国的划分不尽一致。我国的三次产业划分是：

第一产业：农业（包括种植业、林业、牧业、副业和渔业）。

第二产业：工业（包括采掘工业、制造业、自来水、电力、蒸汽、热水、煤气）和建筑业。

第三产业：除第一、第二产业以外的其他各业。由于第三产业包括的行业多、范围广，根据我国的实际情况，第三产业可分为两大部分，一是流通部门，二是服务部门。具体又可分为四个层次：

第一层次：流通部门，包括交通运输业、邮电通讯业、商业、饮食业、物资供销和仓储业。

第二层次：为生产和生活服务的部门，包括金融、保险业，地质普查业，房地产、公用事业，居民服务业，咨询服务业和综合技术服务业，农、林、牧、渔、水利服务业和水利业，公路、内河（湖）航道养护业等。

第三层次：为提高科学文化水平和居民素质服务的部门，包括教育、文化、广播电视，科学研究、卫生、体育和社会福利事业等。

第四层次：为社会公共需要服务的部门，包括国家机关、政党机关、社会团体，以及军队和警察等。

支出法国内生产总值 指一个国家（或地区）所有常住单位在一定时期内用于最终消费、资本形成总额，以及货物和服务的净出口总额，它反映本期生产的国民生产总值的使用构成。

最终消费 指常住单位在一定时期内对于货物和服务的全部最终消费支出，也就是常住单位为满足物质、文化和精神生活的需要，从本国经济领土和国外购买的货物和服务的支出，它不包括非常住单位在本国经济领土内的消费支出。最终消费分为居民消费和政府消费。

（一）居民消费：指常住住户在一定时期内对于货物和服务的全部最终消费支出。居民关于货物的最终消费支出在货物的所有权发生变化时记录，关于服务的最终消费支出在服务提供的时候记录。居民消费支出按市场价格计算，即按居民支付的购买者价格计算，货物的购买者价格是购买者取得交货所支付的价格，它包括购买者支付的运输和商业费用。居民消费支出除了直接以货币形式购买的货物和服务的消费支出外，还包括以其他方式获得的货物和服务的消费支出，即所谓的虚拟消费支出。居民虚拟消费支出包括如下几种类型：单位以实物报酬及实物转移的形式提供给劳动者的货物和服务；住户生产并由本住户消费了的货物和服务，其中的服务仅指住户的自有住房服务；金融机构提供的金融媒介服务；保险公司提供的保险服务。

（二）政府消费：指政府部门为全社会提供的公共服务的消费支出和免费或以较低的价格向居民住户提供的货物和服务的净支出，前者等于政府服务的产出价值减去政府单位所获得的经营收入的价值，政府服务的产出价值等于它的经常性业务支出加上固定资产折旧；后者等于政府部门向居民住户提供的货物和服务的市场价值减去向居民住户收取的价值。

资本形成总额 指常住单位在一定时期内获得减去处置的固定资产和存货的净额，包括固定资产形成总额和存货增加两项。

（一）固定资产形成总额：指常住单位在一定时期内购置、转入和自产自用的固定资产价值，扣除固定资产的销售和转出后的价值。可分为有形固定资产形成总额和无形固定资产形成总额。有形固定资产形成总额包括一定时期内完成的建筑工程、安装工程和设备工器具购置（减处置）价值，以及土地改良、新增役、种、奶、毛、娱乐用牲畜和新增经济林木价值。无形固定资产形成总额包括矿藏的勘探、计算机软件、娱乐和文学艺术品原件等获得减处置。

（二）存货增加：指常住单位在一定时期内存货实物量变动的市场价值即期末价值减期初价值的差额。存货增加可以是正值，也可以是负值，正值表示存货上升，负值表示存货下降。它包括生产单位购进的原材料、燃料和储备物资等存货，以及生产单位生产的产成品、在制品和半成品等存货等。

人　口

人口数　指一定时点、一定地区范围内的有生命的个人的总和。年度统计的年末人口数是指每年 12 月 31 日 24 时的人口数。

出生率（又称粗出生率）　指在一定时期内（通常为一年）平均每千人所出生的人数的比率，一般用千分率表示。计算公式：

$$出生率=\frac{年出生人数}{年平均人数}\times 1000‰$$

出生人数是指活婴儿，即胎儿脱离母体时（不管怀孕月数），有过呼吸或其他生命现象。

年平均人数是年初、年底人口数的平均数，也可用年中人口数代替。

死亡率（又称粗死亡率）　指在一定时期内（通常为一年）一定地区的死亡人数与同期平均人数（或期中人数）之比，一般用千分率表示。计算公式为：

$$死亡率=\frac{年死亡人数}{年平均人数}\times 1000‰$$

人口自然增长率　指在一定时期内（通常为一年）人口自然增加数（出生人数减死亡人数）与该时期内平均人数（或期中人数）之比，一般用千分率表示。计算公式：

$$人口自然增长率=\frac{本年出生人数-本年死亡人数}{年平均人数}\times 1000‰$$

$$人口自然增长率=人口出生率-人口死亡率$$

从业人员和职工工资

从业人员　指从事一定社会劳动并取得劳动报酬或经营收入的人员。包括：

（1）全部职工

（2）再就业的离退休人员

（3）私营业主

（4）个体户主

（5）私营和个体从业人员

（6）乡镇企业从业人员

（7）农村从业人员

（8）其他从业人员（包括民办教师、宗教职业者、现役军人等）

这一指标反映了一定时期内全部劳动力资源的实际利用情况，是研究我国基本国情国力的重要指标。

各单位的从业人员是指在各级国家机关、政党机关、社会团体及企业、事业单位中工作，并取得劳动报酬的全部人员。包括职工、再就业的离退休人员、民办教师以及在各单位中工作的外方人员和港、澳、台方人员。

各单位的从业人员反映了各单位实际参加生产或工作的全部劳动力。

经济活动人口　指在 16 岁以上，有劳动能力，参加或要求参加社会经济活动的人口。包括：从业人员和失业人员。

城镇登记失业人员及失业率　指有非农业户口，在一定的劳动年龄内，有劳动能力，无业而要求就业，并在当地就业服务机构进行求职登记的人员。城镇登记失业率指城镇登记失业人数同城镇从业人数与城镇登记失业人数之和的比。计算公式为：

$$城镇登记失业率=\frac{城镇登记失业人数}{(城镇从业人数+城镇登记失业人数)}\times 100\%$$

职工工资总额 指各单位在一定时期内直接支付给本单位全部职工的劳动报酬总额。

工资总额的计算原则应以直接支付给职工的全部劳动报酬为根据。各单位支付给职工的劳动报酬以及其他根据有关规定支付的工资，不论是计入成本的还是不计入成本的，不论是按国家规定列入计征奖金税项目的，还是未列入计征奖金税项目的，不论是以货币形式支付的还是以实物形式支付的，均包括在工资总额内。

职工平均工资 指企业、事业、机关单位的职工在一定时期内平均每人所得的货币工资额。

它表明一定时期职工工资收入的高低程度，是反映职工工资水平的主要指标。计算公式为：

$$职工平均工资=\frac{报告期实际支付的全部职工工资总额}{报告期全部职工平均人数}$$

职工平均实际工资 指扣除物价变动因素后的职工平均工资。计算公式为：

$$职工平均实际工资=\frac{报告期职工平均工资}{报告期城镇居民消费价格指数}$$

固定资产投资

全社会固定资产投资 固定资产投资是社会固定资产再生产的主要手段。通过建造和购置固定资产的活动，国民经济不断采用先进技术装备，建立新兴部门，进一步调整经济结构和生产力的地区分布，增强经济实力，为改善人民物质文化生活创造物质条件。这对我国的社会主义现代化建设具有重要意义。

固定资产投资额是以货币表现的建造和购置固定资产活动的工作量，它是反映固定资产投资规模、速度、比例关系和使用方向的综合性指标。全社会固定资产投资按经济类型可分为国有、集体、个体、联营、股份制、外商、港澳台商、其他等。按照管理渠道，全社会固定资产投资总额分为基本建设、更新改造、房地产开发投资和其他固定资产投资四个部分。

基本建设投资 基本建设是企业、事业、行政单位以扩大生产能力或工程效益为主要目的新建、扩建工程及有关工作。其综合范围为总投资50万元以上（含50万元，下同）的基本建设项目。具体包括：(1) 列入中央和各级地方本年基本建设计划的建设项目，以及虽未列入本年基本建设计划，但使用以前年度基建计划内结转投资（包括利用基建设备材料）在本年继续施工的建设项目；(2) 本年基本建设计划内投资与更新改造计划内投资结合安排的新建项目和新增生产能力（或工程效益）达到大中型项目标准的扩建项目，以及为改变生产力布局而进行的全厂性迁建项目；(3) 国有单位既未列入基建计划，也未列入更新改造计划的总投资在50万元以上的新建、扩建、恢复项目和为改变生产力布局而进行的全厂性迁建项目，以及行政、事业单位增建业务用房和行政单位增建生活福利设施的项目。

更新改造投资 更新改造是指企业、事业单位对原有设施进行固定资产更新和技术改造，以及相应配套的工程和有关工作（不包括大修理和维护工程）。其综合范围为总投资50万元以上的更新改造项目。具体包括：(1) 列入中央和各级地方本年更新改造计划的投资单位（项目）和虽未列入本年更新改造计划，但使用上年更新改造计划内结转的投资在本年继续施工的项目；(2) 本年更新改造计划内投资与基本建设计划内投资结合安排的对企、事业单位原有设施进行技术改造或更新的项目和增建主要生产车间、分厂等其新增生产能力（或工程效益）未达到大中型项目标准的项目，以及由于城市环境保护和安全生产的需要而进行的迁建工作；(3) 国有企、事业单位既未列入基建计划也未列入更新改造计划，总投资在50万元以上的属于改建或更新改造性质的项目，以及由于城市环境保护和安全生产的需要而进行的迁建工程。

房地产开发投资 指房地产开发公司、商品房建设公司及其他房地产开发法人单位和附属于其他法人单位实际从事房地产开发或经营的活动单位统一开发的包括统代建、拆迁还建的住宅、厂房、仓库、饭店、宾馆、度假村、写字楼、办公楼等房屋建筑物和配套的服务设施、土地开发工程（如道路、给水、排水、供电、供热、通讯、平整场地等基础设施工程）的投资。不包括单纯的土地交易活动。

其他固定资产投资 指全社会固定资产投资中未列入基本建设、更新改造和房地产开发投资的建造和购置固定资产的活动。具体包括：

（1）国有单位按规定不纳入基本建设计划和更新改造计划管理，计划总投资（或实际需要总投资）在50万元以上的以下工程：①用油田维护费和石油开发基金进行的油田维护和开发工程；②煤炭、铁矿、森工等采掘采伐业用维简费进行的开拓延伸工程；③交通部门用公路养路费对原有公路、桥梁进行改建的工程；④商业部门用简易建筑费建造的仓库工程。

（2）城镇集体固定资产投资：指所有隶属城市、县城和经国务院及省、自治区、直辖市批准建制的镇领导的集体单位（乡镇企业局管理的除外）建造和购置固定资产计划总投资（或实际需要总投资）在50万元以上的项目。

（3）除上述以外的其他各种企、事业单位、个体建造和购置固定资产总投资在50万元以上的、未列入基本建设计划和更新改造计划的项目。

城镇和工矿区私人建房投资和农村个人投资 城镇和工矿区私人建房包括市、县城、镇、工矿区所辖范围内的全部私人建房，不论其房主是否系本地的常住户口均应包括。农村个人投资包括农村个人建房及购置生产性固定资产的投资。

新增生产能力 指通过固定资产投资活动而增加的设计能力或工程效益，它是用实物形态表示的固定资产投资的成果。新增生产能力的计算，是以能独立发挥生产能力或效益的单项工程（或项目）为对象。当单项工程（或项目）建成，经有关部门鉴定合格，正式移交投入生产，即可计算新增生产能力。

新增生产能力或工程效益有以下几种表现形式：

（1）以建设项目或单位工程建成后的年产能力表示，如煤炭开采、石油开采等。

（2）以建设项目或单项工程建成后处理原料的能力表示，如选矿工程的年处理矿石能力，洗煤厂年洗原煤能力等。

（3）以新增的主要设备数量或容量表示。如棉纺锭枚数，发电机组容量等。

（4）以建筑物容积、容量、面积或长度表示。如水库容量、铁路公路里程等。

新增生产能力的数量一般按设计能力计算。设计能力是指设计文件中规定的在正常情况下能够达到的生产能力，而不论投产后的实际产量如何。以设备数量、建筑物容积、面积、长度等表示的新增生产能力（或效益），则按建成的实际数量计算。

房屋建筑面积 指从房屋外墙线算起的各层平面面积的总和，包括可供使用的有效面积和房屋结构（如柱、墙）占用面积。多层建筑按各层（包括地下室）面积总和计算。

住宅建筑面积 指施工和竣工房屋建筑面积中供居住用的施工和竣工房屋建筑面积。

施工面积 指报告期内施工的全部房屋建筑面积。包括本期新开工的面积、上期跨入本期继续施工的房屋面积、上期停缓建在本期恢复施工的房屋面积、本期竣工的房屋面积及本期施工后又停缓建的房屋面积。

竣工面积 指在报告期内房屋建筑按照设计要求已全部完工，达到住人和使用条件，经验收鉴定合格，正式移交使用单位的建筑面积。

房屋建筑面积竣工率 指一定时期内房屋竣工面积占同期房屋施工面积的比率。它是从房屋建筑施工速度的角度反映投资效果和建筑业经济效益的指标。

新增固定资产 指通过投资活动所形成的新的固定资产价值。包括已经建成投入生产或交付使用的工程价值和达到固定资产标准的设备、工具、器具的价值及有关应摊入的费用。它是以价值形式表示的固定资产投资成果的综合性指标，可以综合反映不同时期、不同部门、不同地区的固定资产投资成果。

建设项目投产率 指一定时期内全部建成投入生产项目个数与同期正式施工项目个数的比率。它是从项目建设速度的角度反映投资效果的指标。

固定资产交付使用率 指一定时期新增固定资产与同期完成投资额的比率。它是反映各个时期固定资产动用速度，衡量建设过程中投资效果的一个综合性指标。

能源和原材料消费

能源生产总量 指一定时期内全国（地区）一次能源生产量的总和，是观察全国（地区）能源生产水平、规模、构成和发展速度的总量指标。一次能源生产量包括原煤、原油、天然气、水电及其他动力能（如风能、地热能等）发电量。不包括低热值燃料生产量、生物质能、太阳能等的利用和由一次能源加工转换而成的二次能源产量。

能源消费总量 指一定时期内全国（地区）物质生产部门、非物质生产部门和生活消费的各种能源的总和，是观察能源消费水平、构成和增长速度的总量指标，能源消费总量包括原煤和原油及其制品、天然气、电力。不包括低热值燃料、生物质能和太阳能等的利用。能源消费总量分为三部分，即终端能源消费量、能源加工转换损失量和损失量。

（1）终端能源消费量 指一定时期内全国（地区）物质生产部门、非物质生产部门和生活消费的各种能源在扣除了用于加工转换二次能源消费量和损失量以后的数量。

（2）能源加工转换损失量 指一定时期内全国（地区）投入加工转换的各种能源数量之和与产出各种能源产品之和的差额。它是观察能源在加工转换过程中损失量变化的指标。

（3）能源损失量 指一定时期内能源在输送、分配、储存过程中发生的损失和由客观原因造成的各种损失量。包括各种气体能源放空、放散量。

财　　政

财政收入 国家财政参与社会产品分配所取得的收入，是实现国家职能的财力保证。财政收入所包括的内容几经变化，目前主要包括：

（1）各项税收 包括增值税、营业税、消费税、土地增值税、城市维护建设税、资源税、城市土地使用税、印花税、固定资产投资方向调节税、个人所得税、企业所得税、关税、农牧业税和耕地占用税等。

（2）专项收入 包括征收排污费、征收城市水资源费收入，教育费附加收入等。

（3）其他收入 包括基本建设贷款归还收入、国家能源交通重点建设基金收入、国家预算调节基金等。

（4）国有企业计划亏损补贴 这项为负收入，冲减财政收入。

财政支出 国家财政将筹集起来的资金进行分配使用，以满足经济建设和各项事业的需要，主要包括：

（1）基本建设支出 指按国家有关规定，属于基本建设范围内的基本建设有偿使用、拨款、资本金支出以及经国家批准对专项和政策性基建投资贷款，在部门的基建投资额中统筹支付的贴息支出。

（2）企业挖潜改造资金 指国家预算内拨给的用于企业挖潜、革新和改造方面的资金。包括各部门企业挖潜改造资金和企业挖潜改造贷款资金，为农业服务的县办“五小”企业技术改造补助，挖潜改造贷款利息支出。

（3）地质勘探费用　国家预算用于地质勘探单位的勘探工作费用，包括地质勘探管理机构及其事业单位经费、地质勘探经费。

（4）科技三项费用　国家预算用于科技支出的费用，包括新产品试制费、中间试验费、重要科学研究补助费。

（5）支援农村生产支出　国家财政支援农村集体（户）各项生产的支出。包括对农村举办的小型农田水利和打井、喷灌等的补助费；对农村水土保持措施的补助费；对农村举办的小水电站的补助费；特大抗旱的补助费；农村开荒补助费；扶持乡镇企业资金；农村农技推广和植保补助费；农村草场和畜禽保护补助费；农村造林和林木保护补助费；农村水产补助费；发展粮食生产专项资金。

（6）农林水利气象等部门的事业费用　国家财政用于农垦、农场、农业、畜牧、农机、林业、森工、水利、水产、气象、乡镇企业的技术推广、良种推广（示范）、植物（畜禽、森林）保护、水质监测、勘探设计、资源调查、干部训练等项费用，园艺特产补助费，中等专业学校经费，飞播牧草试验补助费，营林机构、气象机构经费，渔政费以及农业管理事业费等。

（7）工业交通商业等部门的事业费　国家预算支付给工交商各部门用于事业发展的经费。包括勘探设计费、中等专业学校经费、技术学校经费、干部训练费。

（8）文教科学卫生事业费　国家预算用于文化、出版、文物、教育、卫生、中医、公费医疗、体育、档案、地震、海洋、通讯、电影电视、计划生育、党政群干部训练、自然科学、社会科学、科协等项事业的经费支出和高技术研究专项经费。主要包括工资、补助工资、福利费、离退休费、助学金、公务费、设备购置费、修缮费、业务费、差额补助费。

（9）抚恤和社会福利救济费　国家预算用于抚恤和社会福利救济事业的经费，包括由民政部门开支的烈士家属和牺牲病残人员家属的一次性、定期抚恤金，革命伤残人员的抚恤金，各种伤残补助费，烈军属、复员退伍军人生活补助费、退伍军人安置费，优抚事业单位经费，烈士纪念建筑物管理、维修费，自然灾害救济事业费和特大自然灾害后重建补助费等。

（10）国防支出　国家预算用于国防建设和保卫国家安全的支出，包括国防费、国防科研事业费、民兵建设以及专项工程支出等。

（11）行政管理费　包括行政管理支出，党派团体补助支出，外交支出，公安安全支出，司法支出，法院支出，检察院支出和公检法办案费用补助。

（12）价格补贴支出　经国家批准，由国家财政拨给的政策性补贴支出，主要包括粮食加价款，粮、棉、油差价补贴，棉花收购价外奖励款，副食品风险基金，市镇居民的肉食价格补贴，平抑市价肉食、蔬菜价差补贴等以及经国家批准的教材课本、报刊新闻纸等价格补贴。

物　　价

商品零售价格指数　是反映城乡商品零售价格变动趋势的一种经济指数。零售物价的调整变动直接影响到城乡居民的生活支出和国家的财政收入，影响居民购买力和市场供需平衡，影响消费与积累的比例。因此，计算零售价格指数，可以从一个侧面对上述经济活动进行观察和分析。

居民消费价格指数　是反映一定时期内城乡居民所购买的生活消费品价格和服务项目价格变动趋势和程度的相对数，是对城市居民消费价格指数和农村居民消费价格指数进行综合汇总计算的结果。利用居民消费价格指数，可以观察和分析消费品的零售价格和服务价格变动对城乡居民实际生活费支出的影响程度。

城市居民消费价格指数　是反映城市居民家庭所购买的生活消费品价格和服务项目价格变动趋势和程度的相对数。城市居民消费价格指数可以观察和分析消费品的零售价格和服务项目价格变动对职工货币工资的影响，作为研究职工生活和确定工资政策的依据。

农村居民消费价格指数　是反映农村居民家庭所购买的生活消费品价格和服务项目价格变动趋势和程度的相对数。农村居民消费价格指数可以观察农村消费品的零售价格和服务项目价格变动对农村居民生活消费支出的影响，直接反映农民生活水平的实际变化情况，为分析和研究农村居民生活问题提供依据。

农产品收购价格指数　是反映国有商业、集体商业、个体商业、外贸部门、国家机关、社会团体等各种经济类型的商业企业和有关部门收购农产品价格的变动趋势和程度的相对数。农产品收购价格指数可以观察和研究农产品收购价格总水平的变化情况，以及对农民货币收入的影响，作为制订和检查农产品价格政策的依据。

农村工业品零售价格指数　是反映农村市场工业品零售价格水平变动趋势和程度的相对数。通过农村工业品零售价格指数，可以观察工业品零售价格变动对农民货币支出的影响。

工业品出厂价格指数　是反映全部工业产品出厂价格总水平的变动趋势和程度的相对数，包括工业企业售给本企业以外所有单位的各种产品和直接售给居民用于生活消费的产品。通过工业品出厂价格指数能观察出厂价格变动对工业总产值的影响。

固定资产投资价格指数　是反映固定资产投资额价格变动趋势和程度的相对数。固定资产投资额是由建筑安装工程投资完成额、设备、工器具购置投资完成额和其他费用投资完成额三部分组成的。编制固定资产投资价格指数应首先分别编制上述三部分投资的价格指数，然后采用加权算术平均法求出固定资产投资价格总指数。

编制固定资产投资价格指数可以准确地反映固定资产投资中涉及的各类商品和取费项目价格变动趋势和变动幅度，消除按现价计算的固定资产投资指标中的价格变动因素，真实地反映固定资产投资的规模、速度、结构和效益，为国家科学地制定、检查固定资产投资计划并提高宏观调控水平，为完善国民经济核算体系提供科学的、可靠的依据。

人民生活

城镇居民家庭就业人口　指城镇居民从事社会劳动并取得劳动报酬或经营收入的人口。就业人口包括通过国家统筹规划和指导由劳动部门介绍就业，自愿组织起来就业和自谋职业等方式，在国有制、集体所有制、中外合资、中外合作、外资在华独资的企事业单位和私营企业单位工作或从事个体劳动的有固定性职业或临时性职业的人口。被聘用和留用的离退休人员也计入就业人口。本指标可以反映城镇居民的就业情况，是计算就业面、负担系数的重要资料。

城镇居民家庭全部收入　指被调查城镇居民家庭全部的实际现金收入，包括经常或固定得到的收入和一次性收入。不包括周转性收入，如提取银行存款、向亲友借入款、收回借出款以及其他各种暂收款。

城镇居民家庭可支配收入　指被调查的城镇居民家庭在支付个人所得税之后，所余下的实际收入。

城镇居民家庭消费性支出　指被调查的城镇居民家庭用于日常生活的全部支出，包括购买商品支出和文化生活、服务等非商品性支出。不包括罚没、丢失款和缴纳的各种税款（如个人所得税、牌照税、房产税等），也不包括个体劳动者生产经营过程中发生的各项费用。

城镇居民家庭购买商品支出　指被调查的城镇居民家庭购买商品的全部支出，包括从商店、工厂、饮食业、工作单位食堂、集市以及直接从农民购买各种商品的开支。共分九类：食品、衣着品、日用品、文化娱乐用品、书报杂志、药及医疗用品、房屋及建筑材料、燃料、其他商品。不论自用的或赠送亲友的都包括在内。

农村居民家庭纯收入　指农村常住居民家庭总收入中，扣除从事生产和非生产经营费用支出、缴纳税款和上交承包集体任务金额以后剩余的，可直接用于进行生产性、非生产性建设投资、生活消费和积蓄的那一部分收入。它是反映农民家庭实际收入水平的综合性的主要指标。农民家庭纯收入，既包括从事生产性和非生产性的经营收入，又包括取自在外人口寄回带回和国家财政救济、各种补贴等非经营性收入；既包括货币收入，又包括自产自用的实物收入。但不包括向银行、信用社和向亲友借款等属于借贷性的收入。

农村居民家庭整半劳动力 指农村常住居民家庭成员中有劳动能力并经常参加实际劳动的人员。是生产的基本要素指标之一，是发展生产增加农民家庭收入的重要源泉。按规定，农村男18周岁至50周岁、女18周岁至45周岁为整劳动力；男16周岁到17周岁、51周岁到60周岁，女16周岁到17周岁、46周岁到55周岁为半劳动力。农民家庭整半劳动力，既包括在上述规定劳动年龄内和在劳动年龄以外有劳动能力并经常参加实际劳动的男女整半劳动力；也包括农民家庭常住人员中属于职工的劳动力。但不包括在劳动年龄内已丧失劳动能力的人员。

农村居民家庭生活消费支出 指农村常住居民家庭年内用于日常生活的全部开支。它是用来反映和研究农民家庭实际生活消费水平高低的重要指标。农民家庭生活消费支出，包括用于吃、穿、住、烧、用等生活消费品开支和文化、生活服务费用开支两大部分。

农村居民家庭商品性生活消费支出 指农村常住居民家庭用其货币收入，在市场上购买食品、衣着、家庭用家具器皿、日用杂品、燃料、耐用消费品、以及文教卫生用品等生活消费总量。包括向国有商店、集体商店和集市贸易市场以及其他流通渠道购买的全部生活消费品。农民家庭商品性生活消费支出，是农民家庭生活消费支出的一个重要组成部分，是用来反映和分析农民家庭生活消费水平的商品化程度，及其由自给性经济向商品经济发展趋势的重要指标，也是研究和预测农民家庭对市场消费品需求，制定商品供应计划的重要依据。

城乡居民储蓄存款余额 城乡居民储蓄存款，包括城镇居民储蓄存款和农民个人储蓄存款两部分。不包括居民的手存现金和工矿企业、部队、机关团体等集团存款。储蓄存款余额，是指城乡居民存入银行及农村信用社储蓄的时点数（存入数扣除取出数的余额），如月末、季末或年末数额。

市政公用事业

年底自来水生产能力 指年底城建部门管理的自来水厂和自备水源的社会单位取水、净化、送水、出厂输水干管等环节的实际生产能力。

年底供水管道长度 指从送水泵到用户水表之间所有管道的长度。

全年供水总量 指公用自来水厂和自备水源的社会单位全年的供水总量，包括有效供水量及损失水量。

生活用水量 指居民日常生活与公共福利设施的用水量。包括居民、饮食店、旅馆、医院、理发店、浴池、洗衣店、游泳池、商店、学校、机关、部队等单位的用水量。

城市人口用水普及率 指城市用水的非农业人口数（不包括临时人口和流动人口）与城市非农业人口总数之比。计算公式：

$$\text{用水普及率} = (\text{城市用水的非农业人口数} \div \text{城市非农业人口数}) \times 100\%$$

人工煤气生产能力 指城市煤气厂制气、净化、输送等环节的综合实际生产能力。

输气管道长度 指由压缩机、鼓风机、储气罐的出口到用户立管之间的全部管道长度。

全年供气总量 指全年售给各类用户的全部煤气量。包括工业用量、家庭用量和其他用量。

城市用气普及率 指使用煤气（包括人工煤气、液化石油气、天然气）的城市非农业人口数（不包括临时人口和流动人口）与城市非农业人口总数之比。计算公式：

$$\text{城市煤气普及率} = \frac{\text{城市用气的非农业人口}}{\text{城市非农业人口总数}} \times 100\%$$

城市供热能力 指热电厂、热力公司和达到标准的集中采暖锅炉房向城市输送的供热源的设计能力。每小时向城市输送的蒸汽、热水能力。

城市供热总量 指热电厂、热力公司和达到标准的集中采暖锅炉房全年向城市输送的全部蒸汽、热水量。

城市供热管道长度 指热电厂、热力公司和达到标准的集中采暖锅炉房管理的集中供热热源到用户之间的全部供气、供热水的管道长度。

年底实有铺装道路长度 指除土路外，路面经过铺装宽度在3.5米以上的道路，包括高级、次高级道路和普通道路。

城市桥梁 指城市范围内，修建在河道上的桥梁和道路与道路立交、道路跨越铁路的立交桥，以及人行天桥。包括永久性桥和半永久性桥，不包括临时性桥、铁路桥、涵洞。

城市下水道总长度 指所有排水总管、干管、支管及暗渠、检查井、连接井进出水口等长度之和。

城市污水日处理能力 指污水处理厂每昼夜处理污水量的设计能力。

年末实有公共汽（电）车 指年底可参加营运的全部车辆数，包括年底营运车辆数和库存查封未参加营运的车辆，不包括非营运车辆，如架线车、油罐车、工程车、货车及其他专用车辆和借入客运车辆。

营运线路长度 指设置的固定营运线路长度，包括郊区营运线路长度。不包括临时行驶的线路长度。

城市园林绿地面积 指城市公共绿地、专用绿地、生产绿地、防护绿地、郊区风景名胜区的全部面积。

公共绿地 指供游览休息的各种公园、动物园、植物园、陵园以及花园、游园和供游览休息用的林荫道绿地、广场绿地。不包括一般栽植的行道树及林荫道的面积。

农　业

农林牧渔业总产值 是以货币表现的农、林、牧、渔业全部产品的总量，它反映一定时期内农业生产总规模和总成果。

农、林、牧、渔业的统计范围包括国有经济的各种专业农（农、林、牧、渔）场以及国家各级机关团体学校、部队、集体所有制的乡、镇、村各级办农场；工矿企业经营的农、林、牧、渔业，农村各种经济组织和农户经营的农林牧渔业和农民家庭兼营的商品性工业等。

（1）农业 包括种植业和其他农业。

种植业 包括谷物、豆类、薯类、棉、油料、糖料、麻类、烟叶、蔬菜、药材、瓜类和其他农作物的种植，以及茶园、桑园、果园的生产经营。

其他农业 包括采集野生植物的果实、纤维、树胶、树脂、油料以及柴草、野生药材、菌类以及农民家庭兼营的商品性工业。

（2）林业 包括林木的栽培（不包括茶园、桑园和果园的栽培、管理和收获等活动）、林产品的采集和村及村以下合作经济组织和农户的竹木采伐。

（3）牧业 包括除渔业养殖以外的一切动物饲养和放牧以及野生动物的捕猎和饲养。

（4）渔业 包括水生动物和海藻类植物的养殖和捕捞。

农业总产值的计算方法通常是按农林牧渔业产品及其副产品的产量分别乘以各自单位产品价格求得，少数生产周期较长，当年没有产品或产品产量不易统计的，则采用间接方法匡算其产值，然后将四业产品产值相加即为农业总产值。

1957年以前的农业总产值中包括了厩肥和农民自给性手工业（如农民自制衣服、鞋、袜、自己从事粮食初步加工等）。1958年及以后的农业总产值，林业中增加了村及村以下竹木采伐产值；牧业中取消了厩肥产值；副业中取消了农民自给性手工业产值，增加了村及村以下办的工业产值；渔业中增加了海洋捕捞水产品产值。1980年及以后的农业总产值，在副业中增加了农民家庭兼营工业商品部分的产值。从1984年起村及村以下办工业产值划归工业。从1993年起，取消副业。将野生动物的捕猎划入牧业，野生植物采集和农民家庭兼营商品性工业划归农业。

粮食产量 指全社会的产量。包括国有经济经营的、集体统一经营的和农民家庭经营的粮食产量，还包括工矿企业办的农场和其他生产单位的产量。粮食除包括稻谷、小麦、玉米、高粱、谷子及其他杂粮外，还包括薯类和豆类。其产量计算方法，豆类按去豆荚后的干豆计算；薯类（包括甘薯和马铃薯，不包括芋头和木薯）1963 年以前按每 4 公斤鲜薯折 1 公斤粮食计算，从 1964 年开始及以后改为按 5 公斤鲜薯折 1 公斤粮食计算。城市郊区作为蔬菜的薯类（如：马铃薯等）按鲜品计算，并且不做为粮食统计。其他粮食一律按脱粒后的原粮计算。油料产量指全部油料作物的生产量。包括花生、油菜籽、芝麻、向日葵籽、胡麻籽（亚麻籽）和其他油料。不包括大豆，也不包括木本油料和野生油料。花生以带壳干花生计算。水产品产量 指人工养殖的水产品和天然生长的水产品的捕捞量。包括海水的鱼类、虾蟹类、贝类和藻类以及内陆水域的鱼类、虾蟹类和贝类，不包括淡水生殖物。

猪、牛、羊肉产量 指当年出栏并已屠宰后除去头蹄下水后带骨肉（即胴体重）的重量。

耕地面积 指年初可以用来种植农作物、经常进行耕锄的田地，除包括熟地、当年新开荒地、连续撂荒未满三年的耕地和当年的休闲地（轮歇地）外，还包括以种植农作物为主并附带种植桑树、茶树、果树和其他林木的土地，以及沿海、沿湖地区已围垦利用的“海涂”、“湖田”等面积。但不包括属于专业性的桑园、茶园、果园、果木苗圃、林地、芦苇地、天然或人工草地面积。

农作物播种面积 指实际播种或移植有农作物的面积。凡是实际种植有农作物的面积，不论种植在耕地上还是种植在非耕地上，均包括在农作物播种面积中。在播种季节基本结束后，因遭灾而重新改种和补种的农作物面积，也包括在内。

有效灌溉面积 指具有一定的水源，地块比较平整，灌溉工程或设备已经配套，在一般年景下当年能够进行正常灌溉的耕地面积。

农用化肥施用量 指本年内实际用于农业生产的化肥数量。包括氮肥、磷肥、钾肥和复合肥。化肥施用量要求按折纯量计算数量。折纯法化肥施用量是把氮肥、磷肥和钾肥分别按含氮、含五氧化二磷、含氧化钾的百分之一百成份折算后的数量。复合肥按其所含主要成分折算。

农业机械总动力 指主要用于农、林、牧、渔业的各种动力机械的动力总和。包括耕作机械、排灌机械、收获机械、农用运输机械、植物保护机械、牧业机械、林业机械、渔业机械和其他农业机械〔内燃机按引擎马力折成瓦（特）计算，电动机按功率折成瓦（特）计算〕。不包括专门用于乡、镇、村、组办工业、基本建设、非农业运输、科学试验和教学等非农业生产方面的动力机械与作业机械。

农林牧渔业劳动力 指直接参加农林牧渔业生产劳动的劳动力。

期初（末）畜禽存栏头（只）数 指本期期初（末）农村各种合作经济组织和国营农场、农民个人、机关、团体、学校、工矿企业、部队等单位以及城镇居民饲养的大牲畜、猪、羊、家禽等畜禽的存栏头（只）数。

谷物 指籽实主要供作粮食的作物。这类作物包括稻谷、小麦、玉米、谷子、高粱和其他谷物，不包括豆类和薯类作物。

工　业

工业 指从事自然资源的开采，对采掘品和农产品进行加工和再加工的物质生产部门。具体包括：

（1）对自然资源的开采，如采矿、晒盐、森林采伐等（但不包括禽兽捕猎和水产捕捞）；

（2）对农副产品的加工、再加工，如粮油加工、食品加工、轧花、缫丝、纺织、制革等；

（3）对采掘品的加工、再加工，如炼铁、炼钢、化工生产、石油加工、机器制造、木材加工等，以及电力、自来水、煤气的生产和供应等；

（4）对工业品的修理、翻新，如机器设备的修理、交通运输工具（包括小卧车）的修理等。

1984年以前农村的村及村以下办工业归属农业，1984年以后划归工业。

本年鉴中涉及的企业登记注册类型：

（1）国有及国有控股企业。国有企业（即过去的全民所有制工业或国营工业）是指企业全部资产归国家所有，并按《中华人民共和国企业法人登记管理条例》规定登记注册的非公司制的经济组织。包括国有企业、国有独资公司和国有联营企业。1957年以前的公私合营和私营工业，后均改造为国营工业，1992年改为国有工业，这部分工业的资料不单独分列时，均包括在国有企业内。国有控股企业是对混合所有制经济的企业进行的"国有空股"分类。它是指这些企业的全部资产中国有资产（股份）相对其他所有者中的任何一个所有者占资（股）最多的企业。该分组反映了国有经济控股情况。

（2）集体企业　指企业资产归集体所有，并按《中华人民共和国企业法人登记管理条件》规定登记注册的经济组织。是社会主义公有制经济的组成部分。包括城乡所有使用集体投资举办的企业，以及部分个人通过集资自愿放弃所有权并依法经工商行政管理机关认定为集体所有制的企业。

（3）股份有限公司　指根据《中华人民共和国企业法人登记管理条例》规定登记注册，其全部注册资本由等额股份构成并通过发行股票筹集资本，股东以其认购的股份对公司承担有限责任，公司以其全部资产对其债务承担责任的经济组织。

（4）港、澳、台商投资企业　指企业注册登记类型中的港、澳、台合资、合作、独资经营企业和股份有限公司之和。

（5）外商投资企业　指企业注册登记类型中的中外资、合作经营企业、外资企业和外商投资股份有限公司之和。

（6）本年鉴中涉及的名为"其他"的企业均指除国有企业、集体企业、个体经营以外的其他类型工业企业（单位）。包括联营企业、私营企业、股份有限公司、有限责任公司；外商投资企业（中外合资经营、中外合作经营、外资企业）港、澳、台投资企业（与大陆合资经营与大陆合作经营，港、澳、台独资企业）及其它企业。

轻工业　指主要提供生活消费品和制作手工工具的工业。按其所使用的原料不同，可分为两大类：（1）以农产品为原料的轻工业，是指直接或间接以农产品为基本原料的轻工业。主要包括食品制造、饮料制造、烟草加工、纺织、缝纫、皮革和毛皮制作、造纸以及印刷等工业；（2）以非农产品为原料的轻工业，是指以工业品为原料的轻工业。主要包括文教体育用品、化学药品制造、合成纤维制造、日用化学制品、日用玻璃制品、日用金属制品、手工工具制造、医疗器械制造、文化和办公用机械制造等工业。

重工业　是指为国民经济各部门提供物质技术基础的主要生产资料的工业。按其生产性质和产品用途，可以分为下列三类：（1）采掘（伐）工业，是指对自然资源的开采，包括石油开采、煤炭开采、金属矿开采、非金属矿开采和木材采伐等工业；（2）原材料工业，指向国民经济各部门提供基本材料、动力和燃料的工业。包括金属冶炼及加工、炼焦及焦炭化学、化工原料、水泥、人造板以及电力、石油和煤炭加工等工业；（3）加工工业，是指对工业原材料进行再加工制造的工业，以及为农业提供的生产资料如化肥、农药等工业。

根据上述划分原则，修理业中以重工业产品为修理作业对象的划为重工业，反之划为轻工业。

工业总产值　是以货币表现的工业企业在一定时期内生产的已出售或可供出售工业产品总量，它反映一定时间内工业生产的总规模和总水平。它包括：在本企业内不再进行加工，经检验、包装入库（规定不需包装的产品除外）的成品价值，工业性作业价值，自制半成品、在产品期末期初差额价值。工业总产值采用"工厂法"计算，即以工业企业作为一个整体，按企业工业生产活动的最终成果来计算，企业内部不允许重复计算，不能把企业内部各个车间（分厂）生产的成果相加。但在企业之间、行业之间、地区之间存在着重复计算。

轻重工业总产值的划分也是按“工厂法”计算的，即一个工业企业在正常情况下生产的主要产品的性质属于轻工业，则该企业的全部总产值作为轻工业总产值；一个工业企业生产的主要产品的性质属于重工业，则该企业的全部总产值作为重工业总产值。

工业增加值 是指工业行业在报告期内以货币表现的工业生产活动的最终成果。

固定资产原价 固定资产原价指企业在建造、购置、安装、改建、扩建、技术改造某项固定资产时所支出的全部货币总额。它一般包括买价、包装费、运杂费和安装费等。

固定资产净值 是指固定资产原价减去历年已提折旧额后的净额。

流动资产 流动资产是指可以在一年或者超过一年的一个营业周期内变现或者耗用的资产，包括现金及各种存款、短期投资、应收及预付货款、存货等。

利税总额 指企业利润总额、产品销售税金及附加和应交增值税之和。

资金利税率 指在一定时期内已实现的利润、税金总额与同期的资产（固定资产净值和流动资产）之比。计算公式：

$$\text{资金利税率（\%）}=\frac{\text{报告期累计实现利税总额}}{\text{固定资产净值平均余额}+\text{流动资产平均余额}}\times 100\%$$

资金利税率反映每单位（通常是每万元）资金所提供的利润税金额。它是考察和评价部门或企业资金运用的经济效益，分析资金投入效果的主要分析指标。

工业成本费用利润率 指在一定时期内实现的利润与成本费用之比，是反映工业生产成本及费用投入的经济效益指标，同时也是反映降低成本的经济效益的指标。计算公式：

$$\text{工业成本费用利润率（\%）}=\frac{\text{利润总额}}{\text{成本费用总额}}\times 100\%$$

工业增加值率 指在一定时期内工业增加值占同期工业总产值的比重，反映降低中间消耗的经济效益。计算公式：

$$\text{工业增加值率（\%）}=\frac{\text{工业增加值（现价）}}{\text{工业总产值（现价）}}\times 100\%$$

流动资金周转次数指在一定时期内流动资产完成的周转次数，反映流动资产的周转速度。计算公式：

$$\text{流动资金周转次数}=\frac{\text{产品销售收入}}{\text{全部流动资产平均余额}}$$

产品销售率 指一定时期内销售产值与同期全部工业总产值之比，反映工业产品生产已实现销售的程度。计算公式：

$$\text{工业产品销售率（\%）}=\frac{\text{报告期现价工业销售产值}}{\text{报告期现价工业总产值}}\times 100\%$$

产品销售收入 指企业销售产品的销售收入和提供劳务等主要经营业务取得的业务总额。

产品销售成本 指企业销售产品和提供劳务等主要经营业务的实际成本。

产品销售税金及附加 指企业销售产品和提供工业性劳务等主要经营业务应负担的城市维护建设税、消费税、资源税和教育费附加。

产品销售利润 指企业销售产品和提供工业性劳务等主要经营业务收入扣除其成本、费用、税金后的利润。

利润总额 指企业实现的利润。

应交增值税 指企业在报告期内应交纳的增值税额。

产值利税率 指报告期已实现的利润、税金总额（包括利润总额、产品销售税金及附加和应交增值税）占同期全部工业总产值的百分比，计算公式为：

$$\text{产值利税率（\%）}=\frac{\text{利税总额}}{\text{工业总产值}}\times 100\%$$

全员劳动生产率 指根据产品的价值量指标计算的平均每一个职工在单位时间内的产品生产量。是考核企业经济活动的重要指标，是企业生产技术水平、经营管理水平、职工技术熟练程度和劳动积极性的综合表现。目前我国的全员劳动生产率是将工业企业的工业增加值除以同一时期全部职工的平均人数来计算的。计算公式：

$$全员劳动生产率 = \frac{工业增加值}{全部职工平均人数}$$

资本金 指企业在工商行政管理部门登记的注册资金合计。企业资本金按投资主体可分为国家资本金、法人资本金、个人资本金和外商资本金等。资本金合计包括企业各种投资主体注册的全部资本金。

总资产 指企业拥有或控制的全部资产。包括流动资产、长期投资、固定资产、无形及递延资产、其他长期资产、递延税项等，即为企业资产负债表的资产总计项。

（1）流动资产 指企业可以在一年内或者超过一年的一个生产周期内变现或耗用的资产合计。包括现金及各种存款、短期投资、应收及预付款项、存货等。

（2）固定资产 指企业固定资产净值、固定资产清理、在建工程、待处理固定资产损失所占用的资金合计。

（3）无形资产 指企业长期使用而没有实物形态的资产。包括专利权、非专利技术、商标权、著作权、土地使用权、商誉等。

总负债 指企业承担并需要偿还的全部债务。包括流动负债和长期负债、递延税项等，即为企业资产负债表的负债合计项。

（1）流动负债 指企业在一年内或者超过一年的一个营业周期内需要偿还的债务合计，其中包括短期借款，应付及预收款项、应付工资、应交税金和应交利润等。

（2）长期负债 指企业在一年以上或者超过一年的一个生产周期以上需要偿还的债务合计，其中包括长期借款、应付债务、长期应付款项等。

所有者权益 指企业投资人对企业净资产的所有权。企业净资产等于企业全部资产减去全部负债后的余额，其中包括投资者对企业的最初投入，以及资本公积金、盈余公积金和未分配利润，对股份制企业即为股东权益。

交通运输和邮电通讯业

铁路营业里程 又称营业长度，指办理客货运输业务的铁路正线总长度。凡是全线或部分建成双线及以上的线路，以第一线的实际长度计算；复线、站线、段管线、岔线和特殊用途线以及不计算运费的联络线都不计算营业里程。铁路营业里程是反映铁路运输业基础设施发展水平的重要指标，也是计算客货周转量、运输密度和机车车辆运用效率等指标的基础资料。

铁路正线延展里程 是正线第一线、第二线、第三线和其他正线建筑里程之和，不包括站线、段管线、岔线及特殊用途线的延展里程。它是作为计算铁路线上钢轨、枕木及路基砂石需要量的主要依据。

公路里程 指在一定时期内实际达到《公路工程技术标准 JTJ01－88》规定的等级公路，并经公路主管部门正式验收交付使用的公路里程数。其计算单位为：km。它包括大中城市的郊区公路以及通过小城镇街道部分的公路里程，也包括桥梁、渡口的长度，但不包括大中城市的街道、厂矿、林区生产用道和农业生产用道的里程。两条或多条公路共同经由一路段，只计算一次，不得重复计算里程长度。公路里程是反映公路建设发展规模的重要指标，也是计算运输网密度等指标的基础资料。

内河航道里程 也称“内河通航里程”，是反映内河水运网规模、水平和发展情况的主要指标；是指在一定时期内，能通航运输船舶及排筏的天然河流、湖泊水库、运河及通航渠道的长度。包括全年季节性通航累计三个月以上的航道，但不包括仅供零散流放竹、木排的河道。

民用航空航线里程 指民航运输定期班机飞行的航线长度的总和。航线长度按机场之间的距离计算，通常有两种计算方法：将每条航线长度相加称为重复计算航线里程；如将两条或两条以上航线经过同一区段里程，只计算一次航线长度称为不重复计算航线里程。一般常用的是后者，它能确切反映民航运输网的规模，表明民航事业为国民经济服务和方便人民生活程度的主要指标。

货（客）运量 指在一定时期内，各种运输工具实际运送的货物（旅客）数量。是反映运输业为国民经济和人民生活服务的数量指标，也是制定和检查运输生产计划，研究运输发展规模和速度的重要指标。货运按吨计算，客运按人计算。货物不论运输距离长短，货物类别，均按实际重量统计；旅客不论行程远近或票价多少，均按一人一次作为客运量统计。半价票、小孩票也按一人统计。

货物（旅客）周转量 指在一定时期内，由各种运输工具运送的货物（旅客）数量与其相应运输距离的乘积之总和，是反映运输业生产总成果的重要指标，也是编制和检查运输生产计划，计算运输效率、劳动生产率以及核算运输单位成本的主要基础资料。通常以吨公里和人公里为计算单位。计算货物周转量通常按发出站与到达站之间的最短距离，也就是计费距离计算。

邮电业务总量 指以货币表现的邮电部门用于传递信息和提供其他邮电服务的总数量。它综合反映了一定时期邮电工作的总成果，是研究邮电业务量构成和发展趋势的重要指标。根据邮电管理体制不同，分为中央国营业务总量和地方国营业务总量。它用各种邮电分类业务量，如函件件数、电报份数、长话张数、市内电话和农村电话的年均户数、订销报刊累计份数等，分别乘以相应的平均单价（不变价），加总后再加上出租电路和设备的收入、代用户维护电话交换机和线路等设备的收入、其他业务收入求得。

市内电话 指接入县城（包括个别城镇）及县以上城市的市内电话网上，并按市内电话进行经营管理的电话。按计费办法分为包月制和计次制两种。

（1）住宅电话 指话机装在居民住宅里的电话。它包括私人付费、公费和免费三个部分。

（2）私人付费电话 指住宅居民自费安装并自己缴纳通话费的电话。

无线寻呼电话用户 指携带小型寻呼机，接收市话用户通过无线寻呼中心，在规定范围内向其发出声音、数字或文字显示信息的用户。目前在邮电部门办理登记手续的无线寻呼电话用户，每一部寻呼机按一户计算。

移动电话用户 指在邮电部门登记，通过移动电话交换机进入移动电话网、占有移动电话号码的电话用户。用户数量以实际办理登记手续进入邮电部门移动电话网的户数进行计算，一部或一台移动电话统计为一户。

建 筑 业

建筑业总产值（即自行完成施工产值） 指建筑业企业或附营建筑施工单位自行完成的按工程进度计算的建筑安装生产总值。建筑业产值包括：

① 建筑工程产值：指列入建筑工程预算内的各种工程价值。

② 设备安装工程产值：指设备安装工程价值。

③ 房屋、构筑物修理产值：指房屋、构筑物修理所完成的价值，但不包括被修理房屋、构筑物本身的价值和生产设备的修理价值。

④非标准设备制造产值：指加工制造没有定型的、非标准的生产设备的加工费和原材料价值，不论是现场还是附属加工厂为本单位承建工程制造的非标准设备的价值，都应计算产值。

建筑业增加值 指建筑业企业在报告期内以货币表现的建筑业生产经营活动的最终结果。目前建筑业增加值采用分配法（收入法）计算，即从收入的角度出发，根据生产要素在生产过程中应得的收入份额计算。具体计算公式为：

建筑业增加值 = 本年提取的固定资产折旧 + 应付工资 + 应付福利费 + 管理费中的劳动待业保险金、税金 + 工程结算税金及附加 + 工程结算利润。

房屋建筑施工面积 指在报告期内施工的全部房屋建筑面积。包括本期内新开工的、上期施工跨入本期继续施工、上期停建本期复工的房屋建筑面积；不包括上期开工后又停工，本期未施工的房屋建筑面积。

房屋建筑竣工面积 指在报告期内，按照设计所规定的工程内容全部完成，达到了设计规定的交工条件，经有关部门检查验收鉴定合格的房屋建筑面积。

自有机械设备年末总台数 指归本企业（或单位）所有，属于本企业固定资产的生产性机械设备年末总台数。包括施工机械、生产设备、运输设备以及其他设备。

自有机械设备年末总功率 指本企业（或单位）自有施工机械、生产设备、运输设备以及其他设备等列为在册固定资产的生产性机械设备年末总功率，按设定能力或查定能力计算。包括机械本身的动力和为该机械服务的单独动力设备，如电动机等。计算单位用千瓦，动力换算可按 1 马力 = 0.735 千瓦折合成千瓦数。电焊机、变压器、锅炉不计算动力。

工程结算收入 指企业（或单位）按工程的分部分项自行完成的建筑产品价值并已与甲方在报告期内办理结算手续的工程价款收入，以及向甲方收取的除工程价款以外的按规定列作营业收入的各种款项，如临时设施费、劳动保险费、施工机械调迁费等以及向甲方收取的各种索赔款。

工程结算利润 指已结算工程实现的利润。如为亏损以“ – ”号表示。其计算公式为：

工程结算利润 = 工程结算收入 – 工程结算成本 – 工程结算税金及附加

企业总收入 指与企业生产经营直接有关的各项收入，包括工程结算收入和其他业务收入，即：

企业总收入 = 工程结算收入 + 其他业务收入

批发零售贸易和餐饮业

社会消费品零售额 指各种经济类型的批发零售贸易业、餐饮业、制造业和其他行业对城乡居民和社会集团的消费品零售额。这个指标反映通过各种商品流通渠道向居民和社会集团供应的生活消费品来满足他们生活需要，是研究人民生活，社会消费品购买力、货币流通等问题的重要指标。社会消费品零售额包括：（1）售给城乡居民作为生活用的商品和修建房屋用的建筑材料；（2）售给机关、团体、学校、部队、企业、事业单位的职工食堂和旅店（招待所）附设专门供本店旅客食用，不对外营业的食堂的各种食品、燃料；企业、单位和国营农场直接售给本单位职工和职工食堂的自己生产的产品；（3）售给部队干部、战士生活用的粮食、副食品、衣着品、日用品、燃料；（4）售给来华的外国人、华侨、港澳台同胞的消费品；（5）居民自费购买的中、西药品、中药材及医疗用品；（6）报社、出版社直接售给居民和社会集团的报纸、图书、杂志、集邮公司出售的新、旧纪念邮票、特种邮票、首日封、集邮册、集邮工具等；（7）旧货寄售商店自购、自销部分的商品；（8）煤气公司、液化石油气站售给居民和社会集团的煤气灶具和罐装液化石油气；（9）农民售给非农业居民和社会集团的商品。不包括售给国民经济各部门企业、事业单位（包括国有经济的农场）生产经营用的各种原材料、燃料、设备、工具等和售给批发零售贸易业、餐饮业作为转卖用的商品、旧货寄售商店受托寄售卖出的商品、服务业的营业收入、邮局出售邮票的收入、自来水、电力、煤气生产（供应）单位的产品供应收入，也不包括农民之间的商品销售。

批发零售贸易业商品购、销、存总额 指以各种经济类型的批发、零售贸易业（不包括个体）为总体的商品购、销、存。

商品购进总额 指从本企业（单位）以外的单位和个人购进（包括从国外直接进口）作为转卖或加工后转卖的商品。这个指标反映批发零售贸易业从国内、国外市场上购进商品的总量。商品购进总额包括：

（1）从工农业生产者购进的商品；（2）从出版社、报社的出版发行部门购进的图书、杂志和报纸；（3）从各种经济类型的批发零售贸易企业（单位）购进的商品；（4）从其他单位购进的商品，如从机关、团体、企业、单位购进的剩余物资，从餐饮业、服务业购进的商品，从海关、市场管理部门购进的缉私和没收的商品，从居民收购的废旧商品等；（5）从国（境）外直接进口的商品。不包括企业（单位）为自身经营用，和未通过买卖行为而收入的商品以及销售退回、商品升溢等。

商品销售总额 指对本企业（单位）以外的单位和个人出售（包括对国（境）外直接出口）的商品。这个指标反映批发零售贸易业在国内市场上销售商品以及出口商品的总量。商品销售总额包括：（1）售给城乡居民和社会集团消费用的商品；（2）售给工业、农业、建筑业、运输邮电业、批发零售贸易业、餐饮业、服务业等作为生产、经营使用的商品；（3）售给批发零售贸易业作为转卖或加工后转卖的商品；（4）对国（境）外直接出口的商品。不包括：出售本企业（单位）自用的废旧包装用品，未通过买卖行为付出的商品，经本单位介绍，由买卖双方直接结算，本单位只收取手续费的业务，购货退出的商品以及商品损耗和损失等。

批发零售贸易业年末库存 指年末各种经济类型的批发零售贸易企业（单位）已取得所有权的商品。它反映各地区、各批发零售贸易企业（单位）的商品库存情况，和对市场商品供应的保证程度。期末库存包括：（1）存放在批发零售贸易业经营单位（如门市部、批发站、经营处）仓库、货场、货柜和货架中的商品；（2）挑选、整理、包装中的商品；（3）已记入购进而尚未运到本单位的商品，即发货单或银行承兑凭证已到而货未到部分；（4）寄放他处的商品，如因购货方拒绝承付而暂时存放在购货方的商品和已办完加工成品收回手续而货未提回的商品；（5）委托其他单位代销（未作销售或调出）尚未售出的商品；（6）代其他单位购进尚未交付的商品。不包括所有权不属于本单位的商品、拨付除批发零售贸易业以外的其他行业所属独立核算加工厂等加工生产尚未收回成品的商品、代国家物资储备部门保管的商品等。期末库存总额计算方法是：农副产品采购单位按购进价计算，批发单位按进货价计算，零售单位按什么价格核算就按什么价格计算。

城乡集市贸易成交额 指在农村集市和城市集市上买卖双方（包括农民、非农业居民、机关、团体、工商企业、个体商贩）成交的全部商品金额，是反映集市贸易规模的综合性指标。

对外经济贸易和旅游业

利用外资 指我国各级政府、部门、企业和其他经济组织通过对外借款、吸收外商直接投资以及用其他方式筹措的境外现汇、设备、技术等。

对外借款 是我国利用外资的主要部分。包括我国通过外国政府贷款，国际金融组织贷款，外国银行商业贷款，出口信贷以及对外发行债券，股票等方式，从境外筹措的资金。

外商直接投资 是指外国企业和经济组织或个人（包括华侨、港澳台胞以及我国在境外注册的企业）按我国有关政策、法规、用现汇、实物、技术等在我国境内开办外商独资企业、与我国境内的企业或经济组织共同举办中外合资经营企业、合作经营企业或合作开发资源的投资（包括外商投资收益的再投资）以及经政府有关部门批准的项目投资总额内，企业从境外借入的资金。

旅游人数 指来我国参观、访问、旅行、探亲、访友、休养、考察、参加会议和从事经济、科技、文化、教育、体育、宗教等活动的外国人、华侨、港澳和台湾同胞的人数。不包括外国在我国的常驻机构，如使领馆、通讯社、企业办事处的工作人员；来我国常驻的外国专家、留学生以及在岸逗留不过夜人员。

国际旅游（外汇）收入 指入境旅游的外国人、华侨、港澳台同胞在中国大陆旅游过程中发生的一切旅游支出，对于国家来说就是国际旅游（外汇）收入。

进出口总额 海关进出口总额指实际进出我国国境的货物总金额。包括对外贸易实际进出口货物，来料加工装配进出口货物，国家间、联合国及国际组织无偿援助物资和赠送品，华侨、港澳台同胞和外籍华人捐赠品，租赁期满归承租人所有的租赁货物，进料加工进出口货物，边境地方贸易及边境地区小额贸易进出口货物（边民互市贸易除外），中外合资经营企业、中外合作经营企业、外商独资经营企业进出口货物和公用物品，到、离岸价格在规定限额以上的进出口货样和广告品（无商业价值、无使用价值和免费提供出口的除外），从保税仓库提取在中国境内销售的进口货物，以及其他进出口货物。进出口总额用以观察一个国家在对外贸易方面的总规模。我国规定出口货物按离岸价格统计，进口货物按到岸价格统计。

金融和保险

存款 企业、机关、团体或居民根据可以收回的原则，把货币资金存入银行或其他信用机构保管并取得一定利息的一种信用活动形式。根据存款对象的不同可划分为企业存款、财政存款、机关团体存款、基本建设存款、城镇储蓄存款、农村存款等科目。它是银行信贷资金的主要来源。

贷款 银行或其他信用机构根据必须归还的原则，按一定利率，为企业、个人等提供资金的一种信用活动形式。我国银行贷款分为流动资金贷款、固定资产贷款、城乡个体工商户贷款以及农业贷款等科目。

承保额 又叫保险金额。它是保险人对被保险人负担损失补偿或约定给付的金额。它是保险合同上的最高责任额，也是计算保费的依据。

保费 又叫保险费。是保险人根据保险合同的有关规定，为被保险人取得因约定危险事故发生所造成的经济损失补偿（或给付）权利，付给保险人的代价。包括财产险和人身险储金收入。

赔款 保险事故发生后，经查证确属保险责任范围以内的保险标的损失，保险人根据保险合同的规定履行赔偿义务，给予被保险人的款项叫做赔款。赔款可分为已决赔款和未决赔款两种。

教育、科技和文化事业

普通高等学校 指按照国家规定的设置标准和审批程序批准举办，通过国家统一招生考试，招收高中毕业生为主要培养对象，实施高等教育的全日制大学、独立设置的学院和高等专科学校、短期职业大学。

成人高等学校 指按照国家有关规定审批，招收通过全国成人高教统一招生考试的具有高中毕业或同等学历的在职从业人员利用脱产、半脱产、业余或函授等多种形式对其实施高等学历教育，培养高等教育专科或本科毕业水平的专门人才，修业年限、课程设置和总学时数均按高等学历教育要求付诸实施的学校。包括广播电视大学、职工高等学校、农民高等学校、管理干部学院、教育学院、独立设置的函授学院等。

小学学龄儿童入学率 指调查范围内已入小学学习的学龄儿童占校内外学龄儿童总数（包括弱智儿童在内，但不包括盲聋哑儿童）的比重。计算公式：

$$小学学龄儿童入学率=\frac{已入学的小学学龄儿童数}{校内外小学学龄儿童总数}\times 100\%$$

独立研究与开发机构 指有明确的任务和研究方向，有一定学术水平的业务骨干和一定数量的研究人员，具有研究、开发、开展学术工作的基本条件，主要进行科学研究与技术开发活动，并且在行政上有独立的组织形式财务上独立核算盈亏，有权与其他单位签订合同，在银行有单独户头的单位。包括国务院各部门、中国科学院、中国社会科学院和各省、自治区、直辖市以及地（市）以上〔含地（市）〕各部门所属的国有独立的科学研究与技术开发机构。

独立研究与开发机构职工 指在科学研究与技术开发机构工作，并由其支付工资的各种人员。包括长期职工和临时职工，不包括编制以外的离休、退休人员和停薪留职人员，但包括招聘人员。

研究与发展经费支出 指报告期内用于研究与实验发展课题活动（基础研究、应用研究、实验发展）

的全部实际支出。包括用于研究与发展课题活动的直接支出，还包括间接用于研究与发展活动的一切支出（院、所管理费、维持院、所正常运转的必需费用和与研究发展有关的基本建设支出）。

科学家和工程师 指具有大学本科及以上学历的和不具备上述学历但有高、中级职称的人员。

其他科技人员 指大专、中专毕业和具有初级职称的从事科技活动人员。

发明 指专利法及其实施细则所称的发明，指对有关产品、方法或其改进所提出的新的技术方案。

实用新型 指专利法及其实施细则所称的实用新型，指对产品的形状、构造或者其结合所提出的适于实用的新的技术方案。

外观设计 专利法及其实施细则所称的外观设计是指对产品的形状、图案、色彩或者其结合所作出的富有美感并适于工业上应用的新设计。

文化事业机构 指从事专业文化工作和为专业文化工作服务的独立建制的单独核算的单位。不包括这些单位另外举办独立核算的其他机构和各部门的业余文化组织。

艺术表演团体 指从事戏曲、音乐、舞蹈、杂技等专业艺术表演，有独立帐户，实行单独核算的团体。不包括半工半艺、半农半艺和民间职业剧团。

电影放映单位 指具有放映机器设备、固定或不固定的放映场所与专职或兼职的放映技术人员，经有关部门登记批准，经常为一定的观众对象放映电影的机构。包括经批准对外开放进行营业，并与电影发行放映管理机构分帐的专用放映单位和军委系统租片单位。

艺术表演观众人数（人次） 指售票、包场演出或民族地区免费演出的艺术表演观众人次数。不包括彩排审查和内部观摩演出的观看人次数。

体育、卫生和其他事业

等级运动员人数 指经考核正式批准授予等级运动员称号的人数。运动员等级分为国际级运动健将、运动健将、一级运动员、二级运动员、三级运动员、少年级运动员。

等级裁判员人数 指经考核正式批准授予等级裁判员称号的人数。裁判员等级分为国际裁判、国家级裁判、一级裁判、二级裁判、三级裁判。

体育场 指有400米跑道（中心含足球场），有固定道牙，跑道6条以上，并有固定看台的室外田径场地。以看台容纳观众人数分：甲级25000人以上，乙级15000－25000人，丙级5000－15000人，丁级5000人以下。

体育馆 指有固定看台，可借篮球、排球、羽毛球、乒乓球、体操等项目训练比赛活动用的室内运动场地。以看台容纳观众人数分：甲级6000人以上，乙级4000－6000人，丙级2000－4000人，丁级2000人以下。

医院 指名称为医院，设有固定床位能收容病人住院并能为病人提供医疗、护理服务的医疗机构。包括县及县以上医院、农村乡卫生院、其他医院三部分。按所属性质分为卫生部门、工业及其他部门，集体经济单位三类。其中县及县以上医院按业务性质分为综合医院和专科医院。

卫生技术人员 指卫生事业机构支付工资的全部固定职工和合同制职工中现任职务为卫生技术工作的专业人员。包括中医师、西医师、中西医结合高级医师、护师、中药师、西药师、检验师、其他技师、中医士、西医士、护士、助产士、中药剂士、西药剂士、检验士、其他技士、其他中医、护理员、中药剂员、西药剂员、检验员，其他初级卫生技术人员。

医生 指经卫生部门审查合格，从事医疗工作的专业人员。分为中医医生和西医医生。包括卫生技术人员中的中医师、西医师、中西结合高级医师、中医士、西医士和其他中医。

社会福利事业单位 指集中收养社会孤老、残、幼的机构。包括由民政部门管理的社会福利院、儿童福利院、精神病人福利院和城镇集体办的福利院，以及农村集体举办的敬老院。

社会福利事业单位收养人数 包括民政部门管理的和城镇及农村集体举办的社会福利事业单位中收养的老人、少年儿童、缺乏生活自理能力的残疾人员和精神病人。

社会福利企业单位 指以安置城镇有一定劳动能力的盲、聋、哑和肢体残疾人员就业为目的，享受国家减免税待遇的国有或集体经济性质的企业。包括福利工厂、福利商业服务业、假肢厂和安置农场等单位。

律师 指受聘参加法律顾问处工作，担任法律顾问、刑（民）事代理人、刑事辩护人，办理非诉讼事件、解答法律询问，代写法律事务文书等主要从事律师业务的专职法律工作者和兼职律师。

公证人员 指在国家公证机关依法办理公证事务的司法人员。包括公证员、助理公证员和在公证处工作的其他人员。

办理公证文书 指公证处在一定时期内办结的公证文书件数。公证文书系按司法部规定或批准的格式制作。包括国内公证和涉外公证两部分。其中国内公证分为经济合同公证和民事法律关系公证两大类。

调解人员 在人民调解委员会担负调解民间一般民事纠纷和轻微违法行为所引起的纠纷的工作人员。包括调解委员会的委员和调解小组的调解员。

调解民间纠纷 指调解委员会依照法律规定，根据自愿原则，用说服教育的方法调解民间发生的有关民事权利和义务的争执，促成当事双方达到协议和谅解，解决纠纷。包括婚姻家庭纠纷，财产权益纠纷等。不包括法院受理调解的民事案件数。

离休、退休、退职人员 指正式办理了离休、退休、退职手续，并享受相应的离休、退休、退职待遇的人员。

保险福利费用 指企业、事业、机关单位在工资以外实际支付给职工和离休、退休、退职人员个人以及用于集体的劳动保险和福利费用。

（1）职工保险福利费用具体包括：

①医疗卫生费 指实行公费医疗企业的职工及其供养的直系亲属的医疗费、医务经费、职工因工负伤就医路费以及住院伙食补助费等；卫生部门开支的事业及机关单位职工的公费医疗经费；未参加公费医疗的企业、事业和机关单位职工的医药费。

②丧葬抚恤救济费 指职工死亡的丧葬费、丧葬补助费和所遗供养直系亲属的抚恤费、救济费、生活补助费以及职工供养直系亲属死亡时的丧葬补助费等。

③生活困难补助 指对生活困难的职工实际支付的定期补助和临时性补助。

④文体宣传费 指企业、事业和机关单位实际支付的文体宣传费。不包括学习费。

⑤集体福利事业补贴费 指对职工浴室、理发室、洗衣房、哺乳室、托儿所等集体福利设施各项支出与收入相抵后的差额补助费。

⑥集体福利设施费 指按照国家规定开支的集体福利设施费用。如职工食堂炊事用具的购置费、修理费、职工宿舍的修缮费用。不包括由企业、事业、机关单位自筹经费开支的职工福利设施的基本建设费用。

⑦计划生育补贴 指发给职工独生子女的补贴费和保健费。

⑧其他 指上述费用以外，单位支付给职工的保险福利费。

（2）离休、退休、退职人员保险福利费用具体包括：

①离休金 指发给离休人员的工资和按1982年国务院发布的“关于老干部离职休养制度的几项规定”发给符合规定的离休干部相当于1－2个月标准工资的生活补贴和国务院〔1989〕82、83号文件规定提高离休人员的待遇所增加的费用及粮油价格补贴等。

②退休金 指按照国家有关规定发给退休人员的退休费和国务院〔1989〕82、83号文件规定提高退休人员的待遇所增加的费用及粮油价格补贴等。

③退职生活费 指按照1978年国务院《关于工人退休、退职的暂行办法》规定定期发给退职人员的

生活费用和国务院〔1989〕82、83 号文件规定提高退职人员的待遇所增加的费用及粮油价格补贴等。

④医疗卫生费　离休、退休、退职人员的医疗费、住院费以及住院伙食补助等费用。

⑤护理费　因工致残、饮食起居需人扶助的离休、退休人员的护理费以及因病不能自理的离休人员的护理费。

⑥生活补贴　按照 1985 年国务院《关于发给离休退休人员生活补贴费的通知》规定，发给离休、退休人员的生活补贴费。

⑦交通费补贴　指按月发给离休人员的交通费补贴。

⑧丧葬抚恤救济费　指离休、退休、退职人员死亡的丧葬费、丧葬补助费和所遗供养直系亲属的抚恤费、救济费、生活补助费以及供养直系亲属死亡时的丧葬补助费等。

⑨其他　包括易地安置的离休、退休、退职人员的安家补助费；离休、退休、退职人员的生活困难补助费、书报费、洗理费、副食品价格补贴、房租价格补贴、水电补贴、少数民族补贴以及老干部活动经费开支的旅游费用等。

工业废水排放量　指经过企业厂区所有排放口排到企业外部的工业废水量。包括生活废水、外排的直接冷却水、超标排放的矿井地下水和与工业废水混排的厂区生活污水，不包括外排的间接冷却水（清污不分流的间接冷却水应计算在内）。

工业废水排放达标量　指各项指标都达到国家或地方排放标准的外排工业废水量，包括未经处理外排达标的和经过处理后外排达标的两部分。国家排放标准见 GB8978 – 88。

工业废水处理量　指报告期内各种水治理设施实际处理的工业废水量，包括处理后外排的和处理后回用的工业废水量。虽然处理但未达到国家或地方排放标准的废水量也应计算在内。计算时，如遇有车间和厂排放口均有治理设施，并对同一废水分级处理时，不应重复计算工业废水处理量。

工业废气排放量　指企业厂区内燃料燃烧和生产工艺过程中产生的各种排入空气的含有污染物的气体的总量，以标准状态〔273K，101325Pa〕计。

二氧化硫排放量　指企业在燃料燃烧和生产工艺过程中排入大气的二氧化硫量。

工业烟尘排放量　指企业厂区内的燃料燃烧产生的烟气中夹带的颗粒物的量。

工业粉尘排放量　指企业在生产工艺过程中排放的颗粒物重量。如钢铁企业的耐火材料粉尘、焦化企业的筛焦系统粉尘、烧结机的粉尘、石灰窑的粉尘、建材企业的水泥粉尘等。不包括电厂排入大气的烟尘。

工业固体废物产生量　指企业在生产过程中产生的固体状、半固体状和高浓度液体状废弃物的总量，包括危险废物、冶炼废渣、粉煤灰、炉渣、煤矸石、尾矿、放射性废物和其他废物等；不包括矿山开采的剥离废石和掘进废石（煤矸石和呈酸性或碱性的废石除外）。酸性或碱性废石是指采掘的废石其流经水、雨淋水的 pH 值小于 4 或 pH 值大于 10.5 者。

环境污染与破坏事故　指由于违反环境保护法规的经济、社会活动与行为，以及意外因素的影响或不可抗拒的自然灾害等原因，致使环境受到污染，国家重点保护的野生动植物、自然保护区受到破坏，人体健康受到危害，社会经济和人民财产受到损失，造成不良社会影响的突发性事件。

Explanatory Notes on Main Statistical Indicators

ADMINISTRATIVE DIVISION AND NATURAL RESOURCE

Forest Coverage – Rate refers to the ratio of area of afforested land to total area of land (measured in percentage). According to regulations of the government, calculation forest coverage – rate, in addition to afforested land, the area of bush forest, the area of forest land inside farm land and the area of trees planted by the side of farm houses and along the roads, rivers and fields should be included in the area of afforested land in the calculation of the forest coverage – rate. This indicator shows the forest resources and afforestation progress of a country or a region. The formula for calculating forest coverage – rate is as follows:

$$\text{Forestry Coverage – rate (\%)} = \frac{\text{Area of Afforested Land}}{\text{Area of Total Land}} \times 100\%$$

Stock Volume of Forest refers to total stock volume of wood growing in forest area, which shows the total size and level of forest resources of a country or a region.

Ensured Mineral Reserves refer to the actual mineral reserves, which equal to the proven mineral reserves (including industrial reserves and prospective reserves) minus extracted parts and underground losses. This indicator shows the current condition of the mineral resources of a country.

GENERAL SURVEY

Gross Domestic Product refers to gross domestic product calculated at market prices, which is the final products of all resident units in a country (or region) during a certain period of time. Gross domestic product is expressed in three different forms, i. e. value added, income, and products respectively. The form of value added refers to the total value of all products and suervices produced by all resident units during a certain period of time minus total value of input of materials and services of the nature of non – fixed assets or the summation of the value added of all resident and non – resedent units; the form of products refers to all final goods and services minus imports of goods and services. In the practice of national accounting, gross domestic product is calculated with three approaches, i. e. product approach, income approach, and expenditure approach respectively to reflect gross domestic product and its composition from different aspects.

Gross National Product refers to gross national product calculated at market price, which is the final result of the primary distribution of the income created by all the resident units of a country during a certain period of time. The value added created by the resident units of a country engaged in production activities is mainly distributed to the resident units of that country while a part of it is distributed to the non – resident units of the country in the form of remuneration for the labourers and property income. Simultaneously a part of the value added created abroad is distributed to the resident units of the country in the form of remuneration for the labourers and property income. Thus the concept of gross national product is formed, which equals to gross domestic product plus overseas incomeas remuneration for the labourers and property in come minus payment abroad as remuneration for the labourers and property income. Unlike gross domestic product which is a comcept of production, gross national product is a concept of income.

The difference among gross national product and total value of society and notional income is that the total value of society and national income only take into account products of material production sectors, while the gross national product, in addition to products of material production sectors, also takes into account of products of non – material production sectors. in terms of the value composition of the three conceptions, the total value of society includes the total value of all products of the society; the gross national product includes only the newly created value in the process of producing goods and services, i. e. the value added and excludes the value of the input of intermediate goods and services; National income excludes both the intermediate input and depreciation of fixed assets and includes only the net value of output. Three Industries Industry structure has been classified according to the historical sequence of development. Primary industry refers to estraction of natural resources; secondary industry involves processing of primary products; and tertiary industry provides services of various kinds for production and consumption. The above classification is universal although it varies to some extent form country to country. Industry in China comprises:

Primary industry: agriculture (including farming, forestry, animal husbandry, sideline production and fishery).

Secondary industry: industry (including mining and quarrying, manufacturing, water supply, electricity generation and supply, steam, hot water, gas) and construction.

Tertiary industry: all other industries not included in primary or secondary. Due to the fact that tertiary industry involves in a large variety of industries in China, it is divided into two sectors: circulation sector and service sector and further into four levels:

The first level: circulation sector, including transportation, postal and telecommunications, services, commerse, catering trade, material supply and marketing, and storage.

The second level: service sector providing services for production and consumption, including banking, insurance, geological survey, real estate, puglic utilities, service for residents, consultancy service, and comprehensive technical services, and service for agriculture, forestry, animal husbandry, fishery, water conservancy, and maintenance of roads and inland water ways, etc. The third level: service sector for up grading scientific, educational and cultural level of thepeople, including education, culture, broadcasting, televiseon, scientific research, public health, sports, and social welfare, etc. The fourth level: sector ptoviding services for public needs, including government agencies, political and party organizations, social organizations, armies, and policemen.

GDP Calculated With Expenditure Approach refers to total expenditure on final comsumption, total capital formation and net export of goods and services by resident units of a country in a certain period of time. It reflects the composition of GDP by its use.

Final Consumption refers to the total expenditure of resident units on final consumption of goods and services in a certain period, namely the expenditure of the resident units for purchases of goods and services from domestic economic territory and abroad to meet the requirements of material, cultural and spiritual life. It excludes the expenditure of non – resedent units on consumption in the economic territory of the country. The final consumption is classi fied into resident consumption and government consumption.

(1) Resident consumption refers to the total expenditure of resident housen olds on the final consumption of goods and services in a certain period of time. The expenditure of residents on final consumption of goods is recorded when the change of the ownership of goods happens. The expenditure of residents on final consumption of services is recorded when the services are provided. The expenditure of the residents on consumption is calculated at market prices, namely the purchasers'privices which the residents pay; the purchasers'prices of goods are the prices the resedents pay when they obtain the goods, including the transport and commercial expenses paided by the residents.

In addition to the expenditure on consumption of goods and services bought by the residents directly with money, the expenditure on goods and services obtained by the residents in other ways, i. e. the so – called fictitious expenditure on consumption, is also included in the expenditure of the residents on consumption. The fictitious expenditure of the residents on consumption includes the following types: (a) the goods and services provided to the residenrs by the units in the form of payment in kind and transfer in kind; (b) the goods and services produced and consumed by the households themselves, in which the services refer only to the services provided by the residential buildings owned by the households; (c) the ser vices of financial intermediary provided by the fiancial institutions; (d) the insurance services provided by the insurance companies.

(2) Government consumption refers to the expenditure on the consumption of the public services provided by the government to the whole society and the net expenditure on the goods and services provided by the government to the households free charge or at lower prices. The former equals tothe output value of the govenment services minus the value of operating in come obtained by the government departments. (The output value of the government serveces equa ls to its current operating expenditure plus depreciation of fixed assets) . The latter equals to the market value of the goods and services provided by the government to the households minus the value received by the government from the households.

Total Capital Formation refers to the net amount of the fixed assets and stock acquired minus those disposed, including the total fixed assets formation and the increase in stock.

(1) Total Fixed Capital Formation refers to the value of fixed assets purchased, transferred in by the resident units and those produced and used by themselves in a certain period deducting the value of fixed assets sold and transferred out. It can be classified into total tangible assets formation and total intangible assets formation. The total tangible assers formation include the valus of the construction projects, installation projects completed and the equipment, apparatus and instruments purchased as well as the value of land improved, the value of draught animals, breeding stock, milk, wool and recreational animals and the newly increased economic forest in acertain period. The total intangible assets formation includes the prospecting of minerals, the acquisition of computer soft wares, the originals of recreational works and works of literature and arts minus the disposal of them.

(2) Increase in stock refers to market value of the change in a certain period, i. e. the difference of value between the begining and the end of the period. The increase in stock can depositive. A positive valus indicates the increase in stock while a negative value indicates the decrease in stock. The stock includes the raw materials, fuels and reserve mate rials purchased by the production units as well as the stock of finished products, semi – finished products, work – in – progress, etc.

POPULATION

Total Population refers to the total number of people alive at a certain point of time within agiven area.

The annual statistics on total population is taken at mid night, the 31st of December.

Birth Rate (or Crude Birth Rate) refers to the ratio of the number of births to the average population during a certain period of time (usually a year), which is often expressed in ‰. The following formula is used:

$$\text{Birth Rate} = \frac{\text{Number of Births}}{\text{Average Number of Population}} \times 1000‰$$

Number of Births refers to live births, i. e. the births when babies had showed any vital phenomena regardless of the length of pregnancy.

Annual Average Number of Population is the average of the number of population at the baginning of the year and that at the end of the year. sometimes it is substituted for with the mid – year population.

Death Rate (or Crude Death Rate) refers to the ratio of the number of deaths to the average population (or mid – year population) during a certain period of time (usually a year), which is often expressed in ‰. The following formula is used:

$$\text{Birth Rate} = \frac{\text{Number of Deaths}}{\text{Annual Average Numger of Po pulation}} \times 1000‰$$

Natural Growth Rate of Population refers to the ratio of natur al increase in population (number of births minus number of deaths) in a certain period of time (usually a year) to the average population (or mid – year population) of the same period, which is often expressed in ‰. The following formulas are applied:

$$\text{Natural Growth of Population} = \frac{\text{Number of Births} - \text{Number of Deaths}}{\text{Average Number of Population}} \times 1000‰$$

$$\text{Natural Growth Rate of Population} = \text{Birth Rate} - \text{Death Rate}$$

EMPLOYMENT AND WAGE

Employed Persons refers to the persons who are engaged in social labour and receivere muneration payment or earn business income, including:

(1) total staff and workers,

(2) reemployed retirees,

(3) employers of private enterprises,

(4) employers of individual economy,

(5) employed persons in private enterprises and individual economy,

(6) employed persons in the enterprises in the urban areas,

(7) employed persons in the rural areas,

(8) other employed persons (including teachers in the schools run by the local people engaged in religious profession and the servicemen, etc.)

This indicator reflects the actual utilization of total labour force during a certain period of time and is often used for the research on China's economic affairs and national power.

Persons employed in various units refer to all the persons working in government agencies of various levels, political and party organizations, social organizations, and enterprises and institutions and reciving payment, including staff and workers, reemployed retirees, teachers in schools run by the local people, foreigners, and Chinese compatriots from Hong Kong, Macao, and Taiwan working in various units. This indicator reflects the total number of laborers actually engaged in production or other operations in various units.

Economically Active Population refers to the population, th e members of which are aged 16 and over, capable to labour, participating in or desitous to participate in the social and economic activities, including employed persons and unemployed persons.

Registered Unemployed Persons And Registered Unemployent Rate in Urban Areas: The registered unemployed persons in urban areas refer to the persons who are registered as permanent residents in the urban areas engaged in non – agricultural activities, aged within the range of working age, capable to labour, unemployed but desirous to be employed and have been registered at the local employment service agencies to apply for a job. Registered unemployment rate in persons and the registered unemployed persons. The formula is as follows:

Registered unemployment rate in urban areas = the number of the registered unemployed persons ÷ (the number of employed persons + the number of the registered unemployed persons) ×100%o

Total Wages of Staff And Workers refer to the total remunera tion payment to staff and workersin various units during a certain period of time. The calculation of total wages is based on the total remuneration payment to the staff and workers. Therefore, all the wages and salaries and other payments to staff and workers are included in the total wages regardless of their sources, category, and forms (in kind or cash).

Average Wage of Staff And Workers refers to the average wage in money terms per person during acertain period of time for staff and workers in enterprises, insitutions, and government agencies, which reflects the general level of wage income during a certain period of time and is calculated as follows:

$$\text{Average wage of staff and workers} = \frac{\text{Total Wages of Staff and Workers in Reference Period}}{\text{AverageNumber of Staff and Workers in Reference Period}}$$

Average Real Wage of Staff and Workers refers to average wage of sraff and workers after removing the effects of price changes, whichis calculated as follows:

Average Real Wage of Staff and Workers = Average Wage of Staff and Workers in Reference Period ÷ Consumer Price Index of Urban Residents in Reference Period

INVESTMENT IN FIXED ASSETS

Total Investment in Fixed Assets in the Whole Country Investment in fixed assets is the essential means for social reproductuion of fixed assets. By means of construction and purchase of fixed assets, more advanced technonlogies and equipment are adopted in the national economy, and new sectors are established, which promote the adjustment of economic structure and the regional distribution of productive forces and enhance the economic strengths so as to provide the material conditions for improving prople' s livelihood. This is significant for speeding up the drive of socialist modernization in China.

Amount of investment in fixed assets refers to the volume of activities in construction and purchases of fixed assets in monetary terms. It is a comprehensive indicator which shows the size, pace, proportional relations and use orientation of the investment in fixed assets. Total investment in fixed assets in the whole country includes, by status of economic ownership, the investment by the state - owned units, collective units, individuals, joint ownership units, share - holding units, as well as investment by businessmen from foreign countries and from Hong Kong, Macau and Taiwan, and by other units. According to China' s current management system, the investment in fixed assets in the whole country is classified into the following four parts: investment in capital construction, investment in innoation, investment in real estates development and other investment in fixed assets.

Investment in Capital Construction Capital construction refers to the new construction projects or extension projects and the related work of the enterprises, institutions or administrative units mainly for the purpose of expanding production capacity or improving project efficiency covering only projects each with a total investment of 500000 RMB yuan and over. It includes (1) projects listed in the capital construction plan of the current year of the central government and the local governments at various levels as well as the projects, though not listed in the capital construction plan of the current year, but continued to be constructed in this year, using the investment listed in the plan of capital construction of previous years and carried forward to this year (also using the equipment and materials kept in stock of the capital construction); (2) new construction projects arranged both in the plan of capital construction and the plan of innovation; extension projects with the newly increased production capacity (or project efficiency) up to the standard of a large and mediumsized project; and the projects of moving the whole factory to a new site so as to improve the distribution of productive forces; (3) new construction projects, extension projects or restoration projects or restoration projects with the total investment of 500000RMB yuan and over by the state - owned units, though listed neither in the plan of capital construction nor in the plan of innovation; the projects in the state - owned units of moving the whole factory to a nes site so as to improve thd distribution of productive forces; and the projects of building additional business houses by the administrative units and institutions and building welfare facilities by the administrative units.

Investment in Innovation Innovation refers to the renewal of fixed assets and technolical innovation of the original facilities by the enterpriese and institutions as well as the corresponding supplementary projects and the related work (excluding majoroverhaul and maintenance projects) covering only projects each with a total investment of 500000RMB yuan and over. It includes (1) projects listed in the innocvation plan of the current year of the central government and the local governments at various levels as well as the projects, though not listed in the innovation plan of the current year, but continued to be constructed in this year, using the investment listed in the plan of innovation of previous years and crarried forward to this year; (2) projects of technological innovation or renewal of the original facilitiews, arranged both in the plan of innovation and in the plan of capital construction; extension projects (main workshops ora branchof the factory) with the newly increased production capacity (or project efficiency) not up to the standard of a large and mediumsized project; and the projects of moving the whole factory to a new site so as to meet the requirements of urban environmental protection or safe production; (3) projects of reconstruction or technological innovation with the total investment of 500000 RMB yuan and over by the state - owned units, though listed neither in the plan of capital construction nor in the plan of innovation; the projects in the state - owened units of moving the whole factory to a new site so as to meet the requirements of urban environmental protection or safe production.

Investment in Real Estate Development It includes the investment by the real estate development companies, commercial buildings construction companies and other real estate development units of various types of ownership in the construction of house buildings, such as residential buildings, factory buildings, warehouses, hotels, guesthouses, holiday villages, office buildings, and the complementary service facilities and land development projects, such as roads, water supply, water drainage, power supply, heating, telecommunications, land leveling and other projects of infrastructure. It excludes the activities in simple land transactions. Other Investment in Fixed Assets refers to the construction and purchases of fixed assets not listed in the investment in capital construction, investment in innovation and investment in real estate development. It includes:

A) The following projects of the state - owned units with the total planned (or actually needed) investment of 500000 yuan and over, which are not included in the plan of capital construction and the plan of innovation (1) projects of oil fields maintenance and exploitation with the oil fields maitenance funds and petroleum development funds; (2) opening and extending projects with the maintenance funds in coal, ore and other mining enterprises and logging enterprises; (3) project of reconstruction of the original highways and bridges with the highway maintenance funds in the department of communication; (4) projects of construction of warehouses with the funds of simple construction in the commercial department.

B) The investment in fixed assets by urban collective units: refer to projects of construction and purchases of fixed assets with the planned total investment of 500000 yuan and over by all collective units in cities and county towns and in townships which are approved by the State Council or provincial governments, excluding investment by collective units under township enterprise administration offices.

C) The projects of construction and purchases of fixed assets by the enterprises, institutions or individuals other than those mentioned above with total investment of 500000 yuan and over, which are not included in the plan of capital construction and the plan of innovation.

Private Investment in House Construction in Urban Areas, Industrial and Mining Areas and Individual Investment in Rural Areas The private house construction in the urban areas and industrial and mining areas includes all the private house construction under the jurisdiction of cities, counties, towns and industrial and mining areas, no matter whether the owner of the house is registered as the permanent resident in the locality or not. The individual investment in the rural areas includes the investment in house construction and purchase of productive fixed assets by the individuals in the rural areas.

Newly Increased Production Capacity refers to the increase of designed capacity and project efficiency through investment in fixed assets, which reflects the accomplishment of investment in fixed assets, which reflects the accomplishment of investment in fixed assets in kind. The calculation of newly increased production capacity is based on individual project which operates independently and efficiently. When an individual project is completed and checked and accepted and put into production, it is counted as newly increased production capacity.

The newly increased production capacity and project efficiency are usually expressed in one of the following forms:

(1) annual production capacity, such as extraction of coal and petroleum;

(2) raw material processing capacity, such as ore dressing capacity of ore dressing projects, the dressing capacity of a coal washery;

(3) number or capacity of major equipment increased, such as the number of cotton spindles increased and the capacity of generating sets increased;

(4) physical measures of construction, such as volume, capacity, area, and length, for instance, the capacity of reservoire, the length of railways of highways.

Newly increased production capacity in terms of quantity is calculated in designed capacity of a capacity in general, which refers to the production capacity of a project under normal conditions designed capacity in general, which refers to the production capacity of a project under normal conditions designed in construction documents regardless of the actual output.

Foor Space of Builidings Under Construction and Completed refers to total floor space in each story of buildings calculated from the outside line of building walls, including both usable space and the space occupied by constructions like pillars or walls, The floor space of multi – story buildings includes the total floor space of each story (including basement).

Floor Space of Residential Buildings refers to the floor space of the residential buildings under construction and completed among the total space of buildings under construction and completed.

Floor Space Under Construction refers to total floor space of all buildings under construction during the reference period, including floor space of newly started buildings during the reference period, floor space of construction extended from the previous period to the current period, floor space of construction suspended during the previous period and resumed in the current period, floor space of construction completed in the current period, and floor space of construction started and then suspended in the current period.

Floor Space of Buildings Completed refers to the floor space of buildings completed in the reference period, which have come up to the designed standards and have been put into use.

Completion Rate of Floor Space of Buildings refers to the ratio of the floor space of buildings completed in certain period of time to the floor space of buildings under construction in the same period, which reflects the investment result and economic efficiency of the construction industry from the angle of the speed of project construction.

Newly Increased Fixed Assets refer to the newly increased value of fixed assets through investment, including the value of equipment, tools, and vessels considered as fixed assets, as well as the relevant expenses as investment in fixed assets. This is a comprehensive indicator of investment in fixed assets, reflecting the achievements of investment in fixed assets in fifferent periods, different sectors, and different regions.

Rate of Construction Projects Completed and Put into Use refers to the ratio of the number of construction projects completed and put into use in certain period of time to the number of projects under construction in the same period. This reflects the investment efficiency from the angle of the speed of projects construction.

Rate of Projects of Fixed Assets Completed and Put into Operation refers to the ratio of the newly increased fixed assets to the total investment made in the same period. This is a comprehensive indicator, reflecting the speed of the employment of fixed assets and the investment efficiency.

ENERGY AND MATERIAL

Total Eneray Production refers to the total production of primary energy by all energy producing enterprises in the country (region) in a given period of time. It is a comprehensive indicator to show the capacity, scale, composition and development of energy production of the country (region). The production of primary energy includes that of coal, crude oil, natural gas, hydro – power and electricity generated by other means such as wind power and geothermal power. However, it excludes the production of fuels of low calorific value, bioenergy, solar energy and the secondary energy converted from the primary energy.

Total Domestic Energy Consrmpion refers to the total consumption of energy of various kinds by material production sectors, non – material production sectors and households in the country (region) in a given period of time. It is a comprehensive indicator to show the scale, composition and development of energy consumption. The total energy consumption includes that of coal, crude oil and their products, natural gas and electricity, However, it excludes the consumption of fuel of low calorific value, bioenergy and solar energy. Total domestic energy consumption can be divided intothree parts:

(1) Final Energy Consumption: It refers to the total energy consumption by material production sectors, non – material production sectors and households in the country (region) in a given period of time, but excludes the consumption in conversion of the primary energy into th e secondary energy and the loss in the process of energy conversion.

(2) Loss During the Process of Energy Conversion: It refers to the total input of various kinds of energy for conversion, minus the total output of various kinds of energy in the country in agiven period of time. It is an indicator to show the loss that occurs during the process of energy conversion.

(3) Loss: It refers to the total of the loss of energy during the course of energy transport, distribution and storage and the loss caused by any objective reason in a given period of time. Theloss of vareous kinds of gas due to gas discharges and stock taking is excluded.

PUBLIC FINANCE

Government Revenue refers to the revenue of the government finance by means of participating in the distribution of the social products, which is the financial resources for ensuring the government to function. The contents of government revenue have been changed several times. Now itincludes the following main items:

(1) Various tax revenues, including value added tax, business tax, consumption tax, land value added tax , tax on city maintenance and construction, resources tax, tax on use of urban land, stamp tax, tax on adjustment of the orientation of investment in fixed assets, personal income tax, enterprise income tax, tariff, tax on agriculture and animal husbandry and ta x on occupancy of cultivated land etc.

(2) Special revenues, including revenue collected from imposing fee on sewage treatment, revenue collected from imposing fee on urban water resources, and extra – charges for education, etc.

(3) Other revenues, including revenue from the repayment of capital construction loan, the funds for the state key construction projects in energy industry and transportation, and the funds foustate budget adjustment, etc.

(4) Planned subsidies for the losses of the state – owned enterprises. This is an item of negativerevenue, used

to eat up part of the government revenue.

Government Expenditure refers to the distribution and use of the funds the government financehas raised, so as to meet the needs of economic construction and various causes. It includes the following main items:

(1) Expenditure for capital construction: It refers to the non – gratuitous use and appropriation of funds for capital construction in the range of capital construction, outlay of capital as well as the loans on capital construction approved by the government for special purpose or policy purpose and the expenditure with discount paid in an overall way within the amount of the funds appropriated to the departments for capital construction.

(2) Innovation funds of the enterprises: They refer to the funds appropriated from the government budget for the enterprises to tap the latent power, upgrade the technology and carry out innovation, including the innovation fund of the departments, loan of the enterprises for innovation, subsidies on the innovation of the small fertilizer plant, small cement plant, small coal mines, small machinery plant and small steel plant, the expenditure of interest for the loan for innovation.

(3) Geological prospecting expenses: They refer to the expenses appropriated from the government budget to the geological prospecting units for the expenditure of the prospecting: work, including the expenditures of the administrative agencies for geological prospecting and their institutional units as well as the geological prospecting expenditure.

(4) Expenditures for science and technology promotion: They refer to the expenses appropriated from the government budget for the scientific and technological expenditure, including new products development expenditure, expenditure for intermediate trial and subsidies on important scientific researches.

(5) Expenditure for supporting rural production: It refers to the expenditure s appropriated from the government budget for supporting the various expenditures of the rural collective units or households for production, including the subsidies to the small water conservancy projects and well drilling, sprinkling irrigation projects run by the villages; subsidies on the rural water and soilcon serving measures; subsidies to the small power stations run by the villages; subsidies to the expenditure for fighting against particularly severe draughts; subsidies on the rural waste land exclamation; fund for supportin the township enterprises; subsidies to the expenditure for popularization of the agricultural technologies and plant protection in the rural areas; subsidies to the expenditure for the protection of grass lands and cattle and rowls; subsidies on afforestation and forest protection in rural areas; subsidies on the rural aquatic products industry; special fund for developing grain prodrction.

(6) Operating expenses of the departments of farming, forestry, water conservancy and meteorologyetc. : They refer to the expenses apprlpriated from the government budget for the expenditures of agricultural exclamation, farms, agriculture, animal husbandry, agricultural machinery, forsetry, timber industry, water conservancy, aquatic products industry, meteorology, technology popularization in township enterprises, popularization (demonstration) of improved varieties, plant (cattle and fowls, forest) protection, water quality monitoring, prospecting and designing, resources investigation, cadres training, subsidies to horticulture gardens, expenditures of afforestation agencies and meteorology agencies, expenses for fishery administration and operating expenses for agricultural administration, etc.

(7) Operating expenses of the departments of industry, transport and commerce: They refer to the expenses appropriated form the government budget to the departments of industry, transport and commerce for the expenditure of buseness development, including expenses for prospecting and designing, expenditures of specialized secondary schools, expenditures of the technical training schools and expenditures for cadres training, etc.

(8) Operating expenses of the departments of culture, education, science and public health: Theyrefer to the expenses appropriated from the government budget for the expenditures of the causes of culture, publication, cultural

relics, education, public health, traditional Chinese medical science, free medical services, sports, archives, earthquake, ocean, communications, broadcasting, film and television, family planning; expenditure for training of cadres of government, party and mass organization; expenditures for natural sciences, social sciences, association s for science and technology and the special expenditure for the high – tech researches. They include mainly wages, extra wages, welfare funds, pension for the retirees, stipend, expenses for official business, expenses for equipment purchases, expenses for repairs, business expenses and subsidies to theunits which are unable to support their expenditures by their own earnings.

(9) Pension for the disabled or for the families of the bereaved and relief funds for social welfard: They refer to the funds appropriated from the government budget for the expenditures of penseon for the disabled or for the families of the bereaved and relief funds for social welfare, including the lump – sum or regular pinsion paid by the departments of civil affairs to the members of martyrs' families and families of those who died for the public interest, pension to the revolutionary disabled, subsidies for permanent disability of various kinds, subsidies to the military martyrs' dependents and the demobilized armymen, expenditure for settling down the demobilized armymen, operating expenses of the consoling institutions, expenses for management and repair of the commemorative buildings for the martyrs, the expenses managed by the departments of civil affairs for the retirees and those who have quitted their work, expenses for social relief inrural and urban areas, operating expenses for providing relief to the areas of matural calmity andsubsidies on the reconstruction after the particularly severe natural calamities , etc.

(10) Expenditures for national defence: They refer to the funds appropriated form the government budget for the expenditures for building up national defence and safeguarding national security, including expenses fo national defence, expenses of scientific researches on national defence, expenses for building up people' s militia and expenditure for special projects, etc.

(11) Administrative expenses: They include expenditrue for administration, subsidies to the parties and mass organizations , diplomatic expenditure, expenditure for public security, judicial expenditure, law court expenditure, procuratorial expenditure and srbsidies to the expenses fortreating the cases by the public security departments, procuratorial organs and law courts.

(12) Expenditure for price subsidies: It refers to the expenditure appropriated, with the approval of the government, form the government budget for the policy subsidies to price adjustment, including the fund for the increase of grain prices, the subsidies to the difference between the selling prices and purchasing prices of grain , cotton and edible oil, awards in addition to thepurchasing prices of cotton, risk fund for mom – staple food, siubsidies on the prices of meat and meat products, subsidies on the price difference for curbing the high market prices of meat, meatproducts and vegetables and the subsidies approved by the government on the prices of textbooks andnewaprint of newspapers and perodicals.

PRICE

Retail Price Index reflects the general change in retail prices of commodities. The change and adjustment in retail prices directly affect the living expenditure of urban an d rural residents, government revenue, purchasing power of resedents and the equilibrium of market supply and demand, amd the ratio of consumption to accumulation. Therefore, the clalculation of retail price index isuseful to analyze the changes of the above economic acivities.

Consumer Price Index reflects the relative change in prices of consumer goods and services purchased by urban and rural resedents, and is a composite index derived from the urban consumer price index and the rural consumer price index. Consumer price index can be used to analyze the impact of consumer price change on actual expenditure for living cost of urban and rural residents.

Urban Consumer Price Index reflects the relative change in prices of consumer goods and services purchased by urban and staff and worders and their families and can be used to observe and analyze the impact of price changes in consumer goods and services on money wages of staff and workers, andprovide bases for policy making concerning the living cost and wages of staff and workers.

Rural Consumer Price Index reflects the relative change in prices of consumer goods and services purchased by rural households and can be used to observe the impact of change in prices of consumer goods and services on living expenditure and actual change in peasants' living cost. It providesbases for analysis and research on peasants' living cost and welfare.

Index of Purchasing Prices of Farm Products reflets the relative change in purchasing prices of farm products purchased by state – owned, collective – owned, and individual commercial enteprises, foreign trade sectors, government agencies, social orgazinations and other units of various types of ownership. It is used to observe the impact of change in purchasing prices of farm products on money income of peasants and is calculated with the method of weighted harmonic mean , taking theamount of purchases during a given period as the weight. Number of products involved in the current calculation totalled 276 in 11 categories.

Retail Price Index of Rural Industrial Products reflects the relative change in prices of industrial prodrcts in rural market and can be used to observe the impact of the price change on farmers' money expenditure.

Ex – factory Price Index of Industrial Products reflects the change in general ex – factory prices ofall industrial products, including sales of industrial products to commercial enterpeises, foreign trade sectors, materials supplying and distributing sectors as well as sales of production means to industry and other sectors and sales of consumer goods to residents. It can be used to analyze theimpact of ex – factory prices on gross industrial output value.

Price Index of Investment in Fixed Assets reflects th e change in prices of investment in fixedassets. The investment in fixed assests consists of three components, namely the investment inconstruction and installation, the investment in purchases of equipment and instrument, and the investment in other items. Price index of investment in fixed assets in calculated as the weighted arithmetic mean of the price indices of the three components of investment in fixed assets. Price index of investmint in fixed assets reflects the changes of prices in various goods and services involved in investmetn in fixed assets and therefore can be used to observe the actual size, speed , structure, and efficiency of investment in rixed assets and provides reliable and scientific data for government planning, management, decision making , and further improving the current national accounting system.

PEOPLE' S LIVELIHOOD

Employed Population in Urban Households rfefers to urban residnts engagd in certain work and receiving payment for their labour or income from their business operation, including those who work in state – owned or collective units , joint ventures, foreign – owned units and private units with permanent or temporary jobs. The self – employed individuals and reemployed retires are also included. This indicator reflects the situation of urban employment and is the basic data for calculating employment rate and dependency ratio.

Total Income of Urban Households refers to the total actual cash income of the same holds, including regular or fixed income and occasional income. The income of a circulating nature such as withdrawal from band deposits, loans borrowed from relatives or friends, repayment of loans received and various temporary collection of money is excluded.

Disposable Income refers to the income of the sample horseholds which can be used for daily expenses, i. e. total income minus income tax.

Expenditure For Consumption refers to total expenditure of th e sample hoseholds for consumptionin daily life, including expenditure for various commodities and expenses for non – commodity items such as culture and service, etc. , but excluding fines and confiscation, loss , tax payments (such asincome tax, license tax, real estates tax, etc.) and various espenses by individual laborers for business purposes. Expenditure For Purchases of Commodities refers to total expense s of the sample households for the purchases of commodities from shops, factories, catering trade, canteens, markets and the peasants. This expenditure is classified into nine itims: food , clothing, daliy – life necessities, culturaland recreational articles, newspapers and magazines, medicines and medical appliances, housing and building materials, fuels and other commodities. No matter whether the commodities are purchased for their own consumption or for gifts to relatives and friends, they are all included.

Net Income of Rural Households refers to the total income of the permanet residents of the rural households during a year after the eduction of the expenses for productive and non – productive business operation, the payment ofr taxes and the payment for collective units for their contracted taskd. The net income can be spent for investments in productive and non – productive construction, for consumption in daily life and for savings deposit. It is a comprehensive indicator to show the actual level of the income of the peasants' household. The net income of the rural householdaincludes not only the income from the productive and non – productive business operation, but also the income from the non – business operation, such as the money remitted or brought back by the members of the bousehold who are in other places, the government relief payment and various subsidies. It includes not only the money income, but also the income inkind. But the income from borrowing frombanks, friends and relatives is excluded.

Able – bodied and Semi – Ablebodied Laborers of Rural Households refer to permanent residents of rural horseholds who are able to work and actually engaged in social labour, which are one factor of production and sources of rural household income. According to the relevant regulations, maleaged 18 – 50, female aged 18 – 45 are considered as able – bodied laborers; male aged 1 6 – 17 and actually engaged in social labour are also considered as able – bodied or semi – ablebodied laborers, while those who are within the above ahe range but unaboe to work are not counted as able – bodied or semi – ablebodied laborers.

Expenditure of Rural Households For Consumption refers to total expenses of rural households on daily life, including expenses on food, clthing, housing, fuel, articles for daily use, and expecnseson cultural life and services. This indicator in used to show the actual consumption level of peasants.

Expenditure of Rural Households on Commodities refers tototal expenses of the permanent residents of the rural households on purchases of food, clothing, furniture, household appliances, articles for daily use, fuels, durable foodes, and cultural, educational and medicinal articles, including purchases from state – owned shops, collective shops, free mardets, and etc. Expenditure of peasants for purchase of commodities is an important part of peasants' consumption expenditure, which reflects the extent of commercialization of peasants' consumption and the developingprocess from self – sufficient economy toward commodity economy. It provides basis for the analysis and research of peasants' market demand and for the formulation of the plan of commodity supply.

The Outstanding Amount of Savings Deposits of Urban and Rural Residents includes two parts: the band savings deposit of urban residents and the band savings deposit of rural re sidents. The cashhold by residents and the deposits of organizations such as enterprises, etc. are not included. The outstanding amount of saving deposits is the amount of saving deposits at a certain point of time such as the end of month, quarter, or year.

General Survey of Cities (Prefecture)

Production Capacity of Tap Water at The Year – End refers to the actual comprehensive production capacity of the waterworks administered by the urban construction department and those owned by enterprises or institutions, taking the capacity of the main links, such as water inflow, purification, conveyance and outflow of the trunk pipelines into account.

Length of Water Supply Pipelines at The Year – end refers to the total length of all the pipelines between the water pumps and the users' water meters.

Annual Volume of Water Supply refers to the total volume of water supplied by the public water – works and those owned by individual enterprises and institutions during the whole year, including both the effective water supply and loss during the water supply.

Consumption of Water For Residental Use refers to the water consumption of householes for daily life and the water consumption of public welfare facilities, including the consumption of restaurants, hotels, hospitals, barber shops, public bathhouses, laundries, swimming pools, shops, schools, institutions, army units and other units.

Percentage of Urban Population With Access to Tap Water refers to the ratio of the urban non – agricultural population (excluing temporary and mobile population) with access to tap water to the total urban non – agricultural population. The formula is:

$$\text{Percentage of Population with Access to Tap Water} = \frac{\text{Urban Non – agrecultural Population with Access to Tap Water}}{\text{Urban Non – agricultural Population}} \times 100\%$$

Production Capacity of Gaswork Gas refers to the actual comprehe nsive production capacity of theurban gasworkd in gas generation, purification and delivery.

Length of Gas Pipelines refers to the total pipeline length between the outlet of the compressor, blower or gas tank and the shaft pipe of users.

Volume of Gas Supply refers to the total volume of gas sold to users in a year, including the volume for industrial use, residential use and other uses.

Percentage of Urban Population With Access Gas refers to the ratio of the urban non – agricrltural population with access to gas (including gas, liquefied petroleum gas and natural gas) to the urbannon – agricultural population (excluding temporary and mobile population). The formual is:

$$\text{Percentage of Population with Access to Gas} = \frac{\text{Urban Non – agriculotural Population with Access to Gas}}{\text{Urban Non – agricultural Population}} \times 100\%$$

Heating Capacity in Urban Area refers to the capacity of hourly supply of steam and hot water tocities by thermal power plants, beating corporations and centralized neating boiler rooms which meet certain standard.

Feating Volume in Urban Area refers to the total volume of steam and hot water supplied to cities every year by therual power plants, heating corporations and centralized heating boiler rooms whichmeet certain standard.

Length of Heating Pipelines refers to the total length of pipelines for centralized supply of steam and hot water from the thermal power plants, heating corporations and centralized heatingboiler rooms which met certain standard to the users.

Length of Paved Roads at The Year – end refers to the length of r oads with a paved surface, and with a width of more than 3. 5 meters, including high – quality, medium – quality and ordinary roads.

Urban Bridgesrefer to bridges over river courses, great separated junctions and overpasses inurban areas. Permanent bridges and semi – permanent bridges are included. Temporary bridges, railwaybridges and culverts are excluded.

Length of Urban Sewage Pipes refers to the total length of gener al drainage, trunks. branch and blind drainage, inspection wells, connection wells, inlets and outlets, etc.

Daily Disposal Capacity of Urban Sewage refers to the designed 24 – hour capacity of sewage disposal at the sewage treatment works.

Number of Public Vehicles (Buses and Trolley – Buses) at The Year – end refers to the total number of operational buses available at the year – end, including the year – end operational vehicles andvehicles in stock. Non – operational vehicles such as stringing cars, tank cars, m achine – shop cars, trucks and other special vehicles and the borrowed passenger vehicles are excluded.

Length of Routes in Operation refers to the length of designated regular routes in operation, including the length of suburbanroutes in operation. The length of temporary op erational lines is not included.

Area of Urban Gardens and Green Areasrefers to the total area of urban public green land, specialgreen land, production green land, protection green land and suburban scenic spots.

Public Green Arearefers to green areas of varions parks, zoos, botanical gardens, cemeterise, amusement parks, tree – flanked boulevards green – land squares for tourism and relaxing. Areas withtrees planted along – side the streets and boulevards are excluded.

AGRICULTURE

Gross Output Value of Farming, Forestry, Animal Husbandry and Fishery refers to the total volume of products of farming, forestry, animal husbandry and fishery in value terms, which reflects the total scale and total result of anricultural production during a hiven period of time. The statistical coverage of farming, forestry, animal husbandry and rishery are as follows: In terms of ownership, China' s agreculture includes specialized state farms (farming, forestry, animal husbandry, fishery), farms managed by various government agencies, organ ezations, schools, research institutions, and army; farms managed by rural collective organizatons at levels of township, town, and village; farming, forestry, animal husbandry, fishery run by various rural collective organizations and individual farmers.

(1) Farming includes cultivation of farm crops and other agricultural activities. Cultivation includes the cultivation of grain crops, beans, tubers, cotton, oil - bearing crops, sugarcrops, fiber crops tobacco, vegetables, medicinal herbs, melons and gourds, a nd cultivation andmanagement of tea plantations, mulberryficlds and orchards. Other agricultural activities includes gathering fruits, fiber, gum and resin of wild plants, oil - bearing plants, grass, wild medicinal herbs, fungus plants, and commodity industries of the rural households.

(2) Forestry refers to planting trees of various kinds (excluding tea plantations, mulberryfields and orchards), gathering of forest products, and cutting and felling of bamboo and trees by villages and other cooperative organizations under villages.

(3) Animal husbandry refers to raising and grazing of all animals except fishe ry and aquaculture, and hunting and raising of wild animals.

(4) Fishery refers to cultivationand catching of fish and other aquatic animals and cultivationand collection of seaweed and other aquatic plants. Gross output value of agriculture is obtained by first multiplying the output of each product orby - product by its price, resulting in the output value of each single item. For a small number of products, annual output of which is not available or difficult to get due to the long production/growing process involved, the output value is estimated through an indirect approach. The sum of output value of all products of farming, forestry, animal husbandry, and fishery is then equal to the gross output value of agriculture.

Prior to 1957, China' s gross agricultural output value included barn yard men ure and handicraft products for self - con - sumption (clothes, shoes, stockings, and initial grain proce ssing undertaken bypeasants). Since 1958, cutting and felling of bamboo and trees by villages and other cooperative organizations under villages have been included in forestry; value of barnyar d manure has been excluded from animal husbandry; self - consumed handicrafts has been excluded from sidelineoccupations, while the output value of industries run by villages and cooperative orhanizationsunder village had been included in sideline occupations and the output value of fish catches bymotou fishing boats has been added to fishery. Since 1980, the value of handicraft products made forsale by individuals in households had been added to sideline occupations. Since 1984, industries run by villages and cooperative organizations under villages haue been included in the sector ofindustry. Since 1993, the subdivision of sideline occupations has been canceled, and the hunting of wild animals has been classified into animal husbandry, and the gathering of wild plants and commodity industry run by rural househole have been included in farming.

Grain Yield refers to the yield in the whole country including g rains produced by state farms, collectine units, indrstrial enterprises and mines. Grain includes rice, wheat, corn, sorghum, millet and other miscellaneous grains as well as tubers and beans. Output of beans re fers to dry beanswithout pods. The output of tubers (sweet potatoes and potatoes, not including ta ros and cassava) was converted into that of grain at the ratio 4: 1 , i. e. four dilograms of fresh tub ers was equivalentto one kilogram of grain up to 1963. Since 1964 the ratio for conversion has been 5: 1. Tuberssupplied as vegetables (such as potatoes) in cities and suburbs are calculated as fresh vegetables and their output is not included in the output of grain. Ouptut of all other grains refers to husked grain.

Yield of Oil – Bearing Crops refers to the total yield of oil – bearing crops of various kinds, including peanuts, (dry, inshell) rapeseeds, sesame, sun flower seeds, flax seeds, and other oil – bearing crops. Ssybeans, oil – bearing woody plants, and wild oil – bearing crops are not included.

Output of Aquatic Products refers to catches of both artificially cultured and naturally grown aquatic products, including fish, shrimps, crabs and shellfish in sea and inland water as well asseaweed. Freshwater plants are not included.

Output of Pork, Beef and Mutton refers to the meat of slaughtered hogs, cattle, sheep and goatswith head, feet, and offal taken away.

Cultivated Area (Area Under Cultivation) refers to farm land which is plowed constantly for growing crops, including cultivated land, newly cultivated land in the current year, farmland left without cultivation for less than three years and fallow land in the current year, rotation land, rotation land of grass and crops, farmland with some fruit trees, mulberry trees and other trees andcultivated seashore land, lake land, and etc. The land of mulberry fi-clds, tea pl antations, orchards, nurseries of young plants, forest land, reed land, natural and man – made grassla nd and other landare not included in cultivated land.

Sown Area of Crops refers to area of land sown or trans planted with crops regard less of being incultivated ar-ea of non – cultivated area. Area of land resown due to natural disast ers is also included.

Irrigated Arearefers to areas that are effectively irrigated, i . e. level land which has water source and complete sets of irrigation facilities to lift and move adequate water for irrigation purpose under normal conditions.

Consumption of Chemical Fertilizers in Agriculture refers to the quantity of chemical fertilizersapplied in agriculture in the year, including nitrogenous fertilizer, phosphate ferttilizer, potashferilier, and compound fertilizer. The consumptiohn of chemical fertilizers is required incalcration to convert the gross weight into weight containing 100% effective component (eg. 100% nitrogen content in nitrogenous fertilizer, 100% phosphorous pentoxide cont-ern in phosphatefertilizer, 100% potasium oxide content in potash fertilizer) . Compound fertilizer is converted with its major compoment.

Total Power of Farm Machinery refers to total mechanical power of machinery used in farning, forestry, animal husbandry, and fishery, including ploughing, irrigation and dra inage, harvesting, transport, plant protection, stock breeding, forestry and fishery. The power of internal combustionengines is required to convert horsepowers into watts and the power of electric motors is required to be converted into watts. Machinery employed for non – agricultural purposes, such as the machines used in township – run and village – run industry, construction, non – agricultural transport, scientific experiments and teaching, is excluded.

Laborers Engaged in Farming, Forestry, Animal Husbandry And Fishery refers to the total laborers who are directly engaged in production of farming, forestry, animal husbandry and fishery.

Number of Livestock or Poultry on Hand at Teh Beginning (or end) Of The Reference Perild refers to the total number of large animals, pigw, sheep, fowls, ets. raised by rural cooperative organizations, state farms, rural individuals, government agencies, schools, industrial and mining enterprises, army, and urban residents at the beginning (or end) of the reference period.

Cerealsrefer to seeds of various kinds of crops which are used mainly for grain. Cereals include paddy, wheat, maize, millet, Chinese sorghum, etc. , escept beans and tubers.

INDUSTRY

Industryrefers to the material production sector which is engaged in extraction of natural resources and proce ssing and reprocesseing of minerals and agricultural products, including (1) extraction of natural resources, such as mining, salt production, logging (but not includinghunting and fishing) ; (2) processing and reprocessing of farm and sideline produces, such as ricehusking, flour milling, wine making, oil pressing, cotton ginning, silk reeling, spinning and weaving, and leather making; (3) manufacture of industrial products, such as steel making, iron smelting, chemicals manufacturing, petroleum processing, machine building, timber processing; water and gasproduction and electricity generation and supply; (4) repairing of industrial products such as therepairing of machinery and means of transport (including cars) .

Prior to 1984, the rural industry run by villages and cooperative organiza tions under village wasclassified into agriculture. Since 1984, it has been grouped into industry.

(1) **State – owned and state holding majority shares enterprises** refer to state – owned enterprises and the enterprises which state holds majority shares. State – owned enterprises (industry ownership by the whole people or state – run industry) refers to non – corporation economic units, where the entire assets are owned by the state and which have registered in accordance with the Regulation of the People' s Republic of China on the Management of Registration of Corporate Enterprises, including the state – owned enterprise, sole stae – funded corporation and state – owned joint ownership enterprise. Joint state – private industries and private industries, which existed before 1957, have been transformed into state – run industrics. Since 1992, those were named state – owned industries. Statistics on these enterprises has been included in the state – industries since 1957 when separation of data was no longer necessary.

(2) **Collective – owned Enterprises** refers to industrial enterprises where the means of production are owned collectives and some enterprises which were formerly owned privately but have been registered in industrial and commercial administration agency as collective units through raising fund from the public.

(3) **Share – holding Corporations Ltd.** Refer to economic units registered in accordance with the Regulation of the People' sRepublic of China on the Management of Registration of Corporate Enterprises, with total registered capitals divided into equal shares and raised throught issuing stocks. Each investor hears limited liability to the corporationdepending on the holding of shares, and the corporation bears liability to its debt to the maximum of its total assets.

Light Industry refers to the industry that produces consummer goods and hand tools. It consists of two categories, depending on the materials used:

(1) Industries using farm products as raw materials. These are branches of light industry which directly or indirectly use farm products as basic raw materials, including the manufacture of food and beverages, tobacco processing, textile, clothing, fur and leather manufacturing, paper making, printing, etc.

(2) Industries using non farm products as raw materials. These are branches of light industry which use manufactured goods as raw materials, including the manufacture of cultural, educational articles and sports goods, chemicals, synthetic fiber, chemical products for daily use, glass products for daily use, metal products for daily use, hand tools, medical apparatus and instruments, and the manufacture of cultural and clerical machinery.

Heavy Industry refers to the industry which produces capital goo ds, and provides various sectorsof the national economy with necessary material and technical basis. It consists of the following three branches according to the purpose of production or the use of products:

(1) Mining, quarrying and logging industry refers to the industry that extracts natural resources, including extraction of petroleum, coal, metal and non – metal ores and logging.

(2) Raw materials industry refers to the industry that provides various sector s of the national economy with raw materials, fuels and power. It includes smelting and processing of metals, coking and coke chemistry, chemical materials and building materials such as cement, plywood, and power, petroleum refining and coal dressing.

(3) Manufacturing industry refers to the industry that processes raw materials. It includes machine – builiding industry which equips sectors of the national economy, industries of metal structure and cement products, industries producing means of agricultural production, such as chemical fertilizers and pesticides.

According to the above principle of classification, the rpeairing trades which are engaged primarity in repairing products of heavy industry are classified into heavy in dustry while these engaged in repairing products of light industry are classified into light indrstry.

Gross Industrial Output Value is the total volume of indrstrial products sold or available forsale in value terms which reflects the total achievements and overall scale of industrial production during a given period. It includes the value of the finished products, which are not tobe further processed in the enterprises and have been inspected, packed and prt in storage, the value of industrial services rendered to other units and the changes in the value of the semi – finihed products and products in process between the behinning and closing of th e period (only theenterprises with long ptoduction cycle are required to calculatc the changes). The gross industrial output value is calculated with " factory method". Nodouble calculations are to be made within the same enterprise. However, double counting does occur among different enterprises.

Output value of light and heavy industries is also classified with the " factory" method. Undernormal conditions, if the major products of an industrial enterprise belong to light industry products, the gross output value of that enterprise is classified whohhy into light industry; thesame principle applies to heavy industry.

Value Added of Industryrefers to the final results of industrial production of the industrial trade in money terms during the reference pereod.

Original Value of Fixed Assets refers to the original value of all fixed assets owned by industrial enterprescs, calculated at the cost paid at the time of purch ase, installation, reconstruction, expansion, and technical innoivation and transformation of the said assets, which includes expenses on purchase, package, transportation, and installation, etc.

Net Value of Fixed Assetsis obtained by deducting depreciation over years from the original value of fixed assets.

Working Capital (Circulating Assets) refers to assets which can be cashed in or spent or consumed in an operating cycle of one year or over one year, which includes cash, various deposits, shortterm investment, and receivable payments, and advance payments, stock, etc.

Total Value of Profit and Tax (Pre – Tax Profits) refers to the sum of the total profits, products sales tax and surcharges and the value added tax payable of industrial enterprises. It is alsocalled pre – tax profits.

Ration of Pre – Tax Profits to Assets refers to the ration of pre – tax profits realized in a givenperiod to total assets (net fixed assets plus working capital), which reflects the economic efficiency of the assets utilization and is calculated as follows:

$$\text{Ratio of Pre – tax Profits to Assets (\%)} = \frac{\text{Pre – tax Profits in Reference Per iod}}{\text{Average Net Fixed Asses + Average Balance of Working Capital}} \times 100\%$$

Ration of Profits to Total Industrial Costs refers to the ratil of profits realized in a given period to the total costs in the same period, which reflects the economec efficiency of input cost and is calculoated as follows:

$$\text{Ratio of Profits to Total Industrial Cost (\%)} = \frac{\text{Total Profits}}{\text{Tota l Costs}} \times 100\%$$

Value Added Rate of Industry refers to the ratio of value added of industry in a given period of the gross output value in the same period, which reflects the economic efficiency of cutting down the intermediate input and is calculated as follows:

$$\text{Value added Rate of Industry (\%)} = \frac{\text{Value Added of Industry (at Current Prices)}}{\text{Gross Output Value (at Current Prices)}} \times 100\%$$

Number of Times of The Turnover or Working Capital refers to the number of times of turnover of work in capital in a given period of time, which reflects the speed of the turnover of working capital and is calculated as follows:

$$\text{Turnover of Working Capital (\%)} = \frac{\text{Sales Revenue of Products}}{\text{Average Balance of total Working Capital}} \times 100\%$$

Sales Rate of Industrial Products refers to the ratio of total sales in a given period to the gross output value in the same period, which reflects the extent of industrial output sold and is calculated as follows:

$$\text{Sales Rate of Industrial Products (\%)} = \frac{\text{Total Sales (at Current Prices)}}{\text{Gross Output Value (at Current Prices)}} \times 100\%$$

Sales Revenue of Industrial Productsrefers to the revenre from the sales of products by industrial enterprises and the revenre from services provided and etc.

Sales Cost of Industrial Products refers to the actual cost of products of industrial enterprises and industrial enterprises and industrial services provided, etc.

Tax and Extra Charger on Sales of Products refer to the tax on c ity maintenance and construction, consumption tax, resources tax and extracharges for education, which should be borne by the enteprises in selling products and providing industrial services.

Sales Profit of Products refers to the profit gained by the enter prises by deducting cost, chargesand taxes from the business income of the enterprises obtained in selling prod ucts and providing industrial services.

Total Profits refer to the profits gained by the enterprises.

Value Added Tax Payable refers to the amount of the value added tax which should be paid by the eterprises in the reporting period.

Ratio of Per – Tax Profits to Gross Output Value refers to the rat io of the total amount of pre – tax profits gained (including total profits, sales tax and extra charges of prod ucts as well as thevalue added tax payable) in the reporting period to the gross output value in th e samd period (theratio is expressed in percentage) . The formula is as follows:

$$\text{Ratio of Pre – tax Profits to Gross Output Value (\%)} = \frac{\text{Total Amount of Pr e – tax Profits}}{\text{Gross Output Value}} \times 100\%$$

Overall Labour Productivity of Industrial Enterprises refers to the average output per staff and worker in industrial enterprises in value terms. At present, the value added and the average number of staff and workers of an industrial enterprises in a given period are used to calculate the overall labour productivity. The formula used is:

$$\text{Overall Labour Productivity} = \frac{\text{Value Added of Industry}}{\text{Average Number of Staff and Workers}}$$

For the purpose of comparison of the overall labour productivity among different years, the data on the overall labour productivity of the years prior to 1990 have beeh adjusted on the bases of 1990 constant prices.

Capital refers to the corporation' s capital registered in the departments of administration for industry and commerce. According to the different nature of investors, corporations' capital can be divided into state capital, legal person' s capital, personal capital, foreign capital, etc. Total capital includes total registered capital of all investors in the corporation.

Total Assetsrefer to all assets which are owned or controlled by enterprises, including circulating assets, long – term investmint, fixed assets, intangible assets and deferred assets, other long – term assets, and dererred taxes, etc. The summation of above items is equal to total assets shown in the balance sheets of the enterprises.

(1) Circulating assets (working capital) refer to assets which can be cashed in or spent or consumed in an operating cycle of one year or over one year, including cash, all kings of deposits, short term investmint, receivables, advance payment, stock, etc.

(2) Fixed assets refer to the net value of fixed assets, clearance of fixed as sets, project under construction, fised assets losses in suspense. These are corporations' fund holdings.

(3) Intangible assets refer to the assets without matereial form used by enter prises over a longtime, such as patints, non – patent technolohies, trade marks, copy right, land use right, business reputation, etc.

Total Liabilities refer to the debts that enterprises are respon sible for repayment, including liquid liabilitier, long – term liabilities and deferred taxes, etc. Total liabilities correspond to the summation item of liabilities shown in the balance sheets of rhe enterprises .

(1) Liquid liabilities (also called quick liabilities or immediate liab ilities) refer to enterprises total debt payable within an operating cycle of one year or over on e year, includingshort term loans, payables and advance payments, wages payable, taxes payable and profit payable, etc.

(2) Long – term liabilities refers to total debt payable within an operating cycle of one year orover one yera, including long – tern loans, payable liabilities, long – term payables, etc.

Creditors' Equityrefers to investors' ownership of net assets of the enterprise. It is equal to the total assets of the enterprise minus its total liabilities, including the primary input from investors, capital accumulation fund, surplus accumulation fund and undistributed profit. It is the stock nolders' equity in stock companies.

TRANSPORTATION, POSTAL AND TELECOMMUNICATIONS SERVICES

Length of Railwaus in Operationrefers to the total length of the trunk line under passenger and freight transportation. The calculation is based on the actual length of the first line even if this line has a full or partial double track or more tracks, excluding double tracks, stationsidings, tracks under the charge of stations, branch lines, special purpose lines and the non – payable connecting lines. The length of railways in operation is an important indi cator to show the development of the intra – structure for the railway transport, and also the essential data to calculate volume of passenger freight transport, traffic density and utilization efficiency of the locomotives and carriages.

Extention Length of Trunk Lines refers to the sum of the first, the second, the third lines and other constructed length of the trunk railways, excluding the extention length of the station lines, lines under the jurisdiction of depots, sidings and lines for special purpose. It provide simportant information for the calculation of the needs for rails, sleepers, sand and stone for the construction of railways.

Length of Highways refers to the length of highways which are built in conformity with the grades specified by the bighway engineering standard formulated by the Ministry of Communications, and have been formally checked and accepted by the departments of highways and put into use. The lengthof highways includes that of the suburb highways at large and medium – sized cities, highways passingthrough streets at small cities and towns, and also the length of bridges and fe rries. It does notinclude the length of streets in big and medium – sixed cities and highways built for the production purpose at factories, mines, forest areas and agricultural areas. If two or more highways go the semesaction of the way, the length of the section is only calculated for once and on duplication isallowed. The length of highways is an important indicator to show the development of the highway construction and to provide essential information to calculate the transport net work density.

Length of Navigable Inland Waterways refers to the length of the natural rivers, lakes, reservoirs, canals, and ditches open to navigation during a given period, which enables the transport byships and rafts. It includes the channels open to navigation for over 3 months a ccumulatively in ayear, yet this does not include the river courses which are only used to float o dd logs and bamboorafts.

Length of Civil Aviation Routes refers to the length of all rou tes for regular civil aviationflights. There are usually two ways to calculate the distance between airports connected by theroute length: One is to put the length of all air routes together , called duplic ated calculation ofthe length of the routes; the other is not to allow the duplication in calculati on when two or moreroutes passing the same section. The latter is usually used, as it can precisely show the size ofthe civil aviation network and indicate the extent of civil aviation serving th e national economyand the people.

Freight (Passenger) Traffic refers to the volume of freight (pas senger) transported with various means. Freight transport is calculated in tons and passenger traffic is calculated in the number of persons. Despite the type of freight and travelling distance, the freight transport is calculated in the actual weight of the goods: and despite the travelling distance and ticket price, the apassenger traffic is calculated by the principle that one person can be counted only once in onetravel. The passenger who travel with a half – price ticket or a child ticket is also calculated asalso calculated as one person. The freight (passenger) traffic provides a quant itative measure to show how the transport industry serves the national economy and people, and is also an important indicator for planning the transport industry and for studying the development scale and speed of the transport industry.

Freight Ton – Kilometers (Passenger – Kilometers) refer to the sum of the products of the volume of transported cargo (passengers) multiplying ty the transport distance, usually using ton – kilometer and passenger – kilometere as units for measurmement. Normally, the shortest distance between thedeparture station and the desination station (i. e. , the payable distance) is the basis to calculatethe freight ton – kilometers. This is an important indicator to show the total results of thetranspor industry, to prepare and examine the transport plan and to measure th e efficiency, thelabour productivity and the unit cost of transport.

Business Volume of Post and Telecommunications refers to the inf ormation delivered and other post and telecommunications services provided by the post and telecommunications departments for the customers. It is derived by first multiplying busindss volume of different types , such as number of letters, telegrams, long distance calls, city and rural telephone subscribers and accumulated number of newspapers and jounals subscribed and sold, etc. by their respective average unit price (fixedprice) and then adding these products together: plus the income from mainte nance of telephone exchanges and lines, and the income from other business operations. The business volume of post and telecommunitations indicates the total achievements made by the post and telecommunications deparment during a given period of time in a comprehensive way, and is an important indicator to study the composition and development of the post and telecommunications busines s.

Local (Urban) Telephone refers to telephones connected to urban telephone network (at and abovework (at and above county level) . The telephone charge is either monthly fixed rate or numerical rate.

(1) Resident telephones refer to telephones installed in resident dwellings, in cluding those withtelephone charges paid by individuals, by public units and free of charge.

(2) Personal telephones refer to telephones instlled and paid at one' s own expe nse.

Subscriber of Pagding Services refer to subscribers who carry small size pagers and receive audiosignals, digital signals or literal signals sent out by city telephone through wireless pagingcenter within assigned area. Each pager is counted as a subscriber.

Mobile Thlephone Subscribers rerfer to the persons who own mobil e belephone number connected withthe mobile telephone communicaiton network and registered by post and telecommunications organization. The number of subscribers is calculated only when the subscribers who bave gone through all the register formalities and entered into the mobile telephone ne twork. One mobile telephone is treated as a subscriber.

CONSTRUCION

Gross Output Value of Construction (Output Value of Projeots Under Cons truction) refers to the gross output value of construction and installation projects that are undertaken by construction enterpreses or affiliated constructing units, calculated in line with the planned schedule. It includes;

(1) Output value of construction projects, that is the value of projects covered by the project budgets;

(2) Output value of installation projects, that is the value of the installation of equipment;

(3) Output value of repair of buidings and structures, that is the value created through therepairs of buildings or structures, but does not include the value of buildings or structures being repaired and the value of the repair of production equipmint;

(4) Output value of manufactured non - standard equipment, that is the valu e of non - standard production equipment (including raw materials and manufacturing cost) made for the construction project, irrespective of whether the equipment is manufactured on the construction site or by subsidiary owrkshops.

Value - added of Construction refers to the final result of the activities of production and management of construction in monetary terms in the reference period. At present, the vcalue added of construction is calculated with the income approach. In other words, it is the sum of income of various production factors in the production process. The formula is as follows:

Value - added of construction = depreciation of fixed assets in the year + wages payable + welfare expenses payable + insurance premium and tax for wait in for employment in the administrative expenses + taxes and sturcharges on project settlement + profit gained from project settlement.

Floor Space of Buildings Under Construction refer to floor space of building under construction during the reference period, in cluding newly started buildings, buildings started earlier and continued during the reference period, and buildings suspended earlier but restarted during thereference period. Excluded are buildings started and then suspended earlier that have not been restarted during the reference time.

Floor Space of Buildings Completed refers to the floor space of buildings that are completed in the reference period in accordance with the requirements of the design, up to the standard for putting them into use, and have been checked and accepted by concerned departments as qualified ones.

Total Number of Machinery and Equipment Owned by The Construction Ente rprises (or Units) By

TheEnd of Year refers to the number of machines and equipment owned by the enterprises (or units, andlisted as the fixed assets of the enterprises (or units) by the end of the year, including machinery and equipment for construction, production and transportation.

Total Power of Machinery and Equipment Owned By The Construction Enterprises (Or Untits) By The End of Year refers to the total power of machinery and equipment owned by the enterprises (or nuits), and listed as the fixed assets of the enterprises (of units) by the end of the year, including machinery and equipment for construction, production and transportation. The power of the machineryis calculated on basis of the designed or verifide capacity, covering the power of the machinery/equipment and the separate power equipment serving the machinery/equipment (such aselectric motors), but excluding welders, transformers and boilers. The unit used for the calcuation of power is kilowatt, with horsepower converted to kilowatt by 1 horsepower =0. 73 5 kilowatt.

Income From Settlement of Projects refers to the incom e received by the construction enterprise/unit from the commpleted portion of the project through settlement procedures with the contracte during the refercnce preiod, and other charges to the contractee as operational costs, such as facility fee, labour insurance premium, moving cost of construction unit, as well as various types of claims to the contractee.

Profit From Settlement of Projects refers to profit realized th rough settled projects. It is calculated with the following formula:

Profit from Settlement of Projects = Income from Settlement of Projects – Sttled Cost – Settled Taxes and Other Cost

Total Revenys of Enterprisesrefers to the sum of income from production and operation of enterprises, including income from settlement of projects and other operational income, namely:

Total Revenue of Enterprises = Income from Settlement of Projects + Other Operational Income

WHOLESALE, RETAIL SALES AND CATERING TRADE

Total Retail Sales of Consumer Goods refer to the sum of retail sales of consumer goods by the establishments in wholesale trade, retail sale trade, catering trade, manufacturing industry and other industries of different types of ownership, to urban and rural residents and social groups. This indicator is used to show the supply of consumers goods through various channels to households and institutions to meet their demands, and is therefore very important for the study of the issues on people' s livelihood, on the purchasing power of consumer goods and on the circulation of money. The retail sales of consumer goods include: (1) commodities sold to urban and rural residents forresidential use and building materials sold to them for the construction of repair of houses; (2) food and fuels sold to canteens of institutions, enterprises, schools, military units and to canteens of hotels and hostels that only serve their guests, and commodities produced by enterprises, institutions of state farms and sold directly to their employees of their canteens; (3) grain and non – staple food, clothing, daily articles and fuels sold to military personnel; (4) cosumer goods sold to foreigners, overseas Chinese, and Chinese compatriots from Taiwan, Hong Kong and Macao during their stay in the mainland of China; (5) Chinese and western medicines, herbs and medicalfacilities purchased by residents; (6) newspapers, books and magazines directly sold to residentsand social groups by publishers, new and old commemorative stamps, special stamps , first – day covers, stamp albums and other stamp – collection articles sold by stamp companies; (7) consumer goods purchased and then sold by second – hand shops; (8) stoves and other heating facilities and liquified gas sold by gas companies to households and institutions; and (9) commodities sold by farmers to non – agricultural residents and social groups. Excluded under this heading are: raw materials, fuels, epuipment, tools sold to enterprises, institutions and state farms for production purpose; commodities sold to trade establishments for re – selling; commissioned sales at second – hand shops; operational income of urban public utilities; stamps sold at post offices; income of water, power, gas production and supply establishmets from the supply of their products; and sales of commodities among farmers.

Pruchase, Sales and Stock of Commodities by Wholesale and Retail Trade refer to the purchase, sales and stock of commodities by wholesale and retail estabilshments of different ownership (excluding individual sellers).

Total Purchasses of Commodities refer to the purchases of commodities by the establishments fromother establishments or individuals (including direct import from abroad) for the purpose of re – selling, either with or without further processing of the commodities purchased.

This indicator isused to show the total value of purchases of commodities by wholesale and retail establishmentsfrom domestic and overseas markets. The total purchases include: (1) agricultual and industrial products purchased from producers; (2) books, magazines and newspapers purchased from distribution departments of the publishers; (3) commodities purchased from wholesale and retail establishments; (4) commodities purchased from other units, such as surplus materials purchased from govermnent agencies, enterprises or institutions, commodities purchased from cate ring and service establishments, confiscated goods purchased from customs authorities or market m anagement agencies, second – hand goods and wastes purchased from residents; and (5) commodities directly imported from abroad. Excluded are commodities purchased by establishments (units) for use in their own businessoperation, commodities obtained without buying or selling procedures, rejected commodities, etc.

Total Sales of Commodities refer to selling of commodities by the establishments to other establishments and individuals (including direct export). This indicator is used to show the total value of sales of commodities at domestic markets and export. The total sales include: (1) commodities sold to urban and rural residents and social groups for their consumption; (2) commodities sold to establishments in industry, agriculture, construction, transportation, post and telecommunications, wholesale and retail trades, catering trade and public utility for their production and operation; (3) commodities sold to wholesale and retail establishments for re – selling, with or without further processing; and (4) commodities for direct to other countries. Excluded are selling of waste packaging materials used by the establishments (units) themselves, commoditie stransferred without buying of selling procedures, commission income from brokerage in transcationswhose settlement is directly handled by buyers and sellers, rejected commodities in the purrhase, loss in commodities, etc.

Commodity Stock of Wholesale and Retail Enterprices at Year – End refers to total commodities possessed by wholesale and retail enterprises (units) of various types of owners hip, which reflects the commodity stock level of various wholesale and retail enterprises and the potential for market supply. It includes: (1) commodites located in storage, garages, counters, and shelves of operating units (such as sale stores, wholesale centers, and operating offices) of wholesale and retail enterprises; (2) commodities in the process of selecting, sorting, and packing; (3) commodities not arrived but recorded as purchase in the account, i. e. commodities not arrived but payment receiptsfor the commodities from the sellers or the banks arrived; (4) commodities deposited in other places rather than places mentioned above, for instance: commodities in the hold of purchasers temporarily due to the refusal of payment and commodities not taken back after going through the formalities; (5) commodities entrusted entrusted to other units to sell but not sold yet; (6) commodities purchased for other units but not delivered yet. Commodities not included as stock are thos e not owned by theenterprises (units), those allocated to financially independent factories rather than wholesale and retail enterprises for processing but not taken back yet, and finally those put in stock bywholesale and retail enterprises on behalf of the state material reserves units. In the calculation of the value of commodities stock at the end of period, the value is calculated at purchasing prices in agricultural goods purchasing units and wholesale units, and at the a ccunting prices in retail units.

Volume of Business (Transaction Value) at Urban and Rural Free Market refers to the value of all goods changed hands between sellers and buyers, includiug farmers, non – agricultural residents, institutions, organizations, enterprises and private, at urban and rural free markets. It is a comprehensive indicator used to show the size of the transaction at the free trade markets.

FOREIGN ECONOMY TRADE AND INTERNATIONAL TOURISM

Utilization of Foreign Capital refers to remittance, equipment and technology financed from abroad, by loans, foreign direct investment and other forms undertaken by the Chinese governments at alllevel, by various departments, enterprises and other economic units.

Foreing Loansa major part of China' s utilization of foreign capital, refer to funds borrowed from abroad, including loans of foreign governments, loans of international financial institutions, commercial loans of foreign bands, export credit, and funds raised by Chinese bonds and shares issued abroad.

Direct Investment By Foreing Entrepreneurs refers to the investments inside China by foreign enterprises and economic organizations or individuals (including overseas Chinese, compatriots from Hong Kong and Macao, and Chinese enterprises registered abroad), following the relevant policies and laws of China, for the establishment of ventures exclusively with foreign own investment, Sino – foreign joint ventures and cooperative enterprises or for co – operative exploration of resources with enterprises or economic organizations in China . It includes the re – investment of the foreign entrepreneurs with the profits gained from the investment and the funds that enterprises borrow form abroad in the total investment of projects which are approved by the relevant department of the government.

Number of Tourists refers to the number of foreigners, overseas Chinese, and compatriots from HongKong, Macao and Taiwan coming to China for sight seeing, visits, tours, family reunions, vacations, study tours and other activities of an economic, scientific and technological, cultural, physical cultureand religious nature. This does not include the number of employees of foreign organizations stationed in China such as embassies, consulates, news agencies, the offices of corporations and enterprises and foreign experts and students residing in China and the persons staying briefly inChina but not for passing the night.

Foreing Exchange Earnings From International Tourism refer to the total expenditures of the foreigners, overseas Chinese, compatriots from Hong Kong, Macao and Taiwan in the process of their tourism in the mainland of China. Their expenditures mentioned above are foreign exchange earnings to China.

Total Imports and Exports at Customs refer to the value of commodities imported into and exported from the boundary of China. They include the actual imports and exports through foreign trade, imported and exported goods under the processing and assembling trades and materials, supplies and gifts as aid given gratis between governments and by the United Nations and other internation alorganizations, and contributions donated by overseas Chinese, compatriots in Hong Kong and Macao and Chinese with foreign citizenship, leasing commodities owned by tenant at the expiration of leasing period, the imported and exported commodities processed with imported materials, commodities trading in border areas (excluding mutual exchange goods), the imported and exported commodities and articles for public use of the Sino – foreign joint ventures, cooperatioe enterprises and ventures exclucively with foreign own investment. Also included are import or export of samples and ad vertising goods forwhose CIF or FOB value are beyond the permitted ceiling (excluding goods of no tr ading or use value and free commodities for export), imported goods sold in China from bonded warehoues and other imported or exportde goods. The indicator of the total imports and exports at customs can be used toobserve the total size of external trade in a country. In accordance with the stipulation of theChinese government, imports are calculated at CIF, while exports are calculated at FOB

BANKING AND INSURANCE

Deposit is a form of credit by which enterprises, institutions, or ganizations or residents can putmoney into banks and other credit institutions for safekeeping and interest earning under the principle of free withdrawal. According to different depositors, deposits are divided into enterprise deposits, treasury deposits, deposits of govenment agencies and organizations, capital constructiondeposits, urban savings deposits, rural deposits and other deposits. Deposits are major sources of the credit funds of bands.

Loan is a form of credit by which banks and other credit institutions provide funds at certaininterest rate to enterprises and individuals in the light of the principle of unconditional repayment. Loans from Chinese banks include circulating capital loans, fixed assets loans, loans tourban and rural individuals engaged in industrial and commercial business and agricultural loans.

Amount Insured refers to the amount of compensation for the loss or agreed sum of money to be paid by the insurer to the insurant. It is the maximum amount of liabilities written in thein surance contract and is also used as a basis to calculate the premium.

Premium is the fee paid by the insurant based on a proportion of the benefit he or she may get from the insurance plus the insurance value. It includes the income from the deposit of property insurance and presonal insurance.

Settled Clain is the compensation paid by the insurer to the insurant in accordance with the insurance contract for the loss which has been checked and found to be in the range of liability of the insurance after an accident has happened to the insured property or to a person who has insured his life. It is further divided into settled and unsettled claim.

EDUCATION, SCIENCE AND CULTURE

Regular Institutions of Hegher Learning refer to educational est ablishments set up according to the government evaluation and approval procedures, enrolling graduates from senior secondary schoolsand providing higher education courses and training for senior professionals. They include full – time universities, colleges, high professional schools and short – term professional universities.

Institutions of Higher Learning For Adults refer to educational establishments, set up in line with relevant rules approved by the government, enrolling staff and workers with senior secondary school or equivalent education, and providing higher education courses in many forms of full – time, part – time, spare – time, or correspondence for adults. professionals thus trained receive aqualification equivalent to graduates studying regular courses at regular univer sities, colleges and professional colleges. Institutions of higher learning for adults include Radio and TV universities, schools of high education for staff and workers and peasants, colleges for management cadres, pedagogical colleges, independent correspondence colleges.

Proxlment Rrte of Primary School – Age Children refers to the propor tion of school – age children enrolled at schools to the total number of school – age children both in and outside schools (including regarded children, but excluding blind, deaf and mute children) . The formula is:

$$\frac{\text{Enrollment Rate of Primary}}{\text{School - age Children}} = \frac{\text{Total Primary School - age Children at Schools}}{\text{Total Primary school - age Children Both at and Outside Schools}} \times 100\%$$

Independent Research and Development Institutions refer to the state - owned insitutions which havederect mission and research purpose, a certain number of core member with higher research level and a certain number of research personnel, favorable conditions for R&D and engaging in scientific research and technological development. The institutions also have their own independent organization and finance, authority to sign contracts with other units, with their own accounts inbands. Independent research and development institutions include the institutions attached tocentral governmert agencies, Chinese Academy of Sciences. Chinses Academy of Social Sciences and the institutions attached to local governments.

Presonnel of Independent Research and Development Institutions refers to the persons who work and receive payment in research and development institutions. It includes regular full - time and temporary staff and workers, but excludes retirees and persons who leave their work temporarily without payment but still retain their posts.

Total Expenditure on Research and Development refers to all actual expenditure made for R&D (basic research, applied research and experimental development) in reference period. It includes direct expenditure on R&D and indirect expenditure on R&D (including m anagement expenses, administrative expense and investment in capital construction ralating to R & D.

Scientists and Engineers refer to persons who have completed university or higher education orobtained titles of senior and middle - level professional positions.

Other Technical Personnel refers to persons involved in science and technology with secondary specialized education or three - year college education and persons with junior professional titles.

Inventions refer to the inventions as specified by the patent law and its detailed rules and regulations for implementation. They refer to the new technical proposals to the products ormethods or their modifications.

Utility Models refer to the utility models as specified by the patent law and its detailed rulesand regulations for implementation. They refer to the practical and new technical proposals on the shape and structure of the product or the combination of both.

Desings refer to the designs as specified by the patent law and its detailed rules and regulationfor implementation. They refer to the aesthetics and industry - applicable new designs for the shape, pattern and color of the product, of their combinations.

Cultural Institutions refer to units which have their own organizatinal system and independent accounting system and specialize in or serve cultural development. They exclude other establishments run by these cultural institutions and amateur cultural groups established by various departments.

Art Troupe refers to the troupe which is engaged in drama, opera, music, dance, acrobatics or other art performance, opens independent accounts with banks annd has self - supporting accounting system; excluding the troupes which are engaged partly in industrial or agricultural activities, partly art performance and the professional troupes organized by the people.

Film Projection Units refer to units with film projection equipment, full or part - time projectionists, permanent or non - permanent places, approved by related administrative departments to show films regularly for certain groups of audience, includinng those film projection units whichhave been approved to give commercial shows and run business with independent accounting system aswell as those film - renting units of the military system.

Number or Spectators at art Performance refers to the number of attendants at commercial shows, completely booked shows or free shows given in minority national areas, and does not include thenumber of spectators at rehearsals for examination and internal shows for study.

SPORTS, PUBLIC HEALTY AND OTHERS

Number or Athletes in Grades refers to the number of athletes who have been given titles through examination. The titles of athletes include international masters of sports, masters of sports, first – grade, second – grade and third – grade sportsmen and young athletes.

Number of Referees in Grades refers to the number of referees who have been given titles after examination. They are classified as international referees, national referees and referees of the first, second and third grades.

Stadiums refer to stadiums for track annd field events with six – lane 400 – meter tracks around soccer felds, permanent track marks and permanent bleachers. stadiums are classified according toseating capacity. They inclrde Class A stadiums seating 25000 people each. Class B stadiums seating15000 to 25000 people each. Class C stadiums seating 5000 to 15000 people each, and Class D stadiums seating fewer than 5000 people.

Gymnasiums refer to indoor sports grounds with permanent seats in which basketball, volleyball. badminton, tabble tennis and gymnastics competitions can be held. Gymnasiums are classified according to seating capacity. They include Class A gymnasiums seating over 6000people. Class B gymnasiums seating 4000 to 6000 people. Class C gymnasiums seating 2000 to 4000 people, and Class D gymnasiums seating fewer than 2000 people.

Hospitals refer to medical institutions named as" hospital" with permanent hospital beds, which areable to take in patients and provid them with medical and nursing services. Hospitals are classified into three categories: hospitals at or above the county level, hospitals of rural townships, and otherhospitals. According to their ownership, hospitals can be classified into three categories: hospitals under the public health departments, hospitals under industrial and other departments and collective – owned hospitals. Hospitals at or above county level are divided into comprehensi ve and specialized hospitals.

Medical Technical Personnel refers to all permanent medical staff and workers employee by medical institutions, including doctors of Chinese and Western medicine, senior doctors who integrate traditional Chinese thrapeutics with Western thrapeutics in practice, senior nurses, pharmacists of Chinese and Western medicine, laboratory specialists, other specilists, paramedics of Chinese and Western medicine, nurses, midwives, druggists in Chinese and Western medicine, laboratory technicians, other technieians, other practitioners of Chinese medicine, nursing attendants, pharmacological workers of Chinese and Western medicine, laboratory workers, and other primary medical personnel.

Doctors refer to qualified professional medical workers approved to practice by public health departments. They are classified into doctors of Chinese medicine, doctors of Western medicine, seniordoctors who integrate traditinal Chinese thrapeutics with Western thrape utics in practice, paramedics of Chinese medicine and Western medicine, annd other specialists of Chinese medicine.

Social Welfare Institutions refer to institutions taking care of old people without children, handicapped people and orphans. They include social welfare institutions run by civil affairs departments, children' s welfare institutions, social welfare institutions form ental patients, and collective – owned old people' s homes in rural areas.

Number of People Taken in By Social Welfare Institutions refers to the number of old people, children, totally dependent handicapped people and mental patients taken in by scoial welfare institutions run by civil affairs departments and those run by collective units in urban and ruralareas.

Social Welfare Enterprises are collective – owned enterprises which employ the blind, deaf – mute, and other handicapped people who are able to work in cities and towns and enjoy exemption from state taxes, including welfare plants, welfare commercial services, artificial limb plants and farms, etc.

Lawyers are legal workers who are employed full – time by legal counseling firms to act as legal advisers, agents in criminal or civil law suits, or defenders in criminal law suits, or to handle non – litigious legal affairs, to advise on matters of law or to write legal papers for others. Both full – time and part – time lawyers are included.

Notary Personnes refers to judicial workers of the state notary offices handling notarization work according to law. They include notaries, as sistant notaries, and other people working for notary offices.

Notarized Documents refer to the documents settled by notary offices in a year. The notarial documents are drawn up in accordance with the regulations of the Ministry of Justice, including domestic documents and foreign – related documents. Domestic documents are divided into two major categories, documents on economic contracts and documents on civil legal relations.

Mediatorsrefer to workers on people' s mediation committees res ponsible for mediating in civil disputed and cases of slight in fraction of the law. They include members of the mediation committees and mediators of mediation groups. Mediation of Civil Disputes refers to mediation committees' work in mediating in civil disputes concerning civil rights and duties through persuasion and education in a ccordance with the provisions of law on a voluntary basis, so as to solve disputes by helping the parties involved come to an agreement and understanding. These disputes include divorce cases and disputes over property ownership, but exclude the civil cases to be handled by the court.

Retired or Restgned Personnel refers to the persons who have formally gone through the formalities for their retirement or quitting work and enjoy the corresponding treatments.

Insurance and Welfare Funds refers to labour insurannce and welfare fund paid by entrprises, oranizations and institutions to their staff and worders as well as retired and resigned personsin addition to their wages and salaries.

(1) Insurance and Welfare Funds For Staff and Workess include:

① Medical Care Allowance: It refers to the cost of medical care of staff and workers and their dependent family members who are covered by the medicare system of enterprises, travellig expenses of injured employees to hospital and their perdiem subsidies during hospita lization, cost of medical care of employees who are covered by the medicare system of institutions and organizations, as well as cost of medicine of employees of enterprises and institutions who are not covered by the medicare system.

② Funeral Expenses and Pensions for family of the Deceased: They refer to funeral expenses of staff and workers, and pensions and allowance for their dependent family members, as well assbsidies to funeral expenses of staff and workers' dependent family members.

③ Subsidies for Living Expenses: They refer to regular or abhoc subsidies to staff and worderswho have difficulties in making ends meet.

④ Expenses for Recreational, Sports and Pubilcity Acitivities: They refer to actual payment made by enterprises and institutions in recreational, sports and publicity activities, excluding training cost.

⑤ Subsidies to Collective Welfare Undertakings: They refer to subsidies to the operation of welfare undertakings that can not fully cover their cost, such as public bath rooms, barber shops, laundries, nurseries and kinder gartens.

⑥ Expenses for Collective Welfare Facilities: They refer to expenses for collective welfare facilities that are spent in line with state regulations, such as the purchase and repair of cook ingutensils for canteens, and repair of living quarters of staff and workers, but excluding the expenses for welfare projects that are constructed with self - raised funds.

⑦ Family Planning Subsidy: It refers to subsidy and health allowance paid to the one - child family of staff and workers.

⑧ Others: They refer to other insurance and welfare funds paid to staff and workers.

(2) Insurance and Welfare Funds For Retired and Resigned Staff and Workers

① Pensions for retired veteran cadres: They refer to pensions and other subsidies paid toretired in line with relevant government documents.

② Pensions for retirement: They refer to living allowance and other subsidies paid to retired staff and workers in line with the relevant government documents.

③ Resignation Allowances for Living Expenses: They refer to living allowance and subsidies paid to resigned staff and workers in line with relevant government instructions.

④ Expenses for Medical Care: They refer to the costs for medical treatment, hospetalization and food subsidies in hbospitals for retired and resigned staff and workers.

⑤ Nursing Cost: It refers to cost for nursing retired or resigned staff and workers who are unable to take care of themselves and need the help from nurses.

⑥ Living Subsidy: It refers to living subsidy paid to retired employees in line with the instructions in a 1985 State Council document.

⑦ Traffic Subsidy: It refers to the monthly traffic subsidy paid to senior retired staff.

⑧ Funeral Expenses and Pensions for Family of the Deceased: They refer to th e funeral expenses of retired staff and workers, and pensions and allowance for their dependent family members, as wellas subsidies to funeral expenses of retired staff and workers' dependent family members.

⑨ Others: They refer to other expenses, including moving and settlement allow ance, allowance for difficult families, book and newspaper allowance, subsidy for non - staple foods, housing subsidy, water and electricity subsidy, special allowanec for staff and workers of national minorities, travelling cost for senior retired staff, etc.

Volume of Industrial Waste Water Discharged refers to the volume of industrial waste water discharged, through all outlets, to the outside of industrial enterprises, including waste water produced, direct - cooling water, underground water from mines that does not meet the standard of discharge, and the domestic sewage mixed up with industrial waste water when discharged, but excluding discharged indirect - cooling water.

Volume of Waste Water up to The Standard For Discharge refer s to the volume of discharge dindustrial waste water that, with or without treatment, has come up to the national or local standards for discharge.

Volume of Treated Industrial Wasth Waterrefers to the volume of industrial waste water after being treated and purified through various water treatment facilities in the reference period, including the volume discharged or recovered after being treated. The volume of waste water that fails to meet the national or local standards after treatment is also included. If there aretreatment facilities both at the outlets of workshops and at the outlets of the factory, and the same volume of waste water has been treated twice, duplication should be avoided in the calculation of the volume of treated industrial waste water.

Volume of Wasth Gas Emission refers to waste gas emitted from burning of fuels and from production process in the area of the factory, and is measured by 10000 standard cubic metres each year under normal condition.

Volume of Sulphur Dioxide Discharged refers to the volume of sulp hurdioxide discharged to the air in the process of fuel burning or in the production process.

Volume of Industrial Soot Discharged refers to the volume of solid soot in the smoke discharged in the process of fuel burning in the area of the factory. Industrial Dust Discharged refers to the total weight of solid dust discharged by industrial enterprises in the production process, such as dust of refactory materials from iron plants, dust from coke – screening system or from sintering machines of coking plants, dust from lime kilms, cementdust from building material enterprises, etc. , but excluding smoke and dust discharged by powerplants.

Volume of Industrial Solid Wastes Produced refers to the total volume of solid, semi – solid or high concentration liquid residue produced by industrial enterprises in their production process, including dangerous wastes, residues from melting, slag, powdered coal ash, gangue, chemical residues, tailings, radioactive residues and other residues, but excluding stripped or dug stones inmining (except gangue and acid or alkali stones which are stones washed or soaked by water with a pH value smaller than 4 or larger than 10. 5.)

Accidents of Environment Pollution and Destruction refer to sudden accidents, due to economic and social behavior or activities in contrast with environment protection legislation, unexpected factors or irresistible natural disasters, that cause the pollution of environment, the destructionof natural protectionzones, wild plants and animals, the danger to the health of people, and theloss in the property of the society and people.